义宁陈氏文献史料丛书

CHEN YIN KE JIA ZU SHI YAN JIU

陈寅恪家族史研究

从客家棚民到文化世家

刘经富 著

上海古籍出版社

南昌大学“哲学社会科学繁荣与落地计划经费”资助项目

南昌大学江右哲学研究中心经费资助项目

仰从文化窥义宁，敬开《辞海》看世家（代序）

刘经富

中国近代不乏书香门第、文化世家，如曾国藩、李鸿章、翁同龢、俞平伯、周一良、钱锺书家族，“义宁陈氏”即其中之一。义宁即今江西修水县，清代称义宁州。修水位于赣西北，从地图上看偏僻一隅，为大山区。以前从修水到省府南昌要花上几天时间，南昌人笑义宁人是山老鼠，是从山的缝坼里钻出来的。但这个地方的人文却比较深厚，它会在蓦然间崛起一个大名人让你刮目相看，宋代有黄山谷，近代有陈寅恪。多少人一提陈寅恪的名字就肃然起敬，其实陈寅恪背后还有一个著名家族。清同治元年（1862），陈寅恪祖父陈宝箴以举人身份入曾国藩、席宝田戎幕，立下战功，从此踏上仕途，累擢至湖南巡抚，领导了湖南新政，是晚清有魄力、有建树的封疆大史。《清史稿·列传》立《陈宝箴传》。陈宝箴长子陈三立，“维新四公子”之一，“同光体”诗派的代表人物。陈三立长子陈衡恪，近代著名书画家；三子陈寅恪，现代史学大师；次子陈隆恪、四子陈方恪为著名诗人；五子陈登恪，武汉大学外文系和中文系教授，文学院代院长。陈衡恪次子陈封怀，著名植物学家，我国植物园事业创始人之一。与其他名门望族相比，“义宁陈氏”不以权势、豪富名世，只有书香一脉，绵延不绝。①

一、迷人的“文化世家”现象

文化世家的大量涌现，始于南朝。当时自上而下重视文学的社会风气盛行，使得文学才能的高低成为衡量士人才学的标准。而各家族内部世代相传

---

① “义宁陈氏”是中国近现代史上的显赫家族。言其显赫，不在于其官爵之高、财富之盛，而在于其文脉相传、代有才人，在近现代政治、文学、美术、学术上都有着引领时风之功。见吴为山《走向现代的自觉与自信——陈师曾及其跨时代意义刍论》，载《美术观察》2017 年第 5 期，第 106 页。

的文化积累和视文学为家学的自我意识，又为文化家族获得了形成、发展、延续的可能与动机。南朝的家族是一个个由血缘关系联结而成的特殊共同体，每个家族形成的时代、地域、过程不同，决定了各自不同的家风、家学的内涵，但却有共同的追求与目标，钱穆归纳为“当时门第传统共同理想所希望于门第中人，上自贤父兄，下至佳子弟，不外两大要目：一则希望其能具孝友之内行，一则希望其能有经籍文史学业之修养。此两种希望，并合成为当时共同之家教。其前一项之表现则成为家风，后一项之表现则成为家学”。①

近百年来，在文史研究中采用家族视角并取得丰硕成果的学者，当以陈寅恪最有创见。论者谓陈寅恪治史，非常看重历史人物的家世、地域、人际关系、婚姻关系。他之所以关注名门望族在历史变迁之际所特有的保存、传承文化的作用和家世背景、家学渊源对一个人的影响，或出于自身之体验。② 对此陈寅恪有很深刻的论述：“治魏晋南北朝思想史，而不究其家世信仰问题，则其所立恐不免皮相。……盖研究当时士大夫之言行出处者，必须以详知其家世之亲族联系及其宗教信仰为先决条件。”③“夫士族之特点既在其门风之优美，不同于凡庶，而优美之门风实基于学业之因袭。故士族家世相传之学业乃与当时之政治社会有极重要之影响。”④“东汉以后学术文化，其重心不在政治中心之首都，而分散于各地之名都大邑。是以地方之大族盛门乃为学术文化之所寄托。中原经五胡之乱，而学术文化尚能保持不坠者，固由地方大族之力，而汉族之学术文化变为地方化及家门化矣。故论学术，只有家学之可言，而学术文化与大族盛门常不可分离也。”⑤

陈寅恪对世家巨族情有独钟，不是文化上的停滞和保守，而是出于对中国传统文化的深刻理解以及对中西文化的平行研究，是一种被各种激进言论所淹没和遮蔽了的文化洞见。

20 世纪对宗族问题的认识首先是与为传统社会定性和解决现实社会革命道路的问题密切联系在一起的。在学习西方、寻求自强的 20 世纪初，对宗族持否定态度一直占主流。中华人民共和国建立后，马克思主义理论方法的确立，使探讨社会形态、社会性质、历史发展规律成为史学研究的风尚。60 年代

① 钱穆《中国学术思想史论丛》，东大图书股份有限公司 1977 年版，第 171 页。

② 见王晓清《陈寅恪的“世家子”情结》，载《博览群书》2000 年第 11 期，第 51—52 页。

③ 陈寅恪《陶渊明之思想与清谈之关系》，载陈寅恪著，陈美延编《金明馆丛稿初编》，生活·读书·新知三联书店 2001 年版，第 224、227 页。

④ 陈寅恪《唐代政治史述论稿》，生活·读书·新知三联书店 2001 年版，第 260 页。

⑤ 陈寅恪《崔浩与寇谦之》，载陈寅恪著，陈美延编《金明馆丛稿初编》，第 147 页。

开展对“族权”的批判，强调阶级斗争，使宗族研究受到严重影响，乃致停顿。80年代以后，区域史、社会史兴起，宗族研究进入史学领域，从区域史、社会史角度来探讨宗族成为一种新兴的研究方法，至今方兴未艾。并伴随着文化史的出现，家族与文化的关系成为家族史研究的热潮。①

家族史研究是史学研究的重地，作为一个相对独立的系统，家族个案的研究常侧重于某一具体方面。作为其中最常用的标签之一，“文化家族”的研究近年来受到越来越多的关注。文化家族、文化望族、文化世族、文化世家等表述，虽然缺乏准确义界，但凭借“家族”隐含的血缘关系的天然性，“文化家族”在社会文化系统中的存在似乎无可置疑。目前对于文化家族的研究，也都在递代相继的前提下进行。文化作为家族精神的核心，贯穿其始终。这样，文化家族便成了血缘、地缘、学缘三种人际纽带相糅合的交点，受到学界重视。现有文化家族研究成果颇为丰硕，不胜枚举，且各成体系。

以家族承继为主线的文化家族研究，既便于逐代逐人陈述家族成员的文化成果，又有利于展现家族内部的学术与文化传承关系。因此一些学者在研究方法与观察角度等方面予以创新，选择以“家学”为核心概念展开论述。这一概念强化了学术脉络在家族中的体现，多关注于绵延数代所从事的相同或相关学术领域，以分析其学术延续与变化的轨迹为主要内容。②

但“家学”这一概念有点模糊不清，近年有学者试图为家学做出一个准确定义，认为“家学”是指学术、思想、文学、艺术等在一个家庭或家族内部的长期传承。家学的作用主要是培养子弟的文化修养和才能技艺，从而保持家庭或家族在上列各方面的优越地位，以利于其延续与发展。③ 该定义尽管在家学传承凭依的渠道上有所疏漏，但基本体现了家学在家族中的纽带作用，并特别强调了家学的实用目的。但此定义尚未得到学界普遍接受，大多数研究仍将“家学”的存在视作当然，未对具体个案中家学的产生、维系、继承等具体问题展开考察。

上述不同程度的创新为文化家族研究带来了更为深入研究的潜力与空间。然而复杂的家族构建与发展过程被约化为“文化家族”这一概念、称号，并被大众广泛接受，似乎不仅是家族中产生了个别文化精英使然。当事人及其

---

① 见林济《陈寅恪论士族文化世家及其意义》，载《华中师范大学学报》2003年第3期。

② 见周志永《“江南第一读书人家”——唯亭顾氏的近代学术嬗变》（顾颉刚家族），上海师范大学2015届硕士论文。

③ 见汪仕辉《唐代士族家学研究——以京兆韦氏、赵郡李氏、吴郡陆氏为例》，武汉大学2011届博士论文，第2页。

族人的用心经营，借助了何种资源与方法，社会印象的逐渐形成经历了怎样的过程，这一文化现象又被家族以外的各界人士怎样的认知、接受乃至改造利用，在现有研究中仍较欠缺。①

与文化学术界对家族特别是文化世家的研究弘扬相映成趣的另一个文化现象，是20世纪90年代以后，出版界相继策划出版了一系列关于近代文化家族的丛书，如1999年中国人民大学出版社策划出版了“文化名门世家丛书”，收入新会梁氏、义宁陈氏（此书未见）、常熟翁氏、德清俞氏四种。

2000年长江文艺出版社策划出版了“中国近现代文化世家书系”丛书，收入俞平伯家族、翁同龢家族、冯友兰家族、钱锺书家族四种。

2000年湖北教育出版社策划出版了“中国文化世家”丛书，分为巴蜀卷、江右卷、江淮卷、荆楚卷、岭南卷、齐鲁卷、吴越卷、中州卷、三晋卷、燕赵辽海卷、关陇卷。从2002年开始出版，至2008年出齐。②

2013年至2019年，郑州大学出版社策划出版了“中国现代文化世家丛书”，收入梁启超、陈寅恪、冯友兰、钱锺书、俞平伯、张充和、叶圣陶、熊庆来、袁家骝、周一良、钱穆、钱三强、梅兰芳、舒芜、叶恭绰、邓稼先、闻一多、丁文江、王季烈、范曾共20个文化家族的评传。③

此外，还有2009年浙江大学出版社策划出版的“浙江望族家族史研究系列丛书”，2011年中国社会科学出版社策划出版的“江南文化世家研究丛书”，2014年中华书局策划出版的“山东文化世家研究书系”。④

这些成果的大量涌现，展示了人们对古今文化世家的关注，其中义宁陈氏占有很大的比重。

二、义宁陈氏文化世家的得名以及“陈门五杰”的确立

家族是一个不可忽视的文化传承链条，也是一种基因，是文化的生命与活力所在。在传统社会，家族是文化传承的重要载体，也是学术建构的一个重要

① 见凌一鸣《晚清文化家族的构建——以瑞安孙氏为中心》，浙江大学2017届博士论文，第9页。

② 这套体例庞大、囊括全国各地文化名人的丛书，其分卷致力搜求同区域承传两三代读书人的历代名人，大抵从地方志、行业志、政协系统文史资料、谱牒、专题资料汇编中搜集资料，铺衍成篇。其好处是信息量大，线索素材多，不足之处是介绍名人之家不精不深。

③ 该丛书从2012年正式启动，至2019年分三辑完成出版，前后历时8年。连续三辑都获批国家出版基金资助项目。

④ 这些丛书大多偏向于传记性质，主要面对市场需求，较为通俗，而理论建构不足，因此学术含量并不太高。

单元。历史学家何炳棣曾揭示家族在培育人才上的“良性循环”作用：“本房或本支经济或文化条件越好，读书上进的子弟越容易受到族内重视与资助。族的主要目的就是制造成功者。”①

按照古人“三代承风，方为世家”的说法，一个家族必须三代薪火相传，每一代都崛起了有影响力的人物，文化底蕴悠久深厚，才称得上“世家”。有研究者指出：“文化家族应当包括家族的悠久历史，学术文化的贡献，著名文人的集聚三个标准。”②亦有研究者指出文化世家的标准：“在科举仕宦、文化素质、道德规范等方面表现突出，才能成为被广泛认可与称道的文化世家。”③这种解释虽然不甚具体，但已注意到文化世家是一种需要被“认可”和接受的文化现象。

“义宁陈氏”从陈宝箴、陈三立到陈衡恪、陈寅恪，恰好符合这个条件，④允为一门儒素，数代清华，值得我们下力气分析研究其崛起、兴衰的内部外部原因，开掘其家族史蕴含的价值意义，以区域社会史的视角来观照这个家族的生成发展史，通过具体的研究来表达对耕读门风、书香传家的深刻理解。

雍正末年，陈宝箴曾祖陈鲲池从福建上杭县迁徙至江西义宁州。由他发脉的耕读门风，中经陈宝箴祖辈、父辈和陈宝箴、陈三立的克绍箕裘、拓展升华，到第六代恪字辈达到了顶峰。20世纪二三十年代，散原老人陈三立已然确立了文坛泰斗的地位；陈衡恪诗书画印已卓然名世；陈寅恪、陈登恪执教上庠；陈隆恪、陈方恪赋诗填词，崭露头角。而陈寅恪凭借广博的域外语文知识、新颖的西方学术理念、深厚的国学基础，继王国维、陈垣之后脱颖而出，显露出引领潮流的史学大师气象。名父名子，先后辉映，不仅在诗文学问上一脉相承，而且在思想性格上也积淀形成了“独立特行”的品质特征和以中国文化为寄托的精神血脉，可谓“三代承风铸精魂，文化托命生死以”。

1943年，吴宓先生赞扬陈氏“一家三世，为中国近世模范人家。……父子秉清纯之门风，学问识解，惟取其上，所谓文化贵族。降及衡恪、寅恪一辈，犹然如此，诚所谓君子之泽也。……故义宁陈氏一门，实握世运之机轴，含时代

---

① 何炳棣《读史阅世六十年》，广西师范大学出版社2005年版，第25页。

② 罗时进、陈燕妮《清代江南文化家族的特征及其对文学的影响》，载《江苏社会科学》2009年第2期。

③ 万宇《文化世家》，载刘士林编著《人文江南关键词》，上海音乐学院出版社2008年版，第167页。

④ 最早认识到陈家三代书香的是范当世，他在1900年9月赠陈三立的一首诗中有“作述从容要三世，剩容泣导后生来”之句(见氏著，马亚中、陈国安校点《范伯子诗文集》，上海古籍出版社2003年版，第311页)。其后胡朝梁《怀人诗》第三十四首怀陈方恪有“君家三世盛文藻，犹有长才赋子虚”之句(见氏著《诗庐诗文钞》，1923年刊印)。

之消息,而为中国文化与学术德教所托命者也”。[①] 评价之高,解识之深,至今难出其右。[②] 吴宓确为陈氏知音,他准确地概括了陈氏一门的文化精神和文化理想,即坚持民族思想文化的独立自主性,反对文化殖民。在民族文化不断丧失的时势下,唯一可能挽狂澜于既倒的便是学术能够保存民族文化之血脉。[③]

同年,吴宗慈起草《陈三立传略》,述及陈三立诸子。胡先骕与吴宗慈讨论《传略》的写法,认为衡恪、方恪、登恪皆能文,而寅恪尤淹贯古今学问,号称大儒,宜特为标出。[④]

由于近世政治形势的影响,“义宁陈氏”沉寂了很长时间,与陈氏声名密切相关的“曾国藩”“维新改良”“同光体”都不是主流史学的正面研究对象。到20世纪八九十年代,终于有了转机。在“国学热”“传统文化热”的时势下,文化学术界兴起了持续甚久的“陈寅恪热”,学界前沿顺延探究到他的父祖兄弟、家世背景,引起了学人的极大兴趣,学界相继发表了一批陈寅恪史学、思想、人格与他家世关系的文章,多有发明之功。

1990年,傅璇琮在《陈寅恪文化心态与学术品味的考察》[⑤]一文中以义宁陈氏的家学渊源来解释陈寅恪的文化观和政治理念。

1993年,刘梦溪在《陈寅恪的“家国旧情”与“兴亡遗恨”》[⑥]一文中申论陈氏三代中国文化情结的连贯性。

1994年,钱文忠在《弘扬义宁精神,开展陈学研究》[⑦]一文中指出:“研究陈学并不意味着仅仅研究寅恪先生,我们面对的是义宁陈氏这一近现代文化史上占有举足轻重地位的文化家族。”

1995年,葛兆光在《世家考》[⑧]一文中指出:“陈家三代真是文化人在近代中国命运的缩影,那种文化世家的传统,在这一家几代人身上特别浓厚;陈家三代真是文化人在近代中国抵抗命运的典型,表现出一种文化贵族式的传统

---

① 吴宓《读〈散原精舍诗〉笔记》,载《国学研究》第1卷,北京大学出版社1993年版,第550页。

② “托命”之意,在于对民族前途及文化命运的责任意识与勇于担当。在个人,不阿世,讲理性,重节操。由家及国,则在世运动荡之际,自觉地肩负起民族文化兴旺之使命。见吴为山《走向现代的自觉与自信——陈师曾及其跨时代意义刍论》,载《美术观察》2017年第5期。

③ 杨剑锋《现代性视野中的陈三立》,中国社会科学出版社2011年版,第190页。

④ 陈隆恪著,张求会整理《同照阁诗集》,中华书局2007年版,第400页。

⑤ 傅璇琮《陈寅恪文化心态与学术品味的考察》,载《社会科学战线》1991年第3期。

⑥ 刘梦溪《陈寅恪的“家国旧情”与“兴亡遗恨”》,载氏著《传统的误读》,河北教育出版社1996年版。

⑦ 钱文忠《弘扬义宁精神,开展陈学研究——〈纪念陈寅恪教授国际学术讨论会文集〉推介》,载《中山大学学报》1990年第3期。

⑧ 葛兆光《世家考》,载《东方》1995年第6期。

精神，一种拥有自己的真理，不与流俗和光同尘，不事王侯高尚其事的精神。”

1979 年，修订本《辞海》（第 3 版）为“陈宝箴、陈三立、陈衡恪、陈寅恪”分立条目。由于《辞海》具有相当于百科全书性质的权威性，《辞海》为一家三代四人编录条目，终成美谈，开了《中国大百科全书》《中国近现代人物名号大辞典》《中国近现代人名大辞典》《民国人物大辞典》为他们分立条目的先河。

1989 年，修水县政协文史委顺延《辞海》的思路，着手编纂《一门四杰——修水陈宝箴、陈三立、陈衡恪、陈寅恪史料》一书。① 该书吸纳了新编《修水县志·人物卷》陈门四杰传，修水县文物部门收集的关于陈氏家族的资料和陈氏后裔陈小从提供的学界研陈资料。由于经费掣肘，至 1994 年 6 月，才与省政协文史委署名作为内刊印行。这是一部首次将陈寅恪先辈生平事迹推介于世，原汁原味，乡土气息浓郁的地方文史资料集。在义宁陈氏家族史研究上，具有“筚路蓝缕，以启山林”的开拓意义。

2002 年，修水县人民政府在修水县城为陈氏文化世家修建了“陈门五杰纪念广场”，在陈宝箴、陈三立、陈衡恪、陈寅恪四杰的基础上遴选吸收了我国著名植物学家、陈衡恪次子陈封怀。这比编印《一门四杰》资料集又进了一步。与山外蓬蓬勃勃的“陈寅恪热”相比，故乡的纪念弘扬虽然慢了半拍，但毕竟还是来了。如果说《辞海》为陈宝箴、陈三立、陈衡恪、陈寅恪列目创造了一个特例，那么，“五杰广场”则是故乡人民为陈氏家族创造的第二个特例。在全国范围内以一个家族成员命名的文化广场，迄今尚无第二家，“陈门五杰”的称谓从此名成义立。2005 年 12 月，修水县政协决定将原《一门四杰》一书增订再版，增加了陈封怀的生平事迹，将书名改为《义宁陈氏五杰》，与“五杰广场”相呼应。

义宁陈氏遂从近代众多的文化家族中脱颖而出，受到世人的瞩目和尊崇。义宁陈氏文化世家和“陈门五杰”的称谓至此得到世人的普遍接受和认可，声名鹊起，广为流传。

三、义宁陈氏一脉相承的文化精神

在社会剧变的近代中国，国家政体与政策导向发生了翻天覆地的变革，社会结构与价值观念也随之而变。在这历史巨变的过程中，传统的士绅阶层，面对根深蒂固的传统文化以及纷至沓来的西学，开始自觉或不自觉地分化蜕变，

① 江西省政协学习、文史委员会办公室，修水县政协文史资料委员会合编《一门四杰——修水陈宝箴、陈三立、陈衡恪、陈寅恪史料》，《江西文史资料》1994 年内刊，总第 52 辑。

逐步形成新的知识阶层。不过,如果具体到士绅个人,我们又会发现,由于地域环境的差异、家学传承的不同、个人经历的迥异,他们在士绅蜕变的大潮中又各自呈现出不同的特色。① 义宁陈氏作为一个绵延两百余年的士绅望族,在近代社会的剧烈变革中,也同样经历着对中国文化蜕变、守望、融合的困扰思辨。从陈宝箴到陈寅恪,三代人的文化观特别是中西观有着内在传续的一致性。

陈宝箴生当华夏文明危机空前深重的时代,"内感民族文化之衰颓,外受世界思潮之激荡",投身于晚清变法维新的时代潮流,领导了湖南新政,为湖南近代化的全方位开启做出了重要贡献。他对中国文化的走向有着深切的体认思考,多次表达过"中学为体"的观点。光绪二十三年(1897)七月他在《时务学堂招考示》中申说:"查泰西各学,均有精微,而取彼之长,辅我之短,必以中学为根本。惟所贵者不在务博贪多,而在修身致用。"这是中学为体、西学为用的简练表述。既认定中学的根本性价值,又承认"西学精微",应"取彼之长"补"我之短"。②

陈三立的中西体用思想,与他父亲陈宝箴完全一致。他在戊戌变法后无意于政治学术,一心肆力于诗,徘徊于新旧之间。他悲怀传统文化已是"劫灰"之余,道统德教已经"王泽竭,教化衰,俗流失",在诗文中对新学质疑批评不辍。对当时全盘西化、毁灭中国文化的主流舆论至为忧愤,严词痛斥。

1904年,陈三立《感春五首》之二云:"巍巍孔尼圣,人类信弗叛。劫为万世师,名实反乖谩。起孔在今兹,旧说且点窜。摭彼体合论,差协时中赞。吾欲衷百家,一以公例贯。与之无町畦,万派益输灌。"这段诗句明确表示,孔子学说代表了人类的基本价值;当前,中国应当以孔子学说为根本,折衷吸收百家万派之学说,不分中西,不分新旧。

1911年,缪荃孙撰《丁修甫中丞传》,表彰丁修甫的志节操守,结尾引陈三立言论:"吾友陈伯严吏部曾言曰:举世欲破三纲,吾欲加兄弟纲益之,以为治家之法。"③

1920年,陈三立撰《南昌东湖六忠祠记》,申说:"吾国新进学子,驰观域外,不深察其终始,猥猎一二不根肤说,盛倡于纲纪陵夷、士气萎靡之后,以忠

① 见张建华、徐茂明《清末民初江南士绅家族的"中西观"——以苏州东山莫厘王氏为中心》,载《苏州大学学报》2009年第3期。

② 见刘梦溪《陈宝箴和湖南新政》中对陈宝箴文化观的论述,故宫出版社2012年版,第65、66页。

③ 缪荃孙《艺风堂文漫存》,文史哲出版社1973年版,第62页。

为戒，以死其君为妄，溃名教之大防，绝彝常之系统，势不至人心尽死，导而成蜉游之群，奴虏之国不止。为祸之烈，尚忍言哉。”同年，他为老家新修宗谱撰序，从“一姓一族亦可推知保种保国”生发开去，疾呼“变其所不当变，不变其所当变，其害皆不可胜言”。其中学、西学及中西会通的思想见识，代表了近代中国中体西用思想的深度。其托命中国文化的人文关怀，自然会对其子女潜移默化，影响深远。①

1931年，陈三立撰《朱鄂生〈真斋诗存〉序》慨叹：“运移祚覆，大乱益炽，匪徒斫杀焚劫之祸绵岁纪而盈宙合，而邪说充塞，蹄迹纵横，莽莽非人世，其狂逞几欲举古先伦纪、道德、典籍、文字尽摧灭而变易之。”②对“全盘西化”思潮中彻底破坏传统文化、艺术、文字的极端观点，难以接受。

陈衡恪比20世纪初叶的“洋化”文人更有国学根柢，后又留学东洋八年，相较于保守的“国粹”派文人，他又是开明的现代文化人。这种身世阅历，决定了他的文化思想与艺术观念的兼容并蓄与立足民族本位的立场。所以他在强大的“五四”新文化运动的“西化”思潮中，能够独抒己见，撰写《文人画之价值》《中国画是进步的》文章，反驳否定传统文人画的观点，抵制民族虚无主义的论调，捍卫民族艺术的尊严和传统文人画的价值。针对当时文化界领军人物蔑视中国画，崇拜西洋画，主张全盘西化的思潮，他力排众议，强调中国画是进步的，抗衡全盘西化的极端主张。③

陈寅恪在祖、父、兄的基础上，以史学家的眼光识见，对中西文化碰撞融合的思考达到了更高的层面，提出了“中国文化本位论”的重要命题。1931年，他在审查《冯友兰〈中国哲学史〉》下册时立论：“窃疑中国自今日以后，即使能忠实输入北美或东欧之思想，其结局当亦等于玄奘唯识之学，在吾国思想史上，既不能居最高之地位，且亦终归于歇绝者。其真能于思想上自成体系，有所创获者，必须一方面吸收外来之学说，一方面不忘本来民族之地位。此二种相反而适相成之态度，乃道教之真精神，新儒家之旧途径，而二千年来吾民族与他民族思想接触史之所昭示者也。”④论者谓寅恪此论是中国近现代学者对待外来文化最精彩的表述。其核心思想是传统文化不能一成不变，但也不能大面积地加以破坏和抛弃。中国文化可以也应该接受外来文化，但外来文化不能取代中国文化，必须“一方面吸收外来之学说，一方面不忘本来民族之地

---

① 参见李开军《故国与新邦——民国初年陈三立诗文中的遗民书写》，载《文学评论》2018年第3期。

② 陈三立著，李开军校点《散原精舍诗文集（增订本）》下册，上海古籍出版社2014年版，第1078页。

③ 刘经富《导读》，载朱良志、邓锋主编《陈师曾全集·诗文卷》，江西美术出版社2016年版。

④ 陈寅恪著，陈美延编《金明馆丛稿二编》，生活·读书·新知三联书店2001年版，第284页。

位”，从而创造出适应时代的本民族新文化。

“五四”运动以后，关于中国新文化的建设问题，基本上是全盘西化论和激进主义观点占主导地位，突出中西文化之“异”，抑中扬西，以激烈的变革来实现以“西”为主的文化体系。对于外来文化基本上不加识别地全盘接受，几乎所有外来文化的拥护者都以外来文化的价值设定来重新审视评估中国传统文化和社会问题。知识界的主流人物纷纷将中国传统文化视为万恶之源，齐声呼唤，以摧枯拉朽之势彻底摧毁传统文化。陈寅恪却与“新潮流”保持着距离，在他看来，各民族文化个性不同，可以互相吸收改造，但决不能简单地彼此互换。中国传统文化固然有缺陷，但西方文化也并非十全十美，在输入时不可不慎重。

中国文化历经几千年的发展，自有其独立的价值，早已和代代中国人融为一体，不能为了吸收外来文化而抛弃本民族文化。另一方面，外来文化以强力入侵之后，中国传统文化早已发生重大变化，今后也不得不继续在变中求生存、求发展。但无论怎样变，中国文化的主体终究不能抛弃。否则民族与国家都将失去独立与尊严，而“变”也就毫无意义。①

中国文化之所以能够绵延不绝，主要依据的是一脉相承。在历史的紧要关头，承传中国文化精髓的大儒屈指可数。如果我们承认中国几千年文化确实存在着这么一个奇特现象的话，那么在当代的大学者中，自觉承传中国文化命脉的只有陈寅恪可以作为代表。“纵览陈寅恪的一生，充溢着一种博大的中国传统文化的情怀。它不仅使陈寅恪的生命过程从始至终弥漫着一种文化意绪，还因为陈寅恪文化生命的巨大魅力，使经受了二十世纪数次社会重大变革的当世中国知识分子在以理性回首这一段文化历史进程时，不得不重新审视中国学人之‘根’原有的位置。中国传统文化在二十世纪因了陈寅恪的存在，增添了一段十分感人的传奇。”②他不遗余力地阐述弘扬民族精神，呼唤大师巨匠勇于担当师道尊严、学统兴废。他对中华文化的忠贞不贰，可与世上最虔诚的宗教徒相媲美。1927 年王国维自沉后，陈寅恪撰写挽诗，在诗前小序申论“凡一种文化值衰落之时，为此文化所化之人，必感苦痛。其表现此文化程度愈宏，则其所受之苦痛亦愈甚”，成为陈寅恪的名言之一，可视为陈寅恪一生心魂所系、文化托命的人格写照。③

---

① 参见张求会《义宁陈氏的“文化保守主义情结”》，载《寻根》2001 年第 5 期。

② 陆键东《陈寅恪的最后二十年（修订本）》，生活·读书·新知三联书店 2013 年版，第 513 页。

③ 参见刘梦溪《陈寅恪论稿》，生活·读书·新知三联书店 2018 年版，第 109—147 页；徐声扬《从寅恪论陶，看“一门四杰”的文化取向》，载《九江师专学报》1995 年第 1 期。

余 论

近年来有研究者认为世家望族可以分为“实业型”“仕宦型”“文化型”三种类型。[①] 揆之义宁陈氏家族史,与“实业型”不着边际,因陈家不治产,不营利。“仕宦型”也难成立,因陈家六七代家族成员中只陈宝箴以军功跻身仕途,从候补知县荐升到封疆大吏。陈三立虽以进士签分吏部,但未实际任事。陈宝箴堂侄陈三略担任过县令、厘卡职务,但级别不高,且时间不长。唯有“文化型”世家最适合义宁陈氏。早在七八十年前,吴宓就以超前的眼光为这个家族的性质定了调子,谓为“文化贵族”。他提炼概括了义宁陈氏家族的精神本质,抽象升华了义宁陈氏在文化思想上的价值意义。这是吴宓为义宁陈氏所做的一个贡献。因此研究弘扬义宁陈氏,必须紧扣“文化”这个关键词。这里的“文化”,不是当今滥用的各行各业、各种社会生活都可以用“文化”冠之的“文化”概念,而是具有“人文”内涵底蕴的“文化”。这是我们必须抓住的第一个原点,若疏忽这个原点,对义宁陈氏的性质、定位就会出现偏差。如有人提出“从义宁陈氏入近代史”,即有偏离陈家史实,指向不准确之失。

第二个原点是《辞海》1979 年第 3 版为义宁陈氏一家三代四人分立条目,[②]这可能是入选《辞海》众多人物中的一个特例。限于 1979 年的时代背景,《辞海》对他们的定位、评价并不高且有错讹,[③]1988 年第 4 版、1998 年第 5 版、2009 年第 6 版三次修订仍没有吸纳新成果。我国近世辞书工具书对近现代人物的评介有固定的模式。即首先考虑的是党政要员、军队将领,其次为身居高位的科学家、学者、文学家、艺术家,再次为扬名于世的封疆大吏、著名科学家、文学家、艺术家。《辞海》的编纂体例也是如此,在涉及 1949 年以后的人物时,对政治人物词目标准放得宽,著名的政治人物都立有条目,文字篇幅亦长,通常还配有头像。对文化人物,词目标准控制得严,介绍也较简略,一般不配头像,在这种处理方法下的“牺牲者”不止陈寅恪一人。以郭沫若、陈寅恪为例,在《辞海》1979 年第 3 版所收入的 21 位 1949 年后逝世的史学家中,陈寅恪的释文不仅只有郭沫若[④]的五分之一,且是 21 位史学家中释文最少的。对郭沫

① 见蒋明宏《变迁与互动:清代苏南家族教育研究——以苏松常太为中心》,南京大学 2004 届博士论文。

② 参见《辞海》上册,上海辞书出版社 1979 年第 3 版,第 983、987、988、989 页。

③ 如将陈三立生于 1853 年错写成 1852 年,不知何据?(2020 年第 7 版《辞海》终于改为 1853 年)又谓陈宝箴在戊戌变法时期保举了杨锐、刘光第、谭嗣同、林旭,实则陈宝箴只保举了杨锐、刘光第(2020 年第 7 版仍未更正)。

④ 见《辞海》上册,1979 年第 3 版,第 1036 页。

若的评价是“杰出史学家”，对陈寅恪只称为“史学家”。[①] “陈赓”条目四百多字，配有头像，而陈寅恪只有一百七十余字。与陈三立同在一页的陈毅不仅有头像，释文字数亦远远超过陈三立。

但《辞海》第3版按编纂体例收入一个家族三代四人事略，无意中为世人接受这个家族增加了砝码重量，为这个家族率先进入文化世家行列提供了重要依据。《辞海》第3版除收入陈家四人之外，还有苏东坡一家四人，即苏洵、苏轼、苏辙、苏小妹。[②] 但只有两代，且苏小妹为文学故事人物，不一定实有其人。《辞海》第3版之后的再版也不乏收入近代名门望族一门四五人的例子，但都中间隔代。只有义宁陈氏毫厘不爽地符合“三代承风，方为世家”的古训定义。因此，抓住了“文化”“世家”这两个关键词，就如同从千头万绪中抓住了“牛绳”。“仰从文化窥义宁，敬开《辞海》看世家”的表述，当为对义宁陈氏最准确的界定与归纳。[③]

近三十年来，研陈学界对义宁陈氏家族史还没有达到“从史实中求史识”的程度，未能探河至源，剥蕉至心，找出这个家族最本质的内在元素。如果一只手抓住“文化”，一只手抓住“世家”，就可以避免从现象到现象，见树不见林，从而纲举目张、高屋建瓴地对这个家族留下的丰厚材料予以解读诠释，清晰地分析梳理其源远流长的书香传承脉络。

附记：本书的体例有几处需说明：本书所涉及的年月有阴历和阳历之别，学界阴阳历兼用，且所引用资料的撰著者本人究竟是使用阴历还是阳历，难以一一考证清楚。本书用汉语数字表示阴历，阿拉伯数字表示阳历，请读者鉴之。书稿正文带约数性质的数字，大体用汉语数字。所引文献若有辨认不出的字形以“□”标之，原文若有明显错讹、疑似错字或古汉语假借字，以方括号“[ ]”标出正字。书稿讹误，在所难免，敬希读者指正！

---

① 见虞云国《世间已无陈寅恪》，载《中国研究》1996年9月号，第56页。2020年第7版增加了陈寅恪的头像，释文和评价仍低于郭沫若。但中国大百科全书出版社1992年出版的《中国大百科全书·中国历史卷》收入的陈寅恪条目释文字数不仅超过郭沫若，而且是所有史学家中最长的。

② 见《辞海》上册，1979年第3版，第1285、1287页。

③ 客家学的创始人罗香林先生指出，要建构一门学问，首先要考定清楚“事象界说”，如要建构“客家学”，就要明确什么是“客家”，我们才能更好去研究它，才能建构“客家学”，他说：“事象界说的考定为各种学术专题研究的开端工作，要想彻底解决某一问题或建立某一学说，第一步的工作就要先给那些自己所要讨论的事象以个确切无讹的界说，界说已经考定，而后才能着手排比材料论证命题。如果界说都没考校清楚，便贸然出而论证，则一切材料皆将失其确当位次，所得的结论亦必笼统模糊，这是治学的通则，我们没法违背的。”罗香林《客家研究导论》，广东人民出版社2018年版，第29页。

目　　录

引　言

笔者最早接触“义宁陈氏文化世家”的主要成员是在20世纪70年代初。首先是陈寅恪，1971年至1973年，学界、政界广泛流传郭沫若的《李白与杜甫》《甲申三百年祭》，开始是与范文澜的《中国通史简编》《中国近代史》一起作为政治读物发给相当级别的领导干部阅读的，后来新华书店才公开出售。当时青年工人阅读钻研古代文史是犯忌的，只有有限的几本符合当时主流意识形态的文史著作可读，因此笔者曾对郭氏的《李白与杜甫》囫囵吞枣、似懂非懂地反复阅读抄录过。郭在此书开篇即批诘陈寅恪关于李白出生地的考证有误。由于未在陈寅恪姓名前冠以“义宁”字样，以笔者当时的文史知识，尚不知陈寅恪即修水乡贤，也不能把陈三立、陈寅恪父子连起来记忆。

其次是陈三立。1971年至1975年，笔者在天津造船厂做学徒，[①]常到设在天津当时最大的商场——劝业场二楼的古旧书店游览。1973年某个礼拜天前去，得见一套《山谷内外集》，共20大册，首册扉页刻有“义宁陈氏四觉草堂藏版”字样，最后一册有一篇跋，落款“义宁陈三立题”。黄山谷是修水人，文化人都晓得的，陈三立虽然不清楚其籍贯，但落款“义宁”也使我激动。[②] 书价为12块钱，笔者当时学徒月工资15块，去古旧书店既为买书，但主要是去感受那种氛围。待我凑满12块钱下个星期天再去时，此书已出售了，笔者为自己的拖延耿耿于怀几十年。

1975年培训结束，笔者回到本厂。1979年后，我国文化学术界东风吹送，兴起了回归传统、重拾国学的思潮。笔者所在的单位为偏僻湖山区域，与城市隔绝，文化信息闭塞。但因笔者是宣传干事，创办、管理了一个阅览室，尚有机会获读书籍报刊。印象较深的是介绍陈衡恪的画、印之文为多，顺手剪存了一些。因此，我在20世纪80年代初，就零零星星收集了一些陈家资料。

---

① 属于六机部建在江西瑞昌县靠长江山区内的军工造船厂送到天津船厂委培的青工。

② 其实笔者就读的中学前身即“散原中学”，但当时尚不知散原即陈三立。

1986 年 7 月为解决两地分居，笔者调回家乡修水工作，单位是县政协。到了县城，文化环境与三线工厂相比就是另一个天地了，新华书店可以买书、订书，图书馆可以借书、看报，也有了文化人的圈子。当时县志办与县政协在一栋楼办公，笔者常到县志办聊天，看过陈宝箴、陈三立、陈衡恪、陈寅恪的一些传记材料。

1989 年，县政协文史委员会开始编写《一门四杰——修水陈宝箴、陈三立、陈衡恪、陈寅恪史料》一书，联系上了在武汉的陈隆恪女儿陈小从，她提供了不少学界研陈资料。加上县志办、县文管所原有的资料和编纂人员新搜集的资料，纂辑成此书，于 1994 年作为内刊印行了 2 000 册。付印前笔者就阅览了书稿，印行后更是反复阅读、抄录、做札记。这本小书是笔者有系统获得关于陈家主要成员知识见闻的最初基础。

至于陈氏故里——桃里乡竹塅村，则迟至 1996 年才实现瞻仰朝拜的愿望。这倒不是我缺乏济胜之具，揆其原因，多半是没有机缘。因此从《一门四杰》上获知的陈家大屋，陈宝箴中举、陈三立中进士的旗杆石，晚年自号四觉老人的陈宝箴早年读书处——四觉草堂等等，都只能隔帘听琵琶，未得亲睹为快。

桃里旧称泰乡七都，①先母幼年在从大路通往七都口子上的岗上村做童养媳。笔者年幼时即听她常念叨“七都山里”，又听街坊邻居说抗日战争时曾去“七都山里”躲难，给笔者的印象这是一个大山深岭的神秘地方。后来才知道桃里是一个不须假借山川形胜就可以口耳相传之地。在这个长长的山陇中，居住着陈、徐、涂、黄四大家族。四姓都出过进士、举人，尤以陈氏一门最盛。山陇的深处，是一座海拔 1 198 米的名叫眉毛山的大山。大山脚下，坐落着一个村庄叫竹塅，这就是陈家发脉、繁衍的祖居地。②

说起笔者第一次去竹塅，还有点趣味性。1996 年春节前，笔者的一位有通翰之雅的书友——天津师大图书馆研究员于宝华先生，利用寒假到黄山市探亲的机会，绕道径来修水樽酒论交，也给笔者带来了到竹塅瞻仰名胜的机缘。

第二天早饭后，好友王忠礼驾驶一辆仪征出产的黎明牌小车，往东南方向

① 七都分内七都、中七都、外七都。内七都即桃里，1958 年后称桃里乡。因其地理位置特殊，自成一乡又嫌小，与他乡合并又不宜，1949 年后多次与邻乡并了又分，分了又并。1995 年冬修水县撤区并乡，将桃里乡附属于县城义宁镇，称之为义宁镇桃里片，殊不相称。近几年又从义宁镇分出宁州镇，桃里片又归属于宁州镇。笔者认为当今地方政府根据需要经常改换行政建制，颇增混乱，故本书仍使用桃里乡这个旧称。

② 1997 年后笔者正式决定从事陈氏家族史研究，才知竹塅还不是陈家的发祥地，陈家从福建迁来修水最早的落脚点是邻近竹塅的“护仙坑”。

进发。从县城到桃里乡政府所在地，约四十里许，[①]一路路况尚好。到乡政府所在地（小地名“兔形”），在此停车小憩，向一群晒日头的人打听竹塅还有多远。于是一群人围拢来，有回答3里的，[②]有问是不是陈家在外的后人过年回老家寻根认祖的。驱车再往前走，路况就很不好了，这是一条只通手扶拖拉机、中四轮的简易公路，且年久失修。车子像老牛负重似地走了一阵，碰到一只屋场，停车问一位在池塘边洗菜的妇女还有多远，回答仍是3里。又驱车转过一只山坳，遇到一位挑炭出山的青年人，问到陈家大屋还有多远，说还有二三里。[③] 王兄乃当机立断，说看来还不止3里，此处路尚宽，车子勉强可以掉头，若再往前走，恐怕想掉头也不行了。笔者遂与于先生商量返回。于说行，反正陈家的大环境已领略了，也不虚此行。返回比来时更难了，在一处左边是磡、右边傍山最坑洼不平的地方，车子抛锚了，王兄连呼好险，赶紧修车。我与于先生插不上手，便在路边围绕陈家谈文说史，畅谈无忌。

作为来自通都大邑的文化人，于先生对当今学术大势有所体察，他谈到国外早已兴起的地域文化研究。国内也有人紧随其后，写成专著。如最近出版的《千秋家国梦》（讲述广州许广平家族的沉浮起落）就是这方面的嚆矢之作。像陈氏这样的书香门第，完全可以成就一部大书。从这一点生发开去，于先生对通往竹塅的路既坏且窄不理解。时下“文化搭台，经贸唱戏”炒得火爆，虽然沾染铜臭味，但如果处理得好，对某一地区文化的发展，对某一历史人物的深入研究亦有推动，县府为何不花点钱把路修好些？对老百姓的里程观念如此模糊也费解。对前一诘问，于先生确实摁到了贫困地区无暇顾及历史文化遗产的要穴，笔者三言两语说不清楚，只好赧颜以对。对后一点疑惑，以笔者的乡土知识经验，知道很少出外、没有办事能力的乡民里程意识是不强的，他们不需要记里程远近。古人以时辰多少记里程，老辈人传一个时辰8里路。这也反映出陈宝箴、陈三立、陈衡恪、陈寅恪的声名在当地老百姓中并不普及，为温饱生计操劳的乡民对本地的历史往事是隔膜疏远的。加上陈宝箴出山为官后，后人很少回乡。据《一门四杰》披露的材料，竹塅陈家以陈宝箴一支最多，六十余人，散居京、津、广州、武汉等地。而修水竹塅老家只有五十余人，渐露

---

① 之前一直凭印象认定是40华里左右，后来在《修水县地名志·桃里乡》介绍中获得印证，为38华里，见该书第275页。此外，《修水文物志》记载从县城到陈家大屋为50华里。

② 翌年走路进去，凭经验感觉从“兔形”到陈家大屋大约十华里，后来从《修水县地名志·桃里乡》“陈家大屋”条获得印证，为9华里，见该书第279页。

③ 后来才知这个挑炭的青年人说还有二三里并不错，但在乡政府遇到的那群人说3里却错得离谱。

式微之势。陈宝箴出山后，多次回乡自不待言。但他的后人，回乡的记载就寥若晨星了。因而 1989 年冬，县政协邀请陈三立孙女陈小从回修水商谈《一门四杰》书稿事，陈小从到竹塅祭祖，有“百年乡思一肩挑”之句。

就这样，笔者与于先生晤谈甚欢，不觉日之移晷，车子修好，已是午后二时许，于先生谈论的许多陈寅恪同辈学人内心的隐痛，使笔者理解陈寅恪更进一层；笔者谈论的许多有关陈家的文献资料，于先生也情动于中。只有一点，在修车的那一段无所不谈中，没有向于先生说破，即在毅然决定返回的一刹那，笔者心里闪过“不去也好”的念头。老实说，笔者一向怕到名气很大的历史名人故里，所谓“观景不如听景好”。与其如此，不如在心里保留一个好的印象。但对寅恪大师故里，我却不敢肯定这一念头是对还是错。送别于先生后，摩挲书架上历年庋藏的陈寅恪生前著作和学界研究专著，有感于学界对其家族一知半解，正如雄伟高峻、白云缭绕、时隐时现的眉毛山一样，不禁涌起重到竹塅瞻仰礼敬的企盼之心。

4 个月后，果然机缘巧合。夏季，县里抽调机关干部到各乡各村做“百村万户”脱贫统计调查，笔者所在的单位被安排在桃里乡西坑村。期间笔者抽出时间专程走路去竹塅。在竹塅村口遇一扛树的中年人，询其大号，[1]云“陈钦恪”，由于此前已接触到《一门四杰》的书稿材料，平时又随时关注默记竹塅陈家的人与事，笔者立马说出了他的生庚和他父亲陈三泗的名号。钦恪颇感惊讶，气氛随即亲切起来。他带笔者到陈家大屋（钦恪一家就住在陈家大屋）。笔者遂由此结识了陈明恪、陈牡恪、陈封万（希白）、陈封平、陈封贵、陈继虞、陈新虞、陈学虞、陈菊虞（竹塅有两个陈菊虞）、陈友庆、欧阳国泰、徐世金等一众陈氏宗亲、姻亲。

1996 年 10 月，笔者因读陆键东的《陈寅恪的最后二十年》一书而心潮起

---

① “号”即表字之意，修水县西边区民间方言仍保留着字号的本义。如路遇生人询问姓名，即曰“你号么?”或请人把另一人的姓名告诉他，即曰“把他的大号发给我”。清人的“号”即“表字”之意，亦称“字号”，不同于“东坡居士”“山谷道人”之类的雅号，也就是说清代人的称呼有“名”“字”“字号”“雅号”四种。其区别是，“字号”是长辈起的，“雅号”是使用者成年后根据经历、性情、社交需要自己起的。但新文化运动以后，这种命名起字安号的风习被搞乱了，在白话文、简化字文化环境下成长起来的文化人更分不清字号与雅号的关系，对历史人物名号的表述通常是名、字、（雅）号的格式，“字号”的概念渐渐消失。如陈三立，《陈氏宗谱》上的表述是“名三立，号伯严”。但他中年以后又自号“散原”，这就给后人带来了麻烦，有研究者怀疑《陈氏宗谱》搞错了，陈三立号“散原”不号“伯严”。在民国年间出现的几篇陈三立传略中，有的撰写者说陈三立“字伯严，又字散原”，有的说“陈三立号散原”，让人莫衷一是。为了恢复“字号”的概念，本书凡涉及相关人物的字号、雅号时，使用“字”“号”“雅号”的表述。参见欧远方《姓名·家谱·谱牒文化》，载王鹤鸣编《中华谱牒研究——迈入新世纪中国族谱国际学术研讨会论文集》，第 195—201 页。

伏，认为在文化学术界掀起的“陈寅恪热”大合唱中，应该发出老家文化人的声音，遂立志彻底走文道。为把业务爱好与本职工作统一起来，使写作、搜集资料有正当理由，笔者向县里提出从审计局调文化局，县领导亦予以理解支持。遂从 1997 年初起，开始正式把收集陈家资料作为一个专题，开启了有目的、有意识地搜集资料之旅。每遇双休日、五一、国庆长假，即提包下乡，修水县境内怀远人（修水县、铜鼓县客家人的特殊称谓）陈姓村落基本都到访过，后来扩展到铜鼓县、万载县。至于竹塅村，则去过许多次，与陈氏宗亲各家已经非常熟悉，对竹塅的山形地势、风水民俗、远山近岭、细小地名亦有相当了解。2002 年 6 月，笔者承梁洪生、邵鸿、季羡林、周一良等教授鼎力推荐，被南昌大学人文学院破格引进任教。凭借高校这个科研平台，把义宁陈氏家族史的专题研究带出了山外，从地方文史工作进入了学术殿堂、史学园地。

第一章　赣西北棚民迁徙立足的艰苦历程

义宁陈氏从草根上升为世家的原动力，源于其客家棚民背景。与其他名门望族相比，义宁陈氏由客家棚民跻身耕读人家再上升到文化世家的艰苦奋斗历程较为独特。由于社会地位低下，生存环境恶劣，客家人的刻苦耐劳精神尤其坚韧持久。正是这个基点，铸就了义宁陈氏艰苦卓绝、坚韧不拔的家族性格和勤耕苦读、崇文重教的优美门风。这股不屈服于环境、命运的顽强生命力，像一条潜在的河流，给这个家族注入了强大的精神动力，推动着几代家族成员承传不息、执着向前。

第一节　客家民系——棚民

一、客家民系

客家人是汉族大家庭中一个独特的民系，有自己的方言、风俗、文化传统，主要聚居在闽西、粤东、赣南毗邻地区。“民系”的概念是罗香林先生首先在20世纪30年代初提出来的，他指出：“南部中国，有一种富有新兴气象、特殊精神、极其活跃有为的民系，一般人称他为‘客家’（Hakkas），他们自己也称为‘客家’。他们是汉族里头一个系统分明的支派，也是中西诸社会学家、人类学家、文化学家极为注意的一个汉族里的支派。”“‘民系’一词，是我个人新造出来用以解释民族里头种种支派的。关于民系的含义和界说，拙著《民族与民族的研究》一文言之颇详，该文见《国立中山大学文史研究所月刊》第一卷第一期。”①

---

①　罗香林《客家研究导论》，第12页。

“民系”即“民族的支系”之简称，罗香林首创“民系”概念来指称汉民族南迁的各大支系。他认为一个庞大的民族会因为自然环境、外族关系、内部演化等因素分化出不同的民系，[①]形成稍有不同的亚文化群体。民系的认同有三个标准：血统、文化、语言。[②]

到90年代，王东对罗香林提出的“民系”概念进行了系统、集中的概括、阐发，指出“它的内涵就是同一民族内部的各个独立的支系或单元。……涵盖了民族共同体内部多元一体的这一基本格局”。[③]

21世纪初，郭谦进一步申说：“汉民族在漫长的发展历史中，由于民族迁徙和其他社会历史条件的变动，其内部又衍出许多支脉即民系。民系是建构本民族社会框架结构中的一种特定的社会团体，这种社会团体最突出的特征是具有从属性和独立性的双重社会性质。所谓从属性，是指民系仍然从属于民族共同的社会性格和心理素质，如民系都依靠本民族的语言体系进行交往，均遵循本民族共同的社会传统。所谓独立性，是指民系具有相对独立的文化特征，如每个民系都有自己独特的方言、相对稳定的地域和程式化的习惯及生活方式。”[④]

二、棚　　民

“棚民”是从明代中后期开始出现在我国南方山区的特殊移民群体。就南方数省范围而言，凡在山区搭棚（蓬）栖止进行经济活动的民众往往被地方官府视为棚民，《清史稿》卷一二〇《食货志》：“棚民之称，起于江西、浙江、福建三省。各山县内，向有民人搭棚居住，艺麻种箐，开炉煽铁，造纸制菇为业。”[⑤]“棚民”有客家棚民和非客家棚民之分，就赣西北数县而言，客家移民是“棚民”的主体，则无疑义。[⑥] 这个地区的“棚民”是从客家民系中产生的一个移民群体。[⑦]

赣西北棚民居住在高山峻岭、人烟稀少之地，以种麻为最多，被土著居民

① 罗香林《客家研究导论》，第31页。

② 罗香林《客家研究导论》，第66—69、95页。

③ 王东《客家学导论》，上海人民出版社1996年版，第5页。

④ 郭谦《湘赣民系民居建筑与文化研究》，中国建筑工业出版社2005年版，第29页。

⑤ 赵尔巽等《清史稿》卷一二〇《食货志》，中华书局1976年排印本，第3483页。

⑥ 参见刘佐泉《“客家历史”与传统文化》第三章第四节《客家与江西棚民》，河南大学出版社2003年版，第116—121页；李木子《明末清初赣西北“棚民”问题研究》，载《宜春师院学报》2005年第5期；黄怡媛《清代棚民之研究》，台湾政治大学历史研究所1999届硕士论文。

⑦ 见梁肇庭《序》，载梁肇庭著，冷剑波、周云水译《中国历史上的移民与族群性——客家人、棚民及其邻居》，社会科学文献出版社2013年版，第18页。

称为“麻棚”。苎麻为我国著名特产，康熙朝后期，中国苎麻在世界上是名牌产品，独占国际市场。当时洁白而又轻爽的中国夏布(苎麻布)是国际上使人心醉的商品。美丽的麻织物，常被用作互相赠送的礼物。这种麻织商品之所以能在国际市场上占有得天独厚的地位，是和棚民在江西大力发展苎麻生产分不开的。苎麻历来是赣西传统的经济作物，向以种植历史悠久、品好质佳著称，其中万载夏布驰名于世，宜春县也是著名的苎麻产地，早在唐宋时期就把白苎布作为向朝廷岁贡的产品。闽粤客民来到赣西山区向业主租取荒山，进行开垦，种植苎麻。① 根据当地的气候，每年二至三月种植，“初种用子，种后宿根自生”，“先年分种，次年可取，三年更旺。岁取三次，小满收为春麻，小暑收为月麻，秋分收为寒麻”。3 年以后，年亩产麻几十斤。寒麻收获期约在霜降以后，收完寒麻后，已经进入冬天，到次年 5 月春麻才能收成。因此，棚民初到赣西可以冬归春来。②

从魏晋南北朝开始，客家先民先后 5 次大移民。前 4 次均从中原向南方迁徙，第 5 次则从闽西、粤东、赣南向北回迁。在江西，回迁的路线终止于最北边的义宁州。③

20 世纪八九十年代以来，我国史学界兴起了客家人研究、区域史研究的热潮，赣西北的“棚民”历史开始进入高校、社科院学者的视野。修水的文史工作者也融入其中，义宁州的“棚民”史也渐渐浮出水面。但近些年客家学界引进西方的文化人类学学科原理，以移民文化在当地属不属于主流文化为基点来判定是不是客家人，不承认赣西北、湖南、四川有客家人。认为凡脱离了本土文化、迷失了族源、被学者们告知是客家人的人群都不是客家人，不要刻意渲染强调“棚民”“客籍”的客家人身份，不要乱认“阿公”。而这些地区的学者专家进行的田野调查表明，这些从客家人聚居地大本营即闽、粤、赣毗邻地带迁移出来的人群，保留了原籍的母语方言和风俗习惯，有强烈的族群认同意识，不与本地同姓通谱，不共祠堂，1949 年前不与本地人通婚。修水的怀远人各姓近些年纷纷派人到广东、福建原籍寻根认祖，得到宗亲的热情接待。三百余年的分离，仍没有隔断血浓于水的亲情。他们相认，不理会学术概念、高深理论。

---

① 见康熙四十七年(1708)版《宜春县志》卷六《户口》：“(闽西流民)初寥寥散处，冬归春集。”

② 见张桂林《赣西棚民与福建佃农》，载《福建师范大学学报》1986 年第 3 期，第 115 页。

③ 见古进主编《客家人》画册第二章《迁移、散布》，中国三峡出版社 1994 年版，第 36—49 页；参见罗勇《略论明末清初闽粤客家的倒迁入赣》，载黄绿清主编《客家研究辑刊》1995 年第 1 期。

因此，义宁州“棚民”的客家人身份，是没有问题的。[①]

由于这些学者否认赣西北有客家人，因此对陈寅恪是否为客家人后裔亦存在怀疑。关于这一点，陈寅恪学生罗香林在相关著作中多处涉及陈寅恪家族。在提到客家著名人物时介绍了陈宝箴、陈三立，[②]在叙述江西省的客家人分布时提到陈寅恪向他介绍义宁州的“怀远人”情况，[③]在论列客家学者时提到陈寅恪：“客家纯粹的学者，最重要的为义宁陈寅恪师。”“其家上世从福建汀州徙赣。尝闻师云：‘予家血统，自祖父以前为纯粹客家系也。’师自少在外，未习客语，或疑此不应于这章叙录。然据李济之教授的讲述，师头部的特征犹与纯粹客家人相同（李在清华做过测验）。”[④]在论及客家话时提到陈三立向古直（层冰）介绍过修水县的客家人至今仍讲客家话。[⑤] 陈寅恪去世后，移居台湾的赣南客家人廖国仁为回答报纸有人询问陈寅恪是否客家人，特撰《关于陈寅恪先生是否客家人》一文叙述他早年与陈三立、陈隆恪、陈伊恪、陈荣恪交往时常用客家话交谈。[⑥] 此外，近些年学界发表、出版的关于客家人的文章著作对修水县的客家人和陈寅恪家族多有论述。因此，陈寅恪家族的客家人身份是毋庸置疑的。

第二节　义宁州棚民的特殊称谓——怀远人

一、义宁州简介

义宁州位于赣西北边陲，与湖南、湖北毗邻，所谓吴头楚尾、三省九县交汇之地，地理位置非常重要。

义宁州在江西各州县的位置特殊，一是因为它地域广阔，是江西省幅员最大的县，总面积 4 504 平方公里。在江西，面积不足 1 000 平方公里的县有 15 个，1 000—2 000 平方公里的县有 41 个，3 000—4 000 平方公里的县有 3 个，4 000 平方公里以上的县有 3 个（修水、宁都、鄱阳）。而现在修水县的面积还

---

① 见许怀林《客家社会历史研究》，暨南大学出版社 2016 年版，第 21 页；周建新等《江西客家》，广西师范大学出版社 2007 年版，第 54 页。

② 见罗香林《客家研究导论》，第 32 页。

③ 见罗香林《客家研究导论》，第 61、76 页。

④ 见罗香林《客家研究导论》，第 214 页。

⑤ 见罗香林《客家研究导论》，第 264 页注⑦。

⑥ 见俞大维等《谈陈寅恪》，传记文学出版社 1970 年版，第 122 页。

不是它原来的面积。幅员 1 548 平方公里的铜鼓县，清朝以前与修水县同隶属于义宁州（散州，相当于现在的县级市）。州境四周大山环绕，境内群山起伏。边界与境内海拔 1 000 米以上的大山有八十余座之多。绵亘西北部的幕阜山脉与东南部的九岭山脉呈合抱之势，构成一个封闭的巨大山谷盆地。江西五大河流之一的修河从州境最西边的幕阜山东麓和最南边的大沩山东麓（小地名"一字栋"）发源，贯穿义宁州全境，形成一条发育完整的山区河谷地带。这一片幅员六千多平方公里的广袤山地，为人民提供了休养生息的自然资源，吸引着客家人纷纷向这里迁徙，留下二十六万余客家人后裔。①

二是因为它历史悠久，是江西两个最早见于历史记载的古诸侯方国"艾""番"之一。② 修水为"艾"的属地。早在上古时期四五千年前，就有先民在这里生息繁衍。1961 年，江西省考古队在修水县上奉乡山背村发掘出大量石器，属于新石器时代晚期文化遗址，考古学界称之为"山背文化"。与广东曲江县的石峡文化、福建闽侯县的昙石山文化并列为中国东南地区三种代表性的新石器时代晚期文化。殷商时期，在修河流域封建艾侯国，周平王改封艾子国，都城遗址在渣津镇龙岗坪，③辖地包括修河流域的铜鼓县、修水县、武宁县和永修县一带。春秋晚期改称艾邑，为吴国公子庆忌的采邑；④秦汉时设艾县，是江西省十八古县之一。⑤ 唐宋称分宁县，元明称宁州，清嘉庆朝之前称宁州，嘉庆三年（1798）赐"义"字，称义宁州，⑥民国元年（1912）改称义宁县，民国二年分出崇乡、武乡的一半，另建铜鼓县。民国三年（1914）为避免与广西义宁县同名，改称修水县，⑦县治仍称义宁镇。从宋代起，隶属于南昌府，清代为南昌府八县（南昌、新建、丰城、进贤、奉新、靖安、武宁、义宁州）之一。

义宁州山川深重，自古交通不便，远离省会中心城市，处于南昌、九江、武汉、长沙的交叉中心，距离大致相等，都在四五百华里以上。这也是太平军与

---

① 见江西省社会科学院客家问题研究课题组《江西客家综述》，载《江西社会科学》1995 年第 2 期。

② 参见李学勤《应监甗新说》（应即雁，雁即番），载《江西历史文物》1987 年第 1 期；鄱阳县文管所对"番""艾"的解释。

③ 参见熊耐久编《渣津镇志》，国际炎黄出版社 2004 年版；熊耐久《古艾寻踪》，自印本。

④ 《左传 · 哀公 · 二十年》："吴公子庆忌骤谏吴子（夫差），弗听，出居于艾。"杨伯峻编著《春秋左传注（修订本）》，中华书局 1990 年版，第 1715 页。

⑤ 见许怀林《江西史稿》，江西高校出版社 1993 年版，第 20 页。

⑥ 共八乡七十四都九十三图（本为七十三都，雍正三年增加一个虚都"怀远都"）。其中武、崇二乡有"武乡武一圈，崇乡崇半边"之说，铜鼓县即由上武乡八个都、上崇乡三个都组成，可见这两个乡的面积之大。

⑦ 见《内务部改定各省重复县名及存废理由清单》，载《东方杂志》第 10 卷第 9 号，1914 年 3 月，第 11 页。此条资料由张求会检出。

清军、团练在义宁州拉锯式大小战役上百次的原因。谁占据了这片巨大的山区盆地，谁就拥有了保卫或攻打南昌、九江、武汉、长沙的主动权。曾有“宁州安，江西安”的说法，因为往东一过九岭山脉即一马平阳，直逼省府南昌城下。

二、闽、粤、赣（南）客家人向义宁州移民简介

义宁州的行政建制为八乡七十四都。八乡为高城乡、崇仁乡、奉仙乡、武宁乡、仁义乡、西平乡、安坪乡、泰平乡，简称高崇奉武、仁西安泰。每乡面积极广，略大于1949年后区一级建制，县东南崇、武、奉、安、泰四个乡因山林密集，是客家移民的聚居集散地。

清朝初年，反清势力占据了修水山区很长时间，直至康熙十六年（1677），才被镇压平息下去。连年战乱，加上自然灾害，使义宁州生产凋敝，民不聊生，人口大减（全州只有16万人），东南四乡尤为严重。康熙十七年，政局稍稳，知州班衣锦奉旨向闽、广、赣（南）等地发出招垦贴，于是福建省的上杭、长汀、武平、宁化、清流；广东省的长乐、兴宁、平远、大埔、镇平、和平、龙川、程乡；赣南的会昌、崇义、安远、兴国、龙南、定南等42个州县的客家人，扶老携幼，成批迁来义宁州。[①] 此后亲朋乡邻辗转相邀，雍正、乾隆、嘉庆年间又迁来不少。他们最初在深山穷谷耕山垦荒，搭棚（蓬）居住，生计维艰，正如熊为霖《过桃树岭》[②]诗描述的那样：

青布裹头肩荷镵，沤麻才了又沤蓝。棚家血汗经霜露，茅屋三间月一岩。[③]

---

① 以闽西上杭县人数最多，参见上杭县客家谱牒馆馆长严雅英《从馆藏客家文献看上杭客家向义宁州的移民》，载罗勇主编《“赣州与客家世界”国际学术讨论会论文集》，人民日报出版社2004年版，第79—88页；周雪香《明清闽西粤东北地区人口向外流动的原因和影响》，载陈支平、周雪香主编《华南客家族群追寻与文化印象》，黄山书社2005年版，第449页；曹树基《中国移民史》第6卷，福建人民出版社1997年版，第223—232页。

② 熊为霖，字浣青、鹤桥，号心松居士。南昌府新建县人。乾隆七年（1742）进士。由翰林院检讨升侍读，顺天乡试同考官。典试贵州、陕西。博学善文，尤工金石篆刻。假归后，累主名山讲席，约在乾隆四十四年（1779）聘为岳麓书院山长，四十九年主广东粤秀书院（同治十年版《新建县志》卷四七《儒林》，江苏古籍出版社1996年影印本，第562页）。

③ 王维新等修，涂家杰等纂《同治义宁州志》卷三五《艺文志·诗》，江苏古籍出版社影印本1996年版，第741页。熊为霖曾于乾隆十三年（1748）冬到武宁（同治九年版《武宁县志》卷二六《寓贤》“熊为霖”条，江苏古籍出版社1996年影印本，第403页）、义宁会友游览，写诗数十首，名《修水游草》，后于乾隆四十六年（1781）结集刊印，名《纪行诗》（笔者有幸收藏一册原刻本），内有《山棚竹枝词》六首，《过桃树岭》七绝二首。实地体验得来的诗句，确有动人心魄的艺术感染力。查《江西省修水县地名志》第285页，“桃树岭”在今赤江乡车田，“蓝姓从福建迁此建村”。再查熊为霖《过桃树岭》前后诗作的地名，得知他是从州治到何市乡去访友，（转下页）

三、怀远都——怀远人

义宁州的客家人被称为“怀远人”，得名于义宁州一个特殊的行政建制——怀远都。① 设立“怀远都”的动因与科举学额有关（详见本书第二章第六节，第77—80页）。根据笔者收藏的《怀远都图册本》②上的记载，怀远人最早应招迁入义宁州，为康熙十八年（1679）叶渊跃37岁时从福建清流县迁来上武乡二十四都。③ 康熙朝中期，移民大量涌入，三十九年至四十五年的7年间户数猛增。至康熙末年，迁入义宁州的早期棚民已经居住立业五六十年，人口逾万，但一直解决不了户口问题。按照当时的规定，居住20年以上，有了产业、庐墓、亲戚的外乡人，都可以申请入籍。

雍正二年（1724），朝廷颁布“棚民保甲法”，规定“江西、浙江、福建三省棚民……已置产业并愿入籍者，俱编入土著，一体当差”。④ 根据这个规定，许多地区的棚民都顺利地拿到了“绿卡”，只有赣西义宁州、万载县、奉新县的棚民因本地人的层层阻力，入籍问题不能解决，“俱编入土著”的政策难以贯彻，不得不采取另立都图和给予科举另额的形式，打“擦边球”，折衷了结。义宁州的土著阻挠尤其激烈，发展到童生集体罢考、围攻州衙，殴打驱逐赴考的棚民童生，多次呈文到省，扬言若允许异民入籍，“我等甘愿献产让籍，转徙他乡”。⑤

（接上页）州治至何市樟源40华里（见《义宁州志》卷五《地理志·道路》，第99页），赤江桃树岭是必经之路，一直至20世纪60年代初未通公路之前还是必经干道。笔者先在新编《修水县志》卷二《人口·怀远人》中得读此诗（“镵”错作“锄”），尚未有共鸣，后来做怀远人历史田野调查，到过许多怀远人早期立足之地，对此诗方有深切感受。特别是最后一句“茅屋三间月一岩”，尤为生动，因当年怀远人初迁来时，确有先在岩洞里栖身二三代的，至今遗迹尚存。

① 关于“怀远人”的得名，修水民间流传着一个“山寨版”的解释。说是本地人问怀远人的祖籍，说了一个离修水很远的地方，回答“还要远些”，又说了一个更远的地方，回答“还要远些”……修水方言“还”字读音有时与“怀”同音，于是“还（怀）远”“还（怀）远”就这样传扬开了。

② 道光十七年刊印。这是一本截止到雍正八年的怀远人入籍时的丁粮登记簿，详细载明户主原籍、入籍时产业、全家人口、父母墓葬地点等资料，非常珍贵。笔者另藏有两册手抄本。铜鼓县客家联谊会副会长赖文峰据笔者提供的手抄本撰成《怀远人渊源考》，载罗勇主编《“赣州与客家世界”国际学术讨论会论文集》，第73—78页。

③ 编入怀远都二都一图一甲。在州府招垦之前，明末清初义宁州即有少量“棚民”。笔者的家族即先从福建迁徙到江西南丰县，再从南丰迁移到义宁州外七都走马岗，到笔者这一辈已是第十代。幼年听父祖辈说怀远人一开始是来种蓝、作麻、生菇，搭棚栖止，像候鸟一样春来秋去，走时农具就挂在棚壁上，以后才逐渐定居。这从走马岗至今还有“内棚”“外棚”的地名可以得到印证。本地人父老说怀远人是从别处“窜”来的，“窜”是修水方言的一个古汉语词，其意现代汉语难以完全对译，带有轻蔑之意。这是怀远人迁徙落脚义宁州之初在语言考古上留下的印记。

④ 《清文献通考》卷一九《户口考》，商务印书馆1936年合装本，第5027页。

⑤ 《土著呈里递流状》，载《华国堂志》第二册，1894年刊印，第37页。“华国堂”是咸丰九年（1859）冬怀远四都二图集资开办的一个漕粮收缴、宾兴奖励机构。详见本书第三章第五节，第121页。

雍正二年义宁州土著的罢考事件，持续了五个多月，惊动了府、省官员甚至两江总督衙门。义宁州知州刘世豪①坚持正义，不断向上级呈文说明事实真相，雍正三年八月，终于获得朝廷允准另立都图②入籍。乾隆二年版《宁州志》卷四《户口·怀远都》："宁州从前流寓俱归'客户'，是以创置田产有粮无丁。殆自康熙三十年后国家生齿日繁，闽广诸省之人，散处各方，宁州地广人稀，因而诸省之人，扶老挈幼，负耒而至……荷蒙皇上廑如天之仁，特允臣工安辑棚民之请，耕山者概编保甲，有产者另立都图。以怀远为名，隐寓招携之义。其秀者令为义学，课习五年，俱得一体考试，卷面注'棚童'字样。每五十名取进一名，百名以上取进二名，二百名以上取进三名，其最多者统以四名为率。"③这样，原先统称"棚籍"的移民就被一个既正式又单独的户口系统所取代，并以"怀远"名义专称，以区别于土著居民。这是雍正朝解决移民户籍难题的一个创举。④

四、设立"怀远都"的意义

怀远都的建立，是中国古代社会长期奉行怀柔政策影响下的产物。《辞源》"怀远"条⑤释义："安抚远行之人，《左传·僖公七年》'招携以礼，怀远以德'，《淮南子·泰族》'大道以容众，德道以怀远'。"南宋著名词人张孝祥《六州歌头》词中有一句："干羽方怀远，静烽燧，且休兵。"注家注"怀远"一词为"使少数民族归顺"。我国历史上有怀、安、绥、靖等字的地名一般都有安抚怀柔之意。如安西都督府、怀柔县、绥远省、安远县、靖安县、怀集县等地，用怀远直接名县的有三个：安徽的怀远县、广西的怀远县（1914 年改名三江县）、陕西的怀远县（1914 年改名横山县），而比县一级更小的怀柔性质的行政建置，则比较少见。修水怀远都的存在，为我们提供了一个封建社会广泛运用怀柔归

① 江南上元人，监生。康熙六十一年（1722）冬到任义宁州，雍正四年调赣南定南县。见同治十二年（1873）版《义宁州志》卷一六《职官志》，第 219 页。1991 年新编《修水县志》送审稿第五册原有《刘世豪小传》，正式出版时未采用。

② "都"、"图"（又称"里"）、"甲"是清代行政建制称谓。现今修水、铜鼓地名还保留着"都""甲"，"图"则已经消失。

③ 道光四年版《义宁州志》卷六《户口》全文移录这段记载，只将"卷面注'棚童'字样"改为"卷面注'怀远'字样"。同治十二年版《义宁州志》卷一二《食货志·户口》全文移录道光四年版州志，卷一九《选举志》凡怀远人进士、举人、贡生均载明"某乡怀远都人"。

④ 参见许怀林《义宁州"怀远都"的设立，有代表性意义》《义宁州的客家与"怀远都"》，载氏著《客家社会历史研究》，第 303—313 页；曹树基《中国移民史》第 6 卷，第 249—254 页；刘敏《论清代棚民的户籍问题》，载《中国社会经济史研究》1983 年第 1 期。

⑤ 《辞源》第 2 册，商务印书馆 1980 年版，第 1175 页。

化政策的实例，具有客家人入籍问题个案研究的价值。

对怀远人来说，能够入籍，是一件关乎他们安身立命的大事。尽管是“附籍”，且“怀远”寓有“怀柔远人（蛮夷）”的贬义，但他们还是接受了。有了户口，就是具有朝廷法律保障的编户齐民了，享有与本地人一样完粮当差的权利与义务，子弟科举学额也进入了体制，地方上各种行政、公益活动都可以“怀远都”的名义与土著各乡各都并列。对于这件大事，怀远人编刻的几种志书都刊载了《开籍全案》《开都全案》《土著阻考全案》《图甲丁粮录》，并有不少私抄本。“全案”保存了地方政府的“最高指示”，是移民赖以立足生存的重要法律依据。反映了地方官府、移民和土著三方面的立场、要求和情绪，保存了朝廷和省府大员所做的相关批示，再现了移民要求入籍、土著聚众罢考的过程以及官府上下为处理冲突而采取的各项措施。但这些文献在本地人三次主修的州志中都不予载录，因而这批丰富的怀远文献具有独特的史料意义。[①]

怀远人有几个独特之处，一是有区别于本地土著的户籍系统；二是自办漕粮收缴；三是自办书院、学堂；四是有自成系统的文献遗存；五是崛起了声名远播的“义宁陈氏文化世家”。

五、怀远人的称谓和怀远话还将存在若干时期

怀远都共设置四都八图八十甲，它并不是一块完整的版图，而是分插在义宁州高、崇、奉、武、泰、安六乡的行政区域内。[②] 这样，义宁州就有了两个户籍系统和两个行政建制概念，官府办事人员和怀远人必须记住两个地理名称。当怀远人进行对外交流时，他使用的是义宁州的行政建制；在怀远人内部开展活动和完粮纳赋、科举考试时，又必须使用怀远都图甲的行政建制。这种特殊的社会现象虽然早已成为历史，但由此派生出来的一个专有称谓——怀远人和怀远话将因为这个特殊的行政建制而保留流传若干时期。

方言是民系认定的主要标志和凝聚力的重要纽带。[③] 张应斌论说：“客家方言成为客家人的外在标志。方言是封闭的人文系统，在封闭的人文系统

① 详见梁洪生《从“异民”到“怀远”——以“怀远文献”为重心考察雍正二年宁州移民要求入籍和土著罢考事件》，载《历史人类学学刊》第1卷第1期，中山大学历史人类学研究中心2003年编印，第32页。

② 雍正元年刘世毫在呈南昌府的公文中明言：应于各乡中择空缺之都图，使该乡就近之客民，品搭田粮，各立都图，每都分编十甲，与土著都图按年轮充地练，应例承赋完粮。见《华国堂志》第一册，第9页。

③ 见王东《客家学导论》，第136、58页；陈支平《客家民系的形成及其源流》，广东人民出版社2018年版，第103、138页。

中的人类似一群羊,成员间有着生物学和文化学的联系:同地、同类、同语者休戚相关,荣辱与共。德国哲学家海德格尔称语言为'存在之家',其《走向语言之途》说:'大道赋予终有一死的人以栖留之所,使终有一死的人居于其本质之中而能够成为说话者。'方言是语言的大地,同语者在此地上说话时的精神也栖息于此,以获得精神的存在和根基。《史佚之志》:'非我族类,其心必异。'方言成为人的识别标志。中国古代中原人称南蛮为'鴃舌'者,古埃及人称非埃及人为'异舌'者。在四周壁垒森严的语言隔阂中,客家人因'语音不类'而与广府和福佬方言者相区别,他们在方言中形成自我意识,找到心理情感认同和社会文化认同,客家方言中包含着丰富的心理文化信息。"①

客家人的乡音情结非常强烈,黄遵宪(粤东梅州人)《己亥杂诗》第二十四首《咏客家人》自注:"……礼俗多存古意,世守乡音不改,故士人别之曰客人。方言多古语,尤多古音。陈兰甫先生云:证之周德清《中原音韵》,多相符合。……"②义宁州怀远人亦有"宁卖祖宗田,不买祖宗言""卖屋不卖岭,嫁女不嫁声"的方言母语情结,③《客家人在修水》一书专辟《怀远话》章节介绍。由于怀远人的祖籍地来源不一,怀远话内部存在着细微差别,他们自己听得出来,但在本地人听来是一样的,称为"鸟崽话"。修水山区有一种鸟,④修水民间流传不少怀远话的笑话趣闻,如本地人挖苦怀远人"怀远鸟,日日呀 ea,年年过年三十夜 ya",怀远人反唇相讥"本地佬,好吃粘,年年过年二十九"。笔者曾听余杰风先生⑤学说过一段修水漫江乡一支怀远人的话,真的像"鸟语"。多年后才知余老学说的这种话原来是"仫佬语"。漫江乡廖姓从赣南迁来,祖先在赣南大山里与仫佬为邻并结亲,故他们既会说怀远话,也会说仫佬话。又听吴应瑜(《陈寅恪家族旧事》编著者)⑥学说复源乡怀远人朗诵毛主席语录,令人捧腹大笑。

---

① 张应斌《客家研究的起源——从宋湘、黄遵宪到罗香林》,载肖文评主编《罗香林研究》,华南理工大学出版社 2008 年版,第 76—77 页。

② 黄遵宪著,钱仲联笺注《人境庐诗草笺注》下册,上海古籍出版社 1981 年版,第 810 页。

③ 任何一个民系,都是热爱自己语言的。因为它是最能表达思想情感的物质外壳。民族语言和方言中所蕴含的独特的民族、民系韵味,是任何别的语种都不能代替的。他们寄托在自己方言上的意识和感情,远远超出语言本身的意义。见刘佐泉《"客家历史"与传统文化》,第 260 页。

④ 春夏时鸣叫声好像"你去归",与怀远话"你去 xi 归"极为相似,学名可能是杜鹃,又名杜宇,因古人说杜宇催归。本地人因称这种鸟为怀远鸟,带有贬义。

⑤ 《一门四杰》的主笔,陈三畏之女陈静娴的女婿。

⑥ 吴应瑜曾在修水县最边远闭塞的复源乡(怀远人聚居地之一)工作 12 年。

六、江西学界对怀远人的研究

几十年来，学界对怀远人的研究，其远因可以追溯到陈寅恪先生。1930年，陈寅恪的学生罗香林写了一篇论文（这篇长文后经增补出版，名为《客家研究导论》，成为我国客家学的开山著作）请老师批改。陈寅恪向罗香林讲述了修水客家人的情况，罗香林一一写进书中，使修水怀远人在《客家研究导论》一书中屡见称引。陈寅恪逝世后，罗香林在纪念文章中指出："修水之有客家，是根据吾师寅恪先生的讲述推知的，他的上代是从福建的上杭过去的，本属客家系统，这些从闽粤迁去的客家人，多数以耕读为业。因为生性耐劳，勤于读书，所以考秀才的时候，本地人往往以学额被客家学子多分了去，便出而纷争，甚至阻挡客家学子入场应考，后来由封疆大吏请准朝廷，另设'怀远'学额，专给客家人应考，与原来的学额无关，这才把纷争平息，陈师一家，自他高祖至他父亲都是由'怀远籍'入学，逐级考获各种高科的。怀远妇女不缠足，故只能与本处客家通婚，而不与本地人通婚。"①这段话是"怀远人"名称见于学术著作的最早记录，除了结尾说陈寅恪祖上"都是由'怀远籍'入学，逐级考获各种高科的"稍微有误之外，基本符合历史事实。从罗香林转述的这段话来看，陈寅恪早年对修水怀远人的历史往事有一些了解。

1940年至1945年，吴宗慈编著《江西通志稿》，在第38册《氏族略·江西棚民始末记》中对修水、铜鼓、万载的棚民历史有简单的描述。

1986年，曹树基撰《明清时期的流民和赣北山区的开发》一文（载《中国农史》1986年第2期）。

1991年，江西师大历史系许怀林教授来修水审阅新编《修水县志》。他以史学家的眼力，希望县志办专立怀远人一章。由于当时学术潮流宗向和80年代全国修志的体例限制，《修水县志》只在《人口》这一章的末尾附了一节"修水怀远人"的介绍，虽然专立章节未能实现，但毕竟聊胜于无，为学界提供了一节比较严谨的资料。2016年，许教授在暨南大学出版社出版了《客家社会历史研究》一书，专辟一章介绍义宁州的怀远人与怀远都。

1993年，修水县政协文史办在陈家后人的大力支持下，编著了《一门四杰——修水陈宝箴、陈三立、陈衡恪、陈寅恪史料》一书，涉及怀远人的一些史实。笔者曾寄一册给周一良先生，他回信说："昔年有人争议寅恪先生是否客

---

① 罗香林《回忆陈寅恪先生》，载钱文忠编《陈寅恪印象》，学林出版社1997年版，第56页。又见罗香林《客家研究导论》第76页注②、第276页注①，意思大致相同。

家人，有此一书，足以说明问题。”

1993年8月，《人民画报》高级编辑、客家学专家古进先生来修水、铜鼓采访搜集资料。多年来，古进先生一直关心修水怀远人的研究，提供了不少闽、粤客家研究资料和信息。他在《客家人》画册《源流》《方言》《人物》几章中都采用了修水怀远人的史料。

1994年，江西社科院历史所“客家问题研究课题组”撰《江西客家综述》论文，对修水、铜鼓的怀远人历史有比较详细的介绍。

1997年底，江西师大历史系研究生宋德剑为撰写毕业论文，赴修水查阅怀远人的史料。在他的毕业论文《明清江西棚民问题探析》中，多处涉及修水、铜鼓怀远人的入籍问题和相关史料。

1999年7月和2001年5月，江西师大历史系梁洪生教授两次到修水调查怀远人史实，在广泛深入解读原始文献资料和实地调查基础上，写出了《从“异民”到“怀远”——以“怀远文献”为重心考察雍正二年宁州移民要求入籍和土著罢考事件》和《“怀远都”及其“四都二图”考——雍正朝义宁州移民户籍研究之一》两文。[①] 这是两篇关于怀远人入籍问题的力作，把对怀远人入籍问题的研究提升到一个新的高度。2008年，江西人民出版社出版梁洪生主编的《江西通史》第9册《清前期卷》第二章第二节《处理移民入籍引发的冲突和学额分配的定制》中再次对义宁州怀远人入籍档案史料予以梳理、释读。

此外，南昌大学历史系万芳珍教授在《清前期江西棚民的入籍及土客籍的融合和矛盾》《客家入赣考》《江西客家入迁原由与分布》《客家渊源再论》《赣西北客家开拓进取精神及其成因》等论文中亦涉及修水、铜鼓怀远人的入籍问题和相关史料。

在修水本土，1997年10月成立了“客家文化研究会”，开始有目的、有意识地把怀远人研究提上议事日程，其成果体现在《客家人在修水》一书中。修水“客家文化研究会”成立之初，并没有著书计划。在搜集怀远原始文献资料过程中，“研究会”的几位骨干认为光绪十五年（1889）刻印的《全善局志》[②]已

---

① 此文为中山大学历史人类学中心、香港科技大学华南研究中心2001年12月举办的“东亚贸易网络与地域社会学术研讨会”提交论文。

② 怀远都建立后，怀远人可以按户按丁完粮纳赋。但在具体操作过程中，书办、图差营私舞弊，欺压怀远人，用大戥称银，大斛量谷，踢斛淋尖，还要负担名目繁多的附加费，如“水脚银”“补平银”“挂牌银”“当年费”“班头费”“年节费”“通书费”“伙食费”“脚价费”等数十种，当时怀远人完粮折价竟是本地人的两倍。怀远人忍无可忍，从道光三十年（1850）起，怀远都士绅就不断地上告，但一直没有结果。咸丰三年（1853）秋，怀远人统一行动，拒不交粮。赖本地绅士查訾峰出面从中调停，知州叶济英严格执法，将各图差役一概革斥，各种摊派一并废（转下页）

经一百多年了，期间再没有编印过有关怀远人的志书，若在自己这一代再不续修，随着后人“怀远人”意识的淡薄和同化的不可抗拒，将会出现一段空白的历史，上愧对祖先，下愧对后人。为补上这一断裂的环节，必须将自己这一代亲历、亲闻的史事写出来。经过一年多的调查、梳理、写作，此书终于在 1999 年 6 月问世。全书三百多页，四十多万字。苦蒂甘瓜，怀远人终于有了一部自己的“准通史”。

第三节　陈氏迁宁始祖陈鲲池及其书香遗脉

一、陈鲲池的名、字、号和迁义宁时间

陈鲲池，名公元，字腾远，号鲲池。康熙四十九年庚寅（1710）十二月二十五日生，乾隆六十年乙卯（1795）正月十四日殁，享寿 86 岁。雍正十二年（1734）年初左右，陈鲲池从福建上杭来苏中都林坊迁义宁州。[①] 落脚在修水东南眉毛山[②]山区一处名为护仙坑（属安乡十三都）内的梅梓窝[③]的山沟，为陈

（接上页）除，并准许怀远人在都城内设立公局，自办漕粮。怀远人珍惜允许设局的机会，筹措资金，在州城购置宅基地建造公局，取名“全善局”。从此，怀远人的粮赋收缴由怀远人自己经手。各民户将粮赋交到全善局，再由全善局统一交到州衙。后来全善局利用办理公事剩余的钱谷，置办产业和作为奖励科举功名的基金，使全善局的功能由单一的收缴漕粮向多功能发展。全善局的设立是怀远人继设立怀远都、创办梯云书院之后的又一件大事，它使怀远人有了自己的办事机构和决策机关，增强了怀远人的自治意识。在保护怀远人的经济利益，增强怀远人的凝聚力等方面，起到了极大的作用。全善局一直维持到民国时期，屋宇在 20 世纪 80 年代因建县城中心文化广场被拆毁。

① 关于陈鲲池迁义宁州的具体时间，目前所见各种文献材料实无明确记载，只能根据相关线索予以考证落实。笔者收藏的义宁州棚民入籍丁粮簿（截止到雍正八年），无护仙坑地名和陈鲲池的名、字、号，可证他是在雍正八年之后迁入的。其子陈克绳兄弟所撰《陈公鲲池大人行略》谓父亲弱冠弃举子业，由汀州来苏乡游江西义宁州，落脚安乡护仙塬（见刘经富编著《陈寅恪家族史料整理研究》上册，上海古籍出版社 2019 年版，第 57 页）。黄文槩《陈鲲池墓志铭》述及陈鲲池在父亲去世后弃举子业，游江西，至义宁州安乡护仙塬，见其风土淳美，爰卜居焉，其时年方及冠（同上书，第 60 页）。按：陈鲲池父亲陈文光于雍正十一年（1733）六月去世，陈鲲池生于康熙四十九年庚寅（1710）十二月，父亲去世之年为 23 岁，与“弱冠”“及冠”之年大致吻合，因此推定陈鲲池迁来的具体时间为雍正十二年年初左右。目前修水县关于义宁陈氏的宣传材料将陈鲲池迁宁时间定于雍正八年（1730），其源出自《一门四杰》，该书编者根据“弱冠”“年方及冠”定于雍正八年（陈鲲池本年 20 岁），而没有注意到此句之前已明言陈鲲池是在父亲去世后才迁来义宁州的，将迁徙时间提前了三四年。

② 又称弥王山、眉扬山，是义宁州东南的一座大山，主峰海拔 1 198 米。详见本书第二章第一节，第 48 页。

③ 海拔约 700 米，见修水县武装部 1971 年测绘的军事地图，黄本修提供。

氏家族迁义宁始祖。[1]

从梅梓窝再往上走为长家岭，即护仙坑的顶端。虽然为两个地片，实为同一条山垄。长家岭因在顶端位置，从梅梓窝向上呈喇叭状展开，地势比梅梓窝要开阔，有田有土。在陈鲲池迁入护仙坑之前，早有怀远谢姓约于康熙朝早期从赣南某县迁来落脚，[2]占有了资源环境较好的地片。从长家岭翻山往南亦有一处比护仙坑地理环境更好的地方——洞坑，亦被康熙年间从赣南会昌县（先从广东嘉应州平远县迁会昌）迁来的谢姓占有，[3]作为后来者的陈氏只能退而求其次。

60年后，陈家稍有积蓄，再二度迁移到位于护仙坑东边的一处地理环境优越的山间盆地——竹塅（海拔三百多米）。按义宁州的行政建制，竹塅属泰乡七都一图。按怀远都的分片，属四都二图十甲。虽然归属安、泰两个乡和都，但距离并不太远，约八九华里，位置一在长家岭的东边（竹塅），一在长家岭的西边（护仙坑）。

二、陈鲲池的族源、世系

陈鲲池的族源出自我国著名的大家族——江州义门陈氏。玄宗开元十九年（731），南陈宣帝陈顼第六子陈叔明的玄孙陈旺迁居江西江州德安县太平乡常乐里永清村[4]（今德安县车桥镇义门陈村），发展为历史上著名的江州义门

---

① 关于陈鲲池的名讳字号称谓，怀远陈姓嘉庆八年落成的“光远祠”陈鲲池的牌位为“腾远公字公元号鲲池”，道光八年二修谱卷首所载陈克绳等《太学生陈公鲲池大人行略》和黄文桀《太学生鲲池年伯先生墓志铭》均言“名腾远，字公元，号鲲池”。同治二年三修谱所载查望洋《陈鲲池夫妇墓志铭》“讳腾远，字公元，别字鲲池”。陈宝箴乡试朱卷“曾祖腾远，字公元，号鲲池”。以上材料显示陈鲲池“名腾远，字公元，号鲲池”。道光二年二修谱卷首所载陈书洛《文光先生原配寿母刘孺人传》和同治二年三修谱卷首所载陈之驹《文光先生与德配刘孺人墓志铭》“生子三：长公远、次腾远、次芳远”，以“公远、腾远、芳远”为字。三修谱卷一一《十一郎公庭公鲲池世系》“文光公长子公远，字兆春；次子公元，讳腾远，号鲲池；三子公陞，字芳远”，以“公远、公元、公陞”为名。民国九年五修谱卷首所载《义学屋及田租记》“陈公讳公元，字腾远，鲲池其号也”。以上材料显示陈鲲池“名公元，字腾远，号鲲池”。同治二年三修谱卷一一《十一郎公于庭公鲲池世系》，光绪二十一年四修谱卷首所载朝廷封赐《诰敕》称陈鲲池，竹塅陈家后裔以开基祖名义捐款给怀远梯云书院、泰交书院、华国堂的名录、牌位均用鲲池字样，民国九年五修谱卷首载《鲲池公坟山封禁约》，现存陈鲲池墓碑“太学生陈公鲲池讳腾远原配何孺人合墓”。以上材料显示陈鲲池以号行世，现今竹塅陈氏宗亲称“鲲池公”是有来历的。推测其先名公元，字腾远。后又从“腾远”词意引申出鲲鹏培风图南之意而号“鲲池”，以对文互义。

② 见《谢氏宗谱》卷一一《长家岭世系册》，民国时期编印。

③ 始迁祖名谢煜锡（福生），见《谢氏重修族谱》卷八《洞坑世系册》，光绪二十一年（1895）五修。洞坑谢姓后来与陈鲲池一家结为姻亲。

④ 德安县对义门陈氏有专门研究的陈月海先生见告：731年陈旺建庄德安，到887年黄巢大将柳彦章攻破江州大肆掠杀，时居德化县泉水垅（今九江县狮子乡）陈伯宣携家移居德安，（转下页）

陈氏。北宋仁宗嘉祐七年(1062),义门陈氏奉旨分庄,[①]有进士陈魁(名参琉,字魁,旺公下传十世),携眷97人,自江西江州徙福建汀州,[②]为入闽之始祖。[③]魁公生五子:崑、崙、嵩、岳、峰,人称"五山",兄弟同居福建宁化之石壁。[④] 宁化石壁是由赣入闽的交通要道之一和山间盆地,一度成为从中原入闽的移民中转站、栖息地。[⑤] 清代以后,随着客家各姓联宗修谱、族源合流的发展,客家族谱中追寻自己祖先来自宁化石壁村的现象日益增多,与珠玑巷、大槐树一样,成为一种精神文化符号,形成不来自宁化石壁就不是正宗客家人的心理认

(接上页)与陈旺后人合族同处,共建义门。这两支为义门主要支派,另外还有其他分支也来到义门合居,故义门陈的兴起实为异流同源,多元一体,均有贡献。

① 这次分家共分316庄,遍布赣、皖、浙、闽、粤、楚、湘、蜀诸省,遂有"天下陈氏出义门"之誉。见陈月海主编《义门陈文史考》第七章《分庄名录》,江西人民出版社2006年版,第277—298页。

② 汀州位于闽西,原辖长汀、连城、武平、上杭、永定、宁化、清流、明溪八个县。据今龙岩市永定县《颍川郡陈氏族谱》所载魁公墓照片,"魁公墓"在龙岩市长汀县城郊长汀化肥厂后山上。

③ 关于旺公至魁公的世次,有说九世的,有说十世的,有说十二世的。入闽的时间、地点,亦不统一。有说陈魁是北宋仁宗嘉祐七年陈氏奉旨分庄迁徙汀州的,此说最多。有说陈魁于宋哲宗元祐元年(1086)携家口97人迁汀州的(见广东梅州五华县《五华陈氏源流记》,转引自陈支平《福建族谱》,福建人民出版社1996年版,第240页);有说陈魁为避元乱,携家口97人入宁化县石壁乡的(见梅州市大埔县《陈氏雍睦堂宗谱》,转引自陈支平《福建族谱》,第240页);有说陈魁于宋末携眷93人迁汀州府宁化上杭的(见香港客家《崇正同人系谱》卷二《氏族》"陈氏"条,转引自罗香林《客家研究导论》,第52页)。陈月海认为魁公不是宋仁宗嘉佑七年分庄时入闽的。据其考证,旺公下传九世有陈旭,其子美仁在大分庄时分得江西宜春彬江庄。美仁之子陈元移居江西安远县深坑。陈元之子陈魁,于徽宗朝末年(1125)金兵南下时携眷97人,从安远县深坑迁福建宁化(见陈月海主编《义门陈文史考》,第307、321页)。此外,对过去以陈魁为客家陈姓入闽始祖("吾义门分迁祖宋进士魁公挈眷九十七口入汀州庄,此八闽之迁所由来也",陈文凤《陈氏合修宗谱序》,载义宁怀远陈氏同治二年三修谱卷首)"旺公著籍江州,即所称义门陈氏也。传十世至宋进士曰魁公者,实始挈眷九十七人,自江州徙汀州,为入闽之始迁祖"(陈宝箴《义门陈氏宗谱叙》,载义宁州怀远陈姓光绪二十一年四修谱卷首)。近年有学者考证过福建诸家客家陈姓族谱,发现陈魁只是开基祖之一(见陈支平《福建族谱》,第250页)。

④ 关于"五山"兄弟是否同居石壁,"五山"后裔所修族谱说法不一。有说同居石壁陈德村的(见大埔县《陈氏雍睦堂谱·魁公系世代百字歌》"石壁衍宗派"注,载新加坡陈国纬编撰《江州义门陈氏宗谱》,南洋客属陈氏公会1983年版,第385页;陈建荣编《台湾江州义门陈源流》,2011年编印,第25、81页);有说嵩、岳居石壁村,崑、崙、峰居陈德村的(见龙岩市永定县《颍川郡陈氏族谱序》,转引自陈国纬编撰《江州义门陈氏宗谱》,第381页);有说先同居石壁,后散居各邑的(见广东梅州大埔《陈氏雍睦堂族谱·源流》,载陈支平《福建族谱》,第240页);有说先同居石壁,繁衍了五代后,至元朝初,崑、崙、嵩、岳的后裔散处各地,峰支后裔留居祖地的(见陈建荣编《台湾江州义门陈源流》,第81页;广东梅县客家陈姓重修《西山陈氏家谱》卷一《始祖德兴公之上世议言》,第57页);义宁州的峰支后裔则说峰公的孙子肇基因在宁化做官始定居石壁陈德村("吾义门分迁祖宋进士魁公挈眷九十七口入汀州庄,此八闽之迁所由来也。魁生昆崙嵩岳峰五子,峰生自强公,自强生子三,肇基公其季也。公由进士官宁化,遂自武平而移家宁化陈德村。"陈文凤《陈氏合修宗谱序》)。

⑤ 见张恩庭等主编《石壁之光》,厦门大学出版社1993年版,第93—99页。

同、社会共识,并非所有客家先祖都从石壁入闽和开基祖都在石壁居住过。[①] 峰公下传十二世有中兴公,中兴公妣朱氏、傅氏、刘氏,生子十八,后世称十八郎公。[②] 其中十一郎公字扶桑,从宁化石壁寨葛藤坳[③]陈德村先迁广东潮州,再迁福建上杭县来苏乡中都林坊,后裔遂尊十一郎扶桑公为杭邑一世祖。扶桑公再传十七世即为陈鲲池。[④]

清康、雍、乾时期,闽、广、赣客家人掀起向赣西北迁徙的移民潮。作为江州义门陈的后裔,"五山"族裔接踵而来(嵩公、峰公后裔最多),散布于义宁州和与义宁州接壤的邻县山区。这些原本属于赣文化体系的魁公后人,六百多年后,又回到了自己祖先的发祥地(德安县与义宁州相距三百多华里)。但就在这几百年间,魁公后裔的社会身份、群体属性已发生了巨大变化,从语言、风俗到体质、心态都形成了自己的特色,融入了客家人的文化体系。"棚民"的历史背景,激励他们为改变自己的身份而奋斗不止。经过一百多年的勤耕苦读、作育人才,本族内已产生一批以读书为业的子弟,不乏秀才、贡生、举人身份的文士乡绅。因此,对怀才振彩的族内优秀子弟而言,重回发祥地,不仅仅是地理空间上的移动,也是文化上的回归,负有振兴已经式微的"义门陈氏"的重任。

---

① 见陈支平《客家民系的形成及其源流》,第125、153页;谢重光《客家源流新探》,福建教育出版社1995年版,第100页。

② 客家族谱对明代以前的世代喜用"郎"名。见刘志伟《族谱与文化认同——广东族谱中的口述传统》,载王鹤鸣编《中华谱牒研究——迈入新世纪中国族谱国际学术研讨会论文集》,第36页。

③ 葛藤坳地名出自一个民间传说:唐末有一石壁妇女带着两个小孩逃难,在路上遇见黄巢,黄巢看见她把年龄大的背在背上,年龄小的反而走路,感到很奇怪,问她是什么原因,这妇女不知问话的就是黄巢,便回答说:"听说黄巢老爷造反,到处杀人,百姓惊慌奔走。这个年纪大的是我的侄儿,因为他已经没有父母,恐怕被黄巢杀了,断了香火,所以背。这个年纪小的是我自己的儿子,所以牵着走路。"黄巢听了很感动,便安慰她:"不要怕!你赶快回去,把黄葛藤挂在门口,便不会遇难。"随即向军中下令,凡遇见门口挂黄葛藤的,不准杀戮。妇女便急忙赶回家,动员村里人民割葛藤,挂在各家门上,于是保护了整个村庄的安全。村民为庆幸此举,把村名叫葛藤坑。这则故事有不同的细节,而且黄巢的部队并没有到过宁化石壁,从考据学的角度,或可怀疑其真实程度。但从民俗学的角度,却是一则有价值的口述资料,因为它生动地反映了客家先民避难逃亡的史影(见谢重光《客家源流新探》,第112页)。这个传说在修水县亦有流传,情节、人物大致相同,只不过插在门上的不是黄葛藤而是蕲艾,以此解释端午节插蕲艾的来由。

④ 义宁怀远陈姓的世次有三个系统。同治二年三修谱以十八郎公为开基一世祖,从十八郎公起下推至"三"字辈为二十一世;光绪二十一年四修谱以魁公为开基一世祖,从魁公起下推至"三"字辈为三十四世;民国三十二年(1943)六修谱以胡满公为开基一世祖,从胡满公起下推至"三"字辈为一百一十七世。我国现存宗谱多为清代谱,明代谱已少见,各姓明代以上的世次多有附会的成分,故以扶桑公为开基一世祖的下推世次比较可靠,因陈文光、陈克绳的墓碑均刻有"十六世""十八世"字样,上杭县尚有开基一世祖扶桑公夫妇合墓,乡民称"祖婆墓",世系推算材料较多。

三、陈鲲池的婚姻、子女简况

陈鲲池在护仙坑站稳脚跟后，其兄公远、弟公陞亦相继迁来护仙坑。[①] 三兄弟与同时期迁来的何姓[②]、稍后迁来的邱姓一起耕山种蓝，各自成家创业，繁衍生息。陈鲲池迟至乾隆十年（1745）35 岁才与怀远何姓姑娘成亲，[③]何氏比陈鲲池小一辈，由此可以想见陈鲲池在娶妻生子之前经历了长期的艰苦创业之路。陈克绳兄弟《太学生陈公鲲池大人行略》述其父“勤俭持家，渐积余金，不遑他务，惟念万物本乎天，人本乎祖，先置扫墓田，次置租田，次立家室。娶同州隐君子名觐光公中女，为吾母何太孺人”。[④] 何氏 14 岁即嫁给陈鲲池，其父何觐光，生平事略不详，笔者收藏的几种怀远何氏宗谱，均查不到有关何觐光的记载。《陈氏宗谱》载录的《陈鲲池行略》《陈鲲池墓志铭》《陈鲲池夫妇墓志铭》《何孺人传》均未言及其家世情况。按护仙坑陈何两姓联姻数代，何觐光未在护仙坑落户可以肯定，但通过护仙坑的怀远何姓介绍同州的宗亲与陈姓结亲则有可能。

何氏婚后连生六女，[⑤]30 岁后[⑥]始连生四男克绳、克调、克藻、克修。此时陈鲲池已 51 岁，老来得子，人生大乐，给家族带来了运兆、活力。鲲池夫妇心情振奋自不待言，甚至公远、公陞两房也为之庆幸。公远一房不发人，只有一

---

① 关于陈鲲池是与兄弟同来还是陈鲲池先来其兄、弟再来，《文光公传》《陈鲲池行略》《陈鲲池墓志铭》均只言陈鲲池自己迁来义宁。笔者此前所撰《义宁陈氏家史述略》《〈护仙坑磜上合众分关〉解读——一个客家移民群体的社会经济关系》《陈宝箴诗文笺注 · 年谱简编》均称“陈鲲池偕兄公远、弟公陞迁来……”，2018 年撰写《从客家棚民到文化世家——陈寅恪家族简史》改为“陈鲲池在护仙坑站稳脚跟后，其兄公远、弟公陞亦相继迁来”（刘经富编著《陈寅恪家族史料整理研究》下册，第 967 页），改动的原因是考虑到陈鲲池是在其父亲去世后迁来，如三兄弟都迁来，则无人照顾母亲。陈鲲池是三兄弟中能力最强的一个，他先出来闯荡打拼站稳脚跟后兄弟再迁来更合情理，至于后于陈鲲池多长时间迁来，则难以考定。

② 刘经富《从客家棚民到文化世家——陈寅恪家族简史》称“三兄弟与先来的何姓兄弟一起耕山种蓝”，“在陈鲲池迁入之前，已有何姓约康熙五十年代迁入”，“先来”应为“同来”。见刘经富编著《陈寅恪家族史料整理研究》下册，第 967、968 页。这是笔者的失检笔误，今予更正。

③ 《陈氏宗谱》载何氏雍正九年辛亥（1731）十一月初五日生，嘉庆十五年庚午（1810）十月十二日殁，享寿 80 岁，比陈鲲池小 21 岁。

④ 见刘经富编著《陈寅恪家族史料整理研究》上册，第 57 页。

⑤ 陈克绳兄弟《太学生陈公鲲池大人行略》、黄文桀《陈鲲池墓志铭》、查望洋《陈鲲池夫妇墓志铭》均云何氏连生六女。查望洋《鲲池先生原配何孺人传》云连生七女。《陈氏宗谱 · 世次》载明六女丈夫姓名，可知其中有一女夭殇了。有年轻研究者认为何氏婚后连生十一胎或十胎难以采信。其实过去民间有早婚习俗，女子十四五岁即生子并不罕见。笔者祖母即生育十二胎（成活三人），外祖母生育十三胎（成活四人），父母这一辈人生育十胎左右的不是新鲜事。

⑥ 长子陈克绳生于乾隆二十五年（1760），何氏时为 30 岁。查望洋《鲲池先生原配何孺人传》云何氏年近四十始生男，“四十”不确。

子，公陞则与二兄一样，生六女四男，整个家族一度呈现兴旺景象。何氏因连生七女，心情一直抑郁，身体欠佳，连生四男后，身体竟为之强健起来。[①]

四、陈鲲池致富后回原籍迎母奉养和捐纳功名

陈鲲池成家立业、家境稍充裕稳定后，于乾隆十八年（1753）回原籍福建上杭迎母亲来护仙坑奉养。[②] 此后陈家因种植、经营蓝靛家道渐丰，子女都婚嫁成家，克绳、克调、克藻、克修四兄弟崭露头角。陈鲲池"弱冠即力勤稼穑，尽三农之苦。阅十余稔，家日裕，置田园，新栋宇，一复其先世诗书阀阅之旧德。……（晚年）孙曾元百余人。督耕课读，皆治以义门家法，内外肃严。……嗟乎！公自汀来宁，不阶尺寸，肇兴室家，又得何孺人内助之贤，继长增高，子孙绳绳彬彬焉。衣冠文物，懿乎盛哉！"[③]乾隆四十九年（1784），陈鲲池循例捐纳，获监生[④]身份荣誉，以承继祖上的书香遗脉。"国学生""太学生"即"国子监生"的别称。按照当时的规定，捐纳一个监生的数额是108两银子，[⑤]对于贫寒之家，这不是一个小数目。但对于已经脱贫的陈家，这笔用度尚不至于影响生计。陈鲲池晚年的这一举动，成为他一生行略的一个亮点，其传略、墓志铭、世系介绍都着墨揄扬。

---

① 旧时妇女若不生育，会被家族、邻里压制、讥笑。只生女不生男，比不生育境遇好一些，有男有女或多男最好，因无男则视为"无嗣"。笔者曾听陈小从讲述，抗战期间他们家随省政府在江西泰和县时，陈隆恪有一位擅长相面的同事说陈隆恪"有后"，隆恪说"我无后啊"。陈小从时十二三岁，心想"怎么无后？我不是后吗？"（见陈小从《九秩忆往》，载氏著《吟雨轩诗文集》，中华书局2015年版，第272页）

② 关于这一点，道光二年二修谱载陈书洛《文光先生原配寿母刘孺人传》云："（文光公下世）孺人长、三郎因贫外出，次郎鲲池公闻讣音奔籍，迎养于江右义宁州之安乡护仙塬。"刘经富编著《陈寅恪家族史料整理研究》上册，第51页。黄文棨《太学生鲲池年伯先生墓志铭》云："已而文光公即世，境益穷。乃弃举子业，奉其母刘太孺人客游豫章，至古艾安乡之护仙塬……"同上书，第60页。同治二年三修谱所载查望洋《陈鲲池夫妇墓志铭》与上文所述大致相同，同上书，第112页。但二修谱所载姜逢泰《陈公文光先生传》云文光公去世后，"嗣君鲲池壮游江右义宁州，克勤克俭，田园庐舍皆就绪，乾隆十八年迎母来宁就养"。同上书，第49页。查望洋《鲲池先生原配何孺人传》云陈鲲池"家境渐饶，迎养刘太孺人"。同上书，第66页。按：刘太孺人生于康熙二十六年（1687），乾隆十八年（1753）她已经66岁了。之所以会出现鲲池公带着母亲迁来义宁和先在义宁立足安稳、成家立业后再回原籍迎养母亲两种说法，前一种说法似有"劝孝向义"的说教成分。一为宣传需要，一为实录。

③ 查望洋《陈鲲池夫妇墓志铭》，载刘经富编著《陈寅恪家族史料整理研究》上册，第112页。

④ 陈克绳等《陈鲲池行略》："乃捐国学生，继先世科甲家声。"刘经富编著《陈寅恪家族史料整理研究》上册，第57页。黄文棨《陈鲲池墓志铭》："公年逾七十循例入太学，以继先世科甲家声。"同上书，第60页。查望洋《陈鲲池夫妇墓志铭》："年跻七十，循例入太学。"同上书，第112页。

⑤ 见《怀远生员名册》所附捐纳名目和数额记录，咸、同年间涨至160两，见义宁龚庆书咸丰七年捐纳监生收据。

五、陈鲲池年登八秩、蒙赐八品顶戴、贺寿庆典及其坟茔

乾隆五十九年(1794),陈鲲池年登八秩,恭遇覃恩,呈请旌赉,蒙赐八品顶戴。① 家族借此喜庆为其志贺做寿,请本州著名的士绅赐联匾诗文,赠一根刻有寿星图的鸠杖。嘉庆五年(1800),何氏夫人七十大寿,亦请本州著名的士绅撰写寿辞。此时陈家已从护仙坑迁到竹塅陈家大屋,可以想象两次寿庆都有相当规模,反映出陈家当时的综合实力。

乾隆六十年(1795)正月,陈鲲池以 86 岁高龄去世。由于他具有开基祖的身份和享有高龄,族人为他营建了气派阔大的茔墓,这是陈家早期几座重要的坟茔之一,位于上竹塅马子树下凤形。嘉庆十五年(1810)十月,何夫人以八十高龄去世,先葬下竹塅彭塬,道光二十四年(1844)开棺洗检,骨殖与鲲池公合葬(修水民间以前有二次葬习俗),简称"鲲池公墓"。客家人素重开基祖墓地的风水,鲲池公墓地过去曾有高大的风水林,家族有固定的"尝田"谷租,作为日常维护的费用。②

光绪六年(1880),陈鲲池因曾孙陈宝箴出任河南河北道道台,属二品衔,朝廷循例对陈宝箴上三代予以诰赠,陈鲲池被赐予"通奉大夫"(又称"光禄大夫")荣誉称号,其妻何氏被赐予"夫人"荣誉称号。③

六、陈氏的书香遗脉

陈鲲池的先世曾一度科甲显荣。五世祖陈于庭(1566—1610),万历癸卯(1603)科乡试副榜,陈于阶《副贡生于庭伯兄先生传》说他"年三十八,始中副车……年至四十,淡意名场,穷年闭户,日以著述为事。间与二三知己寻名山大川,登临游览,吟诗作赋,酬唱往来。或戏池鱼、种名花,优游自适,以乐其

---

① 雍正朝为了劝农,从州县推荐的老农(本人申请)中选拔代表作为典型予以奖励,70 岁奖励九品顶戴,80 岁奖励八品顶戴,不知乾隆朝是否延续了这一做法。从嘉庆朝仍有"凡七十以上皆赐九品冠带"的礼制来看,应该是延续了的。陈书洛嘉庆十四年撰《陈西林先生传》"岁丙辰圣天子嗣位,凡七十以上老人均赐九品冠带",万承风嘉庆十三年撰《耆士陈汇亭传》"公年逾八十,恭遇国庆覃恩,钦赐粟帛冠带,然未尝以此骄人"(修水《龙峰陈氏宗谱》卷首,民国七年[1918]刊印)可证。又《陈业绅夫妇合传》:"是岁公七旬诞辰,恭遇覃恩,例授登仕郎。"(修水《龙峰陈氏宗谱》卷首,民国十六年[1927]刊印)

② 嘉庆二十三年(1818),陈克绳四兄弟分家析产时,在《分关》中订立:"鲲池公坟山壹嶂……又坟前田一处……连及水径之田,共计谷田拾贰石,此田一并存为鲲池公及何妣孺人二位大人永远祭扫之用。其山内树木,永远长蓄护坟,子孙不得砍伐伤冢。其田山水永不许出卖典当……"刘经富编著《陈寅恪家族史料整理研究》下册,第 810 页。

③ 《陈鲲池夫妇诰敕》,载刘经富编著《陈寅恪家族史料整理研究》上册,第 264—267 页。

天真”。[①] 陈于庭之弟陈于阶,崇祯科进士,其子孙多有监生、廪生、庠生。[②] 陈于庭长子陈汝勉、次子陈梦说亦为副贡生,再传二代至陈鲲池之父陈文光,耕读之家的脉息始终没有断绝。陈之驹《族叔公文光先生暨德配刘孺人合墓志铭》:“族叔斗垣先生,所谓安贫乐道、承先裕后之较著者。先世业诗书,多上达。尊高祖于庭公兄弟掇巍科,登仕版……绵绵继继,奕叶流芳……公性敏好学,诸子百家书罔弗搜览。年未冠,处贫窭,躭读于家之淡然轩,以古人功名事业自期许。德配刘孺人,挑灯佐读,纺声书声相唱和于五夜鸡鸣时……”[③]陈文光曾聘教馆,屡荐西席,陈鲲池少年时代随父在教馆读书。陈克绳兄弟《太学生陈公鲲池大人行略》:“先祖斗垣公家无担石之蓄,手不失卷,缙绅先生延先祖于西席,严君随馆诵读,一月一次,归省萱帏……先世业诗书,多上达,然自太高祖[于]庭公伯仲举于乡成进士以来,虽青衿代有,而科甲未续,已越数世。严君力继之,艰于遇,未伸厥志。弱冠弃举子业……”[④]由于竹塅陈氏具有这样一个科甲显荣的家世背景,迁宁始祖陈鲲池少年时得以接触“举子业”,因而陈鲲池的个人素质就比单纯因生计窘困而来义宁州谋生的客家移民要高出一筹。这种读书人的素质毫无疑问会影响传承至下一代克字辈四兄弟,为“竹塅陈氏四房”的崛起注入了先天因素。

第四节　一个特殊的棚民群体——护仙坑姻亲族群

一、护仙坑山形地势与得名由来

护仙坑(又称护仙塬,俗称乌石坑)是修水县东南大山——眉毛山西边余脉的一处山涧,是眉毛山山脉众多垌沟中的其中一条。它海拔约七百米,长9—10里。按照修水地名形成的面貌特征,“坑”大致有三种:第一种是长而曲

① 刘经富编著《陈寅恪家族史料整理研究》上册,第37页。

② 见《陈于阶先生传》,同上书,第39页;康熙二十六年版《上杭县志》卷九《人物志·德业》有陈于阶事略简介;卷二《建置志·冢墓》有“陈于阶墓”条;卷一〇《艺文志·古文》收入陈于阶记文一篇(上述三条民国三十七年版《上杭县志》均转载)。《艺文志·敕命》载朝廷对陈于阶及其父母、夫人的诰敕(收入义宁怀远陈姓道光二年二修谱卷首);民国二十四年(1935)上杭县念庐居士编《杭川新风雅集》辑佚陈于阶七律一首。

③ 刘经富编著《陈寅恪家族史料整理研究》上册,第54页。

④ 刘经富编著《陈寅恪家族史料整理研究》上册,第57页。

折的山垄，两边虽有山，但地势较平坦开展，这种“坑”地理优势仅比“塅”稍逊；第二种是有坡度倾斜、地形杂乱的山垄；第三种是山势陡峭、地势狭窄的山涧，地理条件最差。护仙坑即第三种。“塬”是从平地进入山上坡度逐渐升高、小路逐渐狭窄的那一段，中间有田土，有溪流，尽头有山岭挡住，经过时称“进塬”或“出塬”，因此所谓“护仙塬”应是指从坑口坡度较平缓的那一段路。《江西省修水县地名志》不立“护仙坑”专条，其编写体例是只有自然村落的地片才立专条，仅在桃里乡地图上有标示。① 其地理位置与宁州乡的湘竹村接壤，如果从县城进护仙坑，以从湘竹村的穿风坳进去较为快捷，过去公路交通不发达时，竹塅的乡亲常从护仙坑往返县城。

护仙坑得名于在赣西一带广泛流传的许真君斩孽龙的故事。相传晋代斩蛟治水、创立静明道的“神功妙济真君”许逊，年轻时曾拜西安（今修水）大洞君吴猛为师，后许逊在此斩蛟，斗得难解难分，其师赶来相助，“护仙”即吴猛护“许仙真君”。坑口溪水流入安乡河处曾有一座古桥，名“护仙桥”（乡民称“乌昔桥”，大约在 20 世纪 60 年代初修公路时被拆除）。嘉靖二十二年（1543）《宁州志》卷六《护仙桥》：“晋许逊逐蛟至此，吴猛助之，故名。”②

护仙坑是本地人——湘竹邓姓的地盘。湘竹是地理环境较好的地片，属于安乡十三都（距离州治约十五华里）。早在南宋理宗宝祐年间，即有邓煜然从义宁州的邻县——湖南平江姜塬迁分宁安乡九都岗上良源，其孙邓云甫晚年于明洪武中期从良源迁湘竹。由于开发居住的时间长，当时地广人稀，因此湘竹一带几十里的大小山林坑塬均为邓姓属地。当清初康、雍、乾闽广赣（南）移民向义宁州迁移时，邓姓就成为当地的地主、山主。

护仙坑原为邓姓的坟山、柴山。③ 这样一座地无三尺平，山谷幽深，阴冷潮湿，人迹罕至，不被本地土著乡民看重的陡峭山涧，却成为陈、何、邱三姓几户客家移民迁徙落脚的第一站。④

---

① 江西省修水县地名委员会办公室编印《江西省修水县地名志》，1988 年，第 272 页。

② 咸丰二年桃里举人涂家杰曾撰《重修护仙桥记》，载王维新等修，涂家杰等纂《同治义宁州志》卷三二《艺文志》，第 644 页。修水方言“护”音 fu，f. w.h 三个声母相混，因此乡音讹变为“乌沙坑”或“乌石（sa）坑”，《江西省修水县地名志》记名为“乌沙坑”。

③ 《邓氏宗谱》载录从明嘉靖年间起至清末护仙坑有几十座邓姓祖坟。卷首载录道光二十四年订立的《禁约》，规定护仙坑等处的祖茔不得侵葬、护坟林木不得砍伐（民国三十四年续修）。护仙坑因好柴、硬柴多，也是 20 世纪六七十年代县城居民砍柴的一个点。笔者少年曾到湘竹山里砍柴两三年，乌石坑则因为路程更远，是大人们的砍柴点。

④ 这几户客家移民都来自上杭县来苏里中都乡，且陈、何为同村乡邻。上杭县的客家人向义宁州移民的活动持续了很多年，后迁出者也许是受回原籍办事、探亲的乡邻介绍、鼓动，跟随迁来义宁州的。

二、陈、何、邱为种植蓝靛迁义宁州

笔者2003年曾亲到陈氏原籍上杭县来苏里中都乡实地体验调查，发现中都的地理环境远远超过护仙坑，[①]陈鲲池等人为何要背井离乡，迁徙落脚到生存环境极为恶劣的护仙坑？用传统的人多地少[②]、不迁不发的说法解释不通。查新编《上杭县志》卷三《人口》，知上杭明清时期人口并不膨胀，洪武二十四年(1391)全县11 058户，68 726人。道光九年(1829)37 925户，153 319人，[③]是1912年民国以前的最高峰。而当时上杭版图面积近3 000平方公里，应属中等偏上县，人地矛盾并不突出。客家学界的一些专家学者对明末清初客家人大量迁徙流动，素来持闽、粤地少人多以致迁移的说法，但他们的论著也提供了为什么上杭县人地矛盾并不突出，却也出现了纷纷移民的视角思路。从中可以找出背后原因，实与上杭县的蓝靛产销经营有关。周雪香指出："闽西粤东北地区交通的闭塞不能不使其产品的输出受到限制，因而在本地区种植蓝靛等经济作物获利不多，正如乾隆《上杭县志》所载'本邑之种蓝者其利尤少'，所以'杭人往南浙作靛，获利难以枚数'。"[④]陈支平指出"在明中叶以后商品经济发展的冲击下，闽西地区出现了某些从事工商业的趋向……明清时期汀州人以各种手工技艺行食于闽浙诸省，'靛青客汀州人，采篮亦汀州人''汀之菁客，刀耕火耨，艺蓝为生，遍至各邑结寮'"。[⑤] 王东指出，在当时全国的染料市场中，汀江流域各县曾占有十分重要的地位，如上杭等地"邑人曩时业此甚多，多获厚利"。稍后，随着闽西和粤东北部分客家人的"倒迁"，在江西、浙

---

① 《上杭县地名录·中都公社概况》称中都是上杭的鱼米之乡。见福建省上杭县地名办公室编《上杭县地名录》，1980年，内刊，第188页。

② 见许怀林《客家社会历史研究》，第15页；宋德剑《明清江西棚民问题探析》，江西师范大学1998届硕士论文，第8、9页；周雪香《明清闽西粤东北地区人口向外流动的原因和影响》，载陈支平、周雪香主编《华南客家族群追寻与文化印象》，第441页；李春泰《罗香林先生与客家精神的崛起》，载肖文评主编《罗香林研究》，第161页；郑锐达《移民、户籍与宗族：清代至民国期间江西袁州府地区研究》，生活·读书·新知三联书店2009年版，第1、2页；陈支平《客家民系的形成及其源流》，第166页；王东《客家学导论》，第160页。

③ 见范书声主编，上杭县地方志编纂委员会编《上杭县志》，福建人民出版社1993年版，第118页。

④ 周雪香《明清闽西粤东北地区人口向外流动的原因和影响》，载陈支平、周雪香主编《华南客家族群追寻与文化印象》，第454页。康熙二十六年版《上杭县志》卷一一《风土志·物产》有"苎，皮可绩布""蓝，浸叶成靛"，可见上杭县苎、蓝生产由来已久。民国二十七年版《上杭县志》卷一〇《实业志》记载，清嘉道以前邑人出外经商以靛青业为最著，故江西、浙江、广东及上海、佛山、汉口等处，于省郡总会馆外，皆有上杭会馆。

⑤ 陈支平《客家民系的形成及其源流》，第163页。

江和湖南等省的山区,也出现了专门以种植蓝靛为生的客家人村落。[①] 陈运栋指出:“在烟草业之外,蓝靛也是闽西和粤东北客家人广为种植的一种重要经济作物。明清时期,以汀州府为中心的闽西各客家县,几乎都广泛地种植蓝靛。靛青为一种蓝类,土布欲染成蓝色,从前均用土靛。客家土靛,销行最广。但从洋靛入华后,客家土靛便一蹶不振。”[②]梁肇庭指出:“客家人迁徙来赣西义宁、万载、宜丰、分宜等县和湘东平江、浏阳、醴陵等县的山区主要是来种植靛蓝、苎麻、烟草。到了18世纪早期(康熙晚期、雍正年间),苎麻与靛蓝的生产量急剧下降,零星生产的中心转移到了醴陵与浏阳,同时在义宁州也有人发展这些产品的生产。”[③]这与陈、何、邱迁来义宁从事蓝靛种植相吻合,且何姓早有种植、经营蓝靛致富的背景。

宋应星《天工开物》卷上《蓝淀》:“凡蓝五种,皆可为淀。茶蓝即菘蓝,插根活。蓼蓝、马蓝、吴蓝等皆撒子生。近又出蓼蓝小叶者,俗名苋蓝,种更佳。凡种茶蓝法,冬月割获,将叶片片削下,入窖造淀;其身斩去上下,近根留数寸,薰干,埋藏土内;春月烧净山土,使极肥松,然后用锥锄(其锄勾末向身长八寸许)刺土打斜眼,插入于内,自然活根生叶。其余蓝皆收子撒种畦圃中,暮春生苗,六月采实,七月刈身造淀。凡造淀,叶与茎多者入窖,少者入桶与缸。水浸七日,其汁自来。每水浆一石下石灰五升,搅冲数十下,淀信即结,水性定时,淀澄于底。近来出产,闽人种山皆茶蓝,[④]其数倍于诸蓝。山中结箬篓,输入舟航。其掠出浮沫晒干者,曰靛花。凡靛入缸,必用稻灰水先和,每日手执竹棍搅动,不可计数。其最佳者曰标缸。”[⑤]蓝淀,通称蓝靛,有的地区称靛青,简称靛。一种深蓝色染料,用蓼茎的叶子发酵制成。我国在商周时期已广泛采用蓝靛等天然物进行织物染色。5世纪时,贾思勰的《齐民要术》曾详细记述过马蓝的栽培、制配方法。茶蓝的种植方法则是《天工开物》第一次提到。

三、陈、何、邱迁入护仙坑的时间

关于他们迁入的时间,《陈氏宗谱》有陈鲲池的年龄描述“弱冠”字样,《何氏宗谱》只记载某人迁往某地,无迁徙年份。根据迁入者本人和其儿辈的年龄

---

① 见王东《客家学导论》,第164页。

② 陈运栋《客家人》,联亚出版社1978年版,第93页。

③ 梁肇庭《中国历史上的移民与族群性——客家人、棚民及其邻居》,第93、99页。

④ 宋应星的家乡奉新县与义宁州毗邻的几个乡亦属赣北山区,明末清初亦有客家人落脚。因此宋应星撰写的《蓝淀》应有实地观察的成分。

⑤ 宋应星著,钟广言注释《天工开物》,广东人民出版社1976年版,第118—119页。此条资料由黄本修提示。

推算,他们迁入的时间大约是雍正末年和乾隆初年。此外,笔者收藏的《怀远都图册本》(宁州棚民入籍丁粮登记簿,截止到雍正八年)无护仙坑地名和迁入者的人名,可证他们都是在雍正八年之后迁入的。怀远《四都二图丁粮册》载"乾隆四十三年,陈公元进九甲银一两,进会银一两""乾隆五十一年,何巨珍进十甲银一两""嘉庆四年,邱尧麟进一甲银一两",亦可证他们是雍正八年之后迁入的。

(一)约雍正十二年(1734)年初,陈鲲池(名公元,字腾远,号鲲池)23岁时从福建上杭中都迁入护仙坑。嗣后其兄公远、弟公陞亦迁来。鲲池生子四:克绳、克调、克藻、克修,女六;公远生子一:显赞;公陞生子四:德宽、德常、德济、德广,女六。①

(二)何姓共分五批迁入。第一批何秀光,约雍正末年从福建上杭中都迁入护仙坑。秀光生子五:腾球、腾瑞、腾兰、腾华、腾贵;腾球生子五:若聪、若明、若和、若临、若显;腾瑞生子四:若谟、若书、若训、若诰;腾贵生子五:若忠、若信、若礼、若义、若州。第二批何大诚,约乾隆初年携子孔藩、孔玉、孔钦、孔亮从中都琳坊迁入。孔藩生子三:献猷、献鸿、献谟。孔玉生子三:献珠、献球、献琳。孔钦生子一:献杨。第三批何昌秀、坤秀兄弟,约乾隆初年从中都琳坊迁入。昌秀生子二:胜松、胜栢;坤秀生子三:胜兰、胜桂、胜芳。第四批何巨珍、巨兰兄弟,约乾隆初年从中都琳坊迁入。巨珍生子一:松盛;巨兰生子二:松干、松拔。第五批何云升,约乾隆初年从义宁州的另一个乡迁入(其父何文光,先从上杭中都乡迁义宁州武乡)。何云升生子五:芳馨、茂馨、蕃馨、莲馨、蔚馨。其中何大诚、何昌秀、何巨珍是添意公的四世、五世、六世孙;何秀光、何云升是添若公的四世、五世孙,都是同宗共祖的宗亲。另有迁入者何永和,因与上面列举的何姓人员不共世系册,故不知其年龄。根据陈公元次女嫁何永和这一线索推断,其迁入时间约在乾隆初年。②

(三)邱姓开基祖为邱尧林、尧森兄弟,因始终没有找到义宁州客家移民邱姓的通谱,故兄弟二人的年龄、后裔情况暂不详。只在义宁州怀远人《梯云书院志》捐款名单中得知邱尧林有子廷辉,有孙荣信、荣绍。在其他材料中,得知护仙坑还有邱能照、邱能远、邱仲山、邱伟文等人。根据邱廷辉在乾隆末年产权界定时已独自拥有田山的经济状况,他的父辈邱尧林、尧森兄弟约在乾隆朝早期迁入护仙坑。

---

① 见修水怀远《陈氏合修宗谱》卷一一,陈姓同治二年(1863)三修。

② 见修水怀远《何氏合修宗谱》卷二、卷三,何姓同治二年(1863)三修。

四、护仙坑开始形成“宗族集群”

三姓人迁入护仙坑后，随着人口的增长，原本闭塞荒僻的山谷出现了一个类似于人类学概念的“宗族集群”。集群里的成员在迁入之前已是姻亲的基础上又继续联姻。陈鲲池娶何氏，长女嫁何孔玉，次女嫁何永和。陈克绳续娶何氏，长女嫁邱能照，次女嫁何迪康。陈克调娶何云升女，长女嫁邱氏。陈德宽、德济娶邱氏，陈德广娶何氏。陈、何、邱之间维持了二三代人的姻亲关系，咸丰元年（1851）陈宝箴中举，所刻乡试朱卷亲戚一栏中，即填“姑丈何迪康、邱能照”。光绪三年他为何云升的孙子何斐然撰墓志铭，落款亦称“姻愚侄”。三姓形成了你中有我、我中有你的“篱笆亲”，父系、母系都有盘根错节的双重亲属称谓。简单的父子、兄弟血亲关系发展为复杂的甥舅、翁婿、姑表、姨表、连襟等姻亲关系，组成了一个以婚姻关系为中介联结起来的拥有三个姓氏的“宗族集群”。①

按照人类学概念范畴，“宗族集群”是在两姓以上的宗族互相联姻基础上发展起来的，成员的范围扩大到包含各姓母系和女方的亲属。集群里的每个人都可以在血亲、姻亲的亲属网络中找到自己的位置。“宗族集群”一般聚族而居，以“单姓聚居村落”和“杂姓聚居村落”两种类型为主。

对于世世代代在义宁州繁衍生息的本地人而言，“宗族集群”村落并不鲜见，没有特殊之处。但具体到远离本籍、地位低下的“棚民”和自然条件恶劣、进出艰难的护仙坑，这个由客家移民组成的特殊群体则具有“个案”研究价值。他们通过同乡、姻亲关系，结成了一个紧密的群体，一同耕山垦荒，种蓝为业，生存立足，发展壮大。以建房屋为例，在迁入的初期，他们互相帮助搭蓬栖身，后来稍有能力，再互相帮助盖建简易的土巴屋，下一步再互相帮助盖建面积更大的天井式屋宇。到乾隆末年，已有大小屋宇 21 栋，其中何姓 15 栋，陈姓 2 栋，邱姓 2 栋，并有老屋、新屋之分，三姓都拥有一栋天井式民居屋场。从附着在地名上的历史信息和产权界定文书中，可以窥见他们从栖身茅蓬到天井式民居的提升轨迹。

五、陈家经过六十年原始积累后向山下竹墩二度迁移

陈、何、邱三姓移民落脚护仙坑后，经过艰苦劳作、原始积累，人丁生聚，几

---

① 参见庄孔韶《银翅——中国的地方社会与文化变迁》第十章《宗族与房的理念与行为》，生活·读书·新知三联书店 2000 年版，第 281 页。

十年后，护仙坑便人烟飘荡、生气蒸腾，景象豁然改观，成为一个山地村落。乾隆朝末期，率先致富强盛的陈姓开始实施向长家岭东边山下竹塅二度迁移的计划，克字辈兄弟奉父母迁居竹塅凤竹堂（陈家大屋），克修仍留守护仙坑崇福堂（公远、公陞两家仍留护仙坑）。何姓亦于道光朝后逐步迁居竹塅。邱姓人丁一直不旺，乡民传说终至于绝户。陈姓最后离开护仙坑是1951年，户主陈文恪被打成地主，某日山下农会来了几十个人，逼迫其强制离开，陈文恪遂拖家带口迁到离护仙坑几十里远的黄沙乡大坪山里。这个在县梯云高小毕业后到南昌读过初中的人在最后关头，不忘从将要抄没的书籍、字画、簿册里带出几件重要的家族文献。何姓最后一户名何宗福（1934—2004），解放后一直留在祖宅。① 约2012年，长家岭的几户谢姓在县政府组织的“高山移民”时，实现了迁居山下竹塅的念想。300年后，护仙坑又恢复了迁入之前的原始状态。② 但它作为先人远道迁徙、艰苦创业的第一站，却永远留在了后人心中。③ 护仙坑在20世纪70年代，由桃里乡创办了“桃里林场”，90年代移交给县林业局机关工委，作为机关工委解决退休人员工资待遇的来源。他们在已倒塌的陈家原宅第“崇福堂”搭建了一间小屋，作为护林员的栖息之所。为拖运木材下山，从长家岭到“崇福堂”修建了一条简易公路，对护仙坑原有山路、风貌稍有破坏。经营、砍伐十几年资源枯竭后，移交给邻近的彭桥林场。

第五节　一份独特的产权界定文书

乾隆五十七年，这个特殊的移民群体进行了一次产权界定。之后20年，

---

① 他比陈文恪儿子陈封万大3岁，陈家下山后两位发小一直未见过面。2003年清明节，笔者陪同陈封万从竹塅过长家岭入护仙坑扫墓，在何宗福家歇脚、吃茶，何宗福对陈封万说：“有件事一直想告诉你，那年我送你到山下回家后，整整哭了一日，我爷娘劝了我好久。”当时护仙坑就只有两个少年玩伴，陈封万一走，何宗福除了那天哭了一日外，以后还郁郁寡欢了好久。2003年12月，何宗福被他已迁居县城郊区的儿子接下山，次年11月去世。何姓两栋小天井祖屋不久即倒塌。

② 笔者与黄本修于2018年8月从湘竹穿风坳进去，已经路塞桥圮，进入非常困难。2021年元月与何宗福儿子从长家岭进入护仙坑，同样举步维艰。

③ 义宁州的怀远人大都有二度迁移的经历，早期的成员念念不忘原籍出发地的地名，后期成员却须记住两个出发地的地名。对于后期成员来说，那些被称为“狐狸岩”“擦坑”“狭颈坑”“烂泥湖”的地方，与早期成员记住的原籍地名是同样神圣的。笔者年少时听长辈言，中国地势西高东低，西部是难以逾越的大山屏障，所以人口都流向东南平原丘陵。同理，高山大岭的住户迟早也会向山下平地聚集。护仙坑的前世今生，印证了这一说法。

三姓成员之间开始了土地山林屋宇交易活动。因此,我们可以产权界定为标志,将护仙坑移民群体的社会经济关系分为两个时期。产权界定之前,群体成员艰苦创业,剩余不多。在经过原始积累阶段之后,虽然贫富不均现象已露端倪,但利益驱动的潜规则还没有走到前台,亲情、同乡的纽带仍然维系着群体的经济秩序。产权界定之后,群体内部的贫富差距进一步拉大,自然状态的经济秩序被打破,经济规律开始起作用,成员的关系趋于复杂、多元。

一、《分关》小序和阄号

乾隆五十五年(1790),陈、何、邱三姓合资买下了湘竹邓姓的护仙坑山场的经营权。所买山场为山场总面积,一张契纸。乾隆五十七年,陈鲲池的儿辈启动向山下盆地竹塅迁居的计划,这预示着现存圈子的秩序行将打破。十月,三姓细分山场界址,明确产权,订立契约,共刻印15本“分关文书”,作为管业的执照依据。幸运的是,其中的一本得以保存下来,成为这次产权界定的见证,具有义宁州客家移民史、经济史的史料价值。

这份“分关文书”全称《护仙坑磜上合众分关》(以下简称《分关》)。纸本一册,高31公分,宽18公分,58页,共计一万三千五百余字。它用木活字、白毛边纸印刷,每页都钤有一寸见方的“护仙坑合众分关图记”方形红印。《分关·小序》云:

> 立分关帖人陈、何、邱三姓人等,情因乾隆五十五年众买邓斗孙[①]安乡十三都护仙坑山场,俱系共契书写,契内二十一名承买,乃价银各有多少,山土各有阔狭。况契内只写四大界,其一切小土名繁多,悉未开载。今将各人买受之山,按天地元黄宇宙洪荒日月盈昃辰宿列十五字号,编立分关十五本。俱系刻字刷成,并无一字添减涂注。各执一本,永照分关管业,共相和好,不得越关侵占。凡共关契之人,倘有移来换去之处,俱于关内注明,任从照依批注字样经管。其陈、何、邱三姓原日合买邓姓山场印契壹纸,公举交与陈公元之子兼万收存,日后子孙永远不得遗失。(下有手写字样:道光十五年闰六月十二日批明,此契兼万经众交出清楚,嗣后议定三姓轮流收存。)乾隆五十七年壬子岁十月小春之吉合众公立。

---

① 湘竹邓姓的世系:开基祖煜然公,其玄孙舜乐公生三子,大房振闻、二房启闻移居他处,三房斗闻(生于明永乐七年[1409])留居湘竹,称“斗公”,其后裔称“斗孙裔”。在《邓氏宗谱》载录的合族条规落款有“斗孙裔等公立”字样。因此邓斗孙不是实名,而是邓斗闻后裔之意。

为了行文方便，先将《分关·小序》所言21名出资人和他们所分得的15个字号23阄分列如下（《分关》没有按"天地元黄……"15字顺序排序）：

天字号两阄：何胜兰、何胜桂；地字号两阄：何孔钦、陈公元；元字号一阄：陈显梓；日字号一阄：陈徽声；黄字号两阄：何腾贵、何腾华；宇字号一阄：何巨珍；宙字号一阄：邱尧林；洪字号两阄：何献猷、何献鸿；宿字号两阄：何献谟一阄，何献猷、献鸿、献谟兄弟共一阄；荒字号一阄：何永和父子；月字号两阄：何若谟、何若书；盈字号一阄：何巨兰；昃字号一阄：何胜栢；辰字号一阄：陈兼万；列字号一阄：何腾球。

二、一次形式独特的产权界定

这是一次形式独特的产权界定，它兼有合业形式的明确界址和家庭财产分配的性质。明清时期，民间有一种比较少见的"合业"产权界定，即由同姓或异性的多户业主合买一宗田产。共有一纸印契，内部再另立一种"分契合同"，载明每个业主所分得之土名、税亩和租额。中国社科院经济研究所所藏《休宁朱氏置产簿》即有一份合业形式的《黄土坞分契合同》。从形式上看，护仙坑此次产权界定基本属于"合业分契合同"性质，但在具体内容上却有所变化。它不仅将合买的山场细分四界，而且借划定山场界址的契机，将三姓几十年内创置的产业和业主家庭内部的产权也进行了一揽子划分界定，兼顾了亲情、利益、集体、个人之间的复杂关系。

之所以这样运作，是因为：（一）三姓人迁入护仙坑后，租赁山下本地人邓姓的山场几十年。在出资人所买山场的界址内，既有本人手创的产业，也有父子兄弟共创的产业，还夹杂着亲戚创置的产业，仅仅明确划分出资人的山场界址是不够的，如陈公元一阄内即有"尧林山二处、腾华山一处、芳馨山一处、德宽山四处"，其中"芳馨"是他二媳妇的内兄，"德宽"是他的亲侄。（二）共契业主都沾亲带故，在《分关》中，所有出现的业主均直称名字，不冠姓氏，亦反映出联姻产生的亲友关系。他们长期共处于一个圈子，各家各户的情况都知根知底。在合业形式的分契合同上载明各家内部财产问题，同样具有权威性。这与《分关》的标题"合众分关"在意义上是吻合的，也符合拈阄析产的程序（明清以来民间称分家文书为分关、关书、阄书）。《分关》用刻字而不用手写，并钤红印，也有模仿"红契"（官契）以增强权威性的意图。

现存孤本《分关》除刻印的正文外，还附有业主之间日后产业交易转让的手写契据。因此，《分关》内涵可谓丰富复杂，反映出来的产权关系至少可以分为五个层次：1. 公众产业；2. 23 阄业主产业；3. 业主家庭内部的财产分配；4. 没有具名参加合资购买山场者的产业界址；5. 业主之间的产权交易转让。

1.《分关》在确定23阄的界址之前，首先注明属于集体的公共产业不予分割，共计四种：水口蓄山一处、磜口蓄山一处、社坛蓄山一处、长蓄树山一处（具体界址略，下同）；学堂房屋一所，计三间；荒田三处，由“路会”经管；种（zhòng）蓝种（zhǒng）土 15 个，由众经管，任众取土。

2.《分关》每个字号首先载明“阄分（某某）名下山场屋宇池塘菜园开列于左”，每阄内容分两部分，先详细列举山场的四界，次列举界内的各项产业，包括种蓝设施、屋宇、碓舍、牛栏、猪圈、菜园、熟土等。

3.《分关》对家庭内部共有的产业和予以分割的产业，也一一载明。例如何腾贵、腾华所得阄内均载明父亲何秀光的坟山和另一处坟山由五兄弟共管；何腾贵山场界内有兄长腾球老蓝窖两只，腾华老蓝窖两只。何巨珍一阄内载明界内有四处山林与弟巨兰各半。何胜桂名下的一阄界址面积不大，交给其兄胜兰耕作，每年租息钱 600 文，积存起来作为家族的蒸尝费用。即使对尚未成家成员的生计，也预先予以设定。例如何孔藩已于乾隆五十一年去世，产权界定时其长子献猷 20 岁，次子献鸿 17 岁，幼子献谟才 8 岁。献谟名下的宿字号一阄，是堂兄何发元转让给他的，这就为献谟成年后自立门户打好了经济基础。何氏三兄弟不仅在洪字号两阄、宿字号两阄中各自拥有一份产业，而且将宿字号的一阄固定为母亲在世时的奉养经费和母亲去世后祭祀父母的蒸尝费用，预先做好了三兄弟将来分家后家族公共财产积累的准备。

4.《分关》还涉及没有具名合资购买山场者的产业界址，共计 11 人，其中陈姓三人：德宽、德济、德广。何姓六人：孔玉、芳馨、胜松、发元、腾兰、若信。邱姓二人：尧森、廷辉。他们虽然在这次产权界定时没有阄份，但《分关》中关于他们山场、屋宇、熟土的界址字样，仍然是界定他们产业的重要凭据。如道光十三年陈德广之子规镇两次将房产典当给堂叔陈兼万，契据即写有“愿将先年三姓合买阄分坐落（下略）”字样。

这里引出另一个问题，即这 11 个没有具名合资购买山场者的山场、屋宇、熟土的产权是怎样的一种形式呢？《分关》和附在《分关》后面的手写契据显示出两种情况：一种是与兄弟叔伯共有阄份，如何胜松与弟胜栢共有“昃”字阄；何发元在堂兄弟何献谟、献猷、献鸿阄份中共有未分家的家产份额（但他在其他业主的界址内也有熟土）。一种是与兄弟叔伯不共阄份。据何氏宗亲提供的口述资料，在土改前，山下邓姓每年仍上山象征性地收取“龙骨租”，说只卖山场，未卖“龙骨”，租钱给多给少不拘，[①]可见护仙坑的山场经营权是全部买下来了的。那么这些没有阄份的业主在护仙坑山场的权属更换后，他们是从向原来的山主承租转为向现在的界址拥有者承租，还是亲戚之间默认了产权不明确的经济活动呢？或者相互之间还有约定？由于材料缺乏，尚不能考证清楚。从这一点也可以看出合资购买山场权属更换后护仙坑的社会经济关系比以前更为复杂。

5. 护仙坑这次产权界定的山场界址，维持了40年。《分关》在“列字号”之后，预留了10页空白纸，以利于日后各家界址移换变动做批注。《分关·小序》有一句话：“凡共关契之人，倘有移来换去之处，俱于关内注明，任从照依批注字样经管。”当时只考虑到亲友之间互相移换，不希望买卖交易。但亲情终究抵挡不住经济规律的运转，入道光朝后，业主之间终于突破了界址的藩篱。《分关》所附10页空白纸写有13份契据，时间从道光十三年到同治十一年。其中九次是辰字号陈克修的儿辈购买何姓“天、地、黄、月、昃、宿、列”字号内的部分山场；一次是陈克修长子规鈖购买从兄规铢（日字号陈克藻四子）的部分山场；三次是陈克修五子规锡将自己所分得的熟土售予盈字号何巨兰的孙辈。

三、析产时和析产后集群成员的贫富分野

《分关》上的这13份手写契据以及笔者另外收藏的6份契据反映出护仙坑群体的身份地位已经出现了分化，当年一同起步创业的家户在五六十年后，优胜劣汰的法则开始左右着他们的命运结局。如陈公元、公远、公陞三兄弟，产权界定时，陈公元父子在《分关》中占有四阄。合资买山时，陈公元（鲲池）已80岁，6年后去世，其阄份当是为儿孙预留的家产。长子陈克绳和四子陈克修的两阄是23阄中面积最大的，可见这两兄弟的经济实力。嘉庆二十三年

---

① 笔者获得这本《分关》后，对其文字进行了反复阅读，并在5次进入护仙坑进行实地考察后，写出专文发表。但心里总有一个念想，按照考证的逻辑思路，还应该从山主邓姓那头获得印证资料。2018年、2019年两次到湘竹，终于获得回报。据村里最年长者邓由根（85岁）叙说，向年间每年的十二月初一日，乌沙坑、长坑、刺坑、水细坑、厚米坑，都要派人下山来完骨租。我们在祠堂里备好饭菜等他们，租金不重。每年一次，年年如此，一直延续到解放前。原先有一本祖传下来的簿册，上面载明邓姓的山场四界，但是没有保管好，被雨漏打湿、老鼠啮坏了，一九八几年文教局有人来看过，后这本书不知去向。民国版《邓氏宗谱》卷首载录了一份道光二十四年订立的《公议条规》，其中有两条规定：“十一月十六日至蓬收租，各房共派十四人，不得多往。”“十二月初一祠内收租并厨房人等，各房共派十六人，他人不得混入。”这就与邓由根老人的口述印证上了。因此陈、何、邱三姓所购山场实为经营权，可以延续。此外，护仙坑的行政区域管理亦属于邓姓，练保为邓廷显（见光绪四年护仙坑封禁碑）。

(1818),陈公元四个儿子正式分家析产,将竹墩和护仙坑的产业合在一起分割拼搭,把护仙坑的山场、靛塘、屋宇、熟土分成四阄。屋宇理论上确定为四房共有,长房与四房补偿二房、三房一半的银钱,以符合前次护仙坑产权界定时屋宇已经由长房、四房平分的现状。四房陈克修遂定居护仙坑,其本人和后裔日后不断购进产业,家产日益壮大。到第五代,其玄孙陈文恪在1951年被划为地主,被安置到离护仙坑几十里远的地方定居。

而陈公远、公陞两家不仅没有参加合资购买山场,后来连原有的家产也丧失殆尽。陈公陞四子德广在兄弟中家境是最好的,但德广在世时已将位于竹墩的产业(田五处、山一处、庄屋三间)出售给从弟克修。德广去世后,其子规镇又将护仙坑屋宇典当抵押给克修,显系除房产外,已无值钱的家产。家道如此,这一家的衰败是无可避免的了。①

四、田野调查印证《分关》的文献价值

笔者为研究陈寅恪家族早期家史,曾七八次登山进入护仙坑进行田野调查,获得不少可以与《分关》相互印证的实物材料和口述资料。

(一)客家移民经济活动遗迹

护仙坑山高坡陡,陈、何、邱三姓迁入后,只开发出极少的水田,大量的耕作用地熟土,主要种植红薯和蔬菜。《分关》中记录的熟土共计三百余块,面积总数大约为二三百亩。每块面积不大,这从“月光块”“荷包块”“灯盏埚”“瓦刀块”之类的形象称谓可以看得出来。如果没有经济作物作支撑,这几家棚民不可能在护仙坑长久坚持下去。

经济史家傅衣凌先生认为川、陕、湘、赣、浙、闽广大山区在棚民的开发下,成为蓝靛、苎麻、棉花、甘蔗、烟草等经济作物的生产重地。这些山区大量的经济作物为手工业提供丰富的原料,促进了农产品的交易,使山区经济进一步商品化。护仙坑客家移民早期经济活动主要是种蓝,后期以经营桐油、茶油、茶叶为主。这在《分关》中有明显的线索脉络可寻。

《分关》中记录的种蓝生产设施,计有大小靛池62口,干池6口,石灰湖11口,石灰舍5间,蓝坪12处,蓝窖10个。几乎每一阄内都有“靛池”“蓝坪”“蓝窖”“干池”“石灰湖”“石灰舍”“靛圳”“转水湖”“起水堰”的生产设施,在公共部分也有“沤蓝种土15个,任众取土”的划定。通过这些名词术语,我们可以

① 售房契据是规镇手写。虽然字写得一般,但满手老茧却能使用毛笔书写,说明他幼年曾发蒙读书。

约略知道把蓝草制成蓝靛这种染料的工艺过程。种蓝要用特殊的“种子土”，蓝叶要放在池塘浸泡，加石灰发酵，还要不断地换水，然后曝晒，最后储存。《分关》中没有关于茶蔸、茶土的分割内容，据此可知陈、何、邱从迁入时到乾隆五十七年，一直在经营种蓝业。在笔者另外收藏的契据中，有两份是地字号何孔钦之子献杨和列字号何腾球之孙奎馥将阄分的靛池、蓝坪、蓝窖、石灰湖、水圳等出售给辰字号陈兼万，时在道光三年和二十一年，可见护仙坑的种蓝业维持了上百年。护仙坑早年间还有一个地名叫“蓝棚里”，即由此得名。

到护仙坑进行实地调查，笔者发现用青石垒砌的像梯田一样的一块块旱地和掩映在茅草中的茶树蔸随处可见。护仙坑在蓝靛没有了销路之后，再改种茶叶，这中间估计有一个较长的转产期。义宁州是著名的“宁红茶”产地，道光时期开始扬名，到光绪年间达到鼎盛时期。这从《分关》后面所附陈兼万父子购买何姓产业契据内都有“界内荒熟桐茶松杉竹木食茶一并在内”的字样可以得到印证。其中“桐茶”指桐油树和茶油树，“食茶”即指茶叶。从前茶叶的产量规模，以“秤”表述。如果够得上常设一个收购站，即称此地有“一秤茶”。护仙坑即有“一秤茶”，可见护仙坑当年茶业的繁盛。入民国后，华茶受到海外市场的排挤，宁红茶急剧衰落。茶叶收入在农业生产中的比重，从光绪三十一年（1905）的51.64%，降至民国三十七年（1948）的0.72%。具有“一秤茶”荣耀的护仙坑，其一度兴旺也应在道光至光绪时期。

（二）碑刻

在护仙坑一个叫关门洞的山埂上，发现一块倒仆的大石碑，字迹已经漫漶不清，但仍可以依稀认出大致内容：

陈显梓　乙千文；陈兼万　乙千文；何云升　三千文；邱尧林　乙千文；邓廷显　乙千文；何腾球　四百文；陈永朴　三百文（下面还有一些捐款人的姓名、数额）①

这是一块民间常见的修路功德碑，是一次以居住在山内的客家移民为主，联合山下的山主共同捐款修路公益活动的纪念。护仙坑只有一条弯弯曲曲的羊肠小道，是山里通往山外的唯一通道，维护小路畅通是护仙坑人的一件大事。这块修路功德碑可以印证《分关》里关于公益组织“路会”的记录。

---

① 笔者2018年8月与黄本修带着宣纸、墨汁、捶拓工具进入护仙坑，准备把关门洞的修路功德碑和上蓬陈家屋场的封禁碑打成拓片。艰难走到实地后才发现这两块碑已经不见踪影，估计是文物贩子偷盗出山了。尤其那块修路功德碑，又厚又长，六七百斤重，没有八九个壮汉，搬运不出道路崎岖的护仙坑。文物贩子为获取经济利益而付出的心血、劳动“令人钦佩”。这两块碑刻不知何时能浮出水面。（2022年10月笔者偶然在修水某文物门店发现）

这块碑上的捐款人以陈克绳、克修兄弟领头。在护仙坑这个特殊的群体中，陈姓的人口数量低于何姓，但素质却高于何、邱。陈鲲池本人少年时曾随做塾师的父亲读过书，他的四个儿子虽然出生在贫瘠的护仙坑，但都曾在山下几十里远的怀远馆塾开蒙读书，习过举业，是护仙坑的“乡绅”。因此护仙坑的对外联系和公共事务，陈家是“发言人”。

护仙坑还有两块保持完好的“封禁碑”（详下文）。

（三）屋场遗址

从关门洞沿着陡峭的小路再往上走三四里，就进入了《分关》所说的“磜上”（“磜”与“寨”音同义同）。这一段是护仙坑稍微开阔的地方，坡度也相对和缓。进入磜上，村寨的气息扑面而来。这里有三只屋场，称“上蓬”“下蓬”“梅子坜”（这三处地名在《分关》中多次出现），每只屋场相隔大约一二里。“上蓬”是陈姓、何姓的屋场，这是寨上最开阔宽敞的一块地盘，曾有并排三只小天井屋宇，为陈德广兄弟、陈克绳兄弟与何巨珍、巨兰兄弟联手合建。屋宇已于20世纪六七十年代倾圮，从墙脚呈现的轮廓面积和《陈氏宗谱》上的“崇福堂”屋图来看，这处屋场应是当年护仙坑的标志性建筑。大门前竖立着两块义宁州知府立的“封禁碑”，内容为严禁无赖棍徒进山盗砍桐茶松杉竹木，立碑时间是光绪四年。申请立碑者：何姓20人；陈姓8人；邱姓3人。实地考察，可以推断“上蓬”是护仙坑社区群体的活动中心。“下蓬”是邱姓的屋场，房屋早已倒塌，只剩下高达两三米的石磡和屋坪。邱尧林的宙字号一阄对他屋宇房间面积划定的表述有“天井”“上重”“下重”字样，可知是一只天井式民居。“梅子坜”是何姓屋场，曾有并排两只小天井民居（约2008年倒塌）。何姓后裔步陈姓后尘，亦于道光、宣统年间先后迁居竹塅。邱姓人丁一直不旺，乡民传说终至于绝户。

《分关》中载录的学堂也在“上蓬”，现只剩遗址。

（四）乡民口述资料

在何姓后裔提供的关于护仙坑口述资料中，有一个动人的故事。他们的祖先陈、何、邱三姓当年从原籍福建上杭中都结伴迁移义宁州，在漫长的路途中，互相照顾，结下了深厚的友谊。落脚护仙坑后，面对艰苦环境，三家人同甘共苦、同居共爨30年才分家，并立有分关文书为据。

笔者在没有获得《分关》和另外几份契据之前，对这个田园牧歌式的民间传说半信半疑。后来阅读分析《分关》，觉得事出有因。在陈克修分得的“辰字号”与何巨珍分得的“宇字号”阄中，均有如厢房、过巷、天井两家共有的表述。嘉庆十七年，何巨兰儿辈将房产出售给陈家，契子写道：“立杜卖房屋契人何松干兄弟，今因别建屋宇，自愿将父手与陈兼万表叔共住老屋伍间，厅堂半间，杂房叁间。又新屋厢房壹间及天井三股之一股。以上屋宇地基余坪前后空地凭中出卖与陈兼万父子……”《分关》和契据，可证“同居共爨”的美谈并非空穴来风、向壁虚构。

综合几种材料分析，“同居共爨”的关系当是发生在陈、何两姓的部分家庭之间，后来的传播者把它扩大到陈、何、邱三姓全体范围，加入了三姓共同迁徙，结下深厚友谊的情节，并借助《分关》的权威增强它的可信度。这个美好的传说经过近两百年几代人的层累叠加、踵事增华，把三件原本不相连属的往事连成一线。它的细节虽然经不起考证推敲，但形成故事传说的背景事实却不虚妄，有它合理的内核。①

在陈姓后裔提供的口述资料中，也有一个故事。说是当年公远、公元、公陞三兄弟迁来护仙坑后，种蓝种发了，做了大屋，老二公元自告奋勇回上杭老家迎养双亲。时父亡母瞎，公元就手提父亲遗骸、背负老母走了几千里回来。老二有孝心，德行好，后人就旺发。老大、老三不孝，有报应，就绝代了（公远传续三代，公陞传续四代）。陈氏宗谱上的陈鲲池传略记载他于乾隆十八年（1753）回原籍迎母，未言其母目盲。他父亲的骸骨则是嘉庆六年（1801）由他三子克藻长途跋涉回原籍带回竹塅安葬的。过去民间广泛流传着孝敬盲母的故事，携带父母骸骨远道迁徙的传说则以客家移民居多，②乡民受这类教化故事的影响，移来解释兄弟之间截然不同的结局。

这个传说与前一个传说一样，故事有原型，但不必坐实其细节。按照法国汉学社会学派创始人葛兰言“这个故事未必存在，而用笔写这件事之人的心理确实存在”③和英国历史学家柯林武德“历史学家所研究的过去不是一个死的过去，而是在某种意义下仍然活在现实之中的过去”④的观点，百姓的“历史记忆”表达的常常是他们对现实生活的理解，而不在于历史事实本身。⑤

这两个传说，前一个折射出护仙坑移民群体在迁入初期依靠集体力量，同甘共苦求生存的往事踪影。后一个隐藏着群体内部后来出现了贫富分野，成

① 陈寅恪先生称之为“个性不真实，但通性真实”，见胡守为主编《陈寅恪与二十世纪中国学术》，浙江人民出版社 2000 年版，第 157 页。

② 参见罗香林《客家研究导论》，第 64、323 页。

③ 见桑兵《国学与汉学——近代中外学界交往录》，浙江人民出版社 1999 年版，第 7 页。

④ 见戴燕《心理历史学论议》，载《青海师范大学学报》2000 年第 4 期，第 47 页。

⑤ 赵世瑜指出：“人们对于自身历史的记忆不仅是一种社会的建构，而且是出于面临具体的生活境遇时的需求。”赵世瑜《祖先记忆、家园象征与族群历史——山西洪洞大槐树传说解析》，载《历史研究》2006 年第 1 期，第 64 页。

员身份已悄然变化，亲情维系与经济规律交错并行的历史信息。

五、护仙坑的价值与意义

在笔者走过的修水、铜鼓县客家人早期遗址中，护仙坑是离县城最近、最有典型价值的田野调查点。它有保存完好的棚民活动遗迹，那些古道、古桥、残破的屋场、刻着陈何邱祖先名字的修路功德碑、封山碑、社坛、蓝窖，向后人诉说着当年创业的艰辛，令人感叹思索“山窝里飞出金凤凰”这句老话的文化底蕴，有印证客家人棚民历史称谓的地名，有乡民口述记忆传说，①有第一手文献资料。更独特的是，它不是客家人一家一姓的第一站，而是三个姓氏成员的最早落脚点。他们通过同乡、姻亲关系，组成了一个紧密的地缘群体，一同开荒，互耕互助。自己组织生产，自己绩麻织布，自办学堂教育。其生活方式套用了宗族组织的功能，生产关系则开了后世合作社、生产队集体主义的先河。在解决温饱之后，即耕读并举。一束薪火，辗转生烧，终于从大山沟里走出去一个日后闻名于世的文化世家——陈寅恪家族，这是护仙坑最吸引人的地方。

第六节　义宁陈氏祖籍地——上杭行

一、陈家迁来义宁后，与原籍保持了五代的联系

怀远人各姓迁移义宁定居后，与原籍的联系人一般都保存了五六代人的联系，早期尤其紧密，往返来往不断。② 陈家也不例外，自开基祖陈鲲池雍正十二年年初迁来义宁后，到光绪后期，保持了五代的联系，时间跨度一百二十余年。他们虽然人在义宁，但心还记挂着故里的坟山屋场、岁时祭扫。陈鲲池家境稍裕后，即在原籍置买祭田。③ 嘉庆六年春，陈克藻往原籍独任修理曾祖敏

① 法国社会学家莫里斯·哈布瓦奇认为：“记忆是一种集体社会行为，现实的社会组织或群体都有其对应的集体记忆。我们的许多社会活动，经常是为了强调某些集体记忆，以强化某一人群组合的凝聚力。”王明珂《华夏边缘：历史记忆与族群认同》，社会科学文献出版社2006年版，第24页。

② 笔者还在修水工作时，大约2000年，曾听一位以贩文物为第二职业的熟人说，他曾在修水与铜鼓县交界的某处得见一赖姓人家保存的家族先人早年回原籍的地理交通簿册，写明回故里的路线，从某处到某处多少里路，在什么村、镇住宿。可惜该人家坚不出售。笔者一时反应迟钝，没有及时赶去抄录、拍照，失去了一份重要资料。

③ 查望洋《鲲池先生原配何孺人传》，载刘经富编著《陈寅恪家族史料整理研究》上册，第66页。

宜公，妣氏刘、张孺人和七世祖于庭、六世祖汝勉两公及妣氏池、何、邱孺人等墓，并将祖父文光公金骸带回竹塅。[①] 嘉庆二十三年《分关》规定："上杭县来苏里中都林坊，共有田租壹拾八觔，每觔三斗，可卖钱五六七百不等。又存香火堂三间，菜地六块。又有上代祖坟，开列土名于后……原籍田租十八觔，永为祖堂、祖坟祭祀消用。但虽有伯叔兄弟代祭，我等嫡裔均皆外出，若不及时省理，难保无人侵占。自后议定每十年回省一届，四房子孙，二房共归一届。各房佥派一人，务要依期归里省墓，不得推委迟延。所有往来盘费，每届二人众共付钱四十千文。"[②]最后的分离阻隔，是因陈宝箴的谢幕。[③]

根据义宁怀远陈姓道光二修谱卷首载录的人物传略和同治三修谱世系资料，可知陈鲲池这一支认定的近祖始于东山公，到陈鲲池这一辈已有八代，时间跨度达两百余年。如果我们把陈家的家史追溯到东山公的话，则其家史有着近五百年十四代的发展演变历程。从家族史研究的角度看，有必要延伸上溯梳理这一时期的史料，做一次田野调查。约 1998 年，这个家族的"史前史"即上杭中都琳坊这一段开始纳入笔者的视野，有了将断裂的"史前史"对接上的意识，到福建上杭进行一次田野调查开始提上议事日程。该年通过修水客家人联谊会的关系，与上杭县图书馆的"客家谱牒馆"馆长严雅英联系上，开始做先期铺垫。

时至 2003 年，机会终于来了。该年 12 月下旬，笔者到广东梅州嘉应学院开"客家文化学术研讨会"，会议结束后，顺道到上杭县进行实地调查，实现了酝酿两三年之久的一项田野调查计划。巧的是严雅英亦为参会代表，由于她的引领帮助，我在行色匆匆之中顺利地完成了任务。

二、原籍地的地名深嵌在陈氏后裔的记忆之中

在未踏上上杭这片土地之前，笔者对上杭没有太多的感性体验。后来接触、研究陈宝箴家族史，从陈氏家谱上记住了一个具有历史符号意义的地名：福建汀州府上杭县来苏里中都琳坊。要记住"汀州府上杭县来苏里中都琳坊"

---

① 先厝十年，嘉庆十六年与祖母刘孺人合葬，墓在上竹塅石窝塬。见刘经富编著《陈寅恪家族史料整理研究》下册，第 936 页图片。

② 刘经富编著《陈寅恪家族史料整理研究》下册，第 811 页。按：上述条款涉及竹塅陈家原籍——福建上杭县祖堂、祖坟的管理、祭扫，反映了客家人浓烈的木本水源、慎终追远的家族传统。《分关》中"每十年回省一届"的规定实行了很多年，一直到光绪二十四年（1898），仍由长房派陈三垣、二房派陈观伍前往上杭。

③ 光绪二十六年（1900）陈宝箴去世后，竹塅陈家逐渐式微，再无力量前往上杭办理祖堂、祖坟维护事宜。陈三立及其子女融入大城市文化潮流中，与乡土社会渐行渐远。

这一长串地名还不太容易，主要是“来苏里中都琳坊”这几个小地名的顺序一不小心就会颠倒。而修水的陈氏宗亲不但不会颠倒，还要加上两个小地名。他们记忆中的迁出地的全称是“福建汀州府上杭县来苏里中都琳坊天灯树下灯盏窝”。这种从童年起就不断强化的印象已像历史传说一样植入他们的记忆深处，所以无论何时何地他们都不会记错。对于没有文化，很少出山的陈氏宗亲来说，他们也许一辈子都没有机会到迁出地瞻仰凭吊，但在他们心中，这一长串地名是与宗祠、家谱、神主牌位一样神圣的。

笔者的上杭之行，肩负着两位老人的嘱托。一位是陈三立孙女、定居武汉的陈小从女史。早在1997年我们刚刚结识不久，她就与我谈到对福建祖籍地的系念。自己一辈年事已高，修水老家尚不能经常回乡寻根敬祖，何况已无联系的远祖居住地。另一位是陈寅恪的弟子、天津社科院历史所研究员卞僧慧先生。他认为做义宁陈氏家史研究，应该到福建祖籍地寻找源头，理清义宁陈氏迁徙义宁州时的史实。当我在信中把我上杭之行的预定日期告诉他们时，两位老人很是高兴，在回信中寄予很大期望。

三、进入上杭，获得珍贵地方文献资料

梅州会议19日开幕，21日闭幕。22日上午，笔者与严馆长离开梅州前往上杭。中午抵达上杭县城。下午拜访县图书馆、县政协文史办和上杭县客家联谊会，获得了光绪版《临汀汇考》、《上杭县志》（康熙版、民国版复印本，1993年版排印本）、《上杭县地名录》、《上杭客家丛书》等珍贵的地方文史资料。晚上在宾馆急急翻阅这些文献，首先搞清了“汀州府上杭县来苏里中都琳坊”这个古地名的来龙去脉。上杭位于闽西，闽西以汀州府为核心。明清时期的汀州府辖属宁化、长汀、上杭、武平、清流、连城、永定、归化八县，府治在长汀。“里”是次于县一级的行政建制。民国版《上杭县志·里区志》载，清代上杭分属七里：在城里、来苏里、胜运里、溪南里、古田里、白砂里、平安里。来苏里的辖属区域，按这一带的地势和水流方向划分为上都、中都、下都。来苏里的行政建制已废止，但上都、中都、下都的名称仍在使用。琳坊是中都的一个民居点，行政上归属罗溪村。

通过这一番梳理，笔者终于对上杭来苏里中都琳坊这一串地名的来由了然于胸，再不会弄错了。接着在康熙版、民国版的《上杭县志》里，找到了陈家的材料，这是当晚最大的收获。先是在《选举志》里，查到了陈于阶的记载，知他是上杭明代五十四个举人之一，十二个进士之一。根据这一线索，又在《人物志·德业》里找到了陈于阶的一篇小传。《艺文志·文》里载录了陈于阶撰

写的一篇碑文《郡司马大竹沈公疏粜赈荒碑记》。陈于阶还撰写过一篇《王文成公祠记》,民国八年维修祠堂时此碑犹存,后毁。《艺文志·敕命》里载录了朝廷赠陈于阶父陈嘉谟文林郎、赠其母钟氏、封其妻刘氏为孺人的诰敕文书。《建置志·冢墓》里,陈嘉谟墓、陈于阶墓列名其中。上杭县城西大街曾建有陈于阶进士牌坊(已不存)。《上杭县志》上陈家材料的发现,可以说是实现了这个家族在修水、上杭两县县志里的对接。

这天晚上,笔者一面查阅文献材料,一面请严馆长寻找在县里工作、定居的中都籍陈姓人士。根据笔者的经验,采访人要寻找的拥有资料或熟悉情况的人,往往不在采访地而在采访地周围的乡镇或县里。果不其然,严馆长通过客联会的关系,找到了一位类似过去乡绅的人物——陈镜豪老人。他已七十多岁,是 1997 年中都陈姓修谱时的主持者。他曾在中都乡工作过,现在儿子又在中都乡任人大主任。由他当向导再合适不过了,老人爽快地答应参加明日的活动安排。

四、到陈氏故里实地调查

23 日早饭后,笔者带上从修水带来的《陈氏宗谱》和《上杭县地名录》,与严馆长、陈镜豪老人乘车前往中都乡。利用乘车的时间,我向陈镜豪老人询问 1997 年中都陈姓修谱的情况,并翻阅陈镜豪老人带来的新谱。陈镜豪是中兴公第七子的后裔。七郎公先迁武平县象洞,再迁上杭来苏里下都象牙坑。七郎公下传十五代宗虞公从象牙坑迁中都琳坊,时当明末清初。此后十一郎公、七郎公的后裔在中都合为一族。从新谱上可以看出这两支都不发,人丁不多,更没有科举人才。对琳坊陈家的衰微我是有心理准备的,依据有两点:一是琳坊陈家参加了义宁州客家陈姓道光、同治、光绪三届谱的修谱。按理本应迁出地的同宗回原籍参加大本营组织的修谱或两边各自编纂,而琳坊陈家却反过来了。他们已没有能力独自挑起修谱建祠的重担。陈鲲池这一支是义宁州怀远陈姓几届宗谱的主持者,很显然琳坊陈家是依傍陈鲲池这一支才得以入谱的。二是陈鲲池家族虽然迁出多年,但祖籍的坟山屋场祠堂仍然要由他们间关远道前来维持。[①] 陈鲲池迁义宁州后生育四子:克绳、克调、克藻、克修,

① 义宁怀远陈姓光绪四修《义门陈氏宗谱》显示陈于阶的后人确实不多,至三字辈只有 4 人,恪字辈 5 人。可惜世系册太简略,只有这 9 个人的姓名,无生庚和身份、殁葬地点。由于陈宝箴光绪二十六年去世后,竹塅陈家与琳坊祖籍音讯断绝,民国九年五修谱琳坊没有参加,因此这 9 人在陈镜豪 1997 年主修的中都陈姓宗谱上就连接不上了。但可以说明,中都陈姓的三字辈、恪字辈是与义宁怀远陈姓的谱派一脉同宗的。

称竹塅四房。嘉庆六年(1801),陈鲲池这一支从上杭迁出已近七十年,仍委派克藻长途跋涉回原籍重修祖墓。[①] 咸丰年间,琳坊陈氏宗祠毁于兵燹。光绪二十三年竹塅陈家议定由长房派陈三垣(凤楼)、二房派陈观伍(禹畴)前往上杭办理修复宗祠事宜。陈三垣竟遘疾客死于琳坊。陈氏宗祠在修复过程中,受到了本村何姓的极大阻力,新修复的祠堂竟被何姓放火焚毁,后在陈宝箴的大力调停下,才得以解决。1983 年,修水县文物部门在竹塅陈家陈继虞处收集到陈宝箴为处理这一事件所写的两封家书,为我们了解这一事件提供了资料依据。[②]

这两封信写于光绪二十四年(1898)四月和七月,陈宝箴巡抚任上。从雍正末年到光绪二十四年,陈宝箴家族从上杭迁出已经一百六十多年,与原籍的联系始终没有中断,“根”的意识这么顽强。竹塅陈家与原籍的断裂,是自陈宝箴去世后开始的。民国十年、三十二年两次修谱都没有邀集原籍宗亲入谱,致使琳坊陈氏 1997 年新修谱出现了大段空白。这一百余年的断裂,既是琳坊陈家的痛史,也是陈宝箴家族史研究的损失。

我们一行于上午 10 点到达中都乡(现在已升格为中都镇)。琳坊就在离中都乡不远的公路边上,在行政上隶属于罗溪村。由于有陈镜豪带路,我们很顺利地找到一位当地最年长的老人,已 83 岁的陈国豪。整个小村子,听过老辈谈陈宝箴、陈三立父子名字的人,恐怕只剩下他一人了。据他回忆,琳坊陈姓祠堂是十一郎公祠,是陈于阶中进士后领头做起来的。咸丰年间毁于兵火。光绪年间祠堂被何姓[③]焚毁事件,是他祖父陈增业日夜兼程到义宁州竹塅报的

① 从竹塅到琳坊,约二三千里,以现在的交通条件,去一趟尚需三日两夜。古人两脚量地,起码要走半个月。

② 见刘经富编著《陈宝箴诗文笺注·年谱简编》,商务印书馆 2019 年版,第 279—282 页。

③ 何姓的上代与陈鲲池兄弟一起迁徙到义宁州护仙坑,一起创业、联姻,情同手足(约 2005 年,护仙坑何姓的后裔曾到罗溪寻根问祖)。不料四代人后,双方祖籍地的宗亲竟反目成仇。在义宁州,陈姓兴旺,何姓稍逊。在上杭故里,何姓兴旺,陈姓衰微。至今何姓仍是罗溪村的主体,现存 5 栋大宅第,其中“存耕堂”为省级文物保护单位。整栋建筑占地 3 996 平方米,共有房舍 230 间,9 个大小厅堂,18 个院落,故有“九厅十八井”之称。始建于清乾隆中期,当时何姓有一位叫冲山公的祖上,在广东经营染靛业而致富。回乡鸠工营建巨宅华堂,历时 13 年,耗费白银九万多两才大功告成。在存耕堂的两边,还各有一栋规模较小,但格局与存耕堂相同的土楼。左边的名“立三堂”,右边的名“慎修堂”。与存耕堂遥遥相对的天灯树下,还有一座与存耕堂格局相同,规模略小的古民居。除了这 4 座格局相同的土楼外,罗溪何姓尚建有一栋 120 间的三层方形土楼,今只存中心建筑部分。这样,何姓以存耕堂为中心,向前后左右扩展,在罗溪村构造了本家族的生存空间和居住地的人文环境。罗溪何姓的发迹大约在明代中期,正德年间产生了何浚、何稽政、何稽贤三位贡生,父子三人俱以贡生出身任知县。清代是罗溪何姓上升时期,存耕堂建成后,气势更旺,产生了三位贡生、五位秀才、两位武举。我们可以想见陈姓在这样咄咄逼人的强势下的生存状态。

信。陈宝箴出面平息后，上杭贺知县[1]曾出过告示，无论什么姓都不得侵占攘夺，如有定予严办，并将告示刻碑立石。族里规定每年两次到祠堂祭祖，春祭三月十三日，秋祭九月十三日。这一口述资料对陈宝箴的两封家书有补充价值。

从陈国豪老人家里出来，再到十一郎公的后裔聚居处（现仅存十余户，五十余人），此时陈氏宗亲已围拢很多人，人群中有村官——罗溪村书记陈冬生，四十多岁，应是琳坊陈家能够与外界接谈对话的人。一群人领我们先去查看老宅遗址。老宅在现在陈家屋场的山那边。须沿着一条古朴的石径小道，翻过一个小山头。古道边有大树茂竹，应是老宅屋背的风水林。老宅已荡然无存，只剩下一口水井。冬生说他小时候，老宅的墙脚还依稀可辨。

看完老宅遗址，再翻过山回到陈家屋场。笔者拿出从修水带来的民国三十二年六修谱陈家世系册，请他们提供老谱上载录的祖坟情况。很可惜，老谱上载录的琳坊原籍几十座祖坟没有一人能够提供线索。宗亲们说过去他们在砍柴、放牛时确曾看到过很多古墓，但后来都毁掉了。我们一路上看到不少用来铺路、洗衣的墓碑，看来中都的古墓损毁严重不是个别现象。民国版《上杭县志·古迹》里尚载录了陈嘉谟墓、陈于阶墓，1993年新编《上杭县志·文物志·古墓》中就没有了记录，想必不在天壤间已多年了。在我念这些祖坟所在地的小地名时，冬生与其他宗亲表现出了极大的兴趣。这些只有当地人才使用，已成为他们日常生活中的一部分的地名，如今突然出现在一本外地人带来的老谱上，对长年在自己的小圈子里打转的村民来说，感到新鲜、惊讶是不足为怪的，笔者却为找到了可以确认这个地方就是陈鲲池家族当年出发地的又一个实证而欣喜。

中午时分，我们准备到乡里去。路过一个场院，有几位老年妇女在晒日头。笔者抱着一线希望，向她们询问祖坟的事，报出一串祖宗名字和坟茔地点，她们一一摇头。正当我们要告别离开时，一位妇女突然想起东山下有一座古墓。我叫来冬生，请他邀集几个人带上茅刀、锄头同去。一阵工夫，将杂树乱草砍倒刨光，一座做工讲究、完好无损的古墓呈现在眼前。墓碑上刻着“明

---

[1] 贺沅（1850—1907），字芷村，直隶武强县人。同治九年（1870）与兄同中举，任咸安宫学教习。光绪十二年（1886）又与兄同中进士，授翰林院庶吉士；十五年（1889）四月散馆，以知县即用，发往福建，任上杭知县，次年正月莅任，在上杭任职11年；二十六年（1900）以亲老兄病告养返里后，未再出仕；三十三年（1907）以疾逝于家，终年58岁。新编《上杭县志》卷三四《人物》有贺沅小传，第900页。陈宝箴为祖籍祠堂被毁事两次致函贺沅，见刘经富编著《陈宝箴诗文笺注·年谱简编》，第276—278页；贺沅与陈三立光绪十二年会试同年，陈三立为此事亦两次致函贺沅，见陈三立著，李开军校点《散原精舍诗文集（增订本）》，第1287、1291页。

十世祖陈公东山之墓”。两边的对联为“穴秀龙真克昌其后;山环水绕长发其祥”。我喜不自禁,失落的寸心涌上一片慰藉。东山公是陈家书香传统的源头,老谱上的人物传记就是以他开篇的。他本是读书人,谱上本传说他早年读书聪颖,为乡里所看重,但屡困于有司,遂弃举子业,恬退林泉,与骚人墨客往来酬唱。子嘉谋、嘉谟蜚声庠序,孙于庭、于阶名彪虎榜,可谓渊源有自。

东山公墓的形制与修水竹塅陈家的几座祖坟一模一样。它的外围是用麻石条依山形地势砌成的上下、大小两个椭圆形圈,颇像一个葫芦。小圈是墓的重心——封土堆和坟头。封土堆的外形做成“乌龟壳”一样的形状,外壳是坚硬的三合土。大圈是宽大的拜坪。圈外是用麻石凿成的排水槽。这种形制与修水本地古墓的结构大不相同,笔者一直认为是陈家从上杭原籍带过来的形制,今天终于得到了印证,可以定论了。东山公墓原葬坳子下,崇祯年间迁葬现址。它背依树木葱茏的东山,面向地势伸展的牛屎塘,确是牛眠佳壤,风水宝地。东山公名善生,雅号东山,后人将他迁葬东山下,称得上因缘巧合,富于文化气息。他的墓能够保存下来,真是不幸中的万幸,琳坊陈家总算留下了一处“文物”,必将在将来的寻根认祖活动中发挥不可替代的作用。

从东山公坟山下来,再去看十一郎公祠遗址。祠堂已毁,乡里在原址上办了一家乡镇企业。① 从残留的墙基石、大门的范围犹可看出这座祠堂当年宏大的规模。更使我感兴趣的是它所处的位置。它坐落在罗溪村这个山间盆地的中央(其风水称“田螺形”),使空荡的田畴有了重心,有了人气,人文景观与山川形势相得益彰。古人凭借他们擅长的风水学说,为后人演绎了多少环境艺术的杰作。祠堂的大门前当年肯定矗立着陈于庭、陈于阶的旗杆石,甚至陈宝箴、陈三立的旗杆石也可能耸立其中。清代的科举风俗,凡贡生、举人、进士都应在祖祠前竖旗杆石,以显示自己家族的实力和望族地位。陈姓祠堂不远处即是何姓祠堂的原址,坐落在一座小山的坡塝下,地势偪仄。实地考察使我进一步读懂了何姓欺凌陈姓的原因。一旦涉及风水利弊宗族旺发,即使本村的姻亲,也不予宽容假借。今陈何两姓的祠堂都已成陈迹,往事已成烟云,干戈化为玉帛。

陈冬生热忱期望从中都走出去的宗亲回来寻根认祖。冬生告诉笔者,1996 年,梅州市、所属的蕉岭县左槐陈氏为修谱曾前来寻根认祖,他们是十一郎公下传五世仲一公的后裔。1998 年,美国有一位陈文英女士,遵照她父亲的

① 20 世纪 80 年代初,广东梅州市蕉岭县左槐村的十一郎公后裔到中都寻根问祖,犹见两堂两横一外门楼和后围墙尚好,见《左槐陈氏族谱》,1996 年刊印,第 11 页。

嘱咐,前来寻根认祖。加上笔者这一次,已有三批了。可惜琳坊陈家拿不出递传有序的老谱,也没有气派的祠堂和高大的宅第,让前来寻根认祖的宗亲满意而归。笔者理解他的意思,他是想借助散处四方宗亲与本根血脉相连的感情力量,在十一郎公这面旗帜的感召下,重振琳坊陈姓昔日的辉煌。这个思路大致不错。思念故土,追怀祖德,是人的天性。客家人的木本水源意识尤其根深蒂固,开基祖崇拜已凝固为一种意识形态,尽管有的开基祖有传说、虚拟的成分。对这种历史上形成的混乱现象,学者专家没有必要对宗亲剔破拆穿,学术研究与文化认同既相联系又有区别。身处底层的宗亲需要一位万派归宗的开基祖作为他们心中的偶像。这是他们的理念,他们的生活。陈冬生指出虽然十一郎公祠已毁,但开基祖婆墓却保护得很好,每年都有后裔上坟祭拜,冬生准备陪笔者去看看,但因墓离琳坊很远,时间已晚,不得不放弃这一安排。

下午5点,笔者与严馆长、陈镜毫老人告别中都。24日上午与严馆长拜访县博物馆;观看上杭县城的名胜古迹。下午参观县图书馆的“上杭县客家族谱馆”。25日返程。在上杭两天半,对上杭深厚的人文、历史积淀产生了浓厚的兴趣。上杭是客家人外迁的中转站,在客家民系形成史上占有重要位置。据严馆长介绍,上杭是众多客家姓氏的发祥地。仅广东梅州市所辖七县一区一百三十多个姓氏中,从上杭迁去的就有117个姓氏,占90%,而且还有三十个左右的客家姓氏是在上杭开基的。这一历史现象大可研究。新编《上杭县志·人口》中的《各乡镇主要聚居姓氏表》表明,陈姓是上杭仅次于黄姓的第二大姓,人口三万多,明代以来多有科举人才,明代12名进士陈姓占了两位,即城里的陈详,来苏里的陈于阶。只是琳坊陈姓已如前所述渐渐式微,但陈鲲池一支迁出后,琳坊陈姓的实力却在遥远的异乡——江西义宁州显示出来。

笔者这次上杭之行,使竹塅陈家与原籍中断联系一百多年后,终于穿过时空的隧道重新对接上。但这还只是初步的接触,对于赣西北的客家棚民研究而言,上杭县的客家人外迁史是一个亟待开发的课题。这一片输送了大多数赣西北棚民的土地,是这样神秘悠远,如果对上杭县的历史文化、社会经济、民情风俗缺乏一定的了解,则赣西北棚民迁徙的源头、背景难以考证梳理清楚,对其早期迁徙立足的艰难困苦就不能做出准确的分析判断。这需要出发地和迁徙地的文史工作者携手合作努力,共同开发完成这一课题。

第二章　竹塅陈家的兴盛与耕读门风的确立

耕读并重是中国古村落维持日常秩序的纽带，其源头可以追溯到宋代。宋代科举之风盛行，读书蔚然成风，人们一方面以农耕生活为本，一方面通过发奋读书入仕。明代以后，江西科举入仕者日益涌现，“一门三进士，同胞两翰林”的现象已不罕见，同时出现了一些名倾朝野的大官名宦。

中国古村落以秀丽的山水风光、恬静的田园生活和理想的耕读传家环境为最美境界，各姓修宗谱，大都会把耕读传家的理想价值观写进家训或族规中。这样的例子在江西比比皆是。

第一节　眉毛山区的耕读遗风

一、眉毛山的山形地势概况

眉毛山①，按修水方言眉、弥同音。民间附会谐音解释，此山早年属涂、周两姓，因山界纠纷兴讼，官府判为“眉毛眉一线，弥王弥一片”。② 它是修水县东南部的一座大山，主峰海拔 1 198 米。山的四围有六个公社，环山一周，大约二三百华里。同治十二年版《义宁州志》卷三《地理志 · 山》“弥王山”条云：“（弥王山）在州治东南四十里。其山东南横亘安乡，西北绵衍泰乡，为安、泰诸山之祖。峰高顶平，纵横几数十里。冈陵蜿蜒，中多村落。里人涂家杰与武邑罗亨奎、李复结庐读书其间，有记。”③眉毛山的南麓（今黄沙乡、黄坳乡）距

---

① 又称弥王山、眉扬山。见《陈鲲池坟图按语》，吴凤鸣《竹筠居士记》。

② 见江西省修水县地名委员会办公室编印《江西省修水县地名志》“眉毛山条”，第 615 页。

③ 王维新等修，涂家杰等纂《同治义宁州志》，第 57 页。涂家杰《游弥王山记》：“四十里于州之东南有弥王山，环山前而居者为西溪，为油塅、竹塅，为桃里、拾科里……岁乙丑（同治四年）（转下页）

离山顶较近的村落，大多是怀远人的落脚点，北麓旧属泰乡七都的一部分，为本地人与怀远人杂居之地。这里四山围合，形成一个独立、封闭的地理单元，故又称内七都，1958 年成立桃里公社。境内山地约占总面积的 70%，丘陵约占 25%，低丘岗地约占 5%。[①] 桃里乡大大小小的自然村，就散落在这座大山北麓的山腰、山脚下。

登上眉毛山顶，纵目远眺，但见东有双尖，西有禅（古音 shén，与修水方言船 shán 同音，现已误为船尖）尖，南有仙人骑鹤峰（简称"仙鹤峰"），北有桃花尖（四峰海拔均在 700 米以上）。高山大岭，逶迤腾跃，群山莽荡，蔚为壮观。其余脉如波卷潮涌，依次伸展开去，环抱着一条条沟壑山陇。面对如此恢宏气势，呼吸着山川清淑之气，品味陈宝箴建在眉毛山半山腰的读书楼"四觉草堂"大门悬挂的集句联"深居观元化；荡胸生层云"之深厚意蕴，顿时悟出为什么在这穷乡僻壤能够崛起一位有识见、有魄力的封疆大吏。

二、陈、徐、涂、黄四个耕读之家

眉毛山区清代以前的历史尚难钩稽。明末清初，义宁州全州只有十三万余人口。眉毛山这样的大山区，人烟自然稀少。直到乾隆朝，随着社会的稳定，生产的恢复，怀远人涌进义宁州山区，全州人口上升到 23.4 万（现已高达 86 万），眉毛山区才兴旺起来。出现了陈、徐、涂、黄等几个居主导地位的家族，耕读、科举也开始走上轨道。这样一个交通不便、远离市井的山区，却一度人文蔚起，书香清芬，崛起了几个著名的书香门第，其中以陈宝箴家族最为突出，日后发展为闻名于世的"义宁陈氏文化世家"。其他几个书香门第也人才济济，颇有实力，与陈宝箴家族一起成就了一个值得研究、探讨的地域文化现象。代表人物为陈宝箴、徐家干、涂家杰，有"桃里三杰"之誉。

早在陈家从护仙坑迁来竹塅之前，已有徐氏家族在邻村西坑、高塅休养生息。乾隆初年，徐氏家族希字辈崛起，习举业者多有其人。其中徐家干的五世祖希松、希杨、希柏、希模、希槐、希楠六兄弟崭露头角，一时称盛。虽然在科举上未获高科，仅老大希松为廪生，老三希柏为庠生，但毕竟是徐氏家族升起的第一缕书香。六兄弟都接受了诗书礼乐的化育，与州里的名人士绅多有往还，有一定的人文素养，这从他们留下的诗作可以窥见。希字辈的孙辈为建字辈，

（接上页）友人李企甫、徐春园、徐稚生（家干）、郑春魁并拉予以游……"（按：此文为游眉毛山顶记实）载王维新等修，涂家杰等纂《同治义宁州志》卷三二《艺文志 · 记 · 下》，第 656 页。

① 见江西省修水县地名委员会办公室编印《江西省修水县地名志》"桃里公社概况"，第 273 页。

有徐建增(字梦龄),为人明辩有识,培养子弟不遗余力,事迹入选《义宁州志·善士传》。徐建增三子徐次山,监生。① 终于在同治三年(1864),徐建增次孙(徐次山次子)徐家干中举,日后在张之洞名下展布干才。②

与竹塅相邻的另一个村庄拾科里也有一个以耕读传家的家族——涂氏家族,大约与陈鲲池同时,于雍正年间从本州迁入眉毛山下。乾隆中期,有涂鹏里"生平崇儒重道,凡缙绅先生、文人学士造其门者,累日周旋无倦色。延师课儿辈,内尽诚,外尽敬,故师馆其家有七八年之久者,有十余年之久者……子三,长騆云,举乡饮;次骥云,候选分县同知衔;三骧云,太学生。孙八,长举于乡,三郡庠生,五候选州同。曾孙十八人,读书者撷秀泮林,治家者皆成立"。③ 鹏里公三子涂骧云为监生,其子涂家桢为廪贡生,加中书科中书衔。鹏里公次子涂骥云筑孕云盦学舍,请举人刘蓉镜课其子侄。其长子涂家杰④,咸丰二年

① 湖北武昌府知府李有棻《貤封荣禄大夫次山公传》、湖南巡抚卞宝第《貤封荣禄大夫徐君墓志表》、三品衔江苏补用道杜俞《貤赠荣禄大夫义宁徐君墓志》,载《徐氏宗谱》卷三、卷七,民国二十六年(1937)续修。《徐氏宗谱》卷一四徐家干这一支的《世系册》"徐次山条"云陈三立曾为徐次山夫人邱氏撰墓志铭,此文未见。

② 徐家干(1843—1902),字稚荪。同治三年 21 岁以监生领乡荐。同治四年、七年、十一年三次赴京参加会试,均不第,乃赴湖南访陈宝箴。陈举荐他到贵州苏元春幕府襄幕。光绪八年(1882)以知府分发鄂省,后署荆州和安陆。光绪二十三年,张之洞欲以武学造就鄂中人才,调徐家干提调武备学堂及鄂省维新政事,并协筹湖北枪炮厂,总办两湖、经心书院。光绪二十四年六月,陈宝箴奉诏荐举 17 名维新人才,第十名为徐家干,评语为"才识明通,讲求经济之学。迭次办理教案,操纵得宜,能持大体"。著有《守荆略记》《荆州万城堤图说》《海防说略》《苗疆闻见录》(徐敬修等撰《湖北补用道稚荪府君行状》,经心书院都讲贺汝珩《诰授资政大夫二品顶戴军机处存记湖北补用道徐公墓志铭》,载《徐氏宗谱》卷三、卷七)。《徐氏宗谱》卷一四徐家干这一支的《世系册》"徐家干条"云张之洞为徐家干撰墓志铭,此文未见,笔者收藏的《徐氏宗谱》缺卷首第四册。徐家干在湖北办理维新政务的事迹,《郑孝胥日记》中有多处记载。新编《修水县志》卷三六《人物》立《徐家干传》。杜俞《海防说略叙》:"……法越事起,余客鄂督卞公。时义宁徐稚荪太守以知府留鄂,相与感念世变,慨然思究其利病得失之由。证之古,咨之今,反复引伸,矻矻而不倦,其勤也如此。……明年余自闽复过鄂,太守出所著《海防说略》,并附《江海道里说》,属为弁言于端。诺之,两年未有以报。今年夏余有蜀道之行,太守适官荆州府,因过访,又申前诺,更受而读之……光绪丁亥仲夏白帝舟次。"载氏著《元穆文钞》,庚子十二月重刊。

③ 都昌县儒学正堂戊子科举人龚鸿《诰封奉政大夫鹏里公墓志铭》,载《涂氏宗谱》卷首,1994 年重修。

④ 涂家杰(1818—1892),字载歌,号伟人,别号弥山。道光十八年(1838)以州案首入泮,咸丰元年补廪。道光二十六年、咸丰元年、咸丰二年参加三次乡试,终于第三次再战棘围中式,拣选知县。咸丰三年拟整装北上会试,因寇警未果,四年与陈宝箴父子创办团练,以办理军务钦加同知衔。咸丰八年冬与陈宝箴公车北上,参加次年会试,未果。同治四年,任义宁州"濂山书院"山长,嗣后数年,参与重修义宁州志编务,任总编纂。同治十二年与徐家干出山,本拟同赴苗疆襄办军务。到湖南时见陈宝箴,陈邀请他到自己代理的辰沅永靖道(治所在镇筸,今凤凰县)任教职一年。光绪三年(1877)部选浮梁教谕,司铎十六载。光绪十八年逝于卸任回乡途中(徐家干《奉政大夫涂公弥山传》,同上)。著有《孕云盦诗文稿》(现只存光绪二 (转下页)

壬子科举人。三子涂家楫，保举选用州同。积学未遇，爰弃诗书习岐黄业。其孙涂同轨（1868—1929），“六岁就读于鹏里家塾……补博士弟子员。秋闱不弟，入江西大学肄业，旋选优级师范，积五年毕业，得奖优贡服务学校有年。再赴试场得优贡第二名，旋赴北京朝考（1909），得一等，分发广东知县”。[①] 民国初年担任江西《大江报》主笔，有《孕云鳌诗》一册传世。涂同轨之子涂公遂（1904—1991），早年负笈北京大学。曾参加学生运动，任全国学联大会主席。后任教于河南省立师范、河南大学文史系。1949 年流寓海外，历任香港休海、新亚、德明、清华等书院教授，新加坡南洋大学文史系主任。涂公遂承继了他的家族数代积累的翰墨书香，他是一位诗人，有诗集《浮海集》传世。又擅长书法、篆刻、国画，1995 年台湾天山出版社出版《涂公遂先生纪念画集》。尚有学术著作待刊。平生富交游，与左舜生、易君左、曾履川、饶宗颐、张大千均有往来。

眉毛山下还有一个村庄名油塅（又名宋家庄），这里居住着黄氏家族。康熙末年黄廷贵从赣南崇义县迁来，与陈家同属外来移民怀远人。与陈、徐、涂三姓相比，黄家的文运声名稍逊，但亦有文士应运而生，全族共有四个秀才，其中两个贡生，[②]并产生了五个武举。虽说武举俗称半个举人，地位声名不如文举，但亦是正途出身。况一个家族能培养出五个武举，其底蕴实力不可小觑。[③]陈、黄两姓因都是怀远人，两个家族通婚四五代人，陈宝箴夫人即黄锡禧之妹。

亦耕亦读、培养子弟有两个目的，一是科考，一是教化。隋唐以后，朝廷以科举取士，读书应考成为攀登社会阶梯的途径，而且几乎是唯一途径，这就刺激了乡村人文教育的发展，所谓“十户之村，不废诵读”。教化则注重子弟的人

（接上页）年以家塾名义刻印的《弥山诗草》一册）。新编《修水县志》送审稿有《涂家杰传》，正式出版时未采用。龚浦庆《韩继藜先生》：“同时涂伟人学博家杰，壬子举人，任浮梁教谕，文名甚著。癸酉重修县志，聘为纂修，著有《孕云鳌诗文稿》，藏于家。”载氏著《师竹斋笔记》卷二，民国九年（1920）刊印。此为讲述韩继藜事迹时连类介绍涂家杰。

① 前清优贡知县现任两淮盐运使高巨瑗《涂母胡太宜人传》，载《涂氏宗谱》卷首。

② 黄锡禧（1829—1897），名文茂，廪贡生。曾任江西南安府训导，清江县教授。妹黄淑贞适陈宝箴。其后人中走出山外的人才较多。三子黄伦玉，五品顶戴两淮补盐运巡厅；五子黄伦义，九江禁烟分所所长；六子黄伦季，南京高等师范学校毕业，曾在江西万年县、广丰县、信丰县任职。黄韵兰（1838—1917），名文孙，廪贡生，钦加五品衔候选儒学副堂，著有《致用斋文集诗钞》，未刊。少时向族兄黄锡禧问学进业，后在陈宝箴四觉草堂课读。其子黄叔梅（1873—?），名伦屏，字叔梅。早岁习举业，应试有声。有《养浩山房诗草》传世。从其诗作可知黄叔梅人品不俗，怀才不遇。中年以后，为生计衣食曾三次出山投陈三立，奔走于南京、上海、武汉，一度做过时任上海道台蔡乃煌的幕客。在南京、上海时，曾与陈三立及名流应酬唱和，分韵赋诗。陈衡恪《题黄叔梅诗稿》：“黄生吾党能诗者，好向君家山谷求。莫把楩楠斫而小，倒翻江海笔能遒。深心蕴蓄成醇酿，苦学经营集大裘。只有余言写哀乐，戋戋何暇辨源流。”

③ 见修水怀远《黄氏宗谱》，光绪二十四年（1898）四修；黄腾禧武举《朱卷册》。

品道德，敦品立身，推行儒家倡导的三纲八目、良风美俗。在这两个目标的引导下培养出来的乡土知识分子，或者操持宗族事务和乡政公益，或者设帐授徒，教授乡民子弟读书进身应考，承担起推动本地区文化发展的责任。

陈、徐、涂、黄四个家族的发展史很有些共同之处。开基创业的一代都在乾隆年间，绵延积累三四代，共同走上兴旺之路。四个家族都耕读并重，都创办了家塾；四个家族都有后裔在大城市和海外，值得进行对比研究。四个家族在发展的早期，由于土客关系，似乎没有太多的往来。不过，共处一隅，同处于一个文化圈中，宗族之间的起落进退不可能不相互影响。到了陈宝箴这一辈，四姓子弟的交往明显增多，成就了一段土客融洽团结的佳话。

西方现代心理学家E. 弗洛姆认为，人为了获得生存的安全感需要两个条件：一是起码的稳定的物质生活保障；二是自身价值得到环境的某种确认。[①]这两个条件在陈家的早期发展史中都可以找到对应。陈、徐、涂、黄四个家族家道小康、耕读门风、人才培养起步时间大致相同，但陈家后发优势渐渐显示出来，反映出这个家族上几代的书香遗脉和客家人的坚韧苦学在其中所起的作用。

第二节 眉毛山下的“风水宝地”——竹塅

一、农耕文明的福地——山区盆地（塅）

“塅”即山间盆地，江西、湖南、福建称“塅”，贵州称“峒”。[②]“塅”在修水、武宁、铜鼓一带最多。“塅”有两种形状：一种是离大山比较远的大盆地，一般都有大河流过；一种是山里的小盆地，一般都有小溪流过。平川大塅有着高远阔大的气势，而山间小塅则使人强烈地感受到“桃花源”的气息（竹塅属于后一种）。这种山间小盆地往往有一个“初极狭”的入口，小溪从入口处流出。

① 转引自徐葆耕《释古与清华学派》，清华大学出版社1997年版，第152页。

② “塅”字在清朝时常写成“塅”。其原因是以“段”为形符的字被“叚”（音jiǎ，又音xiá）形代替。陈三立《皇授光禄大夫头品顶戴赏戴花翎原任兵部侍郎督察院右副都御史湖南巡抚先府君行状》（以下简称《先府君行状》）、《先妣黄夫人行状》将“竹塅”写作“竹塅”、“油塅”写作“油塅”，并不是他自己的创造发明。修水县和周边邻县称为“塅”的地名，县志、书院志、家谱等乡土文献都刻印成“塅”。近世几十年语言文字学界大力提倡汉字规范，树立字典辞典工具书的权威性，使“段”“叚”不分基本得到了改变。见刘经富《补谈“段”“叚”因形近而混用问题》，载《书品》2012年第2期。

进去后，一个豁然开朗、四山围合的“大肚子”盆地便会呈现在眼前。它有山有水，有田有土，柴方水便，阡陌交通，气候宜人，农耕文明的环境条件天造地设。考古成果表明，河流谷地、山间盆地对人类特别友好，最适合人类栖息繁衍。如果一个姓或几个姓的家族能够获得这样一方乐土，保护好生态循环（现在称作“可持续性发展”），[①]就可以休养生息，世代繁衍，躬耕课读，形成一个相对独立的经济圈、文化圈、生活圈和方言圈。日本学者上田信以浙江诸暨县的盆地为蓝本写成《传统中国：盆地、宗族所见之明清时代》（东京讲谈社 1995 年版）一书。在修水这个大山区，能到“塅”里居住、耕读，是山里人、塬里人最向往的，所谓“嫁女嫁到塅里去”。[②] 陈家是修水怀远人从山上往山下盆地最早迁居的家族之一。对于一个棚民家庭，这一步跨出去颇不容易。竹塅因为陈氏家族日后成名，也地因人胜，在修水众多的“塅”中名声鹊起。[③]

“竹塅”的得名顾名思义与竹子有关，《江西省修水县地名志》第 278 页“竹塅条”谓竹塅“多楠竹”。现在虽然已不以盛产竹子著称，但在二三百年前，这里多竹则无疑义。

笔者 1986 年秋季首次到桃里，1996 年后去过许多次，桃里乡的村落基本都到过，觉得从原乡政府所在地往山里面走，山形地势优越的地片有三处：油塅、西坑、竹塅，以竹塅为最，是眉毛山北麓的一块风水宝地。它由两只小塅组成（下竹塅、上竹塅），形态发育较为完整规则，犹如一只宝葫芦。

二、风水概述

《辞海》1979 年版对“风水”有如下定义：“风水，也叫堪舆。旧中国的一种迷信。认为住宅基地或坟地周围的风向水流等形势，能招致住者或葬者一家的祸福。”[④]这段定义反映了当时主流意识形态对“风水”的界定，进入 20 世纪 90 年代，学术界尤其是建筑学界对风水研究者日益增多，发表了大量论文与专著，提出了新的认识、看法，认为风水是中国古代的一种文化现象，是处理环境

---

① 笔者以前在修水下乡调查怀远人遗迹时，看过一份“柴会”公约，大意是为维护山林，使村里人总有柴烧，规定哪两年砍东山上的柴，让西边的山长蓄，当东边的山砍得差不多时，再砍其他方位山上的柴。并规定每家每年交一定数额的钱给“柴会”，作为日常山林维护和必要时买柴分给各家的资金。可惜笔者一时疏忽忘了拍照保存。

② 笔者这些年来一直在思索用一个最简单明了的关键词来指称修水的山地文明。通过二十多年在修水、铜鼓、武宁、万载等地的实地调查感受和阅读家谱材料，觉得用“塅文明”来指称比较恰当。省内亦有史学工作者认为江西文明就是盆地文明。

③ 竹塅早年称“竹塅里”，后称“竹塅大队”，后改为竹塅村，前些年与高塅村合并，称“高塅村”，即“竹塅村”的行政建制已被取消。现今仍称“竹塅村”是指自然地片村落。

④ 《辞海·语辞分册》，上海辞书出版社 1988 年版，第 1342 页。

与人之关系的学问，是包含天文学、地理学、环境学、建筑学、规划学、美学在内的一门学术，不能简单地与迷信划等号。[①]

风水学中崇尚的理想环境是背靠祖山，左有青龙，右有白虎，二山相辅，前景开阔，远处有案山相对；中间平地称“明堂”，明堂之前，须有蜿蜒曲折的流水或池塘即“明堂曲水”。四周之山要有多层次，即青龙、白虎还要有护山相拥，案山之前还要有朝山。朝向最好坐北朝南。如此形成一个四周山峦环抱、负阴抱阳、背山面水[②]的良好地段，有利于“藏风聚气”。这样一个相对封闭的空间，用现代科学观念来分析，无疑是一个良好的自然生态环境。背山可以抵挡冬季寒风，前方开阔可以获得夏秋凉风、冬春日照。四周山丘可以提供燃料，山上植被既可以保持水土防止山洪，也可以形成适宜的小气候，流水可以保证生活、农田灌溉用水。[③] 这种山势围合而成的空间成为一个有山有水、有田有土的独立地理单元。这与陶渊明在《桃花源记》里所描绘的理想环境不谋而合。[④] 南方地区因其区别于北方之平原的地理特征，以山环水抱的小地理单元为特点，所以风水作为环境学说必然发挥作用。风水说乃人们追求理想环境，“趋吉避凶”心理的反映。[⑤]

“竹塅”正是这样一方风水宝地。它背靠仙鹤峰，绵延起伏的小山余脉环拥包围成一块盆地，周围散落着众多诸如名为“蛇形”“龟形”“凤形”“狮形”“蟹形”的小山岭，为陈、谢家族安葬开基祖和主要成员提供了牛眠佳壤。一条名为“三合河”的溪流从上竹塅傍山蜿蜒曲折[⑥]流经下竹塅出塅，成就一个名为“范家湾里”的地名。溪流旁的小路连接着塅里与塅外的世界。

---

① 一位国内知名学者曾经指出：人对自然的控制、征服、对峙、斗争是社会与文化的主题之一，它历史地反映了工业革命和现代文明不是像农业社会那样依赖自然，而是用科技工业改变自然、创造新物。但是就在这时，一些重要的思想家注意到在征服自然的同时，有一个人与自然相互渗透、转化、依存的巨大课题，即主体与客体、理性与感性、天理与人欲……在多种层次上交融合一的问题。这个问题以近代大工业征服自然、改造自然之后产生的崭新的客观关系为基础，这个崭新关系不再是近代工业初期那种为征服自然而破坏自然、毁坏生态的关系，而是恢复自然、保护生态的关系。这是今天发达国家和后工业社会必须解决的问题，也是发展中国家应该及早注意的问题。在这方面，古老的风水文化恰恰具有现实意义。转引自高友谦《中国风水》，中国华侨出版公司 1992 年版，第 250 页。

② 在中国人的环境观念中，背山面水是一种理想模式，甚至以风水的形式被固定下来。修水有些塅的溪流从塅中间流过，乡民说这里本来会出大人物的，就是这港水生坏了。实际情况是溪流如果直接从塅中间流过，发大水时常将小河坝冲毁，殃及农田，所以傍山脚曲折流出去最好。

③ 见楼庆西《中国古建筑二十讲》，生活·读书·新知三联书店 2001 年版，第 299 页。

④ 见刘沛林《古村落：和谐的人聚空间》，上海三联书店 1997 年版，第 47 页。

⑤ 见郭谦《湘赣民系民居建筑与文化研究》，第 123 页。

⑥ 按照堪舆风水的要求，村落应在“腰带水”的一侧而不能对着“反弓水”。

三、竹塅风光描述

从乡政府所在地去竹塅，进村之前首先映入眼帘的是下竹塅的村口风景。村口亦称水口，是关风水的“咽喉”，所以村口一般都有古桥、神坛社庙和古树。[①] 树的作用主要是遮断山岈口的天际线，求得四面围合的视觉效果。有的水口还有土筑的围墙，民间有“树不足，土来筑”的说法。下竹塅的村口即如此，水口处有几棵古树，遮蔽着一栋已经破败的老屋，名“云霄殿”（当地乡民称“三寄爷殿”），殿前有一座三块长条石的厚重古桥。过古桥往前走不远，有一个社坛，名“白沙湾社”。社坛背后是一块巨石，属于第四冰川遗迹，巨石上长满古树古藤，树根嵌入巨石中，使巨石裂开又不倒塌，笼罩着蓊郁阴深肃穆的气氛。而塅里的生态图景更令人赞不绝口。村子安详恬静，十几处农舍依山而建，大门都朝塅中央而开，站在各自的屋场上，就可以相望相呼对面的人家。房子都是土墙青瓦，黄土墙上罩上一圈石灰，青山白屋，格外爽心悦目。

从下竹塅向前走一里许，又一个村口出现在眼前。这就是上、下竹塅的交结处——上竹塅的水口。上、下竹塅的村口极为相似，都有巨石、古树、古桥（桥为陈伟琳捐资建造）、殿、社。[②] 看得出来，两个村口都是按一个模式营建的，只是上竹塅村口的巨石更大。巨石上的几棵古树树根坚劲，将巨石分成几瓣，给村口增添了一层神秘古老的色彩。上竹塅比下竹塅要小，位置在眉毛山的山脚下，因此比下竹塅的封闭性更强。说是山脚下，海拔也在300—400米之间。上竹塅的水口处原有一栋舂碓油榨房，有一架水车。农耕经济时代，一个村子的舂碓油榨房就是一个类似于现代经济体系的工业“企业”，承担着榨油舂米的技术任务。在自给自足的农耕经济时代，一个村落只要有地方敬祖，有学堂让孩子开蒙读书，有地方碾米榨油，就可以不依赖外部世界生存繁衍下去。

从陈家大屋的右边转弯进去即柏树塅，比上竹塅更小些。塅中心有一座

---

① “水口”是封闭盆地的出入口，先民最初在盆地中开基建村时，首选条件是防御性强，故对水口的要求是狭小紧固。出于这种功能上的考虑，在风水理论上出现了水口林之说，即村落的水口是龙脉所在，为了荫养龙脉，水口林是绝对不准砍伐的。时至今日，水口林在江西的山区与丘陵地区随处可见。如乐安县的流坑村，其水口便是一片参天的大樟树，只有走过这片樟树群，才能看到流坑的真面目。见赣州市博物馆韩振飞、姚莲红《浅谈杨筠松及赣派风水术》，载南昌大学《赣文化研究》编辑委员会《赣文化研究》第4期，1997年编印，第307页。

② 上竹塅村口的殿名福林殿，当地乡民亦称为“三寄爷殿”，与下竹塅水口的“三寄爷殿”祀奉神像相同，1980年代被乡民拆掉在原址做民居。社坛名“南源社”。

非常气派的坟茔，墓主人名谢元亮，原有围坟一圈的大柏树，故名。① 护坟林初毁于 1958 年“大炼钢铁”，终毁于“文化大革命”初期“破四旧”运动中。②

竹塅的住民均为怀远人，多姓杂居，在人类学上称多姓村。乡民传说“先有沙罗赖”三姓，后以陈姓为盛。作为一个客家棚民家族，陈姓能够后来居上，反超先来桃里、竹塅的其他家族，获得眉毛山北麓最好的山间盆地，反映出陈家的综合实力和眼光气度，一出手就不同凡响。

第三节 眉毛山区民居的“瑰宝”——陈家大屋

一、陈家营建宅第的缘由

上文（见本书第 31 页）已经提到，陈鲲池的儿辈在家境稍裕后，于乾隆五十七年启动从护仙坑向竹塅迁居的计划，在竹塅营建宅第。关于做屋经过与命名由来，保存在《陈氏宗谱》上的陈光祖《凤竹堂屋记》有比较详细的叙述：

> 凤竹堂建自乾隆壬子年十一月十三日，砖瓦木石，俱一时措办。盖因此基地仅售一半，及是岁秋九月方始买就。何一买就即欲如此之速建也？缘鲲池公壮岁迁宁，始择居于护仙源，虽川源秀丽，在崇山峻岭之间。且基址狭隘，其屋仅堪容膝，时公年已八十有三，尝语诸子曰：“吾少壮来宁，历四十年之辛勤，虽精神不衰，今苍然为八十余之老翁矣。惜未建一堂

① 此墓风水称“蟹形”，营葬者因地制宜，设计三个梯级层次的坟头，前面为主碑坟头，中间坡度升高处又有碑柱，最后为望山碑，占地将近一亩，加上环墓场一圈的护坟柏树，可见谢姓对此坟的重视。在笔者看过的不少古墓中，这种分级呈现的坟茔为仅见。

② 笔者在竹塅做田野调查的初期，对上竹塅一块好地段安葬一位非陈姓的人不理解。近年获得一些相关资料，始知谢元亮与其族叔谢春兴（陈克绳岳父）是谢姓的头面人物，在现存的“三合河”碑群的记载的公益事业捐款中，谢元亮为首事之一。乾、嘉、道时期，谢姓与陈姓是竹塅、洞坑一带的旺族，在竹塅置有田土，开基祖墓在下竹塅，谢春兴墓在上竹塅。对于谢姓祖墓位于这么好的地段、墓这么气派的现象，陈、谢两姓的宗亲给予截然相反的解释。陈姓言，谢元亮坟地本来是陈姓要安葬文光公的，而石窝塬的文光公坟地本来是谢姓的，后来陈家的地仙发现石窝源更好，就想办法与谢姓调换，陈姓因此就发了。而谢姓宗亲说，谢姓的地仙比陈姓的地仙强，陈姓的地仙被他蒙住了，所以对调，于是谢姓得到这块好地。按谢元亮生于乾隆三十五年（1770），殁于道光十六年（1836），而文光公早在嘉庆十六年（1810）就葬在石窝塬了，两姓宗亲的解释属于事后用风水说附会印证。推测当年陈姓应有求于谢姓，因而两姓交换。

屋，上以安先灵，下以聚儿孙。尔曹识之。”①

迩时绍亭遵公命，遂择吉于是冬经营材料，雇倩工匠每日以百计，少亦数十。越次年五月工始告竣，至六月迎养公于新室。公至一观，心甚忭喜，曰：“今幸堂屋即成，祖宗得有凭依矣，儿孙得有栖息矣，吾亦得以优游杖履矣。虽少壮勤劳，暮年创此一屋，愿亦慰矣。”因〔颜〕其堂曰“凤竹”，盖凤非梧桐不栖，非竹实不食；凤有仁德之征，竹有君子之节。后之子孙，必有仁居义由，昌大乎门闾者。公居三年，精神矍铄，鹤发神颜，至八十六岁无疾而逝。临终嘱子孙曰：“祖宗坟茔，祖宗香火，二者皆先人之根本，后人所当世守，扩充恢宏，庶不失先人遗志。纵有家计空乏，不得妄执有亏房分之说，强分强卖。倘萌此念者，即属不孝，吾于九原含恨矣。”②

道光八年陈家主导怀远陈姓纂修宗谱时，将这篇《记》文刊载于卷首，光绪二十一年四修宗谱时，谱局再次将这篇《记》文载录于卷首，可见陈家对凤竹堂的重视，目的是借助宗谱的权威性，明确产权和揄扬祖上的恩泽。此外，宗谱还三次载录凤竹堂屋图。③

据《凤竹堂屋记》所载，陈家大屋于乾隆五十七年九月动工，次年五月建成搬迁，操持主办者为陈克绳，产权则为四兄弟共有。嗣后二房克调、三房克藻因本命与凤竹堂背后的龙山砂水不合住坐，自愿另建屋宇。二房克调的面积概归幼房克修，三房克藻的面积概归长房克绳，长房、幼房补足二房、三房另建宅第的银两。④ 克调遂在陈家大屋近侧柏树墩建宅第，⑤约毁于20世纪80年代末期乡民拆旧建新。克藻遂在下竹墩闵家屋场对门山坡建宅第，其后裔在“土改”时因被划为富农成分，祖屋被大队部占用。

据陈家嘉靖二十三年第二次分家文书记载，陈家在竹墩先购置的宅基地是“闵家屋场”⑥（今下竹墩原村小校址旁边），后改为今址，说明陈家在乾隆五十七年之前就开始在竹墩选址做屋了。实地查看，现今陈家大屋的山形地势确比“闵家屋场”优越，由此推断陈家当年相宅胥宇，用心良苦。

与修水其他乡村聚居几百年的望族所建的深宅大院相比，凤竹堂稍嫌俭

---

① 按这段话将陈家营建新宅的原因归结为陈鲲池的心愿，揆之实情，其背后应有陈家发家致富、家族成员办事能力增强、社会地位提高后谋求更大发展空间的因素。

② 刘经富编著《陈寅恪家族史料整理研究》上册，第19页。

③ 见刘经富编著《陈寅恪家族史料整理研究》上册，第17、133、307页。

④ 见刘经富编著《陈寅恪家族史料整理研究》下册，第820页。

⑤ 克调、克藻屋图，见刘经富编著《陈寅恪家族史料整理研究》上册，第13、14页；下册，第932页。

⑥ 见刘经富编著《陈寅恪家族史料整理研究》下册，第819页倒数第2行。

朴。但如果我们了解了土著居民曾经不准、防止棚民盖砖瓦屋的历史背景，就会对这些没有太大建筑文物价值的砖瓦屋另眼相看。从棚户到土巴屋再到砖瓦屋，不仅是建筑材料的进步、建筑规模的扩大，还附着着更深一层的文化内涵和社会意义。有了大屋，门第的观念就有了载体，按伦理秩序规范家族成员的行为就有了坐标，按士绅标准举办各种仪式就有了场所。换句话说，大屋是底层社会跻身耕读人家的外在表现形态。正如陈家塾师陈书洛所写的《凤竹堂诗》那样：

凤竹堂开哕凤凰，山明水秀映缥缃。天生文笔窗前峙，地展芝华宅后藏。俎豆千秋绵祀典，儿孙百代绍书香。应知珍重迁居地，冠盖蝉联耀祖堂。①

二、陈家大屋的格局

陈家大屋属于南方民居“天井式”建筑，一进两重，上下为厅堂，左右有厢房，属于修水民间常见的宗祠、大屋形式，历经二百三十余年风雨，至今仍基本完好。它宽 17.42 米，进深 17.41 米，高 6.35 米，一明两暗五开间；九十年后，陈鲲池曾孙陈宝箴在其右边增做了一栋与凤竹堂格局一致、一明两暗三开间的宅第。② 此后陈氏宗亲称凤竹堂为“老屋”，称陈宝箴增做的一栋为“新屋”（以站在大屋地坪正对大门为方位）。在新、老屋中间还有一个连接部分，亦有天井，一明两暗三开间，称“官厅”，“老屋”“新屋”“官厅”统称为“陈家大屋”，共计建筑面积 1 100 平方米，包括大门前地坪即围墙内总面积共 2 350 平方米。

对江西、湖南民居建筑深有研究的郭谦博士对天井式民居有很好的论述、分析：“南方天井式民居本质有别于北方的四合院民居，为江南所普遍采用。

① 刘经富编著《陈寅恪家族史料整理研究》上册，第 16 页。

② 关于陈宝箴所做“新屋”的时间，目前还没有发现直接材料，只能据相关材料推测。怀远陈姓同治二年二修谱卷首载录的大屋图无“新屋”图形，光绪二十一年四修谱卷首载录的大屋图有“新屋”图形。根据陈宝箴的生平经历，他于光绪九年因一件案子牵连，受到降职处分，遂离职家居，在长沙寓所与故里竹塅来来去去两年多，有时间添做宅第，且此前他已任职道员、按察使，有经济条件。光绪九年陈宝箴在致欧阳润生的信中说“山中庐舍，尚为族戚借居，急切未能迁徙，拟在湘小住数月”，也许他当时有回乡定居的打算，故在故里营建宅第。但推断光绪十一年建此屋说仍有疑惑，因陈宝箴光绪二十一年曾向吏部呈交自己的履历（见刘经富编著《陈寅恪家族史料整理研究》下册，第 1016 页），详细列举自光绪六年以来的行踪、事项、费用，却未提到在老家营建宅第。此“新屋”宽 12.7 米，进深 15.61 米，高 6.33 米。见《修水县文物普查资料汇编》卷二《古建筑》上册“陈宝箴、陈三立父子故居”，1986 年刻写油印（未刊稿），第 46 页。

两者的区别在北方的四合院式民居，庭院是周围的房围合而成的；而南方的天井式民居，天井好似是挖出来的。……天井式民居的平面型制，是以‘进’为单位。[①] ……其平面构成序列是：入口大门、天井、左右厢房、开敞的厅堂、厅堂后壁后面的楼梯间、厨房……以天井为中心组合一进的单元平面布局，是湘赣民居的基本构成法则。”[②]他在书中列举了与修水毗邻的铜鼓县、宜丰县、万载县的十余栋具有代表性的深宅大院，可以作为修水民居格局形制分析定位的参照。书中亦提及陈家大屋为“七开间一进天井式民居民宅，外墙开出稍大的窗户，可见多开间一进独立式天井式住宅，仍可以处理得丰满和层次分明”。[③]

湘赣地区的民居一般会在“一明两暗”的主体房屋旁边加建称为“披”的单披棚或厦，作为厨房、杂屋、储藏等辅助房屋。附属用房一般会因地制宜，巧妙利用地形，使得住宅整体变化错落，丰富了空间线条、造型。没有附房的长方形住宅，在风水上称为“凶宅”，因其形似“棺材”。所以附属用房既有实用功能，更重要的是出于风水上的考虑。陈家大屋即是这种模式，曾在主体建筑的左右两边盖有披厦。光绪十一年左右陈宝箴营建“新屋”时，将右边的披厦拆除，同时将新屋向前移出五六米，形成一个“曲尺形”。约 20 世纪 60 年代，住在老屋的陈氏宗亲，将左边的披厦拆除，盖成三间与“老屋”高度一致的正式住宅，同时向前移出数米，形成一个“曲尺形”，与右边的“曲尺形”相对称，使大屋形成一个“冂”字形，与修水邻县铜鼓、万载一带甚至湘东地区常见的“冂”字形结构一致。“冂”字形结构建筑可以在主体建筑前形成一个半封闭关合的空间，符合风水学的“藏风聚气”原理。[④]

建筑美学家王世仁先生指出：“中国古代建筑结构严谨，铺陈舒展，以横向线条展开层叠的序列节奏，形成变幻多端的空间艺术。”[⑤]陈家大屋正是如此，它横排大小 4 个天井，大小近五十间房，通过回廊、过巷、暗门串联起来。陌生

---

① 关于“进”的概念，修水民间又称“重”，如一个天井为“上下两进”，修水民间称“一进两重”；三个天井“四进”，修水民间亦称“一进四重”。

② 郭谦《湘赣民系民居建筑与文化研究》，第 142 页。

③ 郭谦《湘赣民系民居建筑与文化研究》，第 172 页。按：根据其书中的名词术语概念，陈家大屋从外形来看，“老屋”应为“一进两重、一明两暗五开间”，“新屋”和“官厅”均为“一进两重、一明两暗三开间”。他似乎没有亲到陈家大屋实地察看，使陈家大屋失去了一次来自古建筑专业学者对陈家大屋格局、型制、特点予以描述结论的机会。另一位博士潘莹亦在其博士论文《江西传统聚落建筑文化研究》（2004 年）中提到了陈家大屋，但没有展开描述，似亦未亲临勘察。

④ 2016 年，修水县政府为开发陈家大屋旅游项目，将左边的“曲尺形”拆除，破坏了左右“曲尺形”对称的“冂”形格局。

⑤ 王世仁《理性与浪漫的交织——中国建筑美学论文集》，中国建筑工业出版社 1987 年版，第 72 页。

人乍一进去，顿有恍若迷宫之感。

陈家大屋“老屋”的大门上原有“进士”匾额，[①]上堂前曾高挂着光绪帝赐予陈宝箴的“福”字匾，[②]板壁上挂着陈衡恪的大幅画作《钟馗打鬼图》。[③]“官厅”靠“新屋”方有一间着意装饰的密室即接待室，室内的家具、摆设颇为讲究。大屋大门前的地坪宽阔，筑有土围墙，场院内有陈宝箴中举的旗杆石，陈三立中进士的“旗杆礅”（又称“进士礅”），它为我们了解昔日举人、进士在宗祠、祖居前立举人石、进士礅的典章文物制度提供了实物依据。

1983 年，修水县的文物工作者在全国性的文物大普查中，对陈家大屋进行了初步的调查摸底拍照测绘，[④]将陈家大屋命名为“陈宝箴、陈三立父子故居”，1986 年正式批准为县级文物保护单位。约在 20 世纪 90 年代初，县文物部门曾拟将陈家大屋升格为省级文物保护单位，省文物局派员来调查确认。那时从县政府到竹塅不通车，那天又下雨，几个人打着伞深一脚浅一脚来到陈家大屋。由于当时“陈寅恪热”尚未蔚然成风，省县两级对陈氏世家认识不足，兼交通、气候不作美，遂使这次升级没有成功。到 2006 年底，终于升为省级文物保护单位。2013 年，升格为全国重点保护文物单位。该年 5 月 4 日，国务院公布第七批全国重点保护文物名单，陈家大屋以陈宝箴、陈三立故居名列其中，编号为：7－1757－5－151。

陈家大屋文保单位的逐步升格，折射出 20 世纪八九十年代之交逐渐升温的“陈寅恪热”对文物工作部门的影响，亦反映出世态人心对书香门第的尊崇礼敬。

20 世纪八九十年代以后建筑学界兴盛的民居研究大致分为两种不同的倾向：从文化角度和从社会生活的角度来研究民居。前者采取文化人类学的方法，后者采取社会人类学的方法，这两种平术取向各有侧重，互为补充。

“文化人类学”从文化特征入手进行研究，注重民居的社会文化意义并侧

---

① 见刘经富编著《陈寅恪家族史料整理研究》上册，第 307 页。

② 光绪帝曾钦赐陈宝箴“福”字三次，“寿”字一次，见《陈氏宗谱·文光房世次》。清廷钦赐“福”“寿”字予王公大臣始于康熙朝。每年十二月初一日，皇帝在内廷亲自御笔书“福”字，颁赐王公大臣。此后，清宫御赐“福”字奉为典制，后世皇帝纷纷效仿，有时皇帝还御赐“寿”字，一直延续到清末。王公大臣等官员均以得到御赐“福”“寿”字为荣。如《林则徐日记》“奉到恩赏御书福字、寿字两幅……恭设香案敬领”。参见邓云乡《皇上过年》，载氏著《宣南秉烛谭》，河北教育出版社 2004 年版，第 71 页。

③ 此系《客家人在修水》的主笔谢国纲老师（已逝）见告。他还说大屋里曾挂有一幅梁启超的对联，以前记得下联，后来忘记了。按谢老师即邻近竹塅的洞坑怀远谢姓后人，解放前夕在竹塅“义学”当过老师，其说当有根据。

④ 见《修水县文物普查资料汇编》卷二《古建筑》上册，1986 年刻写油印（未刊稿）。

重民居的形制形态、其背后的建筑观念的诠释及建筑史料的建立。这种研究与古代建筑保护和修复相辅相成。其成果的价值在于史料（包括测绘资料、历史文献的清理、尺寸规制、民俗观念等等）的记录和解析。可以看出在有关江浙、闽、粤及台湾地区传统民宅研究成果中，已经形成相当完备的研究架构和论述架构。

“社会人类学”从社会关系及社会结构入手进行研究。注重聚落的结构形态以及它们背后的社会组织和生活圈诠释，探究聚落的整体以及住区的空间结构和居住形态。这种研究更侧重于宗族制度对于聚落和民宅空间组织间的关联性以及民宅厅堂与其社会意义间的相关性，这种社会生活的研究取向也初步形成了全面性的理论架构和研究架构。① 从陈家大屋的目前情况来看，以“文化”和“社会”的角度对其进行研究都有待加强。虽然已有全国重点文物保护单位这块金字招牌，地方政府也在大力打造旅游项目，但研究的分量明显滞后。如陈家大屋申报全国重点文物保护单位时的考察、论定，对陈家大屋的建筑风格、文史内涵、价值分量、家族史的介绍描述也还是浅层次的。② 我们亟须一份来自古建筑学、文物学、风水民俗学、陈氏家族史专业的论证分析定性材料，以指导在日益高涨的“文化搭台经贸唱戏”的工作中如何保护利用陈家大屋以及保护与陈家大屋密不可分的大环境——竹塅。

三、陈家大屋是在风水理论指导下形成的“杰作”

“陈家大屋”是竹塅最重要的人文景观。以古民居的建筑价值而言，它在修水的古建筑中不具有代表性，却有着丰富的人文内涵。对于古建筑而言，内涵与外形都不可或缺，内涵甚至更为难得，所谓“入目三分景，七分在内涵”。它之所以能成为眉毛山区古民居建筑的“明珠”，除了它具有独树一帜的文化底蕴外，还有下面两个要素作支撑：

（一）从义宁州怀远陈姓的所有村落宅第来看，虽也有与陈家大屋面积相近的大屋，但望眼不开阔，且无陈家大屋这么深厚的人文气息。铜鼓的陈文凤家族与竹塅陈家是义宁州怀远陈姓的两大支柱，建有 5 栋宅第，但都是土墙，且地处一个陡斜的山沟。从小环境桃里乡的古民居建筑来看，上文已介绍的徐家干家族所在地高塅已无气派建筑。涂家杰故居虽然还存在，但位于山坡

---

① 见郭谦《湘赣民系民居建筑与文化研究》，第 10 页。

② 最不应该的是两百多字的《陈宝箴、陈三立故居专家评估意见》中出现了 4 处错误：1. 称陈宝箴为“清末四公子”；2. 陈衡恪误作“陈衡”，漏“恪”字；3. 陈寅恪误作“陈寅属”；4. “塅”字错成“墈”字。6 位签字的省内文物界著名专家可能没有一位认真逐字逐句审阅过这份意见书。

上，伸展不开。唯有黄姓祖居可以比肩陈家大屋，但面积、工艺仍稍逊，无马头墙与飞椽翘角（此大屋可惜约于 2017 年被拆除）。且陈家大屋既是一栋建筑，又是村落地名，可见这栋建筑在当地的影响之大，因此陈家大屋作为眉毛山区域古民居的“明珠”“瑰宝”是当之无愧的。

（二）从风水学的角度，陈家大屋亦有讲究。作为一种规划思想，风水对中国古代村落选址和布局产生过深刻和普遍的影响，是左右中国古代建筑格局的最显著的力量。古代村落，屋舍建筑，均讲究风水，谈论中国古建筑，绕不过风水。对宅第基址的选择，明代万历年间由王君荣编著的风水名著《阳宅十书·论宅外形第一》是这样归纳的：“凡宅左有流水谓之青龙，右有长道谓之白虎，前有淤池谓之朱雀，后有丘陵谓之元［玄］武，为最贵地。”[①]风水先生把这种形格形象化地称之为“太师椅格”。得“太师椅格”，是笃信风水的古人梦寐以求的。这类宅居地，背后靠山，如太师椅的椅背；左右缠护，如同太师椅的扶手；中央居宅，如同椅子的座位。三面围绕，一面开阔，后盾坚强，藏风聚气，是风水地形中的首选。

陈家大屋就坐落在这种“太师椅格”的山坳里（小地名“长埚里”），坐东北朝西南，虽然稍逊于坐北朝南，但整体布局仍然符合风水要求。[②] 它左边有汇成竹塅“三合河”的一条溪水，右边是出村的干道，后有靠山，前有案山（三合河碑群的那座小山），大门前是平整展开的田畴，人文景观与自然环境完美融合，以天人和谐为本质的风水理论在这里得到印证。山水如歌，村寨似诗，华第若画，当我们这些闹市中的旅人置身其间、徜徉游览时，切莫忘记，这布局这氛围这妙境，原是一位不知名的乡间风水先生的得意之笔。[③]

美国学者 E. 希尔斯认为，传统中往往含着某种具体的象征物，体现着昔日的荣光与权威。我国历史上的世家大族往往如此。例如西晋、南朝著名家族谢氏的象征物是代表人物谢安隐居韬晦、待时而出的“东山”，谢氏成员的山水诗即为这个“东山精神”的衍生物；另一个著名的家族王氏的象征物则是一

---

① 王君荣撰，郑同校《阳宅十书》卷一《论宅外形第一》，华龄出版社 2017 年版，第 1 页。

② 右边的护山比左边的护山稍短，两边护山不是非常对称。陈家在山嘴处安排了七只小屋，即牛棚、猪圈、灰舍，作为救补。但约在 2013 年，省、县文物部门某次修复陈家大屋，将这几只屋拆除了。后来有关部门又在这几只屋的原址做了一栋两层楼的现代建筑，对风水、景观的破坏更是雪上加霜。

③ 非常可惜，自 2002 年以来，竹塅在村村通公路、新农村建设、城镇化浪潮中，原始风貌已今非昔比。尤其是 2016 年以来在实施修复、打造陈家大屋的工程项目时，一些没有风水常识、民俗意识，对乡土建筑没有研究、毫无敬畏的人员，在维修、重建陈家大屋的内部结构、宇门、围墙时，违反了“修旧如旧”的原则，破坏了陈家大屋的风水格局，把一栋原汁原味的宅第包装打造成了一个新古董。

把预示着权位富贵的宝刀,那是王氏的始祖王祥的传家物。刀剑在古代是功名事业的象征,这"宝刀"的形象在王氏众多的子孙后代心中始终闪耀着光芒。这种近似图腾性质的、在家族内部承传不息产生强大凝聚力的象征物,在现代社会已不复存在,只有祖宅和故居还依稀体现着近世世家昔日的荣光。建筑的稳定性,决定了祖宅、故居适宜充当历史文化遗产、地域文化的载体。正如俄国文豪果戈里所说:"建筑是历史的年鉴,当歌曲和传说已经缄默时,只有它还在说话。"寄托着陈氏家族几代志愿的"凤竹堂",正是义宁陈氏勤耕苦读、门风祖德的象征物和一部亘古不变的家族"年鉴"。

第四节　竹塅陈家四房的迅速崛起

乾隆五十八年(1793),陈家从山高路陡的护仙坑向地理环境更为优越的竹塅迁移。实现了从最底层的棚民过渡到耕读人家的转型,社会地位上升了一个层次,开启了一个新的发展时期。陈氏家族从此进入了持续稳定发展的快车道。陈鲲池的四位儿子克绳[①]、克调、克藻、克修[②](称竹塅四房)开始崭露头角,已进入义宁州文人士绅的圈子。以凤竹堂的落成为标志,陈氏家族第二代就完成了从棚民到耕读之家的转变,与先来的其他客家家族相比,陈家的崛起非常迅速。它从人口数量、素质、家道小康、家族在公共社会活动中所起的重要作用、子弟在科举上的成功等几个方面反映出了一个家族的兴旺气象。

一、陈 克 绳

陈克绳,字显梓,号绍亭。[③] 乾隆二十五年庚辰(1760)四月初三日生,道

① 按:陈鲲池的儿辈派名统一用"克"字,其兄公远之子名"显赞",弟公陞四位儿子辈名统一用"德"字,看来三兄弟对儿辈的辈名统一尚未提到议事日程。

② 按其四兄弟的名号取义,绳有纠正之意,调(tiáo)有调整之意,藻为藻饰,修为修缮,故现今陈氏宗亲念克调(tiáo)可信。

③ 关于陈克绳的字号,《陈氏宗谱》上凡陈克绳传、墓志铭、坟图、世系均著录为"绍亭",但范当世《故湖南巡抚陈公墓志铭》称"公祖讳克绳,用孝义化服乡里,学者称为'韶亭'先生"。范当世此说源于陈三立《先府君行状》"祖曰克绳公,学者称韶亭先生"。陈三立此处实笔误。由于陈、范两文影响大,笔者早期亦受误导,1999 年 10 月参加中山大学举办的陈寅恪研讨会提交的论文《义宁陈氏家史述略》正文用"韶亭",注释又用"绍亭",2012 年将此文收录拙著《陈寅恪家族稀见史料探微》时,正文、注释统一为"绍亭",但又言明"陈克绳,字显梓,号绍亭(一作'韶亭')"。2011 年在《文献》第 1 期发表《陈宝箴集外诗文钩沉》,收录陈宝箴为其父亲陈伟琳所撰《子润府君行述》涉及其祖父陈克绳亦误作"韶亭"。今特此更正,学界勿再连环错。

光二十一年辛丑(1841)十二月初十日殁。早年业儒,屡试不利。42岁时循例捐纳监生,[①]得以参加乡试,但未成功。[②] 他从此绝意仕进,退隐林泉,与州、府文人士绅唱和往来,尤与查望洋友好。[③] 晚年曾与南昌府书香世家程赞采(进士)、程焕采(进士)兄弟交游,程焕采曾为他写《传》并为其侧室何氏撰墓志铭。

光绪六年,陈克绳因孙子陈宝箴擢任河南河北道道台,属二品衔,朝廷循例对陈宝箴上三代予以诰赠,陈克绳被赐予“通奉大夫”荣誉称号,其妻谢氏、何氏被赐予“夫人”荣誉称号。[④]

赐进士出身钦点翰林院编修程焕采《太学生绍亭先生传》:“公自幼聪颖迈伦,及壮,力学为文,淹博精通,所养者裕。艰于一衿,因援例入太学。应乡试不录,退而甘隐林泉。……每遇试期,携其弟与子与侄,赴州及省垣,出场时即促录试文,决去取,无毫发爽。乃者筑仙源书屋,命孙曹辈肄业其中,拨立膏火应试费田。”[⑤]州廪生彭承恩《太学生绍亭大人传》:“少最聪慧,年十五六时,其父钟爱之,行则负之背,坐则拥诸膝。每谓人曰:‘此吾之文度也,汝辈其无嗤。’稍长,肆力于诗古文辞,欲以功名驰骋当世。及场屋屡蹶,乃喟然叹曰:‘士亦观素所树立如何耳,我苟能为戴安道,又奚慕于王北中郎哉?’性耽吟咏,时往来溪畔。溪旁皆高山深林钜谷,有珍禽奇兽,其水悉从高峰泻下成瀑布,聚汇一溪,夹溪花卉四时烂漫不绝,水光山色相掩映,鱼虾如游绘绣之间。先生顾而乐之曰:‘此仙境也,若遇谢康乐、柳子厚,必不淹没至今。’乃作《溪上吟》十章……晚年尝泛舟江湖,与程太史赞采辈相唱和,故一时文人皆称为绍亭先生云。”[⑥]礼部进士、拣选知县、原任赣州府长宁县教谕查望洋《例赠文林郎太学生陈公绍亭墓碣铭》:“道光辛丑腊嘉平十日上舍,陈绍亭先生告终于家,予四十年吟坛老友也。……先生聪颖过人,枕经葄史,学足三余。屡试不利,乃循例入太学。……性耽山水,游览多见吟咏。宾客唱酬,玉屑缤纷,著

---

① 陈家曾存有克绳公户部、国子监二照,后遗失(幸运的是,义宁另一书香家族龚姓的龚庆书于同治五年捐纳监生,其户部执照、监照原件保存至今,使我们可以获见这两种官方凭证的原貌)。过去民间有的宾兴组织规定,捐纳贡监者必须持有部、监二照才能得到补助。户部执照内容、捐纳数额,参见卢前《卢前笔记杂钞》,中华书局2006年版,第444页。

② 关于“监生”的捐纳、利弊,参见赵建坤《明清的“自费生”与“吝啬鬼”严监生》,载《文史知识》2003年第1期。

③ 查望洋定居州治高市,嘉庆十二年举人。曾掌教鹅湖书院,道光四年《义宁州志》主修。著作多种。事略见王维新等修,涂家杰等纂《同治义宁州志》卷二三《人物·文苑》,第371页。

④ 《诰敕》见刘经富编著《陈寅恪家族史料整理研究》上册,第268页。

⑤ 刘经富编著《陈寅恪家族史料整理研究》上册,第74—75页。

⑥ 刘经富编著《陈寅恪家族史料整理研究》上册,第77页。

《溪上吟》《仙源春晓》《小斋录》等编。绘《对菊课儿孙图》，名下士题咏几遍。”①

陈克绳墓是竹墩现存陈家所有祖墓中最气派的，位于陈家大屋后山，十柱九碑，反映出他的实力、声望。②

夫人谢氏，出自与竹墩毗邻、距离三四里远的“洞坑”谢姓（康熙朝从赣南会昌县迁来），生子规镜、规鋐（伟琳）。其父谢春兴（1735—1816），生四子四女，第三女嫁陈克绳。③ 谢春兴是谢姓从赣南迁来义宁的第六代，是洞坑谢姓比较有能力的人，在谢氏族人中颇有口碑，《谢氏宗谱》载其传略（其墓尚存竹墩，碑文为外孙陈规镜所撰）。陈、谢两姓联姻（此后维持了三四代人的姻亲关系），可谓门当户对。

关于谢氏夫人的材料有：陈宝箴《诰赠夫人陈母谢太夫人墓碑铭》，④光绪十年其孙陈宝箴将其墓从竹墩大崙埂（离竹墩四五里远的山岭）迁葬到州治近郊——离竹墩约四十里远的外七都汪坑时所撰。此墓的坐向、望眼颇好。坟头墓碑毁于20世纪50年代大集体时期，最终毁于2011年修水县城大扩张；陈家所请地先（风水师）吴葆忠《谢太夫人墓图说》，⑤叙述了他受陈宝箴委托，与陈三垣跋山涉水觅龙、察砂、观水、定穴的过程。

侧室何氏，毓龙公女，不知出自义宁州怀远何姓的哪一支。生子规钫、规镐。何氏比谢氏小4岁，却先一年卒。先葬竹墩菜源口，谢氏迁葬汪坑后，陈家于光绪二十四年将其改葬于谢氏原位于大崙埂的墓穴。赐进士出身翰林院加一级程焕采撰《陈母何孺人墓志铭》。⑥

按陈克绳娶侧室，⑦可能与谢氏晚育有关。谢氏长子规镜出生时谢氏已经34岁，何氏长子规钫出生时何氏30岁，规钫比规镜大半岁，侧室比正室先生育，陈克绳一年得两子。后谢氏与何氏又各生一子。何氏所生次子规镐比谢氏所生次子规鋐大4岁。

陈家迅速从棚民上升到耕读之家，陈克绳功不可没。他对家族发展的贡献，主要体现在两件大事上。一是盖起了陈家大屋“凤竹堂”；二是不遗余力地作育人才，为子弟的科举成功倾注了大量心血。每遇试期，陈克绳必亲自带领

---

① 刘经富编著《陈寅恪家族史料整理研究》上册，第116页。

② 见刘经富编著《陈寅恪家族史料整理研究》下册，第937页图片。

③ 见《谢氏重修族谱》卷八《洞坑世系册》，光绪二十一年（1895）五修。

④ 见刘经富编著《陈寅恪家族史料整理研究》上册，第360页。

⑤ 见刘经富编著《陈寅恪家族史料整理研究》上册，第309页；墓址、遗物见下册，第938页。

⑥ 见刘经富编著《陈寅恪家族史料整理研究》下册，第939页。

⑦ 修水民间称正室为“大婆子”，侧室为“小婆子”。

弟、子、侄赴州治及省垣应试、观摩。早在护仙坑时,陈克绳就创办了仙塬书屋,拨立田租作为膏火卷资。嘉庆二十三年,陈克绳年近花甲,主持了四房分家析产。在十只庄屋中划拨出其中一只作为家塾用房。又在《分关》文书中专就子弟科举议定奖励条款,为子弟科举成功提供了制度上的保障。其孝友事迹载入《同治义宁州志》卷二五《人物志 · 孝友》。①

二、陈 克 调

陈克调,字旭升、徽声,号五园,雅号竹筠居士。乾隆三十年乙酉(1765)十一月二十七日生,道光二十年庚子(1840)二月十一日殁。监生。早年从学于义宁州怀远陈姓最早获得贡生功名的陈光祖。他在四兄弟中文人风雅气息最为浓厚,将自己的宅第命名为“竹筠居”,所撰《竹筠居自序》,颇具风致。又自题自写照:

> 我从田间来,尔在书房坐。观者齐相见,说道尔像我。我学孝弟慈,升堂由也果。有义有信交,无谄无骄可。诵读经史书,半生不敢惰。屡挫文场锋,困顿如许夥。尔与我周旋,动容中礼么?噫嘻尔我!我惟爱彼丈夫我丈夫,尔毋学尔为尔我为我。②

诗意颇有禅家“我心即佛”的意蕴。③ 光绪二十五年(1899),陈克调的后代为其迁葬时,陈宝箴撰写了墓志铭,谓其“所为诗文,多质厚近古。童时州郡有声……”④

举人吴凤鸣《竹筠居士记》:“义宁州治东三十里许曰竹塅,有陈子五园,世居名凤竹堂。……东南隅有塈垣屋,颜曰竹筠,为五园别墅。枕经葄史于其中,骚人墨客过访陈子,四顾徘徊,皆称山水奇观。登其堂,无花木鱼鸟况,惟有邺架积书千卷,壁贴朱文公治家格言,王中书劝孝歌,自撰二联,以训子若

---

① 见刘经富编著《陈寅恪家族史料整理研究》下册,第 923 页。

② 《竹筠居自序》和《五园自写喜照》见刘经富编著《陈寅恪家族史料整理研究》上册,第 85 页。

③ 传说唐代洞山良价禅师有一天乘船过河,看到河面上映着自己的影子,豁然有所省悟,写了“切忌从他觅,迢迢与我疏。我今独自往,处处得逢渠。渠今正是我,我今不是渠。应须恁么会,方得契如如”。洞山的悟道经历和这首诗遂成为禅门佳话。陈克调的这首《五园自写喜照》或许受到这个禅家公案的影响。按:陈克调就读的陈光祖教馆附近有庙宇名“洞山寺”,相传为唐代戒禅师所创(见新编《修水县志》卷三一《宗教》,第 561 页。寺毁于“文化大革命”,现稍恢复)。修水的这个“洞山寺”不知与洞山良价有无关联?

④ 陈宝箴《貤赠文林郎陈公五园府君墓碑铭》,载刘经富编著《陈寅恪家族史料整理研究》上册,第 359 页。

孙。次一曰：'五伦不敢有亏，先须读书明理；百行欲求无歉，端自正心修身。'次二曰：'忠孝传家，士农工商勤尔业；谦和处世，睦媚任恤达人情。'观此想见其为人，对坐如古愚，不晓趋炎避凉，不信佛，喜读书。……兴酣出《随笔草》数卷，多传记、简札、赠送诗。摹欧苏文，仿五七言古皆佳妙。予最爱《思亲咏》，见孝思不匮。兄弟联句，敲如壎篪叠奏。其《梅雪吟》《竹筠居序》，寓意深远，如有不移不淫之操。"[①]

徐守约《竹筠居士五园纪略解》："先生之修书室，延明师，命诸子侄受业其中，月必面课。巧者奖，拙者警，谆谆训以继绍书香。"[②]据此可知克调在自己宅第办过私塾，请老师教授外，自己亦指点评议。关于陈克调的材料，尚有龚旭《竹筠居士夫妇合记》。[③]

陈克调正室何氏未生育，娶侧室刘氏，仍未生育，又早逝，复娶吴氏、钟氏。吴氏生三男，钟氏生三男二女。

陈克调与正室何氏、侧室刘氏的合葬墓位于上竹塅草坪。墓亦高大气派。[④]

三、陈克藻

陈克藻，字西玉，号崑巘。乾隆三十六年辛卯(1771)二月十二日生，咸丰三年癸丑(1853)三月初三日殁。例授修职郎。早年与兄克调师从陈光祖。礼部进士、候选知县吴凤鸣《陈君崑巘老先生夫妇合传》："(先生)幼与予从学其族叔明经克轩先生。慷慨有气节，不以功名得失计，以伯兄绍亭先生疾，弃举业……先生才气闳博，善堪舆，于黄帝指南、河图洛书精通变化，与人造葬选课，登山论水，鸡栖连伞之形，却月覆舟之势，一览了如。或称为黄石公，或颂为青乌子，先生笑而不答。"[⑤]恩岁进士，候选儒学温必荣《崑巘四兄先生传》："先生性聪颖，勤读书，贯通淹博，具远大志。数奇不获售……尤笃意伦常……嘉庆六年春，往原籍独任修理曾祖敏宜公、妣氏刘、张孺人暨十二三世祖于庭、汝勉、两公，妣氏池、何、邱孺人等墓，立碑巩固，监督辛勤。扦迎祖父文光公金骸至义宁太乡七都竹塅，与祖母刘孺人合葬，秋杪时回，跋涉劳瘁越半载。孝

① 刘经富编著《陈寅恪家族史料整理研究》上册，第79页。
② 刘经富编著《陈寅恪家族史料整理研究》上册，第83页。
③ 见刘经富编著《陈寅恪家族史料整理研究》上册，第80—81页。
④ 见刘经富编著《陈寅恪家族史料整理研究》下册，第941页图片。
⑤ 刘经富编著《陈寅恪家族史料整理研究》上册，第87页。

之征也。……尔其术效计然，南游闽楚，北走赵燕，揽胜寻幽，题咏写怀，别有佳致。”[①]礼部进士、候选知县邱必全《例授登士郎陈公崑巘夫妇墓志铭》：“年八旬，从孙宝箴举于乡，闻之喜甚，语之曰：‘吾家先世以科甲显，吾兄弟四人甚望此继志事，今诸昆皆物故。吾老矣，犹及见此，亦差强人意。虽然，科第之重人耶？抑人之重科第耶？愿益勉之，吾所期尔曹者，尚不在是也。’其所见如此。”[②]

陈克藻夫人刘氏，生六男四女。夫妇合墓位于上竹塅草坪，墓亦高大气派，[③]礼部进士、拣选知县徐腾凤撰《陈母刘孺人墓志铭》。

四、陈 克 修

陈克修，字兼万，号介田。乾隆四十一年丙申（1776）二月初一日生，道光二十三年癸卯（1843）四月十八日殁。礼部进士、拣选知县查望洋《介田先生夫妇合传》：“……幼警敏，言笑不苟，有成人风。张明经白舟见而奇之，语其兄搏膺公，娶以长女，通葭莩之好。先生读书明大义，敬养以亲亲，笃爱以长长。比闾族党之间，谦尊有光，皆以长者称。……生子五，以耕读世其业。凡侄辈能读者佐以膏火，能耕者给以籽种，能商者与以资本。一门之内，家政肃然。嗣君和璧受业于张一西，余与一西交笃，能道先生与孺人行事，特书之，以俟传其旧者采焉。”[④]乡进士（举人）刘斐章《陈克修赞》：“莘野耕夫，严取与于一介；和风柳下，藐浮云于三公。惟学勤于磨厉，品竣于华嵩。罨罨介田，襮外翢中。人济物利，心陶化工，虽劲节之凛凛，仍春风之融融。介也如石，石也无锋。嗟乎！此所以名铮铮之铁，佼佼之庸。”[⑤]

陈克修夫人张氏系怀远都张抟膺长女，生五男四女。陈克修墓今存上竹塅草坪，张氏葬长家岭。

五、克字辈四兄弟都以读书进取为职志

从以上征引的克字辈四兄弟的事略中，可以得出以下三点结论：1. 陈克绳“晚年尝泛舟江湖”，陈克藻“术效计然，南游闽楚，北走赵燕”，当为出山到通都大邑去推销蓝靛产品，寻求市场。2. 四兄弟都读书向学，克调、克藻的老

---

① 刘经富编著《陈寅恪家族史料整理研究》上册，第 89 页。

② 刘经富编著《陈寅恪家族史料整理研究》上册，第 119 页。

③ 见刘经富编著《陈寅恪家族史料整理研究》下册，第 941 页图片。

④ 刘经富编著《陈寅恪家族史料整理研究》上册，第 91 页。

⑤ 刘经富编著《陈寅恪家族史料整理研究》上册，第 391 页。

师是怀远名师陈光祖。3. 陈克绳、克调有监生身份，监生可以不经过府、州、县考试跳过生员（秀才）阶段获得，虽是花钱捐纳的，但可以参加乡试。克绳、克调参加过乡试无疑，参加过几次则无从考证。4. 四兄弟都有文才，以克绳、克调文才最高。今存陈克绳诗作四首，文三篇，[①]为族人修谱撰“赞”四首，[②]吉金片羽，弥足珍贵。可证其传略材料提及他曾撰写《溪上吟》十首、《仙源春晓》诗不虚。其书法水平，仅从存世的一行小行楷可见功底不弱。[③] 克调的文才从他的《竹�居自序》、“自题画像诗”、《联辑陈氏宗谱序》可以窥见。克修亦存一行秀劲的行楷字迹。[④]

克字辈四兄弟都以继承先世读书进取的门风祖德为职志，都受过诗书礼乐的化育熏陶，已经具备了昔日乡绅处士的个人条件，在义宁州的士绅圈子里已有声名，其中以长兄克绳的名气最大。四房人口也以长房最多，以后陈氏家族的人才、人物也主要出在克绳这一房。

克字辈四兄弟都热心地方公益事业。嘉道两朝五十余年间，竹堆陈家因克字辈四兄弟崛起、第三代规字辈、第四代观字辈成长接力，一直气势旺盛。在竹堆地方社会公益、全州怀远陈姓公益、怀远都公益事业活动中都是牵头组织的核心人物。

嘉庆二十一年，义宁州创建考棚，向全州募捐，陈克绳是怀远都首士之一，在35位怀远都首士中，陈光祖名列第一，陈克绳名列第四。程焕采《太学生绍亭先生传》：“州兴建考棚，举公为怀远乡总理首事。公劝捐数千金，[⑤]每进出分毫不苟。”[⑥]义宁州城东门青云门南山崖渡口为安乡、奉乡、泰乡（东南）的重要交通要道，乾隆二年怀远都创设了一个名为“南崖季”[⑦]的公益组织，程焕采《太学生绍亭先生传》：“青云门一渡及桐树领路数里，以极山川之险，负载往来者日益夥，〔一〕襄修浮桥，以免病涉，一阔修石级，以免颠危，远近争颂。”[⑧]

---

① 见刘经富编著《陈寅恪家族史料整理研究》下册，第540、611、919、933页。

② 见怀远陈姓民国三十二年六修谱卷一二《尚林房世系》，第60、65页；卷一九《敬魁房世系》，第50页；卷一六《于京房世系》，第34页。

③ 见刘经富编著《陈寅恪家族史料整理研究》下册，第821页。

④ 见刘经富编著《陈寅恪家族史料整理研究》下册，第809页。

⑤ 这次全州创建考棚，分州治、八乡、怀远都10个单位捐款统计，共募捐到银钱17 072两，其中怀远都5 720两，占三分之一，是10个单位中最多的。见《创建考棚志》，光绪十二年（1886）刊印。

⑥ 刘经富编著《陈寅恪家族史料整理研究》上册，第75页。

⑦ 见王维新等修，涂家杰等纂《同治义宁州志》卷五《地理志·津梁》、卷一〇《建置志·祠祀》，第84、126页。

⑧ 刘经富编著《陈寅恪家族史料整理研究》上册，第75页。

嘉庆十六年、十九年、二十五年岁歉饥荒，陈克调、陈克修出手举办赈济。龚旭《竹�居士夫妇合录论》："嘉庆辛未秋大旱，壬申春饥，贫难之家，多食石碎土名观音粉，非伴以米，难下咽。贫人多方劳力，始得青蚨少许，莫抵石谷之价。且谷须砻舂，难应急炊，几不堪命。五园出谷办米减价零卖，贫者随买随煮，便以伴粉，多救其饥。米不敷粜，另为添买，又减买价发粜，可赊可借，新谷既升乃止。"查望洋《介田先生夫妇合传》："甲戌岁歉，先生愤懑于怀，周游道左，遇饿者委顿于途，先生顾而怜之，归谋诸张孺人曰：'今野有饿莩，朝餐若有余，急与之。'孺人亟数应声，尽饔飧以食饿者。饥者活，拜而问姓名，先生不答。庚辰岁歉，先生与孺人谋赈济，苦粟不给。于是先生倾囊金，孺人脱簪珥，买粟以周戚里之贫，远近咸称惠人。"①

道光七年，竹塅陈家主导了竹塅的三合河堰坝和近侧道路的修复，陈克绳捐银 3 260 文（3 两 6 钱，三位捐款最多者之一），陈克修 1 000 文，陈克调 400 文。竣工后在三合河磡上立碑纪念，成就了一个碑群景点。②

同年，还组织了护仙坑修路，陈克绳捐款 1 000 文，陈克修捐款 1 000 文。道光十九年，再次修复被三合河冲毁的道路，陈伟琳为发起者之一，陈克调任首士（五位首士之首），其子陈规铢捐款 500 文，陈克绳捐款 2 600 文（捐款最多者）。道光年间，陈伟琳捐款修建竹塅水口石桥。③

第五节　陈家第二次分家与耕读门风的确立

"耕读传家"曾经是中国传统社会中，小康农家追求维护的理想境界和社会秩序。棚民一旦解决了温饱问题，就会迅速融入"秀者读，朴者耕"的风俗中，"耕"是家族的经济基础，"读"是文化建设。家族的领导者希望通过"耕读"把子弟培养成绅士，使自己的家族上升为"世家"，④陈家走的正是这样一

---

① 刘经富编著《陈寅恪家族史料整理研究》上册，第 81、91 页。

② 见刘经富编著《陈寅恪家族史料整理研究》下册，第 932 页。

③ 道光二十一年陈克绳去世后，陈伟琳接替了父亲的角色。他继承父亲作风参与的第一件大事就是怀远都"梯云书院"的创建。

④ 在以宗族、族群为共同生存单位的时代，考取功名就不再仅是个人的事，而是家族、族群的大事。就个人而言，考取功名，可以有效改变个人及家庭的社会阶层。就家族而言，家族成员考上科举，就是为家族的存续提供最好的保护伞。参见吴炀和《客家人重视文教一说探讨——以台湾六堆地区为例》，载肖文评主编《罗香林研究》，第 413 页。

条耕读并举的道路,创造了一个从草根上升到世家的成功范例。如果陈家小富之后,一味追求家业兴旺物质富庶,家族的兴盛就有可能昙花一现。耕作不废课读,全族目标一致,“读”的分量不断加强,代代办学,作育人才,是陈氏家族人文蔚起并传之久远的一个关键环节,成为贯穿陈氏家史全局的一条主线。抓住了这条主线,就能找到这个家族传承不息的精神源头,理清其日后之所以能够成为文化世家的因果关系。

一、分家缘起

嘉庆二十三年(1818),克字辈四兄弟分家析产,抄写四份《分关》(明清以来民间称分家文书为分关、关书、阄书)。幸运的是,当年陈家四房各执一份的《分关》,其中一房的保存下来,为我们了解、分析陈宝箴家族这次分家的过程和分家以后的发展提供了珍贵史料。

这本《分关》小楷抄写,共计九千八百余字。内容可分为四部分:(一)序言;(二)公共经费的管理、支出;(三)各房拈阄所分得田山、屋场细目;(四)凭中人、鉴证人名录。[①]

乾隆六十年(1795),陈鲲池去世。嘉庆十年(1805),克字辈四兄弟开始分爨吃饭。嘉庆十五年,陈鲲池夫人何氏去世。二十三年,四兄弟正式分家析产,聘请义宁州客家陈姓第一个获得科举功名的长辈陈光祖(嘉庆九年岁贡生,克调、克藻的老师)主持并书写《分关》。时长房克绳59岁,有子四、媳四、孙七、孙女五。二房克调54岁,有子二、媳一、孙二。三房陈克藻48岁,有子四、媳一、孙一。幼房陈克修43岁,有子四、媳一。[②] 从人口统计来看,四房人口已达五十余人,且各房中又产生了小家庭,分家析产势在必行。

客家人虽然分门立户,但族人仍构成一个相互之间负有权利和义务的血缘群,显示出宗族强大的凝聚力和粘合力。客家人大家族小家庭制的宗族制,在小农经济占主要地位的社会里,有利于发挥小家庭各自经营的积极性,同时又可巩固宗族群体。法国社会学家孔德指出:“整体中各个组成部分越是独立和分开,整体的级别就越高;反之,整体中各个组成部分越是不能分离,一旦分离整体就不复存在,整体的级别就越低。”[③]正是众多小家庭的相对独立发展,才使大家族获得长期存在并发展的动力。从某种意义上说,大家庭维护之不

---

① 见刘经富编著《陈寅恪家族史料整理研究》下册,第784—820页。

② 据怀远陈姓《义门陈氏宗谱》卷一〇《十一郎于庭文光房世系》,光绪二十一年(1895)四修。

③ 王沪宁《当代中国村落家族文化——对中国社会现代化的一项探索》,上海人民出版社1991年版,第22页。

易与瓦解时的迅速衰败，是宗族制被认可并备受推崇的反面例证。小家庭可以避免大家庭因利益分配而引起的明争暗斗，维持家庭内部的团结一致；同时，一两个小家庭经济的败落，只是整个家族一小部分的损失，不致影响通族全体，对整个家族来说，不会造成土崩瓦解的致命打击。小家庭是同大家族密切相连的，通过聚族而居、共同祭祀祖先等族内集体活动，众多小家庭又同宗族紧紧地结成一体。小家庭又是相对独立而不孤立，是家族荫庇下的一个分支。①

中国传统家族有一个源远流长的"五世同堂"情结，但实际操作却很困难。父母健在时可以勉强维持。父母亡故后，即使兄弟希望同居共财，也难以长久。虽然宋朝时期官府曾大力旌表聚族而居的大家庭，但这种理想化了的大家庭毕竟是少数。到明朝时期，分家析产在民间已经普遍，流传着"树大分桠，儿大分家"的说法，形成了分家有如江河的分流和树木的分枝一样，是极为平常、天经地义的观念。从现代管理学的角度出发，为便于管理、促进发展，大家庭的分家析产迟早会提上议事日程。②

为了使读者深入了解竹塅陈家的早期发展史和这次分家的背景，兹将《分关·序言》全文照录：

> 窃惟九世同居，张公之忍字可法；七百共食，义门之家范堪追。第源远者流长，分疏而有九派；根深者叶茂，发生而长万枝。瞻水木之同情，知产业之一理。我宗长鲲池老先生，当其少也，芸窗苦读，艰于一遇而后务沾涂；及其壮焉，阛阓经营，积余金而乃置阡陌。德配何老大人，凛四德之箴，勤操内政；遵三从之训，佐振家声。晚有贤嗣：伯曰克绳，步圜桥而无愧大学；仲曰克调，屈黉宫亦有造小子；叔曰克藻，丕绍箕裘；季曰克修，终恢弓冶。是伯也仲也叔也季也，诵诗慕吹埙吹篪之乐，居家尽则友则恭之义。此皆宗长之遗泽，罔非德配之芳型。纵事事完备，未必度越乎尘寰；而陈陈相因，何难几及于贯朽。居恒相嘱，每谓和气致祥；贤裔夙铭，谁敢遗言是背。特迩来生齿日繁，遂至于度支日广，思夫合而易入于奢，或者分而可从乎俭。岁当乙丑，暂析烟爨分家，而未分产；今值戊寅，合同商议分产，而定分租。敦延族戚，将田山高低品搭，屋宇新旧均匀。祷告祖宗，

① 见孔永松、李小平《客家宗族社会》，福建教育出版社 1995 年版，第 42 页。

② 关于传统家族分家的细节描述，参见林耀华著，庄孔韶、林宗成译《金翼：中国家族制度的社会学研究》，生活·读书·新知三联书店 1989 年版，第 106—110 页。

矢公而更矢慎；凭阄拈定，式好而戒毋尤。惟冀花萼相辉，房房光大先业；棠棣竞秀，人人垂裕后昆。爰书巅末，以纪其盛。《分关》四本，交挂合同，各执一本，永远为据。

时嘉庆二十三年岁次戊寅阳春月日　吉旦，岁进士候选儒学，愚叔七十老人光祖谨撰关书，四本一样，每本计二拾伍帙。

明清时期的分家文书大都在相当于“序言”的开篇部分讲一通上代艰苦创业的历程，教诫子孙要敬宗友爱，分家不分心，不可见利忘义，让财产利益冲淡了骨肉亲情。这篇序言也是如此，先叙述分家析产缘由，对陈氏子弟予以勉励，文辞畅顺，简明扼要。从“岁当乙丑，暂析烟爨分家”一句，可知竹塅陈家在嘉庆十年创业人陈鲲池去世之前，一直是同劳作、共甘苦，吃“大锅饭”，显示出传统家族具有的集体主义性质。

二、分家时的资产总量估算

（一）田租：共计 617 石（担），分家时分 4 股，每股以 120 石为准，在此基础上略为浮动。其中长房陈克绳分得 170 石（补 50 石劬劳田租）。[①] 二房陈克调分得 144 石（补助 24 石）。三房陈克藻分得 120 石。幼房陈克修分 127 石（补助 7 石）。另有公共族产田租 56 石，茶油租 40 斤，[②]山租钱 3 200 文。

（二）屋场：竹塅祖屋凤竹堂及护仙坑祖屋崇福堂四股平分，二房陈克调、三房陈克藻愿意另行建屋，让出自己的一股给长房陈克绳与幼房陈克修。长房、幼房补偿二房、三房建房款。庄屋十只（修水方言量词，音 da，入声），九只用来分产，一只用来做家族学堂。

（三）山场、熟土：山场按茶山、柴山两大类搭配平分；熟土按菜园、薯土以及其他经济作物土三大类搭配平分。因地形、位置犬牙交错，难以将四股具体数据细列。

由于对《分关》中记载的稻田、熟土、山场、屋宇逐一进行复原统计颇为困难，加上古今币制、计量单位的差异，很难准确地估算出竹塅陈家分家时经济总量达到了什么程度。如果“以收租一千担以上为大地主，以收租一百担以

---

① 邢铁指出：“诸子平均析产方式中的平均并不只是数量上的相等，还体现着合理差别的平等，即在平均的原则下给个别对尽义务较多的儿子一些优惠。这便需要在分家之前特意留出一部分田产，称为‘长子长孙田’。”载氏著《家产继承史论》，云南大学出版社 2000 年版，第 159 页。

② 《分关》中租谷计量单位用石、斗、升、斤，与当地通行的习俗相符。

上、一千担以下为中等地主,以收租一百担以下为小地主”为标准,①则竹塅陈家分家时为中等地主水平,分家后每房为小地主水平。但客家人多居住在山区,山多田少。如果以陈家拥有的山林面积来补充稻田的不足,其分家时全部资产已接近大地主水平,分家后每房接近中等地主水平。从《分关》详细记载的田土、山场坐落地点来看,有些田土、山场与竹塅相距一二十里远,来去要翻山越岭,可见陈家的土地山林范围很广。

或者将石数折合成田亩,按每亩平均出产 3 石计算,②竹塅陈家分家时约共有 224 亩谷田,分家后每房平均 56 亩。在修水这样处在万山之中的地区,拥有 50 亩稻田以上的人家已是一个不小的地主了。1951 年修水“土改”时,拥有三十亩左右的人家一般都划为地主成分。③ 陈克修的玄孙陈文恪即被划为地主。

三、“读”的分量在加强

明清时期民间分家,一般都会在《分关》上首先载明众存资产和公共支出的项目、定额,竹塅陈家也不例外。但客家人家族似乎更注重祖堂、祖墓的公共维护和子弟科举的成功,深刻地反映出家族制度时代敬祖收族和耕读传家的治家理念。这部分条款是这份《分关》最有价值的内容,特此摘录关于“科举奖励”的原文,并加按语解释。

> 原文:鲲池公坟山壹嶂……又坟前田一处……连及水径之田,共计谷田拾贰石,此田一并存为鲲池公及何妣孺人二位大人永远祭扫之用。其山内树木,永远长蓄护坟,子孙不得砍伐伤冢。其田山永不许出卖典当,如有不遵,冬至日家法重责外,仍要每树一根罚钱五千文上会。……其坟前巨杉,子孙有能登贡科甲者,任砍竖旗无阻。④

按:风水保护和子弟科举,是昔日宗族的两件大事。祖坟的山林树木神圣不

---

① 见郑振满《清至民国闽北六件“分关”的分析——关于地主的家族与经济关系》,载《中国社会经济史研究》1984 年第 3 期,第 34 页。

② 光绪年间,江西抚河平原的水稻亩产量:早稻“上田亩收三石有奇,次者三石”;晚稻“上田亩收谷四石,中田三石,下田二石”。见万振凡、吴小卫《近代江西农村经济研究》,江西高校出版社 1998 年版,第 31 页;参见陈支平《历史学的困惑》,中华书局 2004 年版,第 21 页。

③ 见《修水县志》编纂委员会编,梅中生主编《修水县志》卷六《农业·土地制度·1951 年 23 个乡土地分配情况表》,海天出版社 1991 年版,第 117 页。

④ 刘经富编著《陈寅恪家族史料整理研究》下册,第 810—811 页。

可侵犯，唯有子弟科举成功竖旗杆时可以破例砍伐。陈家培育子弟的决心之大，在这一条款中充分体现出来。

> 原文：读书凡发蒙至作半篇者，每年众帮俸钱五百文，成篇者每年众帮俸钱乙千文。赴州试者，每名卷资钱四百文，终场者倍之。赴府试者，每名盘费钱乙千叁百文，其州试、府试有列十名前者，外赏钱乙千文。入泮者花红银十两，补廪出贡者五两。登科甲者三十两，祖堂旗匾众办。
>
> 生监有志观光应乡试文场者，每届帮助盘费钱贰千四百文。倘得名魁虎榜，及新进生员，三年之内，必须回籍省墓。除常费外，众另帮敬祖盘费钱贰十千文，以为先人光宠。至举人应会试者，众帮盘费钱贰十四千文。

按：上述条款涉及全族公益事业中支出费用最大的一项——子弟科举。中国宗族组织普遍都从族田内分出学田（书灯田），鼓励子弟投身科举，获取功名，跻身士绅阶层。但竹堍陈家在分家时专就科举支出费用做出安排，有着特殊意义。克字辈四兄弟都曾习举业，第三代规字辈习举业者7人，但两代均艰于一遇。因此，陈家在分家时对子弟读书加大了支持、奖励的力度，表明全族经过两三代的积累已具备支撑子弟参加科举各项费用的经济实力，亦表明耕读模式在这个家族已经固定化，“读”的分量在加强。

四、分家最大的成果是耕读模式的确立

“门第常新，足兆三槐之瑞；人文蔚起，高拔五桂之芳”是旧时宗谱里常见的四六句。而在父老的口头叙事词汇中，相同意思的表述是“三代没打过赤脚”，祖上曾出过“十八把白纸扇”（即十八个读书人）。这是对书香的礼赞，对耕读的颂歌。科举时代，“耕读传家”对农家具有巨大吸引力。“耕”是生存之本，“读”是进身之阶，是乡民攀登社会阶梯的唯一途径。著名古村落研究、保护专家陈志华教授对此深有体会：“看到古村落的义塾和书院，看到那巍然高耸的文昌阁和文峰塔，看到宗祠前为举人、进士树立的旗杆和村口的牌楼，看到住宅槅扇窗上精细的‘琴棋书画’或者‘渔樵耕读’的雕刻，你才能真正理解农村的‘耕读文化’，理解‘朝为田舍郎，暮登天子堂’的科举之梦在农村的重大意义。”[①]在已逝去的年代里，耕读不仅仅是属于文化层面的田园牧歌。它是

① 《子规夜半犹啼血——访谈录：陈志华教授与他的古村落保护》，《中国文物报》2001年1月10日，第5版。

家族的头等大事,是古人日常生活的重要内涵。他们晴耕雨读、春耕冬读,秀者抱经、朴者负耒。众多寒门细族在这种耕读的秩序下崛起于阡陌陇亩之中。义宁陈氏就是一个典型的范例。

中国传统家族一直存在着与生俱来的两股对立力量:血缘亲情产生的向心力和财产利益产生的离心力。分家析产是家族的重大事件,是血缘关系和利益分配之间的一种平衡,标志着家庭成员之间权利、义务的重新界定,大家庭大一统的结构开始解体。但竹塅陈家自立门户后,并没有出现多个中心、离心离德、各奔前程的现象,整个家族仍围绕家族整体利益这个大目标运转,可谓分而不散。其原因约有三端:1. 这次分家,不是通常产业创始人在世时"子壮则出分"那样的"生分"方式,[①]而是在创业人陈鲲池夫妇去世之后分家。所分产业,既有父母的遗产,也有四兄弟自己尤其是长兄手创的部分。因此,很大程度上是当事人己身之间的协议平衡。只要大体均匀,就不会因地力肥瘠、田块远近等因素引起矛盾,留下后遗症。2. 克字辈四兄弟素质较高,都受过诗书礼乐的化育熏陶,已经具备了昔日乡绅处士的个人条件,尤以长兄陈克绳的名气最大。四兄弟也非常团结,对长兄很敬重。3. 客家人具有强烈的家族观念,这是全体客家民系的共性。但具体到义宁州的客家人,则有其独特性。他们在康、雍、乾时期迁徙到义宁州,到嘉道之际,才三四代的光景,正处在上升的阶段,才形成不久的家族组织正发挥着强大的吸引力和凝聚力。

基于以上几个因素,竹塅陈家的这次分家析产,就不是一次单纯的产业分割,而是对整个家族既有财产、未来发展的统筹兼顾与制度设计。竹塅陈家以此为契机,进入了持续稳定发展的阶段,呈现出新的面貌。在活动范围上,长房陈克绳在凤竹堂居住,二房陈克调、三房陈克藻在凤竹堂附近各建宅第,四房陈克修仍留守护仙坑原有的宅第"崇福堂",形成了以凤竹堂为中心的家族活动圈。在经济上,各房仍继续购进田山,一直持续到咸丰年间才告尾声。[②]在社会地位上,嘉、道、咸、同时期,竹塅陈家处于全州客家人的中心位置,是公益事业的主要组织者。如道光二十四年(1844),义宁州的客家士绅发起创办怀远梯云书院,陈宝箴父亲陈伟琳是首事之一。他承担了大量事务,并捐银720两,是捐款最多者。

但竹塅陈家第二次分家最大的成果,是耕读并重模式的确立和作育人才

① 见邢铁《家产继承史论》第二章《诸子平均析产方式》,第12—33页。

② 据笔者收藏的二十多份陈家购置田山的印契,见刘经富编著《陈寅恪家族史料整理研究》下册,第821—839页。

的成功。分家9年后,终于有佳子弟不负众望,鏖战棘闱,脱颖而出。

第六节　陈氏子弟在科举上的成功

一、清代义宁州棚籍学额

谈科举问题,首先要弄清“学额”,而义宁州的“学额”尤其复杂,有“土籍学额”“棚籍学额”之分。在讨论分析“陈家子弟科举成功”之前,必须考证、梳理义宁州土著与棚民的早期矛盾纷争,明了他们除了土地资源的配置争夺外,还有一个更为激烈的争夺目标,即学额的占有。在科举时代,学额指标至关重要,作为文运兴衰标志的“学额”,明显不利于棚民。对于棚民来说,他们经过五六十年两三代人的艰苦奋斗,已经在当地立足生存,经济、人口等要素已然具备。他们“涵濡圣化,户习诗书,置产立业,俨同土著”,但要真正融入当地社会,取得与土著平起平坐的人权、地位,还必须争取到教育的基本权利,以培养子弟,作育人才。因此,棚民最终能够解决户口问题,成为与当地土著一样的“编户齐民”,是棚民积极要求争取教育权利的结果。这个诉求直接推动了朝廷、地方政府予以考虑制定棚民入籍的方案。从土著这一方来说,要他们从原本紧缺的学额中分一杯羹给外来移民,影响子弟的仕进之路,这是他们难以接受的,必将奋力阻挡。双方激烈博弈的结果,是朝廷与地方政府压制、安抚土著默认同意棚民入籍,政府追加棚民学额指标,不占土著原有学额,比较妥当地解决了这个社会冲突问题。

明清科举分三个大的等级:生员考试、举人考试、进士考试。在第一级考试中,童生先要参加知县主持的县试,通过后再参加知府主持的府试。府试通过后再参加学政主持的院试,[①]每届录取新生员的人数称作“学额”。

既有名额限制,就有学额如何合理分配的问题。清代的“学额”比较复杂,包括府、州、县、厅等官学中四类生员名额:一是廪膳生员名额;二是增广生员名额;三是三年两次录取制中每次录取的附学生员名额;四是贡生名额。学政按临州县先录取附生,由附生递补增生,增生递补廪生,廪生依次贡入国子监,

① 县、府考试没有录取名额,通过者也没有官方授予的功名称号。只有院试(学政到任第一年为“岁试”,先考老秀才即廪生、增生,再考县、府试已通过的童生,录取的新生称“附生”。第二年为“科考”,即乡试的预考)被取中者才被官方认可身份,称作生员(俗称“秀才”)。

称“贡生”。廪生、增生是额缺制，人数固定。唯独附生是学政大臣每来一次就录取一次。他们人数较多，是生员的主要部分。这四个等级的生员构成了梯形结构。① 清代义宁州全州学额在顺治、康熙、乾隆朝廪膳生员 30 名，②附学生员岁、科两试俱取进 12 名。③

从上面的介绍叙述来分析，土著、棚民争夺的学额指标主要是通过学政主持的岁试“附学生员”录取人数。因为廪膳生员、增广生员名额为额缺制，按考试成绩挨次充补，对土著冲击不大。那么义宁州棚民入籍后获得的附学生员“学额”是多少呢？

雍正三年七月初六日，户部等衙门议复两江总督查弼纳、浙闽总督觉罗满保疏奏江西、福建、浙江三省安辑棚民事宜时提到：“棚民有膂力可用及读书向学者，入籍二十年，准其应试，于额外酌量取进。”④这一条款到雍正九年才得以实行。雍正八年，江西巡抚谢旻上疏：“江西棚民内文武童生，入籍在二十年以上，有田庐坟墓者，应准其各在居住之州县一体考试。其入学额数，童生数满五十名者，请于额外另取一名。数满百名者，另取二名。数满二百名者，另取三名。其最多者，亦以取进四名为率。其不满五十名者。应令与本籍童生一体凭文考取。”雍正九年初，江西布政使李兰上呈《棚民子弟应试详文》，二月初九日，礼部议覆：“应如所请。从之。”⑤

乾隆二年版《义宁州志》卷四《户口 · 怀远都》：“自康熙三十年后国家生齿日繁，闽广诸省之人，散处各方，宁州地广人稀，因而诸省之人，扶老挈幼，负耒而至。……荷蒙皇上廑如天之仁，特允臣工安辑棚民之请，耕山者概编保甲，有产者另立都图。以怀远为名，隐寓招携之义。其秀者令为义学，课习五年，俱得一体考试，卷面注‘棚童’字样。每五十名取进一名，百名以上取进二名，二百名以上取进三名，其最多者统以四名为率。”⑥这样，义宁州的棚民童生

---

① 见谢海涛《科举录取名额分配制度发展形成的历史》注①，载《福建论坛》2009 年第 1 期，第 91 页。

② 以岁科试列一等者挨次充补，一等俱补，则以列二等增广生超补。其补以新旧相间，由增附为新，由丁忧事故候复为旧。其候复旧廪考列三等，先尽丁忧起服，不以名次为序虚增。考列二等，遇廪缺出，不能超补。

③ 参见苏尔讷等纂修，霍有明、郭海友校注《钦定学政全书校注》，武汉大学出版社 2015 年版，第 176 页；王维新等修，涂家杰等纂《同治义宁州志》卷一三《学校志》，第 183 页。

④ 《清实录》第 8 册《世宗实录》，中华书局 1985 年影印本，第 361 页。

⑤ 雍正十年版《江西通志》卷一四五《艺文》。

⑥ 如果棚童必须在入籍地区的义学读书 5 年才准入试，势必限制许多棚民子弟入官学。布政使李兰曾为此上奏，要求放宽限度：“棚民子弟读书愈众，现今文武童生合例者，万载县已及七百余人，宁州、武宁、新昌等邑，多以百计，少亦不下数十名。再越数年，今之尚未符例者，又复踵起；今之尚未报名者，闻风踵至，日见其多，蒸蒸蔚起矣。唯是，曾入义学读书者什不（转下页）

就有了属于自己的4名“学额”，开始土客分考，卷面注明“怀远”字样。截止到乾隆二十八年土客合考，共录取29人。

乾隆二十八年(1763)，江西学政周煌以江西大部分州县的棚民童生都在50名以下，奏请裁去棚民学额，回到雍正九年的学额数目。[①] 从此，义宁州棚籍与土籍一体考试，共同分享12名学额。

乾隆二十八年实行土客合考后，万载县土著士绅不满棚籍分享12名学额，从乾隆三十二年到嘉庆十三年，进行了旷日持久的上控，并两次罢考，惊动地方大员和朝廷。嘉庆八年、九年，江西学政李钧简主张继续合考，两江总督陈大文则持不同意见，主张永远遵行雍正九年定例，复还棚额，土棚各考各额，则可相安无事。嘉庆十三年(1808)二月，对参与罢考的土著绅士及办事不力的官吏予以惩处。土、棚学额则实行分额，土籍学额12名，棚籍学额4名，棚童卷面注明“客籍”字样，江西其他尚有棚民的州县不得援引此案。因此义宁州未能与万载县一样继续“土客分考”，但在常额外常有加额。[②] 棚籍考生取录稳定在每届1—3名，对土著考生取录冲击不大。

万载县的学额纷争大案也波及义宁州，嘉庆五年、九年也有怀远籍绅士具呈布政司要求卷面上不注明“怀远”字样，名副其实真正“合考”，被布政使严词斥责而平息：“据义宁州职员李钧元等具呈，伊子孙考试应填乡都实籍，请革除客籍怀远名色合考一案等情。奉批查怀远都图乃嘉美善名，与宁州加为义宁州同，褒奖之文，何辱于汝？安徽、陕西各以怀远名县，未闻见异于人，另行更换，同一理也。合考之后，本系凭文进取，则怀远都图存之何损，去之何益？而必强哓渎……总之土民棚民皆吾赤子，本部院平心处断，推之以理，不偏不倚，毫无成见……为此示仰义宁州土棚各籍绅衿士民人等知悉，尔后务宜各安本分，遵循旧章，在土著固不得异视棚民，而棚童亦不得混请宪除怀远名目。

(接上页)能一二，盖缘棚民多居山僻，距城窎远，欲赴义学，未免艰难，倘限于定例不准应试，则阻其上进之门。即自今伊始，驱入义学，犹须尚待五年，少者已壮，长者已老，锐志蹉跎，亦堪惋惜，宜请概准与试，以广皇仁。”(李兰《请棚民子弟应试详文》，载雍正十年版《江西通志》卷一四五《艺文》)。从义宁州棚籍童生雍正八年就参加了考试这一史实来看，所谓先要在义学课习5年才准予考试的规定并未实行。雍正九年礼部批复也并没有要求棚民子弟先课习5年的规定；道光四年版《义宁州志》卷六《户口》改为：“卷面注怀远字样。”

① 见乾隆二十八年三月十九日江西巡抚汤聘酌改棚籍之例折，载“国立”故宫博物院编《宫中档乾隆朝奏折》第17辑，第239—241页，转引自谢宏维《棚民、土著与国家——以清中期江西省万载县土棚学额纷争案为例》，载《中国史研究》2004年第2期，第156页。

② 嘉庆元年岁试钦奉恩旨加5名，二年科试恩加5名，五年科试恩加5名。道光元年科试恩加5名，三年岁试恩加5名。咸丰元年科试恩加5名，二年岁试恩加5名，九年八乡团练捐资奉旨加文武学定额各10名。同治元年科试恩加5名，二年岁试恩加5名。见手抄本《怀远生员名册》。

土棚皆系圣朝赤子，有何分别？况合考总系凭文进取，及登仕版，亦均系义宁州乡宦，更何有轩轾之异。”[①]此后土、棚已能相安无事，大局已稳，但棚民为争夺教育资源、社会地位所受的磨难仍在棚民后裔心里留下了久远的阴影印记。[②]

二、陈家四代接力传灯，终于破茧而出

陈鲲池于雍正十二年初左右落脚义宁州时，土客矛盾最激烈的时期已经过去，社会为后到的客家移民提供了较为平稳的生存空间。棚民也有了自己的“学额”，乾隆二十八年后虽然取消棚籍学额，全州学额减少，但因常有加额，故土著也没有强烈不满。从克字辈兄弟的年龄来看，他们应考的时间在乾隆四十年之后，已无“学额”歧视之忧。他们参加过生员考试应无疑义。但秀才这一级考试并不容易，笔者收藏一册一个名为刘德馨的怀远童生留给后人做参考的《过考簿》，记录他从嘉庆二十三年到道光十六年共 6 次的考试题目，从 16 岁考到 30 岁仍未被取录。这即是克绳、克调因家产充裕捐纳监生身份越过秀才这一级直接参加乡试的原因，时克绳已经 42 岁。作为棚民，要突破八股文的难关，没有二三代人以上的积累，殆难成功。

一般说来，棚民刚迁移某地，考虑最多的是如何生存下来，站稳脚跟是首要任务。只有生活初步安定，解决了衣食温饱，“读”的问题才会提上议事日程。黄仁宇先生指出：“一个农民家庭如果企图生活稳定并且获得社会声望，惟一的道路是读书做官。然而这条道路漫漫修远，很难只由一个人或一代人的努力就能达到目的。通常的方式是一家之内创业的祖先不断地劳作，自奉俭约，积铢累寸……逐步上升为地主。这一过程常常需要几代人的时间。经济条件初步具备，子孙就得到了受教育的机会。……所以表面看来，考场内的笔墨，可以使一代清贫立即成为显达，其实幕后的惨淡经营则历时至久。”[③]

义宁陈氏的发展道路非常符合这条规律，迁宁始祖陈鲲池辛苦劳作，渐有积蓄，克字辈四兄弟耕读并举，黾勉举业，第三代规字辈、第四代观字辈接力传灯，终于在道光九年，陈克绳长孙观礼破茧而出，得中秀才，成为陈家第一个有功名的人。那年陈克绳 70 岁，值“长孙观礼入泮，朋戚祝贺，咸诵在泮饮酒，永

---

① 《本籍濂山书院·抚宪注销案》（怀远、本地学籍纠纷案卷），道光二十八年（1848）刻本。

② 《义宁州志》卷一九~二一《选举志》凡怀远籍举人、贡生都注明“×乡怀远都人”字样。笔者推测这个在卷子上注明棚籍字样的做法一直延续到清末科举结束。

③ 黄仁宇《万历十五年》，生活·读书·新知三联书店 1997 版，第 215 页。

锡难老之章”。[1] 至第五代，全族共产生了三位秀才（陈观璠、陈三爻、陈倓恪）、一位廪生（陈观礼，先为增生，后岁试优秀补廪）、一位贡生（陈三略）、一位举人（陈宝箴）、一位进士（陈三立）。至此，第二次分家文书中列举的“入泮”、“补廪出贡”、“科甲”（举人、进士）竟然被陈氏子弟全部实现。由陈鲲池奠基的耕读家风，中经陈宝箴、陈三立的发扬光大，到第六代恪字辈达到了高峰。竹塅陈家遂从客家棚民一跃而成为中国近世著名的文化世家之一。耕读传家，累世书香，是这个家族留给后人的最大精神财富。从棚民到耕读人家再到文化世家，义宁陈氏取得了勤耕苦读的巨大成功，见证了耕读模式的合理性。陈家大屋、陈宝箴父子旗杆石、修水县城“陈门五杰纪念广场”等标志性建筑，是这个家族生存、发展、升华轨迹的三座里程碑。

第七节　科举制度在民间的生动演绎

——陈宝箴举人石、陈三立进士礅

一、民间宗祠、祖居前立旗杆的风俗

丰子恺先生写过一篇《中举人》的文章，[2]回忆他的父亲丰鐄参加科举考试事。丰鐄科举功名一直不顺，从 27 岁起参加乡试，连考三届，到 36 岁时，才考取光绪朝最后一科举人。丰鐄母亲是个好强的人，虽垂垂老妪，常请医吃药，还是放不下一桩心事。当地风俗，凡中举者须到祖坟前立旗杆石，竖起旗杆。中了举人，不但活着的族人都体面，连死了的祖宗也荣耀。老太太对人说：“坟上不立旗杆，我是不去的。”丰鐄中举不久，母亲即病危，丰鐄连忙到祖坟上立旗杆。母亲弥留之际犹问：“坟上旗杆立好了吗？”丰鐄答：“立好了。”老太太含笑而逝。

我们要感谢丰子恺，他为我们留下了一篇昔日读书人科举成功后如何光宗耀祖的生动材料。也为后人研究旗杆石的来源、功用、演变提供了一条线索。在义宁州，旗杆石是立在宗祠前或祖堂前的。它与高高悬挂在大厅上的烫金大匾一同成为主人身份、地位的象征物。在浙东、徽州和粤东的广大乡

---

① 查望洋《例赠文林郎太学生陈公绍亭墓碣铭》，载刘经富编著《陈寅恪家族史料整理研究》上册，第 116 页。

② 见葛乃福编《丰子恺散文选集》，百花文艺出版社 2009 年版，第 388 页。

村，也有不少在宗祠、书院前立旗杆的实例，并有实物遗存。而在福建客家人聚居的地方，宗庙前立的是性质相似的“石旗杆”，以激励家族子弟成才扬名。本族习举业者，若考取进士，便请名匠制作“石旗杆”，在旗杆上凿上姓名、功绩和生平，并雕刻龙、凤、禽兽等吉祥物。后来扩展到考取秀才举人也为其立石旗杆。只是底座不一样，有四角、六角、八角的区别。

笔者知道民间有举人石是在1997—1998年之际。最初看到的是陈宝箴的旗杆石、陈三立的进士礅。由于陈宝箴、陈三立的名气大，笔者原以为旗杆石不是一般人所能拥有的，对旗杆石产生了神秘感。后来提起行囊下乡进行田野调查，发现民间残存的旗杆石竟那么多。它们有的竖立在破败的祠堂前；有的倒仆在小沟上；有的平放在池塘边。成为系牛的石桩；过沟的桥面；洗衣的石板。这种景象与当年立旗杆的初衷形成了巨大的反差，为先人始料所不及。

在笔者所走过的村落中，印象最深的是郭城的旗杆石。这里曾经是一座非常兴盛的农耕与商业相结合的市镇，这从它的得名“郭城”可以看得出来。过去有个说法，“千丁为郭，千烟（灶）为城”。从现存的民居、戏台、店铺和深宅大院的熊氏宗祠，不难想象郭城当年的规模。屋檐下，沟圳边，随处可见倒仆的旗杆石。查《义宁州志·选举志》，知郭城熊姓曾出过两位举人，七位贡生。与郭城隔河相望，两里之遥的何家大屋，有10对旗杆石。据说大屋共住24户人家，1个村民小组，可见此屋之大，可惜毁于1998年的那场大山洪。笔者请两位何姓老人用茅刀砍清蒿草，10对旗杆石露出了真身。5对高，5对矮，前后两排。带路的老人说，高的是文举，矮的是武举，因武举俗称半个举人。笔者没能找到《何氏宗谱》查清这10对旗杆石主人所得功名的具体名目、时间、字号，带路的老农已说不清自己的家族史。不过，从这一前一后整齐排列的旗杆石，可以想见这里当年宅第巍然、旗杆簇立的场面，是何等地气势与辉煌。

二、官方和地方对上匾竖旗的资助

清代科举制度规定：“新科举人，顺天由礼部，各省由布政司，颁给牌坊银二十两（亦称旗匾银两），及顶带衣帽匾额……各省有作就匾额致送者，银两衣帽后则名存实亡矣。”[①]举人牌坊笔者未尝一见，[②]旗匾则广泛流行。可能因为

---

① 商衍鎏《清代科举考试述录》，生活·读书·新知三联书店1958年版，第83页。

② 进士牌坊在安徽徽州尚有两处实物遗存，见王振忠《徽州》，生活·读书·新知三联书店2005年版，第71、78页。

牌坊工程浩大，而旗匾则较容易办理。虽然后来“银两衣帽名存实亡”，但民间对科举功名的奖励长盛不衰，从家族到宗族到地方上都乐此不疲。笔者所阅读过的“书院志”“宾兴志”“季会文书”，几乎都有对科举功名进行奖励的“赏规”“章程”。笔者收藏的一部《聚奎书院志》留下了这样的记载：“登文榜者给旗匾钱肆拾千文；登会榜者给旗匾钱捌拾吊文，会元加钱肆拾吊文，武进士减半；点鼎甲者给旗匾钱二百拾吊文；点词林者给旗匾钱壹百陆拾吊文；主事给旗匾钱壹百吊文；中书给旗匾钱捌拾吊文；即用知县给旗匾钱陆拾吊文；武鼎甲给旗匾钱壹拾吊文；点花翎侍卫给旗匾钱捌拾吊文；蓝翎侍卫给旗匾钱叁拾千文。”[①]另一部《文昌宫志》则说“贡举科甲上匾竖旗，各从其愿”。

从以上引录的材料中，我们可以感知昔日民间对竖旗悬匾的热望。的确，一个家族，一个地方，有无旗杆石，旗杆石的多寡，可以折射出这个家族这个地方的兴衰荣枯、实力人气。在强宗著姓、累世书香的地方，多一对或少一对旗杆石都不影响这个地方的名声。而在人文贫弱的地方，旗杆石为地方增光添彩的作用就会凸显出来，它往往与某位举人故居一起，成为当地一带的标志性建筑。义宁州怀远塾师陈光祖的旗杆石和故居就是典型的例子。

陈光祖是嘉庆九年（1804）岁贡生，是义宁州怀远陈姓获得科举功名的第一人，又是陈克调、陈克藻、陈伟琳的老师，乡人称之为岁进士。传说陈光祖的故居是族人为他赴京考试归来接风，集全族之财力人力，在他回来的前几天赶做起来的。传说未必可信，不过这栋大屋在2001年以前仍然是这一带最大的民居建筑倒是事实。故居为两进三横式格局，大门前立旗杆石，旗杆石前为泮池。这在当时当地可算得上是标准的文化设施了。与那些“庭院深深深几许”、三进九横或一进五重的大型宅第相比，陈光祖的故居和科举学位都不够档次，但当我们了解了义宁州客家早期发展史，对其故居和学位所蕴含的历史沧桑后当有更深的感受。[②]

三、陈宝箴举人“旗杆石”、陈三立进士“旗杆礅”的价值

修水现存的旗杆石到底有多少？难以做出全面系统的摸底统计。一般说来，过去凡有科举功名的人，都会按礼制上匾竖旗。有清一代，义宁州共产生了15位文进士（含光绪朝），10位武进士，123位文举，260多位贡生，163位武

---

① 武榜的奖励恰是文榜的一半，这证明了民间“武举是半个举人”的说法。

② 陈光祖故居因无人居住年久失修，约于2010年倾圮，夷为平地，现只剩一对旗杆石。

举。① 这还是光绪朝以前的，尚有光绪朝因州志失修而无法知晓的。一二百年前，义宁州各姓的宗祠、祖堂、书院前该有多少旗杆石，可见出义宁州一度人文蔚起，斋斋皇皇。在这股尊文重教的大潮中，义宁州深厚的人文土壤，培育了许多科甲联芳的门第，进而推出了一个文化世家——义宁陈氏家族。这个家族因产生了陈宝箴、陈三立、陈衡恪、陈寅恪四位杰出的人物而被世人瞩目。

近些年来，随着"陈寅恪热"的兴起，到陈氏故里瞻仰游览的人越来越多，陈宝箴的举人"旗杆石"，陈三立的进士"旗杆礅"，也愈发受到人们的关注。这两个前朝遗物和陈氏父子故居"陈家大屋"，对宣扬"义宁陈氏文化世家"起到了极大的文物作用。

陈宝箴科举成功绝非偶然。他是义宁州读书人奋发向上的整体心态和陈家几代人形成的耕读门风托举的结果。嘉庆二十三年（1818），陈宝箴的祖父四兄弟分家析产，在《分关》文书中议定："鲲池公坟山内树木永远长蓄护坟，子孙不得砍伐伤冢……其坟前巨杉，子孙有能登贡科甲者，任其砍伐竖旗无阻。"他于咸丰元年辛亥（1851）恩科乡试中举，成为义宁州这一科五位举人之一，时年 21 岁。我们不知道陈家当年是否真的在祖坟山上砍下两棵又直又长的大杉树做旗杆以告慰先人，在修水这个山区，又长又直的大杉树不难寻觅。只是用祖坟前的古树来做举人旗杆有着特殊的象征意义。总之，陈家大屋场上多了一道风景，同治二年义宁州客家陈姓修谱，陈家的屋图比上届谱的屋图增加了旗杆石的图样。②

咸丰八年戊午（1858），陈宝箴赴京参加庚申科会试不第，留京城苦读两年多，未能再登甲科。但陈宝箴的崛起却为陈氏家族的进一步发展壮大打下了扎实的根基，家族期盼的名登金榜终由他的长子陈三立实现。

光绪八年（1882），陈三立 30 岁时在南昌应乡试中式，成为江西壬午科第二十一名举人，以后又 3 次赴京参加会试，于光绪十五年己丑（1889）科获隽，是义宁州清代十五名进士之一，以主事分吏部考功司行走。

陈三立雁塔题名给家族带来了巨大的荣耀，陈家大屋前从此留下两个"旗杆礅"（又称"进士礅"）。光绪二十一年四修宗谱，陈家的屋图亦相应增加了一对"进士礅"的图样。③ 礅的正面有一行石刻"光绪己丑年主政陈三立"。

---

① 见王维新等修，涂家杰等纂《同治义宁州志》卷一九～二一《选举志》。

② 高 2.4 米，露出地面 1.2 米，宽 72 厘米，厚 20 厘米。见刘经富编著《陈寅恪家族史料整理研究》上册，第 133、307 页；下册，第 953 页。

③ 长、宽各 1.36 米，高 1.26 米，中间的孔洞直径 27 厘米。见刘经富编著《陈寅恪家族史料整理研究》下册，第 955 页。

中国的科举制度实行了上千年,在漫长的历史进程中,这一"官学一体"的制度随着朝代时势的变化而名目繁多,已成为典章文物制度研究的专门之学。我们这一代读新书的人,所知有限。特别是一些民间规矩,更是一头雾水。在当日或许用不着多费笔墨,给后人留下记载,人人都明白。时代背景一变,连专家也难考证了。就说竖旗杆这码事吧,也不过百余年的光景,我们就无法彻底弄清楚。其来源,据说是远古"华表"的遗存。传说尧舜时代,在交通要道竖立雕刻精美的柱子,作为识别道路的标记,称之为"华表"。后来,"华表"被皇宫帝城所独占,民间则演变为旗杆。明代以后,士人科举中第,家门前可以树高杆大旗,旗子用红绫制成,上书金色大字。[①] 简而言之,旗杆是过去民间提高身份、地位的一种"礼制"。至于这种"礼制"为何又被科举所独占,我们不得而知。虽然昔日科举制度影响民间社会至巨,但乡间仍难获致与旗杆石有关的文献材料,这是一个被遗忘的角落。它与今日乡间草野偶然一见的石缸、石臼、石碾一起成为"石器时代"的余晖残照,总有一天会消失殆尽,只有名人的旗杆石,才有可能得到文物部门的关注与保护,向后人诉说着一方人文和昔日荣光。

从1997年起,笔者到陈氏故里的次数逐渐增多。每去一次,都有新的发现和感触。站在陈家大屋的屋场上,凝视举人石和进士礅,觉得自己找到了这个文化世家精神上的源头与脉络。这两个凝聚着陈家几代心血的鸿宝重器,是这样的厚实稳当,有着"纪念碑"一样的气魄。陈三立进士礅尤为珍贵,它可能是清代二万六千多位进士中唯一一对用花岗岩条石砌成的方形进士礅。笔者的思绪飘向远方,想起至今屹立在京城国子监的明清进士题名碑,想起陈三立的后人1990年初在进士碑林寻找先祖名字的情景,进而想起那块由陈寅恪撰文,屹立在清华园一角的王国维纪念碑和碑文的结束语"与天壤而同久,共三光而永光"。

---

① 见熊庆年《中国古代科举百态》,东方出版中心1997年版,第138页。

第三章　竹墩陈家在怀远都社会活动中的贡献

第一节　竹墩陈家对怀远陈姓联宗修谱的贡献

一、联宗修谱、拟制宗族的内在要素

文化人类学的研究成果表明，人类社会组织关系的演进大体上都遵循着这样一条基本的原则：由血缘关系进化到地缘关系。在中国古代，大大小小的血缘家族，构成了一个又一个分散的农村乡社，并由此再构成一个金字塔式的社会组织。血缘家族不仅是中国古代宗法制度的核心，而且还是中国古代基层社会组织的灵魂。《白虎通·宗族篇》云："族者何也？族者，凑也，聚也，谓恩爱相流凑也。上凑高祖，下至玄孙，一家有吉，百家聚之，合而为亲，生相亲爱，死相哀痛，有会聚之道，故谓之族。"①由一个男性先祖的子子孙孙团聚而成的家族，因其经济利益和文化心态的一致性，从而形成稳固的，往往还是超时代的社会实体，成为整个社会肌体中生生不息的细胞。②

中国的宗族以宗谱（亦称族谱、家谱）、祠堂、族产为主要外在标志，是宗族组织的三大要素。一般说来，客家人刚迁入某地时，还没有联宗修谱建祠的意识，也搞不清各自的族源，多在原迁出地同宗的联络号召下远道回去参加修谱、祭祖。只有在若干年后，站稳了脚跟，内部人口大量增加，有了辨昭穆、序尊卑的秩序要求和盼望自己成为强宗旺族的群体心态；外部则需要增强与周边社会抗衡、磨合的力量，并且同姓内产生了有实力的家族和有科举功名的乡

---

① 陈立撰，吴则虞点校《白虎通考疏证》卷八《宗族篇》，中华书局1994年版，第398页。

② 见王东《客家学导论》，第235页。

绅，才会与原迁出地渐行渐远，独立地开展建祠修谱和自成体系的宗族活动。这与日本学者濑川昌久对香港移民修谱情况的研究结论是吻合的，他指出："开基祖迁移、定居以后，一般都要经过几代人以上，待宗族已有了某种程度的繁荣后，才开始着手编纂族谱和建造祠堂之类的活动。……香港新界……锦田邓氏……族谱的……编纂时机较早，显然与宗族成员在这一时期的科举及第有密切联系。香港新界地区其他一些规模较小的客家系宗族，则要到清代后半期以后，族谱的编纂才逐步普及至广大的庶民阶层，出现竞相编纂的局面。"[①]杨彦杰先生指出："建造宗祠和编修族谱，是宗族社会发展到一定阶段的产物，也是族人构建宗族制度的重要标志。"[②]

闽、广、赣（南）的客家人于康、雍、乾时期纷纷向义宁州移民后，至嘉道年间，已有一百多年，各姓人口大量增加，并且崛起了具有科举功名的乡绅，联宗建祠修谱、重建宗族一时蔚成风气。到道光年间，各姓建祠修谱已经普及，即使是人数很少的古、冯、连、卓、缪等姓，也都编修了宗谱。从此，义宁州的同姓宗族和祠堂，就有了本地、怀远之分。

宗族形成的最初原点是"血缘关系"，比照"血缘关系"的结构原则，将没有"血缘关系"的同姓组合成一个宗族组织，社会学、人类学称之为"拟制宗族"。中国的传统宗族具有很强的拟制重建功能，特别是客家民系。据统计，修水客家人有102个姓氏、近千个开基祖。他们同姓却不同宗，但他们互认本家，建立起区别于本地同姓的宗族组织。

义宁州客家人宗族的拟制重建有一个较长的磨合期。他们来自不同地区，族源复杂，且迁入修水后居住地极为分散。要把这些来源不一、距离遥远、互不相识的各家各户串联起来，建立一个新的宗族联合体，其难度可以想见。但一旦拟制重建成功，便有很强的稳定性，与本地同姓宗族绝不相混。

嘉道时期竹墩陈家开始显山露水、崭露头角，第二代克字辈兄弟都受过诗书礼乐的熏陶化育，已经具备了昔日乡绅处士的个人条件，在义宁州的士绅圈子里已小有名气。第三代规字辈、第四代观字辈已有多人习举业，通文史。在经济上，已具备举办襄助公益事业的条件。此时竹墩陈家从成员数量、文化人才、经济实力等方面都显示出一个家族上升壮大的势头，在怀远

---

① ［日］濑川昌久著，钱杭译《族谱：华南汉族的宗族·风水·移居》，上海书店出版社1999年版，第4、17页。

② 杨彦杰主编《长汀县的宗族、经济与民俗》下册，国际客家学会2002年编印，第531页。

陈姓修谱建祠，把来源不同、本无“血缘关系”的同姓拟制成一个宗族①的活动中发挥了重要作用。

二、义宁怀远陈姓最早产生的几个骨干家族

客家人迁入修水，或是一小户或是几兄弟甚至单身一人，分散在深山老林耕作生息，所以初期没有形成像本地人那样绵延不绝的单姓或主姓血缘村落，也没有“房”的称谓。只有在三四代以后，才渐渐形成屋场村落。屋场是最底层社会的客家“棚民”跻身编户齐民的外在表现形态。正是这些具有“族”的外延与内涵的乡村屋场，成为整合、凝聚、重建移民圈子里同姓宗族的主要力量。②

义宁怀远陈姓最早迁入的一批是康熙二十六年到四十四年间（1687—1705），到嘉庆初年，已有一百余年四五代人的历程。经过艰苦漫长的原始积累，终于产生了一些“阡陌交通，屋舍俨然”的屋场，拥有了最早的一批“家族”。代表家族有：

双溪陈家：雍正四年（1726），陈健岩从江西泰和县迁入义宁州安乡十一都双溪创业定居，属十郎公支裔。陈健岩生子四：光祖、光庭、光缙、光弼（称双溪四房）。

竹塅陈家：约雍正十二年（1733）年初，陈鲲池从福建汀州府上杭县来苏里中都乡迁入义宁州安乡十三都护仙坑创业定居，属十一郎公支裔。陈鲲池生子四：克绳、克调、克藻、克修（称竹塅四房）。

令公洞陈家：约康熙四十年至五十年间（1701—1711），陈伯焕从广东兴宁县迁入义宁州武乡二十一都令公洞（今铜鼓县）创业定居，属十四郎公支裔。陈伯焕生子四：友义、友声、友德、友信（称令公洞四房）。

新庄里陈家：乾隆四十九年（1784），陈运生兄弟三人奉母从广东平远县迁入义宁州安乡十二都新庄里创业定居，属十郎公支裔。陈运生生子四：良

① 参见张勇华《明中期以降赣闽粤客家聚居区的联宗与族群关系》，上海师范大学2016届博士论文。

② 客家人的宗族社会由多重结构组织而成，带有宗法制特征。家庭、房族和宗族是客家人宗族社会的三个不同层次的结构。家庭是社会构成的基本单位，是构筑房族与宗族的基本因子，是较为活跃的因素；房族是跨家庭的血亲组织，由血缘较为亲近的家庭群组成，介于家庭与宗族之间，是一种具有多重趋向的血缘团体，宗族是最高形式的血缘共同体，由家庭、房族共同组合而成。它以聚族而居为外部形态特征，以血缘为内在联系纽带，以宗姓为血统继嗣群外在的社会化表征，由一系列的亲属关系交互混杂、层迭累积而组建成庞大的血缘群体。见孔永松、李小平《客家宗族社会》，第35页。

虎、良凤、良豹、良缘(称新庄里四房)。

莺源陈家：康熙四十年(1701)，陈尚林从广东平远县迁入义宁州奉乡十五都莺源创业定居，属十郎公支裔。陈尚林生子二：南典、南金(称莺源大房、二房)。

杨坑陈家：雍正六年(1728)，陈凤依携次弟从福建汀州府上杭县来苏里迁入义宁州武乡二十九都杨坑创业定居，属四郎公支裔。陈凤依生子三：启元、启光、启霄(称杨坑三房)。

从以上几个家族的简略介绍中，我们可以看出某个客家移民间关远道而来，备尝困苦之后，得以组建一个家庭，再扩大到一个家族的大致情况。当一个家庭的子孙繁衍到三四代后，"房"就产生了。"房"是中国人亲属关系系谱概念之一，其发育形成有一个历史过程。由于房是相对于父祖而言的一个概念，所以房存在的首要条件就是祖先要有几个儿子，有几个儿子就分成几房，每代都是如此。所以，分房实则是分家。宗族的发展过程就是每一代不断分家析产的过程，[①]"房"不仅是家族内部长幼亲疏的标志，也是经济利益、社会活动的基本管理单位。"房"实际是"族"的雏形，相对于原来的"族"它是"房"，相对于后来的"房"它又是"族"。作为外来移民，如果家庭内部房分发育成熟，[②]上升为族，立祖堂、修家谱、置族田公产就会提上议事日程。

三、义宁怀远陈姓联宗修谱的过程

从嘉庆十九年(1814)到1943年，一百三十余年间，修水怀远陈姓共修六届宗谱，平均二十多年修撰一次。上述几个家族起了极大的中坚作用，其中以竹墩陈家和稍晚于竹墩陈家兴盛的令公洞陈家贡献最大。

---

① 见刘大可《闽西武北的村落文化》，客家国际学会2002年编印，第37页。

② 房族是客家宗族社会结构中一个界限比较模糊的结构。房族是由家庭群组成的一种与辈分相结合，有着比较紧密的血缘关系的纵向组织。倘若房族外迁，到新的地方落地生根，则房族便会发展成完整的宗族，其拓荒者便被奉为肇基祖；倘若房族固守于宗族的聚居地域，则房族在整个宗族中就保持其亚结构的特性，是介于家庭和宗族之间的中间结构。因此，我们说房族的发展是多向性的，其生存空间的变更会引起变异，在这个意义上说，房族又是未发育成熟的宗族。由于房族自身的结构特点，房族的功能也颇具特色——相对独立又依附宗族，有很大的伸缩性。房族的形成是个自然而然的过程。一祖先有数个儿子是房族产生的条件。在客家的宗族社会中，房族串联起家族中有关的家庭，形成小于族、大于家的宗族内部体现垂直血缘关系的结构。祖先有几个儿子，在分家时按数子均分的原则，财产均分给几个儿子，形成了房，有几个儿子就有几房。各房在发展过程中，人丁多寡不同，因而大小不一，逐增或递减。经过数代的演进，逐步形成以开基祖下各房子孙为支祖的房族。房族能否发育成长，经济力量是关键因素，从这个意义上讲，房族是家族内部的经济利益集团。见孔永松、李小平《客家宗族社会》，第55页。

嘉庆十九年一修谱由双溪陈家主持，主修是怀远陈姓最早获得科举功名的贡生陈光祖。这次联宗的范围较小，只有属于“五山”之一峰公名下的十八郎公系统的三、四支。由于一修谱始终没有找到，因而也就无法知晓竹塅陈家参加第一届谱的情况。但根据陈家早在修谱之前创建州祠中体现出来的实力以及与陈光祖的关系，可以推知竹塅陈家应是这一届谱局的重要成员。

道光二年(1822)，怀远陈姓开始第二次联宗修谱，至道光八年完成，共印大开本谱 56 部。二修谱由竹塅陈家主持，所联络的宗亲仍以十八郎公系统为主体，但扩大到十支。这次修谱，竹塅陈家投入了大量的人力物力。陈克绳任督修，主修是陈克修和陈克藻之子陈规鋴，两人各写了一篇序。陈规鋴还写了一篇《陈氏分迁记》，详细叙述了江南各地陈姓的分布和渊源，是一篇重要的陈姓分迁源流参考资料。由于二修谱只找到卷首文谱(谱有“文谱”“丁谱”之分)，丁谱(世系册)只存世一二册，所以这次联宗修谱尚难获知参修各支的具体情况，不过根据领谱登记、其他参修家族在卷首上的人物传记，再比照下一届谱这九支的世系册，仍可以推知大概内容。

咸丰元年(1851)，对于竹塅陈家和义宁州怀远陈姓，都是一个值得纪念的重要年份。这一年恩科乡试，义宁州共录取五位，而怀远陈姓一次就高中陈宝箴和陈文凤(今铜鼓县)两位举人。怀远陈姓欢欣鼓舞，借此喜庆，敦促陈文凤、陈宝箴主修大成宗谱，积聚多年的能量终于借科举成功的喜庆契机释放出来。以宗族成员科举成功为契机编纂大成宗谱，符合明清以来宗族发育成长的一般规律。如香港新界西部地区的邓氏，首次修谱发生在明初屏山邓彦通科举及第之时。明成化年间，锦田邓廷桢也曾利用中举的机会试图编纂族谱和整修祖坟。尔后经历了整个明代，至康熙二十四年(1685)锦田邓文蔚中进士后才编成一部包括新界各村所有邓氏在内的族谱。①

咸丰五年(1855)春，谱局开始在州城光远祠运作，不料五月太平军攻陷州城，将房屋焚烧殆尽，刚刚开始的修谱大事不得不搁置下来。同治元年(1862)，政局稍定，族中耆宿复议修谱。于是陈文凤、陈宝箴再次领衔主事，将谱局设在清凉山(今修水黄港乡境内，与铜鼓、奉新距离较近)。两人在谱局一年，“取闽越吴楚赣南及南昌府诸县新旧分编诸谱遍核之”，于同治二年秋季将谱修成。吸纳的分支仍以峰公名下十八郎公系统为主，旁及峰公名下赟公支，嵩公名下万三郎支、万五郎支、三六郎支、梅山公支。另有 3 支没有世系联系的小族作为附修，共 24 支，突破了峰公支裔的范围。

---

① 见[日]濑川昌久著，钱杭译《族谱：华南汉族的宗族·风水·移居》，第 4、17 页。

与一修谱、二修谱相比，同治三修谱规模宏大，支脉繁多，除义宁州外，邻县武宁、奉新、万载、分宜、浏阳，甚至原迁出地福建的上杭、顺昌，陕西的洵阳（从闽广迁义宁州再迁洵阳的陈姓）也派人远道前来上谱，大大增强了怀远陈姓的凝聚力，以后光绪谱、民九谱、民三十二谱，甚至1994年谱都未超出同治谱的范围与体例。

同治谱共印120部，可谓规模空前，在义宁州怀远陈姓宗族史上具有重大意义。首届通谱的编纂成功，标志着陈姓从家到族、从族到宗构建过程的完结，一个新的同姓宗族联盟诞生了。

同治谱在廓清过去各支各自为政的混乱世次的基础上，颁布了“三恪封虞后，良家重海邦，凤飞占远耀，振彩复西江”的谱派，规定从始祖十八郎公下延至第二十一世，一律按新谱派取名。这就是日后闻名于世的陈三立、陈衡恪、陈寅恪、陈封怀公孙三代得名的来历。新行派的确立颁布，是联宗成功的标志之一，也是三修谱的最大成果之一。

光绪十九年（1893），距同治初年修谱已满30年，义宁州怀远陈姓续修第四届宗谱。时陈文凤已从福建致仕回乡（他于同治四年中进士后出任福建松溪县、安溪县知县），但年事已高。陈宝箴在湖北任按察使。其子陈三立已于4年前中进士，遂由陈三立挂名主修。竹墩陈家入谱局的还有陈观岚、陈观伍、陈观华、陈三厚。光绪四修谱修了两年多，至光绪二十一年告竣，陈宝箴作序，陈文凤写跋。

光绪谱承同治谱规模盛大的余绪，仍保持了怀远陈姓旺盛强劲的势头。它所吸纳的分支比同治谱还要多一些，除三修谱原有的24大支外，又增加了一些理不清世系联系的十余支小族作为附修，共三十多支。

光绪谱的最大成果，是确立了共修各支都统一在客家陈姓始祖魁公的名下。主修陈文凤坚持认为，如果各支都以自己的一世祖来排世次，则三修谱颁布的新派号将失去意义。既然全州客家陈姓以峰公、嵩公支裔为主体，则宜尊峰公、嵩公之父魁公为一世。至于附修的各支，世次一时难以向魁公系统靠拢，则任其按自立私派取名。这个新旧并用、类似于“双轨制”的决定，得到了谱局的认可。由于魁公得以确定为一世祖，而魁公出自著名的“义门陈”，因此这次合修通谱的谱名正式定为“义门陈氏宗谱”（此前的道光二修谱名为“陈氏宗谱”，同治三修谱名为“陈氏合修宗谱”），这表明修水客家陈姓的上层士绅经过八十多年4次联族修谱，对本族的归属、族史的追寻，最后尘埃落定。①

---

① 宗族是由同一血缘关系的男性继嗣群聚合而成的，因此对祖先的崇拜便成为维持宗族内部团结的基本要求。如果没有共同的祖先崇拜，这个宗族也就很难维系下去。

光绪谱共印130部，是1949年前怀远陈姓六次修谱中印数最多的一次。此外，光绪谱还请义宁州知州张鸣珂（书画家，嘉兴人）作序，州佐陈治（绍兴人）书写陈宝箴的序文。这与陈宝箴、陈三立父子和陈文凤的知名度有一定关系。①

清末民初，义宁州的怀远陈姓宗族发生了很大变化。民国二年（1913），政府撤销义宁州，次年分立修水县和铜鼓县，大一统的局面开始解体。

民国九年（1920），修水县怀远陈姓续修第五届宗谱，仍由陈三立挂名主修，主其事者为竹塅陈家陈三达、陈三畏、陈三崑。陈三达、陈三崑、陈三立三人各写了一篇序言，陈三立序言从"一姓一族亦可推知保种保国"生发开去，申物竞天演之义，认为"变其所不当变，不变其所当变，其害皆不可胜言"。此序文对研究陈三立晚年的社会政治思想观点很有价值。②

民国九年五修谱从支系到体例无大的变化。它的成果是吸纳了不属于魁公系统的西向陈家、黄石源陈家入谱。这两个家族的世系是"存道裔泰和庄濂江房"。得名缘由是义门陈氏奉旨分庄时，陈承壹房分在江西泰和县，为泰和庄始祖。承壹公传十四世有存道公，在江西安远县任训导，卒于任上。其子遂定居安远上濂村（因位于濂江上游而得名），奉存道公为一世祖。也就是说西向陈家、黄石源陈家本不是闽、广、赣（南）的客家移民，但迁入义宁的时间与客家移民同步，且与客家人同落脚在山区，因为与客家人长期在一起生活、活动，他们在语言和习俗上与客家人一体同化了。这两个家族于康熙年间从安远县迁入后，曾多次参加原籍的修谱。同治元年（1862）才脱离原籍，自己独立修谱，光绪十七年（1891）续修。两次修谱均以西向陈家举人陈经（茂萱）为主要组织者。陈经去世后，西向陈家、黄石源陈家终于放弃独立修谱，依附了全州客家陈姓的联宗修谱，与其他一些不属于魁公的支系作为附修放在全谱的最后。

民国三十年（1941）修水县怀远陈姓续修第六届宗谱，三十二年秋修成。由陈三立次子陈隆恪挂名主修，陈三崑实主其事。竹塅陈家入谱局者尚有陈

① 光绪谱和上届同治谱影响颇大，1935年广东梅县客家陈姓重修《西山陈氏家谱》，收录了张鸣珂序、陈宝箴序、陈文凤序、陈文凤跋、尊魁公为一世祖引言。他们是中兴公之兄德兴公的后裔，可能修谱时谱局派人去距离不远的上杭县中都寻找资料，获得远在江西义宁的同宗族谱资料，对他们理清德兴公与魁公的世次关系、澄清关于德兴公的混乱记载起了重要作用。梅县陈姓这届《西山陈氏家谱》的体例、世次、源流是以义宁光绪四修谱为蓝本的。20世纪80年代初，新加坡陈国纬先生到大陆寻找资料，获得一套《西山陈氏家谱》，将陈宝箴序、陈文凤序、张鸣珂序收录其编写的《江州义门陈氏宗谱》中。

② 见刘经富编著《陈寅恪家族史料整理研究》上册，第347页。

三桂、陈三峰、陈文恪。虽然从挂名主修到入谱局人员来看，竹墩陈家在此届修谱活动中尚占有相当位置，但整体实力已今非昔比。

六修谱进一步将全族始祖上溯到天下陈姓始祖满公。主修陈三崑认为无论是十八郎公系统尊魁公为一世，还是附修的各支以本族的开基祖为一世，追根溯源，其实都是受姓始祖满公的苗裔。这就彻底解决了魁公系统的世次与不属于魁公系统的附修小支世次不合的矛盾，参加合修的所有支系都统一在受姓始祖满公名下。

这种不纠缠全族的一世祖与自己这一支的世系是否连得上的联族修谱，与浙江平阳县的陈姓联支修谱极为相似。根据钱杭先生的研究，平阳县陈姓在联宗过程中也遭遇了各支世次不齐、与受姓始祖满公之后的世次难以衔接的困扰，但他们最终实现了把全县陈姓扩张为同一姓氏的联盟组织目标。钱杭对此做了一个很好的总结："经过陈氏族人精心整理追溯的平阳陈姓各宗族的宗亲源流，虽然仍不能提供自皇祖以下能与各派高祖直系衔接的任何证据，但互相之间主要的历史联系应该说已经建立起来了。……它使各陈姓宗族的成员知道他们共同拥有一笔丰厚的文化资源，把现在的陈姓人们与这个古老姓氏的历史联系了起来。至于这个为各支所一致认同的历史是否符合真实的情况，似无必要再给以过多的注意。为了实际需要，陈姓各族不在乎全部细节的真实与否，而是大胆地跨越了历史世系的界限，成功地把几十个世系独立、居住分散的同姓宗族联合成一个观念上的整体，在遥远的共同祖先的旗帜下，实现了观念形态上的联合。"①

从怀远陈姓联宗修谱的过程中可以看出骨干家族在拟制宗族时的作用与地位，也可以看出昔日宗族组织的表现形态和族众的旺族意识。所谓宗族，说到底其实就是一个或几个有实力家族的活动舞台。这里面的辩证关系是，这些骨干家族为拟制宗族做出了贡献，自己也从中获益，借助属于制度层面的强宗大族稳固强化了自己的小支。

四、"拟制宗族"更能反映"差序格局"

"差序格局"概念是费孝通先生提出的，②旨在描述依据血缘差序划分亲疏远近的社会关系格局。如同水面上的涟漪一般，以己身为中心，向外一圈一

① 钱杭《血缘与地缘之间：中国历史上的联宗与联宗组织》，上海社会科学出版社 2001 年版，第 306 页。

② 见费孝通《乡土中国》，生活·读书·新知三联书店 1985 年版，第 21—28 页。

圈延伸开去，按与中心距离的远近来划分亲疏。

如上所述，义宁怀远陈姓宗族重建过程是以其迁义宁以后发展起来的血缘家族为原点，向外扩展到明代十八郎公系统的圈子，再扩展到宋代魁公系统的圈子，再扩展到天下陈姓受姓始祖满公的圈子。这样，义宁客家陈姓宗族内部就出现了由小到大的四个系统圈子，成员之间的支派参差复杂，要分辨出他们来源不同的远近亲疏关系并不容易。而乡民们自己却非常清楚，他们用形象生动的词汇来反映乡土社会“差序格局”的亲疏远近。凡共一个迁修水开基祖的后裔谓之“共一炉香”；凡十八郎公支裔谓之“共一篼姜”；超出十八郎公支裔系统则谓之“共祠堂”。“一炉香”指在同一个祖堂灵牌前祭祀开基祖；“一篼姜”从姜的根系茂盛这一植物现象，引申出同根生发之意；“共祠堂”则表示共一个始祖关系。正是这朴素直观的意念表述，一纵一横之间，判别着以“血缘关系”为基点的亲疏远近，维系着家与族、族与宗梯系结构的运转延续，也折射出传统宗族拟制重建过程的历史信息。

第二节　竹塅陈家家史脉络在宗谱上的展示

一、家族组织是客家棚民立足生存的重要保障

作为客家棚民，竹塅陈家之所以能够迅速壮大，从棚民上升到小康之家，主要是依靠耕读门风和家族组织的支撑。陈家在克字辈四房崛起、成员达到一定数量后，即适时构建家族组织，作为应对恶劣生存环境和抗衡周边社会压力的保障。不少客家棚民在迁徙落足义宁州后，只稳定两三代，又迁回了原籍或再次迁徙到陕西，没有及时联宗建立家族组织，也是个中原因之一。“在社区历史和生活经历中，人们总是力求一种坚实有力的社会关系与团体作为依赖。乡土中国的宗族是人们寻求的庇护所。中国人受文化制度、亲属认同原则、儒家理念左右而首先选择血缘宗姓团体作为自我依赖的巢穴，宗姓不发达地区则更多依赖家庭。”①

上文已经介绍，陈、何、邱三姓棚民在护仙坑就建立起一个类似于宗族的姻亲集团，共同劳作创业 60 年、分家析产解体后，各自融入自己的姓份联宗修谱建祠活动中。竹塅陈家从嘉庆初年起，即作为本姓的一股重要力量，开始联

① 庄孔韶《银翅——中国的地方社会与文化变迁》，第 277 页。

宗修谱建祠,拟制宗族组织,并在六届宗谱中,绵延不断地载录、展示自己这一支的家史脉络、盛衰流变。

二、怀远陈姓六届宗谱收录竹塅陈家资料概述

按照过去建祠修谱的惯例,某个家族能够在卷首上登录较多的人物传记和屋图、坟图,一般都是较有实力的家族。竹塅陈家的人物传记和屋图、坟图是参修各支中最多最长久的。

竹塅陈家迁宁始祖陈鲲池身上秉承着福建上杭原籍家族的书香传统。其六世祖陈嘉谟为廪生;五世祖陈于庭,明万历癸卯(1603)科副榜;弟于阶,明崇祯戊辰(1628)科进士;子汝勉、梦说,均为副贡生。再传两世至陈鲲池的父亲陈文光,读书人的脉息始终没有断绝。陈文光是位教书先生,陈鲲池从小就随父亲在教馆读书。由于竹塅陈家具有这样一个家世背景,因此,迁宁始祖陈鲲池的个人素质就比那些纯因生计窘迫而来义宁州耕山垦荒的棚民要高出一筹,并且将读书人的气质传承给下一代。事实上,竹塅陈家的第二代克字辈便完成了从棚民向耕读之家的转变。这从道光二修谱上已充分反映出来了。

首先,道光谱的卷首载录了陈嘉谟(环川公)夫妇因次子陈于阶科举成功出仕的朝廷诰敕;其次,道光谱卷首共载录23人的人物传记材料,其中竹塅陈家占了15位,即陈鲲池的六世祖环川公,高祖于庭公、高叔祖于阶公,曾祖汝勉公、梦说公,祖浴日公、敏宜公,父文光公夫妇,陈鲲池夫妇,陈鲲池的下一代克字辈四兄弟。材料体式有行状、碑铭、序赞、寿诗。这些碑铭序赞,大都出于义宁州名人士绅之手。如乾隆十七年(1752)进士徐耀祖,乾隆四十六年进士万承风、荣锡楷,乾隆五十七年举人朱学宗,嘉庆六年(1801)举人胡涵西,嘉庆十一年举人查望洋,嘉庆十三年举人陈尔烈,道光元年(1821)举人姜逢泰等26人。

这些名人的事迹在《义宁州志》的《选举志》《人物志》里都可以找到记载。虽然在其他姓份的宗谱里也时能见到其中一些人撰写的应酬文字,但一次出场这么多名人却不多见。这与竹塅陈家的经济实力和陈克绳兄弟的名气是分不开的。

道光谱留下的竹塅陈家15位祖先的传记材料,为我们研究这个家族的早期家史提供了极为珍贵的文献资料。如果加上陈规鋘、陈克调的序文和竹塅陈家的墓图、屋图,说道光谱基本上是竹塅陈家的家乘也不过分。这种特色一直保持到民三十二年(1943)的六修谱。在每届宗谱的卷首,竹塅陈家的人物

传记、墓图、屋图总是名列前茅，而且篇幅多，分量重，始终享有崇高的地位。竹塅陈家每代的兴衰涨落，在每届宗谱的卷首中都可以找到相关线索、材料。

道咸之际，陈克绳四兄弟相继去世。至咸同之际，竹塅陈家的第三代第四代继起光大。第三代的代表人物陈规鋐(1798—1854)，早年习举业，中年接替了父亲陈克绳怀远陈姓宗族的尊长地位，在州祠的祠务，创办怀远人书院，创办团练等重大事务中，都显示了自己的实力。第三代另一位重要人物陈规钫(1786—1840)，早年习举业，参加乡试屡试不售，后在家塾教书。其长子陈观礼(1809—1871)，道光七年(1827)入州学，九年岁试补廪，是竹塅陈家第一个取得科举功名的人。陈观礼长子陈三略(1835—1887)，廪贡生，钦加同知衔，署理湖南嘉禾县正堂。52 岁卒于任所，9 位儿子有 6 位未回乡，是竹塅陈家走出山外的第二支人才。

咸丰四年(1854)五月，陈伟琳因创办团练积劳成疾去世。同治二年(1863)三修谱时，陈宝箴写了《府君行述》载入卷首，以后郭嵩焘撰《陈琢如先生墓碑铭》即根据这篇《行述》改写而成。陈三略时在谱局，请州教谕晏自翘为其祖父陈规钫作传。加上陈文光、陈鲲池、陈克绳、陈克藻墓志铭，竹塅陈家著录在三修谱卷首的人物共有 6 位。三修谱在人物传记之外，还设立了一个栏目《纪略》，实际上是比传记次一等的人物小传，这是三修谱的一个特色。《纪略》共著录全族 20 位人物，竹塅陈家有 9 人入选，并且列在《纪略》的前面。

同治三修谱的墓图、屋图部分，除载录竹塅陈家大屋图、迁宁始祖鲲池公墓图外，还载录了陈宝箴的读书楼“四觉草堂图”和记文。同治元年(1862)，陈宝箴参加会试落第回乡，在距陈家大屋几里远的半山腰里建了一栋读书楼，名“四觉草堂”。陈宝箴晚年自号“四觉老人”即源于此。这个读书楼已倾圮多年，如果不是同治谱及时留下图、记，后人将无法弄清陈宝箴号“四觉老人”的来由。

同治二年秋，陈宝箴在三修谱告成后，开始出山游幕。他先到安庆谒见曾国藩，曾待以上宾，称之为“海内奇士”。陈宝箴在安庆时间不长，因想参加实际作战，乃回江西跟随席宝田。同治三年立下战功，保奏直隶州知州，未就。同治八年底保奏湖南候补知府，光绪六年(1880)授河南河北道，八年擢拔浙江按察史，后改任湖北布政使。光绪二十年任直隶布政使。二十一年八月，诏授湖南巡抚。作为竹塅陈家第四代的代表人物，陈宝箴的崛起，大大提高了竹塅陈家和义宁州怀远陈姓的社会地位。

同治十一年，陈宝箴将家眷带出修水，定居长沙。嗣后陈三立展其俊才，于光绪八年中举，十五年中进士，授吏部主事。陈氏父子凭借着家族数代积蓄的英锐之气，广交四方人物，得到朝野名流的高度评价，竹塅陈家达到了辉煌的顶点，在宗族内部的威信空前提高。这股旺盛的气势，反映在光绪四修谱上，便是竹塅陈家人物传记、墓图的增多，为陈家撰写碑铭序赞者身份的提高。

光绪四修谱的卷首在序文之后首列陈鲲池、陈克绳、陈伟琳三代因陈宝箴中举出仕后而获得的朝廷诰敕（这 3 份诰敕一直保留到民三十二年六修谱里），以下依次收录郭嵩焘撰《陈琢如先生墓碑铭》和陈伟琳夫人《李太夫人墓志铭》，李元度撰《李太夫人墓碑铭》，罗正钧撰陈三立前妻《罗宜人墓表》，王凤池撰《陈公秩卿先生传》。陈倓恪为其父亲撰《陈公耘恕府君事迹》。陈宝箴为其兄长撰《陈树年墓志铭》。在屋图、墓图这一部分，列入陈家大屋屋图并贺诗；文光公、鲲池公、克绳公、陈克绳夫人、陈克修、陈规镜、陈伟琳、陈伟琳夫人、陈树年、陈三立前妻等墓图并图说。从上述列入的墓志铭和墓图情况可以看出，光绪谱加大了陈宝箴这一房的分量。

民九年（1920）五修谱的卷首除保留了光绪谱的全部内容外，增加了范当世撰《陈宝箴墓志铭》和“义学图”、《义学田租拨约》。光绪十年（1884），陈宝箴回乡。他遵照父亲遗嘱，在陈家大屋对面的山坳上创建了一所学堂，供本族子弟和当地外姓子弟读书。又将自己的 50 石谷田田产拨给学堂，立下《拨约》，作为每年开馆延师的费用。20 世纪 50 年代，学堂倾圮。乡人不忘陈宝箴的义举，至今仍用“义学里”这一地名。

民三十二年六修谱的卷首基本照搬民九谱，竹塅陈家的人物传记、墓志铭、坟图等仍是卷首的主体内容。

三、族谱的作用永远是建立网络和名誉

从以上六届宗谱载录的竹塅陈家资料中，我们可以初步勾勒出这个家族从陈于庭到封字辈 11 代三百余年的家史轮廓。假如我们把陈氏家族史分为上杭陈氏、竹塅陈氏和义宁陈氏文化世家三个阶段，则道光谱集中地载录了这个家族第一阶段的家史材料；同治谱除顺延第一阶段的部分材料外，适时增加了第二阶段的家史材料；光绪谱、民九谱、民三十二谱集中载录了第三阶段前期的家史材料。作为一个家族，其家史史料能够这样长时间地、不间断地、系统地在宗谱重典上延续下来，在修水怀远各姓宗谱中为仅见，在全修水县各姓宗谱中也不多见。这种独具特色的历史文化现象一方面说明义宁陈氏本身具有书香世家的魅力，另一方面可以印证宗谱的作用与功能。在明清时代，一个宗族有没有气派的族谱，族谱中有没有出色的科举人才和地方贤达，已成为象征社会地位高低的要素。将祖先科举成名的历史浓墨重彩地渲染，把读书出

仕而得的旌表诰命罗列谱中，是提高宗族声誉和本族在周边社会空间中地位的现实需要，正如法国文化人类学家劳格文先生指出的那样："族谱的作用永远是建立网络和名誉。"①

第三节　"三恪封虞后"派号的文史底蕴

一、起世次、排辈分的目的

修水方言有一个"起世"的词语，如说某个家庭、某个单位衰颓不振，谓之"不得起 shi"。一般人想当然地理解为"不得起势"。其实这个词的语源背景出自宗谱，"起世"即起世次、排辈分。"起世次"首先要确定本族的第一世也就是开基祖，②这有点难度，因为必须对本族的来源进行一番考证，隐隐透露着史学考证的学术内涵。其次要创作一首义理醇雅、文辞畅顺的"谱派诗"，通过修谱活动颁行下去。完成这两点需要一个先决条件，即本族已培养出秀才、举人之类的文士乡绅。在家族制度时代，本族能自己确定世次、理清族史源流的家族常有优越感，而一些族内没有士绅，搞不清本族的渊源脉络，不能确定世次的寒门细族则常感自卑压抑。"起世"一词遂由一个与宗谱有关的专业术语，引申为旺发强盛之意。这就是修水父老口中"起世"一词的社会背景，包括那个与"起世"密切相关的"派号"一词，都是昔日家族制度在民间语言中的折射与遗存。③

---

① 刘劲峰《〈宁都县的宗族、庙会与经济〉序》，载刘劲峰主编《宁都县的宗族、庙会与经济》，国际客家学会 2002 年编印，第 56 页。

② 张英明论述："历史上，中国人撰修族谱的活动，是基于父系血缘关系的宗族世系的建构，是实现宗族和民族双重认同的一种文化仪式。通常有'立祖祢'和'标郡望'两种方式：'立祖祢'方式，就是将本族姓氏和炎黄系统的某位同姓氏人物挂上钩，立其为最高香火牌位；'标郡望'方式就是将中原某州郡立为族望所在地。然后，在此基础上，确立自己的宗族和民族的双重认同，亦即家国认同。"张英明《在"血统"与"文化"之间的权衡折衷——罗香林与客家学》，载肖文评主编《罗香林研究》，第 173 页。

③ 族谱的核心是血缘的系统，修谱的目的就是为了防止血缘关系发生混乱而导致家族的瓦解。"亲疏派别得谱则溯其源，上下支分得谱则究其本，即荡析代变而皆有所考焉。"许多家族把编修族谱作为后世子孙的一种义务而写进族规，确保族谱续修不断。族谱通过对世系源流的考订，不仅维持家族内部血缘关系的纯洁，而且强调本家族血缘的高贵和显赫，使族人的自尊心得到满足，并由此产生"吾姓为贵"的自豪感……附会先祖源流的目的，是为了增加其家族系华夏汉族的纯正血统的优越感及家族荣誉感。同时，客家人的宗法观念使他们很注重家族内血缘关系的尊卑秩序，故族谱中都载有排行辈分。宗族制社会结构的一个特征即（转下页）

派号即行辈字号，是宗族内定的人伦秩序，它用文字形式来表示，达到“问名知辈”的效果，以此维持宗族内部尊卑上下等级。乡土社会中辈分代际的人伦秩序是非常严格的，因此，“起世”“开辈”是一件很庄严隆重的事。遇事讲究的宗族，还要举办“开辈酒”。[①] 从功能用途来看，行辈字号不过是文字符号，有实用价值就行。可是古人与今人不同，古人做事在满足实用的同时，还追求审美，讲究口彩、笔彩。他们把派号写成押韵上口的歌诗，子弟一经背诵，终生难忘。

辈分和房分是中国人族群生活的两大要点，陈其南先生指出：“辈分的法则和同一世代均等分房的法则构成中国人系谱坐标的纵轴和横轴。”[②]族群中的每个成年男人都清楚地了解辈分排行和各房各自祖墓名下的树系分枝，无须翻动宗谱就能知道长幼、房头，辈名中包含的代际关系更是呼之即出，所以宗谱、祠堂、祖墓、辈名都是同宗乡民在不同场合族群认同的标记。[③]

对于在本地已经定居了几百年以上的宗族来说，他们经过长期积累，已经完成从家到族、从族到宗的认同构建，世次、派号、族史已成为全族的文化遗产。但对于外来移民，尤其是社会地位低下的客家“棚民”，要将成百上千的单体家庭构建成一个统一、固定的大宗族，创制、颁行族内文人都认可的“谱派诗”来厘定世次，“合千万人于一家，统千百世于一人”却不那么容易。这需要时间与机缘。

二、义宁州怀远陈姓的“谱派”概况

嘉庆十九年（1814），义宁怀远陈姓首次合修宗谱时谱局颁布的派号目前尚不知全貌，从竹墩陈家有规字辈、义宁州泰乡六都十一郎于庭梦说房有规字辈、武乡三十三都征村十一郎于京房有规字辈来推断，“规”字应该是首届谱颁布的谱派的第一辈。

道光二年（1822），竹墩陈家领头组织了比第一次参修范围更大的联宗修

（接上页）讲究辈分，在宗族内确定严格的辈分等级。一般习惯以名字中的第二字作为辈分用字，也有用第三字作为辈分用字的。第二字或第三字确定后，同家族的人便可以一目了然地辨认出谁是属于哪一辈分的，然后明确自己应该如何称呼对方。在姓名中反映了宗族人伦关系的秩序，通过字辈可以确定别人或自己在宗族社会秩序中的地位。见孔永松、李小平《客家宗族社会》，第31页。

① 见刘大可《闽西武北的村落文化》，第37页。

② 陈其南《房与传统中国家族制度——兼论西方人类学的中国家族研究》，载《汉学研究》第3卷第1期，1985年，第134页。

③ 见庄孔韶《银翘——中国的地方社会与文化变迁》，第248页。

谱，由于参修的各支意见不统一，谱局颁布的派号分为赞公后裔到二十世按“习学显廷，文茂东贵，景星庆云，光天化日”取名，五郎、七郎、十郎、十一郎、十二郎、十三郎、十六郎、十七郎后裔到二十世按“观成端正士，守善定超群。缙笏盈庭盛，声华继懋勋”取名，四郎公后裔按“华广长希万，良士文星启，永达庆朝显，昌宁泰日巨，利名争荣发，洪科应登举”取名。[①]

同治二年三修谱理清了过去各支各自为政的混乱世次，创制、颁行了全族通用的“谱派诗”：“三恪封虞后，良家重海邦。凤飞占远耀，振采复西江。”[②]废止以前各支自定的“私派”，如“一本安仁茂，修伦达道同。文开新景运，衍庆振家声”“一品佐朝依居德，国泰家良世英贤。忠孝绍先光祖志，贻谋裕后永宗传”，规定参加合修的各支各系现在年少和今后出生的子弟，一律按新定“通派”取名。同治通谱把这些分散的小宗整合、凝聚为囊括全州怀远陈姓的大宗族，奠定了望族的基本格局。大事情玉成大手笔，通谱颁行的“通派”，从义理内涵到文辞音节，都比上述“私派”高出一境。它是义宁修水本地、怀远各姓中辈分排行文史水平最高的“谱派诗”（又称“谱派歌”）之一。

三、同治谱“通派”内涵的具体分析

首句“三恪封虞后”典出我国古代的一项礼制。古代新王朝为巩固统治，往往对前朝贵胄后裔赐予封地，以示尊礼。周武王得天下后，封夏、商二朝的王族后裔于杞地、宋地；封虞舜之后妫满于陈丰氏部落故地（今河南东部、安徽西部一带）建立陈国，其子孙遂以国为姓。因此，“三恪封虞后”概括了陈氏受姓的尊荣和陈氏的史源，也蕴含着“恪”字的音、形、义。明焦竑《焦氏笔乘·古字有通用假借》条：“‘以备三恪’，恪当读如客，恪、客古通用。”清吴大澂（愙斋）《古籀汇编》卷一〇据周朝的愙鼎考证：“愙（恪）”为“客”字的异文，三恪即三客，即以客礼相待夏、商、周三代子孙之意。

像这样字面意义通顺、背后文史内涵其实非常厚重、不落富贵吉祥俗套的“谱派诗”，没有一定学养是写作不出来的。遥想当年陈文凤、陈宝箴两位新科举人，除了考证、理顺参加合修的千支百派的源流外，最大的任务可能就是吟哦、推敲“谱派诗”了。这首用五绝形式写成的“谱派诗”，不仅平仄、用韵都合诗律，而且诗意繁复，暗藏古典今典。陈寅恪指出读不出两层意思的诗不是好

---

① 相对于大成宗谱（通谱）的派号，这种各支自订的派号被称为“私派”，把私派按世次与通谱的派号对接上废除“私派”，称为“列派”。于是就会出现某个家族同一辈人有两个派号的现象，即年龄大者已按“私派”取名，而年龄小者则按新颁布的“通派”取名。

② 陈文凤《新立行派引》，载刘经富编著《陈寅恪家族史料整理研究》上册，第147页。

诗，“古典”即旧籍之出处，“今典”即当时之情事。这首“谱派诗”的“古典”已如上述，“今典”则是官府另立“怀远都”的史实和两位新科举人对全族未来的展望。

第二句“良家重海邦”，意谓先人受姓之后，名贤魁杰相嬗不绝，陈氏成为海内闻名的世家显族。“良家”既有“清白人家”的常用义，也有“世家”的古典义。

第三句“凤飞占远耀”，“耀”与“曜”音义相通，“曜”本义为“日光”。全句让人联想到“彩凤朝阳”的意象，寓示全族经过这次整合、凝聚，犹如凤鸟涅槃新生，前途光明远大。有趣的是，两位谱派创制人的字号、家史恰都与“凤鸟”有关。陈文凤，号鸣岗，名与字互文见义，陈宝箴祖屋名“凤竹堂”。

第四句“振采复西江”，“振采”一词，仍顺接上句“彩凤”的意象（古汉语“采”“彩”意义相通）。“西江”是“江西”的雅称，里面有两层含义。一指本族的一世祖魁公出于江西。同治通谱的成果之一，即考定义宁州的怀远陈姓，尽管迁出地不同，来源多歧，但追根溯源，都是魁公的苗裔。唐玄宗开元十九年（731），有南陈后裔陈伯宣之孙陈旺迁居江西江州德安县太平乡，发展为历史上著名的江州义门陈氏。北宋仁宗嘉祐七年（1062），义门陈氏奉旨分庄，有进士曰魁公者，挈眷自江州徙福建汀州，成为客家陈姓一世祖。魁公生五子：崑、嵛、嵩、岳、峰，人称“五山”。清康、雍、乾时期，闽、广、赣客家人掀起向赣西北迁徙的移民潮，“五山”后裔接踵而来，散布于义宁州和与义宁州接壤的邻县山区。这些原本属于赣文化体系的魁公后人，六百多年后，又回到了自己祖先的发祥地（德安县与义宁州相距三百余里）。但就在这几百年间，魁公后裔的社会身份、群体属性已发生了巨大的变化，从语言、风俗到体质、心态都形成了自己的特色，融入了客家人的文化体系。“棚民”的历史背景，激励他们为改变自己的身份而奋斗不止。经过一百多年的勤耕苦读、作育人才，本族内已产生一批以读书为业的子弟，不乏秀才、贡生、举人身份的文士乡绅。因此，对怀才振彩的族内优秀子弟而言，重回发祥地，不仅仅是地理空间上的移动，也是文化上的回归，负有振兴已经式微的“义门陈氏”的重任。

几十年后，这首“谱派诗”所预设展望、希冀期许的“良家重海邦”“振采复西江”的目标，竟然都由创制人之一的陈宝箴及其后人实现。我国古代有以地望籍贯称呼名人的风气，并延续到近代，人们称呼陈宝箴、陈三立、陈衡恪、陈寅恪时，或在名字前冠以“义宁”二字，或隐去其名直称“义宁”。称陈寅恪为“义宁先生”，称他的学术为“义宁之学”，称他的人格思想为“义宁精神”。“义宁陈氏”作为一个家族的徽号，声名远播，深入人心。“良家重海邦”“振采复西江”在这里得到了最好的诠释。

民国九年(1920),距上届修谱(光绪二十年,1894)已过去26年,修水怀远陈姓续修第五届通谱,谱局决定在同治通谱所定的二十辈派号后再加二十辈,于是五绝扩版为五律:"三恪封虞后,良家重海邦。凤飞占远耀,振采复西江。文明开景运,卜吉世蕃昌。聚星彰厚德,绍述迪前光。"规定前二十辈派号用完后,起用后二十辈派号。其实按20年一辈计算,前二十辈派号用完大约要到2200年,后二十辈派号用完则要到2600年左右,完全可以等到旧派号将要用完时再考虑续加新派号。对于预先创制、追加派号,主持谱局的士绅永远有着浓烈的兴趣。民国三十二年(1943),修水怀远陈姓续修第六届通谱,谱局再次强调派号的权威性,要求族众在"江"字派后,即转入后二十辈的"文"字派。在"三千年未有之大变局"已经逼近、家族制度即将面临最后一击的前夜,与山外世界隔绝的乡民,仍然用这种祖传方式,寄托他们对子孙生生不息、传统永不断绝的美好愿望和终极关怀。

"文化大革命"以后,按谱派给子弟取名的流风遗俗在民间已不多见。陈文凤、陈宝箴创制的二十辈派号到"良"字辈后已不再使用。因此,"三恪封虞后"五辈派号的推行落实,就成为这个客家宗族从几十个分散小家族构建凝聚为一个大宗望族的历史记忆。流传几代人的"谱派诗",最终成为父老口述族史中的一段佳话。对于学者专家来说,"谱派诗"只是做研究、搞科研的文献材料。而在民间社会,这些浸润着儒家人伦理念、文辞雅致、合辙押韵的歌诗,就是乡土历史知识的启蒙教材。在漫长的口耳相传中,"谱派诗"渐渐凝固成一种文化符号,植根于乡民的记忆深处,具有了一种神圣、神秘的意蕴。他们用古老的乡音背诵本族的"谱派诗"时,平平仄仄高低抑扬中,回环着对乡土历史的原始怀恋。

四、"三恪兴陈"包含的两层意义

关于周朝新立后为笼络人心、巩固统治,封前代三个王朝的子孙以王侯名号,以示敬重的史实,《左传》襄公二十五年记载郑国子产向晋国奉献战利品,晋国人问他陈国人的罪过,子产回答说:"昔虞阏父为周陶正,以服事我先王。我先王赖其利器用也,与其明神之后也,庸以元女大姬配胡公,而封诸陈,以备三恪。"①唐代史学家杜佑解释说:"周得天下,封夏、殷二王后,又封舜后,谓之恪。恪,敬也,义取王之所敬,并二王后为三国,其转降示敬而已,故曰三恪。"②

---

① 杨伯峻编著《春秋左传注(修订本)》,第1105页。

② 杜佑撰,王文锦等点校《通典》卷七四《礼三十四·三恪二王后》,中华书局1988年版,第2026页。

另外,《礼记·乐记》云:"武王克殷反商,未及下车而封黄帝之后于蓟,封帝尧之后于祝,封帝舜之后于陈;下车而封夏后氏之后于杞,投殷之后于宋。"[①]《史记·周本纪》云:"武王追思先圣王,乃褒封神农之后于焦,黄帝之后于祝,帝尧之后于蓟,帝舜之后于陈,大禹之后于杞。"[②]关于这三则材料,有研究者认为《礼记》《史记》中关于武王封传说中的神农、黄帝、尧的后代的记载有很多疑点和自相矛盾之处,与《左传》中"三恪"的记载相差甚远,不足为信。《左传》中关于"三恪"的记载是正确的。[③]

西周以后,"二王三恪"已成为历史陈迹,但到魏晋南北朝时期,从汉献帝禅位于曹王后被封为山阳公开始,晋封曹魏末帝为陈留王,刘宋封东晋末帝为零陵王,萧齐封刘宋末帝为汝阴王,萧梁封萧齐末帝为巴陵王,陈封萧梁末帝为江阴王,子孙皆可世袭,"二王三恪"这一特殊的贵族称号,又重现于历史,作为独特的政治文化现象,"二王三恪"作为古代中国帝王的一种政制礼法,一直延续到唐末五代,沿袭了将近七个世纪。[④] 自虞舜后裔胡公(又称满公)受封于陈、成为陈氏得姓的开基祖后,"陈"作为周王朝的封国,地位开始显赫。历经两三千年的繁衍生息,最终成为我国一大姓氏,特别是在闽、台最为兴旺,排名榜首。[⑤] 这是"三恪兴陈"的第一层意义。

第二层意义表现在客家移民希望强宗旺族的心态气氛上。作为后来的客家移民,受到土著强宗大族的挤压,要将全州来源不同、支系繁杂的怀远陈姓组合成一个有凝聚力的宗族联盟,必须找到一个能让族众认可的文化符号、精神源头。在这种势态下,以陈姓的族源纯正、血统高贵作为旗帜就具备强大的号召力。找到这个突破口,反映了陈文凤、陈宝箴两位新科举人的眼光心志与文史水平。两人不仅苦心孤诣地创作了全族通行的"谱派诗",在谱序中亦显示了作为大舜后裔的自豪、自信。同治二年三修谱陈文凤撰《陈氏合修宗谱序》:"吾陈氏为大舜之后,自满公受姓,代有达人。周秦汉晋,载在史册。及陈氏世编者,累如贯珠。"光绪二十一年四修谱陈宝箴撰《〈义门陈氏宗谱〉叙》:"吾宗陈氏,出自有虞。……《左氏传》称:'陈胡公立,周赐之姓。'……更历战国及秦,子孙遂以国相衍为陈氏,名贤魁杰,相嬗不绝。今追溯旧谱,自胡公传至吾宗旺公,盖七十有

① 孙希旦撰,沈啸寰、王星贤点校《礼记集解》卷三八《乐记第十九之二》,中华书局 1989 年版,第 1025 页。

② 司马迁《史记》卷四《周本纪第四》,中华书局 1959 年版,第 127 页。

③ 见李西蒙《西周、春秋时期的客礼研究》,河北师范大学 2012 届硕士论文。

④ 谢元鲁《隋唐五代的特殊贵族——二王三恪》,载《中国史研究》1994 年第 2 期。

⑤ 见陈支平《福建族谱》,第 130、325、239、121 页。

五世，皆远有端绪可寻。然则吾陈氏受姓之由，其源流固尤远哉！”①

自“三恪封虞后”谱派颁布实行后，义宁州以及邻县参修的怀远陈姓各支都奉为圭臬，既没有任何行政权力指定，也没有旁人干预，都虔诚地按通派给子弟取名，这是族众遵循本族已内化了的继嗣原则和宗姓共同认同原则的体现。竹塅陈家的陈三略生于道光十五年(1835)，而现在修水尚有三四十岁的“三”字辈，时间跨度为一百四十余年，跨越几个朝代。谱派的权威性，它在敬祖收族方面的力量确实不可低估。义宁怀远陈姓以通派的创制颁行为契机，在宗谱续修、祠堂维护、派号统一等几个方面，显示出上升兴旺的气象，与本地陈姓原有的五支并驾齐驱，且谱派的气度、史料、文辞超过了其他几支的谱派诗。

民国三十二年(1943)六修宗谱时，主修陈三崑写了一篇《修水怀远陈姓行派说》：“此次重修，一律改遵受姓大始祖胡满公为一世。……爰将原刊‘三恪封虞后’等二十字大书于后，凡我魁公之裔及叔达公后同经推改世系者，概至胡满公一百一十七世起列‘三’字派。或有未至一百一十七世者，宜暂仍用本支私派。”②且在参修的各支《世系册》中注明提醒世次到一百一十七世时要按“三恪封虞后”谱派开始接上三字辈，其维护谱派权威性的良苦用心令人肃然起敬，也令现今散居各大城市，对族史、谱派毫无敬畏之心的陈氏后裔惭愧。

第四节　竹塅陈家对怀远陈姓联宗建祠的贡献

一、祠堂的性质与功能

祠堂是宗族历史、荣誉、实力的象征，是供奉祖先神主牌位和举行祭典的圣地，是宗族成员讲世系、别昭穆、明尊卑的神圣空间。又是宗族议事、执法的场所。祠堂的建造是宗族奠基兴盛的宣言。

中国传统文化是一种以“礼”为特质和表征的文化。旧时城乡普遍存在的祠堂，是中国人慎终追远的重要场所，彰显着“敬宗收族、亲亲有爱”的礼制精神。礼是有秩序的爱。祠堂以血缘为基点，融道德、信仰、礼制三者于一体，聚族祭祀先人，团结族人，表达共同的精神寄托。

---

① 两文见刘经富编著《陈寅恪家族史料整理研究》上册，第103、255页。

② 刘经富编著《陈寅恪家族史料整理研究》上册，第455页。

中国古代农耕文明在漫长的进程中，以“地缘”关系为依据，以“亲族血缘”关系为纽带，形成了宗族共同体，以及根深蒂固的宗族宗法文化心理。南宋朱熹制作《家礼》，提出了“祠堂”这一语词，确定了祠堂祭祀的性质。① 以程、朱为代表的士大夫阶层完成了家礼构想，宗族成为“血缘—社会”团体，在一定程度上实现了宗族大家庭乃至族内小家庭之间的“亲亲”要求，即“父慈、子孝、兄友、弟恭”。在这种“亲亲”的基础上，通过祭祀共同的祖先，达到凝聚人心、互爱互助的效果。这样，敬宗收族，就使得宗族不仅成为人与人之间的人伦共同体，而且成为生者与死者相通的人神共同体，成为维持社会稳定、一统天下的重要环节和手段，因而具有重要的政治与社会功能。

祠堂的主要功能是祭祀宗族祖先或先贤。祠堂祭祖能够强化宗族观念，形成强烈的心理暗示，从而提高宗族成员之间的凝聚力和亲和力。通过祭祀祖先建立家族共同体，保持和促进家族成员之间的和睦友爱。② 儒家伦理中家族观念尤为深刻，祠堂作为整个家族的聚集活动之所，承担的是弘扬祖先美德、传承“孝礼”文化、维系亲情意义等功能，从而以传统文化的孝、悌、显耀祖先功德等诸多方面，体现对“礼”的理解和强调。礼仪和道德结合在一起，从而延伸到更大的范围乃至整个社会，以期实现社会的稳定和谐。③

祠堂作为礼制性建筑，并非文化虚构，而是从对亲生父母之敬爱追溯到对祖父、曾祖、太祖甚至整个宗族真实无妄的伦常尊亲以及对天地诸神的祭拜，关系着对人伦关系、社会结构、政治组织的理解。祠堂文化是中国礼制文化的核心，其丰富的教育内涵及传承价值，见证了家族起源和发展历史。祠堂在建立家族共同体的进程中，把人与人的行为全部纳入“礼”秩序中，亲亲有爱，形成“天下一家，各亲其亲，各子其子”的主要内容；对共同族源的认同和体悟，为社会秩序的稳定与社会关系的和谐奠定了坚实的基础，从而达到中国传统文化审美“和”的最高境界。④

---

① 明嘉靖十九年（1540），司管礼制的礼部尚书夏言上疏建议：一、“诏天下臣民冬至日得祭始祖”；二、“诏天下臣工建立家庙”。见李文治、江太新《中国宗法宗族制度和族田义庄》，社会科学文献出版社 2000 年版，第 66—67 页。

② 祭祖是宗族的重要功能，通过祭祖活动的组织、引导，使族人更真实地感受到一祖相传、血脉相通的宗族认同感和归属感，对加强族人的亲合力和宗族的凝聚力有不可取代的作用。尤其是对外迁他乡的族人，借祭祖之机，把他们同本地的族人召集在祖先的神主牌或墓茔前，将已经变得松散、淡漠的血缘关系重新拉紧，使族人散而宗族不散，巩固宗族已经取得的社会地位。同时，在庄严而隆重的祭祖仪式中，族长和士绅学子的地位、权威也得到了肯定，而对他们的敬重，无疑也是对其他族人的一种鞭策和警示。见孔永松、李小平《客家宗族社会》，第 74 页。

③ 见李玲《祠堂之礼：有秩序的爱》，载《光明日报》2018 年 12 月 29 日，第 11 版。

④ 见李玲《祠堂之礼：有秩序的爱》，载《光明日报》2018 年 12 月 29 日，第 11 版。

明清时期的“祠堂”是从先秦时期的“宗庙”和唐宋时期的“家庙”发展而来的。除了帝王仍袭用宗庙的名称外，其他各阶层的祭祖场所都称为“祠堂”。因此，祠堂最本质的功能就是祭祖。由此派生出其他功能，如为本族读书人中秀才、补廪出贡、中举颁发花红奖励，召集本族的士绅到祠堂聚集，讨论、决定关于本族的一些重大事务，建在州城的总祠还为进城办事的宗亲和参加县试、乡试的童生提供住宿，类似于一个设在州城的接待站。但祠堂更大的一个功能是强宗望族的文化象征意味。在清代家族制度最发达的江南、东南地区，几乎无无谱之人、无无祠之族。祠堂为族众的社会身份地位提供了保障。犹如解放后的“单位”，没有单位的属于街道管理的人是最底层者。在过去，一个没有祠堂归属的人，就会疏离在主流体制之外。对于弱势的外来移民怀远人，祠堂显得更为紧要。

二、陈克绳在怀远陈姓“光远祠”创建中所起的决定性作用

中国传统政治结构分为中央集权和地方自治两个层面，费孝通先生在《基层政权的僵化》一文中谓之为“双轨制”体系。由于中国幅员辽阔，在如此巨大的空间内，王权无法通过直接派遣官吏的方式进行统一管理，正式官僚行政机构只能下放到县一级，县以下听任民间自治。士绅阶层便成为王权（衙门）与地方利益的中层阶级，对民间自治具有支配作用。[①] 像修谱建祠这样的宗族活动，其组织运作自然是本族内绅士的专利，民间称他们为“家门头子”。具体到义宁州“怀远人”，由于他们的外来移民身份，各姓绅士的崛起产生有一个漫长的发育积累过程，因此陈姓的建祠修谱活动都是由几个骨干家族即竹塅陈家、双溪陈家、新庄里陈家、令公洞陈家发起接力完成的，其中竹塅陈家陈克绳起了重要的决策作用。

义宁怀远陈姓的建祠活动比联宗修谱要早三十余年，其时竹塅陈家还在护仙坑。从乾隆四十六年（1781）起，双溪陈家的代表人物陈光祖、新庄里陈家的代表人物陈运生即与陈克绳开始筹划在州城创立怀远陈姓祠堂。周折二十余载，至嘉庆八年（1803），终于经始落成，取名“光远堂”，[②]与本地陈姓先期建于州城的四栋祠堂先后辉映。

---

① 见费孝通《费孝通文集》第4卷，群言出版社1999年版，第342页。

② 又称“光远祠”。陈克绳《光远堂陈氏祠记》：“我陈氏祠光远堂之名，曷取乎尔？取诸《左传》纪陈敬仲‘光远而自他有耀’之语也。窃维我陈氏自胡公封陈得姓受氏，迨后敬仲奔齐，而懿氏占其必昌，且曰‘有妫之后，将育于姜’，盖谓其由迁而保世滋大也。”刘经富编著《陈寅恪家族史料整理研究》下册，第545页。

在草创艰难、几度反复的二十余年里，陈克绳显示出了过人的办事能力和魄力，使这件关乎全州怀远陈姓能否构建成一个宗族联盟的第一件大事成功实现。关于这一点，祠谱序言和陈克绳传记都有记载。

陈光祖《光远堂陈氏合修祠谱引言》："乾隆辛丑（乾隆四十六年［1781］），予弟兄往省应岁试，与辉萼叔祖同寓。其时先君子并抵省，谈及建祠一事，彼此皆有同心，遂语予弟兄志之毋忘。既而试毕，即以其事谋诸族人，咸喜甚。丙午（乾隆五十一年）九月，向鲲池兄及其子绍亭昆季相商，尤为鼎诺，当于丁粮派费外另书乐助。余遂偕绍亭弟徽声遍走各支，登乐助不下数百。岁丁未（乾隆五十二年），余馆铜城，因便道付簿于辉萼、宗训二叔祖，顾予而喜，俱以首事自任。而铜城仲裔叔祖尤愿总领其乡之族人，事几作之，将有成矣。迨辛亥（乾隆五十六年），余馆崇胜，宗训叔祖谆谆于随写随收、随收随放，寄书叮咛。予乃订期设席，延乡之族属，责成其事，竟无有身任乐受者，而其事遂寝。厥后辛酉（嘉庆六年［1801］）六月，先君往探绍亭，又与言及州城建祠事。绍亭乃毅然曰：'天下事弗肩孰荷，弗为胡成。此必邀运生叔祖方能玉成美举。'遂专人请至家，编立各乡首事。于壬戌（嘉庆七年）二月首以其事集州城会议，无所适。既而四六八等月迭次胥宇，然终莫决所从。而绍亭独注意于余家巷公屋，与余弟丙垣见相合。喜众志佥同，无有歧议者。爰是晋谒州主阳公，始请给示继立定纸，终于十月十五日遂给印照。此予光远堂陈氏祠宇之所由成也。独是祠既成，而修饰润色之功，动以年计，谁与堪者。幸绍亭念宗功、体族力，不惜淹羁祠内。凡诸公件，次第毕就，因而闻风入祠者甚众。遂卜吉于癸亥年（嘉庆八年）十一月初五日申时登列祖之神主，合各支之香火，而祖庙之规模于是乎粗备矣。至于祠之支用，自兴役以来，俱绍亭董之。一出一入，毫无差错。"①

程焕采《太学生绍亭先生传》："……嘉庆壬戌，州治北余家巷有官屋〔一〕所招人承买，其宽广堪为祖祠，众以其地连衙署，未即许可。公独毅然肩任垫费，集族给照买之，并督率增其华美。逾年工竣，各支进立主牌，崇祀一堂。"②彭承恩《太学生绍亭大人传》："……间至城市，集其宗人建祖祠于余家巷。工制巨丽，与其事者皆趦趄不敢前。先生独从容指挥，不日告竣，而经费悉如所素画，人以此服其能。"③

---

① 刘经富编著《陈寅恪家族史料整理研究》下册，第520页。

② 刘经富编著《陈寅恪家族史料整理研究》上册，第75页。

③ 刘经富编著《陈寅恪家族史料整理研究》上册，第77页。

程焕采《太学生绍亭先生传》提到购祠时陈克绳垫付了部分经费，这不仅反映了陈克绳的魄力，也反映了竹塅陈家当时已具备了相当的经济实力。“光远祠”建成正常运转后，陈克绳与陈仲裔、陈运生、陈光祖被推举为总首事，陈克绳居四人之首，从而管理祠务多年，购买祠堂的印契等凭据一直由他收存。[①]道光十八年（1838），陈克绳已八旬高龄，将祠务传给幼子陈伟琳。他在《光远堂陈氏重修祠谱序》里叙说：“第今年已八旬，一切诸事，悉付族长绣章、应衡及吾儿琢如及列列族众，共相代理。”[②]

为了感谢陈克绳对建祠的贡献，其上几代和他本人的神主牌位始终安排在最显著位置。

三、竹塅陈家三代成员在祠务管理中所起的核心作用

在“光远祠”草创初期的乾隆五十一年，陈克调曾与陈光祖遍走各支各家宣传劝捐，集资数百两。此后议定每丁捐银3钱，每粮一石捐银3两，按地区推举劝捐收款登记首士，按天地玄黄、宇宙洪荒……编立19本簿册，陈克调、陈克藻为地字号首士，陈克修为经字号首士，3人共劝捐收款四百余两。劝捐收款，有时需要多次上门，怀远人居住分散，路途辽远，备极辛苦。于是规定对劝捐凡满50两的首士，酬赏牌位一名。首士的不辞辛苦与给予的奖励，充分体现了怀远陈姓的士绅极力希望以祠堂来提高群体的身份地位、融入社会主流的热切心态。

嘉庆七年（1802），怀远陈姓购买一个贪腐小吏退赔的民房改作祠堂，经费来自三方面：一是丁粮捐款。二是神主牌位费，规定中主12两，正主3两6钱，旁主3两，共收1 985两。三是专门筹集祭祖费用的“烝尝会”，该会规定入会者人均一股，每股凑银2两，凡入会者，祭祖时可以到祠堂入席，共有128人入会，收银256两。竹塅陈家入“烝尝会”者有陈克调、陈克藻、陈克修、陈规钫、陈规镜、陈规鑑，排在128股最前面。

嘉庆十四年（1809）到道光十七年（1837）。在这30年里，国家太平，地方无事，光远祠的事务没有太大的变化，有序运转外，并有所发展。原族长之一的陈克绳已届高年，由四子陈伟琳接任。陈运生已于道光元年去世，由长子陈良虎（绣章）接任；陈光祖于道光十五年去世，由次子陈应衡（宿垣）接任。[③] 在

① 《祠规》第十三条：“慎祠据。买祠印照印稿，昔既公付克绳收执，族众人繁，不必轮领。在收执者自须矢公矢慎，毋得有遗。至一切底簿，俱存祠内。”

② 刘经富编著《陈寅恪家族史料整理研究》下册，第618页。

③ 王维新等修，涂家杰等纂《同治义宁州志》卷二六《人物志 · 善士 · 下》有陈应衡小传，第451页。

这段时间里，除原有的“烝尝会”外，又成立了“丁季”“厘季”“六睦季”。“丁季”规定新添一丁，必须向祠堂报丁，交钱100文。“厘会”规定凡置买产业，每两抽银一分。这四个季会都购买了本姓和别姓的田山，作为固定族产“尝田”。

这四个季会活动，竹墩陈家都积极参加，凡有新丁出生，都向祠堂报丁交钱，《二修祠志》记载报丁32次。陈克绳捐产量10石的田块[①]给祠堂，又捐银12两给“厘会”，陈克修捐5两、陈克调捐1两给“厘会”（见《二修祠志·捐赀》）。陈克绳出售产量2斗8升的田块给“丁季”，陈克调出售产量9石7斗的田块给“六睦季”，陈规钫兄弟出售产量35石3斗的田块给“烝尝会”。[②] 这种田土出售，实际带有资助公益事业的性质。

道光十八年，光远祠后面的刘家、涂家改变不愿出售空地的态度，同意交易，同时“光远祠”创立后全族所盼望的科举发达、功名兴盛没有如愿而至，风水先生建议改变大门朝向。于是公议在族内捐款改门置地，将此次筹集捐款的机构命名为“绵远季”，成立了专门的班子，确定各乡首士负责到各家各户上门筹款。这是“光远祠”的第二次大动作，由陈克绳、陈良虎、陈伟琳、陈是仁（陈光祖长子）任总理，陈克调、陈观礼、陈树年为成员。陈克调、陈是仁写了《陈光远堂添立绵远季合序》，叙述、交待成立这个季会的缘由、目的，与祠内原有季会的不同性质、功能，表达了光前追远、祀典绵长的愿望。陈伟琳、陈良虎写了《陈光远堂绵远季引言》（这是仅有的一篇署名陈伟琳的文字），叙述二人冒着暑热遍走各乡联系各个点的牵头人劝捐收款的过程，展望“行见光远堂上，人文蔚起，科甲蝉联，合祠亦甚有荣焉”。[③]

鉴于祠内公用浩繁，入不敷出，道光十八年十月祭祖时，公议以后全族分成三批承办祭祖事宜，每个轮次44人来祠祭祖赴席。这样就减少了祭祖人数，降低了规模，节省了费用。竹墩陈家第一轮祭祖成员为陈规钫、陈宝箴；第二轮为陈规镜、陈树年、陈克修；第三轮为陈伟琳、陈观礼、陈克调。第一轮、第二轮名单排在主祭之后，第三轮的主祭为陈伟琳。

道光十九年（1839）到同治五年（1866）的27年中，道光朝的11年尚属安乂，道光二十三年对祠堂进行了一次油漆、修缮，陈伟琳以父亲陈克绳的名义捐银6两。

咸丰朝的11年间，义宁州沸反盈天，大灾大难。太平军于咸丰五年和十

---

① 以64两银从护仙坑何姓购得，见光远祠《四修祠志·契据》。

② 见道光十八年（1838）二修《祠志·契据存领》。

③ 两文见刘经富编著《陈寅恪家族史料整理研究》下册，第628、632页。

一年两次攻入州城，房屋街铺损失惨重。州城的祠堂、民房，基本上都是咸同年间重建的，光远堂也不例外。

咸丰五年，族长之一的陈伟琳去世，其族长名分由次子陈宝箴接替。陈良虎（绣章）年事已高（同治二年 83 岁去世），其族长名分由次子陈宿梧（健邦）接替。此时令公洞陈家由原先的活跃分子走到了族长的前台，代表人物陈文凤与陈宝箴成为全族的第一、二号人物。

咸丰十年，陈文凤、陈宿梧领头修复祠堂（时陈宝箴在京师会试，曾来信商谈修复祠堂事务）。不料咸丰十一年三月，城垣复陷焚掠，前功尽弃，六月州城克复后，再次修复。这两次修复祠堂，组成了以陈璇堂、陈文凤叔侄，陈良虎（绣章）、陈宿梧（健邦）父子和陈宝箴为核心成员的领导班子。竹塅陈家参与修复事宜的尚有陈规锟、陈观礼、陈树年，并以陈克绳名义捐银 30 两。

7 年之中，一个分散居住在山乡僻壤的宗族，遭受两次打击，给祠堂带来严重的经济危机，使得祠堂不得不改弦易张，改变管理模式。早在道光十八年，公议以后分三轮祭祖，但经费仍然不足，停祭久矣。于是公议将三轮改为四轮，将全州分成 4 个地区，轮值办理祭祖事宜。成立“合敬同爱”4 个烝尝会，每会再分派股份。4 个地区每年轮流办理祭祀，四会轮满，若各乡之烝会租息有余钱，则全州合祭一次。竹塅陈家所在的泰乡为“同”字号烝尝会，共设 58 股，其中竹塅陈家认领 10 股，即陈克调、陈克藻、陈克修、陈规钫、陈规镜、陈规锟、陈规鈖、陈观礼、陈树年、陈宝箴。①

光远祠修复后，同治四年，陈文凤高中进士，激发了族众入祠和关心祠堂的热情。上交的神主牌位费和烝尝会入股以及祠堂用费的结余已达五百多两。但因为陈文凤赴福建安溪县任职，陈宝箴辅佐席宝田转战江西、湖南、贵州，同治十年以候补知府身份到长沙候补，祠堂事务管理缺乏中心人物，祠堂经费入不敷出，祠务停滞。同治十二年，陈文凤因丁母忧回里，从此未再出仕，

① 《祠规》规定每年的十月十三日举行祭祖大典。凡参加祭祖活动者，概于十二日晚至十四日早止，祠堂提供五餐的饮食，其中十三日晚餐为宴席（祭毕而燕[宴]）。参加活动的人员为轮值来祠赴席之人，三修《祠志》记载四年轮值，每一轮有资格赴席的人是 68 人。其他三轮每轮可来两位首士共 6 人。应试文童和已经是秀才的生员、监生（来祠书写对联祝文，派作执事），具体人数难以统计，姑且以 10 人计。就是说一次祭祖大典有 80 多人要公费吃喝五餐（20 世纪 80 年代前，修水、铜鼓无早点之说，早饭与昼饭、夜饭一样要煮饭，早饭的菜则多为干菜、腌菜）。嘉庆九年合祭用银 72 两；十年用银 83 两；十一年用银 97 两；十二年用银 83 两，零星杂用银 15 两。改成轮值祭祖后，祠堂每次补贴 30 两，其余自负盈亏，虽然减少了人数，估计也得用银 50—60 两。笔者收藏的义宁州其他几个姓的祠堂志也有分开轮值祭祖的记载，看来分开轮值祭祖是当时祠堂普遍采用的方法，同时也说明合祭带来的铺张浪费，是困扰祠堂这种公众组织的普遍性的难题。

遂着力整顿祠堂。

光绪五年，陈宝箴从长沙回乡探亲，在祠堂住了一个多月，与陈文凤共商修缮祠堂。两人各捐银 100 两作为倡导，族众踊跃捐款（竹塅陈家陈观礼捐 8 两、克修后裔捐 4 两、克调后裔捐 2 两、克藻后裔捐 1 两），共达九百余两，遂对祠堂进行第四次大修，次年竣工，祠貌焕然一新，倍增壮丽。恰巧祠堂大修落成时，传来陈宝箴荣授河南河北道道台实职的捷报，结束了长达 16 年的候补生涯。合祠喜跃，同声称贺，认为是祖宗默佑之兆。

到光绪七年，在原有烝尝会结余已经枯竭、祭祖专用经费入不敷出的情形下，又新成立了一个"有耀堂祭祀会"在族众中募捐，共有 80 人捐款，用于购买田土生息，作为祭祖的备用金。竹塅陈家有陈观礼、陈观琦、陈观澜、陈规鈖、陈伟琳、陈规镕、陈三略捐助。[①]

四、"光远祠"的最后终结

如上所述，祠堂最主要的功能是祭祀祖先，同时兼具议事、执法、赈济、教育、文化等功能，由于祠堂神圣而不可动摇的地位，从而引申出"祠堂宗族"一说。近年来有研究者考查宗族制度的历史脉络，把它大致分为三个大的发展阶段：春秋以前的宗法式家族制度，魏晋至唐代的世家大族式宗族，明代后期至清代、民国的祠堂宗族。明后期以后的组织化和制度化宗族，以祠堂、谱牒、族产为三大标志。其中祠堂是首要和根本的特征，[②]是维系族众的重要纽带。

1949 年后，所谓"族产"已无踪迹可寻，谱牒则保留至今，但联宗收族、强宗旺族的功能已不显著，而被赋予了更多的文化怀旧、风俗传承含义。三大标志最重要的祠堂损毁最为严重，它们或被房产公司收缴，或被学校占用作校舍，或被粮站占用做仓库，或被公家单位占用办公。

20 世纪上半叶是社会发生重大转型的时期，在新潮激荡下地域社会中宗族的发展也出现了分化。宗族祠堂被没收充公，宗族的职能与角色也随之消失转换。国家控制使得宗族逐渐失去了地域社会集团组织的性质，新政权对宗祠产权的褫夺，不仅意味着"消灭了家族的依托中心"，而且也表明新的国家权力对宗族合法性的否定。此后的宗族，更多地作为文化形态存留于人们的意识当中。[③]

---

① 见光远祠《四修祠志·有耀堂引言捐名》。

② 郭志超、林瑶棋主编《闽南宗族社会》，福建人民出版社 2008 年版，第 3 页。

③ 见罗艳春《祠堂与宗族社会》，载《史林》2004 年第 5 期。2019 年 8 月，罗博士专程到修水调查搜集客家人资料，曾把光远祠作为一个调查点。

陈光远祠在1949年后成为无主房屋，20世纪60年代曾做过职工夜校的教室。“文化大革命”中被街道办占用，约20世纪七八十年代被后面的党校（李家祠堂原址）占去后重，90年代初拆毁做党校宿舍。前重归房产公司，租给居民居住（笔者1964年因就读学校维修校舍借用光远祠作教室，在祠内读过一学期书）。

义宁州治（今修水县城）曾经祠宇林立，牌楼高耸，有的姓份在州城拥有几只（da）祠堂，如周姓有8只（da）祠堂。义宁州治的祠堂之所以特别多，主要有两个原因：一是同一个姓有本地与怀远之分，虽然同姓，但不共谱，不共祠堂，因此每一姓至少有两栋祠堂；二是义宁州地域广阔，有六千多平方公里，是江西省面积最大的县，联宗建祠到任何一个乡都路途辽远，只有集中在州城建祠，大家都无意见。① 如果加上各姓在州城建造的旨在资助鼓励本族子弟科举应试的宾兴试馆，数量还要庞大。到20世纪80年代，尚有祠堂一百三十多只。②

令人遗憾的是，这一大批可以作为江南民居建筑代表的天井式古建筑挺过了“文化大革命”浩劫，却倒在近二十年的城市大扩张和土地财政劫难中。劫后余存的二十多只祠堂又被亡羊补牢予以修复，为新一轮的“文化搭台经贸唱戏”作门面点缀。虽然祠堂随着家族制度的解体而失去了昔日辉煌，但它凝聚了古建筑的精华，具有很高的历史价值、旅游观赏价值和古建筑研究价值，符合文物鉴定的历史价值、艺术价值、科技价值三项基本原则。有的文物只有一项，而祠堂三项俱全。在积极申报文物保护单位方面，祠堂比其他形式的文物认定申报慢了一拍，造成不可弥补的损失。

陈光远祠所处位置在县城中心地带，紧邻州城的靠山——凤凰山。关于这一点，陈宝箴的乡试同年李镜华（咸丰元年江西乡试解元）撰《陈光远祠三修序》云：“艾城僻壤一隅耳，然而凤巘钟英，秀耸杰出，扶舆清淑之气，磅礴蜿蜒而郁积。居凤山之麓，适承气所自来，惟吾李氏祠与陈氏祠为最。二祠之基，前后相倚，盖所谓德邻也。”③陈文凤《四修光远堂宗祠记》云：“吾宁陈氏宗祠之盛，以城内为最：东曰燕贻，西曰凤山，南为灿公，皆称著。而屹然在中，

---

① 对此，嘉庆初年曾任义宁州学正的黄文枲在所撰《光远堂陈氏祠谱序》中分析得透彻：“义宁州境辽阔多山，户口称繁，其势常涣。平原旷野既稀，名宗巨族不能不散处于各乡都鄙之间，其地势然也。州治城内，建祠以祀其先者以百计。初，予莅学时，颇讶其多。既而悉其情形，以族多星散，建祠必在城，而后彼此村落无所争，道里远近无所较。”刘经富编著《陈寅恪家族史料整理研究》下册，第527页。

② 见《修水县志》编纂委员会编，梅中生主编《修水县志》，第244页；熊金望主编《修水县姓氏志》附录《修城古祠遗址名录、分布图》，华夏翰林出版社2006年版。

③ 刘经富编著《陈寅恪家族史料整理研究》下册，第646页。

比联官署，独倚凤凰山玉屏，而得其清淑之气者，是为吾族光远堂之陈祠。”[①]这座同治十二年《义宁州志·建置志》上榜上有名（本地陈姓的四栋祠堂均未列入）的古建筑在修水县城中心地带的水泥丛林中延喘到2020年4月，终于被“旧城改造”的正当理由拆除。它挺过了拆迁最激烈的时期，却在修水县政府大张旗鼓弘扬“陈门五杰”、擦亮陈寅恪这张文化名片的氛围中化为乌有。若以它所负载的陈寅恪家族史料、历史信息而言，其价值仅次于陈家大屋。[②]

五、《光远祠志》的文献价值

尽管“光远祠”已仅存遗址供后人凭吊，但它却留下了重要的祠志史料，为文史工作者研究、复原它的历史面貌提供了最基本的材料档案。这是不幸中的万幸。

“光远祠”于嘉庆七年置买创立，次年开始正式运转，十三年修成首届《光远堂祠志》。至光绪五年，续修第四届《祠志》。这四届《祠志》和从嘉庆十九年（1814）到民国三十二年（1943）纂修的六届宗谱，为后人留下了详实的义宁怀远陈姓族史文献资料，生动地展示了这个宗族二百余年的历史进程，同时也保存了竹塅陈家家族史的脉络线索。

幸运的是，由于笔者多年的努力，这四届祠志都找到了，宗谱也找到了五届（缺嘉庆十九年首修谱）。就宗谱而言，义宁本地各姓和怀远各姓保存连续几届宗谱并不罕见，祠志则较少，且绵延不断四届祠志，仅有怀远陈姓一例。这四届祠志为我们提供了过去祠堂的组织领导、日常事务的运作与管理、祠堂维修、运转经费的筹集、祠规、祠仪等长时段史料。

（一）一修祠志

嘉庆十三年修成的第一届《光远堂祠志》，由于属于创始肇兴打基础的大动作，故载录的内容丰富多样，《目录》[③]条目有：州府发给的契据，陈光祖《光远堂陈氏合修祠谱引言》、黄文棨《光远堂陈氏祠谱序》、查望洋《光远堂陈氏祠谱记》、陈之驹《陈氏祠谱序》、陈克绳《光远堂陈氏祠记》、陈光缙《光远堂陈

---

① 刘经富编著《陈寅恪家族史料整理研究》下册，第687页。

② 笔者2018年以光远祠四届祠志为基本材料撰成《江西义宁州客家陈姓祠堂“光远祠”研究》一文（载嘉应学院客家研究院《客家研究辑刊》2019年第1期），结尾云：“已经没有多少人知道这里曾经是陈寅恪的祖上频繁出入之地。也许明年，或许后年，它就会被‘强拆’，为疯狂的房地产作贡献。陆象山曾慨言‘学者抵挡不住流俗’。我们的任务，是尽力抢救与它有关的文献资料。”作为义宁陈氏家族史的研究人员，笔者自然希望自己的预测流于空言，然而由于地方政府的密切配合，使得预言竟然这么准确。

③ 见刘经富编著《陈寅恪家族史料整理研究》下册，第509—603页。

氏祠谱跋》，祠规、祠仪、分胙奖赏规定、首士祖先和本人的神主牌位暨入祠族众祖先牌位、祀丁名录（这是《祠志》篇幅的主体）、丁粮登记和首士名录、费用筹集使用统计、祠图等。

州府发给的契据原文为："案准前州移交户书张文锦，因欠公项银两，将自创基地房屋壹所入官抵交。该屋坐落州城泰平社余家巷内，正屋坐北朝南，上下两重各伍间，左右横厅共四间。又左边廊房二间，门楼壹所及廊房伍间，并及四方围墙余地木石概行在内。其屋前止官巷为界，后止刘姓园地为界，左止官巷为界，右止军署随墙直出为界。四界清晰，迭经出示召买在案。兹据州民陈遗经户丁、廪生陈光祖、监生陈克绳、生员陈光缙、监生陈玉文、职员陈裕、陈利宾等具呈，缴银陆百伍拾两整，前来承买为祠。据此除词批示外，其银当经照数兑收完足，合行给照管业。嘉庆七年十月十五日。"领契人为陈仲裔、陈运生、陈克调。

这份文献叙述清楚了"光远祠"的位置、四界，房屋结构与间数、承买人姓名、价格等，是最重要的产权证明档案材料。以后三修、四修祠志都延续刊印了这份州府颁发的产权凭证。

分胙奖赏原文为："作相赞仪，祀典所重。尊贤敬老，国宪攸隆。古人即行之于先，我等自宜遵之于后。谨将分胙奖赏胪列于左：主祭者胙肉三斤，外羊肉二斤。通赞二人胙肉各二斤，外羊肉各一斤。执事四人兼读祝嘏宣戒各胙肉二斤。生监文童一例，若生监文童除执事四人外人数有多，则读祝读嘏宣戒临时编派胙肉亦每人二斤。七十者胙肉二斤。八十者胙肉三斤。九十者胙肉五斤。百岁者胙肉十斤，外羊肉二斤。生监各胙肉二斤，贡生胙肉三斤。举人胙肉五斤。进士胙肉六斤。翰林胙肉十斤。以上胙肉，俱要来祠与祭者方许经发，未与祭者免。惟九十与百岁及举人进士或在京或出仕，则不在此论。凡胙肉每斤代钱六十文。

入泮补廪赏花红钱叁两，武泮贰两。捐监贰两。出贡花红银叁两，桅匾祠办。举人副元花红银拾两，桅匾祠办。武榜减半。进士花红银贰拾两。翰林花红银叁拾两。赴乡试者给盘费钱叁两贰钱。赴会试者给盘费钱壹拾陆两。文童至州在祠应试，发卷赀钱五钱，终场者倍之。至应府试到祠谒祖，另给盘费钱壹两陆钱。喜报至祠，应给喜礼，值年首事经办。"①

---

① 以上分胙奖赏条款，反映了宗族组织具有的集体主义性质、功能和对族内科举人才兴盛的期盼。但这么多祭祖人员按角色分配胙肉，加上祭祖时聚会的酒宴食材，是一个很大的数量，这要宰杀多只猪、羊或购买许多斤猪肉、羊肉，对祠堂来说是一笔很大的开销。秀才补廪、举人以上的功名不常有，开销不大。文武入泮和到州、府考试则年年都有，也是一笔不小（转下页）

其神主牌位，首列陈于庭、陈文光、陈鲲池、陈克绳、陈仲裔、陈光祖、陈运生牌位，竹塅陈家占了四位且位置在前，并大字刻印义宁州学政黄文棨撰写的《陈鲲池墓志铭》附录在祠志中，充分反映了当时竹塅陈家的地位和族众对竹塅陈家的敬仰。

（二）二修祠志

道光十八年(1838)冬纂修的第二届《祠志》，主要是为了记录上年祠堂大修和新购进屋场以及经费筹措使用情况，另外补上首届祠志遗漏的一些内容。《目录》[①]的主要条目有：陈克绳新序、六篇旧序跋、祠规、分胙奖赏规定、契据保管记录、神主牌位、三轮祭祖赴席名单、嘉庆十三年一修祠志后出生的报丁名单、新成立的“绵远季序”“绵远季引言”、修改大门、置买新地首事名单和捐款名单等。

陈克绳《光远堂陈氏重修祠谱序》节录：

> 我陈氏光远祠堂，自嘉庆壬戌年建置，前堂后寝，庙貌翼然。由经始以迄落成，予与诸族众赞襄其事，立之以祠，即纪之以谱。自是每年祭祀，合族会食，燕毛序齿，彬彬焉绍义门风。而祠内经理之任，出入之司，数十年来，初不敢告劳焉。第今年已八旬，一切诸事，悉付族长绣章、应衡与吾儿琢如及列列族众，共相代理。去岁适修门楼之役，鸠工董事，更修正向，而门闾焕然维新。且添买祠后寝堂基址，极其宽展。此皆诸公之鼎力，不惮劳苦，故功成如此其速也。……斯固祖宗之灵爽潜孚而默佑也，抑亦合族之务本，尽诚而尽孝也？行见光远堂上，人文蔚起，科甲蝉联，子子孙孙，继继绳绳。是为序。[②]

序文介绍了此次续修祠志的缘由、祠志的主要内容、未来人才发达的企盼和族长职责的接力承担。

报丁名单记载从嘉庆十三年(1808)后到道光十八年(1838)冬期间出生的新丁564人，其中竹塅陈家32人。查同治二年三修谱竹塅陈家《世系册》，

(接上页)的开销。制定的条例、奖励的数额是否都能保持政策的连续性？是否能常川维持？这是祠堂管理运行的难题。同治五年后，对科举奖励予以削减。因以前生童不过数人，以丁粮费的每岁进项，尚可维持。以后生童日盛，增加了十倍，于是决定奖励减半给发，州府道卷资路费，岁考之年发一半。科试之年，凡卷资路费一概停发。见光绪八年光远祠《四修祠志·分胙奖赏》条款最后的批注。

① 见刘经富编著《陈寅恪家族史料整理研究》下册，第609页。

② 刘经富编著《陈寅恪家族史料整理研究》下册，第618页。

这30年间计有规字辈11人(陈鲲池一支10人),观字辈28人(陈鲲池一支26人),三字辈1人。共计40人,陈鲲池一支37人(公远、公陞后裔未入祠),报丁32人,其中有8个夭殇的可能未报。所报丁最早的是陈规鋕、陈观礼(嘉庆十四年生),最后两个是陈三略(道光十五年生)、陈观璠(道光十七年生)。陈观礼、陈三略两代都出现在报丁名单上,可见这项制度最少坚持了整整30年。同治八年《三修祠志》已无报丁名录。

契据记录是一项重要档案,载明嘉庆七年购买房产契据仍由陈克绳保管,道光十八年绵远季买地契据由陈伟琳保管,烝尝会、六睦季购置田土契据由陈良虎(绣章)、陈应衡(宿垣)保管。不得遗失,有负众托。

二修祠志的首事神主牌位,陈于庭、陈文光、陈鲲池、陈克绳、陈仲裔、陈光祖、陈运生的排序仍然照旧,没有变化。

(三)三修祠志

同治五年,陈文凤和陈宝箴主持续修了第三届《祠志》,主要记录咸丰十年、十一年两次重建祠堂的过程和经费筹措情况,另外补录首届祠志、二修祠志后发生的一些内容。《目录》①条目计有:陈宝箴、李镜华(陈宝箴、陈文凤的咸丰元年乡试同年)所撰新序,一修祠志的六篇旧序跋保留了陈光祖、陈克绳序,州府发给的契据、祠规、祠仪、分胙奖赏规定、契据保管记录、神主牌位、新入祠者名单、以后分四轮祭祖赴席条规细则和名单、祠堂重修首事及劝捐联络人名单等。

陈宝箴《陈光远祠三修祠志序》:

> 吾祠肇于嘉庆壬戌,盖是时闽粤之间迁宁者众,遂合主而祀之。祠成,有志,今嘉庆戊辰祠谱是也。厥后建重门坊,购后园与勤丹臒,益增栗主,事竣有志,则道光戊戌祠谱是也。咸丰乙卯,州城陷贼,祠毁。数年之间,寇凡再至。阅岁己未,宝箴寓京师,慨念先泽,霜露之感,怆然于怀,乃邮书族长鸣冈同年及族中诸君子,以祠事为请。而是年春鸣冈已与宿梧及族中诸长者醵赀鸠工举其事,数月告竣,迪惟前光,祀事复粲然备矣。辛酉贼复至,祠又复毁,鸣冈诸君复庀治之。而宝箴于此数年中,南北奔走,襄役戎马之间。壬戌归自湘中,晋谒祠庙,规模焕然……去年鸣冈成进士,以知县签发福建,今年将之官,乃与族人及宝箴重修祠志,凡神主昭穆祀产与新定祠规咸载焉。溯自斯祠之兴,先大父与巧亭诸族长实创其

① 见刘经富编著《陈寅恪家族史料整理研究》下册,第634页。

事，厥后先君子与有力焉。……今诸君子推其爱敬，被之族人，俾烝尝之典厘然有章，可大可久，不特祖先之灵爽实式凭之，即宝箴亦藉逭游子之戾于万一矣。[1]

序文叙述并表彰陈文凤等族尊对祠堂刚修复就被太平军焚毁后立马再次修复的壮志义举，缅怀自己祖父、父亲对宗祠事务的接力传灯，自己这次参与续修祠志的缘由心声等。

三修祠志的神主牌位调整了原来的排序，令公洞陈家的祖先牌位调到了第一，新庄里陈家的祖先牌位调到了第二，竹墩陈家的祖先牌位退为第三。三修祠志的祠图也有变化，比以前多了两对举人旗杆石图样和一对进士旗杆石图样。举人旗杆石是陈文凤、陈宝箴的，进士旗杆石是陈文凤的。

（四）四修祠志

光绪八年，陈文凤主持续修了第四届《祠志》，主要记录三年前大修祠堂的过程和经费筹措、使用情况，《目录》[2]主要条目有：陈文凤新序，旧序中保留了陈光祖、黄文棨、陈克绳、李镜华、陈宝箴序，州府发给的契据，祠规，分四轮祭祖赴席条规细则和名单，新定章程，祠仪、修改后的分胙奖赏规定、契据保管记录、三份买田契据、历届首士名单、光绪五年大修祠堂捐款名单、费用公示、神主牌位等。

陈文凤《四修光远堂宗祠记》："……咸丰乙卯夏五，贼踞城，祠莽为墟。文凤距城远，己未至祠，只见数椽揞拄于寒烟蔓草间，恻然伤之。亟招宿梧诸君，谋醵金缮复。时右铭计偕在都，亦驰书以祠事是托。赖族中不鄙拙诚，踊跃赞襄，不数月而还旧制。逮辛酉壬戌中复毁而复修，不敢以干戈未靖，诿为缓图者。……继因葺修孔亟，经费荡然……适右铭观察至自楚，驻祠匝月。相与审视谘度。谓前度再修，迫于倥偬，具具而完。今幸升平日久，百度具张，必一律撤修，方足昭严翼、凛观瞻。以功巨费艰，会商文凤，各捐百金以引吭。别择廉能经理，分司劝导，以广其资，遂遴匠程材，蠲吉兴修。……经始于光绪己卯，越明年庚辰讫工。旋报右铭荣被河南河北道之命，合祠喜跃，无不同声称贺。议捐修而亲临倡率，告落成而遂庆升迁，是殆由念不忘祖，克继祖若父兴祠举祭之志，冥冥中有默为佑启者，抑何感召之

---

① 刘经富编著《陈寅恪家族史料整理研究》下册，第 641 页。

② 刘经富编著《陈寅恪家族史料整理研究》下册，第 672 页。

神,会逢其适耶?"[①]

序文叙述咸丰末年两次修复祠堂,因抢工期进度而质量欠佳,此后又因为管理不善,到光绪三、四年,又呈颓败之势。光绪五年,正好陈宝箴回乡,两人发起重修,次年完工。

四修祠志对以前历届核心成员、首士、捐款联络人进行了一次梳理总结,使"光远祠"从嘉庆七年草创,道光十八年修改大门置买后园,咸丰十年、十一年两次修复到光绪五年大修的总理、经理、各乡联络人名单层次清楚、一目了然。[②] 对道光十八年及二十三年、咸丰十年、光绪五年的捐款人员名单和捐款总数也进行了梳理、公示。

"光远祠"自嘉庆八年创立运转后,至光绪初年,已七十余年,入祠成员的祖先牌位和祀丁名录越来越多,因此四修祠志专辟一册刊印,比一修、二修、三修祠志多一册。这也是四修祠志与之前三次修志的不同之处。

清末民初,义宁州的怀远陈姓宗族发生了很大变化。光绪二十三年冬,陈文凤去世,二十四年(1898)八月,陈宝箴、陈三立父子被革职。二十六年六月,陈宝箴在南昌西山去世。宗族中失去两大精神支柱,元气大伤。民国二年(1913),撤销义宁州,次年分立修水县和铜鼓县。这更削弱了宗族内部的凝聚力,大一统的局面开始解体。祠堂也随之出现了分化。光绪三十年(1904),由陈文凤的儿孙辈主持,在铜鼓县城建成怀远人陈姓祠堂,名"聚星堂",民国十三年编纂成《聚星堂祠志》。此时竹塅陈家、双溪陈家、新庄里陈家已产生不出具有管理宗族公共事务能力的乡绅,光远祠虽然还维持着,但状态已每况愈下。

民国三十二年,修水怀远陈姓续修第六届宗谱,主修陈三崑在序文中提到:"况前丁丑岁复修主志时,已将县城祠堂主牌原订世次概行废除,一律改遵满公为一世。宗谱世系当与主志相符,主志既改,谱亦不得不随而改之。"根据这段话,可知1937年曾经修过一次祠志。可惜第五届祠志始终没有发现。笔者怀疑第五届《祠志》志稿没有印刷颁发给族内宗亲,后来遗失无存。因此光远祠在宗族制度解体前的最后一程是如何走过的,只好暂付阙如。不过我们仍可以从铜鼓1924年修的《祠志》中得其梗概。

江西民间宗谱藏量丰富,但祠堂志(亦称"祠谱")却藏量有限,国内宗谱藏量最大的上海图书馆,在其官网上搜索宗谱显示有8 565种(实际藏量一万

---

① 刘经富编著《陈寅恪家族史料整理研究》下册,第687页。

② 见刘经富编著《陈寅恪家族史料整理研究》下册,第695页。

两千多部),输入关键词"祠"字,显示有 87 种。这 87 种还不完全都是祠堂志,里面有以祠堂为名的宗谱。梁洪生教授编纂的《江西公藏谱牒目录提要》著录 727 种宗谱,其中祠堂志(祠谱)只有六七种。因此,义宁怀远陈姓四届祠堂志[①]的乡土文献价值不言而喻。其所蕴含的历史资料还有拓展提炼的余地,有待我们从社会学、文化人类学、区域历史研究的角度进一步纵深开掘。

第五节　竹墩陈家对"梯云书院"建设的贡献

一、怀远都兴办文教公益事业述略

义宁州雍正三年成立怀远都、九年解决棚籍学额问题后,怀远人的耕读并重、兴教崇文风气大为高涨,迅速与本地人展开竞争。他们意识到虽然入籍拥有了科考资格,但要进一步提高群体的身份地位,还得重视教育,作育人才。首先采取的措施即大办"宾兴"性质的"会、季",[②]创建"文昌宫",资助奖励本姓子弟课习举业、备考应试。

雍正四年,怀远都四都二图[③]公议合约各户凑集公办事务经费,雍正九年发展为"文昌会",乾隆二十八年改为"宁怀兴文季"[④]制定资助奖励数额条规,如乾隆三十四年陈光祖领花红银 5 两,乾隆四十三年陈光祖领补廪银 5 两,嘉庆八年陈光祖领匾银 5 两。道光十年,陈观礼领入学花红银 5 两,[⑤]并在省城四府巷设立试馆,称"文星试馆"。

雍正四年,怀远四都一图十个甲(安乡十一都,今黄港乡部分区域、汤桥乡一带)的 12 个姓的绅民置买田租,奖赏士子。乾隆二十九年将十个甲按奇偶

---

① 如果把同源共脉的铜鼓民国十三年修的《聚星堂祠志》计算在内亦可以称五届。

② 义宁州怀远人流行"会""季""兴"公益互助组织,形成风俗(见江西修水客家文化研究会编印《客家人在修水》,1999 年,第 494 页)。"会"即凑小钱办某件名目的事,专款专用。"季"的功能、用途与"会"类似,但为何称"季"? 最难得确解的是"兴"? "宁远兴文季""长远兴文季"简称"宁远兴""长远兴"好理解,但四都二图还有名为"长发兴"的完粮组织,不知何所取义? 学术界有人著有《中国的社与会》的研究成果,但研究对象是"南社""天地会"之类的社会集团。大约义宁州一度流行的"会""季""兴"组织属于地方性的风俗习惯,故学界鲜有人探讨,词典工具书也不载相关义项。

③ 安乡、泰乡、高乡等部分区域。怀远四都二图属地最广,不好归类到一、二、三都和四都一图的地点全部归属到四都二图。

④ 见《文昌宫薄据公录序》,载《四都二图丁粮册》,道光十六年(1836)刊印;《安乡怀远宁怀兴文季呈明乐捐》,载《梯云书院志》卷一《前案》,同治二年(1863)刊印。

⑤ 见《四都二图丁粮册》;江西修水客家文化研究会编《客家人在修水》,第 205 页。

数分开管理,一三五七九单五甲成立“宁远兴文季”,于道光五年将庄屋改作承先书院。每岁延师课读,俸钱众出。[①] 二四六八十双五甲成立“怀能兴文季”,于同治七年购置屋宇创建“文昌宫”。[②]

乾隆年间,怀远四都一图一甲(安乡十一都,今汤桥)各姓绅民成立“长远兴文季”,置买田租百余石,奖赏士子,备具公用。[③]

约乾隆初年,三都一图(武乡二十九都、三十都、崇乡五十一都,今山口、漫江、程坊一带)的郭姓创办“文昌季”,划拨学田租一百二十余石,制定资助奖励条例,一直延续到1940年代。[④]

乾隆十二年,怀远三都二图(奉乡十六都,今何市、上奉一带)的何姓创办何氏家塾“后山学堂”,三十六年绅民筹资30股起立“文昌会”,五十八年购买何氏家塾的房产,扩大改建为“文昌宫”,将家塾升格为更大范围的学堂,[⑤]并置备田租六十余石另立“文昌季”,作为花红奖励的来源。[⑥]

乾隆四十年(1775),怀远一都、二都(上武乡,今铜鼓)绅民捐赀课文,创办奎光文会。后因入会者众,嘉庆十八年(1813)增建文昌祠,更名为奎光堂,在课文的基础上增加祭祀文昌帝君的功能;道光十八年(1838)改为奎光书院。[⑦]

乾隆五十年,怀远一都二图(上武乡二十七都,交山古家桥,今铜鼓)怀远绅民捐献田租十石创建“文昌宫”,嗣后再添加田租创办“六星”“观光”二文社。

嘉庆六年,怀远三都一图(武乡二十九都,今山口)绅民在山口施家园捐建文昌宫,置租产百余石,春秋二季会课士子。[⑧]

道光二年,怀远一都二图(上武乡二十六都,今铜鼓大塅)怀远绅民集资创立“毓贤文会”,召各姓士子课以制艺,分已冠、未冠、幼童三等,评列甲乙,给予

---

① 见《安乡怀远宁远兴文季呈明乐捐》,载《梯云书院志》卷一《前案》。

② 见双五甲《文昌季志》,光绪十一年(1885)刊印;王维新等修,涂家杰等纂《同治义宁州志》卷一〇《建置志·祠祀》;江西修水客家文化研究会编《客家人在修水》,第150页。

③ 见《安乡怀远宁远兴文季呈明乐捐》,载《梯云书院志》卷一《前案》。

④ 见《郭氏宗谱》,1940年纂修,转引自江西修水客家文化研究会编《客家人在修水》,第209—211页。

⑤ 该学堂延续了200年,民国时期曾作为梯云学校的分校,1949年后并入何市小学。

⑥ 见《文昌宫志》,光绪二十六年(1900)刊印;江西修水客家文化研究会编《客家人在修水》,第200、211页。

⑦ 见《奎光书院志》,同治元年(1862)刊印。

⑧ 见《续建山口义学呈》,载《梯云书院志》卷一《前案》;参见王维新等修,涂家杰等纂《同治义宁州志》卷一〇《建置·祠祀》。

奖励。同治元年扩大规模，购屋宇改建“文昌宫”。①

咸丰初年，州主叶济英告示各乡，要求设立宾兴。怀远四都二图十甲绅民筹资创办“五魁宾兴祠”，内设“文昌宫”。②

咸丰年间武乡漫江怀远绅民捐赀创建“文昌宫”（《义宁州志》卷一〇《建置·祠祀》）。

咸丰十年，怀远三都二图、四都一图集资在州衙购置屋宇创办集漕粮收缴兼宾兴、奖励功能的机构，称“全善局”，又称“灵星宫”（“灵星”即主管稼穑的“田神”）、“文昌宫”，订立奖励细则条规。③

同治十二年版《义宁州志·建置·祠祀》共载录15所文昌宫，怀远都占了8所。

上述以“文昌宫”为名的公益组织除提供公务报销经费、放息增值外，主要功能是祭祀文昌君，并奖励参加春秋两季作文评选的优秀童生，资助童生参加岁试、科试和秀才参加乡试，举人参加会试，按等级发放花红奖励给取录的秀才、举人、进士，制订了名目繁多的奖励、津贴、操作措施。下至生童州试，上至赴京会试，都有定额。就一个图甚至整个怀远都而言，能出举人、进士的机会并不经常存在，但这种做法反映了怀远人渴望迅速出人才，出大人才，以提高自己社会地位的强烈心声。这方面以“华国堂”为代表。

“华国堂”是咸丰九年（1859）四都二图集资开办的一个漕粮收缴机构，兼有宾兴、奖励功能，其集资的办法是分阄筹资，每阄8股，每股20吊。共集得128股（竹墩陈家认领两股），2 560吊。凭借着这笔资金，同治四年（1865）在州城东门购置一栋一进三重的院落，颇具规模格局。正厅设有祭祀“文昌帝君”的主座，并订立“赏规”16条，对读书上进者分别给予奖励。州试正案前10名的赏钱1吊文，50名以内赏钱500文，百名以内赏钱200文，每名卷钱200文，入泮赏3 200文，补廪赏钱2 000文，恩贡、岁贡赏钱3 000文，优贡、拔贡赏钱6 000文，举人赏钱20 000文（20两），解元加倍，另赏科费钱1 000文，中进士赏钱40 000文，点中书主事赏钱60 000文，点翰林赏钱70 000文，鼎甲及第加倍奖赏。所有进京考试者均给上京盘川5 000文。赏钱于会期（每年九月十七日至二十日）由得奖者亲自到局拜祭文昌帝君时领取。“华国堂”同时还规

---

① 见《〈大塅文昌宫志〉序》，民国七年（1918）刊印。

② 见《五魁宾兴志》，同治八年（1869）刊印。

③ 见《全善局志》，光绪十五年（1889）刊印；江西修水客家文化研究会编《客家人在修水》，第153页。

定，本图内出任做官者，必须按官阶品级，俸禄高低，乐捐银钱，以扩充奖赏资金。[①] 在怀远四个都八个图中，四都二图最有实力，人才较多（竹塅陈家、双溪陈家即隶属四都二图十甲）。早在雍正九年，怀远人刚刚入籍不久，四都二图就在全图成立了“文昌季”，共得捐银 24 两，至乾隆十五年，已积存银 144 两，使本图内的公费报销，奖励科考，都有一笔专款。[②] 因此，“华国堂”的创办实际上是四都二图“文昌季”的扩大与延伸，它是怀远人所有具有“宾兴”性质的组织中存在时间最长的一个。

怀远绅民重视教育、作育人才的第二个措施是创办家塾、社学。乾隆十二年，三都二图（奉乡十六都，今何市）怀远何姓出田租 40 石创办了何氏家塾，[③]名“后山学堂”，聘请本乡秀才钟鸣（字亮魁，号鼎轩）任教。此外尚有安乡黄姓“经魁家塾”，田租百余石；上武乡邱姓“尚义家塾”，田租二百余石；上武乡二十一都“温氏家塾”，上武乡二十三都“奎友堂社学”，上武乡二十四都“重光社学”[④]和黄益清堂家塾、殷氏家塾、通德家塾等。[⑤]

二、怀远都创办“梯云书院”的背景与过程

怀远人从雍正年间开始大办宾兴、崇文重教后，科举人才有一定突破。据《怀远生员名册》所载，自雍正八年至道光二十四年，共产生秀才（含廪生、贡生）95 人。由于《义宁州志·选举志》不载秀才名录，所以怀远都的秀才人数占全州秀才的比例无法测算出来。但要冲刺更高的科举功名，仅依靠师资水平有限、重在断文识字的蒙馆私塾社学和宾兴资助奖励还是不够的，达不到科举考试的要求，要进一步深造，就必须创办书院，聘请名师教学。而位于州城近郊著名的全州中心书院——濂山书院[⑥]排斥怀远士子入学深造，分享资源，[⑦]怀远人遂于道光十八年（1838），于上武乡（怀远都一都、二都，今铜鼓县）创办奎光书院，将原来只用于考课的社学“奎光堂”田租百余石并入书院并广为劝捐。书院延请名宿主持院务，膏奖宾兴花红等井井有序。在

---

① 见《〈华国堂志〉序》，光绪二十年（1894）刊印。

② 见江西修水客家文化研究会编《客家人在修水》，第 205 页。

③ 见王维新等修，涂家杰等纂《同治义宁州志》卷一三《学校志·乡塾》。

④ 见王维新等修，涂家杰等纂《同治义宁州志》卷一三《学校志·乡塾》。

⑤ 见江西修水客家文化研究会编《客家人在修水》，第 200—204 页。

⑥ 康熙七年，土著绅民为纪念祀奉周濂溪、黄山谷捐资而建。

⑦ 怀远士绅《乞示劝捐呈》：“生等先人来宁，雍正初呈请立籍应试，蒙各宪大人会详部议，准立怀远四都八图八十甲。爰同州属士子一体考试，文武各生幸登科甲者代不乏人，惟濂山书院向归土著，生等因未与考肄业。”

土客相互竞争，土著书院不向客籍开放的特殊情况下，奎光书院寄托了移民的殷切期望。[①] 但上武乡位于州境西南部，位置偏僻，交通不便，知州、学政不能经常亲临考核，只好把试卷封好送去，自然对考试有影响。同时居住在下武乡、下崇乡、安乡、奉乡、高乡、泰乡（怀远都三都、四都，今修水漫江、山口、征村、何市、黄港、黄沙、汤桥、桃里）等地的士子因路途遥远，艰于跋涉，前往肄业应课者寥寥。[②]

道光十九年（1839），已于嘉庆四年入州治本地坊图户口的客籍士子甘临吉参加濂山书院的甄别考试并被知州录取，嗣后土著以甘氏入籍在后、书院创建在前，要求州宪剥夺其肄业资格，由此引发持续五年之久的濂山书院案。案件经州控、府控、省控，道光二十三年九月江西巡抚判决甘临吉不准予考取濂山书院，十月土著士绅向州、府呈文，希图尽快注销此案。道光二十四年四月初三日，代理知州蒋启敭呈请宪台俯赐查核销此案，濂山书院案被正式销案，以土著获胜、客籍败诉告终。伴随着案件的审理与发展，土著集团与移民族群之间的关系一度紧张，客观上刺激了怀远都绅民另建书院以分庭抗礼的决心与民气，[③]创办一所提升教学水平，集考课、祭祀、教学、宾兴于一体的多功能复合型书院提上议事日程。就在四月初三日濂山书院案销案的当天，怀远都绅民向州主提交了要求创办书院的申请。这是时间上的巧合还是怀远都上层的事前谋划，尚难考定，总之一件关乎怀远都文教事业的大事紧锣密鼓开张了。

道光二十四年四月初三日，监生林汁青、贡生郑体元、生员陈观礼等 64 人向代理知州蒋启敭呈交《乞示劝捐呈》，安乡宁怀兴文季率先将原有的 138 石田租和南昌试馆全部捐献，宁远兴文季捐田租 80 石，长远兴文季[④]捐田租 20 石。

作为一州之长的蒋启敭，从地方秩序稳定、文运昌隆的角度，自然希望出现土著与客籍在文教事业上共同繁荣发展的局面。四月初三日，一面呈文巡

---

① 奎光书院现存后半重，在县粮食局办公楼后面，已列为县保文物单位，见《铜鼓县文物志》编撰委员会《铜鼓县文物志》，1985 年刊印。

② 州主蒋启敭《义宁州怀远创建梯云书院劝捐序》："上武乡都建立奎光书院，考课生童，每岁由州署封题扃试，汇其卷而甲乙之。惟地处偏隅，官不能躬诣较课，他乡士子亦以跋涉为艰，故应试者绝少。"

③ 见《本籍濂山书院 · 抚宪注销案》（怀远、本地学籍纠纷案卷），道光二十八年（1848）冬刊印；参见张劲松《清代义宁州书院研究》第七章第一节《濂山书院案始末》，华中师范大学 2019 届博士论文。

④ 这几个季会组织的起名都为了纪念怀远人开都入籍，"余辈契龟斯地，隶籍斯疆。昔蒙刘主建立，颜其都曰怀远。兹与诸君集会，即仿其名曰宁怀"。《文昌宫薄据公录序》，载《四都二图丁粮册》。

抚,决定执行巡抚吴文镕在道光二十三年九月批示的撤销濂山书院案的决定,一面批复怀远都绅民《乞示劝捐呈》给予肯定,同时致函邻县万载县令,咨询书院捐款议叙的规定:

> 兹有恳者:敝邑绅民现在捐建书院,详办议叙。查向来捐修城垣堤工等事,皆有议叙成案可稽。惟捐修书院作何议叙?例内并无明文。顷闻贵治上年曾有办议叙之案,兹特专役赍函奉祈阁下,饬房捡查照捐数多寡,作何分别请叙之处,详悉开示掷交来役,以便仿照办理。[①]

得到回复后,四月二十四日,蒋启勷正式发出劝捐公告,在胪列捐款数额与议叙职位"士民捐银二百两以上者,给予九品顶戴;三四百两以上,给予八品顶戴;一千两以上,给予盐知事职衔;二千两以上,给予县丞职衔;三千两以上,给予州判职衔;四千两以上,给予按经职衔;五千两以上,给予布经职衔;六千两以上,给予通判职衔;八千两以上,给予提举职衔"后,号召"该士民等急公捐输,既成善举,又得议叙,慎毋观望自误。为此示仰怀远乡图绅民人等知悉,尔等有力之家,或银钱或田租,不拘多寡,如有捐数符例者,并请议叙,务各踊跃捐输,共襄义举。立看书院落成,文风与南山并峙;膏火广给,人才同修水共长,本署州有厚望焉"。[②] 拉开了梯云书院的创建活动的大幕。

但蒋启勷希望怀远都上下"踊跃捐输,共襄义举"的局面并没有如影随形地到来。二十四年九月,原任知州周玉衡返任(道光十八年到任,二十一年离任),蒋启勷离任,以林汁青为首的怀远绅民再次呈文《恳示劝捐呈》和恳请蒋启勷将相关文档移交周玉衡的《恳请移交呈》。道光二十四年十月二十八日,周玉衡发布劝捐公告:"既已图功于始,更宜告成于终。凡已捐者即日筹备交局,未捐者务各慷慨解囊,立看书院落成,与濂山而并峙。"[③]

第二次劝捐公告发布后,仍以会季捐田开头,宁怀兴文季再次捐献田山屋宇,怀能兴文季继宁怀、宁远、长远兴文季之后捐田租 10 石,个人捐助则紧随其后,争先恐后,两个月之内就获得共计一千八百八十余人的捐款 26 763 两,田租 42 石(与四月已捐献的 238 石共计 280 石),于十二月购买本地人巨绅查承瑛处于州治中心地段的馆舍。一年后改装修缮竣工,以新科举人钟遇辰为

① 《梯云书院志》卷一《前案》。
② 《梯云书院志》卷一《前案》。
③ 《梯云书院志》卷一《前案》。

首士,怀远绅民向州衙呈请议叙捐款人员,[①]州衙向南昌府、省学政、布政司、巡抚衙门呈文,省府再向总督、朝廷吏部呈文。道光二十七年正月二十二日吏部奉旨回复,凡捐款者均得到相应职级与官府赐匾奖励。

道光二十八年八月,怀远都绅民借梯云书院顺利建成的东风,以发起创办梯云书院的原班人马为主,一鼓作气,又向州府呈文,要求将地处武乡山口街市的原文昌宫提升为"义学"。[②] 劝捐程序、议叙标准与梯云书院相同,得到新任知州叶济英的支持与怀远绅民的响应。共获得捐款 27 760 两,与梯云书院的捐款数额基本相等。于是大兴土木,添加讲堂斋舍,大大方便了武乡士子的入学,为梯云书院输送生源,实则为梯云书院的分校。

至此,怀远都在文教大业、科考应试上形成了州境北部有州治梯云书院,州境中部有山口义学,州境南部有奎光书院,辅以家塾、文会的层次格局。

三、陈伟琳对"梯云书院"早期建设的贡献

梯云书院的创办是怀远人继雍正三年开都入籍的第二件大事(第三件大事是咸丰年间争取到自办漕粮的权利),几乎调动了怀远都所有的资源,涉及的方面极为广泛,是一次怀远都社会总动员,强化了怀远都绅民的凝聚力和族群的亲情意识。对怀远绅民而言,这既是一次与土著争夺文化话语权的大动作,也是自开都一百多年来通过捐输议叙获得身份名誉、提高地位的契机。因此怀远都绅民的热度空前高涨,凡具有监生、廪生、贡生、生员、职员身份者都投身其中,只有童生身份的活跃分子也不落人后,成为前台的重要人物。陈伟琳即是其中杰出的代表之一。

上文已提及,怀远四都二图是怀远都实力最强的一个图,梯云书院创办活动的发动即以四都二图为先导。竹塅陈家属于四都二图十甲,所以四月初三日第一份向州府呈请的《乞示劝捐呈》64 位成员中即有陈观礼,他于道光七年(1827)19 岁时考取生员,道光九年岁试优秀补廪。在这份列名 64 位发起人的文件中无陈伟琳,但在五月蒋启敭发出的第二份重要文告《义宁州怀远创建梯云书院劝捐序》中出现了陈伟琳的身影:"乃者太学生林汁青,贡生郑体元,廪生张灿云,生员邱甸南、黄林、林树芳、洪彬彦,监生赖振衢,职员林捷程、朱轩,陈伟琳等合词吁称怀远等都佥谋择近城胜地创建梯云书院。"[③]道光二十五

---

① 见钟遇辰等《书院工竣禀请申详》,载《梯云书院志》卷一《前案》。

② 见钟遇辰等《续建山口义学呈》,载《梯云书院志》卷一《前案》。

③ 据蒋启敭这篇序文推测,似当时还编印了一种宣传劝捐的小册子。

年十一月书院竣工要求议叙的呈文中亦提到“四月间监生林汁青、岁贡生郑体元、职员朱烈章、林捷程、监生赖蓂、赖振衢、童生陈伟琳等合同妥议新立梯云书院”。[①] 从道光二十四年四月初发起创办梯云书院，中经将山口义学提升到梯云书院分校、创办书院宾兴到咸丰八年书院收购田块止，陈伟琳在咸丰四年八月去世前自始至终全过程参与了大小事务，起到了重要首士的作用，主要体现在以下三个方面：

（一）日常事务

1. 劝捐。梯云书院劝捐从道光二十四年四月开始，至本年冬，共捐得银钱26 763两，对此，州、府、布政司的文件都提到劝捐首士林汁青、陈伟琳、郑体元、赖蓂等二十余名不辞荣瘁，劝捐有方，数逾贰万有奇。梯云书院于道光二十五年十一月建成后，二十八年，怀远绅民用足政策，顺势将山口文昌宫提升扩展为义学，再次劝捐，知州叶济英《义学申详文》提到劝捐出力首事钟遇辰、林汁青、陈伟琳等15名均不辞劳瘁分乡劝捐，数逾二万有奇，士林翕服。陈伟琳因梯云书院劝捐董理出力记录两次，嗣后又因山口义学劝捐出力记录两次。

2. 保管余款。梯云书院落成后，尚有余款一万二千五百四十余两，选择家境殷实的林汁青等9名首士领存放息，陈伟琳领存900两。各户所领之钱均付印契交首事郑体元，立约领存。

3. 充当书院购置屋宇和收购田产经办人。道光二十四年十二月购买州城中心地段查氏屋宇，道光二十六年二月、咸丰元年十一月、咸丰二年十二月、咸丰三年十二月收购田块，陈伟琳与郑体元、林汁青、钟遇辰等首士都是经办人。

此外，陈伟琳的两个儿子陈树年、陈宝箴也参与了购置田产凭中人的事务。

（二）赴京公干

同治二年首修《梯云书院志》卷六《酬祀禄位》，对32位创办梯云书院的首事所做贡献都有简短评述，对第三位郑体元、第四位陈伟琳的评述是“因公北上，备尝辛苦”。陈宝箴《府君行述》称父亲曾北至京师。郑、陈二人这次远途去京城是领取吏部议叙执照。道光二十七年丁未（1847）正月二十七日，吏部正式颁布《部覆》，因此郑、陈二人赴京时间应在该年正月过完年后。

义宁州山川深重，出山不易，除了经商与应试，一般人很少去省城。即使20世纪70年代初，普通民众去一次南昌也不容易，至于有4 000里之遥的北京，去一次回来后即可成为邻里、同事的话题。明清时代的义宁人，去一趟省

---

① 见《梯云书院志》卷一《前案》。

城、京师便可在墓志上载上一笔，谓之“也曾穿州过府”。因此郑体元、陈伟琳能够在几十位首士中脱颖而出，承担远赴京城公关的重任，在个人履历上是重要事迹，在创办梯云书院这件大事上也是一大贡献。这就是《酬祀禄位》不标举郑、陈其他方面的表现而独注“因公北上，备尝辛苦”的原因。

旅途辛劳，夙兴夜寐，需要年富力强、有外出经验者才能应付，且到京城谒见吏部衙门官员，需要有一定的文才、口才，这对郑、陈均不难。此时首士中的第一号人物林汁青已61岁，[①]第二号人物赖蒉63岁。[②] 第三号人物郑体元56岁。[③] 陈伟琳此时46岁，家族中不乏因经营蓝靛而经行通都大邑、穿州过府的经验，其父亲、叔祖、兄长的传记中，即有这方面的记载。文才、识见亦不俗。郑体元本为正途岁贡生，文才、识见自有根底。故怀远绅耆选举郑、陈远赴京城公干是有所考量的。

（三）捐助丰厚

道光二十四年、二十五年这两年，怀远都共有一千八百余人捐款，其中320两5人，[④]220两110人，其余100两、50两、10两、1两不等。捐助320两的5人为林汁青、陈伟琳、廖陈畴、林宝东、何鹏正。林汁青为监生，后4人为童生，前两人为首士，按规定凡捐320两以上者给予八品顶戴的奖励。道光二十四年十月，陈伟琳以父亲陈克绳的名义捐献出产10石的田亩，折合银钱100两。道光二十八年山口义学捐助中，又以长子陈树年的名义捐银300两。道光二十八年九月，知州叶济英、教喻廖秋岚倡议全州大办宾兴。[⑤] 怀远都因地域宽

---

① 林汁青，字兼善，号柳溪，生于乾隆五十二年（1787），殁于道光二十八年（1848），享年62岁。自幼业儒，32岁捐纳监生，参加6次乡试未取录。见李勋《柳溪先生行述》，载《林氏宗谱》卷首，1937年重修。其热衷地方公益事迹，载录《义宁州志》卷二六《人物志·善士》，江西修水客家文化研究会编《客家人在修水》，第578页。

② 赖蒉，字仰瞻，号唐阶，生于乾隆五十年（1785），殁于咸丰四年（1854），享年70岁。监生。见义宁怀远《赖氏宗谱》卷四，光绪二十七年（1901）三修。

③ 郑体元，字品芳，号润如，生于乾隆五十七年（1792），殁于道光二十七年（1847），享年56岁。他于嘉庆二十年（1715）24岁中秀才，两年后岁试超等补廪，屡次参加乡试未售，遂在乡里开馆授徒。道光十八年（1838）47岁考试优秀出贡，为岁贡生，候选训导。道光二十七年与陈伟琳北上京师领取吏部议叙执照，所遇名山大川，著《客邸诗稿》。不料途中病逝于河南濮阳县。见郑汇元《润如公夫妇合传》，载《郑氏宗谱》卷首，1947年续修。

④ 在紧接着的山口义学捐款中，捐320两者有12人。两次大规模发动捐款，均一致以320两封顶，似乎有不成文的定势在起作用。虽然上面有政策，按捐款数额可以获得相对应的职级，但他们步调一致地选择捐款最高不超过320两，因300两到1 000两之内待遇相同，1 000两以上则承受不起。

⑤ 见《叶州尊劝捐示》，劝捐首士廖南辉《劝捐序》，载《云记宾兴志》卷首，光绪十二年（1886）刊印。

广,以奎光书院和梯云书院为中心建成两处宾兴祠,近梯云者名云记宾兴祠,[①]近奎光者名光记宾兴祠。陈伟琳再次以首士身份劝捐,并以父亲陈克绳的名义捐名三代银25两给云记宾兴会(陈克修后裔亦捐银12两)。这样,陈伟琳在4年间捐款总值745两。他是不是捐款最多者不敢肯定,因不知其他的首士是否也以家庭成员捐过款,但他是捐款最多者之一则无疑义。从这一点既可以看出陈伟琳崇文重教的人格胸怀,亦可以反映出陈家的经济实力。

怀远都绅民发起创办书院之初,陈伟琳在首事中名次靠后,因他只有童生的身份。随着时间的推移和自己办事能力的不断展示,其地位越来越高。道光二十四年十二月购买州城中心地段查氏屋宇,经买首事24人,陈伟琳名列第二。同治二年首修《梯云书院志》卷六《酬祀禄位》载录32位创办、重修书院有功人员的长生禄位,陈伟琳名列第四,在列举的78位创办首士中,名列第五。光绪十二年编修《云记宾兴志》卷二《配祀禄位》列举的9位创办首士中,陈伟琳名列第二。

四、陈宝箴对"梯云书院"后期建设的贡献

咸丰五年五月,太平军攻陷义宁州城,梯云书院被焚毁残破,停办数年。

同治二年,梯云书院重修,再次向怀远人劝捐。竹塅陈家共捐银106两,其中陈宝箴以祖父陈克绳(显梓)的名义捐田租拾石,折合银钱100两(克调、克藻、克修后裔各捐银2两),为八个捐款最多者之一,并参加了书院购置田产凭中人事务,堂侄陈三略则参与了《梯云书院志》编纂事务。

同治七年正月、十一月,陈宝箴参与云记宾兴事务,为主要首事之一。[②] 同治九年七月,陈宝箴参与云记宾兴事务,为主要首事之一。堂侄陈三略亦为首事之一。

同治十一年,陈宝箴以候补知府身份挈家到湖南,但他与故里一直保持着紧密联系,对文化教育公益事业一如既往予以关注支持,继承了他父祖辈的遗风传统。

光绪九年,义宁州修复考棚,陈宝箴以父亲陈伟琳(子润)的名义捐银50两。

光绪十年,陈宝箴在南昌出资购书38部936册捐给梯云书院,官刻经史子集初备,弥补梯云书院原有藏书因咸丰五年太平军攻占州城而全部被烧毁

---

① 原址在何市乡,1949年后被何市乡小学占用,后被拆毁。

② 见《云记宾兴志》。

的空白。次年陈三立的湖南朋友成克襄主讲梯云书院,他以陈宝箴捐书为基础,加上书院残存书籍和自己所捐书籍以及其他官员捐赠书籍,仿照长沙湘水校经堂书名体例,编成《梯云书院书目》一册。

光绪十一年,陈宝箴从长沙回乡。十一月,陈宝箴参与云记宾兴购买田地事务,为经买首事之一。[①]

光绪十八年,梯云书院重修《梯云书院志》,陈宝箴撰《梯云书院记》:"咸丰乙卯之岁,粤贼陷我州城,而城中梯云书院毁。寇既平,诸君子乃仍其旧址而重构之。资用不给,载辑载赓,又数岁,始复其故。爰籍其岁出岁入之经,与其所损益者,续为之志,而旧记阙如,走书来武昌以属宝箴。顾念昔者先君子实与始事,小子不敏,其何敢辞。……"[②]并以父亲陈伟琳的名义捐银 100 两。

光绪十八年,义宁泰乡土客合建泰交书院,陈宝箴以曾祖陈鲲池的名义捐银 100 两,又以父亲陈伟琳的名义捐银 50 两。[③] 光绪十九年,梯云书院因经费短绌,怀远都绅士发起呈请州府晓谕劝捐,陈宝箴以祖父陈鲲池的名义捐银 200 两。

陈宝箴对故里教育事业一如既往的关注赢得了州人士的崇敬,光绪十八年重修《梯云书院志》卷六《酬祀禄位》陈宝箴排在 14 位州尊之后。光绪二十二年《梯云宾兴志》卷六《酬祀禄位》陈宝箴列在两位州尊之后。

光绪二十三年,陈宝箴在湖南巡抚任上设立时务学堂,任熊希龄为总理,聘梁启超为中文总教习,期收培养学通中外新人才之功。至此,我们可以看出陈家由创办家塾走向支持、兴办更大规模书院、学堂的渊源脉络。

五、梯云书院对怀远都乃至全州文教事业的推动促进

梯云书院及山口义学的成功创办,彻底改变了怀远人文教事业基础设施不足的局面,大大提升了怀远的社会地位,增强了文化话语权利,反映了客籍、土著、官方三方的互动关系。

在土著、客籍互控激烈的"濂山书院案"中,义宁州两任知州周玉衡、蒋启敭与州学正刘完、训导廖秋岚的观点相左,在强大的土著绅士集团压力下偏袒了土著,但在内心深处还是希望客籍争气证明自己。在处理"濂山书院案"的中途,道光二十二年(1842)武乡怀远绅民创办奎光书院,周玉衡撰写记文:"铜

① 见《云记宾兴志》。

② 刘经富编著《陈寅恪家族史料整理研究》下册,第 859 页。

③ 见《泰交书院志》,光绪三十二年(1906)刊印。

鼓之有书院自是始……今且延请名宿课艺，按月廪给，将与肄业濂山者争自濯磨，士气蒸蒸日上，其成就殆未可量。”[①]蒋启敭亦有相同意思的表达，其《梯云书院劝捐序》有言：“今都人士慕义乐输，以培植人材为亟务……异时焕然堂庑，师儒济济……与土著学士大夫望衡对宇，交相切劘，而泯其门户之见，则人文蔚起，结绶弹冠，共梯乎青云，无失命名之义，本署州实有望焉。”[②]江西巡抚吴文镕在“濂山书院案”批示中指示：“将来或独建一书院，合通州之俊秀，裁成乐育，往不追而来不拒，岂不可为沾沾自私者愧励耶？”因此从官府政策的层面，已为客籍创办书院开启了通道。在土著这一方，“濂山书院案”的主要上诉人查凌云、查凌浩兄弟将父祖留下的一栋深宅大院出售给客籍，使梯云书院屋宇迅速落实，是否有“公务不妨私谊”的成分在里面？查凌云、查凌浩的同宗近支查望洋[③]更是“濂山书院案”土著一方的骨干成员，而陈伟琳是客籍一方创办书院的骨干成员，以查望洋与陈克绳兄弟的契友关系，他可能在客籍购买查氏巨宅时做过穿针引线的工作。查凌云遂因此与怀远绅耆结识，联系紧密。咸丰年间客籍因土著图差多年来收缴漕粮欺压怀远人，要求自办漕粮收缴，与州、省官府发生了激烈冲突，幸查凌云出面调解，使问题得以解决。[④]

义宁州州城有书院始自梯云书院，这不仅大大推动了怀远都文教大业的发展，对义宁州的书院建设亦有促进意义。同治四年(1865)，土著绅民集全州之力，两年内集资四万余两，田租一千七百余石，在州城创办了义宁州书院规模最大的“凤巘书院”。[⑤] 同治五年，为改变濂山书院位于城郊，“精舍无多，负笈者难邀广厦之庇”的问题，土著绅民拟将濂山书院搬迁到城内，因意见不统一未实行，[⑥]但仍在州城熊家园购买屋宇添建“肄业与崇祀之所”。[⑦] 同治八年，八乡之一的高乡集资在州城创办了“鳌峰书院”。从此，濂山、梯云、凤巘、鳌峰成为义宁州四大书院，在义宁州教育史上享有盛名。这四所中心书院与

---

① 《奎光书院志》卷一。

② 《梯云书院志》卷一《前案》。

③ 他在嘉庆十二年中举后曾任濂山书院讲席。

④ 查凌云、查凌浩是义宁州州城巨绅查承瑛6位孙子中的次孙、四孙，查承瑛与6位孙子都有官职、声名，家富多金，热心公益，在社会上颇有影响力。查承瑛和儿、孙事略，查凌浩事略见王维新等修，涂家杰等纂《同治义宁州志》卷二五《人物志》，第424、429、359页。

⑤ 见《凤巘书院志》，光绪元年(1875)刊印，《章程》第一条即规定捐助者不得混带客籍捐助。

⑥ 见龚浦庆《义宁诸书院缘起》，载氏著《师竹斋笔记》卷二，民国九年(1920)刊印。

⑦ 王维新等修，涂家杰等纂《同治义宁州志》卷一三《学校志·书院·濂山书院》，第192页。

客籍的奎光、山口义学和土著的至诚[①]、西平（道光二十年创办）、仁义（道光三十年创办）、聚奎（咸丰十年由查凌云倡捐创办）、培元（同治五年创办）、陶英（同治十一年创办，光绪十八年扩建为“泰交”书院）、崇德（光绪元年创办）等次一级的书院形成了中心与外围的关系，共同构筑了具有文化整体性与统一性的书院集群。已有研究者注意到清代义宁州的书院建设走在江西的前列，且存留书院志最多。[②]

梯云书院于道光二十六年、二十七年间开始教学考课后，怀远都日后考取秀才、举人和准备应试的士子都来入学、进修。每年十月十五日考试甄别来年肄业生童，取录生监正课 20 名，童生正课 24 名，附课 40 名。入院后成绩考核，规定月课“一官二师”，即官考一次，每月初六日，由知州出题。“二师”即每月十三日、二十三日由山长出题，十三日考文，二十三日考古，按成绩等次确定每月膏火与奖赏。[③] 陈宝箴的乡试朱卷册提到受知师州牧叶济英，注“梯云书院月课，深沐栽培”，可见他在梯云书院进修过。书院创办时的倡建首事之一洪彬彦，道光十六年已考取生员，亦曾在梯云书院进修。[④] 根据《义宁州志·选举志》和《客家人在修水》的统计，怀远都自雍正八年获准考试到道光二十九年的 119 年间仅考取文举 2 人，从咸丰元年到光绪三十一年的 55 年间考取 12 人，尤其是书院刚创办四五年后的咸丰元年乡试，义宁州考取 5 人，怀远占了 3 位，即陈宝箴、陈文凤、林镇。梯云书院对怀远士子应试的辅导提升效果之显著不言而喻。

梯云书院自创办至清末改为学堂，近百年内，为怀远人培养了大批人才。凡是怀远三都、四都学有所成者，都在这里打下了基础。怀远籍的文、武公职人员，大都出自梯云书院或梯云学堂。由于目前掌握的资料尚不全面，具体人数、名字、学位难以一一列举。

梯云书院场地屋宇宏大，一进三重，大小房间数十间，规模仅次于凤巘书院。清末民初，书院大门原有对联一幅：

梯山航海而来，乡先辈广厦储人材，代有奇英光国学；

---

① 同治元年（1862），上武乡土著创办了至诚书院。与怀远人的奎光书院竞赛。两所书院都标榜自己的教育目的是培养本籍的人才，都力争在科举上名列前茅，以多接报单为荣。见王现国《谈奎光书院与至诚书院教学之竞争》，载《宜春师专学报》1987 年第 6 期。

② 见张劲松《清代义宁州书院研究》，华中师范大学 2019 届博士论文。

③ 见《梯云书院志》卷一《章程》，同治二年（1863）首修；《梯云书院志》卷一《院规》，光绪十八年（1892）重修。

④ 笔者曾在修水某文物贩子处见过他的梯云书院考试卷。

云龙风虎之余，诸君子明经致用，好将群策救时艰。①

字里行间，透出梯云书院的规模与气度。

清末废除科举，梯云书院改为梯云高等小学堂，民国时期称修水县私立梯云小学，仍以招收怀远人学生为主。1949 年后院址被县粮食部门占用为仓库，约 20 世纪 80 年代末被拆除作职工宿舍。②

上述竹塅陈家在怀远都社会活动中的贡献，只是举其荦荦大端的三件大事，实际情况是，一个家族的兴盛，给宗族和地方上带来的好处福泽是多方面的。既有有形的对社会公益事业的贡献，也有无形的软实力，如提高地方知名度，增强族众自信心，加强与周边强宗大族、地方乡绅和官府关系的沟通等。对于属于弱势群体的棚民阶层，其作用尤其显著。竹塅陈家从克字辈兄弟四房开始兴盛到陈宝箴崛起后延续三四代人的作为、形象、影响，可以证明这一点。

---

① 见新编《修水县志》卷二八《艺文志 · 韵文》，第 517 页。

② 笔者的母校义宁镇二小即紧邻梯云书院，1965 年扩建校舍时占用了梯云书院部分场地。

第四章　陈家从规字辈到封字辈的代表人物

第一节　第三代“规字辈”代表人物

陈家第三代规字辈共计 29 人，其中克绳四子，克调六子，克藻六子，克修五子，显赞一子，德宽一子，德常一子，德济四子。[①] 公远、公元、公陞儿辈派号各自为政现象到孙子这一辈得以统一，且全部用“金”字旁的字命名。[②] 竹塅陈家第三代规字辈在家族强盛时期开始出场，扮演自己的角色。

一、**陈伟琳**（规鋐）

陈规鋐，讳伟琳，字琢如，号子润。嘉庆三年戊午（1798）十一月初九日生，咸丰四年甲寅（1854）八月二十一日殁，享年 57 岁。陈克绳幼子（行四），陈宝箴之父。早年习举业，[③]后因母病，弃举业而究心灵素之书（中医）。陈规鋐虽然困顿场屋，未获得科举功名，但颇有学养气度和办事能力，后来成为一方绅士。他一生做了三件大事：

1. 接替父亲陈克绳全州怀远陈姓的族长位置，管理宗祠事务；
2. 参与创办怀远人自己的书院——梯云书院；
3. 创办团练。

陈宝箴《例赠文林郎候选分县记录四次子润府君行述》：

---

① 陈宝箴乡试朱卷载“亲伯规鈉，负才早世”，《陈氏宗谱》世系册未载录，不知是竹塅四房哪一房名下的？陈宝箴在朱卷册特为载录，可见他对这位“负才早世”堂伯的怀念。

② 《陈氏宗谱》世系册中尚有十一郎于庭梦说房（迁移在义宁州泰乡六都）、十一郎于京房（迁移在义宁州武乡三十三都征村）有规字辈，推断这应是嘉庆十九年（1814）义宁怀远陈姓首次合修宗谱时谱局颁布的派号。

③ 陈三立《先府君行状》谓其祖父陈伟琳为“国子监生”，实误。

府君于诸父为季，幼从就外傅读书，聪颖过人。先大父以孝义重于乡，乡宿儒长者时过，皆器府君，府君亦乐与老成近。读书观大略，不屑屑于文，然应童子试辄有声誉。①

这段话可证陈伟琳考过秀才，其“幼从就外傅读书”的老师，是离竹塅约五十里远的安乡十一都双溪的陈光祖、陈光缙兄弟。陈宝箴《双溪两先生传》：

吾族以诗书世其家者，惟双溪最著。而其列学校，知名当时，自克轩、丙垣先生始。吾家自叔祖五园公从而受学者三世，②至今称为双溪两先生，往往能诵述其文章行谊。……初，丙垣先生游白鹿，主讲郭公祚炽负学者盛名，见其文，器之。寻知其学出伯子，遗书叹慕。未几，以亲老归。……先君子久从之游，每讲授经义，辄称吾伯子尝云云，其尊信其兄如此。……箴闻之先人云，方国初时，闽、粤遭三藩之变，徙家居江右者，分宁、奉、靖间所在有之。然流离草创之际，罕能读书以文学鸣于当世者。双溪两先生出，远近之士从游者无虑数百人，彬彬然称弦诵焉。呜呼！亦盛矣哉！③

陈伟琳因疗治护理母亲谢氏病痛，弃举业而习中医，郭嵩焘《陈府君墓碑铭》：

先生以太淑人体羸多病，究心医家言，穷极《灵枢》《素问》之精蕴，遂以能医名。病者踵门求治，望色切脉，施诊无倦。自言：“无功德于乡里，而推吾母之施以及人，亦吾所以自尽也。”④

这就是陈寅恪晚年写《寒柳堂记梦未定稿》首揭《吾家先世中医之学》的来历。陈寅恪指出从曾祖陈伟琳到祖父陈宝箴到父亲陈三立均通中医，陈伟琳、陈宝箴通中医有较多材料说明，陈三立则材料不多。中医传家的家史记忆在陈氏

---

① 刘经富编著《陈宝箴诗文笺注·年谱简编》，第 55 页。

② 按：陈宝箴的两个叔祖陈克调、克藻都曾师从陈光祖兄弟，至陈伟琳，已二代，笔者此前在多篇文章中言及陈宝箴亦曾向陈光祖问学，即陈宝箴所说的三世。现已知此说有误，考证不实，陈光祖于道光十四年(1834)以 89 岁高龄去世，其弟光缙先于兄去世。陈宝箴生于道光十一年(1831)，不可能建立师生关系。陈宝箴所说的三世，应该是陈克调、陈伟琳和观字辈中年龄大于陈宝箴的某位堂兄，很可能是陈观礼。

③ 刘经富编著《陈宝箴诗文笺注·年谱简编》，第 59—60 页。

④ 杨坚点校《郭嵩焘诗文集》，岳麓书社 1984 年版，第 437 页。

后人中颇有传说，1984年龚产兴编《陈师曾年表》开篇介绍"陈宝箴祖上三代皆擅中医之学，以医术知名乡村间"，[①]即陈衡恪四子陈封雄提供给龚产兴的。按旧时乡间读书人以应试入仕为第一条路，退而求其次为开教馆、行医，陈伟琳的兄长（陈规镜）即如此，与陈伟琳同为怀远陈姓族长的陈应衡（陈光祖之子），亦多次参加秀才考试未取录而业岐黄。[②] 旧时民间为科举不得志的地方绅士所撰传记碑都有模式套路，已经程式化了。陈伟琳自习中医能达到开方诊断水平、名传眉毛山区应没有问题，但更高层面的材料尚未发现。同治版《义宁州志》卷二六《人物志·方技》收录15位弃儒业医者，无陈伟琳名，且整个怀远都无一人入选。因为一个家族要培养一位名医颇不容易，所谓"医不三世，不服其药"。陈伟琳的德业能力还是在操办公益事业和教育子弟方面。

自乾隆四十六年（1781）起，义宁州怀远陈姓开始酝酿在州城建宗祠，历经二十余年的不懈坚持，终于在嘉庆八年（1803）开祠祭祖，取名"光远祠"。陈家克字辈四兄弟特别是陈克绳在创建活动中起了极大作用。陈克绳作为怀远陈姓中心人物的身份地位后来由陈伟琳继承。陈伟琳去世后，其子陈宝箴接续传灯，处理宗祠事务。

陈伟琳在怀远都创建梯云书院的活动中所作的贡献前文已述，他在操劳创建事务中，因公与另一位首士郑体元至京师，成为他一生事略的一个亮点。同治二年首修《梯云书院志》卷六《酬祀禄位》，对32位首事所作的贡献都有简短评述，对第三位郑体元、第四位陈伟琳的评述是"因公北上，备尝辛苦"。陈伟琳在往返湖北、河南、山东途中用诗纪行言志，成《北游草》一卷。关于这一点，同治二年陈宝箴撰《子润府君行述》是这样描述的：

> 府君故慷慨，有四方志，以侍养不忍废离。及先大父卒后，于是溯江淮，越齐鲁，至京师，与贤士大夫游。所过风土井疆，皆寓之于诗，归时积草成帙。[③]

光绪十年陈宝箴回乡改葬父亲时请郭嵩焘撰碑文，郭嵩焘根据陈宝箴的这段话推衍为：

---

① 此处稍有不准确，不是陈宝箴祖上三代，而是陈伟琳、陈宝箴、陈三立三代。陈寅恪只指出"吾家先世中医之学"，后人由此引申出陈家为"中医世家"，则与实际情形不符。

② 见王维新等修，涂家杰等纂《同治义宁州志》卷二六《人物志·善士·下》"陈应衡小传"，第451页。

③ 刘经富编著《陈宝箴诗文笺注·年谱简编》，第55页。

> 生平为学，不求仕与名，独慷慨怀经世志。尝一涉江，揽金陵之胜。东历淮、徐，涉略齐、豫，北至京师，所至考揽山川，校其户口、扼塞险易，以推知古今因革之宜，与其战守得失之数。①

近年有人根据郭嵩焘这段话进一步过度阐释为“陈规鋐曾游历江苏、山东、河南、北京，靠行医谋生，在行医过程中积累了财富和阅历，回乡后成为一方乡绅”。② 如果说人们根据郭嵩焘的说法引申出陈规鋐曾有过漫游经历还有点文字依据的话，则进一步引申出陈伟琳“靠行医谋生……积累了财富和阅历”就有点向壁虚构了，在大胆想象上走得更远，因郭嵩焘所撰铭文压根没有“行医”字样。若真以为陈伟琳此次赴京城办事往返途中所到之处像顾炎武那样“校其户口、扼塞险易，以推知古今因革之宜，与其战守得失之数”，是不善读乡土文献。况同行的郑体元在途中病逝于河南濮阳县，陈伟琳在异地他乡独力张罗处理突发事故，身负重要任务，哪还有心思漫游、考古？

咸丰二年，太平军在义宁州毗邻诸县活动，义宁官绅着手创办团练，在州城设团练总局，八乡各设分局。泰乡是义宁州的东大门，且较为富庶，离州城亦近，因此泰乡团练成效最显著。咸丰四年正月，太平军从北、南、东三个方向侵入义宁州，泰乡团练予以围堵。陈伟琳与涂家杰即聚集内七都绅民组织团练赴乡治梁口（今三都镇）助战，“尝昼夜走暑湿中，废眠食，遂于夏五月间积劳成疾”，3个月后去世，时年57岁。病重期间，嘱两位儿子陈宝箴兄弟协助涂家杰带领七都团练继续活动。③

---

① 杨坚点校《郭嵩焘诗文集》，第437页。

② 卞孝萱《家谱中的名人身影——家谱丛考》，辽海出版社2008年版，第204页。

③ 笔者以前撰文谓“陈伟琳组织的团练，据说为义宁州最早的团练队伍”，实误。其源出自郭嵩焘《陈府君墓碑铭》：“已而粤寇陷武昌，踞有江南，数扰江西。先生率乡人团练击贼，比有功。暇辄与讲求忠义，人皆喜自奋。义宁以一城扼江楚之冲，倚以拒贼者数年，由先生治团练始也。”按郭嵩焘此文系根据陈宝箴《府君行述》改写，《府君行述》只说“甲寅春，贼犯州境，府君结乡人助梁口诸团御贼，屡破之。尝昼夜走暑湿中，废眠食，遂于夏五月间积劳成疾。时贼复屡犯境，乡人涂雨人孝廉就府君计事。府君命树年、宝箴迭往襄事”，尚属实录，而郭嵩焘铺衍为义宁团练最早创办者为陈伟琳。新编《修水县志·大事记》和卷二四《军事》又根据郭嵩焘这句话引申为“咸丰二年，桃里竹塅村乡绅陈伟琳首倡团练，为江西最早的团练”。笔者亦跟着“连环错”，其他研究者亦沿引郭说并予以发挥。按：义宁团练的骨干乃泰乡团练的核心人物余春霆、进士陈世章（本地陈姓，居住今岗上村横源，进内七都桃里的入口处）之子陈汉卿和陈世章从弟陈筠友。《学博汉卿夫妇合传》：“……咸丰二年间，粤寇鸮张，邻疆糜烂，乡绅耆思未雨绸缪计。素闻先生学识宏通，有过门问策者，遂决意起团。选健丁，练武技。寇至督勇拒战，寇去驻隘守御。曾文正公有奏章云，惟江西之义宁州办团确有成效，而义宁之团泰乡尤为出力，亦由先生筹划而始事也。大吏胪实入告，循资擢以本职遇缺即选，寻授南安府崇义县教谕，未赴任，仍商同人妥筹善后事宜，以卫桑梓。”《文林郎陈筠友传》：“……值粤寇 （转下页）

办团练、起队伍，除了需要社会声望地位之外，还需要相当的财力，有经济后盾，家族子弟众多，这些条件陈伟琳及其家族都具备。由于没有更多的材料可以说明泰乡内七都团练情况，因此对陈伟琳组织起来的团练只能得其大概。陈家除了陈伟琳父子积极参与团练活动外，尚有陈规镐（陈伟琳三兄）父子投身其中，获军功奖励。

对陈伟琳一生行事志趣的概括，《义宁州志》上的“陈伟琳条”归纳揭示较好，清通切实，因撰写者系与陈伟琳同里的涂家杰（他当时任州志总编），所以对陈家的熟悉非一般人可比，特此全文引录：

> 陈伟琳，字琢如，号子润。幼有至性，母病，医治无效，乃昼夜攻岐黄术，审治遂瘳。父年八十余，伟琳年垂五十矣，承欢如婴儿，有老莱子风。父克绳故好义，伟琳承先志，凡书院、宾兴，表扬节孝，所以育人材、善风俗者，皆孳孳焉。性好学，尤喜阳明书，谓近日俗学支离，如浮沉大海中，不识所向，则阳明诚救时之学也。训子弟及亲戚后进，必勤勤启诱，终日不倦，虽农夫野老，亦敬而爱之，感化者众。曾著有《劝孝浅语录》《松下谭》等集。长沙郭嵩焘为铭其墓。①

陈伟琳夫人李氏，出自义宁安乡十一都渎坑（今黄港乡渎坑村）怀远李姓。父亲李群山，讳大荣，字承滋。修职郎。乾隆三十九年甲午（1774）二月二十九日生，道光二十七年丁未（1847）二月十八日殁。配凌氏（凌氏墓今尚存渎坑）……生子四……女五，长适陈琢如。② 李氏生子三：观瑚（树年）、观瑞（幼殇）、观善（宝箴），生女三。关于李夫人的材料有：李元度《皇清诰命太夫人陈母太夫人墓碑铭》③、郭嵩焘《陈母李太夫人墓志铭》④、陈宝箴《李太夫人讣告》《李太夫人行状》⑤。

陈伟琳墓原在竹塅北垄，光绪十年陈宝箴回里移葬外七都杨坊塅湖洞山

（接上页）犯境，先生协办团练，以忠义作士卒气。州立防剿局，先生主之，以骨鲠忤同辈……咸丰四年捐资助剿，抚宪陈保奏，以原官遇缺即选。五六年或助饷济军或劝捐出力，道宪罗会同湖北抚宪胡保奏，授南安府学训宪，将抵任，以病回籍。”《龙峰陈氏宗谱》，民国十六年（1927）续修。

① 王维新等修，涂家杰等纂《同治义宁州志》卷二五《人物志·孝友》，第 417 页。

② 见《李氏族谱》，民国三十二年（1943）七修。

③ 见李元度《天岳山馆文钞》，载沈云龙等编《近代中国史料丛刊》正编第 402 册，文海出版社 1979 年版，第 1319—1322 页。

④ 见杨坚点校《郭嵩焘诗文集》，第 491 页。

⑤ 见刘经富编著《陈寅恪家族史料整理研究》下册，第 910 页。

之左麓童家后山(今已辟为工业园区),初毁于20世纪50年代,继毁于90年代盗墓,现只存遗址。[①] 墓地颇壮观,遥遥相对40里外的眉毛山主峰。陈宝箴请的义宁风水名师吴葆忠撰有《墓图说》。[②] 李夫人墓在湖南平江县金坪,墓地风水极好,已毁于20世纪50年代大集体时期。[③]

二、陈规钫

陈规钫,字宣六,号宫谱。乾隆五十一年丙午(1786)七月二十一日生,道光二十年庚子(1840)九月二十七日殁。陈克绳长子。

义宁州儒学教谕晏自翘《宫谱先生夫妇传》谓其"少读书聪颖犹人,特勤甚。长习举子业,辄宵分忘寝,屡试不售,退而设教家塾"。[④]

上文曾提到陈规钫的叔叔克调曾在自己宅第办过私塾,请老师教授子侄,规钫当在受教之列。规钫曾师从贡生陈书洛,陈书洛《太学生绍亭族叔大人寿圹记附铭》提到"元配谢氏,生子二:曰镜曰鋐;副室何氏,亦生子二:曰钫曰镐。钫、镜予门人,应童子试,皆有声,予恒以大器目之"。[⑤] 规钫还曾师从廪生彭承恩,彭承恩《太学生绍亭大人传》云:"其子宣六从予游。"[⑥]至于他自己后来"设教家塾"的情况,尚未有更多材料显示。

规钫夫人范氏,生四男五女。夫妇墓尚存竹塅。[⑦]

规钫夫妇因其孙子三略钦加同知衔,官湖南嘉禾县正堂,获朝廷循例诰赠"奉政大夫""太宜人"称号。

三、陈规镜

陈规镜,字心怡,号醒吾。乾隆五十一年丙午(1786)十二月初八日生,道光十一年辛卯(1831)八月二十八日殁。陈克绳次子。规钫、规镜同一年生,规

---

① 见刘经富编著《陈寅恪家族史料整理研究》下册,第945页图片。

② 见刘经富编著《陈寅恪家族史料整理研究》上册,第319页。

③ 吴葆忠《诰封一品太夫人陈母李太夫人墓图说》,载刘经富编著《陈寅恪家族史料整理研究》上册,第324页;墓址和庄屋图片见下册,第947、949页。

④ 刘经富编著《陈寅恪家族史料整理研究》上册,第120页。

⑤ 按:陈书洛,字心水,号松屏,义宁州泰乡一都松坪人,为本地陈姓。嘉庆年间廪生,道光元年(1821)贡生(见《义宁州志》卷一九《选举志·贡士》)。陈书洛在义宁塾师这一行里颇有名气,他在给本宗某位前辈所撰传略中提到自己于嘉庆十一年在泰峰禅院授徒,在他们这一支的本地陈姓宗谱里发现他为族人写的五篇序传,而无其本人传略,故对他的行迹事略只有零星的一些材料。

⑥ 刘经富编著《陈寅恪家族史料整理研究》上册,第77页。

⑦ 见刘经富编著《陈寅恪家族史料整理研究》下册,第942页。

钫系侧室何氏所生，规镜系正室谢氏所生，规钫比规镜大半岁。

例授文林郎、拣选知县陈世馨《陈公醒吾墓志铭》："生而聪颖，勤学，业经书子史。每有所阅，即记诵不忘。少绩学，应童子试，累夺前茅，师友咸以大器目之。而居心常歉然也。益励志芸窗，寝馈古文大家，研穷日久，学益博，业益精。乃遇艰，莫展所学，退而训子侄及生徒。春风化雨，而教无倦怠。讲习之暇，兼业岐黄……其处己接物之间，忠厚发乎至性，和气蔼于同人，所谓劳谦君子，其殆有终吉欤？无何玉楼名记，大故遽膺，夺锦鸿才，乘化归尽。嗟乎天乎！士生斯世，屈而不伸者，岂时运不济耶？记年四十有六。"①

同治二年三修谱卷首《人物记略》列"陈规镜"条："幼敏慧，读书过目成诵。稍长，洒落出尘，多才艺，以诗画书法知名一时，有郑虔三绝之誉。于琐事不介意，而事亲有至性，定省之暇，每依膝下谈说部传奇以供笑乐。年四十余卒，人皆惜之。"②现存陈规镜为外祖父谢春兴撰墓志一篇，为族人修谱撰"赞"两首。

陈规镜盛年即殁，时父亲陈克绳72岁，可能对次子早逝非常痛心，故陈规镜墓是陈家规字辈中规模最大的。光绪二十一年四修谱卷首载录陈规镜墓图。

规镜夫人张氏，生四男五女。其墓尚存竹塅，陈宝箴、陈文凤撰铭。

四、陈规镐

陈规镐，字化南，号沐轩。乾隆五十九年甲寅（1794）八月二十日生，同治九年庚午（1870）九月二十八日殁。陈克绳三子。因办团练军功旌奖八品顶戴。同治二年三修谱卷首《人物记略》列"陈规镐"条："业商，善居奇。尝赍货出江淮，过彭蠡，旋风大作，前舟尽覆，榜人惧甚。公端坐，恍惚闻人语曰：'子生平正直，无怖。'少选，舟子告曰：'幸矣彼岸也。顷即抵之。'每自述此事，劝人善，言之津津。貌魁伟，腰腹十围。"③

陈宝箴《乡试朱卷册》提及大伯父规钫、二伯父规镜均言"应试有声"，对三伯父规镐只录字号。今存规镐收条墨迹一幅，④小行楷已有相当程度，可见他是与兄长一起读过书的，只是未习举业。

规镐原配钟氏，生二男一女；续妣刘氏，生四男二女。

---

① 刘经富编著《陈寅恪家族史料整理研究》下册，第943—944页。

② 刘经富编著《陈寅恪家族史料整理研究》上册，第144页。

③ 刘经富编著《陈寅恪家族史料整理研究》上册，第144页。

④ 见刘经富编著《陈寅恪家族史料整理研究》下册，第841页。

五、陈 规 鋥

陈规鋥，字鸣谐，号日峰。乾隆六十年乙卯（1795）八月二十六日生，同治十三年甲戌（1874）七月二十九日殁。陈克藻长子。例授修职郎。[①] 规鋥早年读书从师情况不详，陈宝箴乡试朱卷册谓规鋥"应试有声"，应该曾与堂兄弟一起习举业。规鋥颇有文才，道光八年竹墩陈家主导义宁怀远陈姓第二届修谱，规鋥是参与其事的主要成员，他撰写了卷首重要文字《复修宗谱序》，还写了一篇《陈氏分迁记》，详细叙述了江南各地陈姓的分布和渊源，是一篇有价值的陈姓分迁源流参考资料。此外还写了一篇参修的某支迁宁始祖人物传记。时规鋥 33 岁。

规鋥后来似乎在家族财产管理事务上犯错，被家族剥夺了管理权力。嘉庆二十三年陈家第二次分家文书《续议条规》有一条"众存尝田除规鋥不得争管外，其余四房子孙公收公用。不得藉公肥己。倘有持强滋事，与众不合之人，公同逐斥，不得经理。其尝田永批外人耕作，子孙永不得自耕，以免拖租霸耕。规鋥自新，即与管众事"。可证陈氏家族管理规范严肃。

规鋥夫人张氏，生一男一女。

六、陈 规 鈖

陈规鈖，字和璧，号荆山。嘉庆三年戊午（1798）十一月初四日生，光绪七年辛巳（1881）十月十二日殁。陈克修长子。规鈖曾问学一位名叫张一西的老师，查望洋《介田先生夫妇合传》："嗣君和璧，受业于张一西，余与一西交笃，能道先生与孺人行事，特书之，以俟传其旧者采焉。"[②]武宁县举人、大挑一等、义宁凤巘书院主讲徐蓉镜《陈公荆山暨德配叶孺人夫妇墓志铭》："陈公荆山太姻侍翁，宿儒也。不求闻达，不喜文华，性极静，好吟咏。凡有所请，援笔成文。年逾八旬，犹能朗诵诗文，好学不倦。教子若孙，勿忘耕读。临终时每以此二事拳拳见属。迄今诸后，秀者横经，朴者负耒，其亦体公之遗志也。……"（刘经富抄自陈规鈖夫妇墓碑）其长孙三达业儒。

规鈖夫人叶氏，生五男二女。

---

① 修职郎为清朝正八品文官的散官官阶，为虚衔，相当于现在所谓的享受某某行政级别待遇。正八品相当于现在的副县级或乡镇长级。规鋥因什么缘由获得这个荣誉性虚衔不详，或许是捐纳。

② 刘经富编著《陈寅恪家族史料整理研究》上册，第 91 页。

陈宝箴乡试朱卷册在29位规字辈中列入15位，均为陈鲲池的孙辈。规鈉“负才早世”，规钫、规镜、规鍉、规鈖“应试有声”。未有评语的10人：规镐、规銖（致中）、规锟（先金，克调五子，监生）、规铻（建山）、规鋕（书简）、规釪（韵金）、规鑰（卜山）、规镕（耕经）、规铸（尔甄）、规锡（命三），虽然没有习举业，但应该是规字辈中比较优秀者。

第二节　第四代“观字辈”代表人物

从道光二年起，日益强盛的竹墩陈家主导了怀远陈姓第二次联宗修谱。这次修谱所联宗合修的支脉比首届联宗合修的支脉要多，嘉庆十九年（1814）首届宗谱颁布的原辈分用字已难适应，于是二修谱颁布新辈行用字“观成端正士，守善定超群。缙笏盈庭盛，声华继懋勋”。但这次颁行的辈分用字只使用了“观”“成”两辈（“成”字辈中年龄较大的成员），即被下一届更大规模的联宗修谱所颁行的辈分用字“三恪封虞后”所取代。

与陈家规字辈名字中最后一字统一用“金”字旁相比，观字辈名号最后一字未能统一，有用“斜玉旁”的，有用“水”字旁的，有用单人旁的，有用“日”字旁的，有用“丝”扭旁的，有用“土”字旁的，有用“雨”字头的，有杂用偏旁的。这反映了陈家到第四代小家庭和子弟越来越多，意见不同，统一用字已难以做到。

一、陈宝箴（观善）

详见下文“陈宝箴”专章。

二、陈 观 礼

陈观礼，字用和，号秩卿。嘉庆十四年己巳（1809）十二月二十一日生，同治十年辛未（1871）十一月十五日殁。陈规钫长子。廪生，候选训导。其启蒙老师即身为塾师的父亲陈规钫，少年时曾在父亲的辅导下苦学9年，于道光七年（1827）19岁时考取生员。义宁州儒学教谕晏自翘《宫谱先生夫妇传》：“（规钫）课长子观礼读，自句读至操觚，阅九寒暑。通经史，为文有程度，越六年补弟子员。”[①]道光九年岁试优秀，从增生得补廪生；十年科试优秀。[②]

---

① 刘经富编著《陈寅恪家族史料整理研究》上册，第120页。

② 《陈宝箴乡试朱卷册》：亲兄观礼，州增生，屡试超等。《怀远都生员名册》“道光庚寅 （转下页）

陈观礼是陈氏家族第一个取得生员资格的人，以后数次参加乡试未中，遂不再应试。[①] 县学生员仅是进入科举功名的第一步，在漫长的科举制社会，多少人皓首穷经，却终生踏不进县学生员这个俗称为秀才的门槛，又有多少人一生停滞在这个最低的门槛内不能再前进半步。但陈观礼为陈氏家族的科举事业打破了坚冰，实现了零的突破。

咸丰年间，陈观礼挈家迁移到安乡十一都清凉山山区，在那里开教馆授业十余年，成为义宁州知名度较高的塾师。龚溥庆《梓乡遗献》："吾宁遗献，代不乏人。如家棠荫师，陈裕生师，余肃卿师，陈观礼师，徐丹岩师，姜少梅师。或以硕学称，或以长才著，类皆昭昭在人耳目……"[②]家道稍裕，复迁移到安乡十二都长茅（距离竹墩约三四十里远）买宅定居。[③] 其子孙遂在这里成长，但与竹墩本支联系仍紧密。

陈观礼具有了科举功名后，成为义宁州怀远人社会活动、公益事业的领头人之一，参与了怀远人入籍文献资料的整理编印、怀远陈姓"光远祠"祠务、怀远都梯云书院的劝捐。其子孙亦承继了他苦读成才的家风。[④]

同治四年，陈观礼参与了义宁州士人刊印曾任濂山书院主讲陈世章编著的《制艺全模》文化盛事，参订校核名单共有一百八十余人，义宁州知名的进士、举人、秀才基本亮相。

作为怀远都的一位文人，陈观礼少不了为人写序传赞，今发现他所写传略三篇，谱赞两首，其《能照先生赞》：

（接上页）科试学宪程德楷"题"良恭"，"陈观礼，安泰，九年补廪"。见刘经富编著《陈寅恪家族史料整理研究》下册，第 882 页。怀远都四都二图文昌会按规定奖励陈观礼花红银 5 两，见《四都二图丁粮册》道光十年记账。

① 赐进士出身、江西补用道、前任南安府知府王凤池《诰赠奉政大夫陈公秩卿先生传》转述观礼之子陈三爻语："曾祖及王父遂笃志以厉先严学。及弱冠，补博士弟子员……后食饩廪，此吾家科第实昉自先严也。……益奋志努力，求慰先人望。每临场先一二月，必默诵四书五经，及诗古文词。不意棘闱数战，房荐者屡，堂备者亦屡，而卒有志未逮。"刘经富编著《陈寅恪家族史料整理研究》上册，第 294 页。

② 龚溥庆《师竹斋笔记》卷七，民国九年（1920）刊印。

③ 王凤池《诰赠奉政大夫陈公秩卿先生传》："迄咸丰初，粤寇犯宁，先严以世乱，渐不复志功名，爰避寇于安乡清凉山麓，以课读成人焉。一时游其门者，不以地域，近则本州本乡，远则新吴、靖邑。如是者十有余年，家稍裕，因兼其崎岖逼仄……非可以永建乃家。由是遍为之访，得安乡长茅，其水秀，其泉温，且彬彬乎有礼让之风。先严曰：'是真文物之邦也，堪为后嗣则焉。'遂买宅而卜居其地。屋仅数椽，后孙曾渐众，复于左右增建房所。"刘经富编著《陈寅恪家族史料整理研究》上册，第 294 页。

④ 王凤池《诰赠奉政大夫陈公秩卿先生传》："其于儿孙辈，止以忠孝二字、耕读两途谆谆训诲，他则皆非所愿也。"刘经富编著《陈寅恪家族史料整理研究》上册，第 294 页。

名称珠玉，品若圭璋。生而聪颖，笃志缣缃。翩翩才思，其卜芹香。童军屡困，舍之则藏。惇行孝弟，蔼然一堂。督耕课读，桂秀兰芳。娱游暇日，肆志倘佯。竹竿籊籊，河水洋洋。投纶自适，宠辱皆忘。缅襟期之洒落，不禁慨想乎山高而水长。……愚内侄陈观礼拜题。①

另存陈观礼30岁时所抄写的契约一纸。虽是日常应用文字，但从其书法的圆熟可以推知陈观礼确有才学。②

观礼夫人潘氏，生四男三女。夫妇因长子三略钦加同知衔，官湖南嘉禾县正堂，获朝廷循例诰赠“奉政大夫”“太宜人”称号。

三、陈观华

陈观华，字爱春，号醉月。嘉庆二十年乙亥(1815)八月十七日生，道光十八年戊戌(1838)十一月二十二日殁。陈规钫次子。“髫年读经史及诸子百家……从伯兄游。为文好刻苦，寻患心疾，呻吟中谓伯子曰：‘适青衣人引至一处，历重门，楼阁壮丽，七八人据席而坐，一冕旒者揖予曰：“君前约忘之乎？可速来。”固辞不获。’噫，迨不免欤！越旬卒。”③

四、陈观澜

陈观澜，字印波，号芦溪。嘉庆二十三年戊寅(1818)六月三十日生，光绪十二年丙戌(1886)九月三十日殁。陈规镜第四子。例授修职郎，候选分县。陈宝箴乡试朱卷册谓其“应试有声”。今存其诗作一首《题干云姑丈大人照》：“书与名花一样看，关心培植自芬芳。凭栏领略天然趣，握卷吟哦味最长。”④

夫人刘氏，生六男三女。

五、陈观琦

陈观琦，字耀堂，号崑山。嘉庆二十年乙亥(1815)二月初十日生，同治十二年癸酉(1873)初十日殁。陈规镐长子。从军有功，赏七品顶戴。陈宝箴乡

① 按：“能照”即护仙坑的邱能照，娶陈克绳之女，故陈宝箴乡试朱卷册亲戚名单内称“姑丈邱能照”，陈观礼自称“愚内侄”。从“童军屡困”一句来看，邱能照亦习过举业。

② 见刘经富编著《陈寅恪家族史料整理研究》下册，第840页。

③ 刘经富编著《陈寅恪家族史料整理研究》上册，第144页。

④ 见义宁州怀远黄姓宗亲保存下来的《黄氏宗谱》手抄本。

试朱卷册谓其“应试有声”。

夫人叶氏，生二男四女。

六、陈 观 瑶

陈观瑶，字佳琼，号朴泉。道光四年甲申（1824）九月十二日生，同治三年甲子（1864）十月十八日殁。陈规镐第三子。从军有功，赏戴蓝翎，候选县正堂。

夫人凌氏，生子一。

七、陈 观 璠

陈观璠，字子浩，号春沂。道光十七年丁酉（1837）十月初一日生，光绪十四年戊子（1888）正月初九日殁。陈规镐第六子。同治元年入泮，[①]候选分县。陈宝箴乡试朱卷册谓其“应试有声”。

八、陈树年（观瑚）

陈树年，谱名观瑚，名树年，字六殷，号滋圃。道光三年癸未（1823）正月初四日生，光绪七年辛巳（1881）十一月二十日殁。陈伟琳长子。候选同知，赏戴蓝翎，诰授奉政大夫。

陈树年性格粗豪，年少时不喜欢从文习举业，学经商又厌恶计算筹划，后随父亲办团练。父亲去世后，参加罗亨奎、易佩绅组织的团练队伍，转战湖南、四川、陕西一带数年，后因弟宝箴经常出外打拼，遂随侍母亲，未再复出。[②] 同治十年陈宝箴候补湖南，树年率自己一小家奉母至长沙。光绪六年陈宝箴任职河南河北道，树年先同去，数月后返里，留住平江县金坪。树年夫人张氏则挈子媳返回义宁故里竹塅。

陈树年擅长风水堪舆，光绪二年母亲去世，树年兄弟在义宁毗邻的湖南平江长寿街东乡金坪[③]择地营葬，树年殚精竭虑，苦心孤诣，将母墓精工打造得颇

---

① 见《怀远都生员名册》，载刘经富编著《陈寅恪家族史料整理研究》下册，第885页。

② 陈宝箴《诰授奉政大夫陈公滋圃墓表》：“少时不乐为儒，去而习贾，又不喜琐屑会计。寇扰义宁，先考通奉公倡为团练卫乡里，以劳卒。伯兄纠健儿击贼，屡濒于厄。咸、同中，吾友罗君亨奎、易君佩绅率饥军搏贼川陕间，伯兄与同患难者数岁。逮宝箴佐军事东南，伯兄遂不复出，晨夕奉母以终其身。……”刘经富编著《陈寅恪家族史料整理研究》上册，第291页。

③ 金坪是陈家三处墓群之一（另两处为义宁竹塅、南昌西山），计有宝箴母亲墓（当地人称“陈道台墓”）、陈树年墓、三立原配罗孺人墓、三立殇子同亮墓、陈三畏墓。除陈树年墓因地处偏僻外，其余茔墓俱毁于20世纪50年代大集体时期，只遗墓址。约2015年，陈树年墓也被文物贩子破坏，陈宝箴撰写的墓表石碑两块出现在平江县某文物经营者的店铺里。

为气派壮观，成为当地著名的古墓。①

陈树年光绪七年因在金坪营葬头年病逝的陈三立原配罗氏而得病。临终前交待不要把自己葬在为罗氏选好的位于百步岭的墓穴。光绪十一年六月陈宝箴营葬已厝五年的兄长，仍将其葬百步岭，而将儿媳罗氏另葬距离金坪不远的东乡与邵阳乡毗邻的盘龙湾。②

陈树年因性格刚硬、好酒使气致疾，终年 59 岁。③ 陈宝箴痛心兄长的早逝，写了一篇饱含深情的祭文，成为他的一篇名作。

树年夫人张氏，生二男（三厚、三嶷）二女。④ 民国二年 84 岁时逝世，葬竹塅。陈三立为其撰《诰封宜人伯母张太宜人墓志铭》。⑤

九、陈 观 伍

陈观伍，字禹畴，号醒吾。咸丰八年戊午（1858）十二月初六日生，光绪三十二年丙午（1906）七月初七日殁。陈克调六子规铻长子。光绪二十三年至二十四年间，与从侄三垣（凤楼）赴福建上杭中都琳坊祖籍修复宗祠，三垣竟遘疾去世。陈观伍独自承担大量繁杂事务。从他可以与陈宝箴书信往还来看，他应是观字辈中有一定文字水平和办事能力的人。⑥

陈氏家族第四代“观字辈”男丁共计 41 人，其中陈鲲池名下 39 人，其兄公

---

① 陈宝箴《诰授奉政大夫陈公滋圃墓表》：“治冢墓尤精，远近多取则焉。事吾母如事父，当葬金坪，每力疾坐草土中，寒冰暑雨，凛冽蒸铄，朝夕督视不倦，抔土片石，至易置数四，然后即安，三改岁而始讫事。宝箴每至墓，常大息曰：‘向非吾兄，则遗憾多矣！’”刘经富编著《陈寅恪家族史料整理研究》上册，第 291 页。

② 陈树年墓图、罗氏墓图、《罗宜人墓表》，见刘经富编著《陈寅恪家族史料整理研究》上册，第 325、327、295 页。

③ 陈宝箴《诰授奉政大夫陈公滋圃墓表》：“伯兄性刚而爱人，遇人无城府，若不知世有诈伪事。然人或相为奸欺，觉则立擿发其覆。又好饮酒，有不快，恒使酒谩骂。既罢，意不自安，则呴妪睨眗，杂引他事，为好语慰解之。故虽常忤人，人多谅其无他，弗恨也。然卒以酒致疾，未老而陨，悲夫！”刘经富编著《陈寅恪家族史料整理研究》上册，第 291 页。

④ 长适同里姻亲黄韵桐，次适湖南湘潭两淮盐运使黎鲲。湘潭黎姓为世家大族，黎鲲祖父黎吉云（樾乔），道光十三年进士，掌江南道监察御史，国史馆总纂，与曾国藩、郭嵩焘、左宗棠交好。黎鲲父亲黎培芳（尔民），浙江候补道员，娶左宗棠第三女，生黎鲲。黎鲲续娶陈氏，江西义宁州人，湖南知县寿［树］年女。同治三年（1864）生，光绪十六年（1890）殁，生子一，夭。见《湖南湘潭黎氏绪周五修支谱》卷五。按：陈氏去世时陈三立曾从长沙去苏州吊丧，写有《由长沙泛江至姑苏哭黎氏女弟城东殡宫四首》，诗中有“三年为妇毕”句，可知她嫁黎鲲是光绪十四年（1888），时年 25 岁。

⑤ 见陈三立著，李开军校点《散原精舍诗文集（增订本）》下册，第 917 页；张氏坟图见刘经富编著《陈寅恪家族史料整理研究》上册，第 326 页。

⑥ 陈宝箴《与陈观伍》两函，载刘经富编著《陈宝箴诗文笺注·年谱简编》，第 279—281 页。

远名下只有一孙“规珊”，无嗣。公陞名下六孙，只有一孙观沚生子一：三聘（早逝）。陈宝箴乡试朱卷册列入“观字辈”11 人，均为陈鲲池曾孙，其中 9 人注明“应试有声”，显示观字辈读书应试的子弟比规字辈增多。

第三节　第五代“三字辈”代表人物

咸丰元年恩科乡试，义宁州共录取 5 位，其中怀远陈姓占了两位——陈文凤和陈宝箴。怀远陈姓欢欣鼓舞，敦促陈文凤、陈宝箴纂修大成宗谱（通谱），受太平军战事影响延宕至同治二年（1863）才告竣。同治通谱在义宁州怀远陈姓族史上具有重大意义。它理清了过去各支各自为政的混乱世次，创制、颁行了全族通用的“谱派诗”：“三恪封虞后，良家重海邦。凤飞占远耀，振采复西江。”废止以前各支自定的“私派”，规定参加合修的各支各系现在年少和今后出生的子弟，一律按新定“通派”取名。经过这一次大动作之后，义宁怀远陈姓的谱派最终稳定下来，没有再改变换动。

一、陈 三 立

详见下文“陈三立”专章。

二、陈 三 略

陈三略，谱名三略，名绩熙，字家修，号耘恕。[①] 道光十五年乙未（1835）九月二十五日生，光绪十三年丁亥（1887）八月二十日殁。陈观礼长子（陈克绳→陈规钫→陈观礼→陈三略）。

陈三略少习举业，[②]读书师从情况不详，其父陈观礼以诗礼忠孝督教儿孙辈甚勤，应该先受庭训。十二三岁时操笔为文，即娓娓千言。往应童子试，屡列前茅，咸丰年间因太平军战乱停试。在此期间，他可能参加了叔祖陈伟琳、陈规镐组织的团练活动。同治元年（1862）28 岁时继续应考，始获秀才身份，当年岁试因成绩优秀补廪食饩。[③] 之后参加数次乡试未取录。约在咸、同时他

---

① 陈三略早年按上一届谱的派号字“成塾”，见陈鲲池墓碑玄孙列名、陈克绳墓碑曾孙列名。

② 陈宝箴乡试册“亲侄成塾，应试有声”，见刘经富编著《陈寅恪家族史料整理研究》下册，第 888 页。

③ 见《怀远都生员名册》同治元年名录：“陈绩熙，泰乡，廪生。”刘经富编著《陈寅恪家族史料整理研究》下册，第 888 页。《陈氏宗谱》载录陈三略为廪贡生。

曾学写诗，喜好文学，陈宝箴曾撰《书塾侄诗卷》指点开导他。[①]

同治二年梯云书院编修院志，陈三略是十五个首士之一。

同治九年七月，陈三略参与云记宾兴事务，为首事之一。

同治十年至十一年间，陈宝箴在长沙掌管处理湘军援黔平苗军需事务，陈三略可能赴湖南投奔堂叔陈宝箴，经陈宝箴介绍赴贵州平苗前线，于某县攻克黄茅岭及荡平四脚牛，得保训导。又攻克排羊等处，及克复丹江、凯里各城，免选训导，以知县分省补用。复以苗疆肃清，赏加同知衔，光绪四年（1878）北上引见，得以分发湖南候补。光绪八年，署理嘉禾县正堂，在任内年余，颇有政声："陈缉熙，光绪八年任，江西义宁州人。简默明干，听事肃穆，庭可罗雀，案无留牍。绅歇失势，囹圄中才三人。"[②]光绪十二年，掌管资江厘务，十三年八月卒于任上，年仅 53 岁。[③] 次年归葬于义宁故里安乡长茅安居坳故居后山。

陈三略在湖南任职期间，可能家眷安置在长沙，在长沙赁居。王闿运光绪八年五月二十三日记："为陈三立兄弟写字各一张，其从兄字耘恕。"[④]光绪十年二月初八日，陈三略过谈郭嵩焘。十二日，郭嵩焘回拜三略、宝箴。[⑤] 光绪十年四月十二日，陈三略过谈郭嵩焘。十四日，郭嵩焘回拜陈三略。[⑥] 光绪十一年正月初四日，郭嵩焘诣各署贺岁，列名陈三略；四月十七日，郭嵩焘回拜陈三略。[⑦] 光绪十二年四月初七日，陈宝箴次子陈三畏猝卒于长沙通泰街蜕园寓所。时宝箴在义宁故里，三立在京师应考，赖三略维持局面。郭嵩焘四月十七日记："闻陈右铭次子仲宽以脱症物故，急往视之，晤陈耘恕一谈。"[⑧]

陈三略原配姚氏，生七男二女，先陈三略 12 年去世。侧室王氏，生二男三女。

陈三略虽然辈分比陈宝箴小一辈，但年龄、经历、出身却相仿。9 个儿子有 6 个未回乡，是陈氏家族走出义宁山区的另一支人才。

三、陈 三 爻

陈三爻，又名绩懋，字饮易，号策六。咸丰四年甲寅（1854）二月二十四日

---

① 见刘经富编著《陈宝箴诗文笺注 · 年谱简编》，第 58 页。

② 《嘉禾县图志》卷一九《人物志》，民国二十七年（1938）刊印。

③ 陈俟恪《诰授奉政大夫同知衔原任湖南桂阳直隶州嘉禾县知县廪贡生陈公耘恕府君事述》，载刘经富编著《陈寅恪家族史料整理研究》上册，第 299 页。

④ 王闿运著，马积高主编，吴容甫点校《湘绮楼日记》第 2 册，岳麓书社 1997 年版，第 1114 页。

⑤ 湖南人民出版社校点《郭嵩焘日记》第 4 册，湖南人民出版社 1983 年版，第 456、457 页。

⑥ 见湖南人民出版社校点《郭嵩焘日记》第 4 册，第 470、471 页。

⑦ 见湖南人民出版社校点《郭嵩焘日记》第 4 册，第 529、533 页。

⑧ 湖南人民出版社校点《郭嵩焘日记》第 4 册，第 627 页。

生，民国六年丁巳（1917）五月初六日殁。陈观礼第四子（陈克绳→陈规钫→陈观礼→陈三爻）。

《陈氏宗谱》载陈三爻为“州庠生”，①赞曰：“缅惟我兄，赋性犀灵。功深砥砺，铸史熔经。声蜚文苑，名噪艺林。渊源家学，藻洁芹馨。”

光绪二十年春，陈三爻40岁时，曾投奔陈宝箴，时陈宝箴任湖北按察使。王凤池《诰赠奉政大夫陈公秩卿先生传》：“岁癸巳，予自江右南安解组归里。明年甲午春，义宁陈子策六往武昌臬署，道经富川，得晤予于客邸。”②

光绪二十年冬，曾参与怀远四都二图集资建在州城的漕运收缴机构，兼有宾兴性质的《华国堂志》的编纂事务。

光绪二十七年、二十八年左右，到南京依堂兄陈三立，缪荃孙光绪二十七年（1901）十一月十六日记：“拜姚叔节。袁叔舆、陈策六。”十七日记：“陈策六不能写，改送石世兄。”③所述何事不详，大抵与请托缪荃孙谋差事有关。姚永概光绪二十八年（1902）三月初七日记：“与外舅及陈策六小饮于酒楼。”五月初一日记：“偕黄聘臣、陈策六、星臣散步文德桥上，望钟山晚照久之。”五月初五日记：“伯严招饮，其亲家黄小鲁及罗郃先、黄聘臣、陈策六、星臣同席。”④姚永概作《义宁陈策六言伊州每橘一株岁获钱千枚，若种千株当得千万矣，欣然作诗》。⑤

陈三爻夫人邱氏，生三男五女。其岳父邱美轩，擅中医。郭嵩焘光绪六年六月二十八日记：“邱美轩来谈，陈右铭之姨丈也，工医。以英儿患烦渴，邀请一诊视之。”六月二十九日记：“邱美轩……过谈。”七月三十日记：“易卓超、易琴轩、蔡竹泉并自县至。亦延致邱美轩为家人诊脉，均须老病周旋，其为暇日亦无多矣。”⑥

四、陈 三 垣

陈三垣，又名长龄，字凤楼，号纶阁。道光三十年庚戌（1850）八月二十一日生，光绪二十三年（1897）殁。陈观澜次子，归部选用从九（陈克绳→陈规

---

① 由于《怀远都生员名册》截止到同治八年，《义宁州志·选举志》载录到贡生为止，因此陈三爻获得秀才出身的年份不详，从其年龄推算，大约在光绪初期。

② 刘经富编著《陈寅恪家族史料整理研究》上册，第293页。

③ 缪荃孙《艺风老人日记》第4册，北京大学出版社1986年影印本，第1413页。

④ 姚永概著，沈寂等标点《慎宜轩日记》下册，黄山书社2010年版，第823、828页。

⑤ 见姚永概《慎宜轩诗集》，民国八年（1919）刊本。

⑥ 湖南人民出版社校点《郭嵩焘日记》第4册，第66、67、77页。郭嵩焘误记为陈宝箴姨丈。

镜→陈观澜→陈三垣)。

陈三垣是三字辈中办事能力较强的人,亦懂风水,光绪十一年陈宝箴回乡迁葬祖母、父亲茔墓时,曾参与出力。吴葆忠《诰赠一品太夫人陈母谢太夫人墓图说》:"岁乙酉,奉我师(陈宝箴)命,从凤楼兄为祖太夫人觅迁葬所数阅月,游宁、武殆遍……"[①]后在武昌陈宝箴湖北按察使衙署里做亲随。光绪二十年陈三立长子陈衡恪与南通范当世女儿范孝嫦缔结婚姻,陈宝箴派三垣以家族长辈身份前往南通提亲。范如松(范当世父亲)《与范当世函》:"陈府择今正月十六来通回好……湘帅送银未受,少受陈公程仪……陈公云:'我已见君家四代诗文稿,为江南第一。旧家孝友相传,而尊公人品学问,绝非世俗。今我与对亲,真是喜极。'……伊侄凤楼亦察此意也。……十三陈凤楼来,早已派人港接。其人诚笃,述伊叔颇重此姻,择今正月初四请先人像出,特穿公服,计刻亲写男庚,举署叩喜,择回盘计日请同寅吃喜酒。"[②]

光绪二十三年至二十四年间,陈三垣与从叔观伍赴福建上杭中都琳坊祖籍修复宗祠,竟遘疾去世。陈宝箴安排人员将其棺柩运回故里竹塅安葬。

五、陈 三 畏

陈三畏,初名成靖,后改名三畏,典出《论语·季氏》:"君子有三畏:畏天命,畏大人,畏圣人之言。"字仲宽。[③] 咸丰六年丙辰(1856)九月二十二日生,[④]光绪十二年丙戌(1886)四月十七日殁。[⑤] 陈宝箴次子(陈克绳→陈规鋐→陈宝箴→陈三畏),监生。

陈三畏幼年与兄三立同读书进学,陈三立《弟绎年义述》:"七岁时同学深山中,所谓四觉草堂者也。"[⑥]同治十一年(1872),父亲陈宝箴在湖南为官,与祖母、母亲、伯父母迁居长沙,时年17岁。光绪三年(1877),陈宝箴请湘中名绅廖树蘅教读子侄,三畏与堂弟三厚、堂姐夫黄黼丞为同学。廖树蘅《自订年谱》光绪三年丁丑:"是岁馆陈氏闲园,在长沙局关祠右。学生三人:陈公次子三畏、兄子三恪[厚][⑦]、

① 刘经富编著《陈寅恪家族史料整理研究》上册,第310页。

② 范曾编《南通范氏诗文世家·范如松卷》,河北教育出版社2004年版,第237、239页。

③ 陈三立《弟绎年义述》谓陈三畏名绎,原名三畏。但"陈绎"之名仅此一见。

④ 陈三立《弟绎年义述》误作"咸丰五年"。

⑤ 陈三立《弟绎年义述》误作十四年四月初七日。

⑥ 陈三立著,李开军校点《散原精舍诗文集(增订本)》中册,第783页。

⑦ "三恪"乃"三厚"之误,因读音相近,廖树蘅误记。按:光绪四年陈宝箴还曾聘请吴湘筠(绩凝)任塾师。吴湘筠《陈师曾哀词》:"丁丑间公(陈宝箴)挈伯子伯严葬其太夫人于平江县之金坪,余因以文字见知。时公以道员待次湖南,熹[喜]奖植后进,明年馆余于门下。"吴湘筠《兰石斋存稿》卷三。

侄婿黄鷭丞。”[1]陈宝箴《致廖树蘅函》：“小儿仰被教泽，闻亦粗有进步，望风铭感，我怀如何！惟失学之人，如久旱之植，生意萧条，必日有以灌溉之，乃有发荣滋长之效。尚乞先生日将《四书》经史等书与为讲解，即示以作人立志之方。此外，古文时文随时讲解，使义理浸渍，志趣有卓然向上之机，则生意悠然，庶几渐有长进。”[2]

陈三畏诗文颇秀逸可观，不幸于30岁时猝逝，时父亲陈宝箴在义宁故里，兄三立在京师参加会试，幸有堂伯三略主持操办丧事。廖树蘅《自订年谱》光绪十二年丙戌四月：“陈生三畏暴亡。寓通泰街蜕园，父兄均不在，余临其丧，一哀出涕。”[3]次年六月，葬于平江郑塅。陈三立《弟绎年义述》：“卒之明年六月某日，厝君于平江郑塅之原。”[4]

陈三畏正室张氏为湖南永定知府张修府（江苏嘉定人）之女，同治十三年十二月成亲，时三畏19岁，[5]生子一：覃恪；副室尹氏，生女二：静娴、绮庄。

六、陈 三 厚

陈三厚，又名重威，字叔勤（陈宝箴与兄长陈树年的儿子命名取字为伯严、仲宽、叔勤、季诚[即陈三嶷，22岁时去世]）。咸丰八年戊午（1858）八月二十九日生，民国二十三年（1934）殁。陈树年长子（陈克绳→陈规鋐→陈树年→陈三厚），候选盐大使。

陈三厚十四五岁随父母、祖母到长沙与叔父陈宝箴一家一起生活，与堂兄三畏、堂姐夫黄鷭丞（韵桐）一起读书，老师廖树蘅（陈宝箴的幕僚兼塾师）、吴湘筠。光绪六年陈宝箴任河南河北道道台，其家返回义宁故里竹塅，日后成为地方绅士，管理竹塅祖产和平江金坪庄田。陈三立在南京、庐山时，陈三厚常去与堂兄见面。[6]

陈三厚的书房名“愓若斋”，今存他使用的《康熙字典》和一枝斗笔。[7] 从

---

① 徐一士《一士类稿·谈廖树蘅》，载荣孟源、章伯锋主编《近代稗海》第2辑，四川人民出版社1985年版，第150、152页。

② 刘经富编著《陈宝箴诗文笺注·年谱简编》，第180页。

③ 刘经富编著《陈宝箴诗文笺注·年谱简编》，第180页。

④ 陈三立著，李开军校点《散原精舍诗文集（增订本）》下册，第783页。按：郑塅离金坪约三十华里。墓已在20世纪60年代修建小水库时淹没，村民只知大致位置。

⑤ 张修府十二月十三日记：“陈右铭为次子聘予四女，是日遣弁易某来送簪瑺，执柯者黄海华、李仲京两人。”转引自李青枝、胡政《〈张修府日记〉手稿及其史料价值举例》，载《古籍整理研究学刊》2011年第1期。

⑥ 陈衡恪曾绘《天目山斋诗意·荷花》，落款：“家叔考功公携赏荷花，即事奉呈小逸仁兄正。”

⑦ 均见刘经富编著《陈寅恪家族史料整理研究》下册，第955—958页。

钤在《康熙字典》上的闲章来看，他有一定的文史功底和文人习气。

陈三厚正室朱氏，生子一：平恪（31岁时去世）；侧室杨氏，生女二。

七、陈 三 桂

陈三桂，字月秋，号恕寰。光绪五年己卯（1879）五月二十三日生，约民国三十四年（1945）殁。陈观喜养子（陈克调→陈规锟→陈观喜→陈三桂）。

陈三桂青少年时专心向学，笃志科场，惜未成功，后在乡里教馆，据说书法很好。民国元年（1912）出山谋职，得南昌禁烟公所所长堂侄荣恪介绍，获赣县统税局事。次年调任景德镇统税分局主任。1914年赴上海见堂兄陈三立。陈三立见其朴实沉潜，无轻佻浮荡之习气，遂介绍他到浙江萧山县志局做事，后转任江苏吴江县禁烟委员，随任该县司法承审处事4年。后脱离此职，复办江苏荷花池、无锡江阴长阴沙等处统税局税务，又调任三河统税分所所长，最后任南昌营业税局事、修水县厘局事。南辕北辙，奔走廿余年，稍积青蚨，归置田租，续娶妻室。盖其志本期高大门闾，绵延似续，以光耀前徽。奈命生不辰，仅育一女。后因时局动荡，不复出山，1943年年逾花甲，犹参与修谱事务。

陈三桂作为竹塅故里的一位读书人，最大贡献是保存了不少家族文书资料。笔者曾听陈小从回忆，他们家1931年前后在庐山时，陈三桂曾上庐山看望陈三立，出示过一本竹纸的家族文书。陈隆恪说修水老家也就只有三桂这个读书人了。他和隆恪通信。20世纪60年代陈继虞到已去世多年的陈三桂家修整房屋时，在一只旧橱柜里发现陈宝箴写的两封家书，还有几件文房四宝之类的小物件，陈继虞将它们带回家中保管。推想陈三桂收捡的家族文书当不少，因子嗣不兴散失毁弃了。

八、陈 三 焘

陈三焘（1856—1928），字德基，号浚源。咸丰六年丙辰（1856）九月初四日生，民国十七年戊辰（1928）十二月十一日殁。陈观云之子（陈克藻→陈规鋕→陈观云→陈三焘），懂堪舆风水。

光绪十年陈宝箴回乡捐资建义学，陈三焘协助打理相关事宜。后陈宝箴在湖南推行新政时安排三焘到常宁矿山管账。传说他用的算盘为36档，当时一般的算盘只有13档。且人品好，不占小便宜，深得陈宝箴、陈三立父子看重。光绪二十九年（1903）清明，陈三焘到南昌西山扫墓，陈三立作《庐夜对德基族弟》诗："五年终见汝，生死一崝庐。往事堂堂在，荒山莽莽余。飘零此何世，饥饱可关渠。犹说持门户，孤灯落泪初。”①

夫人叶氏，生四男四女。

九、陈 三 达

陈三达（1857—1929），字养贤，号孟畴。咸丰七年丁巳（1857）十二月初七日生，民国十八年己巳（1929）二月初八日殁。陈观绎之子（陈克修→陈规鈖→陈观绎→陈三达）。

陈三达少习举业，徐蓉镜《陈公荆山暨德配叶孺人夫妇墓志铭》“乙未岁适余主讲义宁之凤巘书院，其长孙孟畴来州就试……”可证。陈氏宗亲传说陈三达是与黄沙桥举人杨柳桥、吴都举人李养元（光绪二十年举人）一批应考的，差一点就考中了，后只得了个副榜，因此神经有点失常。传说未必可靠，因陈三达在这一届乡试副榜名录上无记载，且乡试副榜在乡土社会亦有相当地位。或许是其他级别的考试或选拔额满见遗。

民国九年（1920）修水怀远陈姓续修宗谱时，推举陈三达任总编，他写了一篇序言。序文写得典洁通畅，脉络层次清晰，可见他文字水平不低，在怀远陈姓绅民中有一定威望。

夫人叶氏，生一男二女。

三字辈共男丁 56 人，55 人为陈鲲池名下（公陞曾孙观沚的过继子三麟 22 岁时刚成家 4 年即去世，有一子章恪亦早逝）。陈宝箴乡试朱卷册列入咸丰元年之前所生的“三字辈”7 人，1 人注明“应试有声”，6 人“俱业儒”。咸丰元年后出生的 48 人中，业儒从文者 7 人，总计 14 人（其中陈克绳名下 11 人），与上一代“观字辈”基本持平。

第四节　第六代“恪字辈”代表人物

一、陈 衡 恪

详见下文“陈衡恪”专章。

① 陈三立著，李开军校点《散原精舍诗文集（增订本）》上册，第 66 页。

二、陈 寅 恪

详见下文“陈寅恪”专章。

三、陈 隆 恪

陈隆恪，字彦和。陈三立次子，兄弟大排行第五。光绪十四年戊子（1888）正月初四日生，1956年初殁（陈克绳→陈规鋐→陈宝箴→陈三立→陈隆恪）。[①]

（一）生平经历

隆恪年少时开蒙读书情况尚不太清楚，其祖父陈宝箴光绪十七年（1891）至二十年在武昌任湖北按察使期间，曾请赵启霖、范仲林教长孙陈衡恪。其时隆恪已4到8岁，推想常情，他应该在此期间开蒙受教。[②] 现有材料可以证明的是光绪二十一年陈宝箴任湘抚后陈家设有家塾（见陈方恪自填《履历表》），而更多明确记载的上学情况是光绪二十七年（1901）其父陈三立挈家定居南京创办家塾。隆恪与弟寅恪、方恪，妹康晦、新午、安醴等一起先后入读，教师有陶逊（宾南）、王景沂（义门）等。[③]

光绪三十年（1904）夏，陈隆恪17岁时考取官费留日，十月与弟寅恪[④]一同赴日。父陈三立送至上海，作《十月二十七日江南派送日本留学生百二十人登海舶，隆寅两儿附焉，遂送至吴淞而别》诗。关于隆恪在日本的情况，目前所知只是一些片断。据其女儿陈小从忆述，隆恪初入庆应义塾，1911年转入东京帝国大学财商系，1912年夏毕业。现据《清国留日学生名簿》《弘文书院清国留学生名簿》“陈隆恪（17岁）的登记”，推断隆恪先在东京弘文学院就读4年，1909年8月升入东京庆应大学理财科，宣统元年（1909）八月《清末各省官费

---

① 关于陈氏兄弟的称谓，陈氏兄弟之间互称按大排行，民国时期出版的笔记、诗话体著作涉及陈氏兄弟时亦多按大排行。近些年学界多以陈三立五位儿子的顺序指称。

② 据李开军考证，光绪十八年（1892）陈家曾聘请姚纪（伯纲）任馆师。是年十二月十七日，姚永概记：“得范钟林信，言伯纲近为陈右民廉访课小孙。”姚永概与姚纪为本家。时陈衡恪年十七，与姚纪相若，而隆恪五岁，所谓“课小孙”，似以隆恪更为合适。见李开军《义宁陈家的馆师（上）——义宁陈氏散论之四》，载杜泽逊主编《国学茶座》第5期，山东人民出版社2014年版。

③ 见陈三立1901年作《视女婴入塾戏为二绝句》《王义门陶宾南两塾师各有赠答之什次韵赘其后》诗，1917年作《过中正街旧居》。参见陈三立著，李开军校点《散原精舍诗文集（增订本）》上册，第8、12页；苏昌辽《清末四公子之一：陈散原》，载《南京史志》1985年第2期；陈小从整理的陈封怀回忆；陈小从《庭闻忆述》，载张杰、杨燕丽选编《追忆陈寅恪》，社会科学文献出版社1999年版。

④ 李开军考证可能是自费留日，理由是1904年10月23日《申报》所刊《考派东西洋留学生题名录》80名学生名单中无陈隆恪、寅恪名字。见李开军编《陈三立年谱长编》中册，中华书局2014年版，第663页。

自费留日学生姓名表·各校各生履历清册》①登记:"姓名:陈隆恪。籍贯:江西义宁州。年龄:二十二。费列:江西。到东年月:光绪三十年十月。入校年月:宣统元年八月。学科:庆应理财科。年级:第一年。"至于 1911 年转入东京帝大财商系,还有待寻找发掘材料予以落实。

隆恪在日本共 8 年,归国时已 25 岁。这 8 年的留日经历和所学专业,为隆恪日后的从业方向打下了基础,对他一生的人事交游亦有影响。他通过长兄衡恪的关系,结识了不少文艺界名流,如李叔同、欧阳予倩、鲁迅等,鲁迅还为隆恪画过一幅速写,可惜后来遗失了。

隆恪归国后,先在家赋闲 6 年。时值军阀混战,政局紊乱。隆恪不愿夤缘附会,混迹浊流,有诗句云"甘旨惭无措,浮沉谢不能",以申其怀。民国四年(1915)十月二日结婚成家。1920 年秋,应留日学友赵幼海之邀,赴东北奉天四平铁路局任科员。民国十一年(1922)九月,直奉战争期间迁往北京,在与长兄衡恪住宅麻豆腐作坊五号相邻的八号赁下一栋小四合院居住,②并在某部门觅得一职位,③具体职业不详。郑孝胥民国十二年(1923)十二月十七日记:"赴蒲荪约于忠信堂,晤博泉、伯玉、陈彦和、洪述之。"④民国十三年(1924)二月初三日记:"夜,赴陈彦和之约,晤蒯若木、赵声伯、萧新之、朱艾卿。"⑤十月二十八日记:"报纸列阁名,以交通属余。多竹山、弢庵、叔言、静安、柯燕舲、冯叔莹、孙保兹、陈彦和、白坚甫等皆来。北府电话召,入对。"⑥陈三立曾一度卷入清廷复辟的外围,隆恪恰在北平,顺便传递信息。当时遗老、遗臣多有人致力于此事。后来分为两派,一派赞成复辟,但反对附逆日本;一派则走得更远。刘成禺有一条札记《清道人轶事》颇能帮助后人弄清这两派的差异:

> 辛亥之后,清室遗臣,居处分两大部分:一为青岛,倚德人为保护,恭王、肃王及重臣多人皆居此,以便远走日本、朝鲜、东三省;一为上海,瞿鸿禨曾任军机大臣,位最高,沈子培、李梅庵(李瑞清)则中坚也。小石居梅庵家,青岛、上海两方遗臣举动,多窥内幕。在袁世凯谋称帝时,日人曾派重要人物多次往来协商于青岛、上海间,欲拥宣统复辟,或在东三省建立

---

① 沈云龙主编《近代中国史料丛刊》续编第 494 册,文海出版社 1984 年版。

② 见陈家从南京寄给隆恪信的信封,载陈小从《图说义宁陈氏》,山东画报出版社 2004 年版,第 141 页。

③ 见陈小从晚年回忆录《外婆桥》,载氏著《吟雨轩诗文集》,第 239 页。

④ 中国国家博物馆编,劳祖德整理《郑孝胥日记》第 4 册,中华书局 1993 年版,第 1979 页。

⑤ 中国国家博物馆编,劳祖德整理《郑孝胥日记》第 4 册,第 1988 页。

⑥ 中国国家博物馆编,劳祖德整理《郑孝胥日记》第 4 册,第 2029 页。

"大清国",恭王、肃王移住旅顺,即商订此协议也。青岛方面一致赞同,日人乃偕青岛遗臣要人,来沪方取同意。瞿子玖首先反对,坚持瞿意者,则李梅庵、沈子培、陈散原诸人,梅庵谓是置宣统于积薪上也。青岛、上海意见既分,袁世凯多罗致青岛重臣入北京矣。至张勋复辟,原由胡嗣瑗(时任冯国璋秘书长)与陈某为往来运动主角。对郑孝胥,则秘不使知。康有为闻风至徐州,处之别室,亦不令参与密议。上海方面先商诸子玖诸人,李梅庵、陈伯严、沈子培等皆谓此事宜大大谨慎,否则皇室待遇,必出奇变。段祺瑞自命开国元勋,北洋兵权尚有把握,安保无事。故复辟事件,上海方面未多参机密。瞿子玖死,清室谥曰"文慎",盖胡嗣瑗等尚未忘"宜大大谨慎"之言也。观此,则"满洲国"一幕好戏,如无民初沪上遗老反对,恭王、肃王、升允等已早在东三省大开台矣。[①]

这段时间隆恪与长兄衡恪经常相聚,并结识了不少书画名家,如王梦白、齐白石、姚茫父等,获得他们所绘赠的画作。1924年冬,陈隆恪应文群[②]之邀,赴南昌江西财政厅任职;1927年,任南浔铁路局局长;1928年,任汉口电讯局主任;1930年夏,任九江税局主任;1931年夏,任江西财政厅科长、秘书;1936年夏,任粤、闽、桂、黔四省统税局顾问。抗战期间,携眷辗转迁徙于江西萍乡、泰和、兴国、宁都等地。期间一度在迁移至泰和的江西省政府财政厅任专员,1944年任江西兴业公司秘书(属建设厅)。抗战胜利后,任南昌邮政储蓄汇业局副理。1948年秋,调南京总局任秘书,后调邮政储蓄汇业局总局任秘书。正当隆恪携家赴南京时,恰值徐蚌会战前夕,遂改赴上海就总局秘书之职。上海解放前夕,邮汇总局迁往台湾地区,隆恪不愿赴台,与部分留沪同事参加了"保卫金库"行动,直至上海解放,解放军接管为止。尔后参加了学习班,几个月后,学习班结束,隆恪被分配在中国人民银行,但此时已发现患有膀胱癌,难于胜任搬迁,未去北京就职。1951年,由齐燕铭介绍,上海统战部推荐,任上海文物管理委员会顾问,月薪90元,从此定居上海。

隆恪赋闲后,与沪上名流徐森玉、夏敬观、汪旭初、江翊云、陈病树等往来酬酢,与吴健陶、程伯臧、李拔可、陈颂洛、汪辟疆、孙伯绳、李蔬畦、杨千里、赵剑秋、吴眉孙、辛心禅、瞿兑之、何骈熹等旧雨新知诗作唱和,度过了他晚年一段愉悦的时光。

---

① 刘成禺《世载堂杂忆》,辽宁教育出版社1997年版,第117—118页。

② 文群是文廷式的族侄孙。文群的弟弟文倬,与隆恪是连襟。

1956年初，隆恪在患膀胱癌6年后辞世，落葬在离父、母、长兄墓地不远的杭州九溪杨梅岭。夫人喻氏时患乳癌，半年后病情加剧亦逝。

（二）婚姻、家庭

隆恪夫人喻婉芬是江西萍乡市福田镇清溪人喻兆蕃之女。由于陈隆恪一生受岳父家的影响颇深，因此对喻兆蕃及其家庭成员也须做适当的介绍。

喻兆蕃（1861—1920），谱名宽植，字庶三，号艮麓。出生于书香门第。祖父喻增高，由翰林官至左庶子，是萍乡著名学者之一，著有《澹香斋集》10卷。父恭和，优廪生，著有《友松山房集》。喻兆蕃年少时就读于家塾，年二十，县、府试案首，以文名扬于乡里。光绪十一年（1885）中举；十五年（1889）28岁时考取进士（与陈三立为进士同年），留京任工部主事，一门祖孙二高科，乡里传为美谈；十八年（1892）丁父忧回籍；二十一年（1895），陈宝箴保荐喻兆蕃到湖南会办矿务局①；二十四年（1898）戊戌变法后，以知府衔分发浙江，任宁波和浙江布政使；三十四年（1908）七月，因母丧丁忧回籍，民国后未再出仕。②

喻兆蕃育有二子五女：③

长子喻磐（1883—1939），字鸿吉，号相平。光绪二十九年（1903）举人，拣选知县。我国现代著名女歌唱家喻宜萱的父亲。娶萍乡张继之女张麦秋。

次子喻崧（1901—1965），字杭生，号叔峻。国子监生。娶萍乡贺国昌三女贺源。

长女喻筠（188？—1940），字含芬（又字逸君），曾在南昌创办“女子公学”并自任校长。适萍乡贺鹏武（字逊飞，清朝末届举人）。

次女喻雅（1888—1967），字淑芬（又字南士），适萍乡文倬。

三女喻徽（1891—1956），字婉芬，适义宁陈隆恪。

四女喻彤（1892—1965），字柏芬，适莲花朱毓璋（朱益藩之子）。

---

① 见陈宝箴《请以喻兆藩［蕃］会办湘省矿务局片》，载汪叔子、张求会编《陈宝箴集》上册，中华书局2003年版，第344页。

② 见刘洪辟纂修《昭萍志略》卷九《人物志》，江苏古籍出版社1996年影印本，第370页；《萍乡市志》编纂委员会编，黄式国主编《萍乡市志》卷五二《人物卷·喻兆蕃传》，方志出版社1996年版，第1186页。喻兆蕃著有《既雨轩诗抄》《既雨轩文抄》，已佚。现只存朝考策论《戒俗吏矫饰论》《喻筒行墓志铭》《喻育林墓志铭》文章三篇、七律两首：《题扇》“一剑飘零苦著书，朅来行李问何如？云生岱北天多雨，水决淮壖地上鱼。浊酒不忘千载上，荒鸡犹唱二更余。诸公莫效王尼叹，到处容身足草庐。”《螺湾春涨》（清溪八景之一）“村深林尽疑无路，最上峰峦画不成。陡绝溪流四五转，夜来风雨万千声。云团树色螺痕隐，浪卷桃花雁齿平。为爱山中春意足，问津谁是避秦嬴。”《萍乡喻氏通谱》上册，2013年续修，第220页。

③ 据萍乡清溪一甲《喻氏续修族谱》卷六（宣统二年［1910］修）和陈小从提供的资料。

五女喻彝(1898—1967),字贞芬(又字蕴初),适山阴俞大经。[1]

喻兆蕃思想开明,教女一如教子。儿女自幼即延师授读,与当时只注重女红、女德教育不同。这里抄录喻宜萱的一段回忆录,以供参照:

> 我出身旧式的书香世家,祖辈有好几代是文人学士。祖父喻兆藩[蕃]是前清翰林,父亲喻相平是清朝末届举人……在新思潮的影响下,他不顾祖父的坚决反对,毅然决然只身一人东渡日本留学,就读于早稻田大学。……我的几位姑妈都相当有学问,赋诗、作画、书法样样能行。按我家的惯例,刚刚懂事的我……迈进私塾的门槛……摇头晃脑地诵读四书五经。[2]

隆恪夫人喻婉芬就是在这样的书香氛围里成长起来的一位通诗能文的大家闺秀,除了在家习读文史外,还在萍乡县新创办的女校读过一年书。她视野开阔,见识明达,谈吐不凡。写有诗稿一卷,不幸在乱离中丢失,现只存留一些谜语、诗钟、联语,见出这位进士后人的文史素养。

隆恪与喻夫人订婚很早,两家定亲时,隆恪尚在日本留学。结婚却很迟,喻兆蕃很喜欢这位姑爷,一再催促陈家完婚。[3] 隆恪从此与萍乡福田清溪这块土地结缘。1938 年,隆恪一家避难回到清溪,在这里度过了 6 年的田园生活。

隆恪岳父家宅第名“松荫书屋”,颇具园林之趣,藏书亦丰。[4] 陈小从回忆:“外祖父的故居松荫书屋约有数十间房子,舅父、姨母及我家一共二十余人,入住后仍觉绰绰有余。故居有一个花园,占地半亩,四季花香不断。外祖父喜藏书,书楼上古籍琳琅满目。”[5]这 6 年是隆恪一家相对稳定的时期。其时喻相平及三位姊妹均由外地回到故乡,一大家子暂时栖息团聚在一起。清溪风景优美,民风淳朴,隆恪乡居之暇,常到周边山水佳胜处游玩,妻舅喻相平、连襟贺逊飞均为举人出身,能诗善谈,常常诗酒唱和,故隆恪乡居 6 年,诗兴勃

---

① 陈三立与喻兆蕃本为进士同年。喻兆蕃被委任协办矿务之职时两人交厚。因两家门户相当,家底都互相了解,遂订秦晋之好,亲事议定时,隆恪年约十七八岁,喻徽比隆恪小三岁。

② 喻宜萱《乐苑生涯漫忆》,载政协萍乡市委员会《萍乡当代科技文化名人》,江西人民出版社 1997 年版,第 90 页。

③ 光绪三十四年(1908),陈三立作《庶三过沪催娶往别车中作》,载陈三立著,李开军校点《散原精舍诗文集(增订本)》上册,第 240 页。

④ 笔者 2014 年春曾亲往访察,方知清溪古村在城镇化的浪潮中未能幸免。“松荫书屋”已经颓垣残壁,唯存大门和小半边屋宇。

⑤ 陈小从《同照阁诗本事拾零》,载陈隆恪著,张求会整理《同照阁诗集》,第 432 页。

发,诗作甚多。喻夫人则常常温习少年时代读过的文史书籍,喻兆蕃丰富的藏书这时发挥了家庭图书馆的作用,隆恪与喻夫人经常手不释卷。夜晚则辅导小从作诗、联句、对对子,隆恪有一句"桃源鸡犬在萍乡"的诗,反映了他一度平和的心境。

隆恪夫妇晚年皈依三宝。中国昔日的读书人与禅家学说或多或少都有一些联系。他们羡慕那种"内刚外柔,和光同尘"的人生哲学,作为思想精神上的支柱,以适应艰难动荡的生存环境。隆恪夫妇作为这一群体中的一分子,自然不能脱离时流。"无山而隐,不褐而禅"便成了老夫妇俩半生行述的"卒章"。①

(三)诗作

谈陈隆恪,不能不谈他的诗。他在日本留学时,即学写诗。有一次寄了一首给长兄衡恪,衡恪回复批瑕多于鼓励,遂使隆恪萌发的诗兴火苗一下就蔫了,直到十多年后才复苏。与衡恪、寅恪、方恪作诗微有不同的是,隆恪的诗兴,得力于岳父的引发。1915 年,隆恪到岳父家完婚,时岳父喻兆蕃已归老田园。这位进士出身的老儒,特别喜欢笃实厚道的隆恪,便试着引导他学写诗,曾送给隆恪一部《诗韵》。隆恪学的虽是财经专业,但文史素养自有根柢。旧时凡读过家塾的人对古文、诗词、对联、书法均不外行,何况陈家这样的书香之家的子弟。所以隆恪潜伏的诗才一经启发,便一发不可收拾。

陈衍《石遗室诗话》卷二一云:"散原诸子多能文辞,余赠师曾诗所谓'诗是吾家事,因君父子吟'者也。"陈声聪《兼于阁诗话》"陈寅恪"条谓:"散原诸子皆工诗,皆不为其父之诗。"②关于陈氏兄弟的诗风宗向是否与其父途辙相同,尚须进一步探讨。不过,散原老人对几位儿子作诗,并未着意真传,倒符合实际情况。对方恪,只说了句"做诗,七伢尚可以";对寅恪,曾评其名作《王观堂挽词》为七字唱;③对隆恪,某次偶然在刊物上看见署名"彦和"的诗,④颇为

---

① 关于隆恪的佛缘,八指头陀《赠吏部第五郎七截五章》小序云:"吏部(陈三立)五郎,为长沙上林寺慧舲老宿后身。吏部尊人佑民中丞任鄂臬时,一日于衙斋见老宿忽至,转瞬已渺,正惊讶间,仆妇报少夫人产一男,合掌跏趺,端坐出胎。随函问湘中道俗,则是儿生辰,即老宿寂日。……庚戌秋余来白下,问吏部,则五郎年已十七,访余于毗卢寺,一见如故。其言简气肃,酷肖老宿,追忆前尘,竟成后会,佛说因缘,谛信不疑,因为五绝句赠之。"(释)敬安著,梅季点辑《八指头陀诗文集》,岳麓书社 1984 年版,第 422 页。黄濬据此序写成《八指头陀说轮回转世》掌故一则,附按语:"所云五郎,当是陈彦和,名隆恪,亦能诗。至寄禅所云如何,则彼谛信不疑,予亦无能评剖矣。"黄濬著,霍慧玲点校《花随人圣庵摭忆》第 2 册,山西古籍出版社、山西教育出版社 1999 年版,第 978 页。

② 陈声聪《兼于阁诗话》,上海古籍出版社 1985 年版,第 177 页。

③ 见高阳《高阳说诗》,辽宁教育出版社 1998 年版,第 105 页。

④ 隆恪最早在报刊上发表诗作始于 1917 年 10 月的《大公报》,至 1924 年,在《大公报》《民国日报》《国闻周报》上发表总计 28 首诗作。

惊讶,说:“这不是隆伢的字号吗?没想到隆伢也会作诗。而且内容充实,不流于浮泛。”[1]以后散原老人常到隆恪房间,看他放在书桌上的诗稿。及至年事已高,若有应酬,有时也让隆恪代笔。世传散原老人的诗作有的不见于《散原精舍诗》集中,大约便是这个缘故。

隆恪的诗作在文友里传开后,一时名声播扬。胡朝梁 1918 年作《师曾弟彦和学诗甚晚而工,索句因酬》:“二十学诗吾恨晚,三十学诗晚尤工。君家旧是文章伯,海内今无六一翁。问舍求田聊自诡,入山逃世倘能同。千街槐树西风碧,归梦江南逐塞鸿。”又作《答彦和寄示近诗》:“少陵老作惊人句,有子工诗突过爷。还诗欲寄兵曹斧,不使诗名在杜家。”[2]

此后隆恪积四十余年心血,得诗千余首,缮写装订成 8 册,交女儿小从保管。“文化大革命”期间,小从将诗稿拆开夹在政治读物中,细心呵护,使诗稿得以幸存下来。1982 年,小从携稿到上海,请六叔寅恪的弟子蒋天枢编选诗作。蒋先生阅完诗稿,给予很高评价,曾在致小从函中说:“没想到师伯的诗写得这么好。可惜当初不知道老人家就在上海,否则可以推荐到复旦来讲课。”蒋天枢《陈寅恪先生编年事辑》“一九五六年”条下,叙隆恪夫妇逝世事时缀一语:“当老夫妇俩在世时,枢因不知住处,未获往谒。追思往事,无限伤感。”

如上所述,义宁兄弟俱能诗,但学术界对衡恪、隆恪、方恪诗作的研究,目前尚没有形成规模,只是作为散原老人在诗史上的附庸和陈寅恪传记中的附述。实则衡恪、隆恪、方恪的诗作在近、现代诗史上均有一席之地。对隆恪诗作的评价、认识,以陈声聪、钱仲联、蒋天枢三家的说法最有价值。陈声聪指出:“彦和之诗,亦不主一家,大体近涩,论功力,有过于师曾、寅恪,而聪明微不及师曾,才气微不及寅恪。”[3]“陈二彦龢(隆恪)《同照阁诗钞》,由蒋天枢为之编辑,在香港出版,盖出于其女公子小从所藏,不意其篇幅之亦繁富如此也。集中最多为五七言律诗,兹选其为兄弟家人作者数首,以见其心情之真。”[4]

钱仲联将隆恪列为“同光体赣派”,认为“陈氏诸子都能诗,但与三立趋向不同,惟隆恪能传三立衣钵。诗风宗向以宋诗为主”。[5]“《同照阁诗钞》遣词炼句之巧,置之散原集中,如出一手。其有关世运隆污者,尤可见其襟抱,不仅

---

① 参见陈小从《同照阁诗本事拾零》,载陈隆恪著,张求会整理《同照阁诗集》,第 423 页。

② 胡朝梁《诗庐诗文钞》,1923 年刊印;又见《大公报》1918 年 5 月 22 日。

③ 陈声聪《荷堂诗话·补谈义宁兄弟》,福建美术出版社 1996 年版,第 169 页。

④ 陈声聪《兼于阁杂著·陈彦龢之诗》,上海古籍出版社 2002 年版,第 79 页。

⑤ 钱仲联编著《近代诗钞》第 3 册“陈隆恪”条,江苏古籍出版社 1993 年版,第 2073 页。

为赣派之护法神也。”①

蒋天枢指出：“彦和先生，生平所历，坎坷多于平途，一寓托之于诗。晚清百余年来，世道假诡变幻，先生时撷之以入诗，以故同照阁诗于晚清以还世道隆污反映者实多。此留心近世史者所宜观览也。”②

上述三家的评点都是理解、欣赏隆恪诗作的津梁，具有指导性的作用。比较起来，蒋天枢先生的说法具有更深刻的内涵、更广阔的视野。如果我们按照蒋先生的思路，把《陈宝箴遗诗》《散原精舍诗》《陈师曾遗诗》《同照阁诗钞》《陈寅恪诗集》《陈方恪诗词集》作为一个整体来通览考察，就会发现《同照阁诗钞》蕴含的义宁陈氏家世、家史资料尤为厚重。陈三立、陈衡恪、陈寅恪、陈方恪诗作中的许多本事、人物、地点、事件，都可以在《同照阁诗钞》里找到出处，得到印证。《同照阁诗钞》直接反映重大历史事件和政治人物的诗作并不多见，但义宁陈氏从陈宝箴到陈隆恪三代人的身世浮沉无疑是近代中国历史转型过程中的一个缩影，站在这个角度上来理解蒋先生的评述，可见蒋先生独具慧眼，寄托遥深。读《同照阁诗钞》虽然用不着像解读陈寅恪诗那样，需要索求“今典”或“密码系统”，但也不可就诗论诗，使玄机邻于浅白。

《同照阁诗钞》一个重要的主题便是追怀祖德，眷恋故居，尤其是他的谒墓诗。1943 年，章士钊在成都撰《论近代诗家绝句》，吴宓在昆明撰《〈读散原精舍诗〉笔记》，二人不谋而合地都认为散原老人崝庐谒墓之作，是《散原精舍诗》中隐含家世家国之痛最强烈的诗作。这个家世家国之痛的基调，也传给了陈氏兄弟。我们读衡恪和隆恪的谒墓诗，也是如此。

今本《同照阁诗钞》共录存隆恪涉及西山、杭州先茔的诗作二十余首。时间集中在 1924 年至卜居庐山前和 1949 年至逝世前两个时期。体式有五古、七律、五律、绝句，不管什么体式，大都写得哀婉凄恻，而且愈到晚年，愈增沉重。1949 年清明节，隆恪作诗志感，有“人间已失偷生地，宿草无涯涕泪前”之句，大约他已预感到再不能步父亲后尘，每年的清明、冬至上坟祭扫了。1952 年又值清明节，隆恪在病中作诗，有“已阻墓门陈麦饭”“没世深恩涕泪私”之句。

1953 年冬至，已经病入膏肓的隆恪写了两首五律：

> 葱郁西山下，先公拜墓时。运移犹此日，身老亦孤儿。

① 钱仲联《梦苕庵论集》，中华书局 1993 年版，第 356 页。

② 蒋天枢《〈同照阁诗钞〉序》，载陈隆恪《同照阁诗钞》。

宿草春能探，丰功世欲遗。崤庐肠断句，披卷昊天知。

短景支颐尽，寒飙掠鬓惊。双碑胶瘖寐，万劫腐心情。
塔耸招云气，江流咽雨声。圣湖空自媚，扶病涕纵横。

这是隆恪在这一年内写的最为低沉的诗章。两首诗的造语炼意，与其父的谒墓诗同一面目。《同照阁诗钞》中此类诗作从数量上看并不多，但分量很重，每一首都流露出至性真情，具有极强的艺术感染力。

隆恪的诗稿，经蒋天枢先生的联系、推荐，几经周折，最后由汪荣祖先生受蒋先生委托，带往香港，交给他的好友何广棪先生。俞大维得知此事后，极为赞成。1984 年，隆恪诗由香港里仁书局出版，印制 500 册。何广棪写了《读陈隆恪先生〈同照阁诗钞〉随笔》，发表在台湾《传记文学》第 41 卷第 2 期上，文章结尾说道："笔者前出版有关寅恪先生诸书，颇蒙前国防部长俞大维先生奖誉。大维先生与陈氏昆仲谊在表亲，今闻诗钞将面世，定必快慰莫名，欣然于怀。"

隆恪诗作共一千一百余首。《同照阁诗钞》选录其中古、近体诗九百三十余首。书前附蒋天枢先生的《前言》，李一平《读彦和兄遗诗感赋一律》；书后附俞启崇《〈同照阁诗钞〉后记》，陈小从《〈同照阁诗钞〉编后记》。陈小从在记文中叙述了诗集得名的由来：

同照阁者，匡山故庐山松门别墅中一亭阁。阁三面轩窗，日辉月映，晶莹敞亮，故名之曰"同照"，为先君与家人侍杖起居之所。先君常燕坐吟啸于其间。听松涛、观云海、送夕阳、迎素月。顾盼俯仰，怡然自乐，尘襟涤而遐想生，情景触而歌咏成，此殆同照阁所以答主人之眷爱者欤？先君九泉有知，得悉以"同照"名其诗集，谅亦为之欣然也。

《同照阁诗钞》的出版面世，对隆恪诗作的流传和学界研究义宁陈氏文化世家起了很大的作用。影响甚大的有成书于 1993 年的钱钟联《近代诗钞》，选录隆恪诗作 54 首；由杭州大学毛谷风编著、华东师范大学出版社出版的《二十世纪名家诗词钞》，选录隆恪诗作 6 首。随着学界研陈的不断深入，《同照阁诗钞》将进一步为人们所认识、评价，其作用和价值将日益显示光大。

2007 年，中华书局出版了由张求会整理的《同照阁诗集》。该书搜集齐全，点校精良，是目前上乘的陈隆恪诗作读本。

2009 年,江西人民出版社出版了由陈小从选编、刘经富整理的《陈隆恪分体诗选》,并附《陈隆恪先生年表》。

综观隆恪的一生,虽然未从事文化、教育事业,但精神气质仍然未脱书香子弟、传统读书人的藩篱。今存陈宝箴书写给隆恪的一幅扇面,全文为:

> 读书当先正志。志在学为圣贤,则凡所读之书,圣贤言语,便当奉为师法,立心行事,俱要依他做去,务求言行无愧为圣贤之徒。经史中所载古人事迹,善者可以为法,恶者可以为戒,勿徒口头读过。如此立志,久暂不移,胸中便有一定趋向,如行路者之有指南针,不致误入旁径,虽未遽是圣贤,亦不失为坦荡之君子矣。君子之心公,由亲亲而仁民,仁民而爱物,皆吾学中所应有之事。故隐居求志,则积德累行;行义达道,则致君泽民。志定则然也。小人之心私,自私自利,虽父母兄弟有不顾,况民物乎?此则宜痛戒也。四觉老人书示隆恪。①

其时隆恪十二岁左右,已初识世事。祖父的家训在他心中当留下了深刻的印象。四觉老人训诫子孙,要求"学行统一,严义利之辨",其中"自私自利,虽父母兄弟有不顾"之语,即使在今日,也仍有很强的针对性。结合四觉老人陈宝箴题写的扇面内容,来分析隆恪一生的立身行事,始知他能"内行修洁,实世其家"(李一平向中央统战部推荐隆恪信中语),是有木本水源的。

四、陈 方 恪

(一)生平简历

陈方恪,字彦通。光绪十七年辛卯(1891)十一月初五日生,1966 年殁。陈三立第四子,兄弟大排行第七。

方恪幼少时与兄长一起在长沙家塾和南京家塾读书(见方恪《自填履历表》),后转入南京思益小学堂。陈三立五位儿子唯方恪未放洋留学,但他也进过新学堂。光绪三十三年(1907)入上海天主教会学校震旦学院就读,并随著名教育家、复旦公学创办者马相伯(1840—1939)学习法文和拉丁文。1910 年毕业。1911 年至 1913 年在家自修。

1914 年陈方恪 23 岁时经梁启超介绍,入中华书局,任杂志部主任。1916

---

① 刘经富编著《陈宝箴诗文笺注 · 年谱简编》,第 137 页。

年春，仍经梁启超介绍，任北洋政府财政部盐务署秘书（《自填履历表》），[①] 1918 年任财政部秘书。[②] 1920 年由徐世昌介绍（《自填履历表》）到赣督陈光远处谋差，先后任江西督军秘书、秘书长兼任江西省立图书馆主任，景德镇税务局局长。不久蔡承勋继任江西督军，仍留任秘书，后又升任秘书长，兼二套口等处统税局局长等职。[③] 至 1924 年春，蔡承勋去职，方恪遂离开江西。[④] 1923 年秋，陈三立移居杭州旗下营白傅路，次年夏出售南京散原精舍宅第，将家中藏书交给方恪，方恪本年秋在苏州开办古籍书店“含光阁”，由表舅黄觉明负责门市管理，直到 1930 年。[⑤] 陈氏家人遂有“寅恪拼命读书，方恪拼命卖书”的笑谈。

1930 年秋，方恪应聘无锡国学专修馆分校（校址在上海），教授诗词，同时在暨南大学、持志大学兼课（《自填履历表》）。1931 年秋，经唐文治介绍，任上海私立正风文学院[⑥]教务长兼教授（《自填履历表》）。1938 年初，正风文学院因战事停办，10 月方恪回到南京。[⑦] 1939 年春，知交吴宗慈和陈寅恪在昆明晤商，拟介绍方恪到抗战时迁往广西的中山大学或昆明的西南联大任教，致函方恪，未获回复，事遂告辍。[⑧] 1939 年 7 月，任南京龙蟠里国学图书馆馆长，[⑨] 1940 年 4 月解职。1941 年春，任南方大学文学院教授。[⑩] 1941 年 8 月，任金陵刻经处董事会代表，维持刻经处的事务。[⑪] 1946 年至 1949 年，赋闲家居。1950

---

① 见潘益民、潘蕤《陈方恪年谱》，江西人民出版社 2007 年版，第 60 页。《陈氏宗谱》记载方恪还担任过“参议院秘书”。

② 见潘益民、潘蕤《陈方恪年谱》，第 71 页。

③ 见潘益民、潘蕤《陈方恪年谱》，第 77 页。

④ 见潘益民、潘蕤《陈方恪年谱》，第 87 页。

⑤ 中华人民共和国成立后在中山大学任教授的周连宽，解放前曾任上海市立图书馆馆长。当年曾经常出入“含光阁”，故对这家书肆的经营情况多有了解，后来他在《书林谈屑》中写道：“书肆在文艺书局旁，店中陈列旧藏图书千余箱，琳琅满目，缥帙之富，为一时之甲。惟彦通出生望族，雅好儒素，不谙商情，店务悉交一伙计主持，对书籍版本，完全外行，开业未久，其中善本尽为沪估[贾]辇去，不数年间即行歇业。”苏克勤《世运之枢轴——义宁陈氏家族文化评传》，郑州大学出版社 2015 年版，第 233 页。

⑥ 正风文学院的前身为正风中学。1926 年，王西神与胡朴安等创办正风中学于沪南大吉路，1928 年迁到沪西极非司尔路，改称正风文科大学。翌年，迁至胶州路，改称正风文学院。王西神任院长。见郑逸梅《近代名人丛话》，四川人民出版社 1992 年版，第 307 页。

⑦ 潘益民、潘蕤《陈方恪年谱》，第 132、135 页。抗战时期，曾在上海吴淞商专短期任教，见王炳毅《“民国名士”陈方恪的起伏人生——曾在吴淞商专任教》，载《人民政协报》2009 年 7 月 15 日。

⑧ 见吴宗慈《复胡先骕》第一函，载陈隆恪著，张求会整理《同照阁诗集》，第 403 页。

⑨ 见柳定生《缅怀陈方恪先生》，载《江苏图书馆学报》1986 年第 1 期。

⑩ 潘益民、潘蕤《陈方恪年谱》，第 150 页。

⑪ 潘益民、潘蕤《陈方恪年谱》，第 152 页。

年由政务院李一平介绍，[①]市委会统战部推荐，任南京图书馆"近百年史料"编纂(《自填履历表》)，定为副研究员，后在古籍部上班。[②] 1951年，任南京市文联理事。[③] 1956年6月，当选为南京市第一届政协常委。[④] 1957年，从南京图书馆调任《江海学刊》编辑，[⑤]1960年底离开该刊，[⑥]回原单位南京图书馆上自由班。1965年获加两级工资待遇，[⑦]1966年1月11日，方恪病逝于南京，终年76岁，《新华日报》刊登了《讣告》，南京图书馆主持了追悼会，葬南京望江矶公墓。夫人孔紫萸，1948年去世。膝下无子女，[⑧]故方恪晚年仅赖老保姆照料。他逝世后，晚辈知交吴白匋写诗悼挽：

> 少日风华盛，衰年学习勤。鸿词抛旧院，鹤貌接新春。
> 雅量如翁少，多方馈我贫。重过牯岭路，凝望泪沾巾。[⑨]

陈方恪一生出处大节，最受人诟病的有两点：一是青壮年时期的私生活放荡不羁。他自幼聪明伶俐，记忆力强，深得父母的怜爱。成年后狎昵冶游，[⑩]走马章台，嗜阿芙蓉，厕身洪帮，虽说这些行为在当时尚不鲜见，不被社会伦理规范所唾弃，且可以博得风流倜傥之誉，但对于义宁陈氏的门风祖德而言，毕竟是白圭之玷。时至今日，我们也没有必要为尊者讳，这是散原老人夫妇以及其他长辈溺爱放纵的后果。二是1939年至1945年间在汪精卫政府机关混事任职，[⑪]幸未陷得太深，仅是文官身份，抗战胜利后未被政府追究。[⑫] 但近年有人

---

① 潘益民说是郑振铎推荐的，见《陈方恪年谱》第191页，但时间为1951年春。

② 见柳定生《缅怀陈方恪先生》，载《江苏图书馆学报》1986年第1期。

③ 潘益民、潘蕤《陈方恪年谱》，第193页；南京市文联1954年9月并入江苏省文联，方恪改为委员，见《陈方恪年谱》第202页。

④ 潘益民、潘蕤《陈方恪年谱》，第203页。1958年4月、1961年4月、1963年12月、1965年12月连任，参见《陈方恪年谱》第212、217、220、223页。

⑤ 潘益民、潘蕤《陈方恪年谱》，第210页。

⑥ 潘益民、潘蕤《陈方恪年谱》，第216页。

⑦ 潘益民、潘蕤《陈方恪年谱》，第223页。

⑧ 另说方恪有后人，见潘益民、潘蕤《陈方恪年谱》，第194页。

⑨ 吴白匋《吴白匋诗词集》，南京大学出版社1999年版，第101—102页。1956年11月，陈方恪享受政府照顾搬进南京牯岭路二十六号一栋宅第，虽与三家人合住，但住房条件比以前大为改善。见潘益民、潘蕤《陈方恪年谱》，第204页。

⑩ 在上海时随狄平子、包天笑等海上名流涉足花丛，散原老人为此曾抱怨平等阁主人狄平子把他爱子带坏了。

⑪ 1938年12月任"教育部编审委员"，1939年4月任"考选委员会专门委员"，1943年7月任"国民政府秘书"。见潘益民、潘蕤《陈方恪年谱》，第135、138、159页。

⑫ 据《陈方恪年谱》，从1942年起，陈方恪就与地下组织有了联系，成为国民政府军统 (转下页)

对《陈方恪年谱》所述予以反驳质疑，认为无馆藏档案记录，证据不足。[①]

方恪一生经历复杂，早年在政界、教育界游走不定，但根器还是书香子弟。晚年终回归文化学术界，重现学人本色，褪敛名士才子气。孔夫子旧书网曾传出一份陈方恪的《履历简介》：

> 陈方恪秉承家学，工古文诗词，晚年致力版本目录学。曾任正风文学院教授、南方大学文学院院长、南京国立图书馆馆长。解放后，任南京图书馆副研究员、南京大学中文系兼任教授、南京市政协常委、江苏省文联古典文学研究委员等职。平生所作诗词，除散见于报刊杂志外，早年曾自订《鸾陂词》三卷，稿存北京，未刊。晚年诗词文稿，多零乱散佚，所著学术论文稿（讲义）有《宋元版书鉴别通论》《目录学通论》等。

这份履历简介大约是某部门为推荐方恪担任某个层次较高的社会职务所写，省略了方恪经历中一些名名堂堂的细节，突出了方恪书香门庭子弟、文化学术名人形象，显系经过反复推敲、字斟句酌而定，因而具有较高的本质归纳概括性。

（二）方恪名声远播东南文坛士林的原因分析

方恪名士才子气浓厚，在东南文坛士林圈声名远播，分析其背后原因，首先得益于他的诗词创作。陈三立诸子均能诗，但以衡恪、方恪得名较早，被当时名人目为陈家麟凤。大抵说来，方恪在20世纪一二十年代，在社会上的声名比隆恪、寅恪、登恪要大一些。这一方面是由于方恪从1916至1943年，在《大中华》《大公报》《民国日报》《民权素》《东方杂志》《小说月报》《青鹤》《华国月刊》《词学季刊》《同声月刊》等报刊上发表了大量的诗词作品，另一方面与他经常陪侍父亲散原老人出入盘桓于沪、宁、杭等地的名人胜流圈不无关系。当时隆恪、寅恪、登恪放洋留学。后来他们虽然学成归国，与父亲频频出

（接上页）的成员，不仅将潜伏组的电台藏入其所担任主任和董事会代表的金陵刻经处，而且自己出资负担潜伏组的日常开支（潘益民、潘蕤《陈方恪年谱》，第159页）。1945年8月6日，陈方恪被日本宪兵队抓获，虽经严刑拷打，仍然坚贞不屈。幸好8月14日日本即宣布投降，陈方恪才死里逃生，活着走出了宪兵队的牢房（潘益民、潘蕤《陈方恪年谱》，第165页）。1946年秋，国防部保密局要员接见、表彰方恪，发给奖金和《军统地下工作者证明书》，方恪遂由落水汉奸变为抗日功臣（潘益民、潘蕤《陈方恪年谱》，第170页）。

① 见《陈寅恪及“陈粉”多种涉日史实造假总揭露》，网文，2019年6月。更有人据《陈方恪年谱》所载内容渲染炒作《陈寅恪之弟陈方恪竟是潜伏在伪政府卧底?》《陈寅恪的弟弟曾是“伪装者”》之类的野史稗说，鱼目混珠，益发纠结。

场的仍以方恪为多。[①] 1916 年，陈衍评说“散原诸子多能文辞……师曾近作，真挚处几欲突过乃父。其弱弟彦通，则巾角搔头，与师曾鬑鬑有须者迥不相侔。素工长短句，近亦偶为诗”。[②]

1909 年，胡朝梁作《赠陈师曾时师曾自日本归》诗，首联赞扬“陈家兄弟文章伯，佳句流传江海间”。

1916 年，李审言作《丙辰五月奉怀沪上诸友绝句》，第四首怀陈三立，诗后自注：“义宁陈三立与沈曾植、郑孝胥、樊增祥、陈曾寿诸君称诗海上，又有才子师曾、彦通，如太邱之有元方、季方羔雁相属。”[③]

1928 年，夏敬观作《答陈彦通暮春过访见赠》诗：“君家老诗翁，立国大齐鲁。谁克嗣其封，君倘启兹宇。翳古诗世家，落落可指数。不闻李杜儿，有集继阿父。存者苏斜川，局促小邦莒。识君廿载前，脱口成绮语。……吾诗世不喜，尤非俗所许。游君父子间，乃尔漫相与。观君所造诣，绝叹未曾覩。错杂万有中，大气得包举。”[④]

1932 年，钱基博在《现代中国文学史 · 宋诗 · 陈三立》条目后附述衡恪、方恪（引录陈衍评说）。[⑤]

1934 年，汪辟疆在《近代诗派与地域》一文“陈三立”条中，赞赏“散原诸子皆能诗，而衡恪、方恪尤著”，“师曾诗清刚劲上，有迈往不屑之韵。彦通隽语瑰词，情韵不匮，但沉厚不及师曾耳”。[⑥]

1944 年，章士钊根据汪辟疆《光宣诗坛点将录》收录的诗人条目撰《论近代诗家绝句》，在陈方恪条目下撰著绝句：“享尽温柔受尽怜，闲情犹在旧蛮笺。依然一曲梁溪水，忍照琵琶过别船。”[⑦]

1995 年，周一良《再记联圣大方》：“大方先生为先父（周叔弢）书扇甚多……有一扇面所写如下：‘数当世德星，我辈觉太丘道广；论前朝公子，诸郎

---

① 《郑孝胥日记》从 1916 年 10 月到 1928 年有多处记载。如民国十七年（1928）五月初四日记：“夜，赴沈昆三之约，座客为伯严及其七子彦通，陈小石、胡适之、徐志摩、夏剑丞、李拔可、林贻书。”沈、陈、夏、李、林均为陈三立旧交。徐志摩则于 4 年前陪泰戈尔前往杭州拜会陈三立时与三立相识，并与隆恪、登恪俊侣相逢。至于胡适，与陈氏父子则为首次见面。

② 陈衍《石遗室诗话》卷二一，载张寅彭主编《民国诗话丛编》第 1 册，上海书店出版社 2002 年版，第 285 页。1926 年，作《书前诗寄散原》：“诗成无可寄，聊寄散原翁。不须为洒泪，诸郎多文雄。”陈衍撰，陈步编《陈石遗集》上册，福建人民出版社 2001 年版，第 384 页。

③ 李详著，李稚甫编校《李审言文集》，江苏古籍出版社 1989 年版，第 1308 页。

④ 夏敬观《忍古楼诗》卷一二，中华书局（台湾）1970 年版，第 4 页。

⑤ 钱基博《现代中国文学史》，上海书店出版社 2004 年版，第 218、219 页。

⑥ 汪辟疆《汪辟疆文集》，上海古籍出版社 1988 年版，第 432 页。

⑦ 汪辟疆《汪辟疆文集》，第 395 页。

比湖海能文。'右联语寿陈伯言丈。因师曾、彦通兄弟皆有文词,故以比其年。"①

方恪诗的代表作,章太炎称赏其《吴门杂诗》"画船闲野水,春市冷花摊"句,谓有秦、柳词境。② 陈衍举《无题》七绝三首:

端是天人玉俨临,酒怀兰语荡灵襟。闲词独服焦延寿,字字幽馨出《易林》。

王母旌旗镇上宫,黄河天泻玉琤琮。中原灵气今朝尽,输与双成住碧峰。

平生风雨不言愁,一度尊前意却休。仍是惠休多慧业,三生平白梦扬州。

又举《梁溪曲》七绝三首:

曲罢真能服善才,十年海上几深杯。不知一曲梁溪水,多少桃花照影来。

休言灭国仗须眉,女祸强于十万师。早把东南金粉气,移来北地夺胭脂。

镫痕红似小红楼,似水帘栊似水秋。岂但柔情柔似水,吴音还似水般柔。③

郑逸梅《陈彦通与花雪南》:"彦通诗,得石遗老人称誉,许为名贵一流。其人名士气殊重,风流自赏,好声色,作冶游,尝有感于京师南妓,撰《梁溪曲》三首,最为予所爱诵。……末一首尤足寻味无穷。"④

方恪的词作亦享盛名。俞大纲《寥音阁诗话》二十四:"散原先生诸子中,彦通以能词见称于世,其词高华名贵,近于秦柳,而清疏处似白石。余最爱其锁窗寒咏帘换头语:'窥笑,当年少,记高卷南熏,神仙人妙。'雍容华贵,不染世尘。较之唐人名句'美人卷珠帘,深坐颦蛾眉,但见泪痕湿,不知心恨谁'殊无

---

① 周一良《再记联圣大方》,《读书》1995年第6期,第15页。

② 俞大纲《寥音阁诗话》第二十四条,载氏著《俞大纲全集·诗文诗话卷》,幼狮文化事业公司1987年版,第188页。

③ 陈衍《石遗室诗话》卷二一,载张寅彭主编《民国诗话丛编》第1册,第285页。

④ 郑逸梅《掌故小札》,巴蜀书社1988年版,第68页。

逊色。两者一状欢娱，一写愁苦，皆能传神尽态。”[①]

江印舸《义宁陈彦通轶事》：“先师义宁陈彦通……性倜傥，有名士气，同道中咸称其工于韵文，尤善长短句。所作慢词《崇效寺牡丹》一阕，朱古微老前辈独谓其情深意厚，功力更胜于令引云。”[②]

钱仲联《近百年词坛点将录》谓“彦通《鸾陂词》绝世风神，多回肠荡气之作，二陆齐名，俊语似欲突过乃兄（衡恪）”。[③]

其代表作如《虞美人》：

南朝几许伤心事，一枕苏春睡。猗兰青鸟返瑶天，不尽落花流水又年年。

兴亡覆手翻云雨，谁抵钟情苦。瓣香千载盥清词，又是金戈铁马渡江时。

这是1937年在上海与词社诸公祭奠李后主生日所作，在效仿后主词风的同时，也增加了浓厚的时代内容，把对日本侵华的忧虑注入词中，使得小令之中，体现出开阔的境界。

至于其慢词，则大体沿袭浙派，对南宋姜夔、张炎之风，独有会心，如《南浦·春水》：

嫩染碧鸥天，傍杨枝、低拂涟漪清浅。应忆乍生时，相逢处、指点画桥芳岸。寒生断泖，依依犹自飞新燕。织段闲愁流不去，渐被晚风吹乱。　　眉眼照影经年，甚缁尘不浣，总余泪点。舴艋恐难禁，青溪路、还送冷红千片。湘江解缆，断魂更逐斜阳远。前度池塘清梦渺，谁道寄情都懒。

此词不仅写景工致，而且交织时空，想落天外，语言也清新可喜。从立意上看，在若有若无之间，显然有所寄托。[④]

方恪诗词的风格色调是他性格与生活的折射，可以作为“人格即风格”文艺批评理论这一重要观点的印证。不过作为一位诗词大家，其作品风格在基

---

① 俞大纲《寥音阁诗话》第二十四条，载氏著《俞大纲全集·诗文诗话卷》，第188页。

② 顾国华编《文坛杂忆初编》，上海书店出版社1999年版，第150—151页。

③ 钱仲联《梦苕庵论集》，第407页。

④ 张宏生《时代印痕才人笔——〈陈方恪诗词集〉序》，载《博览群书》2007年第2期，第91页。

调之外,也会呈现多样化的倾向。如《为先母卜兆域至临安法华山中夜宿兰若》一诗:

荒山独夜自惊神,鼠落鸱腾簌屋尘。灯影扑床疑有魇,松涛如海欲沉身。免怀顾复承家日,换劫艰难拜墓人。明日出门愁雨脚,麻鞋趼足仰苍旻。[①]

与其兄寅恪在1951年父亲忌日所作的《有感》诗堪称双璧:

葱翠川原四望宽,年年遥祭想荒寒。空闻白墓浇常湿,岂意青山葬未安。一代简编名字重,几番陵谷碣碑完。赵佗犹自怀真定,惭痛孤儿泪不干。[②]

方恪声名远播的第二个原因是他的学问广博。前人谈到陈方恪,往往都叹为一代才人。不过,他并不仅仅一味恃才,他的才有深厚的学养作支撑。如1926年,他曾要求自己:每日夜温经若干页,圈点子史若干页,背诵辞章若干篇。[③]

在版本目录学上,他有任江西省图书馆、南京龙蟠里国学图书馆馆长的经历,业务自是当行出色。著有《宋元版书鉴别通论》《目录学通论》(未刊)。1956年为南京大学中文系研究生上目录学课,[④]1961年为南京图书馆古籍部杜信孚《同书异名通检》(江苏人民出版社1962年版)撰序。又据柳定生回忆,1954年,南京图书馆与文联合作,举办星期文艺讲座,邀请南大、南师的教授主讲《诗经》《楚辞》《三国演义》《水浒》《红楼梦》《儒林外史》《西厢记》、宋元话本等文学名著。大约一月主讲两次,为配合讲座,南图编印小型书目,推荐有关资料。凡在报刊发表的当代论文,由参考咨询组选辑,有关古典著作,由古籍部选录。因为工作关系,柳定生时常去古籍部向陈老请教,陈老对古典诗词、小说戏曲无一不熟,开列原著各种版本,对列代注释疏证也极为熟练,如数家珍。因此所编古典文学讲座书目,其中有一半是倾注了陈老的心血。当时听者拿到这份书目,不啻获得一份专题辅导阅读的指南,因此极受广大听者

---

① 陈衍对此诗颇为赞赏,以为置之其父《散原精舍诗》"峭庐之作"中,几不能辨。见氏著《石遗室诗话续编》卷四,载张寅彭主编《民国诗话丛编》第1册,第598页。

② 陈寅恪《陈寅恪集·诗集》,生活·读书·新知三联书店2001年版,第83页。

③ 见潘益民、潘蕤《陈方恪年谱》,第97页。

④ 见孔夫子旧书网拍卖的南京大学致陈方恪聘任函和《陈方恪年谱》第297页。

的欢迎。在会场分发后，来函索取的也大有其人。

在音韵学上，他有论文《中国音韵学的变迁》（载《民意》1942 年第 3 卷第 3 期），藏书中有《广韵》（孔夫子旧书网拍品）。对明清戏曲，他早年熟读明清小说。① 对文物考古书画鉴赏，方恪亦有很深造诣。南京博物馆馆长曾昭燏的日记中有 9 处记载邀请方恪与其他专家来鉴定字画、讨论博物馆陈列提纲、到现场观看文物考古发掘。②

此外，方恪与老辈宿儒交游深广，腹笥深厚，言谈风趣，熟悉晚清秘史、文坛掌故。章品镇说，1961 年至 1962 年间，杨白桦教授几次建议："老章，快推动方老写部长篇。""方老同样有生活，他可以从戊戌政变前夕写到解放以后。他是这七十年间中国上层官僚士大夫核心圈子中的一员；他又是一颗偏离轨道的流星，长期沦落于北京、上海、南京这几个大城市的基层，离开圈子再回顾圈子中的种种包括昔日的自己，当有较为明澈的认识。他看过大量的明清小说，其中颇有不经见的作品；他有本领对什么人说什么话。每有描述或议论，中肯、透彻、风趣极富表现力，移之纸上便是文章。如果逼住他写出这部长篇小说，估计当不会比《孽海花》逊色的。"③

方恪一度对社会政治问题亦感兴趣，曾写有题为《今后世界大势之变迁》的长篇论文，④分析、论述国际大势、亚洲格局，资本主义、社会主义的消长进退，俨然时事评论家。

（三）学界对方恪的关注和对其著作的整理、研究

1963 年陈方恪病重住院时，朋辈知交曾动议搜集编辑他的文字结集。曾昭燏 1963 年 1 月 10 日记："下午三时往江苏医院看陈七兄。"2 月 7 日记："四时往江苏医院看陈七兄，七兄病重，嘱咐许多遗言，为之惨然。"3 月 8 日记："十二时半，上海博物馆沈宗威同志与汪庆正同志来，与沈谈陈方恪表兄早年作品事。"3 月 19 日记："沈宗威同志及其夫人来谈陈七兄著作整理事。"⑤因方恪后来痊愈出院，此事遂告中辍。⑥

20 世纪八九十年代"陈寅恪热"兴起后，陈寅恪的祖父、父亲、兄弟渐渐纳

---

① 见潘益民、潘蕤《陈方恪年谱》，第 216 页。

② 见南京博物院编《曾昭燏文集 · 日记书信卷》，文物出版社 2013 年版，第 460 页。

③ 章品镇《花木丛中人常在》，生活 · 读书 · 新知三联书店 1997 年版，第 198—199 页。

④ 见彦通《今后世界大势之变迁》，载《大中华》第 2 卷第 11 期，1916 年 11 月 20 日。

⑤ 南京博物院编《曾昭燏文集 · 日记书信卷》，第 462、465 页。

⑥ 1965 年夏季，方恪再次住院，侄女陈小从去杭州扫墓，返回武汉前先到上海，再到南京看望七叔。在上海时小从曾去见祖父的弟子陈君任。陈君任让小从带话给方恪，"要抓紧时间将自己的诗词文章整理归类，以免散佚可惜"。参见潘益民、潘蕤《陈方恪年谱》，第 222 页。

入学界视野。20世纪80年代，南京的文化界开始回忆、写作陈方恪的生平传记，1986年柳诒徵之女柳定生发表了《缅怀陈方恪先生》一文，[①]1987年章品镇完成了《陈方恪先生的前半生和后半生》一文。[②] 此后，南京的文史工作者开始着手搜集方恪的诗词文稿。关于陈方恪诗词文稿的去向，南京文人圈多年来一直流传两种说法：一说陈方恪与章士钊有旧，解放后将稿本寄给章士钊，请他作序。章未回复，稿本遂失（此说出自章品镇，苏昌辽亦持此说[③]）。一说稿本秘藏在陈方恪的工作单位南京图书馆。两说均出自陈方恪的旧交。《陈方恪年谱》1966年条载：陈方恪去世后，南京图书馆派人来方恪家中取走遗物，内有一只存放遗稿的小皮箱。现在陈方恪遗稿全部浮出水面，可证后一说更确切。

2003年初，南京图书馆古籍部著名版本目录学家、方恪的晚辈知交同事沈燮元在库房里寻寻觅觅发现了方恪的那只皮箱，遗稿终于浮出水面（据沈燮元寄刘经富函）。后由潘益民辑注，名为《陈方恪诗词集》，江西人民出版社2007年出版（刘经富主编《义宁陈氏文献史料》丛书之一）。潘益民顺势编写了《陈方恪先生编年辑事》，先由中国工人出版社2005年出版，后增补为《陈方恪年谱》，江西人民出版社2007年出版。这与过去陈衍《近代诗钞》选录方恪诗作六首，汪辟疆《光宣以来诗坛旁记》选录词作23首，夏敬观《忍古楼词话》选录词七首，陈声聪《兼于阁诗话》录存诗作两首相比，不啻天壤之别。

至此，以前像雾里的神龙、时现一鳞一爪的名士才子陈方恪，终于露出"庐山真面目"，使世人得以窥见其形象面貌、精神世界。下一步有待于学界对其诗词、生平事略进行专题科研，目前似只有为数不多的几篇学术论文。[④] 近年来学术界有关陈寅恪、陈宝箴、陈三立、陈衡恪研究的硕论、博论和其他性质的文字居高不下，根据学术的内在规律，此后势必延伸到陈隆恪、陈方恪、陈登恪昆仲，扩展出新的学术增长点。

---

① 柳定生《缅怀陈方恪先生》，载《江苏图书馆学报》1986年第1期。

② 原载《人物》1988年第3期第132—145页，后收入氏著《花木丛中人常在》第175—199页，改题目为《徜徉在新社会的旧贵族——记陈方恪》（生活·读书·新知三联书店1997年版）。该文因发表时间早，故影响大。但文中掺杂了太多的"世说新语"笔调，削弱了材料的可靠性。台湾逯耀东撰《陈寅恪有个弟弟》一文（载氏著《胡适与当代史学家》，东大图书股份有限公司1998年版，第219—228页），基本照搬章品镇此文。

③ 见张晖《陈散原的早年诗》，载《开卷》2001年第3期，第18页。

④ 刘进进《陈方恪词研究》，安徽大学2018届硕士论文；罗琤《义宁陈氏与近代佛学——以陈方恪先生与金陵刻经处交往为中心》，载《传统中国研究集刊》2009年第6辑。

五、陈 登 恪

陈登恪,字彦上(未用)。光绪二十三年丁酉(1897)正月十一日生,[①]1974年11月18日殁。陈三立第五子,兄弟大排行第八。生于其祖父陈宝箴任职的湖南巡抚衙署。

(一)简历

登恪幼年在南京家塾和思益小学堂读书。1912年8月至1913年11月,为上海复旦学校(中学)学生,1913年8月至1916年7月,为上海震旦学校预科学生。1916年8月至1917年7月,因生病在家休养。1917年8月至1919年7月,为北京大学法文系学生。[②] 1919年11月至1925年2月,为法国巴黎大学学生。1925年3月至1926年8月,学成归国,8月到上海,在大夏大学兼几点钟的法文课,还在群治大学兼课,常回杭州(那时陈三立居住在杭州)。1926年8月到1927年7月,在南京东南大学,先后任法语教授、中文系教授。1927年8月至1928年7月,在南京第四中山大学(后改为中央大学)任副教授。[③] 1928年8月后至去世,任武汉大学外文系教授、中文系教授。[④]

登恪说话有点口吃,但他知识丰富,话语风趣,形容细致,又平易近人,所以大家都乐于与其交谈。他于1950年底被评选为"全国高等教育劳动模范",1960年前后任湖北省人民代表大会代表,在武大是德高望重的人物,被称为武大中文系"五老"之一。2000年出版的《湖北省志》,在人物卷中的教育、科技、文化界内,登恪榜上有名。他去世时,《湖北日报》(1974年11月28日第4版)曾刊登讣告:"湖北省第三届人大代表,原省人民委员,武汉大学中文系教授陈登恪先生,因病医治无效,于1974年11月18日逝世,终年77岁。"与先去世的夫人合葬于武昌珞珈山公墓集中安葬武大教职员工的地段。

---

① 按:登恪的生庚向无疑义。《陈氏宗谱》著录为1897年正月。近有马思其撰《陈登恪:古典诗学家庭走出的新文学作家》(载《江苏师范大学学报》2016年第5期),谓其生于1896年正月,依据是武汉大学档案馆登恪自填《履历表》。此说恐难成立,因登恪的三姐安醴生于1895年(月份不详),下一个不太可能于次年正月出生。最有力的证据是武大档案馆所藏登恪自填另一张《履历表》明确写着1897年正月。登恪本人亦不可能将自己的生庚记错,1952年某次填写《履历表》时,可能有意填大一岁。

② 北京大学关于陈登恪申请休学告示说登恪是哲学系学生,且告示时为一年级。《北京大学日刊》1920年5月26日第617期《陈登恪休学已准》:哲学系一年级学生陈登恪因病函请休学,本校业已照准。见北京大学编《北京大学日刊》第5册,人民出版社1981年影印本。

③ 那时中大没有教授,教员中最高的以副教授为止,教授留待专家及洋人。

④ 以上简历综合登恪自填《履历表》(转引自马思其《陈登恪:古典诗学家庭走出的新文学作家》)和其他关于登恪生平履历材料而成。

(二)婚姻、家庭

关于登恪的婚姻,陈隆恪之女陈小从曾多次说过,谭延闿有二小姐名谭祥,欲择品性端诚的世家子弟为婿,看中登恪,托人上庐山向陈三立提亲,①陈三立以昔日老友已位居高官,不愿攀附,事遂寝。② 登恪与谭祥究竟为何未成眷属?原因尚难定论,因不知谭家如何说。后登恪娶贺黔云③(1907—1973),江西萍乡人,贺国昌④幼女,1932 年暑假在庐山陈家"松门别墅"与登恪成亲。⑤贺氏先于登恪一年去世,生子一,谱派封烈,祖父陈三立为取字育武(未用),因生于 1936 年七夕,故名星照。⑥

---

① 胡迎建说谭家看中的是方恪(载氏著《一代宗师陈三立》,江西高校出版社 2005 年版,第 230 页),实误。因方恪此时已 40 岁,且已有家室,作为国民政府主席的谭延闿不可能把自己女儿许配给已经 40 岁已有家室的陈老七。此后《陈方恪年谱》跟着连环错,见该书第 107 页。

② 胡先骕、吴宗慈亦有此说,见吴宗慈致胡先骕函,载陈隆恪著,张求会整理《同照阁诗集》,第 406、407 页。谭祥后为宋美龄干女儿,嫁给陈诚。

③ 得名于父亲贺国昌光绪三十三年十月分发贵州任巡警局提调时。

④ 贺国昌(1856—1919),字相吉,号搴生,萍乡青山葡萄岭人(祖父贺兴霖咸丰二年进士,父亲贺培桢同治循例纳贡,任直隶永清知县)。光绪七年(1881)萍乡县试、科试、岁试均第一,名噪一时。光绪十九年(1893)举人,拣选知县;二十二年(1896),陈宝箴以"素履端洁,才识精详"奏保(见陈宝箴光绪二十二年八月《遵旨密奏人才折·附荐关棠等请发湘委用片》,载汪叔子、张求会编《陈宝箴集》上册,第 229 页),奉谕以知县发往湖南委用;二十三年(1897)到省,委署沅江、祁阳、浏阳知县。光绪三十年(1904)弃浏阳知县之职赴日本留学,入日本警官学堂,加入同盟会。光绪三十一年(1905)回国,委充湖南省警官学堂监督,省署文案,矿务局提调,保升直隶州知州,民国二年署理江西民政长(相当于省长),四年充北京市政厅襄办(据《萍乡龙塘贺氏支谱》卷四,民国五年[1916]续修),参议院参议员,八年(1919)在北京逝世,葬于萍乡北路三田村(见《孙中山誉为发言可隽的贺国昌》一文,载江西省萍乡市文化局、《萍乡文物志》编辑部《萍乡古今》第 9 辑,1988 年内刊,第 65—69 页;刘洪辟纂修《昭萍志略》卷九《人物志·传略》,第 53 页;《萍乡市志》编纂委员会编,黄式国主编《萍乡市志》卷五二《人物卷·贺国昌传》,第 1188 页)。

⑤ 按照过去的风俗,三十多岁还没有解决终身大事,登恪属于晚婚。家人为此都很着急,来做媒的人不少,但总说不成。1932 年暑假,登恪从武大上山侍父,恰好二兄隆恪的连襟贺鹏武的堂妹贺黔云高中毕业(此处亲属回忆或有误。1932 年贺氏已经 26 岁,恐已高中毕业多年。且《贺氏家谱》载黔云适萍乡进士,任广西梧州知府张德渊[父亲张明毅亦为进士]次子。此或幼年许配成年后未成亲,因家谱编印于 1916 年时黔云才 10 岁)来庐山玩,住在堂兄家里。遂由贺鹏武的夫人喻筠搭鹊桥,使登恪的终身大事迅即告成。当时贺家住松门别墅楼上,陈家住楼下,楼上是女方,楼下是男方,仍按旧式婚姻的老规矩,过礼、回门全都照搬。楼上楼下,忙得不亦乐乎。一对新人从此相濡以沫几十年。陈、贺两家遂有了两层姻亲关系,贺黔云的三姐□云(大姐燕云、二姐罗云、三姐名字因提供宗谱资料的朋友漏拍了一页暂不知晓,四姐南云[嫁陈隆恪夫人喻婉芬之弟喻崧])。

⑥ 1958 年毕业于武汉华中工学院(1958 年更名为华中理工大学)动力系热能动力装置专业,学习期间,成绩优秀,是当时数千名学生中唯一全部课程获得 5 分的学生。毕业后在上海汽轮机锅炉研究所工作,主要致力于燃煤无烟燃烧的技术研究。1972 年调北京,从事北京市烟尘治理的科研开发及环保治理工作。他先后在建筑科学研究院采暖通风研究所、北京市环保局工作。曾任北京市环保局副总工程师、北京市环保技术设备中心总工程师、北京市节 (转下页)

（三）师友交游和教学情况

登恪年轻时交游颇广。首先是他就读于法国巴黎大学留学时期，于 1921 年 1 月至 2 月间参加了北大留法同学会，同时也是“天狗会”的会员。这个组织的成立带有几分玩笑性质，由于看不惯国内腐败的政治和一批帮闲文人的丑态，谢寿康、孙佩苍、郭子杰等人便在戏谑间成立了“天狗会”，也顺带讽刺一下当时国内颇有名气的西画美术组织“天马会”。当时，陈登恪与徐悲鸿、蒋碧薇夫妇等都加入了这个别开生面的组织。“天狗会”成员经常聚会，成为留学生之间联络感情的一种方式。此外，1921 年至 1923 年间，他经常前往德国，因其兄寅恪在柏林大学学习。而且一战后物价飞涨，巴黎留学生的生活愈发艰难，而战败后的德国通货膨胀，法郎在德国增值了数倍，因此许多留法学生都选择移居德国。他在德国的生活剪影，我们可以通过以下材料了解：1. 据《徐悲鸿年谱长编》，1921 年 8 月中旬，徐悲鸿居柏林期间，“陈寅恪、陈登恪等，常来谈诗论画，极为欢乐”。[①] 2. 据李璜回忆：“民十一之冬，我偕慕韩往游德国……与之租一屋于柏林市中康德大道……适登恪自巴黎来，寓其兄寅恪处，即在附近，同游之余，即介绍其兄与慕韩及我相识。……我参加此一酒会有两月之久，计每周至少两次，除寅恪、登恪、慕韩与我而外，有时宗白华……与俞大维先生亦在座中……”[②]3.《宗白华评传》中有一张陈登恪、李璜、曾琦、王光祈、宗白华、魏时珍等人的合照，时间为 1922 年冬，摄于德国法兰克福。4. 在登恪的留法同学章韫胎[③]的诗集中，有《出城看花同程演生、陈登恪游卢宾森》绝句两首：“久居城市心无境，陡忆郊原步出门。犹怯春光相见晚，好花恐有化泥痕。”“倚山舞馆春人满，结树巢居意匠新（此地多在大树上构亭为售饮室）。偶一登高揩倦眼，愁看来处矗嚣尘。”[④]以上材料说明，陈登恪在这几年间经常往返于德、法两国之间，与徐悲鸿夫妇、李璜、宗白华、曾琦（慕韩）、章韫胎（盈五）等人交游频繁。

其次是南京教书时期（1926 年 8 月至 1928 年 7 月），陈登恪曾任国立东南大学法文教授、南京第四中山大学文哲学院本科生指导员、国立中央大学文学

（接上页）能环保技术研究中心主任兼总工程师。转引自江西省修水县政协文史资料委员会编《义宁陈氏五杰：陈宝箴、陈三立、陈衡恪、陈寅恪、陈封怀史料》，2005 年内刊，第 101 页。

① 王震编著《徐悲鸿年谱长编》，上海画报出版社 2006 年版，第 35 页。

② 张杰、杨燕丽选编《追忆陈寅恪》，第 14—15 页。

③ 章韫胎（1897—1977），字盈五，安徽东流（今东至县）白笏乡人。早年在贵池、安庆读中学，毕业后考入北京大学。民国九年（1920），赴法勤工俭学，学生物。经 10 年努力钻研，获法国国家理科博士学位。回国后，历任北京师范大学教授、武汉大学生物系教授。

④ 录自《盈五诗钞》未刊稿，章韫胎曾孙女章灵泓提供。陈三立为《盈五诗钞》题耑。

院外国文学系法文副教授。他最好的朋友之一闻一多在1928年2月也担任了第四中山大学文哲学院本科生指导员的职务。1926年秋，梁实秋回国在南京小住了半年，任教于国立东南大学，与陈登恪是同事，梁实秋《六朝如梦》一文记述了他们当时的交往："友辈往还，亦多乐事。张欣海、余上沅、陈登恪和我，当时均无家室，如无其他应酬，每日晚餐辄相聚于成贤街一小餐馆。"应梁实秋之约，从1926年夏开始，陈登恪以"春随"为笔名创作小说《留西外史》，该书1927年9月初版于上海新月书店（1970年台湾广文书局再版）。关于此书下文将详细讨论。

最后是武汉大学教书时期（1928年8月至退休）。1928年8月，闻一多从南京到武昌就任武汉大学教授兼文学院院长，并邀陈登恪去武大任教。同年9月21日，《汉口中山日报》的《武汉大学新聘各委员及教授》一文报道了9月20日武汉大学正式聘请教授28人的消息，包括闻一多、陈登恪等。此后几十年间陈登恪始终坚守在该校，抗战期间随学校从武昌迁到乐山，后又迁回武昌，将满腹才学与毕生精力都贡献在了教书育人和学术研究上。其担任课程的情况：1925年开始教授法文，1930年至1949年教授中国小说史，亦曾在武大历史系上"中国近代外交史"课。[①] 1944年获教育部颁布的二等服务奖状。1949年，武大校委会成立，陈登恪任校务委员、文学院副院长兼外文系主任，以及外文系法文教授，1953年元月，辞去外文系主任兼职，院系调整后任中文系教授；曾任文学院院长，教授唐宋小说。他对于唐宋小说研究颇深，可惜身体衰弱，未竟其业。1956年，有科研题目《中国古典文学及民间传说中"女扮男装"问题的研究》。[②]

（四）与青年党的关系

陈登恪读大学时是"五四"运动的积极分子，也是少年中国学会的早期成员之一。少年中国学会是青年党的前身，1918年6月30日由各大学教授、学生发起，发起人有李大钊、王光祈、曾琦、邓中夏、田汉、宗白华、左舜生、许德珩等，1919年7月1日在北京成立。毛泽东、恽代英、何鲁之等都是少年中国学会的成员。

1921年3月27日，许德珩、李璜、曾慕韩、李劼人、周太玄、胡助等人在法国巴黎成立少年中国学会巴黎分会，陈登恪任通信员，至今还能找到他当时报道巴黎分会成立的消息。从1923年开始，少年中国学会逐渐分裂成左右两

---

① 见严耕望《治史三书》，上海人民出版社2011年版，第120页。

② 此段据马思其《陈登恪：古典诗学家庭走出的新文学作家》一文缩写。

翼：左翼是以李大钊、邓中夏、恽代英、毛泽东、张闻天、蔡和森、刘仁静、赵世炎等为代表的共产主义者，成为中国共产党一系；右翼是曾琦、李璜、余家菊、左舜生、陈启天、陈登恪、何鲁之、刘泗英等人，他们渐趋国家主义、反对共产主义派，成为中国青年党一系。少年中国学会到 1925 年后便没有再开会。但活动停止后，会员间还保持着私下的交往。

陈登恪加入青年党，主要是碍于朋友情面，他与该党的主要成员李璜、曾琦从中学起就是同窗好友，三人同住一室。他虽然在党，但并没有担任实际职务，与该党处于不即不离之间。1929 年陈登恪刚到武大时遭到盗窃，被盗衣箱中有登恪的青年党证书和青年党的文件。登恪非常着急，后来警察把小偷抓到，才把这些证件追回，避免不幸事故发生。陈登恪后来与青年党成员越来越疏远，1946 年，有人转告曾琦的话给登恪："陈老八扶不起，让他自生自灭！"① 到了 1950 年代初期，政治环境更加紧张，陈登恪不得不与此前的这些朋友划清界限、断绝往来，并常为年少时结交的朋友及加入的政治党派不断地进行自我批判。幸而他在"三反"运动中自我检讨得比较到位，组织最终还是给予他一个相对客观的评价。

（五）诗文著述

登恪的专业是古典文学研究，兼治历史、诗词、小说。他在留学归国后，于 1926 年以"陈春随"的笔名创作了一本反映留学生生活的中篇小说《留西外史》，一时颇有影响。

该书很明显地模仿了平江不肖生（向恺然）的《留东外史》。它以 20 世纪初风起云涌的留法勤工俭学运动为广阔的时代背景，以文学传记的形式记述了作者留欧期间有关留学生的见闻，描绘了一批中国留学生或可怜或可鄙的众生相。行文辛辣而不失温和，嘲讽而不失幽默，堪称一部西洋版的《儒林外史》。然而全书结构并不完整，故事戛然而止，令人心生疑惑。梁实秋在《我与〈青光〉》中道出了其中的原委："约稿不大容易。能写的人未必肯写，肯写的人也不一定就能写出可用的稿子，既约了而不用，得罪人。我记得帮我大忙的是我的朋友陈登恪，排行老八，我们都叫他陈老八，他撰写《留西外史》长篇小说，算是给我捧场的，等我离开《青光》，他也辍笔了。后来《留西外史》在新月书店出版，仍是未完稿。"②《青光》是上海《时事新报》的副刊，梁实秋从 1927 年春到上海接编该副刊，达半年之久，因此《留西外史》也连载了半年左右。帮

① 见刘经富《义宁陈氏与庐山》，中国文史出版社 2004 年版，第 107 页。

② 梁实秋《梁实秋散文集》第 5 卷，时代文艺出版社 2015 年版，第 287—288 页。

朋友的一个忙造就了这部妙趣横生的小说，陈登恪也因此成为兄弟中唯一创作过小说的人。[①]

《留西外史》发表后，《大公报》曾刊载吴宓《评〈留西外史〉》一文，是关于《留西外史》最早的评论文章之一，具有重要的参考价值。吴宓总体上给予该书较高的评价，认为"此书为近今所出小说中之佳构。其长处可以一语尽之，曰情景真挚"。与当时过度模仿西洋小说的问题小说、黑幕小说、表现自我者、"佛洛德"之学说、欧化式白话文等五种作品相比，《留西外史》"对于一己之生活经验及社会情形，深切体会，详细观察，更多读中西小说名作，涵泳久之，然后不矜不张，以舒淡平和之态度，信笔徐写，所得必尚可观"。吴宓亦指出该书写实痕迹过重，书中人物多有所指，"此非作小说之正法也"。总体而言，"此书之意旨非甚高"，结构布局"殊非上选"，"结构亦非小说正格，人物事实非甚繁多，不足表现人生之全体，故不能谓为伟大之小说"。[②] 吴宓《评〈留西外史〉》一文的分析有理有据，观点中肯，是一篇不可多得的评论文章。当然，从今天来看，《留西外史》所包含的意旨远不止这么简单。在20世纪50年代的政治环境中，登恪不得不对《留西外史》在思想上的毛病进行交代，加上书中对共产党有些不敬言论，这恐怕就是陈登恪后来不再提及此书的主要原因。[③] 金克木先生曾慨叹《留西外史》描写留学生活比钱锺书的《围城》要早得多，[④]而今天研究现代文学的人连这本书的书名都没有听过，可见治现代文学有多么难了。

登恪作诗的能力亦不弱，在武大诗友中是活跃分子，常与席鲁思、李国平等教授唱和，曾有诗作一册。"文化大革命"初期"破四旧"狂潮时，同住武大校园的侄女陈小从曾拿回自己家中保管。时局稍平稳后，小从将诗册还给八叔。当时登恪被冲击，从原先武大住房条件较好的宿舍迁出，安排在一间狭小潮湿的房间。他去世后诗册不知去向。小从为此痛心疾首，多次自责不该还给八叔，或者自己过录一本也好。登恪诗集的遗失，不仅是他个人名山事业的损失，也是义宁陈氏这个书香世家的损失。否则世传陈三立诸子都能诗的佳话还要圆满。

近几年有人在抗战时期四川[⑤]的报刊上发现了登恪多首诗作。[⑥] 由于资

---

① 此段据马思其《陈登恪：古典诗学家庭走出的新文学作家》一文缩写。

② 陀《评〈留西外史〉》，载《大公报》1928年3月5日，第9版。

③ 此段据马思其《陈登恪：古典诗学家庭走出的新文学作家》一文缩写。

④ 见吴小如《五十一年前的一张名片》，载《文汇读书周报》1998年11月7日。

⑤ 抗战时期登恪随武汉大学迁移四川乐山。

⑥ 诗题与发表刊物、时间见马思其《陈登恪：古典诗学家庭走出的新文学作家》一文，（转下页）

料难得，现一并存录，尝鼎一脔，聊胜于无。

1.《江西同乡会发刊南昌陷落纪念册题词》：

襟三江，控闽越，地则灵，伎人杰。欧阳荆国与文山，政事文章凛冰节。莫轻古昔薄不云，是乃华夏千秋万岁精魂之一窟！

眼中无限好河山，沥沥先民奠之血。回首可怜忠敬地，于今占尽豺狼穴。

山河碎，气不竭。气不竭，与天同尽地同灭！会看一鼓渡辽河，齐唱中兴正气歌。①

2.《结茅水上感赋》：

艰难结茅屋，能有几人同。欣看一室好，惭愧万家空。梦寐河声壮，乾坤血战中。短窗无限意，还逐暮云东。②

3.《戏题方芦浪新居》：

依旧参差聚水前，东来鼙鼓扫华铅。城中儿女梦惊破，分取乡晨自在眠。③

4.《舟中望江边大石佛》：

一篙波送到中流，百转回澜敌万牛。逝者如斯浑见惯，千年屹立大江头。④

5.《暮冬草木未尽黄落晚于人家庭院见梅树影纵横满地赋此》：

（接上页）卞僧慧纂，卞学洛整理《陈寅恪先生年谱长编（初稿）》（中华书局2010年版，第27页），廖太燕、姜庆刚博士提供正文。

① 载《星期评论（重庆）》第12期，1941年2月21日，第6页。

② 载《星期评论（重庆）》第16期，1941年3月21日，第6页。

③ 载《星期评论（重庆）》第16期，1941年3月21日，第6页。又见张在军《陈登恪：陈家八弟，法语教授》，载《乐山日报》2019年3月17日，第2版。

④ 载《星期评论（重庆）》第20期，1941年4月18日，第14页。

缺月和烟黄似尘,隔江树色尚偷春。侵阶自写龙蛇影,谁识幽香绝代人。①

6.《弘度生日》:

霁抱春常在,松心老益坚。清晖含本性,苦语不辞妍。关塞同为客,亲情我欲偏。文章犹事业,持此乐长年。②

7.《弘度答诗有塘蒲敢望年句作此再赠》:

根草生新叶,池塘细雨中。藏春人不觉,原野绿无穷。③

8.《结茅水上弘度赠诗答之》:

平生踪迹但羁栖,况复兵戈四海迷。漫道江头春色好,可怜风雨燕衔泥。④

9.《题张问蘘画册》:

暝色苍茫路欲无,青山曳杖雁相呼。停看一阵催归字,客枕今宵梦五湖。⑤

10.《凌云寺》:

穿径人来惊语禽,茶亭客散觉山深。江声自送应如旧,又见残阳挂满林。⑥

---

① 载《星期评论(重庆)》第22期,1941年5月2日,第9页。
② 载《民宪(重庆)》第1卷第3期,1944年6月15日,第28页。
③ 载《民宪(重庆)》第1卷第3期,1944年6月15日,第28页。
④ 载《民宪(重庆)》第1卷第3期,1944年6月15日,第34页。
⑤ 载《民宪(重庆)》第1卷第5期,1944年7月16日,第30页。
⑥ 载《民宪(重庆)》第1卷第5期,1944年7月16日,第30页。

11.《芭蕉畔见梅花》:

大叶摇风绿扇廊,苔枝红粿静春香。何当养个初三月,留与黄昏细细尝。[①]

12.《病起游陈庄》:

竹影云麾拂一庄,凉生如水静秋光。登临洗眼闲愁掷,付与哀蝉诉夕阳。[②]

13.《挽刘豢龙》:

江汉吞声成死别,交期了付一汍澜。撑肠风雨换诗酒,照眼河山蚀肺肝。惨澹精魂依佛力,从违身世误儒冠。长知此后哀君处,终古萧萧湘水寒。[③]

14.《陈庄竹径》:

一径萧森万玉椽,破云龙影漏中天。寒鸦飘尽青山寂,日暮何人倚翠烟。[④]

作为义宁陈氏恪字辈的一位主要成员,学界对登恪的研究尚嫌薄弱,现只有马思其《陈登恪:古典诗学家庭走出的新文学作家》[⑤]和卓欣欣《〈留东外史〉与〈留西外史〉中留学生形象的比较研究》(江苏师范大学 2018 届硕论)两文。就陈登恪研究而言,仍有挖掘展开的空间。

① 载《民宪(重庆)》第 1 卷第 5 期,1944 年 7 月 16 日,第 27 页。
② 载《民宪(重庆)》第 1 卷第 5 期,1944 年 7 月 16 日,第 27 页。
③ 载《民宪(重庆)》第 1 卷第 5 期,1944 年 7 月 16 日,第 38 页。
④ 载《民宪(重庆)》第 1 卷第 9 期,1944 年 11 月 12 日,第 29 页。
⑤ 沈卫威教授主持的 2013 年教育部人文社会科学重点研究基地重大项目“学衡派编年事辑”子课题“留学生系列”阶段性成果之一。

六、陈覃恪

陈覃恪，字陟夫。光绪七年辛巳（1881）十月十三日生于河南武陟[①]（时祖父陈宝箴任河南河北道道台），1956 年初殁。陈三畏独生子（陈克绳→陈规鋐→陈宝箴→陈三畏→陈覃恪）。湖北候补知县，江西赣县盐局主任、江西区盐务总局赣昆视查员。抗战时曾在修水税务局工作。其父陈三畏，为陈宝箴次子，不幸于 30 岁时去世，那年覃恪才 6 岁。陈宝箴因次子去世早，又只有覃恪一位儿子，故对这个孙子特别怜爱。生前曾嘱咐长子陈三立，日后要把这个侄子视为己出。故覃恪性格中有公子哥习气，据说与祖父、伯父过分怜爱有关。

覃恪自幼便与衡恪兄弟一起生活成长，兄弟大排行第四（老大衡恪，老二、老三殇，老五隆恪，老六寅恪，老七方恪，老八登恪）。其青少年时期读书情况不详，亦曾赴日本早稻田大学留学，时间不长便归国。[②] 因没有参加过旧式科举考试，又没有新式学堂学历，所以一直沉浮下僚。民国九年（1920）五修《陈氏宗谱》记载覃恪的官职是“清湖北候补知县”，想是捐纳的。宣统三年（1911）三月，清廷任命郑孝胥为湖南布政使。覃恪通过伯父陈三立的关系请托郑孝胥为他补缺。郑孝胥宣统三年（1911）闰六月初四日记：“晚，李一琴、陈陟夫、赵侃伯、张永汉、刘聚卿皆来送。陈、赵皆食物杂件，不受。”二十七日记：“周铭三、陈陟夫来。”二十八日记：“陈陟夫覃恪送馔数品，求为觅缺，余却其馔。”[③]未几辛亥革命爆发，此事未办成。此后覃恪任江西赣县盐局主任，抗战时期回老家修水，在税务局任职。按说都是收入不低的职业，但覃恪不理财，用度无撙节，只得拮据度日。解放后定居武汉，1956 年春节前贫病以终。

覃恪亦能诗，其岳父黄小鲁的《鲁叟诗存》有《和陈甥陟夫除夕韵》《陟夫以近作见寄援笔赋答并赠伯严吏部亲家》《和陟夫甥近作韵》诗，可证。他年轻时亦曾向桐城派殿军人物姚永概（叔节）请教文章作法。姚永概光绪三十年（1904）二月二十六日记：“得陈生覃恪书。”二月三十日记：“又得陈生书。”[④]《日记》中尚有关于覃恪的记载多处。[⑤] 姚永概曾在陈家教馆授业，时间为光

---

① “武陟”古称“覃怀”，《尚书·禹贡》云大禹治水“覃怀厎绩，至于衡漳”，故覃恪、陟夫互为名号。“衡漳”是漳水的古称，此或“师曾”改名“衡恪”的来由，宝箴用两位孙子的名号纪念河务兵备道治绩。

② 据陈覃恪孙子陈中一记其父亲陈封鲈生前叙述；另外，修水人韩天益（在成都市某单位工作）致修水县政协文史委函，回忆陈覃恪与其父亲交往时亦提到覃恪曾赴日本早稻田大学留学。

③ 中国国家博物馆编，劳祖德整理《郑孝胥日记》第 3 册，第 1334、1338、1339 页。

④ 姚永概著，沈寂等标点《慎宜轩日记》下册，第 898、899 页。

⑤ 姚永概著，沈寂等标点《慎宜轩日记》下册，第 822、837、838、846、879 页。

绪二十八年(1902)三月初八日至五月初十日,覃恪向姚永概请益或在此时。

覃恪凡三娶：原配黄氏,陈三立的好友、汉阳黄嗣东(小鲁)之女;副室颜氏、韩氏。生五子：封修、崇和、封鲈、封政、封桐(云君);四女。幼子陈云君,为天津书法名家,擅诗文。次孙陈中一,为昆明某中专学校语文教师。陈三畏一支的书香遗脉,得以绵延不坠。

七、陈 倓 恪

陈倓恪(1865—?),字钦鲁,号静夫。同治四年乙丑(1865)八月十七日生,殁葬不详。陈三略第五子(陈克绳→陈规钫→陈观礼→陈三略→陈倓恪)。庠生。

《陈氏宗谱》载明陈倓恪为州庠生,是陈家的第五位秀才。其获得秀才身份,根据其年龄推测,应在光绪朝中期。光绪二十一年四修宗谱已著录其为“州庠生”。陈家的 5 位秀才有 4 位出自陈观礼一房,倓恪是最后一位。其读书师从情况,据其所撰父亲行略,谓:“倓恪随侍在湘,公余辄教以诗古文词,娓娓不倦。倓恪于学,始稍知用力,故倓恪之学,得自庭训者居多。”①

倓恪大约去世早,无子嗣,宗谱上未留下其婚姻、子孙资料。

八、陈 儒 恪

陈儒恪(1872—约 1928),字聘珍,同治十一年壬申(1872)十一月初九日生于修水故里,约民国十七年(1928)殁。陈三略第六子(陈克绳→陈规钫→陈观礼→陈三略→陈儒恪)。监生。

陈氏宗谱记载儒恪的官职是：光绪二十三年(1897)两淮盐捐案内由监生捐巡检,分发湖北试用;三十一年秦晋赈捐加捐知县,仍分发湖北试用;宣统三年任江陵县土税局委员;民国二年任江西奉新、武宁、修水等县查禁烟苗委员。儒恪遂在南昌定居,置宅第一栋。殁葬南昌西山陈宝箴墓地近侧。

儒恪在恪字辈中年龄较大,所以年轻时与堂叔祖陈宝箴、堂叔陈三立以及陈家早年圈子里的人物接触较多。②

---

① 陈倓恪《诰授奉政大夫同知衔原任湖南桂阳直隶州嘉禾县知县廪贡生陈公耘恕府君事述》,载刘经富编著《陈寅恪家族史料整理研究》上册,第 299 页。

② 见廖荪畡《偕湘潭周印昆、长沙马棣吾、宁州陈聘珍游曾文正祠(光绪二十三年二月,时在武昌)》,载氏著《珠泉草庐诗集》卷四,见廖志敏整理《廖树蘅诗文集》上册,凤凰出版社 2022 年版,第 89 页);黄叔梅《与刘茗轩大令、陈聘珍二尹、龚镜芙茂才、米寿侯内弟游黄鹤楼》(1909 年),未刊诗钞。

儒恪长孙伯虞,1946 年高中毕业后在南昌市政府任职。1949 年过台,后在中国台湾淡江大学任教。

九、陈伊恪

陈伊恪(1881—1929),字莘夫,光绪七年辛巳(1881)八月初九日生于长沙,民国十八年(1929)殁。他是儒恪的胞弟,其父陈三略两娶,生九子,以老六儒恪、老九伊恪较为出众(陈克绳→陈规钫→陈观礼→陈三略→陈伊恪)。

伊恪于光绪二十六年(1900)考入湖北自强学堂,二十八年转南洋陆师学堂,三十一年考入南京三江师范学堂。三十二年(1906)由江西巡抚部院咨调送日本留学,先入大阪高等预备学校,复入东京中央大学法律专科修业,1911 年回国。

伊恪赴日留学,虽没有与衡恪、隆恪、荣恪一样在《清国留学生会馆第五次报告》《清末各省官费自费留日学生姓名表》中找到材料,但民国九年(1920)五修陈氏宗谱对他的学历有详细记载。此外还有伊恪的三江师范学堂同学和赴日留学同学廖国仁写的回忆文章,其文略谓:

> 光绪三十年,余拟赴日留学,抵省垣南昌后,始知海运梗阻,遂借住在农工商矿局院内,得谒见陈三立先生。他听余等说话有客家口音,遂用客家话交谈。未几,余赴南京考入三江师范,适有同班同学陈莘夫,为陈三立先生之令侄。莘夫兄平时谈话,虽用国语,但有时亦用客家话。据莘夫兄说,其先世系自福建之汀州,迁江西修水县(旧义宁州),原为客家人。凡客家人均不敢忘本,无论迁至何处,传家必用客家话云云。后余又与莘夫兄俱考取赣省官费,赴日留学,更获交陈三立先生之公子隆恪、令侄荣恪兄……①

这段话不但可以作为伊恪留日的佐证,还透露出隆恪、荣恪、伊恪甚至衡恪等从兄弟在日本有聚会的信息。

伊恪回国后历任江西公立法政学校教师并日文翻译、莲花县知事、外交部江西交涉署外政科科长、省立第五中学监学、沪海道尹公署庶务长。不幸于 1929 年 49 岁时猝逝,衡恪的至交蔡公湛闻耗作《得杨寰僧书知陈莘夫客死湘

① 廖国仁《关于陈寅恪先生是否客家人》,载俞大维等《谈陈寅恪》,第 122 页。

中诗以哀之》诗:“斯人早岁经艰阻,敏慧风流秀士林。荦荦英词常纵酒,纷纷棋局久分襟。忽挥倦眼开缄泪,又痛中年怀旧心。湘水空流魂未返,梦回落月黯孤岑。”

伊恪有子名封沪,1920年五修宗谱上有记载,此外别无封沪信息。

十、陈荣恪

陈荣恪(1881—1922),字景琪,号新成(莘成),光绪七年辛巳(1881)九月十五日生于修水故里竹塅,民国十一年(1922)殁。陈三垣之子(陈克绳→陈规镜→陈观澜→陈三垣→陈荣恪)。

至今尚不清楚他是如何走出修水山外的,其父陈三垣在陈宝箴任湖北按察使、湖南巡抚时做亲随,或与陈三立帮助有关。姚永概光绪二十八年(1902)五月初一日记:“偕黄聘臣、陈策六(三爻)、星臣散步文德桥上,望钟山晚照久之。”五月初五日记:“伯严招饮,其亲家黄小鲁及罗郊先、黄聘臣、陈策六、星臣同席。”①

荣恪在恪字辈中,曾经是一位不简单的人物。隆恪女儿陈小从1997年复笔者函云:“承询新成(莘成)伯父的生平,我只记得,先父生前屡次提到他。说新成伯老实厚道。辛亥革命后,很多比他资历浅的都得到好处,升官发财。而他虽是同盟会的老资格,却沉沦下属,直到潦倒郁悒以终。我家一直藏有一帧新成伯的墓茔照片(南昌西山,后来搞丢了),可见先父对他的感情之深。我看竹塅陈氏出外的人物,他是值得发掘光大的一位。”

荣恪于光绪二十九年癸卯(1903)赴日留学。《清国留学生会馆第五次报告》第23页载:“陈荣恪,字新成,二十三岁,江西义宁人,光绪二十九年十一月到东京,自费,入正则预备学校。”后升入早稻田大学,《清末各省官费自费留日学生姓名表·各校各生履历清册》载:“陈荣恪,江西义宁州人,二十七岁。三十三年三月入校,早大高预科,第二年级。”

他在留日期间,曾参加过军国民教育会的活动,②是十二名江西籍加入该会的留学生之一,③1905年7月加入同盟会,④是同盟会创会时最早的四名江

---

① 姚永概著,沈寂等标点《慎宜轩日记》下册,第828页。此页日记两次出现的陈星臣,疑即陈荣恪(新成)。时姚永概在陈家教馆,时间为光绪二十八年(1902)三月初八日至五月初十日。

② 见张玉法《清季的革命团体》,台湾“中央研究院”近代史研究所1982年版,第267页;桑兵《清末新知识界的社团与活动》,生活·读书·新知三联书店1995年版,第268页。

③ 见朱明正《晚清江西籍旅外官绅群体研究》,江西师范大学2017届硕士论文。

④ 见周兴梁《孙中山与中国同盟会的成立》,载《四川师范大学学报》2006年第1期。

西籍会员之一。[①] 1907 年参与促请黄兴和刘揆一归国创立同盟分会活动。[②] 1909 年江西共进会成立时，荣恪是首批申请加入者，并任文牍之职。[③] 1915 年底到 1916 年初，荣恪曾在《中华学生界》第 1 卷第 11 期和第 2 卷第 2 期上连载《修学指南——节译日本优等学生用功法》，可见他的日文水平不低。[④]

荣恪在日本留学 8 年，1911 年回国。历任江西全省禁烟公所所长，二道口厘金局长，北京烟酒银行文书主任，北京商业银行文书主任。

荣恪与堂弟隆恪友好，隆恪曾写《哭从兄新成》诗："平生愤嫉薄棺收，玩世何须到白头。知悔无心从揭竿，可能留命看横流。一壑肺腑凋蚁盏，三岛悲欢没蜃楼。犹恋形骸伤绝笔，依依松柏故山秋遗言嘱葬西山先祖墓地侧。"

荣恪与江西民主革命先驱彭素民（曾任国民政府农民部、宣传部部长）友好。彭素民结婚时，荣恪曾撰婚联（陈小从 1958 年适彭素民次子彭旭麟，陈彭两家可谓渊源有自）。

荣恪的笔墨文字今已无存，仅获他与别人合制寿联一幅："堂上椿荣，称觞介寿；陔南兰茁，舞彩承欢。"[⑤]

荣恪夫人是湖南志士刘揆一、刘道一的妹妹。[⑥] 1920 年五修陈氏宗谱记载荣恪有一子名封衢，老家宗亲回忆是从老家过继带出去的。民国三十二年（1943）六修谱已无封衢信息，可能与故里失去了联系。

十一、陈 齐 恪

陈齐恪（1884—?），字平一。光绪十年甲申（1884）十一月二十日生于修水故里，殁葬不详。陈三焘次子（陈克藻→陈规鋕→陈观云→陈三焘→陈齐恪）。其父陈三焘（德基），曾在陈宝箴湖南推行新政时的常宁矿山管账。

齐恪于 1907 年考入三江师范，分在补习科丁班。[⑦] 毕业后的情况不详，

---

① 见《中国同盟会成立初期（乙巳、丙午两年）之会员名册》，载黎东方《细说民国创立》，上海人民出版社 2002 年版，第 110 页。黎文转引自《革命文献》第 2 辑。

② 见王辅宜《关于军国民教育会》，载政协全国委员会文史资料研究委员会编《辛亥革命回忆录》第 6 集，文史资料出版社 1963 年版；刘揆一著，饶怀民编《刘揆一集》，华中师范大学出版社 1991 年版，第 169 页。

③ 见蔡惠《江西易知社与共进会简介》，载政协江西省文史资料研究委员会编《辛亥革命在江西》，江西人民出版社 1991 年版。

④ 见李海默、肖澜《略说陈荣恪的事迹》，载《宁德师专学报》2009 年第 2 期。

⑤ 贺南昌方皇甫七十寿，载国家图书馆分馆编《中华历史人物别传》第 71 册，线装书局 2003 年版，第 630 页。

⑥ 见刘揆一著，饶怀民编《刘揆一集》，第 267 页；《陈氏宗谱》："配刘氏，湖南衡山县某公之女。"

⑦ 苏云峰《三（两）江师范学堂：南京大学的前身（1903~1991）》附录二《两江师范学生（转下页）

《陈氏宗谱》上关于他的记载不多。据其兄正恪之孙陈继虞回忆:“他曾在九江一富贵人家里做先生,染上了抽鸦片的毛病,我曾祖德基公为此很不喜欢他。他因病回竹塅家中休养,第二年即去世。我小时候还看过他写的书法条屏。”

十二、陈 文 恪

陈文恪(1920—1967),字蔚然,号光国。民国九年庚申(1920)十月二十一日生,1967年殁。陈三吉独生子(陈克修→陈规锡→陈观燮→陈三吉→陈文恪)。

文恪是竹塅四房幼房陈克修的玄孙,竹塅四房以长房克绳这一支文风最盛,人才最多,其他三房虽相形见绌,但也未断脉。在经济上,嘉道时期,以长房最富,但到咸同时期,幼房克修后裔渐渐超出。到曾孙三字辈,又呈衰败气象,幸有陈三吉(有声)秉承祖上艰苦创业精神,头脑比较灵活,多种经营,使家道小康。且耕读并重,倾全力培养儿子文恪,幼年即从师苦读。稍长送入梯云高小毕业,旋到南昌,入修水怀远人后裔、江西保安处长廖仕翘所创办的中学。值中日发生战争,国难紧张,敌机到处轰炸,中学为之解散,致学业中止。《陈氏宗谱》赞文恪:

> 侄之赋性,聪颖异常。幼授句读,过目不忘。毕业高小,程度优良。旋升中学,有志自强。适遭世变,权作隐藏。调持家道,事事周详。结交友朋,信义悠长。重修谱牒,努力赞襄。族叔伟谟敬撰。①

1951年修水县“土改”,文恪32岁时被划为地主成分,迁出祖居地护仙坑。受此一击,文恪的聪明灵性黯然淹没,48岁即下世。竹塅四房幼房的文脉至此终于歇绝。

陈氏家族第六代恪字辈共有男丁61人(因无男丁而用派号取名的女儿2人),其中陈克绳玄孙44人,陈克调玄孙1人,陈克藻玄孙4人,陈克修玄孙12人。读书进学14人,修水本土3人,走出山外在都市教育环境下受教育成才的12人,放洋留学的6人。人才主体已经向都市倾斜,反映出清末民初时期农村因旧式举业的废除而引起的人才衰败跌落和新式教育机制兴起下人才产

(接上页)名单》:“陈齐恪,江西义宁人,1885年生,1908年1月入学堂。”(南京大学出版社2002年版,第221页)

① 见《陈氏宗谱》,卷首二《有声公传》(文恪父亲陈三吉),1943年六修。

生的时代运会。

第五节　第七代“封字辈”代表人物

一、陈封怀

详见下文“陈封怀”专章。

二、陈封可

陈封可，字夷简。光绪二十二年丙申（1896）二月十二日生，1971 年殁。陈衡恪长子，原配范孝嫦所生（陈克绳→陈规鋐→陈宝箴→陈三立→陈衡恪→陈封可）。因出生在曾祖父陈宝箴任职的湖南巡抚衙门（地名“又一村”），故乳名“村伢”。①

封可少时与叔叔、姑姑们一起在南京家塾开蒙读书。1917 年留学日本，1920 年左右留学德国。回国后曾任北洋政府外交部秘书。1924 年至 1928 年，任中国驻德国汉堡领事。后任教育总署编审会编辑，同时兼任北京师范大学德语教员。1928 年至 1929 年，任国立北平大学艺术学院国画系教员。② 1937 年至 1939 年在华北教育总署工作，郑孝胥 1937 年 11 月 23 日记：“陈伯严之孙封可来书，求为介绍于北京新政府。”③1949 年后任对外贸易学院（即“对外经济贸易大学”前身）德语副教授，国家建委德语翻译。后因年岁大，有严重胃病，组织照顾边工作边休养。1957 年退休，1971 年病逝，享年 76 岁。

由于家庭艺术氛围的熏陶，陈封可对于书法和绘画，很早就“小荷初露尖尖角”，受到长辈的嘉许，尤其擅长山水。弘一大师李叔同 1920 年撰《陈师曾小传》：“……子封可，亦善画，能篆刻。”1926 年，由汤定之、陈半丁、凌直支联名在《湖社月刊》第 11 期登载《陈封可鬻画润例》：“封可渊源家学，积功十余年，造诣日深，同人怂恿其鬻画，为订润例如左……”④郑孝胥 1929 年 8 月 16

---

① 见陈小从《图说义宁陈氏》，第 9 页。

② 见彭飞《1918 年—1937 年国立北平艺专教职员名录》，载《美术研究》2003 年第 3 期。

③ 中国国家博物馆编，劳祖德整理《郑孝胥日记》第 5 册，第 2699 页；《教育部二年来行政摘要》，转引自余子侠《日伪统治下华北沦陷区的高等教育》，载《近代史研究》2006 年第 6 期。

④ 王中秀等编著《近现代金石书画家润例》，上海画报出版社 2004 年版，第 229 页。

日记:“陈封可来。伯严之孙,师曾之子。亦能画,在京画会。”[①]1932 年,其作品入选徐悲鸿组织的“巴黎中国美术展览会”。4 月 15 日,中国画展在巴黎堡姆美术馆开幕,展出中国现代名家 71 人的 180 件作品,欧洲为之瞩目,一时盛况空前,展期原定一个月,两次延期共 45 日始结束,参观人次两万余。[②] 1941 年,参加北平名流画家组织的“消夏画会”,会员作品在镜清斋展出,《新北京报》予以多篇报道。[③]

封可与当时文坛名人、艺坛名家颇有交往,如苏曼殊[④]、杨钟羲[⑤]、吴宓[⑥]、徐悲鸿、齐白石、黄宾虹、柳子谷等,收藏了不少名人字画,可惜“文化大革命”中被抄没。

(夫人略)。养女陈翠微,北京大学纪律检查委员会退休干部。女婿王希祜,北京大学后勤部门干部。

三、陈 封 雄

陈封雄,民国六年丁巳(1917)四月十八日生,1999 年殁。陈衡恪第三子,继妻黄国巽所生。

封雄毕业于燕京大学新闻系。1940 年至 1945 年,先后在中央银行经济研究处和重庆《国民公报》工作。1945 年国共两党在重庆举行和谈,“双十”协定签订后,国民党代表团首席代表张治中将军举行宴会为出席和谈的毛泽东饯行。当时,陈封雄代表《国民公报》前往采访,曾请毛泽东在他的采访本上签名留念,也是那次宴会上唯一获得毛泽东签名的记者。日本投降后,曾在天津与燕京大学校友创办《新星报》。1949 年后,任新华社英文编辑,《人民日报》国际部编辑、高级编辑,直至离休。曾应邀做《中国当代漫画家及作品简介》(海外版)一书的英文翻译。他 1957 年被划为“右派”,并遣送至“北大荒”劳动 3 年。1960 年结束在“北大荒”的劳动,安排在晋东南的长治二中教语文。“文

---

① 中国国家博物馆编,劳祖德整理《郑孝胥日记》第 4 册,第 2250 页。

② 参见张长虹《1933 年“巴黎中国美术展览会”研究》,载《艺术探索》2013 年第 5 期;王震编著《徐悲鸿年谱长编》,第 118—124 页。

③ 见王中秀编著《黄宾虹年谱》,上海书画出版社 2005 年版,第 433—435 页。

④ 见马以君《苏曼殊年谱》1912 年、1914 年谱文,载《佛山大学佛山师专学报》1988 年第 5 期、1991 年第 1 期。

⑤ 1940 年杨钟羲去世时,亲属曾向国内文化界名人发出讣告,共计二百八十多位,陈封可列名,参见《杨钟羲逝后讣告诸友名录》,载《收藏家》1998 年第 2 期。

⑥ 1930 年 1 月 26 日吴宓受邀到黄米胡同赴宴,客人有曾广铨、汤涤、李宣倜、曹经沅、陈封可等,因多是诗人画家,宴毕乃挥毫咏赋。见吴宓著,吴学昭整理注释《吴宓日记》第 5 册,生活·读书·新知三联书店 1998 年版,第 15 页。

化大革命”中又被批斗、住“牛棚”(“文化大革命”中关押“牛鬼蛇神”的地方)。

封雄是陈家封字辈中的能文者,从20世纪80年代起,他便率先撰文宣传、弘扬六叔陈寅恪,文章发表在《人民日报》《团结报》《羊城晚报》《新民晚报》《人物》《读书》等报刊上,与当时其他学者专家写的几篇陈寅恪小传,翻开了学界研陈的第一页,在读者的心中留下了深刻的印象。1990年代,他着力介绍父亲陈衡恪的生平、品德和艺术成就。他写的《齐白石与陈师曾》《弘一法师与陈师曾》两文,是两篇重要的文史资料,被人们广泛引用和转述。1992年,他协助美术界的专家出版了《陈师曾画选》;1996年,陈衡恪诞辰120周年,封雄虽然痛感无资为父亲筹办纪念会、纪念展,但仍配合支持美术界编印了纪念专版;1997年,他主编出版了《陈师曾画铜》;1998年,他准备与美术界专家再度合作,重出一本质量更好的《陈师曾画选》。正当他不顾80岁高龄,孜孜不倦地为整理出版父亲遗作而奔波操劳时,不幸身染重病(胃癌),入院4天便溘然长逝。

陈封雄受父亲影响,亦喜爱绘画。还在他四五岁时,父亲就从日本带回两本儿童画册,又买来粉笔和画板让他任意涂抹。当他能摹出父亲画中的茅屋和人物时,父亲便会夸奖不已。有时还捉住他的小手教他画一些简单的图形,可惜第二年父亲就去世了。否则,绘画于他可能不仅仅是业余爱好。他晚年在一篇回忆父亲的文章中说:“幼年丧父对我的一生无疑是很大的影响,因为那时先父刚刚开始扶持我在绘画艺术上起步。假如先父能够延寿二十年,我的人生道路肯定与现在不同。然而这一切都已无法挽回了。”①

夫人何秀敏,原北京大学附属医院护士长。女陈苹。

四、陈小从(封玖)

陈小从,谱名封玖。民国十二年癸亥(1923)六月十四日生,2017年5月7日殁。陈隆恪独生女(陈克绳→陈规鋐→陈宝箴→陈三立→陈隆恪→陈小从)。

小从之前曾有5位兄姐,其中3位流产,2位兄长夭折。② 小从也是7个月

① 刘子超、刘漪文《陈氏后人　从人文转向技艺》,载《南方人物周刊》编著《家族》,二十一世纪出版社2014年版,第76页。

② 据小从晚年口述,之所以如此,主要有两个原因:一是她母亲有习惯性流产的妇科病;二是与当时“物竞天择、优胜劣汰”的观念在知识界流行有一定关系。陈家的育婴法,婴儿生下来后三日内仅喂钩藤水,据说是为了排除胎毒(这与修水老家风俗一致)。婴儿单独放一(转下页)

的早产儿，生下来体重仅两斤半，不哭不睁眼，不会吮吸。小脸只有鸭蛋大（小从老人自嘲诙谐语），大人 3 个手指并拢就可以盖住她的脸。因为太弱小，像只"小毛虫"，故父母用谐音称"小从"。[①] 但这个"宁馨儿"不仅生命力超强，而且高年遐龄，为陈氏家族最高寿的两位成员之一（另一位是小从的二堂哥陈封怀）。

（一）成才经历

在陈家封字辈中，小从的就学条件最差。不仅不能像她的父辈那样，先入家塾，再入新式洋学堂，再放洋留学，也不能与家族中其他堂兄妹一样，安稳、系统地读完小学、中学、大学。她的童年、少年时代，几乎都随父母亲的"糊口四方"而行止不定，忽南忽北、梗泛萍飘，1929 年 6 岁时定居庐山牯岭以后，才算有了安定的"家"。但正如老子祸福相倚的哲言表述的那样，正是因为没有上过新式学堂，她获得了与一位大诗人（祖父）和一位好导师（父亲）日夕相伴的机会。在未来的成长岁月里，小从所接受的教育，仍然是一个世家子弟所接受的诗词文史、金石书画。在这方面，家族良好的文史氛围，发挥了极大的作用，使她的学问超过了学历很高的同代人。[②] 这固然由于家学渊源，但与她的天生悟性好不无关系。除了能诗擅词外，她还学过书法、绘画、篆刻、剪影。

在小从成长的过程中，有两个重要时期，奠定了她一生文史生涯的基础，使她受益终生。一是 6 岁至 10 岁在庐山在祖父陈三立膝下成长 4 年；一是 15 岁至 20 岁随父母在萍乡外祖父家庭乡居 6 年。

小从 7 岁时，因庐山上学不方便，又因要陪伴祖父，只好在家随父母认字。开蒙第一课是祖父亲自书写的"一去二三里，烟村四五家。门前六七树，八九十枝花"。尔后父母又教她对对子，师出"两枝红蜡烛"，生对"一盏清油灯"；

（接上页）室内，不许大人抱抚。正常足月的婴儿，或许能挺过来，但她的两位兄长都不足月，且出生在冬天，哪里经得起这样的"物竞天择"。父亲不忍婴儿啼哭不止，有时也抱在怀里取暖。但陈三立订的家规难违，不敢久抱。父亲这一辈和下一辈年长的堂兄都经受过这种考验。以后母亲常说，好在小从生在北京，如果早几年生在南京大家庭里，就难说了。见陈小从《九秩忆往》，载氏著《吟雨轩诗文集》，第 268 页。

① 小从长大后觉得这个名字不雅，闹着要改名。母亲说不能改，祖父的庐山诗中多次出现她的名字，将来她要沾祖父的光显名于世呢。见陈小从《九秩忆往》，载氏著《吟雨轩诗文集》，第 267 页。

② 她曾有两次进正规学校读书的机会，一次是 1937 年她 14 岁新午姑姑托人将她推荐给某美术系学校入读，该校派人上庐山进行了面试，可以录取。可惜因战事影响，没有读成。另一次仍是新午设法帮助让她进入南京中央大学艺术系旁听，可惜两个月后就随父亲单位迁上海了。见陈小从《九秩忆往》，载氏著《吟雨轩诗文集》，第 273 页。

“莲如君子”对“草似小人”。平时则跟随祖父到牯岭消夏社参加一种“押诗条”的娱乐活动。其规则是用古人诗句，中空一字，在旁边纸条上写出五个可能用的字，将谜底藏在下面隐蔽。桌面上放一张大纸，上书一二三四五，由一人坐庄，其余为猜客押宝。猜中者庄家赔筹，不中者庄家收筹。例如“聚仙亭上●凭栏”，待押的五个字分别为：久、偶、忆、且、一（谜底为第五字）。

当时庐山南来北往的游客中，不乏精通文墨的人，题诗作对是当时读书人都会的。散原老人以此消遣为乐。小从玩了几次，逐渐了解其中的诗味，深感兴趣。有时也能赢一两回，捧一把糖果回家。这种“押诗条”的文字游戏，比“打诗钟”要低档一些，但对积累词汇磨炼思维不无好处。小从的一点灵慧诗才或许就是从这里诱发起步的。

3 年后，小从吟出了第一首少作：

薄冰浮在水，乌云满天飞。云散太阳出，远客归不归？①

前三句稚气盎然，从事物到语言都是孩童的。最后一句可能得到父祖的指点开导，因隆恪 10 岁时也曾口占一首五绝，末句“扁舟载酒归”，与“远客归不归”意思相近。有了这一句，前面三句就有了着落，“诗眼”出来了。

1938 年 5 月，因日寇逼近九江，小从随父母离开庐山，间关远道来到外祖父的故里——位于赣西边境的萍乡清溪村。清溪可以称为一方风水宝地，这里古木萧森、溪流蜿蜒，约有百余户瓦砖房舍，栉比相连的“屋场”，是以喻姓为主的族居群体。

据小从晚年回忆，外祖父的故居“松荫书屋”（俗称松荫堂）占地好几亩，有正房、厢房、厅房几十间，并有藏书楼、花园等，宽敞宏伟，外祖父喻兆蕃曾撰门联“田园饶乐趣；山水有清音”。这幢大屋自外祖 1920 年冬逝世后，因子女都在外面做事，一直空着。直至 1937 年卢沟桥事变前后，家人才纷纷回里归聚在这栋百年老屋。大家除了拉家常、叙天伦之乐外，平时一项主要的文化活动即作诗唱和。小从的大舅、大姨夫这两位清末举人和父亲陈隆恪都是诗坛高手和“书篓子”，在他们 3 位大诗人的影响下，连不常写诗的三姨夫（文倬）和母亲喻徽也都加入了“唱和”队伍，将小从和几位正处于求知欲开启阶段的表兄弟引向中国传统文化的殿堂。

小从和几位小辈因时局不靖暂时未能出去上学，于是大人们商酌决定聘

---

① 陈小从《图说义宁陈氏》，第 109 页。

请喻家一位老秀才喻道周先生教他们读老书，如《论语》《孟子》《古文观止》等，时间一年多。道周先生课余时间也出作文题和诗题。开始，小从作文题还能胡乱写几句，经呈父母修改交卷。遇到诗题，则茅塞填胸，一句也凑不上。到了寒冬腊月，先生出了个应景诗题"赏雪"，小从长期积累，一旦启发，写出"寒风吹絮飞，千里共一色。群山掩苍翠，枯木挂剑戟。举步登阁望，寒气逼肝膈。红梅犹自放，惆怅松与柏"的诗句。父亲大喜过望，说："咳！这下子我可放心了，前些时我与你娘正在发愁呢，为什么公公是大诗人，他的孙女却与诗无缘呢？现在可开窍了。"父亲大喜之余，赏给一部《诗韵》。

隆恪夫妇还经常与女儿联句、押诗条、打诗钟[①]、猜字谜。这些游戏笔墨虽说属于旧时供文士雅客遣兴消闲的雕虫小技，但可以启发初学诗者如何遣词造句、巧思润饰，是六艺之外的另一方小园地。尤其对引导初学诗者的兴趣，有不可小视的推动作用。

这时小从还酷爱绘画艺术。陈家本有绘画家传，隆恪年轻时随长兄衡恪学过绘画。抗战时物质匮乏，亲朋长辈便将家里珍藏的画谱、画具、水彩颜料割爱相赠。在长辈的支持关爱下，小从画兴大发，整日足不出户。[②]

1943 年初，隆恪在江西省政府财政厅谋得一职位，结束了小从这段珍贵难忘的人生经历，此后一家随省政府机关辗转于江西泰和、兴国、宁都等地。1947 年隆恪任职邮政储金汇业局南昌分局，1948 年底调任时在上海的邮汇总局秘书。虽然已入城市，但仍漂泊不定，小从仍难正规上学。1950 年 7 月，时任中央美术学院院长的徐悲鸿，偶然在李一平处看到小从的一幅画作，破例提携她进入中央美院。这是她首次也是唯一的一次进入正规院校深造，在实用图画科，却不幸于一年半后因病休学回到上海家中。病愈后又因父母老病需要照顾未能复学（1956 年陈隆恪夫妇相继去世）。1957 年，小从到武汉某中学任美术教师直到退休。退休多年后某次与父亲好友李一平闲叙，为自己没有受过正规教育而引以为憾。李老却说："你虽然没有按部就班地受正规教育，但家中有位学识高深的大诗人（祖父陈三立）和一位好导师（父亲陈隆恪），这是别人所羡慕的。幸亏你没有进过正式的学校，否则就不会有今天的陈小

① 诗钟是一种流行于清末民初的文字游戏，它的要求比普通的对对子要高，因为要限时、限格。游戏时，用线系上一个铜钱，再系上一根一寸长的香，下面放一个铜盘。当大家选好题目后，用火将香点燃，然后开始作对。香点完时，线也烧断了。铜钱掉到盘内，发出声响；每个人都得交卷，故名"诗钟"。

② 见陈小从《九秩忆往》，载氏著《吟雨轩诗文集》，第 273 页。

从了。”①

（二）婚姻、家庭

1950年，七叔方恪曾向冒鹤亭提亲，想把小从介绍给冒鹤亭之孙冒怀辛，未果。② 1958年，小从与武汉水利电力学院数学系教授彭旭麟（江西清江县人）结婚。彭旭麟的父亲，即江西著名的辛亥革命重要人物彭素民（1885—1924），为同盟会第一批会员，曾任孙中山总统府秘书，国民党中常委、总务部长、农民部长等，40岁病逝，广州国民政府下半旗致哀，孙中山痛悼“吾党惜斯人，应多注海倾江泪；廿年同患难，未副乘风破浪心”。2011年3月，广州大元帅府纪念馆举办了“彭素民先生生平史料展”。

子彭自明，媳陈欢萍。

（三）诗词成就

光绪十九年（1893）四月，散原老人陈三立畅游庐山，得诗55首，其中一首有“荒林雨自吟”之句。其孙女陈小从长大后，特别喜欢这句诗的意境韵味，遂将自己的书房取名“吟雨轩”。晚年将篇什蒐辑整理出版，名《吟雨轩诗文集》。这是继《陈宝箴诗文集》《散原精舍诗文集》《陈衡恪诗文集》《同照阁诗集》《陈寅恪诗集》《陈方恪诗词集》之后陈家的又一部诗集。义宁陈氏文化世家的文史书香传统，终由第四代中的翘楚赓续传灯。已故诗评家陈声聪先生感叹“名德（陈三立）之后，诗教传之孙女，信泽长而流远也”。

20世纪八九十年代之交文化学术界兴起“陈寅恪热”后，陈小从和堂兄陈封雄得风气之先，感应世局时势，比较早的出场弘扬父祖的道德文章。陈小从偏重于介绍曾祖陈宝箴、祖父陈三立、父亲陈隆恪的事迹和搜集整理他们的诗文。陈封雄偏重于介绍叔父陈寅恪的经历和父亲陈衡恪的事迹。尤其是陈小从，传薪续脉、寸草春晖之类的心迹吐露在其诗文中比比皆是，传达出重任在肩、时不我与的自期与焦灼。对于陈小从来说，积极参与纪念父祖的活动，搜集有关父祖的文献材料，创作、发表诗词，已不关乎自己一人的价值荣辱，而多了一层接续家族书香文史断裂链条的精神道义。

正是在这样的背景下，陈小从开始频频发表诗作，参加故里江西的诗词社团活动，一度颇为活跃，知名度随之提升。1988年，诗坛发起“当代中华诗词精选”活动，陈小从23岁时所作的《庐山山居秋兴》入选：

---

① 见陈小从《九秩忆往》，载氏著《吟雨轩诗文集》，第275页。

② 见冒怀苏编著《冒鹤亭先生年谱》，学林出版社1998年版，第496页。

一雨顿知秋，山寒木石幽。人随黄叶散，我为白云留。
境静能迟客，松高不碍楼。何须重借酒，倚立自忘忧。

诗意如瓶泻水，毫无濡滞，流畅优美，既对仗工稳，又有直行而下的气势，紧扣“庐山之秋”的情境，别移他处不得。颔联“人随黄叶散，我为白云留”更是点睛之笔。这首诗确实是小从诗作中允膺上选的佳构，可见选家的眼力。[①] 陈声聪的《荷堂诗话》“陈小从”条，也把此诗作为首选。

1981年，小从作《辛酉冬月赴南昌西山探视曾祖靖庐墓茔》诗：

碑碎庐倾剩草莱，松风为奏陆沉哀。一盂麦饭迟三纪，百日维新重九垓。数典益惭昆裔弱，寻根却幸我能来。牛眠佳壤葱茏在，忍听山翁话劫灰。[②]

已故安徽师范学院教授吴孟复先生读到这首诗后，深有感触，作诗寄意：

龙鸾象豹列斑斑，峰有萧仙惜未探。有客还家寻冢墓，想翁呼月拥栏杆。九江云物思千里，一代风骚在此山。借箸试谈天下事，从来汉鼎重渔竿。

此事可证小从诗作在学界的影响。

笔者于20世纪80年代后期，开始接触小从的诗作，捧读循诵，稍有感会。2010年承她垂爱，委托笔者整理其诗文稿，得以将全稿通读数遍，体会愈深。总的说来，诗稿众体皆备，且各体都有佳作。个人私好，觉五古、五律更能反映其家族诗学传授渊源。如果我们从《吟雨轩诗稿》所收入的275题320首诗中细绎梳理出一根主线，找出作品蕴含的主要风貌特征的话，笔者以为用“散原法乳”来概括比较恰当。散原老人陈三立的诗风诗教是“避俗、避熟”，严谨内敛，与人品、门风相表里。陈氏兄弟中，承继散原诗风最明显的是次子陈隆恪，隆恪又衣钵递传至其独生女。因此，小从女史的诗稿面世，为这个家族内部的文化传承做了有力的支撑。

陈隆恪诗作的一个重要内涵，即浓烈的家世、家史情结。这一点在小从的

① 见小从表弟俞启崇《人随黄叶散，我为白云留》一文，载《文汇读书周报》2000年4月1日。
② 汪荣祖《陈寅恪评传》，百花洲文艺出版社2014年版，第22页。

诗词创作中也强烈地表现出来。她的怀旧之作，都感情充沛、词气厚实，几乎都与家世家史有关，且将坐标投放在庐山这座文化名山上。

庐山是小从生命旅程的重要驿站，她 6 岁多随父母上山，至 1947 年离山，期间除抗战时避难下山外，在庐山共度过了 12 年的山居岁月。其中 6 岁至 10 岁在祖父膝下长育，成为她一生永难磨灭的记忆。庐山给予她太多的亲情，太多的往事，太多的思念，咏庐山、怀庐山便成为小从大半生精神生活中一段永不消失的悠长旋律。《吟雨轩诗稿》中的不少上乘之作，都与庐山有着某种关联。然而 1954 年后，整整 25 年，小从未再上过庐山。这是她一生中离山时间最长的一次。二十多年的沧桑岁月，她的家族发生了很大变化。她的上辈凋零殆尽，只有庐山的故居和故居前的松树林、祖父题字的伏虎石依然如故。

1979 年夏，小从首次上山探访故居松门别墅，得七绝两首：

山灵休诵北山文，蕙帐空兮剩梦痕。岩草溪花如有待，同将无语答黄昏。

草树呼醒旧梦赊，万松围处认吾家。倚栏人换朱栏改，怅立松门对落霞。

1984 年夏，小从重上庐山，作五律一首：

寺废僧犹健，来寻过去心。石痕留謦欬，松韵奏德音。
往事流年蚀，尘劳华发侵。匡山居不易，空羡采菊人。

只有怀揣着满腹往事和笔力老到的人，才能写出这样故家乔木、繁华梦逐、哀而不伤的好诗。

作为一位成熟的诗人，小从的诗作还呈现出不主故常、风格多样的一面。除了呈现宋诗面貌的诗作外，也写过具有晚唐诗境情韵的篇章。在她最初提供给笔者的诗作稿件中，有四首名为《杂感》的组诗（兹录两首）：

初犊安知忌虎威，拼将热血唤风雷。柴干星火易为燎，蛀盛天仓忍化灰。四海新潮摧故垒，百年积习恋成规。前人惯道儒冠误，又被儒冠误几回。

无端六月似深秋，风雨飘摇正未休。屈子行吟芳草妒，贾谊罢对鬼神愁。瑶琴独抚无兼韵，花雨缤纷只乱眸。明日前程晴也未，洞庭波阔可宜舟？

这四首七律小从一时遗忘具体写作年份，笔者以为是她中断写诗20年后的开篇之作。从诗的格调来看，仿佛李商隐无题诗的风味，又有她祖父散原体的沉郁慷慨。用词雅洁，旨意深微，气象博大，足见作者的情怀襟抱，折射出20世纪70年代末知识分子压抑、迷茫、躁动的社会情绪。后来她来信告知写作时间是1989年，而且是10首。“无端六月似深秋”“初犊安知忌虎威”诗句中传达的心声意象与当年的时势多么吻合。诵读这10首曲折深沉的无题诗，令人想起清末民初引起士大夫群体共同情绪、交相仿作的伤春落花辞。

此外，小从女史亦工填词，置之她伯父陈衡恪、叔父陈方恪的词集中，亦不遑多让，《吟雨轩诗文集》收入她20首词作。兹录三首以见其余：

《菩萨蛮》（1943年在泰和20岁作）：

盈盈落照溶溶雾，故山犹记凭栏处。年岁易抛人，睽违惊几春。云霞谁作主，怅望风光午。何日寇氛平，开樽洗劫痕。

《满江红》（丙戌重返故山感赋用元人萨都剌金陵怀古韵）（1946年在庐山23岁作）：

十载飘流，凭谁语，讵君消息。喜归去，园林无恙，白云犹昔。少日心情难再觅，探幽曲径还堪识。到晚来，枕上听松涛，声声急。　无限事，纷如织，悲浩劫，追前迹。剩寒泉喧石，乱峰围日。烛底徘徊温旧梦，门前幽濑收残泣。更倚栏极目暮云平，遥天碧。

《水龙吟·春节》（1978年在武昌55岁作）：

又逢腊尽江城，天公作美如人意。收清宿雾，劝回瑞雪，放晴天气。会友招朋，添灯照夜，人欢除夕。也蒸糕酿酒，权随俗习。情怀淡，知老矣！　欣看儿辈嬉戏，乍唤醒多少回忆。灯舞长龙，花喧夜市，旧游堪记。不怕鬓丝，但祝春好人亦聚。待诗怀再整，霜毫染就，写春光媚。

即事抒怀，抚今追昔，似有晚年李清照的影子。

现代旧体诗词创作在新文化运动和西方学科建制的冲击下，诗道日卑，整体水平、规模已然衰退，但并没有一退到底。就女诗人而言，仍然崛起了像沈祖棻、丁宁、叶嘉莹这样的名家大匠。在那个新旧学制转型的年代，民间仍有不少闺秀才女学会了吟诗填词度曲，证明着中华文化爝火不熄。陈小从的成长经历，就是一个具有说服力的典型范例。

（四）研陈贡献

小从贡献最大的一件事，是接力保护陈寅恪保管的陈宝箴文稿。1968 年"文化大革命"最险恶时，陈寅恪为家藏文献免遭不测，分两次将其中的陈宝箴遗稿托付给晚辈姻亲带出广州，送给在武汉的陈小从，并陈说"只有她还懂得一点，知道这份文献的价值"。[①] 为后来《陈宝箴集》的出版，提供了最珍贵、最基本的文本。

贡献之二，是为蒋天枢撰《陈寅恪先生编年事辑》提供了大量的素材。据朱浩熙《蒋天枢传》介绍，为了顺利进行陈寅恪生平资料的抢救工作，蒋天枢分别给陈寅恪的三位女儿、助手黄萱、学生刘节写信，请他们赶写回忆材料，提供相关情况。[②] 朱浩熙的这段概述没有问题，遗憾的是忽略了另外两位重要的材料提供者——陈小从、陈封怀的重要贡献。事实上，陈小从、陈封怀在《陈寅恪先生编年事辑》出现的频率，远远高于黄萱、刘节，甚至不在陈寅恪女儿之下。尤其是陈小从，除了贡献《陈小从记录稿》之外，《陈封怀回忆录》也是 1980 年春初在广州"封怀口述，小从笔录"而成的。而蒋天枢多次引用的陈隆恪诗集《同照阁诗钞》，其时只有手稿，自然只能来源于陈小从。[③]

贡献之三，出版了《图说义宁陈氏》《松门别墅与大师名流》，提供了不少陈氏家史家世资料。同治十年（1871），陈宝箴以候补知府就官湖南，挈眷定居长沙，从此融入近代都市文明的潮流中。此后几十年间，陈家辗转迁徙于武昌、南昌、金陵、杭州、上海、庐山、北平。光宣民初之际，以陈宝箴、陈三立的声名之高，交游之广，拍照应是很多的。但在 1938 年夏日寇占领九江，陈隆恪夫人携陈小从匆匆离开庐山，离山前来不及将家藏文献及相册带出，两大箱文献、书画及相册遂不知去向。幸亲友处仍存有数十帧照片，先后检出寄给小从，加上一直在北京居住的陈衡恪家所藏老照片，遂形成了现在《图说》的基本框架，所谓天不丧斯文。它所提供的有关陈氏家族史资料仍很丰富。照片、配诗、文字说明以及注解，构成了义宁陈氏家族后三代简史。《图说》共刊出照片 136 帧，大体按所摄时间的先后编次。它以 1896 年陈寅恪五兄妹儿时在湖南巡抚署内后花园的合影为开篇第一照，以 1994 年江西召开"陈宝箴、陈三立父

---

① 汪叔子、张求会编《陈宝箴集》下册，第 1844 页。

② 见朱浩熙《蒋天枢传》，作家出版社 2002 年版，第 236 页。

③ 见张求会《陈小从对"陈寅恪研究"的贡献》，载《南方周末》2017 年 5 月 25 日。

子学术讨论会”，后裔上庐山瞻仰先祖遗迹为终止符，时间跨越了近一个世纪。诚如小从在《后记》中所附诗：“百年岁月痕，多少沧桑迹。图说义宁陈，聊佐史家笔。”[①]《图说》既是她对先人寸草春晖的回报，也是对文化学术界的一大奉献。

庐山是义宁陈氏继长沙、金陵之后的一处眠食之地。1929 年 10 月到 1933 年秋，散原老人陈三立在庐山的松门别墅定居四年之久。散原老人离山后，次子陈隆恪一家继续居住在松门别墅，直到 1948 年秋（其间因抗战离山八年）。这就形成了两个历史文化现象：一是散原老人山居期间，松门别墅成为名人雅士钦仰的“绿玉青瑶之馆，澹泊宁静之庐”；二是成就了陈隆恪独生女陈小从的庐山怀旧情结。

1928 年，国民党定鼎南京。南京是“火炉”之一，到九江只需一昼夜的时间。因此每年炎夏，军政人员、文化名流纷纷上庐山避暑。最高当局多次在庐山召开会议，以致形成了“庐山会议”这个专用名词。庐山的知名度达到了前所未有的高度，从而带动了社会各界人士纷纷来庐山度假旅游。在这股朝野士民或上山长住或短期避暑的热潮中，散原老人定居庐山，可谓适逢其会，给这一时期庐山的人文际会增添了一道亮丽的光环。借用他的诗友八指头陀的两句诗“更有白头陈吏部，又添波浪化鱼龙”[②]来概括散原老人在庐山士民中的凝聚力，既形象，又贴切。这一时期在山长住或短期避暑的文化人，几乎都与散原老人有着或多或少的联系。松门别墅在庐山众多的别墅中脱颖而出，盛极一时，凡缙绅、轩盖登山者，莫不以登松门别墅为欢。有介挚登堂者，有排闼径入者，悉奉山斗，愿闻玄秘。《庐山志·艺文》“陈三立”条按语云：“际兹世风板荡，俗学浇漓，幸硕果仅存，皤然一老，为群流仰止，不独为吾乡耆献之光，其高躅灵襟，亦镇自与名山同垂不朽也。”[③]1998 年，笔者开始撰写《陈三立一家与庐山》（2004 年再版改书名为《义宁陈氏与庐山》）一书，得到陈小从的鼎力支持，提供了大量的原始材料和珍贵照片，没有她的鼓励和回忆，这本书不可能成稿。而《松门别墅与大师名流》又再次提供了《义宁陈氏与庐山》《图说义宁陈氏》两书未载的老照片和文字资料。她对家族的弘扬、对祖父辈的史料挖掘贡献是不可磨灭的。

至此，小从晚年共出版《图说义宁陈氏》《松门别墅与大师名流》《吟雨轩

---

① 陈小从《图说义宁陈氏》，第 204 页。

② （释）敬安著，董群编《八指头陀禅意诗文》，商务印书馆 2018 年，第 388 页。

③ 吴宗慈编撰，胡迎建等校注《庐山志》下册，江西人民出版社 1996 年版，第 441 页。

诗文集》三书（还有一本家印本《陈小从画稿》，尚有大量信札待整理）。这根脆弱的芦苇，不仅年高德广，还以自己的聪明才气，为义宁陈氏增光添彩。她身上秉承的两个书香门第的精神养料，到晚年终于光彩夺目。陈封怀之子陈贻竹认为："她（陈小从）或许是我陈家最后一位诗文颇有功力的长辈。到我们这一代已忘了'本'，要重新捡起来实在不易，这是时代所致。"①

（五）陈小从现象

中国的传统文史学问素重师承传授关系，所谓"自学可以成才，无师难于贯通"，书香门第尤其具有家学渊源的优势。父子相承，兄弟同好，正是典型的家族文化的特色。

清末民初以后，传统的四部之学向西方学科结构模式的七科之学（文理法商医农工）转化，家学传统渐渐式微。义宁陈氏的封字辈，绝大多数走上了文理分科的专业化道路。为什么在社会呼唤传统文化回归之际，首先想到弘扬门风祖德的是没有高学历的陈小从？为什么在中国社会刚刚解冻首先去祖茔扫墓、查访曾祖茔墓现状的是陈小从？为什么一个受过四部之学煦育的文人，会比接受七科之学的专家具有更强烈的传统文化薪尽火传的情结与担当？这种"陈小从现象"，可以作为我们思考分析当代文理不相往来，"油是油，水是水"学科设置弊病的个案。

陈氏家族第七代封字辈共计男丁 45 人，人数与第五代三字辈、第六代恪字辈相比已有下降趋势。有高学历者多人，习文史者仅三四人，且都出在走出山外的陈宝箴一支，反映出清末民初以后老家族人的衰败与我国近代教育重理轻文对都市居民的影响。培养实用科技人才已经成为时代主流，即使义宁陈氏这样的书香门第也不能脱离时代轨道，从"文化世家"蜕变为无文化无学问之家，是时势使然，还是"君子之泽，五世而斩"的宿命？

---

① 陈贻竹 1999 年 3 月 16 日复笔者函。

第五章　新政疆臣——陈宝箴

陈宝箴生长于属于客家棚民的耕读之家。正是这个客家山区生存环境和耕读门风，铸就了他诚挚笃厚、坚韧刚直的性格基因和渴望通过科举功名或军功保荐走出山外建功立业的原动力。

第一节　崛起于阡陌之中

一、名、号、生年、体貌

义宁怀远陈姓同治二年三修《陈氏合修宗谱》卷一—《十一郎公于庭公鲲池世系》：规鋐三子观善，名宝箴，字相真，号右铭。生于道光十一年辛卯(1831)正月十八日申时(下昼3—5点)。

《宗谱》上的表述显示陈宝箴名号有两套：一套名观善，字相真，“观”与“相”、“善”与“真”互文见义；一套名宝箴，字右铭，“箴”与“铭”互文见义，古有“左箴右铭”之说。此外，在陈宝箴乡试朱卷册内，还发现陈宝箴早年尚有一个“扆臣”的字号。[①] 朱卷册内自述：“陈宝箴，字相真，一字右铭，号扆臣。”朱卷册内夹有“陈宝箴印”“扆臣”篆文印蜕两枚，可证陈宝箴早年还用过宝箴、扆臣的名号，也就是说他曾有三套名号。咸丰元年中举前曾用“相真”这一字号，中举后至咸丰八年冬赴京会试前用“宝箴”“扆臣”[②]的名号，此后固定用宝箴、右铭的名号。中年以后雅号“四觉山氓”“四觉老人”。陈宝箴可能还有一个“思补轩”“思补堂”的斋室名，陈家大屋残存一块“思补轩”的木匾，今存光

---

① 古有成语“丹扆六箴”。丹扆，红屏风，为皇宫用物。六箴，指六项进谏内容，《新唐书·李德裕传》“时帝昏荒，数游幸，狎比群小，听朝简忽。德裕上《丹扆六箴》”。按：陈宝箴的先世陈于阶号“扆六”，陈宝箴号“扆臣”，都与这个典故有关，且暗寓“箴”字之意。

② 现已发现陈宝箴光绪七年撰《山口丙垣先生夫妇合传》落款“扆臣”。

绪二十五年六月、七月、十月新建县青山村程姓、李姓售池塘、山场给“陈思补堂”的5份契约,包纸上有陈宝箴的三行题识手迹,唯此斋室名尚需找到更多旁证材料才能落实。

《宗谱》载其生年为道光十一年辛卯,而陈宝箴咸丰元年乡试朱卷册“自述”生年是道光十三年癸巳,小了两岁。他填的是“官年”。“官年”是在应试者中通行的一种约定俗成的惯例,所记生年一般比实际生年要小,是应试者虚报的一个生庚年份。《清代官员履历档案全编》保存的陈宝箴两份履历只有岁数而无“道光辛卯年”字样,因而根据履历单上岁数推算其生年亦可能不准确。

陈宝箴的祖父陈克绳“魁梧奇杰,须眉甚美……岂山中人哉!”[①]陈克绳的儿辈亦传此基因,“诸后嗣具魁梧奇伟,转盼腾云,裕光门闾”。[②] 其三子陈规镐“貌魁伟,腰腹十围”。四子陈伟琳“貌丰硕,白须如银,声满堂室”。[③] 传至第三代陈宝箴“生而英毅,顾视落落然……少负大略,恢疏倜傥豁如也”,[④]“公为人大口修颐,意量超然”。[⑤] 从仅存的陈宝箴晚年两张遗照来看,他方颐广颡,体格壮硕,神情沉着,确有封疆大吏的精神气度。陈克绳的这个体质基因至少传了三至四代。

二、考场拼搏

陈宝箴发蒙读书的情况由于材料缺乏迄今尚不太清楚,其子陈三立[⑥]说父亲“七岁出宿外塾”,可知陈宝箴至迟7岁已上学,但这所塾馆和老师不详。“外塾”即离竹墩有些路程的塾馆,可能办得比较好,塾师有些名气,故陈宝箴前去就读。

陈宝箴的举人朱卷册里有陈宝箴提及的多位老师:堂兄陈观礼、陈观澜。

① 彭承恩《太学生绍亭大人传》,载刘经富编著《陈寅恪家族史料整理研究》上册,第77页。

② 程焕采《太学生绍亭先生传》,载刘经富编著《陈寅恪家族史料整理研究》上册,第75页。

③ 陈宝箴《府君行述》,载刘经富编著《陈宝箴诗文笺注·年谱简编》,第56页。

④ 陈三立《先府君行状》,载陈三立著,李开军校点《散原精舍诗文集(增订本)》中册,第844、848页。

⑤ 范当世《故湖南巡抚义宁陈公墓志铭》,载范当世著,马亚中、陈国安校点《范伯子诗文集》,第524页。

⑥ 陈三立《先府君行状》:“(府君)七岁出宿外塾,旦日白塾师曰:‘昨有不能夜寐者三人。’塾师诘谁何,则曰:‘吾父、吾母及我是也。’”陈三立著,李开军校点《散原精舍诗文集(增订本)》中册,第844—845页。

周应时(行略暂不详)、郑踏云①、钟遇辰②、萧方泉③、颜韶九④。他们不一定都是陈宝箴入塾就读的老师,可能在制艺上曾指导、点拨过陈宝箴。如颜韶九是梯云书院的掌院,品评过陈宝箴的乡试答卷。

道光三十年(1850),陈宝箴20岁时中秀才。次年以附生身份参加咸丰元年恩科乡试中式,是义宁州这一科五个举人之一。清代科举规制,习举业的童生须经县、府、院三级考试合格才能取得生员资格(俗称秀才)。院试为各省学政主持的考试。学政到任第一年为岁考,先考老秀才,再考县、府试已合格的童生,录取的新生称附生。第二年为科考,为送乡试的预考。成绩一、二等及三等前10名即取得参加乡试资格。陈宝箴头年岁试为"州学第一名",次年科试成绩为"特等",接着乡试又中式,说明他两年三试都很顺利。对此,义宁优贡龚浦庆称赞:"同州陈右铭中丞,家世孝友,为乡党所推。中丞幼既倜傥,弱冠应童试,考题为藏器于身赋押而字官韵一联云:'纵然身便终藏,任人可矣;或者才求不器,俟我乎而。'宗师张小浦芾击节叹赏,批以'抱负不凡,决为大器'。明年咸丰辛亥恩科遂领乡荐,年方二十有一。"⑤

关于陈宝箴中举的情况,以前只在《陈氏宗谱》和《义宁州志·选举志》里有简略的记载。幸运的是,在陈宝箴故里发现了陈宝箴乡试朱卷册,使我们得以了解陈宝箴早年的科举应试经历。

陈宝箴乡试朱卷册内容分为前幅、后幅两大部分。前幅包括自述、家族成员名录、受业师、受知师名录;后幅包括考官评语、八股文三篇、试帖诗一篇。

陈宝箴自述他中举的名次是第一百一十三名。江西这一科正榜录取124名,陈宝箴名次已靠后,不过能榜上有名对陈宝箴本人和他的家族意义都非同小可。在他中举之前,陈家已有四代习举业的子弟在乡试中名落孙山的痛苦

---

① 郑踏云,字宾渔,号履阶。今修水黄沙桥乡李村人。州庠生,屡科呈荐。生于乾隆五十三年(1788),逝于同治二年(1863),享年75岁(见《郑氏宗谱》,1993年重修)。郑踏云虽然只是秀才,但诗文、制艺水平颇高,在义宁州士绅、教馆圈子里颇有名气,其诗文集《履阶文集》列入《同治义宁州志》卷二九《艺文志·书目》。

② 钟遇辰,字受千,号庆生。今何市乡团山村樟树下人。生于嘉庆十五年(1810)。道光十九年(1839)秀才,二十四年举人(怀远都第二位举人),咸丰八年曾与陈宝箴同赴京师会试,未售。拣选知县,特授江西广昌县教谕(陈宝箴曾为其父亲钟德佐撰墓碑)。子尔堃,贡生;尔墉,秀才。见《钟氏宗谱》,民国六年(1917)重修。

③ 萧祖琛,字玉成,号方泉。江西宜丰(旧称"新昌")县人。道光十一年举人,大挑二等,补授南昌府丰城县教谕。见同治十一年版《新昌县志》卷一二《举人》。

④ 颜凤仪,字祯祥,号韶九。江西万载县人。道光二十六年举人,拣选知县。见民国二十九年版《万载县志》卷一二《人物·列传》。

⑤ 龚浦庆《师竹斋笔记》卷二《四觉草堂》,民国九年(1920)刊印。

记忆。陈宝箴的成功，使陈家彻底摆脱了文运不利的阴影。至第五代，陈宝箴长子陈三立接力传灯，终于光绪十五年会试获隽，金榜题名。

陈宝箴乡试所撰八股文、试帖诗是目前搜集到的他最早的文字，结合师长评语和天头点评，可以借此分析青年陈宝箴的文字学识水平和八股文功力。且江西这一科124名举人以陈宝箴的官阶最高、影响最大，其他举人当年所刻朱卷册迄今尚未发现。因此，陈宝箴朱卷册作为这一科试卷的代表性文献，得以存留天壤间，值得我们珍视。

陈宝箴咸丰元年中举后，因太平军在江西战事的影响，咸丰二年、三年、六年三次会试之期，他都没有赴京师参加会试。咸丰七年、八年后，义宁州以及邻县已无大战，各县举子纷纷公车北上参加咸丰九年己未正科、咸丰十年庚申恩科会试。咸丰八年，陈宝箴与涂家杰、钟遇辰、罗亨奎结伴北上应试，在京城两年多，两试均落第，①遂出都返乡。虽然未能雁塔题名，但陈宝箴因此得以在京城居止游历两年多，结交了一批本省和邻省的举子，接触了首都风貌、京朝风气，眼界为之一开，视野、胸襟、学养、气度上了一个层次。这从他这两年所写的文章、信札可以看得出来。

三、义宁州的团练运动是陈宝箴崛起的起点

团练是太平天国历史研究中的一项重要内容。团练作为清朝政府利用绅士建立起来的地方武装，在镇压太平天国运动中扮演了重要的角色。

团练很早就有人提倡，并认为是应对时局的良策，它既能造成太平军遍地皆敌，使之“无粮可掳”“无人可掠”，又可减轻长期战争对国家在军事、财政上造成的压力。尤其是团练头目往往是一处一地的士绅，利用他们往往能稳定地方统治秩序。但团练起初并没有得到足够的重视，只是到了咸丰二年下半年以后，太平天国运动的狂飙由广西突入湖南，清政府感到时世危迫才予以采纳。随后委任了五十余位团练大臣“以专责成”，出现了第一次办团高潮。②

江西属于第一批办团练勇的省份，是清政府最早设立团练大臣的地方。咸丰二年八月，太平军萧朝贵偏师围攻长沙，洪杨部太平军由安仁、攸县向东向北挺进，势迫赣西。咸丰帝任命前刑部尚书陈孚恩为江西团练大臣，负责“团练防堵事宜”。陈孚恩受命后，随即会同新任江西巡抚向全省官绅传檄，下

---

① 不是两榜出身，始终是陈宝箴的一处软肋，后来领导湖南新政时，翰林出身、曾任国子监祭酒的在籍绅士王先谦敢于与巡抚陈宝箴抗衡，也是原因之一。

② 见朱谐汉《太平天国时期的江西团练》，载《江西师范大学学报》1988年第4期。

令各道、府、州、县恪遵钦命，联络绅耆，办团练勇。在各通衢大道张榜明示："果能聚集村民，杀一长发贼者，赏银一百两；杀一短发贼者减半；能歼除百名以上者，即将该团本年钱粮奏请蠲免，首事者仍给官职。"①

在江西各级官府的督促下，江西的南昌府和吉安府出现了第一批办团练勇的州县。随后在太平军时常出现的赣北和会党活动频繁的赣南地区，出现了第二批团练。有史料表明，到咸丰五年六月，江西全省有三分之二以上的州县都有了不同规模、不同组织方式的团练。② 义宁州八乡自咸丰二年即开始办团练，州城设总局。据同治十二年版《义宁州志》卷一四《武备志》载，江西省团练以义宁州、武宁县团练为冠，③一有军事行动，凡 16 岁以上 50 岁以内的男丁均编入团勇，称扫地勇。从咸丰四年到十一年，与太平军大小战斗百余次，所用经费数百万。咸丰九年余春霆、陈宝箴、钟遇辰在京为殉难者请恤，④义宁一州多至 3 000 人。战后陈宝箴《〈义宁同仇录〉序》评议："军兴以来，战凡数十，捐助军需百万，死事士民数十万，始末六年，百折不回、艰难险巇，义宁之民劳矣，义宁之财竭矣。"曾国藩对义宁州的团练非常赞赏，印象深刻，他曾在奏疏中言明："天下团练并皆有虚名而鲜有实效，惟江西之义宁，湖南之平江，办团确有成效。以本地之捐款，练本地之壮丁，屡与粤贼奋战，歼毙贼匪甚多，故该二州县为贼深恨亦为贼所甚畏也。"⑤

洪杨之役，义宁州八乡，乡乡办团练，而以泰乡团练最为骁勇，在泰乡发生的战斗尤多。其原因一是泰乡为修水的东大门，二是泰乡向为富庶之区。眉毛山区属泰乡七都，陈、徐、涂、黄四姓是七都团练的积极发起者。⑥ 陈宝箴的

---

① 杜德风选编《太平军在江西史料》，江西人民出版社 1988 年版，第 505 页。

② 见朱谐汉《太平天国时期的江西团练》，载《江西师范大学学报》1988 年第 4 期。

③ 按：据同治十二年版《南昌府志》卷一八《武备·兵事》结尾按语：南昌中洲团局举行最早，后以次推及各乡。盖地既殷富，又依省垣为声势，故事易成而力易集。新建与省隔河，救援难恃，毗连三府八县，贼一窜入即殃及池鱼，非四路联络邻县团，势虞于孤立。丰城界连瑞、临、抚诸郡，贼旋聚旋散，其团局每恃水师为协济。进贤逼近东乡，贼未久踞，而过境劫杀，惨何可言。奉新以蓄积素裕，贼久垂涎，据城几至一载。非藉官军助力，乌能捣巢穴而洁境土。靖安以弹丸小邑，塘埠一军屡挫贼锐，亦义愤使然也。武宁接壤通、崇，兼之与兴国土匪勾连屯聚，贼与民实有不能两立之势。叠次陷城，旋即克复，团勇之功，实为最著。义宁民素知方，杀贼何止数万。唯州城以援绝被陷，一城鱼肉，惨甚睢阳，非守御之多疏，亦劫运之所致。乃屡蹶屡振，而卒以百折不回之气，歼灭寇氛，其敌忾同仇，与楚之平江未遑多让焉。故称团练者，必以义、武冠首云。

④ 刘体仁《陈宝箴之享誉》，载刘体仁著，张国宁点校《异辞录》，山西古籍出版社 1996 年版，第 43 页。

⑤ 曾国藩《参奏江西巡抚陈启迈折》，载氏著《曾国藩全集》第 1 册，岳麓书社 1987 年版，第 470 页(此条出处由张求会检出)。又见王维新等修，涂家杰等纂《同治义宁州志》，第 213 页。

⑥ 徐、黄两姓宗谱里有多人于咸丰五年(1855)五月初九日在城殉难以及多人因军功议叙的记录。

父亲陈伟琳、伯父陈规镐和亲兄陈树年、堂兄陈观琦、陈观瑶都是其中的骨干成员。

泰乡内七都桃里的团练始于咸丰四年正月，当时太平军从北、南、东三个方向侵入义宁州，进犯泰乡乡治梁口（今三都镇），泰乡团练予以围堵，陈伟琳与涂家杰即聚集内七都绅民组织团练赴梁口助战，加入泰乡全乡的团练。① 咸丰四年四月二十四日，太平军再次进犯梁口，企图奔袭州城，泰乡团练奋勇堵截，屡战屡胜，斩毙贼首。五月泰乡团练越境进剿驻扎武宁清江（与泰乡毗邻）的太平军，大胜，斩首领。七月泰乡团练偕官军越境进剿驻扎武宁澧溪（与泰乡毗邻），打散太平军。八月数万太平军进犯泰乡，泰乡团练偕官军防堵，大胜，斩俘二万有奇，太平军余部遁回武宁。九月，泰乡团练偕官军进剿武宁，克复武宁县治。太平军因此极为忌恨义宁。次年五月，太平天国丞相钟廷暄率部数万，由湖北通城入义宁州，直逼州城，驻扎城郊。知州叶济英调集泰乡团勇4 000名（另从高乡调500名团勇）守城。两军相持二十一昼夜，大小战斗三十余次。叶济英两次咬指作血书求援，②省府按兵不发，太平军于城西城墙外挖隧道，于五月初九日辰时（上昼7—9点）用炸药轰坍城墙一角，蜂拥而入，守丁巷战到午时不支，知州叶济英与家眷投衙署后爱莲池自尽，几十位衙吏殉难。城内十六万余人，逃出不满万人。③ 祖孙父子兄弟夫妇同时殉难者千百家，一门俱尽者三百余家，其惨烈至今读之犹哀痛震撼。④ 至七月初八日，浙江宁绍道罗泽南督师夺回州城，太平军退入湖北。⑤

咸丰五年四、五月间，义宁州大战战况惨烈，⑥太平军屠城与知州叶济英自沉，是当时的一件要闻，曾国藩对此曾有评议。他在为修水名绅熊际盛编著的

① 义宁冷采芸《甲寅记事三十二首》之二：“甲寅春首酌金杯，闻得戈矛石界来。幸有泰乡好团勇，拦江一鼓疾如雷（贼初入梁口，泰乡团勇竭力抵敌，贼亦败北）。”之九：“三月农桑生业抛，雷轰电扫遍春郊。泰乡真有同城志，怕看千村鸟失巢（三月贼入泰乡，焚戮实甚，赖同心抵御，奋勇不倦）。”载氏著《小洞山房诗草》，同治八年（1869）刊印。

② 时署理按察使邓仁堃坚持派兵支援义宁，认为“义宁扼三省要冲，官民频年固守，团防为江省最。若弃不救，后将不能责官以守城，责民以团练”，但巡抚不同意。见李元度《江西按察使邓公别传》，载李元度撰，王澧华点校《天岳山馆文钞·诗存1》卷一〇，岳麓书社2009年版，第265页。

③ 冷采芸《乙卯记事二十首》之十：“孤城坐困两旬余，铁釜烹煎百万鱼。听得城崩天地震，可怜血流满沟渠。”之十一：“城内居民祸灭门，十人难告两三存。无分贵贱成荠薤，情到斯时不忍言。”

④ 《同治义宁州志》卷二四《人物志·忠义》基本都是咸丰四年、五年殉难人员的事迹（后附阵亡人员名单）。

⑤ 咸丰六年三月、十一年三月太平军又两次攻陷盘踞州城，八乡团练偕官军克复，名声大振，叠奉旨奖叙出力人员百余名。

⑥ 详见龚浦庆《师竹斋笔记》卷三《乙卯义宁城陷纪事》，民国九年（1920）刊印。

《御变记略》一书所作的序文中指出："义宁为吴楚要关，大江屏蔽，迩值世变，寇或充斥，出没无常。绅民独能知方向义，敌忾同仇，数年以来，屡著勋劳。宁城被围两旬之久，大援不至。贤牧义氓，继以死守，凡忠荩节烈，毁家授命至再三，百折不回，以视唐之睢阳，明之宁武，无多让焉。又何不可光简策而流芳后世乎？"（《同治义宁州志》卷三三《艺文志》）曾国藩对义宁州团练情况的熟悉，为陈宝箴日后拜谒曾国藩受到曾的推许埋下了伏笔。由于义宁州地理位置重要，"居江楚之交，实为江西西南[北]门户。武昌不守，边圉震惊，必假义宁以为之蔽"，[①]"崇山峻岭，形势险要……阻江楚之冲，错接楚壤，武昌不守，则江西陆路门户实资管钥焉"。[②] 因此，义宁州战场形势尤为世人瞩目，郭嵩焘甚至认为罗泽南克复义宁州是中兴大业的开端："咸丰五年，义宁之警……军覆，州城陷。再檄罗忠节公驰剿，一战破之，忠节公遂由通城进规武昌。中兴之业，实肇于义宁一战。"[③]义宁州战场形势的重要，战斗的激烈和兴办民团的实绩，使义宁州的士民多次得到朝廷的议叙嘉奖，并加增文武学额。不少团练骨干因此走出山外跻身仕途，强宗著姓尤其活跃，这在各姓的宗谱里可以找到大量证据材料。

陈宝箴因积极参加泰乡团练活动，结识了泰乡团练乃至义宁州全州团练的骨干人物余春霆。[④] 咸丰二年秋，余春霆响应义宁知州的号召，与其他骨干在州城内设立团练总局（防剿局）。咸丰十一年，在战事平息了几年后，太平军再次攻略义宁州，余春霆再次出头聚集团练御寇。陈宝箴在《余母刘孺人六十寿序》中追溯他们的交往：

初，春霆与余乡井相去四十里，彼此年少，寡往还，莫相识也。咸丰三四年间，粤寇狓猖江楚，侵我州境。春霆结义勇数万，杀贼甚著，予闻而壮之。于是始相交善，与论议古今成败得失之故，皆莫逆。岁戊午，予计偕北上，春霆亦以吾州义勇请恤事偕入都，南北走数千里，间关风雪，意气豪

① 陈宝箴《记义宁州牧叶公济英御贼死难事》，载刘经富编著《陈宝箴诗文笺注·年谱简编》，第75页。

② 陈宝箴《〈义宁同仇录〉序》，载刘经富编著《陈宝箴诗文笺注·年谱简编》，第72页。

③ 陈宝箴《〈义宁同仇录〉序》后郭嵩焘评语，载汪叔子、张求会编《陈宝箴集》下册，第1826页。

④ 余在田，谱名扬亲，字春霆，号震龙。监生。道光九年（1829）正月生，光绪十六年（1890）正月殁，享年六十一。义宁泰乡三都（乡治所在地）力田人（见《余氏宗谱》，民国三十二年[1943]续修）。咸丰朝在乡里办团练，同治初从席宝田击寇金溪、崇仁间，始叙从九品。后复从席平黔苗，累功保知县，发湖南候补。榷税岳州，复令巴陵。殁葬长沙月亮山之原。见陈三立《清故同知衔湖南候补知县署巴陵县事余君墓志铭》，载陈三立著，李开军校点《散原精舍诗文集（增订本）》中册，第806页。《余氏宗谱》卷首载录陈三立此文。

甚……其后与春霆交益久,或相与驰骋戎马间,横槊抵掌,览形势,究韬略,以相往复。又往往同羁旅,翱游山水佳胜。时风雨闭户,纵横古今人物,慷慨叫呼,以抒其抑塞磊落、感遇怀人之致,盖惟春霆共之久矣。春霆豪迈喜任侠,有不可一世之概,世亦或无可春霆者。[①]

陈宝箴早年在家乡的这段经历,为他日后担当重任,视事践实打下了扎实的基础,是陈宝箴日后政治军事生涯的起点。遗憾的是有关陈宝箴早年经历的文献材料不够系统,因而也就无法掌握他在义宁团练和义宁战事中更多的细节。所幸同治六年江西省设立采访忠义局,通知各县调查采访在与太平军作战中的忠烈事迹,整理上报烈士名单。宝箴为此编纂《义宁同仇录》[②]一书,撰写了《〈义宁同仇录〉序》《〈义宁同仇录〉书后》《记义宁州牧叶公济英御贼死难事》三篇重要的关于义宁州团练和战事的文章,[③]成为义宁州这段历史的宝贵资料,其中《〈义宁同仇录〉书后》一文,主要阐述战与守的相互关系和义宁战事对赣楚战场的影响。文章义理充沛,辞气酣畅,陈义甚高,得到郭嵩焘的好评,[④]字里行间透出陈宝箴当年孔武矫健的身姿和盱衡全局的气度。

四、七次军功保奏

陈宝箴第一次军功保奏候补知县是咸丰九年四月,以参加克复义宁州城战役保奏。《清实录》咸丰五年八月初九日谕内阁:"陈启迈奏追剿义宁州贼匪叠获大胜,克复州城一折……此次剿贼连获大胜,克复州城,罗泽南着赏加布政使衔(以下还有12人获得奖励),其余在事出力员弁,着文俊(继陈启迈新任巡抚)查明后另行汇案奏请奖励。"又据咸丰六年八月十二日记载,原任江西巡抚陈启迈此前曾奏报过"义宁保举案"。[⑤]《陈宝箴履历单》:"由附生中式咸丰辛亥恩科本省乡试举人,克复义宁州等城出力,保奏,九年四月二十一日奉

---

① 陈宝箴《余母刘孺人六十寿序》,载刘经富编著《陈宝箴诗文笺注·年谱简编》,第83页。

② 此书今已不存,光绪七年(1881)编纂的《江西通志》卷九七《武功·三》载录义宁战事,多采择一本名为《义宁州团练同仇录》的档案资料,或即宝箴编纂的《义宁同仇录》。

③ 见刘经富编著《陈宝箴诗文笺注·年谱简编》,第72、73、75页。

④ 光绪十五年十二月陈宝箴从长沙赴任湖北按察使时,郭嵩焘写了《送陈右铭廉访序》,称宝箴"始就乡举,值粤寇起,集团兵捍卫乡里,克复义宁州城,于是言者皆以谓廉访知兵"。见杨坚点校《郭嵩焘诗文集》,第278页。

⑤ 见邵鸿主编《〈清实录〉江西资料汇编》下册,江西人民出版社2005年版,第759、780页。

上谕着以知县尽先选用。”[①]由于没有找到陈启迈、文俊《义宁保举案》的原件和咸丰九年四月二十一日的上谕，我们暂不知这次保奏的全面情况。现只知陈宝箴的同州乡试同年陈文凤，保举的职位是“以教谕尽先选用”。另一位邻县乡试同年罗亨奎，保举的职位是“即补知县”。

同治二年（1863）八月，陈宝箴出山投席宝田帐下，参加了安徽青阳解围战役，被保举免补本班，以直隶州知州留于安徽补用。曾国藩同治三年九月《续保上年青阳解围出力员弁折》：“……花翎即选知府成定康、候选内阁中书吴绍烈、蓝翎同知衔即选知县谢兰阶、选用知县陈宝箴等四员，带队冲坚。成定康请赏加道衔，吴绍烈请以直隶州知州不论双单月遇缺即选，谢兰阶、陈宝箴请免补本班，以直隶州知州留于安徽补用。”[②]这是陈宝箴第二次因军功保举。

同治三年暑末秋初，宝箴再到席宝田驻扎在赣南石城县的“精毅营”戎幕。九月，席宝田率军追击太平天国幼天王，宝箴为之谋划，于十月间在杨家牌擒获洪仁玕与幼天王，史称“杨家牌大捷”，陈宝箴叙功同知直隶州知州候选。时任江西巡抚的沈葆桢十月初三日上奏《席军生擒首逆折》：“……拟请开复记名按察使席宝田应如何优加恩奖之处，出自宸裁。蓝翎同知衔即选知县谢兰阶、尽先选用知县陈宝箴，可否免选本班？均以同知直隶州知州，不论双单月即选，并赏戴花翎……谨奏。”[③]这是陈宝箴第三次因军功保举。

同治四年八月，席宝田部在江西信丰县与太平军汪海洋部激战，扼要拦截大捷。陈宝箴第四次被保举。

汪海洋部遁走粤东嘉应州，席宝田部与其他部队追击会剿。同治五年元月，汪海洋部败亡，太平天国覆灭，江西巡抚刘坤一于同治五年三月二十八日上奏《席军两次出力并案请奖折》保举有功将士。四个月后（七月二十八日）又呈《查明劳绩人员请照原案给奖片》：“……又即选同知直隶州知州陈宝箴，经臣前于湘军追杀窜贼随折保奏案内，请免选本班，以知府不论双单月即选，亦均钦奉谕旨。嗣经吏部奏驳：‘各项劳绩保举，除攻克城池、斩擒要逆，其余不准免选本班，并加候补班次……’兹据总局司道查复……陈宝箴随同精毅营扼贼于广东之东石、江境之铁石口，督队鏖战，两获大胜。或杀或降，四万有奇。其间擒斩头目约数十名，均非寻常劳绩可比，确有具报打仗原禀可

---

① 笔者在《清实录》和《上谕档》的咸丰朝九年四月二十一日内均未查到这份上谕。

② 曾国藩《曾国藩全集》第 7 册，第 4419 页。

③ 沈葆桢《沈文肃公政书》，载沈云龙主编《近代中国史料丛刊》正编第 54 册，文海出版社 1967 年版，第 103 页。

查。前保考语务求简约，以免烦渎，未能详悉，致奉部驳。然细核各该员战绩，实系斩擒要逆、攻克城池，与免选本班并加候补班次章程相符……仰恳天恩俯准，仍照原保……陈宝箴免选本班，以知府不论双单月即选。敕部注册，以昭激劝。理合附片陈明，伏乞圣鉴训示，谨奏。"[①]这是陈宝箴第五次因军功保举。

同治六年五月，清廷饬令席宝田速募楚勇成军前往黔疆，[②]陈宝箴赴贵州助席宝田平苗，克复江口，案内保奏。八年十二月二十日奉旨着以知府留于湖南归班补用。九年八月十八日引见，十二月十八日到省，年满甄别，以繁缺知府留南补用。这是他第六次因军功保举。[③] 同治十年，湖南巡抚刘崐接受布政使王文韶的建议，派遣陈宝箴到席宝田军辅佐军务。

同治六年十月，已回乡的席宝田复受命率旧部专办肃清苗乱军务。至同治十一年，将苗军全部击溃，苗疆肃清。《陈宝箴履历单》："五月十二日奉旨着免补本，以道员留省补用，并赏加盐运使衔。"六月十四日同治帝谕军机大臣："王文韶奏援黔官军扫除窜匪，苗疆肃清，并分军设防，抚恤降众各折片……所有擒斩首逆，尤为出力各员，着王文韶先行酌保数人，以示鼓励……王文韶现派各军分段设防，并拨银两分别抚恤，实能力顾大局。着即令道员陈宝箴会同分防各营及该地方官体察情形，妥筹办理。"[④]这是陈宝箴第七次因军功保举。

五、婚姻、家庭

本书第二章第一节介绍眉毛山区有陈、徐、涂、黄四个耕读家族，其中陈、黄同属义宁州的怀远人。黄姓开基祖黄廷贵，康熙末年从赣南崇义县迁来眉毛山。黄姓派号是"光添彩文，伦纪肇修"，"添彩文"三代为鼎盛时期。由于怀远人与本地人素不通婚，故陈、黄两姓维持了四五代的姻亲关系。陈公陛第五女适黄添佩，陈克绳第四女适黄彩纲，陈克修之女适黄彩茁，陈规镜第三女适黄彩葵（彩茁亲兄），陈树年之女德龄适彩葵之子黄韵桐。这是有名字的，至于谱上只著录"适黄"的，从规字辈到三字辈还有十余例。

---

① 中国科学院历史研究所编著《刘坤一遗集》第1册，中华书局1959年版，第90页。

② 《清实录》第49册，第613页。

③ 至此，陈宝箴基本实现了"就官邻省，以便养母"的意愿。早在咸丰十年秋，陈宝箴赴京会试不第留京期间，曾致函内兄黄鸿九，函中有"向者亟亟一官，不过亲老家贫，为禄养计耳。故筮仕之拜，必以楚南北为准，便迎养也"之语。

④ 《清实录》第51册，第426页。

道光二十九年(1849),陈宝箴19岁,与邻村黄彩徽(名彩徽,号心园)[①]第四女淑贞成婚。

陈三立《诰封一品夫人先妣黄夫人行状》:“夫人姓黄氏,世居义宁州油塅,老儒彩意(此或陈三立将‘彩徽’误记成‘彩意’)公女也。夫人兄姊弟妹凡十五人,其第五兄锡禧官训导,有学行,喜导引养生之术,尤与吾父善。夫人十八来归,躬操作,事姑李太夫人数十年……”[②]

宝箴岳父家族成员简介:[③]

添玙长子彩徽,字懿恭,号心园,名应亨。国学生,待赠武略骑尉。以眼科闻名。咸丰八年五子锡禧入泮,公届七旬,学宪谭赐匾“泮酒延龄”。配谢氏,继李氏。生子十,生女六,四女淑贞适辛亥举人、头品顶戴花翎、湖南巡抚陈宝箴。

彩徽三子文雍,名腾禧,道光己酉科武举人。

四子文庄,名呈禧,道光癸卯科武举人,署江西乐平县分府。

五子文茂,号鸿九,名锡禧,廪贡生,屡科呈荐堂备未售。钦加五品衔,署南安府司训,诰授奉政大夫(其三子黄觉明,随陈三立在南京居住,擅相术)。

八子文劲,名晋禧,赏戴花翎,授新喻县分府。

十子文恪,号子清。由文童保举五品衔,湖北即补分县,办理天门岳口厘金,例授登仕郎。生平淹博,聪颖过人,诗文清丽,终困场屋,殆所谓才丰遇啬者。

从黄彩徽有两位夫人、十六位子女来看,其家道小康殷实。子女中有一位贡生、两位武举,其四女与陈宝箴喜结连理,可谓门当户对。其居住地油塅的地理环境仅次于陈家的居住地竹塅。

黄氏生二男(三立、三畏)二女(石龄、金龄),子女数量比上代克字辈、规字辈的夫人生育八胎、十胎和其女儿石龄生育十二胎稍逊。金龄幼殇,陈三立写有情真意挚的《季妹圹志铭》,其墓今存竹塅一处山岭上。石龄22岁嫁席宝田次子席麓生。[④]《席氏族谱》有一篇陈石龄传,[⑤]现予以全文引录:

---

① 事略见陈宝箴《黄公心园夫妇序》,载刘经富编著《陈宝箴诗文笺注·年谱简编》,第68页。

② 陈三立著,李开军校点《散原精舍诗文集(增订本)》中册,第838页。

③ 据义宁州怀远《黄氏宗谱》,光绪二十四年(1898)四修。

④ 事略见陈三立《席麓生墓志铭》,载陈三立著,李开军校点《散原精舍诗文集(增订本)》中册,第987页。

⑤ 撰写者谢玉芝,是湖南新化县近代著名学者,现代女作家谢冰莹的父亲。

夫人姓陈氏，江西义宁人，前任湖南巡抚讳宝箴之女。归席氏，为赠太子少保讳宝田之冢妇，而观察麓荪名曜衡之室也。夫人生有异禀，通书算而庄重寡言笑，进退以礼自持。年二十二，嫔于观察。时少保方以足疾谢戎事，养苛蠡园。父光禄公无恙，年八十余矣。少保所贮葠［参］燕，夫人躬烹饪以进，不假手童奴，历事数四年如一日。少保性严厉，课麓荪兄弟读，不少宽假。又年老善怒，怒时诸子姓无敢迩，夫人问视如常仪，少保威为少霁。麓荪性真率，鲜饰辞，应对大庭如私室，故被谴较诸弟尤亟。夫人恒勖以将顺，谓君既有室，事亲宜倍谨，稍有不当意，则闺内必分受其咎。故能赞助孝敬，始终无替。少保疾革，握观察手含涕称“汝夫妇好者”久之。先是麓荪母魏太夫人早世，迄长，恒以不逮孝养为憾。夫人体其志，事诸庶姑敬礼有加，人以是颂言其贤。性仁恕，遇婢媪煦妪，未尝以色加。然实明察综理，家政内外斩斩。居恒以俭觳率下，却炫丽不亲，而周人之急，惟恐弗及。暇则假经史自娱，尤熟烈女传编，摩不去手，时为诸子妇演说大义，侧立耸听者相环也。先是中丞久膺疆寄，夫人问省多疏。岁丙申，朝议举新政，特旨擢中丞为湘抚。夫人始归觐，时方议剔宿蠹、汰积窳，夫人婉言于中丞，谓宜简仁廉牧，令以惠民，国政可听之当轴。中丞以受恩深重，不少变，逾岁竟坐是去官。夫人闻之泣，麓荪慰谕之。夫人曰：“妾非以吾父去官为惜，恐后此无复任事之臣，是为痛耳！”其远识若此。夫人久病，形瘦损，及易箦日，盥漱处分如平时，无一呓语，亦无痛苦状，盖其神定也。卒年四十有六，生男三人女四人。熙贞、运良从余游，并夫人子也。熙贞出夫人事略乞为传，因掇其落落［荦荦］大者著于篇。赞曰：富阳王君景向曾馆观察家，饩币馈遗有加礼，寻来为西江学堂教习，数为余称夫人之贤。谓明慧婉淑，不愧名家女，余固已心识之。及读其行述，良信，而余尤有味乎其进中丞之语。夫人臣为国义不顾身，在中丞之慷慨径行，宁得谓为过当？而如夫人之明识，亦岂易得诸巾帼中者哉！新化谢玉芝撰。

陈石龄于光绪二十九年46岁时去世，陈三立对这位妹妹的逝世颇为系怀，在诗作中多次抒发哀痛。除了手足之情外，可能与这位妹妹有一定人文素养、有共同话题有关。据《陈石龄传》，她在湖南东安得知父被革职罢官后哭泣，丈夫劝她，她说她并不是痛惜父亲罢官，她痛心的是以后恐怕再没有像父亲这样有担当的大臣。传记上引录的这句话也许有稍微夸饰的成分，也许是实话实录。

第二节 “四觉草堂”为陈宝箴崛起起了推动作用

一、易、罗、陈“三君子”

陈宝箴咸丰八年冬至十年冬在京城备考会试期间，结识了湖南龙阳人易佩绅，[①]与罗亨奎[②]有“三君子”之誉。[③] 易佩绅比陈宝箴大5岁，出道比陈宝箴早一些。咸丰十年，湖南巡抚骆秉章奉命督办四川军务，奏调易佩绅招募团勇。易、罗、陈遂决定放弃下一科（同治元年壬戌科）会试，相约从戎自效，出都南下。陈三立《先府君行状》云：“易公已前受巡抚骆文忠公檄，募千人，号果健营，防寇来凤、龙山间，罗公副之，遂与府君俱，扼次岩塘拒寇。寇酋石达开率众号十万来犯，死守累月，粮且尽，府君间走澧州永顺以募饷。[④] 永顺守张公修府故儒吏，延见府君风雪中，府君单絮衣，乃取狐裘复府君，却曰：‘军士冻饥久矣，即何忍独取暖为？’张公为流涕，趣召父老输银米济军，府君持去，守益坚，寇不得逞，引去，于是果健营之名闻东南。”[⑤]陈宝箴在这次戎行军旅中，结识了张修府，成为他日后从政湖南的一个人事关系，并

---

① 易佩绅（1826—1906），字笏山。湖南龙阳（今汉寿县）人。咸丰二年（1852）优贡生，咸丰六年考取八旗官学教习；八年中式顺天乡试举人；九年教习期满，引见，奉旨以知县用；十年应庚申恩科会试，挑取誊录，旋经督办四川军务骆秉章奏调招募楚勇；十一年四月，经原任湖南巡抚毛鸿宾留剿粤逆。同治元年正月，越境克复湖北来凤县城。汇案保奏，奉旨以知县遇缺即选，并赏加同知衔。后累官至山西、四川、江苏布政使（见秦国经主编，唐益年、叶秀云副主编《清代官员履历档案全编》第4册，华东师范大学出版社1997年版，第547页）。

② 罗亨奎（1828—1887），字志伊，号星使、惺四（莘耜）。咸丰元年举人，十年部选四川叙州府隆昌县知县，升酉阳直隶州知州、雅州府知府。赏戴花翎，四品即补知府。道光戊子三月初三日生，光绪丁亥十月二十四日殁，葬新建西山葛仙坛卜脉源。内外有碑。见武宁《罗氏宗谱》卷三罗亨奎这一支《世系册》。

③ 陈三立《先府君行状》：“丧除，入赴庚申会试，落第，留京师三岁，得交其巨人长德及四方隽异方雅之士，而于易公佩绅、罗公亨奎尤以道义经济相切摩，有三君子之目。”陈三立著，李开军校点《散原精舍诗文集（增订本）》中册，第845页。陈三立1901年在九江作谒易佩绅诗有句“先世称三子，岿然惟有公”，同上书上册，第41页。

④ 长沙朱先敬作《托钵歌》长诗赠陈宝箴，见钱仲联主编《清诗记事》第16册《咸丰朝卷》，江苏古籍出版社1989年版，第11678页。

⑤ 陈三立著，李开军校点《散原精舍诗文集（增订本）》中册，第845页；参见张修府《批果健营营务处陈令宝箴禀，请就地筹捐由》（文略），载张修府《溪州官牍》丙集，同治四年（1865）刊印。

结为姻亲。[①]

二、结识李复

同治元年二月，湘省渐次肃清，易、罗奉川督骆秉章之调遣入蜀，陈宝箴回乡侍母。本年秋，宝箴在陈家大屋背后高山五六里左右的“四合埚”动工建一栋读书楼。宝箴之所以盖这栋读书楼，除了为自己营建一个读书进修的环境外，还有作为接待武宁名士李复居所的考虑。李复（企甫）是武宁乾嘉年间古文名家张望[②]的外孙，虽然仅有秀才身份，[③]比陈宝箴也小五六岁，[④]但当时已很有名气，且与曾国藩已有接触。[⑤] 李复业师汪瀚咸丰九年已入曾国藩幕，[⑥]故选择一处山高路陡的幽静山坳盖楼以待上宾，兼有深山密林有利于避乱保命之意。

陈宝箴与李复结识，与罗亨奎有关。罗亨奎是陈宝箴咸丰元年的乡试同年，咸丰四年、五年、六年间，罗亨奎携家到眉毛山中避寇乱，住在陈宝箴家、涂家杰家，[⑦]每次居止数月。三人经常聚首。讲学论道，畅叙生平。这在罗亨奎为涂家杰父亲所撰的墓志和徐家干所撰的涂家杰传中有生动记实。罗亨奎《涂公德闲先生墓志铭》：“咸丰甲寅，予以武宁寇乱，避于义宁竹塅陈右铭家。涂伟人孝廉常过访，随谒公，蒙加器重，且筑孕云螯学舍，属与伟人及其叔子济民共学于其中……乙卯、丙辰两载，恒以寇警去留，食宿辄数月。”[⑧]徐家干《奉

---

① 张修府（1822—1880），字东墅，自号悔斋，江苏嘉定人。道光二十七年（1847）进士。历官湖南永顺、长沙、永州知府，衡州厘局、省通志局。陈宝箴亲家，同治十二年（1873）陈宝箴次子陈三畏娶张修府四女。

② 张望（1736—1806），字棕坛，号闰榻，北乡人。事迹见同治九年版《武宁县志》卷二三《人物·儒林》、卷二九《艺文·传·张棕坛传》，第302、430页。

③ 军功保举尽先补用县丞。见同治九年版《武宁县志》卷二二《选举》，第282页。

④ 同治五年丙寅（1866）去世时30岁，当生于道光十七年丁酉（1837）。

⑤ 李复《德闲公之配邓太君传》（涂家杰母亲）涂家杰注：“企甫洪州名士，时曾、李诸节帅币聘再三，不起。”见《涂氏宗谱》卷首。龚浦庆《师竹斋笔记》卷二《张枞坛先生》：“武宁张闰榻先生望，文行高洁，不愧古人……其外孙李复，号企甫，品优学粹，亦奇士也。受知于曾文正、沈文肃诸公，名噪一时，高隐不仕，如其外祖云。”

⑥ 汪瀚（1820—1865），字午珊，号澄溪，北乡人。少有文名，困诸生廿余载，岁科连八试冠军。学使单公地山常深器之。咸丰九年己未（1859）捷于乡试，遂投曾国藩戎幕。饬躬慎独，纤毫不苟，曾公知其才，俾掌厘务，一时有循吏之目，同治元年五月保举安徽补用知县。以父忧回籍。服阙起复，逾年道滞，中途而卒（《武宁县志》卷二三《善士》，第349页）。武宁《汪氏宗谱》（民国二十五年［1936］续修）载汪瀚生于嘉庆二十五年，殁于同治四年五月（黄本修提供）。今存汪瀚记述咸丰年间武宁战况的《艾城记事》七律四首，载《武宁县志》卷四〇《艺文·诗》，第687页。

⑦ 涂家杰咸丰元年亦曾参加乡试，已结识罗亨奎。

⑧ 《涂氏宗谱》卷首。

政大夫涂公弥山先生传》:“乙卯贼据州城,公感时势之艰,避乱山中,筑室数椽(按:此屋所在地点为‘芦茅坑’),有同里孝廉陈君右铭,喜谈时事,不时过访草庐。又有武邑孝廉罗君惺四,携眷来宁,假公馆避寇。公欣与两生晨夕聚首,讲书论道,畅叙生平,杜门不出,数易寒暑。”①咸丰八年,陈、罗又在京师相聚两年多,罗亨奎与汪瀚、李复都是武宁县北乡人,因此陈宝箴与李复、汪瀚结识,当是罗亨奎两边揄扬,②在其中起了穿针引线的作用,逐渐形成了一个地域人才圈子。

三、李复名文《四觉草堂记》

同治二年二月,读书楼建成,陈宝箴以“深有惧夫视、听、言、动之四目,恻隐、羞恶、辞让、是非之四端,而或有不能以自览也”取名“四觉草堂”。③ 楼为两层,名“安贞楼”,二楼大门的左右悬挂“深居观元化;荡胸生层云”楹联。④两个月后,李复写了一篇《四觉草堂记》,由于李复早逝,所作诗文基本散佚,这篇记文可能是他存世的唯一文章,⑤故全文引录:

> 分宁于江右山水为最望,而深山穷谷,奥衍盘屈之处,类足音之所不至。而其至者,亦不过农甿编户耕凿以自活,而为缙绅士大夫之所弃不取。自黄鲁直以其所得闻于世,而亦不可多见,则是造物之奇,山川之灵秘,扶舆郁积,抱其所有,能以得于人者,盖寡矣,而人亦卒莫幸而得之。
>
> 癸亥之岁二月,余与陈子右铭抱书入四觉草堂。草堂去陈子居五里许,皆逆足上,平坦路什不二三。陈子以去秋于此铲茅刊木,拓基址、运陶石,筑斯堂以为读书计者也。堂距山东西向,弥王之峰正当其背,峰左行曲折一二里而右折凹处为堂焉。右小凸如曲肱状,高不及堂。时历其上,则凡大山环抱,十数里溪涧村庄,一一在目。山高故多雾,对山或经时不见,然亦时有草堂、弥王澡洁如洗,而俯瞰则上下天地,氤氲化醇,茫窅莫

---

① 《涂氏宗谱》卷首。

② 罗、汪俱居武宁北乡莆田洋井,汪瀚娶本里罗氏。

③ 按:“四觉草堂”得名于“四合埚”,当地人称“四角埚”,实地查看,似是“四合埚”的音讹。“角”本地方音读入声 go,“合”近似入声 go。“四觉草堂”乃为从乡间地名引申雅化的文人建筑。“草堂”早已倾圮,遗址已难寻觅。乡民先前并不知道“四觉草堂”,只知“学堂坪”这个地名。笔者两次请乡民带路到“四合埚”一带寻找“四觉草堂”遗址,均无果。现修水县旅游部门恢复的“四觉草堂”景点,非原址。

④ 此为集句联:上联出自唐陈子昂《感遇》诗,下联出自杜甫《望岳》诗。

⑤ 诗作则存《吊烈士邓纫秋》七律两首,《武宁记事》七律三首,俱咏咸丰六年兵事,见《武宁县志》卷四〇《艺文·诗》,第685页。

测其际。微风渐起,边㟏隐豁,又或有一两峰呈露于天外者。至于风雨晦冥,飞扬离合,往来倏忽,怪变之状,瞬息万千(按:这段风景描写极为传神,只有身临其境、胸中有山水的文士,才能得其意蕴)。吾不知陈子自车驱南北楚吴之间,其得此于所遇者几何哉?抑无乃都不塞意,而遂来此以求自足耶?

陈子襟期逸绝,具诸所有,当世贤公卿士需陈子者,遣书致币,踵至其门,陈子一皆谢却。[①] 而于此深山穷谷,奥衍盘屈之处,类足音之所不至者而至焉。与余读书有所得,则往复诘难,搜抉穷窾,无毫发疑乃已。至论议古今治乱得失,与夫所以成败利钝之故,感激愤兴不能自已,岂其与世相忘,甘心自绝而不悔者耶?陈子又深有惧夫视、听、言、动之四目,恻隐、羞恶、辞让、是非之四端,而或有不能以自览也,遂以名斯堂。观此可以知陈子之所学矣!

堂袤若干尺,广若干尺,有楼曰"安贞"。自檐际阁道上左峰,自弥王来者,斗险而高。陈子尝云:其上数十百里可收揽入怀,暇当一蹑绝巘,以尽其所有云。[②] 同治二年癸亥四月武宁李复记。

这篇六百余字的记文融说理、写景、抒情于一炉,层次结构紧凑,脉络通顺,语言精粹挺崛。借山水形势以比兴寄托草堂主人的志趣气度,同时也映带作者自己的抱负胸襟,可谓一笔两用,是一篇典范的记叙文。反映出作者的学养境界、写作功力。作者时年27岁,即有如此程度,允为陈宝箴、涂家杰、黄韵兰的益友、畏友。

四觉草堂一落成,即作为重要屋图之一收入陈宝箴与乡试同年陈文凤正在编纂的义宁怀远陈姓大成宗谱,附李复的记文,可见宝箴对草堂和李复记文的重视。

草堂的落成和李复的到来,使眉毛山区有了一个文人士子谈古论今、知人

---

① 同治元年,湘军将领、贵州提督江忠义致函宝箴,招宝箴入幕,宝箴以养亲婉谢之。陈宝箴《陈母李太夫人哀启文》有"及乡里廓清,诸大府帅数遣书招不孝宝箴出预军旅,以奉母故,辞不敢赴,赴亦鲜竟一岁不归省者"之句,可互证。

② 两年后,同治四年秋,李复与涂家杰、徐家干等人登眉毛山顶春游,实现了登峰顶揽胜的愿望。涂家杰为此撰《游弥王山记》(载王维新等修,涂家杰等纂《同治义宁州志》卷三二《艺文志·记》,第656页)。眉毛山主峰海拔1 198米,可以遥看与修水交界的湖北通山县九宫山主峰(海拔1 656米)。笔者1998年春季曾登眉毛山顶,实地验证前贤感受,益信"名山大泽出文章"。时当春耕播种,乡民平整好放满水尚未插秧的位于半山腰的梯田,如千百面镜子,在余晖映照下"天光云影共徘徊"。现眉毛山梯田已荒废,此美景已成历史了。

论世的活动中心，为眉毛山区的人文增加了一个亮点。宝箴与涂家杰、徐家干、黄韵兰等常来草堂与李复聚谈出游，并在草堂接待宾朋。[①] 李复与黄韵兰兼作塾师，课读陈姓及涂姓子弟。[②]

四、宝箴出山拜谒曾国藩

在这样的友朋氛围和人事关系背景下，陈宝箴于同治二年初秋出山。他于本年八月参加席宝田部安徽南部青阳（今池州地区）解围战役。战役结束后，到安庆大营拜见两江总督曾国藩，受到曾国藩的礼遇。曾国藩同治二年十一月初四日记："午刻，陈右铭宝箴来，久谈。"二十日记："陈右铭来，久坐。"廿四日记："午正，请陈右铭、吴赞先等便饭。"[③]在曾幕逗留近月余。[④]

从曾国藩与陈宝箴第一次见面的日记语气来看，似有人已先向曾国藩介绍了陈宝箴的情况和表达了希望曾国藩接见的意愿，故曾国藩已知陈宝箴要来安庆。此人很可能就是正在曾幕效力的汪瀚。[⑤] 陈宝箴同治四年八九月间《致曾国藩》云："义、武山僻之乡，学者罔所师法，自瀚游中堂之门，始稍稍有知向往者，如宝箴即其人也。"[⑥]在这段时间里，陈宝箴还通过重刻李复外祖父

① 如同治四年接待过陈文凤。陈三立《福建安溪知县陈公墓志铭》："……忆儿时读书穷山中，所谓四觉草堂者也，公当赴官，尝过别先侍郎，置酒高会，三立从户牖间望见公，谈笑挥斥，意气甚伟，由是得拜识公。"陈三立著，李开军校点《散原精舍诗文集（增订本）》中册，第 872 页。

② 徐家干《涂公弥山先生传》："右铭先生乃与公商入山计，求有用之学，择山之坳，拓地数亩，高建楼阁，藏书数百种，延武邑名师李企甫课读其中……"见《涂氏宗谱》卷首。华焯《涂公生甫传》（涂家杰之侄）："涂公故里，有眉毛山，居其下者多英俊卓荦之士，如陈抚军宝箴、徐知府家干、涂教谕家杰。当发逆之乱，陈公与涂公兢兢于义理之学。生甫公曾随侍其伯父弥山公读书于四觉草堂。"见《涂氏家谱》卷首。陈宝箴《黄公蔼亭墓志》："……宝箴适任河南河北分巡道，其曾孙韵兰昔日坐予四觉草堂，课儿辈读，尝求予为之传，予曾诺之而未果。"刘经富编著《陈宝箴诗文笺注 · 年谱简编》，第 108 页。

③ 曾国藩《曾国藩全集》第 17 册《日记》，第 947、953 页。

④ 曾国藩开幕征士，凡于兵事、饷事、吏事、文章有一技之长者，无不优加奖励，量才录用。故凡有一材一艺之能者，无不争赴其门。于是非常伟奇之才颇出于其门下。见李鼎芳编著《曾国藩及其幕府人物》，岳麓书社 1985 年版，第 2、4、5 页。

⑤ 曾国藩咸丰十年十一月十五日记："……中饭……武宁之汪孝廉瀚午珊、郑奠域恬同坐。"十一年十二月初二日记："夜写汪瀚信一件。"同治元年六月二十三日记："传见忠义局陈艾、汪瀚、柯华辅三人。"四月初八日记："中饭后，至幕府与陈虎臣、汪澄溪畅谈。"同治二年一月二十二日记："早饭后……与江方伯、汪澄溪坐甚久。"曾国藩《曾国藩全集》第 16 册《日记》，第 553、690 页；第 17 册《日记》，第 762、813、852 页。陈三立《畸人传》："未几，寇大起，国藩督师东南，遂为江南总督，士菉至为客。当是时，海内硕儒奇士，辐凑幕府，言兵言经世大略有李鸿章、彭玉麟、李元度，言性理政事有涂宗瀛、杨德乾、方宗诚、汪瀚，言黄老九流文学著述则有张文虎、汪铎、刘毓菘、戴望、莫友芝、张裕钊、李鸿裔、曹耀湘之属。"陈三立著，李开军校点《散原精舍诗文集（增订本）》中册，第 813 页。

⑥ 刘经富编著《陈宝箴诗文笺注 · 年谱简编》，第 168 页。

张望诗文集的活动，增强与江西巡抚沈葆桢的联系。在此之前，陈宝箴已通过士人向府宪大吏上书表曝的传统方式[①]与沈葆桢有所接触。同治二年（1863）岁末，宝箴自安庆回江西故里，途经彭泽县、鄱阳县。时数县罹兵燹饥馑之灾，宝箴于旅次上书赣抚沈葆桢，请予赈济。这封长达三千多字的上书，既为目前救灾建言献策，亦为省府大政方针抒发己见。[②] 同治三年（1864）上半年，宝箴牵头邀集义宁州文友出赀重刻李复外祖张望的诗文集《闰榻先生集》，请巡抚沈葆桢作序，又邀席宝田、余春霆、朱宽成、陈文凤和自己一起点评《闰榻先生集》中的诗文，由义宁州城内万家坊鸿文斋刊印。[③] 通过这一活动，进一步加深了沈葆桢对陈宝箴、李复等人才的印象。

同治三年年底，陈宝箴从赣南石城席宝田军营回到竹塅家中，次年正月，上年回家中丁忧守制的汪瀚冒着大雪从武宁进眉毛山竹塅见陈宝箴。百余里的路程，他走了整整5天。两人剧谈几昼夜，纵论天下大事，分析东南局势，探讨自己的前途。两人分开后，陈宝箴再赴赣南石城席宝田军中，八九月间陈宝箴突接家书，得知汪瀚丁忧服除后在赴曾国藩幕府复职途中染疾猝逝。陈宝箴极为震惊，即致函曾中堂，[④]告知他这一噩耗，请他为汪瀚撰墓志。

同治五年春，义宁民间有红莲教出现，[⑤]署理知州李寅清札委宝箴主持州

① 同治四年，时年27岁的副贡生薛福成写了一篇《上曾侯相书》，洋洋洒洒万余言，提出了有关军事、吏治、经济、人才等方面富有创意的建议，曾国藩阅后嘉赏不已，立即派人邀请薛福成入幕。

② 陈宝箴上书沈葆桢事当年似在江西士林产生了影响。陈存懋（江西赣县人，同治十三年［1874］进士）约光绪十七年致陈宝箴函云："……楚中人士公车北来，每称先生以术饬吏治，以公和处同寅，而事事尤持大体。因念先生昔年上沈文肃书中有'饬吏治以苏民困、赈难民以培元气、明学校以育人材、禁邪教以消祸萌'。其在楚北切近而宜行者，轻重缓急之间，固已筹之最久，而为故乡后进所企望忻羡于无已者也。"可证。见柳岳梅辑《陈宝箴友朋书札》，载上海图书馆历史文献研究所编《历史文献》第5辑，上海科学技术文献出版社2001年版，第178页。

③ 龚浦庆《张枞坛先生》："武宁张闰榻先生望，文行高洁，不愧古人，著作满家……所著《闰榻集》里人梓行已久，同治间版已散漫，吾州陈右铭中丞宝箴集赀重刊，沈幼丹中丞制叙以志景仰。其它著述甚富，皆次第刊行，惜板毁于兵。"载氏著《师竹斋笔记》卷二；沈葆桢《陈佑民太守重刻〈闰榻集〉叙》（文略，见刘经富编著《陈宝箴诗文笺注·年谱简编》，第64页）；李复《重订闰榻先生集序》："同治二年，读书四觉草堂，隙与陈子右铭读闰榻先生文集甚酣。……右铭固尝谓上下古今闻见之际，此身所阙少者何限矣，又安暇敝敝然度长絜大于末学浮夸者哉。然于闰榻所有独思所以存之而若不可以已者。明年有义宁朱君蔚如、丁君荻生、陈君鸣岗、余君春霆，与夫湘中席方伯研芗、皖南朱君萍洲，或读闰榻书，想见其为人；或闻风慕想叹兴。右铭咸与谋焉……同治三年岁在甲子长夏几望（六月十四日）安贞楼后学李复序。"刘经富编著《陈宝箴诗文笺注·年谱简编》，第65页。

④ 见刘经富编著《陈宝箴诗文笺注·年谱简编》，第167页。

⑤ 笔者收藏一张同治五年三月义宁为剿灭教匪发动乡民乡绅捐款办团防的布告。

稽查保甲局。宝箴赴省垣拜谒巡抚刘坤一，建言全省筹办剿匪事宜。[①] 八月，曾国藩批示义宁州厘卡委员朱宽成[②]禀："该员在卡照常办事，又得陈守（宝箴）、李生（复）等读书论古，问学日新，至以为慰。"[③]但就在曾国藩鼓励赞许朱宽成、陈宝箴、李复后不久，李复赴金陵入曾国藩幕府，不料几个月后竟因病赍志以殁。[④] 李复在"四觉草堂"读书潜修近四年，有如璞玉琢成，正要大放异彩，却荃蕙早摧，令人嗟叹。曾国藩对义宁、武宁这几位人才颇为关注，期望甚殷，对汪瀚、李复的早逝极为惋惜，久难释怀，同治五年十月二十四日《复刘坤一函》云："承示物色陈守，学识并茂，余则慎所许可。右铭曾来安庆，接见多次，信为有用之才。武宁、义宁共有数人，志行优异，惜汪君遽逝，罗令被劾，右铭气类日孤，此外罕闻佳士。"[⑤]同治六年九月，又在回复朱宽成信中云："分宁地稍僻陋，文报罕通，似无以扩充闻见，全赖师友砥砺，振发志气。阁下既与陈右铭互相渐摩，则旁近当有闻风景附者。汪澄溪与其弟子李复先后徂谢，善类日孤，令人怅惘。"[⑥]

咸、同之际，武宁县共有三人：汪瀚、郑奠[⑦]、吴心民在曾国藩幕府效力，[⑧]另有罗亨奎、李复见于曾国藩书信、言谈中，由此引进陈宝箴进入曾国藩集团

---

① 陈宝箴《致段起》："……春间以州属无藉之徒传习邪教，致骇听闻，上台简调李直斋司马署理斯篆，委以编查保甲，冀绝祸萌。李君莅任后，虚怀延访，责以桑土之谋，并奉总局檄委，不得已起而应之。……春间谒中丞，以通省筹办教匪事俯询刍荛，今又值乡里有将形未形之事，颇不胜私忧过计，故敢详陈左右，伏维裁鉴。"刘经富编著《陈宝箴诗文笺注・年谱简编》，第171—172页。

② 朱宽成，字萍洲，附贡生。安徽泾县人。曾在曾国藩军营效力，同治二年来义宁州掌管茶厘，三年以克复金陵有功加同知衔，十一年补义宁州知州。

③ 曾国藩《曾国藩全集》第13册《批牍》，第407页。

④ 李复《德闲公之配邓太君传》文后"涂家杰注"："企甫洪州名士，时曾、李诸节帅币聘再三，不起。癸亥、甲子两载，读书里中，过予谈者屡矣，因稔先慈懿行，为作传。丙寅应曾节帅聘，赴金陵，不数月病卒，年方三十矣。今岁辑家乘、检遗文付梓，读之不胜太息流涕云。光绪二年孟秋月，家杰顿首拜撰。"《涂氏家谱》卷首，1994年重修。

⑤ 曾国藩《曾国藩全集》第28册《书信》，第6005页。十一月十三日，刘坤一回复曾国藩："晚生自惭谫陋，未敢言培植士人。然自抵任以来，亦尝留心物色。无奈见闻不广，目前尚觉寥寥。惟有义宁举人、已保知府陈宝箴，品学尚优，胆识亦茂，虽间有不自捡[检]束之处，终不失为豪杰一流。以外殊难许可。人才虽有盛衰，或非前代可比耳。"中国科学院历史研究所编著《刘坤一遗集》第4册，第1650页。

⑥ 曾国藩《曾国藩全集》第29册《书信》，第6435页。

⑦ 监生，江苏补用知县，同治九年曾参加《武宁县志》的编务，见《武宁县志》卷首《修志职名》。有记文一篇入选县志，见卷三三《艺文志・记》，第533页。

⑧ 汪瀚于咸丰十年十月入幕，先在采访忠义局任职，同治二年改派皖南牙厘局任事。郑奠于咸丰十一年七月前后曾在大通厘金局任职。见梁勤主编《曾国藩全书》之一《曾国藩及其幕府》，远方出版社2002年版。吴心民在曾幕效力见曾国藩《〈御变纪略〉序》，《御变纪略》为义宁秀才熊际盛（喆生）所著，由吴心民推荐给曾国藩作序。见王维新等修，涂家杰等纂《同治义宁州志》卷三三《艺文志・序》，第696页。

的人才圈子。而陈宝箴终因自己的才干气度受到曾国藩的青睐，寄寓厚望。①这正如陈宝箴在《致曾国藩函》中概言："某自前年拜谒台端后，遂不及修问。……每念往者亲承言论，悼人材之衰息，顾谓宝箴宜与汪瀚辈'以气节、学谊与乡人相砥砺，以持其弊'。归而服膺，寤寐寝兴，如临师保。……一乡一邑学术废兴之际，果亦有数存乎其间欤？"②

至此，陈宝箴基本实现了他在咸丰十年会试落第后为自己设计的追求目标，他在写给内兄黄鸿九的长信结尾云：

> 思欲慨然南归，结茅奉母。以十年之功讲求实学，于身心性命之源，治国平天下之要，精研实体，期可见诸施行。外而兵法战阵之学，亦当深晓其意。复于此十年中，游览四方山川关塞扼要之处，从当世贤豪交游，历南北贤公戎幕，以广耳目、增阅历，考证其所学。不求闻达，不应科举，抱膝长吟，希昔贤之风，虽不能至，心向往之矣。③

五、"四觉草堂"是陈宝箴一生旅途中重要的一站

"四觉草堂"在陈宝箴的一生精神志业中具有重要位置，他能从赣西北山区乡野众多的秀才举人中脱颖而出，进入两江总督曾国藩、前后两任江西巡抚

---

① 胡思敬《陈右铭服膺曾文正》："陈宝箴初以举人谒曾国藩，国藩曰：'江西人素尚节义，今顾颓丧至此，陈子鹤不得辞其责。转移风气将在公等，其勉图之。'子鹤者，新城陈孚恩也，附肃党，官至尚书，日营求入阁，故国藩及之。宝箴以资浅位卑，愕然莫知所对。国藩字而徐解之曰：'右铭疑吾言乎？人亦贵自立耳。转移之任，不必达而在上也，但汝数君子若罗惺四、许仙屏者，沉潜味道，各存一不求富贵利达之心。一人唱之，百人和之，则风气转矣。'宝箴谨佩不忘，对江西人辄传述其言，且喜且惧，自谓生平未受文正荐达，知己之感，倍深于他人。"载氏著《国闻备乘》，上海书店出版社1997年版，第32页。李元度《送陈观察右铭之任河北序》："……余与君居接壤，相距止百数十里，曩从曾文正、沈文肃二公所耳君名。洎久与君游，阴察其才、其识、其志，必将宏济时艰而大有造于兹世也。"李元度《天岳山馆文钞》，载沈云龙主编《近代中国史料丛刊》正编第402册，第1817页。

② 按：曾国藩虽然对陈宝箴颇为赏识，但不知何故却不荐举陈宝箴担任实职。咸、同之际，凡被曾国藩收复的地区从督抚到绝大部分州县一片空白，为曾国藩提供了空前的官员实缺，于是荐胡林翼为湖北巡抚，保左宗棠为浙江巡抚，保沈葆桢为江西巡抚，先后保彭玉麟、李续宜为安徽巡抚，保李鸿章为江苏巡抚，保毛鸿宾为江苏布政使，等等。至于各府州县，更是人员奇缺。曾国藩于同治二年三月二十七日在《奏请拣调各员来皖补用折》中报告安徽的缺员情况说："通省实缺人员仅有知府二人、州县二人，即候补者，亦属寥寥。每出一缺，遴委乏员。"当时安徽省共有八府，五直隶州，五十五州县。曾国藩正好放手简拔，于同治六年六月，一次报署府州县各缺二十名，其中知府四名、知州一名、知县十五名。尽管如此，仍不敷用，不得不请求朝廷成批调用新选进士来安徽任职。见梁绍辉《曾国藩评传》下册，南京大学出版社2011年版，第628页。陈宝箴说"生平未受文正荐达，知己之感，倍深于他人"，是为实录。

③ 刘经富编著《陈宝箴诗文笺注·年谱简编》，第151页。

沈葆桢、刘坤一的视野，为日后以军功保奏跻身仕途做了前期铺垫，这与草堂那几年友朋研读励志是分不开的。他晚年自号“四觉山氓”“四觉老人”，以“四觉草堂”名义出资刊印《黄山谷诗集》，可见他对那几年岁月的留恋，这成为他生命旅途中不可绕过的一站和他早年人物形象的一个标志。清末义宁贡生龚浦庆即以《四觉草堂》为题介绍推崇陈宝箴的事迹风范：

> 同州陈右铭中丞宝箴家世孝友，为乡党所推。中丞幼即倜傥，弱冠应童试，考古题为“藏器于身”。赋押而字官韵一联云：纵然身便终藏，任人可矣；或者才求不器，俟我乎而。宗师张小浦先生芾击节叹赏，批以“抱负不凡，决为大器”。明年咸丰辛亥恩科遂领乡荐……中丞尝筑书塾于所居竹塅之四角塥，为讲学地，颜曰四觉草堂，藏书甚富，沾溉族邻，晚因自号四觉老人。①

第三节　漫长候补期

陈宝箴一生经历复杂，转折甚多，特别是从咸丰九年（1859）到光绪元年（1875）这16年间的仕途履历最为错综。其原因主要有两点：一是当时陈宝箴的行踪不定，在故里与山外之间进进出出，空间转换频繁；二是在漫长的候补期内，对人生道路的选择、机会的寻找颇多变化，呈现出不稳定状态。而此前关于陈宝箴生平履历的传记材料，多着眼于传主的出处大节，具体细节则疏略带过。这些传记材料作为历史人物生平概述则可，若依据它们来考证行年事略则远远不够。所幸陈宝箴留下了4份履历单，②为我们全面了解陈宝箴的仕途经历提供了线索，其中以早年记述价值最大。③

一、十六年候补岁月

从咸丰九年（1859）以知县尽先选用，到光绪元年（1875）前以道员留湖南

---

① 龚浦庆《师竹斋笔记》卷二。

② 竹塅故里陈氏宗亲保存下来的一手抄本上录存两份，《清代官员档案履历全编》收录两份。

③ 清代制度，凡文武官员升迁调补时，例由吏部（或军机处）、兵部奏请引见，并附呈该官员的履历单。履历单记录了该官员的籍贯、身世、功名、经历，是研究清代人物的第一手资料。参见秦国经《清代职官制度和官员引见履历档案》，载钱伯城主编《中华文史论丛》第56辑，上海古籍出版社1998年版。

补用,陈宝箴度过了16年的候补岁月。

清代的各种官职均有定额编制,在任官员如亡故、告病、休致、丁忧、终养、参革等,便出现了缺额,称为“出缺”,其相应的官职则称为“缺”。有资格的人,按出身、资历等分“班”,依次排序,候选补“缺”入仕。

制度设计虽好,但“缺”少“员”多,始终是一对尖锐的矛盾。[①] 咸、同时期,因巨大的军饷开销,朝廷“劝捐”,[②]但实缺有限,而捐官者大增,使正常铨选秩序更为混乱。同治八年(1869),江苏巡抚丁日昌上《条陈力戒因循疏》云:“即如江苏一省言之,道员可由外补之缺,不过二三员;府、州、县、同(知)、通(判)可由外补缺,亦不过十余员,而候补道约有六七十人,候补同、通、州、县约有一千余人。夫以千余人补数十员之缺,固已遥遥无期,即循资按格而求署事,亦非十数年不能得一年。”[③]光绪四年(1878),各项捐官花样一律停止,但积重难返,光绪六年四月,御史邬纯嘏奏:“国家选补州县,于正途本属优异。自军兴以来,识时务者由武功得官,拥厚资者因纳粟入仕,以致科甲州县候补无期。”[④]陈宝箴的好友陈蓝州,早年为了得到湖北房山县缺,捐了“花样”才到手。[⑤]“军兴以来,奏调人员往往不次骤迁”,[⑥]奏调人员大都是参加幕府的人,这就造成了官吏升迁的捷径,于是希望做幕宾者更多了。许多名人由幕客变成高级官吏,如胡林翼、左宗棠、刘蓉等。

陈宝箴同治五年因克复广东嘉应州,荡平发逆保奏,奉旨以知府遇缺即选,但何时有“缺”可补仍无法逆料。虽然曾国藩在写给刘坤一的信中称陈宝箴为“陈守”,但那只是一个候补知府的虚名。这就是他同治五年归里准备经商的原因,同治五年二月,他在《致席宝田函》中云:“……弟贾事已有端绪,可借此作上海之游,一领岛夷风味。不充名士,真作利徒,形迹较混浊,心事实光明也(士农工商,异流同源,不过曰‘混饭吃’)。……从此……公垂钟鼎之名,我躬

---

① 据统计,道、咸时期清朝所有官员不过27 000人,士绅总数却大约有109万,获得补缺出仕机会的士绅人数不到3%。见贺跃夫《晚清士绅与近代社会变迁——兼与日本士族比较》,广东人民出版社1994年版,第4—5页。

② 京官最高可捐到郎中,外官最高可捐到道员。道光十一年规定捐职定额:由贡监生捐同知银2 000两;捐知府银4 256两;捐道员银5 288两。

③ 张研《清代候选官员得官初步——读〈望凫行馆宦粤日记〉之一》,载《清史研究》2008年第2期,第535页。

④ 朱寿朋编《光绪朝东华录》第1册,中华书局1958年版,第915页。

⑤ 见周采泉《漫谈“捐班”和“候补”》,载中华书局编辑部编《学林漫录》第12集,中华书局1987年版。

⑥ 咸丰十一年给事中何璟奏疏,见赵尔巽等《清史稿·列传》卷五四《何璟传》。

负贩之业，行自伤也！然得为盛世市井之臣，输厘助饷，以效愚忠，又自慰也。"[①]同治七年夏初在《致席宝田函》中感慨："去冬归自湘中，大病两月，计偕之行，遂已不果，岂作刘蕡亦有命也？维思朝廷苟不以言为讳，何必射策金门始行所志？若无诱言启谏之风，即贾、董复出，亦悠悠耳。俯仰身世，不复为憾。"[②]这是陈宝箴在低落时期的情绪外露。此时易佩绅、罗亨奎早有实职，陈文凤于同治四年中进士后即分发福建安溪任县令。至同治七年，咸丰元年乡试同年124人中已有21人中进士，[③]陈宝箴的压力之大可以想见。

陈宝箴因七次军功保奏，官阶从候补知县晋升到候补知府、候补道员并赏加布政使衔。有人认为《清史稿·陈宝箴传》记述他为席宝田出谋划策歼灭洪福瑱而荐升府道是微讽传主"以保案为功业"。[④] 咸、同军兴，保案踵起。陈宝箴以举人出身，且非高门巨族，没有家庭背景可以奥援，而在仕途上取得成功，最终跻身为封疆大吏，既是个人才干的表现，也是"时势造英雄"使然。他与举人出身的左宗棠一样，都是咸同之际在风起云涌的疆场上崛起的那一批人物中的佼佼者。

在这16年的候补生涯里，可以同治八年为分界线，分为前后两个时期。同治五年他已"免选本班，以知府不论双单月即选"，但候补省份还是悬空的。这时陈宝箴有一年的行踪值得注意，即同治八年年初到年底他在京城整整待了一年，具体做什么，陈三立的《先府君行状》、赵炳霖的《陈中丞传》、范当世的《故湖南巡抚义宁陈公墓志铭》对此均语焉不详，成为陈宝箴早年事略的一个盲点。笔者推测当为候补事去寻找奥援，活动疏通，本年十二月二十日即奉旨着以知府留于湖南归候补班补用，这比以前没有候补地区进了一步。

此时陈宝箴虽然仍在候补，但巡抚王文韶委任他充预筹苗疆赈抚善后局局员和通志总局事务，已有稳定薪俸收入。于是他于同治十一年（1872）上半年某月，迎养母亲李太夫人至长沙，[⑤]儿、女俱来，兄陈树年一家亦来，[⑥]全家租

① 刘经富编著《陈宝箴诗文笺注·年谱简编》，第170页。

② 刘经富编著《陈宝箴诗文笺注·年谱简编》，第173页。

③ 据《咸丰元年江西恩科乡试同年齿录》，约刻印于同治十二、十三年间。

④ 刘体仁《陈宝箴之享誉》，载刘体仁著，张国宁点校《异辞录》，第43页。

⑤ 陈宝箴《陈母李太夫人行状》："……自同治十一年迎养来湘，每岁寿日，同乡、知好拟为称觞，皆命不孝等敬谢……""就养在湘时，值曾文公舆榇归葬，先慈垂泪叹息（阴历6月25日，曾国藩灵柩运抵长沙，可证陈宝箴迎母来湘时间为同治十一年上半年某月）。"刘经富编著《陈宝箴诗文笺注·年谱简编》，第94页。

⑥ 陈三立《诰封宜人伯母张宜人墓志铭》："光绪中，吾父官湖南，宜人偕吾母随侍王母于官所。"陈三立著，李开军校点《散原精舍诗文集（增订本）》中册，第916页。

住关祠右“闲园”。[①]

二、“署理”是“实任”的前奏

《陈宝箴履历单》:“同治十一年五月期满甄别,以繁缺道员留南补用。”光绪元年,陈宝箴署理湖南辰永沅靖兵备道,为结束长期候补胶着状态带来了契机。清代官制,以官员所掌握政务的紧要和繁简程度,划分为“冲、繁、疲、难”四缺。“繁缺”即重要岗位,地方督、抚享有“繁缺”的任命权。一般先“署任”(代理),以此作为“实任”的过渡,半年后如没有大的过错,再报吏部,改为“实任”。因此,候补道要获得实职,与督、抚的推毂转圜有极大关系。此时湖南巡抚是王文韶,王于同治十年十月由布政使升任巡抚,对陈宝箴在平侗抚苗中的才干已留下了深刻印象。他在同治十一年八月十四日记:“接右铭来牍,详陈苗疆善后章程,既有见地,亦肯担当,心窃伟之……”[②]胡思敬记述:“(宝箴)初以举人从席宝田治军,叙功保知府。王文韶巡抚湖南,甚倚重之,一切章奏皆出其手。”[③]据《陈宝箴履历单》,知他由候补道代理湖南辰永沅靖兵备道职务[④]时间是光绪元年二月十九日到二年四月十五日,在治所——今湖南湘西凤凰县镇筸一年零两个月。

陈宝箴还长沙后,仍任职营务处。[⑤] 本年九月,母亲李太夫人病逝于长沙,宝箴按例丁忧。[⑥] 光绪四年十二月,丁忧期满服除,[⑦]此时陈宝箴已“声称藉甚,中外大臣交论荐”,[⑧]担任“实职”已为期不远了。

三、获得实职的荣耀

《清史稿·陈宝箴传》对陈宝箴早年经历是这样记述的:

---

① 廖树蘅《自订年谱》“光绪三年丁丑”:“是岁馆陈氏闲园,在长沙局关祠右。”陈宝箴光绪二十一年作《题李维翰“慕莱堂”诗》之二:“贱子湘城奉母时,闲园草木尚华滋同治中迎养先慈来湘,赁居省城闲园。板舆旧事分明在,忍诵莱堂跋尾词。”刘经富编著《陈宝箴诗文笺注·年谱简编》,第22页。

② 袁英光、胡逢祥整理《王文韶日记》上册,中华书局1989年版,第333页。

③ 胡思敬《戊戌履霜录》卷四《党人列传·陈宝箴》,载顾廷龙主编,《续修四库全书》编纂委员会编《续修四库全书》第446册,上海古籍出版社1996年版,第340页。

④ 原任杜瑞联本年六月升任四川按察使。

⑤ 大约相当于后世的参谋部,见梁绍辉《曾国藩评传》下册,第627页。

⑥ 清代官制,官员丁忧守制规定3年,实际27个月即可。

⑦ 《陈宝箴履历单》:“光绪三年四月十五日到籍守制。所领咨文呈请转缴,并邀族邻出具甘结,禀请转详报明,尚前州转详在案。自丁忧之日起,扣至四年十二月初一日止,不计闰二十七个月。服满,业将丁忧起服,复缘由先后报明转详各在案。”

⑧ 陈三立《先府君行状》,载陈三立著,李开军校点《散原精舍诗文集(增订本)》中册,第848页。

> 少负志节，诗文皆有法度，为曾国藩所器。以举人随父伟琳治乡团，御粤寇。已而走湖南，参易佩绅戎幕，军来凤、龙山间。石达开来犯，军饥疲，走永顺募粮，粮至不绝，守益坚，寇稍稍引去。宝箴之江西，为席宝田画策歼寇洪福瑱，事宁，叙知府，超授河北道。[①]

对传主16年的候补经历，一笔带过，而凸显传主授任实职，谓之“超授”。

陈宝箴第一份履历单记述，他因“同治十二三等年督办衡永等属土匪，擒斩渠魁，地方安定，光绪三年六月汇案，保奏。七月十八日奉上谕着俟服阕后赏加布政使衔”。第二份履历单接续记述：“（光绪）五年七月赴部引见，九月到省。六年四月十七日奉旨补授河南河北道。”据此可知，陈宝箴于光绪五年初在丁忧服除后已获“布政使衔”（从二品），而道员为正四品。光绪五年七月赴京引见。《清史稿》谓之“超授”，不为无因。他经过多年打拼，终于拥有属于自己的平台，道员的身份与“道”的行政实职得以吻合。时陈宝箴已虚龄52岁。

与“超授”的说法可以相互印证的，是陈宝箴、陈三立父子师朋戚友的赠序贺诗之多，特别是郭嵩焘，独撰两序三诗。他先写《送陈右铭赴任河北道序》，有云：“光绪庚辰之春，诏求人才，大臣多以其名应。于是特命分巡河北……任重而位尊，名高而眷深。”[②]后又撰《陈右铭观察赠别诗序》有云：“嵩焘既前为序以赠观察之行，而导楚人之思，张君笠臣又相率为诗歌褒美，敷陈赓飏而推大之。嵩焘亦为诗以附诸君之后。”[③]李有棻、李元度赠序，张自牧、邓辅纶（弥之）、瞿鸿禨等湘中耆旧相率赠诗，亲家张修府赋诗四首，又请弟修浚绘《湘江送别图》，将文朋师友的诗词抄录图上，装池成册。[④] 喜讯传到故里，义宁州的怀远陈姓合族欢庆。光绪五年，陈宝箴曾回乡一次，与乡试同年陈文凤倡议扩建宗祠，两人率先捐银100吊。第二年工程竣工时，恰好传来陈宝箴荣授河南河北道的喜报，于是宗亲同声称贺，认为这是祖宗默佑之兆。按说陈宝箴此后升任按察使、布政使、巡抚，职位都比道台高，但再也没有出现像这次一样的喜庆场面，说明结束候补，担任实职，意义非同小可。

---

① 赵尔巽等《清史稿》卷四六四《陈宝箴传》，第12741页。

② 杨坚点校《郭嵩焘诗文集》，第257—258页。

③ 杨坚点校《郭嵩焘诗文集》，第72页。推究句意，似当时还有一本湖南友朋为陈宝箴送行诗的专集。

④ “庚辰秋仲，送右铭观察之官河北，予既为文与诗赠之，复属四弟修浚绘《湘江送别图》，即录诗若文，装池成册。于是贤士大夫为文辞以送，皆笔之于册，遂成大观。”张修府《湘上诗缘录》卷四，光绪十四年（1888）刊印。

光绪六年正月二十一日，诏谕各直省将军督抚及曾任统兵大臣彭玉麟、杨岳斌加意访求保荐人才。彭玉麟三月底巡阅长江至荆州时得知告谕。五月初一日，彭玉麟上奏，保举文职 16 名、武职 17 名，[①]文职第四名为“湖南候补道陈宝箴”。[②] 彭玉麟保举时，尚不知陈宝箴已于四月十七日奉旨补授河南河北道，这一天的《申报》已刊出授任人员名单。不过这后到的名臣保荐，也从一个侧面反映出陈宝箴当时在政界的影响。

第四节　宦海升沉

一、“河南河北道”的政绩与受案件牵连降职

“河南河北道”又称“河北河务兵备道”，亦称彰、卫、怀道，领三府（彰德、卫辉、怀庆）24 县。乾隆六年（1741）后治所驻武陟县（旧县城）。武陟县位于河南省北部黄河北岸，县城木城镇，位于武陟中部沁河南折处左岸。明清时期是湖广入晋、陕之咽喉，与清化、道口并称三大名镇。[③]

光绪六年七月末，宝箴携家离湘赴任，兄树年，内弟黄文恪，好友余春霆，幕僚杜俞、吴绩凝、杨灏、陈凤翔等同行。[④]

陈宝箴在河南河北道任职两年多，任内主要做了两件事：创立致用精舍，购群书，延名师邓绎（保之），课读所治郡县士子；治理水患。尤以治水患政绩大，曾两次上报吏部议叙。[⑤] 治理水患本为河北道的首要政务，对此，郭嵩焘在光绪六年六月祝贺陈宝箴履新的《陈右铭观察赠别诗序》中即有展望：

---

① 见彭玉麟《彭刚直公奏稿》，载沈云龙主编《近代中国史料丛刊·正编》第 33 册，文海出版社 1967 年版，第 72 页。

② 见湖南人民出版社校点《郭嵩焘日记》第 4 册，第 74 页。

③ 见武陟县地方史志编纂委员会编《武陟县志》第一章《建置沿革》，中州古籍出版社 1993 年版，第 51—52 页。“河南河北道”的建置沿革、职责颇复杂，见郑晓文《明代河南兵备道设置概述》（载《兰台世界》2012 年第 36 期）一文对“分巡河南兼兵备道、分巡河北兼兵备道”的介绍考证。

④ 陈三立《陈芰潭翁遗诗序》：“初，余父由长沙之官河北，絜翁与偕。时居幕同为客者，有湘乡杜云秋、平江吴骧云、清江杨海春，皆擅文学，皆喜言经世方略。”陈三立著，李开军校点《散原精舍诗文集（增订本）》中册，第 910 页。

⑤ 《陈宝箴履历单》：“（光绪）七年，因督防黄河三汛安澜保奏，奉旨交部从优议叙。……八年九月复因防汛安澜保奏，奉旨交部从优议叙。”

有地千余里，大川巨防，周秦及汉唐瑰观胜迹，抚临而纳之宇下，又于其时行治河堤，考览禹迹，以究知历代疏防得失，为天子奠安元元……功业施于国家——右铭观察被诏分巡河北漳、卫、怀之地，实兼得之。……观察所治河，实当济派东流入河处。济水湍悍，既入而河势益横，遂为衮、冀诸州受河患之始。其北漳、卫二水皆大川，泛滥于渤海，岁潦则流溢，浩瀚弥迤；旱，又无所资以宣泄。自魏时从荥阳下引河为鸿沟，通曹、卫，而渠引漳水溉邺以富河内，多在今观察所治地。……善治民者防其害，以有董劝之方；善治水者收其利，以有蓄泄之术。望古以证今，因利而善道。观察往历辰、沅，通民情，兴水利，为有儒者之效。吾见其所治益大而功益盛，由河北诸州以溉之天下无穷也。①

光绪八年四月，山西巡抚张之洞上折荐举人才，共举荐京官 14 人，外官 29 人。对陈宝箴的评语是：通识长才，尽心民事，政声播于邻境。②

这样，在治河有功和张之洞举荐下，宝箴提拔为浙江按察使。九月二十日，宝箴卸河南河北道任，奉旨入京觐见。③ 十二月，宝箴到京，两次蒙召见。④

光绪九年四月初三日，宝箴到杭州上任浙江按察使，住仓桥官邸。本拟凭借天时地利，再创政绩，正如湖南旧识晚辈瞿鸿禨写信祝贺他那样：

顷阅邸抄，敬悉节莅杭州，荣陈臬事。望风怀想，庆慰难言。伏以吾丈学术闳深，识量开伟，惟其通达古今、洞见为治之本，故能居行无贰，德教沛然。廉使一官，职司察吏，扬清激浊，如景从风。近今气习稍殊，藩司或专用人之权，无稍假借，为此官者亦遂退而安于容默，莫肯异同。两司不复相维，举错何能尽当？吏治之敝，未必不由于此。吾丈虚心实腹，必能当官而行。至于折狱惟良，悉聪明而致忠爱，犹仁者之余事也。⑤

---

① 杨坚点校《郭嵩焘诗文集》，第 72 页。

② 张之洞《胪举贤才折〈并清单〉》："上年冬间，蒙恩简任晋抚，陛辞之日，钦奉皇太后懿旨，谕以时事艰难，朝廷广开言路，命臣如有所见，准其随时陈奏，并谕臣以留心访求人才……谨将遵旨胪举人才，缮列清单恭呈御览……河南河北道陈宝箴，通识长才，尽心民事，政声播于邻境。"苑书义、孙华峰、李秉新主编《张之洞全集》第 1 册，河北人民出版社 1998 年版，第 88—90 页。

③ 《陈宝箴履历单》："……（光绪八年九月）二十日交卸河北道篆务，奏请陛见，奉旨着来见。"

④ 《陈宝箴履历单》："（光绪八年）十二月初八日到京，蒙召见一次。二十三日请训，复蒙召见一次。"

⑤ 许全胜、柳岳梅整理《陈宝箴遗文》，载上海中山学社主办《近代中国》第 11 辑，上海社会科学院出版社 2001 年版，第 243 页。

宝箴撰联自励：

执法在持平，只权衡轻重低昂，无所谓用宽用猛；
问心期自慊，不计较毁誉得失，乃能求公是公非。[①]

不料风起于青萍之末，他在新职位上只两月余，就被副都御史张佩纶以上年七月在河北道任上曾参与王树汶冤狱[②]审理及奉旨入京觐见期间，有在京城活动，为该案弥缝掩饰之嫌疑，上折要求给予宝箴降调处分。六月二十二日，清廷颁上谕，准张佩纶奏，予宝箴降三级调用不准抵销的处分。七月二十二日，宝箴交卸浙江按察使篆务，旋上《交卸浙江臬篆并沥陈愚悃折》。[③] 八月，户部尚书阎敬铭奉旨查勘宝箴有无为王树汶案弥缝掩饰情事，阎首鼠两端，宝箴遂落职。[④]

二、在故里创办“义学”

陈宝箴卸职后，本拟挈家回义宁故里竹塅，但因故居房屋尚被族戚借居，遂于九月回到长沙，租住通泰街蜕园。[⑤] 此后两年间，宝箴在长沙和故里竹塅来来去去。对这两年多在故里的行踪、事务、费用，履历单上都有比较详细的

---

① 湖南人民出版社校点《郭嵩焘日记》第4卷，第870—871页。

② “王树汶案”是清末四大案之一。光绪五年，河南镇平县胥吏胡体安率众抢劫，案发后以家僮王树汶顶罪，被判处斩立决。至光绪七年临刑前，王树汶喊冤，案件重新审理。清流党借此事发难，朝廷命河南巡抚李鹤年重新审理，后又命东河总督梅启照会同审理。梅启照又命陈宝箴参与审理。此案涉及前参审官员甚多，河南官场有意回护，刑部特将该案全体案犯、卷宗调京审理。光绪九年，该案审结，王树汶最终获释。参与审理此案的河南官员受惩处者甚多。李鹤年、梅启照皆因此降革。见徐忠明《晚清河南王树汶案的黑幕与平反》，载《法制与社会发展》2014年第2期。

③ 此疏稿曾在上海《申报》登载。罗亨奎《致陈宝箴（二）》：“九月朔接到上海复书，知台从由浙回湘，并阅《申报》疏稿，维国是，坚臣节，抑奸伪，面面均中肯要。惜阎司徒亦迁就复奏，未能大申公道。然局外人人称快，亦无公道之有公道也。”柳岳梅整理《陈宝箴友朋书札（四）》，载上海图书馆历史文献研究所编《历史文献》第6辑，上海古籍出版社2004年版，第180页。

④ 陈三立《先府君行状》：“（光绪）八年秋，擢浙江按察使，召对毕之官，尽数月，用前河南狱免。初，河南临刑呼冤王树汶，本盗也，言者掇以闻，命总河、巡抚杂治，既定谳，总河强府君与其狱，因诖吏议。顷之，有副都御史张佩纶，劾府君至京师，营营干讯吏，语绝诬蔑。府君曰：‘一官进退轻如毫毛比，岂足道哉？然朝廷方以言语奖进天下士，不思竭忠补阙，反声气朋比，颠倒恣横，恐且败国事，吾当不恤自明，藉发其覆，备兼听。’因抗疏申辨，且推及言路挟持弄威之由。诏下阎文介公察问，阎公首鼠两解之，府君遂归，自放山水间。”陈三立著，李开军校点《散原精舍诗文集（增订本）》中册，第849页。

⑤ 郭嵩焘光绪十一年三月廿八日记：“晚赴陈伯严之召，同席邓弥之、刘定夫、李佐周、张雨珊，并陪诸人一游蜕园。自胡恕堂殁，此宅归周渭臣。不至蜕园十四年，沼溪石山，遂无一存，风景全非矣。念之怃然。”湖南人民出版社校点《郭嵩焘日记》第4卷，第549—550页。

记载。概括起来,主要有五件大事：1. 捐资创办“义学”;2. 迁葬父亲陈伟琳茔墓;3. 迁葬祖母谢氏茔墓;4. 安葬 5 年前去世的兄长陈树年(先厝后葬);5. 在故居凤竹堂侧添盖宅第(这五件事前四件在履历单上都有记载,第五件事乃笔者的推断)。

光绪十一年,陈宝箴回乡,出资在陈家大屋对面的山坳“芦源”创建一所“义学”,供本族子弟和当地外姓子弟读书。他遵照父亲的遗嘱,将自己这一房的 50 石田租拨给学堂,亲书《拨约》,作为每年开馆延师的费用,由族人经管。同时竹塅四房后裔也跟进订立了《文光公鲲池公坟山封禁约》,将原来护管祭祀文光公、鲲池公坟茔的 8 石田租一概拨归义学收用。这样,共有 58 石田租给义学使用。

至民国九年(1920)修水怀远陈姓五修宗谱时,竹塅四房后裔将《鲲池裔义学田山拨约》《文光公鲲池公坟山封禁约》这两份重要契约载入卷首,并写了一篇《义学屋及田租记》(三文见刘经富编著《陈寅恪家族史料整理研究》上册第 351、352—353、355 页)作为附录。

修水各乡各村的亩产按肥力计算,或五石为一亩,或六石为一亩。竹塅是六石一亩,那么 58 石接近十亩,折合银近一百两。这 58 石谷田是义学每年费用的来源,建义学校舍的资金则由陈宝箴出资(具体数额不详)。据陈宝箴履历单,知他光绪十年、十一年、十二年用度颇大,迁葬父亲费用一千八百多两,迁葬祖母费用八百多两,在祖居凤竹堂侧添盖宅第一栋(资金数额肯定不菲)。在这样大量动用积蓄的状态下,还把创建“义学”作为要事办理,可见兴教办学在他心中的分量之重。

根据刊载在《陈氏宗谱》上的义学屋图(见《陈寅恪家族史料整理研究》上册第 349 页)和乡民描述,该校舍为砖木结构,一进两重,上下两层。围墙庭院,竹树掩映。场院挺立一排大柞树,远处只可望见屋角。进门后为下堂前,中为天井,上堂前敬奉孔夫子牌位。一楼左右四间为寝室,天井两旁厢房为膳厅。二楼为讲堂、师房、书室。讲堂前面有四扇雕花木门,通向有围栏的回廊。这不仅是学童开蒙圣地,还是一处“藏修息游之地”,是陈宝箴继“四觉草堂”后留给故里的又一栋人文建筑,也是陈氏全族继承先辈耕读并重、作育人才家风的一次善举。

“义学”建成后,不仅陈氏子弟可以享受优免读书,附近旁姓子弟甚至几十里外的学童也同样可以免费就读。本族前清秀才陈三崑(海陵)任教师,教材用《三字经》《百家姓》《千字文》《千家诗》《幼学琼林》等蒙学册子。民国后改称国民小学,开始有女生入塾,一时在眉毛山区一带传为佳话。延续到 1949

年后,田租在土改中没收公有,屋舍毁于20世纪50年代在此屋居住的民办老师拆旧料搬运到另处建新屋,"义学"的历史到此结束。乡民感戴陈宝箴的遗泽,仍尊称"义学里",代替原地名"芦源"。

竹塅"义学"虽然没有产生程度较高的人才,那是各方面条件限制的结果,但它毕竟使乡野僻壤荡响琅琅书声,培养了不少能够断文识字、斯文尔雅的乡民。在过去极为贫困偏远的山区,如果没有免费开蒙的"义塾",没有"三百千千"的幼教培元,竹塅乃至周边的人文环境还要滑到谷底,书香遗脉更将干涸。"义学"接上了义宁陈氏耕读传家、礼敬书香的一环,延续了眉毛山区敬惜笔墨诗书的良风美俗。这是它的价值意义之所在。

三、起伏不定的过渡期

陈宝箴自光绪九年八月从浙江按察使上落职到光绪十六年重新启用为湖北按察使,是他仕途上的一个低落时期(次子陈三畏于光绪十二年四月初七日猝卒,更是雪上加霜),期间也有几次东山再起的机会,但都昙花一现。光绪十年闰五月,因湖南名绅王先谦、瞿鸿禨的推荐,代理湖南巡抚庞际云上奏起用宝箴任职营务处,①朝旨命发往湖南差遣委用。郭嵩焘虽然认为陈宝箴可能不会"屈就",但仍希望陈宝箴上任,②以前的幕僚杜俞闻讯后亦认为在营务处大有可为,③但陈宝箴以病辞谢不就。④

光绪十一年二月,彭玉麟视师粤东,奏请以宝箴从行,得旨饬赴广东交差

---

① 陈宝箴《复瞿鸿禨(二)》:"昨奉惠书并庞公函牍,始悉贱子姓名重污太宰之籍,读之汗赧。庞公下士之诚与诸君子推毂之谊,可感尤极可愧也。"刘经富编著《陈宝箴诗文笺注·年谱简编》,第187页;郭嵩焘光绪十年闰五月初四日记:"是日闻吴云谷署衡永道,陈右调[铭]奉调湖南办理营务,二者均差强人意。"湖南人民出版社校点《郭嵩焘日记》第4卷,第481页。

② 郭嵩焘《致陈宝箴》:"奉别遂已数月,跂念德晖,思仰无穷。前王益吾、瞿子玖两君言之庞公,属阁下以营务,庞公欣然,亟欲延致之。嵩焘笑谓,此不可以屈就也。但以朝命临之,有所凭恃,以任事即必不能辞矣。……初四日见上谕,又适闻云谷署长沅道,一日得两喜信,以告暝庵,谓此省运将复之机也。急盼驺从施湘,以慰国人望岁之意。"柳岳梅整理《陈宝箴友朋书札(三)》,载上海图书馆历史文献研究所编《历史文献》第5辑,上海科学技术文献出版社2001年版,第189页。

③ "近闻湘抚奏调陈右丈,意甚拳切,如可相与有为,亦似不宜轻却。南省散勇,遍地皆是,穷无生计,稍有水旱,即虞窃发。明季流寇,如闯、献辈,皆以溃兵渠魁,乘间揭竿,故难猝制。是湖南省者,不仅东南数省之关系,而天下所系为安危者也。右丈出办营务,整饬消弭,当收无形之效。而湘士之雄直忠谠者,亦可搜罗奖掖,以成其才。其绅士朴实纯厚,心存大局,较他省亦易鼓励。卒有兵事,民心士气,饷力兵力,亦皆可用。内以固湖南之防,外以应四方之变。诸葛忠武称昭烈晚年优与吴盟,为宏思远益,意在斯乎。"杜俞《采菽堂笔记》卷上,光绪二十五年(1899)仲春刊印。

④ 《陈宝箴履历单》:"(光绪)十年闰五月,奉旨发往湖南差遣委用。因患病不能就道,呈请江西巡抚潘霨代奏。奉旨:知道了。"

遗。宝箴再以病辞。①

光绪十二年九月初六日，两广总督张之洞奏调宝箴赴广东候差。② 张之洞为争取宝箴前来佐助，电请江西巡抚和湖南巡抚转圜："晓峰中丞鉴：本月初六日奉上谕：陈宝箴着发往广东，交张之洞差遣委用等因，钦此。粤省需才甚急，此系明发，已见邸抄。请公录此旨，并达鄙意，知照陈右铭廉访，劝令速来粤为盼。"③湖南巡抚卞宝第回复张之洞电："右铭饶有才识，而淡于荣利。昨已将来电寄义宁本籍，催其速行矣。弟复。"④宝箴致函张之洞，表示愿意走马上任。⑤ 十二月二十四日，宝箴抵粤，张之洞委办营务处。⑥

光绪十三年（1887）八月，黄河郑州段决口，灾情极重。河南巡抚倪文蔚上奏，调陈宝箴等人赴豫，协助堵合决口。诏命礼部尚书李鸿藻持节督修，宝箴亦得旨由广东发往河南，协同办理河工。⑦ 宝箴于年底到任，在河工 8 个月，并未得到重用，只是在幕府备议论，但给重臣李鸿藻留下了很好的印象。⑧ 光绪十四年七月初，河工东西两坝口门十三余丈因秋汛无法合拢，防堵失事，主管官员属吏均受到严厉处分。李鸿藻被革职留任，旋调离回京。八月初，新任河督吴大澂到任，宝箴因目疾请假回籍调理，得旨俞允，归长沙。

---

① 陈三立《先府君行状》："十一年，彭刚直公防粤边，有旨交差遣，谢病仍未赴。"陈三立著，李开军校点《散原精舍诗文集（增订本）》中册，第 849 页；赵炳麟《陈中丞传》："光绪十一年，法人肇衅，兵部尚书彭玉麟视师粤东，奏请以公从行。得旨俞允，公以病辞。"钱仲联编《广清碑传集》，苏州大学出版社 1999 年版，第 974 页。

② 张之洞奏折："查有降调前浙江按察使陈宝箴，才长干济，学识深通，久在湖南防营，深明兵事。该员堪任以筹办边海防务诸事宜。上年正月臣电奏调东差遣，奉旨允准。旋准江西抚臣来谘，该员患病未愈，未能赴粤分发补用……合无仰恳天恩俯念粤省防务、洋务需才孔亟，请旨饬下江西抚臣，催令陈宝箴仍遵前旨迅速赴粤差委。"转引自茅海建《张之洞与陈宝箴及湖南维新运动》，载《中华文史论丛》2011 年第 3 期，第 224 页。郭嵩焘光绪十二年九月十五日记："九月初六日，张香涛奏调陈右铭、洪琴西二人，皆一时人望也，外有分省知府桑彬、广西候补府石承霖、试用县陆维祺，共五人，奉上谕并发往广东。香涛此举差强人意。"湖南人民出版社校点《郭嵩焘日记》第 4 卷，第 657 页。

③ 茅海建《张之洞与陈宝箴及湖南维新运动》，载《中华文史论丛》2011 年第 3 期，第 224 页。

④ 茅海建《张之洞与陈宝箴及湖南维新运动》，载《中华文史论丛》2011 年第 3 期，第 224 页。

⑤ 陈宝箴复张之洞电，见茅海建《张之洞与陈宝箴及湖南维新运动》，载《中华文史论丛》2011 年第 3 期。

⑥ 《陈宝箴履历单》："……复经调任两广总督张之洞奏调，十二年九月初六日奉旨发往广东差遣委用……十二月二十四日到广东省。"

⑦ 光绪十三年九月十一日："遣前山西布政使绍諴、降调浙江按察使陈宝箴、前山东按察使潘骏文迅赴郑工，随同河督成孚、豫抚倪文蔚襄理河务。"赵尔巽等《清史稿》卷一二六《河渠一》，第 3756 页。

⑧ 李鸿藻光绪十四年六月十二日记："（下午）申刻东北风大作。今晨途遇右铭，晚间往询尚未归，可叹也。工次乃[一]心公事，止此一人。"李宗侗、刘凤翰《李鸿藻年谱》，中华书局 2014 年版，第 388 页。

四、从按察使到布政使到巡抚的“超擢”

光绪十五年八月二十九日，王文韶上折奏请起用宝箴等人。①

光绪十六年三月，宝箴奉旨入京赴部引见。六月初十日，宝箴经吏部带领引见，蒙旨开复降调处分。② 十月十七日，宝箴补授湖北按察使。十二月初，宝箴从长沙到武昌上任湖北按察使，③初四日接印。三天后，因布政使黄彭年病故，经湖广总督张之洞与湖北巡抚谭继洵荐，宝箴奉旨署理湖北布政使。光绪十七年十月，新任湖北布政使王之春到任，宝箴于十三日交卸布政使，还按察使任。光绪二十年十月十五日，宝箴补授直隶布政使。④ 二十一年正月初十日陈宝箴到京，十二日引见，二十日请训升授直隶藩司。⑤ 正月十四日，钦差大臣、湘军东征统帅刘坤一致电督办处，请旨饬令宝箴办理湘军东征粮台。宝箴奉旨办理粮台，并许专折奏事。二月初，宝箴设粮台于天津。三月十三日，赴保定正式接任直隶布政使，委派毛庆蕃代理东征粮台事，故宝箴常往返于天津、保定。中日甲午战争后，七月二十四日，在一度重新掌权的恭亲王奕䜣、李鸿藻、翁同龢等人对各省官员的一次大调整中，宝箴得补授湖南巡抚。⑥ 按胡

---

① 王文韶《遵旨查明获咎各员缘由吁恳恩施折》：“降调前浙江按察使陈宝箴，该员由举人以知府分发湖南，其时臣正在巡抚任内，见其学问优长、识量超卓，深器重之……厥后外省督抚采访贤能、登诸荐牍者，不止一次……该员才大而性刚，往往爱惜羽毛，有不轻寄人篱下之概，所如稍不合，辄置荣辱于度外，而其秉性忠直，感恩图报之心，固未尝一日忘也。今疆臣之留意人才者，每屈指数之，而臣知之尤稔。倘蒙圣恩量予录用，俾回翔两司之间，以备封疆之选，当不至随俗浮沉、碌碌无所表见也。朱批：着交吏部带领引见。”中国第一历史档案馆编《光绪朝朱批奏折》第6辑，中华书局1995年影印本，第467页。

② 《陈宝箴履历单》：“本年三月由江西原籍请咨赴部，六月初十日吏部带领引见，奉旨着开复降调处分。十二日蒙召见一次。”

③ 见郭嵩焘《送陈右铭廉访序》，载杨坚点校《郭嵩焘诗文集》，第278页。

④ 按：清代行省以直隶、江南最重要，一为政治中心，一为财赋中心。虽然与其他行省级别一样，但任职直隶为重用。此时李鸿藻、翁同龢等人甫入军机，王文韶正从云贵总督任上进京陛见，朝政转向。宝箴的任命似与此有关，很可能与李鸿藻有关。参见茅海建《张之洞与陈宝箴及湖南维新运动》，载《中华文史论丛》2011年第3期。

⑤ 梁鼎芬对宝箴获直隶布政使职极为感奋，《致汪康年函》云：“今日天下，直隶与湖北孰重；今日人才，右丈与王之春孰优？此无目者亦知之矣。直藩缺出，尽直省按察拣选人才，必曰右丈矣。……吾辈所推重右丈者，亦望其宏济艰难，发挥才智，直隶有事，湘淮纷沓，右丈皆可调停而驾驭之。于李固谐，于刘尤为相得，朝廷此举，可谓极天下之选。而右丈当此时，亦必取平生之怀，以报圣主。”上海图书馆编《汪康年师友书札》第2册，上海书店出版社2017年版，第1717页。

⑥ 咸、同以后，地方督抚权力大增，位尊权重，张之洞得授山西巡抚而内心大喜，以致上表谢恩时失语要经营八表。见钱文忠《神州袖手人甲子祭》，载《读书》1998年第5期。

思敬的说法，陈宝箴补授湖南巡抚，是因为李鸿藻的提携，其说或有所据。[①]

《清史稿·陈宝箴传》则说是荣禄保荐的。[②] 不过翁同龢对陈宝箴印象也很好，张之洞、王文韶、刘坤一等对陈宝箴的政声人品都心许推重。郑孝胥甚至认为若调陈宝箴入军机处，必成为翁同龢可倚重之大员。[③] 因此陈宝箴在五年内，实现了从湖北按察使到直隶布政使到湖南巡抚"三级跳"，[④]终获大用，[⑤]可谓实至名归，水到渠成，师友为之振奋。[⑥]

清代官制，知县升知府，知府升道员，道员升按察使，按察使升布政使，布政使升巡抚。陈宝箴的从政历程，非常符合这一升迁路线。[⑦] 记录在履历单上的官制术语、事由期限，简简单单，质朴少文，虽一句话浓缩几年奋斗，一个词寓示一次转折，但背后隐含着充满动态的丰富过程，承载着人生甘苦、宦海升沉。其六孙陈寅恪晚年撰《寒柳堂记梦未定稿》谓："吾家素寒贱……先祖仅中乙科，以家贫养亲，不得已而就末职。其仕清朝，不甚通显，中更挫跌，罢废八稔。年过六十，始得巡抚湖南小省。在位不逾三载，竟获严谴。"总的说来，陈宝箴在晚清政要谱系中，不是最上层的核心人物，未曾膺寄中枢要津。但他出自客家"棚民"之家，崛起于阡陌之中，一步一个脚印，历练为有魄力、有建树的封疆大吏，秉旄仗钺，领导了冠于全国各省的湖南新政，在晚清政治舞台上

---

① "光绪二十一年，东方用兵，刘坤一视师辽阳，荐宝箴转饷，升直隶布政使。先是河决郑州，李鸿藻持节督工河上，宝箴为擘画数事，大奇之。是年鸿藻再入军机，以宝箴久屈司道，未竟其用，即擢湖南巡抚。"胡思敬《戊戌履霜录》卷四《党人列传·陈宝箴》，载顾廷龙主编，《续修四库全书》编纂委员会编《续修四库全书》第446册，第340页。

② 光绪二十四年八月二十四日上谕："荣禄以保荐陈宝箴，自请处分。着交部议处。"可与《清史稿·陈宝箴传》互证。高阳亦谓陈宝箴升任巡抚，得力于荣禄。且谓陈宝箴具备了荣禄物色下属的三个条件：第一是才干。荣禄部署羽翼，不是去替他搞钱，是要办事，当然非人才不可。第二是必须与李鸿章不一路，而又有决心摆脱李鸿章的影响。第三须翁同龢不反对。翁在当时朝局中的影响，成事不足、败事有余，只要在召见军机以前，与德宗"立谈数语"，便可否决。见高阳《清末四公子》，华夏出版社2004年版，第23页。

③ 见中国国家博物馆编，劳祖德整理《郑孝胥日记》第1册，第527页。

④ 王文韶既祝贺陈宝箴提拔之快，谓之"飞升"，又对分别这么急促依依不舍。王文韶八月初六日记："右铭由省到津，既喜其飞升又惜其速去，彼此依恋之情均出于不自知，朋友所以列五伦之一也。"袁英光、胡逢祥整理《王文韶日记》下册，第909页。

⑤ 有研究者认为光绪简派陈巡抚湖南当有其深意。湖南在甲午前，以守旧闻天下，如果能攻下这个"堡垒"，南方各省的改革应不在话下。见丁平一《湖湘文化传统与湖南维新运动》，湖南人民出版社1998年版，第101页。

⑥ 江瀚（叔海）《闻陈右铭年丈开府湖南喜雨有作》："时事方多难，经纶属老成。九重新赐钺，三户旧扬旌。儒岂无真效，公原有盛名。好持根本计，不仅在强兵。"载氏著《慎所立斋诗集》卷四，民国十三年（1924）刊印；范仲林《送陈右铭中丞入湘》五律四首，诗略，见范曾编《南通范氏诗文世家·范钟卷》，河北教育出版社2004年版，第46页。

⑦ 咸同年间，官制有所调整变化，可以军功保举知县，以军功从知县超擢知府、道员。见郭嵩焘《送陈右铭廉访序》。

扮演了重要角色，自当青史流芳。

第五节　新政波澜

光绪二十一年十月，陈宝箴抵达长沙，[①]陈三立在《先府君行状》中描述其父履新湘抚的感奋心情：

府君故官湖南久，习知其利病，而功绩声闻昭赫耳目间，为士民所信爱，尤与其缙绅先生相慕向。平居尝语人曰："昔廉颇思用赵人，吾于湘人犹是也。"……阴念湖南据东南上游，号天下胜兵处，其士人率果敢，负气可用，又土地奥衍，煤铁五金之产毕具，营一隅为天下倡……故闻得湖南，独窃喜自慰。[②]

唐才常在写给其弟唐才中的信中说：

陈佑民中丞到鄂时，即闻浏阳有改书院之举，深以为然，且云省中亦当照办。湖南风气之开，当于是乎在。可喜之至！惟外间时局日非，中外诸公，绝无振兴气象。国势危如累卵，未可如何！我湘省得陈佑老力加振刷，厚植人才，则将来挽回大局之人，又未必不出湖南，拭目俟之可耳。[③]

熊希龄《议设湘省枪厂致陈三立函》：

吾湘凋敝之余，得老伯大人雷厉风行，振衰起懦，吏治澄清，民气舒畅，虽鸿嗷遍野，而抚绥有术，如庆更生。潇湘上流得以无他变者，仁人之

---

① 《陈宝箴履历单》："九月初三由直隶交卸起程，十月十二日接湖南巡抚印。"稍后，陈三立携家从武昌至长沙，寓湖南抚署，称"潭州官舍"（长沙古称"潭州"），地名"又一村"。

② 陈三立著，李开军校点《散原精舍诗文集（增订本）》中册，第851页。邹代钧光绪二十三年十一月十六日《致汪康年函》："右丈识见为当今所无，拟联络南皮、浏阳为一气，以撑东南大局。湘之富，天下之富也；湘之强，天下之强也。存亡之机在此一举，钧与伯严、伯纯三人熟商，当以破釜沉舟之势为之。湘吏无才，士人尚有十数人可用。风气已渐开，坚僻者固多，然皆无用之流。右丈声望，官民无不敬服，又能慎选士人用之，必可济事，亦断无阻扰之虞也。"上海图书馆编《汪康年师友书札》第3册，第2419页。

③ 湖南省哲学社会科学研究所编《唐才常集》，中华书局1980年版，第249页。

利其溥矣哉!①

盛宣怀《上湘抚陈佑帅书》:

衡湘地气磅礴,所出之人才得天独厚。从前与曾惠敏谈,与时务格格不入者,湘人为尤。他日能毅然决然挽回时局,安内攘外,恐天下莫湘人若。今见熊秉三、蒋少穆诸君,自喜前言之不谬。然微公实力提倡,循循善诱,亦何能变化如此之神速?建霞学使更从士子一面入手,讵非天意尚欲陶成楚材耶?②

贺涛(松坡)《送湖南巡抚陈公序》:

光绪二十一年,命直隶布政使义宁陈公巡抚湖南。公德望海内所仰,初官于湖南,其士民尤敬而信之,风气之开,固自贤者。相度所宜,赴事物之会,而无滋民之疑怪,使相与安之,以成务而济时,微公其谁与归?③

这一年陈宝箴64岁,经验、学问与历练早已达到这一职务所需要的种种条件。故陈宝箴得巡抚湘省颇为激励。上任半年后,各项新政事业次第展开,应办事业也已运筹帷幄。

这时他写了一封长信给时任直隶总督、北洋大臣的王文韶,汇报介绍湖南新政开展情况,表明惩办贪官污吏的勇决态度,王文韶给予高度评价。④ 可惜这封反映陈宝箴当时精神振奋、感戴激励心态风貌的长信佚失,只能从王文韶的评价中得其仿佛。上任一年后,在回复一位下属的信中,表示"至于局外之讥、事前之谤,古今举事,莫不有之,何足深论?是非得失,自具寸心,要非驱我于洞庭之外,不能挠我毫末也"。⑤

从光绪二十一年十月正式上任湖南巡抚到二十四年九月被革职还乡,陈宝箴度过了他晚年最辉煌的一段岁月。其时朝野受甲午海战和胶州事件的刺激,保种保教、富国强兵的呼声日益高涨,维新变革的思想成为社会潮流,从咸

① 周秋光编《熊希龄集》第1册,湖南人民出版社2008年版,第55页。

② 北京大学历史系近代史教研室整理《盛宣怀未刊信稿》,中华书局1960年版,第11页。

③ 贺涛《贺涛文集》,华东师范大学出版社2011年版,第129页。

④ 见袁英光、胡逢祥整理《王文韶日记》下册,第952页。

⑤ 陈宝箴《复蔡乃煌》,载刘经富编著《陈宝箴诗文笺注·年谱简编》,第251页。

同之际发端的洋务并没有因甲午海战的挫折而刹车止步。洋务在沿海沿江省份和广州、天津、武汉已不稀奇,开埠、开矿、通铁路、通电线、办学堂、请洋人等已是司空见惯之事。但湖南是个保守的地方,慢了一拍,当沿海沿江各省逐步开放,"洋务运动"热气腾腾之时,湖南却死水一潭,陈宝箴要补上这一课,领导涵盖政治、经济、科技、新闻、教育的"湖南新政",从整顿吏治干部队伍,兴办实业、通讯、交通,革新书院,到创办时务学堂,成立学会,创办《湘报》《湘学报》,创办西式警察治安机构,把湖南新政搞得风生水起,充分体现了陈宝箴作为一省巡抚的胆量与识见。关于陈宝箴对湖南新政的整体框架与思路,陈三立《先府君行状》总结为"府君以谓其要者在董吏治、辟利原[源],其大者在变士习、开民智、敕军政、公官权"。[①] 这是提纲挈领,具体实施时,过程极为丰富生动。刘梦溪先生《陈宝箴和湖南新政》一书对这些具体举措做了较好的归纳阐发,笔者本节借鉴他和其他学者的研究成果,适当增补一些相关史料。

一、董吏治——整顿干部队伍

湖南吏治之紊乱、因循、窳败,陈宝箴早就了然于心。他深知各级官员的腐败风气如果不导之入正,什么改革也办不成。所以他抓住典型,光绪二十一年十一月,奉旨查明署岳常澧道钱康荣等执法营私案,并顺延查劾府县以下昏墨不职者二十余人,首先罢免了劣迹多端的常德知府文杰和长沙府幕僚任辚,其中尤以任辚(小棠)一案曲折复杂。[②]

光绪二十二年四月,上年底裁革臬幕幕僚任辚案陡生波澜。三月,宝箴上奏《查明幕友任辚等参款折》,不久收到曾任湖南按察使、现任直隶布政使王廉请湖北巡抚谭继洵转过来的电报,回护任辚。宝箴立即奏报这一事态。王廉又请托直隶总督兼北洋大臣王文韶具折代奏,指出宝箴处置不当。幸光绪帝头脑还算清醒,在批理两方的奏折时,他站在了湖南新抚臣一边,将王廉以不甘己事请托即行革职,王文韶降三级留任。此事可见宝箴整顿湖南吏治的风险之大,也见出他的果断、胆识和整治腐败吏治的决心。王文韶因此自责,没有影响与宝箴的关系。[③] 经过这一番雷厉风行的整治,湖南群吏凛然,作风改

① 陈三立著,李开军校点《散原精舍诗文集(增订本)》中册,第852页。

② 皮锡瑞五月初三日记:"(阅《申报》)见陈右帅所参各员,可谓极力整顿,正恐诛之不胜诛耳。"皮锡瑞著,吴仰湘点校《皮锡瑞日记》第1册,中华书局2020年版,第385页。皮锡瑞时在江西南昌主讲经训书院。

③ 王文韶六月初二日记:"介挺以湘臬幕任辚事被右铭以请托入奏,有旨交部议处。介挺急欲自明,呈请据情代奏。以其情词迫切,当时未能阻止,于前月二十八日代陈。本日奉严旨王廉即行革职,韶亦以不合察议。事后追思固由一时识力未到,亦因为避怨起见。(恐不为(转下页)

善，为湖南的改革赢得了一个好的开局。

二、辟利源——大力兴办实业

（一）矿业

陈宝箴是第一位正确认识湖南矿藏，将之视为一省乃至全国富强根基的凭靠，并进行有计划、有步骤、有规模开采的人。他抚湘后采纳新化人邹代钧的建议，认为求湘省富强非开矿不可，于光绪二十一年（1895）奏请开采矿藏，设立矿务总局。湖南新政兴办近代企业以矿业规模最大、最有成效。大办矿业的起因，与救灾赈济、经济困窘有关。陈宝箴上任伊始，就面临着救灾的考验。时湖南长沙、衡州等府被旱歉收，灾民待抚孔亟。陈三立《先府君行状》：

> 是时湖南旱饥，赤地且千里……盖湖南所被灾州县二十余，浏阳、醴陵、衡山最巨。府君先传电诸行省大吏，乞互助，旬日达复电，有助金五六十万，府君用是稍得藉手矣。……凡府君所设方计，得次第振活都百数十万人。当是时，非府君为巡抚，湖南几大乱。[①]

当时朝廷正在承受巨额的战败赔款，国库空虚，地方财政也极为紧张。救灾资金短缺，筹措不易，使陈宝箴痛感公帑匮乏严重制约民生的正常运转。宝箴为开辟利源，解决财政困难，为日后突发灾情赈济做准备和为新政各项事业开展提供资金保障，必须挖掘湖南的金、铜、煤、锑、铅、锌、磷、汞等丰富矿藏，而开矿、出售矿砂，是获得资金的直接有效手段。为此，光绪二十二年正月，成立了湖南矿务总局，成为中国最早的官矿局。[②] 湖南矿业的兴办，是湖南新政的开端。

矿务总局设立后，常宁水口山矿山（铁矿、铅矿、锌矿）、平江黄金洞金矿、新化锡矿山锑矿、益阳板溪锑矿、临武香花山锡矿次第开采生产。在湘阴县城设立转运局，在汉口设立分局，由陈三立的内弟罗运陟（郊岘）主事。所有官办、官收矿砂，均须由转运局收存运往汉口销售，严禁私人运销。

光绪二十三年二月十六日，澳门《知新报》报道湖南矿业进展情况：

（接上页）代奏，而部议降革，将以为不肯援手也。）致成此祸，在我得此薄责，正可借以自警，而介挺已矣。甚矣，处事之不可不慎也。”袁英光、胡逢祥整理《王文韶日记》下册，第951页。

① 陈三立著，李开军校点《散原精舍诗文集（增订本）》中册，第852页。

② 《中国官办矿业史略》载：“官矿机构之最重要者，莫如湖南，其始为湖南官矿局，开办于光绪二十一年冬季。”转引自湖南历史资料编辑委员会编《湖南历史资料》，1958年第4期，第127页。

湖南矿产向盛，陈右铭中丞莅抚后，锐意兴利，于去年二月间设局开采，在长沙设总局，益阳、永定、龙王山、水口山、宁乡、辰溪、泸溪各处皆设分局，用土法开采。计旧产原有金、银、煤、铁、铜、铅、水银、硝、磺等矿，新开者有锑、镍、铝等矿，中以锑为最盛，在长沙设洋炉化炼。闻汉口亨达利洋行善价求沽，已将与议定合同，售价约有百万之间。即此一矿，其利已如此，他日源源开采，所益更多，湘省维新各事，皆可因此次第具举矣。总局中所用多本省绅士，故能与各分局联络一气，商民更以相安，其中尤为实心任事、明通练达者，以邹沅帆大令代钧为最。其硝、磺各矿亦甚盛，闻江浙各省有大商已集巨股立公司，将往购运。①

（二）制造业

光绪二十一年十月中旬，宝箴与湘绅王先谦、张祖同等商议创办火柴公司，移用赈灾官银一万两，招募散股两万两，委张祖同为总办，刘国泰、杨巩为帮办，进行筹备，取名“湘善记和丰火柴公司”。② 光绪二十二年十月，在宝箴的支持下，王先谦与蒋德钧、熊希龄、黄自元、张祖同、朱昌琳、汤聘珍等自筹资金，创办湖南第一家近代机械工业企业——宝善成机器制造公司。二十三年九月，宝箴命宝善成机器制造公司建小发电厂，制造电灯，先在抚署、学堂、报馆、大商场通电照明。长沙电灯从此始。

（三）电报

光绪五年（1879），李鸿章主持天津至大沽间的电线架设，是为中国近代通讯业之始，至1880年设立电报总局，但湖南直到1890年才由湖广总督张之洞提议架设电线，联通两湖。1891年奏报清廷获准后开工，但架设电线的工程受到当地绅民重重阻挠，不久即告停工。光绪二十二年（1896）十月二十九日，宝箴与张之洞会奏请在湖南境内安设电线，得旨俞允，宝箴札委张祖同领其事。次年正月，长沙电线正式开工。二十三年四月，长沙与武昌之间的电报线路接通，张之洞致电祝贺。③ 五月，电线架设竣工后，长沙成立了电报局。初为官督商办，后改为商办。机构分为分局、子局、支店、报房四类，统属上海电政局

---

① 《湘矿起色》，载《知新报》第6期，光绪二十三年二月十六日。

② 又名“洋火局”，招收员工八百余人，历时两年投产。开始年产5万至6万箱，以后逐年扩大生产，除满足本省供应外，还行销外省外地。和丰火柴公司是湘省近代工业的开端。20世纪50年代以前，“和丰火柴”几乎家喻户晓，是湖南工业最老的品牌。

③ 张之洞致陈宝箴电：“湘鄂线通，公之功也。风气既开，要政递举。湘中富强之基，始于此矣。大快。敬贺。洞。艳。”茅海建《戊戌变法的另面——“张之洞档案”阅读笔记》，第319页。

管辖。

（四）轮船

光绪二十二年四月，熊希龄、蒋德钧等看到苏州、扬州和江西等地甲午战后均创内河轮船航运取得成绩，认为湖南水运历来发达，应力加仿效，其时湘省风气渐开，熊、蒋不顾物议，毅然创办内河行轮事宜。十二月，熊希龄、蒋德钧、王先谦、张祖同、朱昌琳等湘绅商议兴办湘、鄂小火轮通航，开放通商口岸，公推王先谦领衔呈文。陈宝箴接禀报后，很快批复，但张之洞不赞成湖南开办内河轮船公司，担心湘人强悍，一旦引洋人入湖南，如果惹出国际事件，他作为湖广总督，需要担责。二十三年(1897)三月，湖南士绅鉴于张之洞的态度，决定不以官署出面，以绅士联署名义向张之洞呈《上湖广总督请办湖南内河小轮船公呈》，要求开办内河轮船公司。张之洞于二十七日批复，仍认为要慎重考虑。四月初三日，熊希龄、蒋德钧赴武汉谒见张之洞，就湖南内河小轮船事做张之洞工作。两人在武汉滞留26天，并曾邀同湖北名绅黄嗣东(小鲁)谒见张之洞。多方磨合，终使张之洞在《公呈》上批准，同意由湘、鄂两省合办。同意成立“鄂湘善后轮船局”，制定《合办章程》，分设南局和北局。北局设汉口，由鄂绅主持；南局设长沙，由湘绅主持。

二十四年三月，湘、鄂内河小火轮正式通航，为两湖带来很好的经济效益。戊戌变法失败后，陈宝箴被革职，两湖轮船公司由于股本属绅士，又有王先谦具名于前，张之洞批文于后，故得以幸存。①

三、变士习——改革书院

湖南新政的最大举措在改变士习方面。陈宝箴从改革教育入手，重新厘定书院原来的章程，增加算学、物理、化学、方言(外国语言)、商务等新的教学科目，考试内容也提出不以八股时文为能事，而“博之以经济，约之以道德”。湖南学政江标是一位很坚决的改革派，在陈宝箴抚湘的前一年到任，已先行在省城的几所书院实施了一些改革举措。当年的岁试，已经不再强调时文，而改为重视时务，“搜取试卷中之言时务者，拔为前列，以为之招”。谭嗣同拟将浏阳南台书院改为算学馆的动议，也是他顶着压力批准的。

陈宝箴履任湖南，看到谭嗣同的《兴算学议》，大为赞赏，写信给谭嗣同的老师欧阳中鹄：“谭复生书粗阅一过，其识度、才气、性情，得未曾有。侍居节府

---

① 辛亥革命后，该局更名为“两湖轮船公司”，改为商办，并在湘潭、长沙新建了码头。1917年后，南北军阀混战，公司经济不景气，逐渐倒闭。

数年,暗然无闻,尤为可敬。惜某失之交臂,为内疚耳。"①随即指示印 1 000 册,发给湘省各书院。

总之"右帅"(湘省改革派人士喜欢称陈宝箴为"右帅")的到来,使学政江标(建霞)有了更大和可靠的支持,湘省的文教改革随之升上新的台阶。光绪二十三年二月二十四日,江标奏请推广书院章程,着手整顿书院。长沙有 4 所书院:岳麓、城南、求忠、校经。前三所学风偏于保守,而校经书院从光绪初年起即倡导实学。宝箴为推行新政,协同江标重点扶植、改进校经书院,添购天文、地理、物理、化学方面的仪器,成立舆地、算学、方言等学会组织,讲求新学,不以八股文为能事。从湖南学租内每年拨银 500 两,以资维持。②

岳麓书院山长王先谦亦受改革潮流的影响,光绪二十三年六月发表手谕,提出"方今时事多艰,培才为急,将欲讲求实用,不能专制艺试帖以为造就之资"。终于把算学和译学列入岳麓书院的课程。③ 皮锡瑞颇为之鼓舞,当日日记中写道:"岳麓师课已改,不用时文,课经史兼数学。此风既动,当有闻之而兴起者。"④果不其然,由于抚部倡导、学政主持、校经书院带头、岳麓跟随,不仅省城长沙,各州县的书院改革也相继行动起来。不仅改革课程,而且主张改书院为学堂。⑤

谭嗣同对这一轮书院改新颇为心许:"溯自三十年来,湘人以守旧闭化名天下,迄于前此三年犹弗瘳,此莫大之耻也。愚尝引为深痛,而思有以变之,则苦力莫能逮。会江建霞学政莅湘,遂以改本县书院请,欣然嘉许。而他州县亦即相继而起。未几,义宁陈抚部持节来,一意振兴新学。两贤交资提絜,煦翼湘人,果始丕变矣。至今日人思自奋,家议维新,绝无向者深闭固拒顽梗之谬俗,且风气之开,几为各行省冠。"⑥

四、开民智——创办时务学堂和《湘学报》《湘报》

湖南维新运动中创办的几件最举世瞩目的大事,即时务学堂、《湘报》、

① 《谭嗣同集》整理组整理《谭嗣同集》上册,浙江古籍出版社 2018 年版,第 277 页。

② 江标《推广书院章程折》,载《谕折汇存》第 300 册,撷华书局 1907 年铅印本。

③ 《岳麓书院院长王月课改章手谕》,载尹飞舟编《湖南维新运动史料》,岳麓书社 2013 年版,第 526 页。

④ 皮锡瑞著,吴仰湘点校《皮锡瑞日记》第 2 册,第 512 页。

⑤ 光绪二十四年二月,谭嗣同发起整顿、改革浏阳县书院活动。二月,沅州府知府连培基呈《扩修沅水校经堂禀稿》,宝箴批复。二月,宝庆府武冈州士绅公恳变通书院、仿立学会,宝箴批复。二月,岳州府巴陵、平江、临湘、华容等县士绅呈《公恳改变书院章程及推广学会禀》,宝箴批复。

⑥ 《谭嗣同集》整理组整理《谭嗣同集》上册,第 215 页。

《湘学报》、南学会及其他学会，都是围绕智民强民的目标而展开的。

（一）维新派普遍认为中国政治改革的关键一步是改革教育制度。这是因为单靠反复地上书说服光绪帝下决心改革还不够，还必须争取下层，特别是学子士绅的支持，因此“开民智”成为最重要的一个议题，被维新派提到了极高地位。而“开民智”首先有赖于教育，教育改革成为必然。总的来说，维新派重视教育主要有两大目的：一是开民智辅助变法，二是培养实用人才强国。① 时务学堂就是在这样的背景下产生的。它是晚清改革浪潮中传统书院制度向现代学堂制度转换的一个典范，是湖南新政最精彩的篇章。聘请梁启超为中文总教习，是湖南新政最具震动性的举措。

光绪二十二年（1896）十二月，蒋德钧认为办公司“迹近谋利”，难免不使人们产生误解。于是提出在宝善成公司附设一所工艺学堂，培养工艺制造人才。宝箴极表赞同，为之命名“时务学堂”，责成公司、学堂归并办理。②

光绪二十三年七月，时务学堂经过半年多的酝酿筹备正式运转，陈宝箴发布《时务学堂招考示》，③阐明设校宗旨目标为培养“兼通中外”的洋务人才，开设“中学”“西学”课程。

光绪二十三年七月，蒋德钧从上海致函王先谦、张祖同、熊希龄，推荐上海《时务报》中文主笔梁启超、西文主笔李维格为时务学堂中文、西文总教习：“时报西文李主笔，中文梁卓如孝廉主笔，天下通儒也。我西教习聘李，中教习聘梁何如，虽程度过高，局面稍阔，必能开风气造人才，有益于湘。卓如近有读西书西湖之志，义宁以礼招延，又黄公度观察在湘，同气相求，必能就聘。公等倘以谓然，请商右帅，分别专具聘书，并嘱公度盐使致梁一函劝驾，无任盼企。”④八月初，湘中士绅公议，同意蒋德钧提出的聘梁启超、李维格为时务学堂中西文总教习的建议。

这样一所新型的学校自然具有极大吸引力。第一期招生，报考者就高达两千余人，但学生定额为 120 人，因此决定第一期录取 40 名。余下的 80 个名额，第二期、第三期再行招考。年龄限定在 12—16 岁之间。学舍在长沙北门外侯家垄兴建之前，借长沙小东街刘权之邸宅开学。办学经费，有正款、盐厘、

① 见丁平一《湖湘文化传统与湖南维新运动》，第 167 页。

② 蒋德钧《请设湖南时务学堂公呈》，载氏著《求实斋类稿续编》卷五，民国初年刊本。

③ 见《戊戌变法》第 4 册，载中国史学会主编《中国近代史资料丛刊》，上海人民出版社 1957 年版，第 493 页。

④ 蒋德钧《复王益吾、张雨珊、熊秉三函》，载氏著《求实斋类稿》卷九；参见迟云飞《湖南时务学堂考实》，载《历史研究》1988 年第 6 期；贾小叶《梁启超出任湖南时务学堂总教习首荐人考》，载《历史档案》2013 年第 2 期。

矿务余利及绅商捐款。宝箴札委熊希龄任提调(校长),主持行政事务。王先谦等人任学堂绅董。

八月二十八日,时务学堂第一次考试,宝箴亲自监临收卷,三立任文卷校阅。学生离省城较近者,由绅士保送;离省城较远者,由府县衙门和绅士联名保送。

九月初一日,《知新报》刊载《时务学堂缘起》,[①]按语云:"湖南自陈右铭中丞、江建霞学使宏畅新学,风气大开,顷将开一大学堂,讲中西实学。十月二十二日,梁启超、李维格抵湘,就任时务学堂中文、西文总教习。"此前梁已致函陈三立与熊希龄,相约中西文分教俱由总教习访聘。韩文举、叶觉迈、欧榘甲等康门弟子及唐才常等,遂经梁启超汲引,次第至长沙任中文分教习。皮锡瑞暂辞南昌经训书院山长职回湘。维新人才群集湖南,使湖南成为维新运动的中心,成为湖南维新运动进入高潮的标志。

十二月,梁启超上书宝箴,阐述、分析湖南新政应办之事,指出时务学堂按三期招生每期也不过 120 人,且要 5 年毕业。这样培养维新人才太慢,建议正课外增加外课生。抚院告示发出后,来报考者百余人,取录 30 人。[②] 光绪二十四年三月初一日时务学堂第二次招考,录取内课生 30 名,外课生 18 名,附课生 17 名。四月,第三次招考,录取内课生 46 名,外课生 52 名,备送北洋学生 10 名。按照巡抚部院的规定,"凡名列内课者,应即听候示期,送入学堂肄业,俟一月甄别之后择其尤嘉或年稍长者分送东洋、北洋学堂。其外、附课生皆准照堂内一切课程在外肄业,并领取堂中日记册、待问纸分别记其心得疑义,以待批答。每遇总教讲期,许照堂中分班名次赶堂听讲。如有功课精进、年例相符者,外课可即升为内课,附课亦可由外课频升内课"。从这项规定来看,内课生相当于正式学生,外课生、附课生相当于旁听生,其年龄可以比内课生稍大。[③]

梁启超受聘担任时务学堂中文总教习之后,逐渐偏离了湖南官绅创办时务学堂的初衷,致力于把时务学堂塑造成宣传维新思想和培养维新人才的特殊政治学校。梁启超在入湘前,就在上海与康有为拟定了办学方针,制定了

---

① 见《戊戌变法》第 4 册,载中国史学会主编《中国近代史资料丛刊》,第 491—492 页。

② 梁启超《上陈中丞书》,《戊戌变法》第 2 册,载中国史学会主编《中国近代史资料丛刊》,第 551—558 页;参见陈宝箴《时务学堂招选外课加考季课告示(稿)》,载汪叔子、张求会编《陈宝箴集》中册,第 1243 页。

③ 见丁平一《湖湘文化传统与湖南维新运动》,第 184 页;尹飞舟《湖南维新运动研究》,湖南教育出版社 1999 年版,第 93 页。

《湖南时务学堂学约十章》和《时务学堂功课详细章程》，《学约》和《章程》将原定培养洋务人才的目标改为培养维新人才。梁启超入湘后，交各官绅传阅，均以为可行。熊希龄再根据《学约》和《详细章程》重新制订《湖南开办时务学堂大概章程》，规定："学生所学，中西并重。西文由浅及深，按格而习；中文则照总教习所定课程，读专精之书及涉猎之书，一年后再分门教授。各随其性之所近，令治专门学问。"从这些规定中，我们可以看出，时务学堂采用的是现代学校的教学制度，而且是灵活地充分调动生员积极性的因材施教的教学方法，即使移诸今天的学校教育，也不失其先进性和典范性。

时务学堂自光绪二十三年（1897）十一月二十九日开学至光绪二十四年（1898）九月中旬政变发生后撤销，其时不过短短的一年，但它作为维新变法的速成政治学堂，在维新运动中和近代教育改革中做出的贡献是不可磨灭的。①

（二）新式报刊的大量印行与广泛流传，是维新运动的显著标志之一。甲午战争以后，上海等地的许多新式报刊传入湖南。计有《时务报》《苏报》《申报》《国闻报》《维新日报》《译书公会报》《实学报》《万国公报》《大公报》《知新报》《汉报》等二十余种。

晚清维新人士推动变法的基本策略，一是上书说服皇帝；二是改革书院，大变士习；三是成立学会，发动群众；四是创办报纸，动员舆论，开民智。湖南新政即循此路向展开。

光绪二十三年（1897）三月，湖南官绅在香港、广东、福建、上海、汉口、天津等地都开设了报馆的影响下，遂筹议创办《湘学新报》（后改名《湘学报》）。由学政江标、按察使黄遵宪督办，委唐才常、易鼐为总撰述，主要介绍国内外政坛见闻、史学、掌故学、地理学、算学、商学、兵学、外交学等方面的知识，为维新运动张本。宝箴札饬湖南各州县订阅。湖广总督张之洞亦札令湖北各州县购发给书院诸生阅读。《湘学报》的创办和次年二月《湘报》的创办，是湖南新政的两件大事。

《湘学报》从创办起，就荟萃了省内坚决要求变法维新的精英人物。它是宣传维新派变法思想的重要论坛，它系统地介绍了西方国家治乱兴衰的历史，特别是近代西方资本主义国家产生和发展的历史；介绍了这些国家的社会政治经济制度，特别是议院国会制度；热烈鼓吹现代民主思想，大张民权平等之说，力求实行君主立宪制和发展民族工商业；介绍了许多内地人未闻见过的西

---

① 见郑大华主编《湖南时务学堂研究》，民主与建设出版社 2015 年版。

方科技知识；刊载了介绍湖南推行新政和兴办新学的重要专论和文献。[①] 其前期言论较激烈，后期在张之洞的干预和守旧派的攻伐下，只得稍敛锋芒。[②]

《湘学报》自创刊发行至光绪二十四年(1898)八月政变发生前终刊，仅一年零四个月，每旬一册，共印行45册。在上海设有分馆，在常德、沙市、宜昌、汉口、南昌等地设有分售处，与上海《时务报》、澳门《知新报》誉为三大报。[③]

《湘报》则是由熊希龄集资创办，唐才常任主笔，于光绪二十四年二月正式出刊的。《湘报》不同于《湘学报》，带有非官方、同人办报性质。其宗旨亦不同于《湘学报》，不以介绍新学知识、探讨思想学问为职志，而是以本省和各省新政为中心，发表言论，报道新闻时事，与时务学堂、南学会联为一气，致力于“开风气，拓见闻”。陈宝箴是《湘报》的坚决支持者和有力的靠山，他特批每月给湘报馆200两银的津贴，直到戊戌政变才停止。

《湘报》创办于湖南维新运动高涨之际，倡导变法改制，言辞激烈，成为湖南改革派人士推动变法维新运动的有力言论园地。它与《湘学报》互相颉颃，与《时务报》《知新报》鼎足而立，成为清季改革派强有力的喉舌。其言论之激进，思想之开放，不仅《湘学报》不及，就是《时务报》《知新报》相较之下也要汗颜。它是湖南维新运动时期的一面旗帜，也是鼓舞人们的号角。即使是今天，当我们翻开近百年前的《湘报》，也会被其中许多议论精当、气势恢宏的政论文惊倒。同时，也会为论文中高亢的民主呼声所震惊，甚至会扪心自问：难道我们比近百年前的维新志士还不如？他们的现代意识难道比今人还要强烈？他们所提出的民主平等今天能否实现？震撼人心是《湘报》的使命，民主思想是《湘报》的精魂。[④] 由于形势变化，1898年夏《湘报》第117号改订章程，专归商办，官府津贴停发，从此报上的政论骤然减少。八月戊戌政变发生，《湘报》停办。

五、兴民权——成立“南学会”

南学会是继时务学堂之后不久成立的一个兼学会与地方议会性质的新型政治学术团体，它对促进湘省现代化改革的意义比时务学堂更为深刻。如果

---

① 《湘学报》各册目录见丁平一《湖湘文化传统与湖南维新运动》，第266—290页。

② 见丁平一《湖湘文化传统与湖南维新运动》，第241页。

③ 谭嗣同认为“诸新政中，又推《湘学报》之权力为最大。盖方今急务在兴民权，欲兴民权在开民智。《湘学报》实巨声宏，既足以智其民矣，而立论处处注射民权，尤觉难能而可贵。”谭嗣同《致徐仁铸函》，载《谭嗣同集》整理组整理《谭嗣同集》上册，第216页。

④ 丁平一《湖湘文化传统与湖南维新运动》，第243页；《湘报》主要文章目录见该书第257—262页。

说时务学堂、《湘学报》、《湘报》等文化教育的改革以及新型工业的产生标志着湖南传统社会开始向现代社会转型的话，那么南学会、课吏馆、保卫局等团体的建立更加速了这一转型的步伐。因为南学会等机构的产生更代表了湖南维新人士强烈的参政议政意识。维新志士们在启动了湘省文教和工业现代化步伐之后，自然不会忘记在政治方面尝试有所作为。

光绪二十三年(1897)十二月中旬，谭嗣同、熊希龄、唐才常等酝酿成立“南学会”。此时“胶州湾事件”已发生，谭嗣同上书陈宝箴，认为列强瓜分形势严峻。要救亡，矿业、铁路、轮船、练兵见效太慢，建议创办“南学会”，作为地方议院的基础。[①] 二十四年正月，梁启超在上宝箴书中又对南学会予以规划，再次阐明把南学会办成地方议会的意图。[②]

光绪二十三年冬，梁启超到湖南后曾向陈宝箴建议，如果西方瓜分浪潮迭起，国势危急，湖南应该宣布脱离中央政府而独立。梁启超认为，如果上层迟迟不能像日本一样推行变法，那么只有省内自行变法。他在湖南公开宣传湘省改革者应学习日本德川、萨摩和长州的经验，在地方实现变革，然后推广到外省。梁启超认为湖南的士风民气在全国首屈一指，省府大员在省级大吏中最富改革精神，故湖南的政治气候最适宜于仿效日本这种地区性的改革。南学会正是谭、梁等人设计的自下而上改革方案的产物。维新派创办的时务学堂、《湘报》、《湘学报》以及课吏馆、保卫局等也都是为地区自行变法做的准备。

谭嗣同、梁启超等激进维新人士的思路，是“欲兴民权，宜先兴绅权；欲兴绅权，宜以学会为之起点”。[③] 绅士是基层掌权的精英人物，维新派之所以认为南学会在促进地方改革方面所起的作用比时务学堂更重要，是因为他们将学会当成了教育和组织绅士的部门，是“开绅智”“兴绅权”的重要机构，而“绅权”则被看成“逐步达到民众参政和取得主权的必不可少的踏脚石”，同时，“鉴于绅士在中国社会中的领导作用，增进绅权也被视为是中国国家强盛的第一步”。南学会在湖南的维新志士心目中占有不可取代的地位自然来自谭、梁等人“从基层教化入手”进行改革的思想取向。湖南维新派沿着这种思想路向，把兴绅权与办学会紧紧联系起来，并视其为“中国未常有之事”“千古未有

---

① 谭嗣同《上陈右铭抚部书》，载尹飞舟编《湖南戊戌维新运动史料》，第 647—651 页。

② 梁启超《上陈中丞书》，载尹飞舟编《湖南戊戌维新运动史料》，第 631—633 页。按：梁启超在南学会成立正式开展活动时已离开湖南。

③ 梁启超《论湖南应办之事》，载氏著《饮冰室合集 · 饮冰室文集之三》，中华书局 2015 年版，第 43 页。

之盛业”。他们清醒而执着地把改革社会放到了首先对基层社会的改造上,以基层变化为起点,使改革“若握裘挈领焉”(梁启超语)。通观湖南维新运动中的改革,几乎都离不开“兴绅权”这一主题,同时,维新志士们把“开民智”“开绅智”“开官智”贯通起来,形成地域性改革的整体构想。学堂、报馆、学会以及启官智的课吏馆即是他们地域政治改革的核心,同时也是由地方改革推动全国改革的起点。正如《南学会总会章程》中所言,“学会由湖南起点,将来通之邻省,通之外国,力量益宏”。①

光绪二十四年二月初一日,南学会召开成立大会,首次开讲,官绅士庶三百余人与会。皮锡瑞、黄遵宪、乔树枏(茂萱)、谭嗣同、陈宝箴先后演讲。宝箴当场办入会手续,在场官、绅、商、儒代表纷纷入会,会友一度增加到一千两百余人,骨干分子保持在两百人左右。自南学会总会在长沙设立后,岳州、衡州、浏阳、武冈、郴州、沅州等各处亦准备成立分会。

南学会是宣传传播变法改良推行新政的重要阵地,使湖南新政往发展民权的道路上迈出了一大步,其组织形式,已具有一省议会的雏形。②

南学会公推皮锡瑞主讲学术,黄遵宪主讲政教,谭嗣同主讲天文,邹代钧主讲地理。使听讲者对国际局势、西方社会学说和自然科学知识有基本的了解。会员包括“官、绅、士、庶”,讲期规定每月四次。演讲时,听众可以发问、辩难,类似于今天的学术研讨会。

陈宝箴对南学会积极支持,到场演讲两次,第一讲是在二月初一日南学会成立大会上,题目为《论为学必先立志》,第二次在四月初三日,题为《论不必攻耶教兼及周汉事》。第二次演讲更重要,联系湖南新政所遇到的问题,分析震惊中外的周汉事件,阐述教案的重要性。③ 湖南是反洋教斗争比较激烈的地区,陈宝箴是想借南学会开启民智,避免教案的发生。

南学会从光绪二十四年二月初一日开讲,到四月三十日第十四讲停止,因

---

① 《南学会总会章程二十八条》,载尹飞舟编《湖南维新运动史料》,第434页。

② 关于南学会是否具有地方议会的性质,学术界有争议。见尹飞舟《湖南维新运动研究》,第104页。

③ 湖南维新运动前期,开民智的重要内容是引导民众不要仇教排外,引发国际事端。光绪十七年,湖南宁乡周汉(陕西补用道,光绪十八年因反洋教被张之洞革职)煽动的仇教排外影响恶劣,给地方官员带来很大压力。二十四年二月,周汉又刊布揭帖,煽动湘人仇外打教。时岳州通商在即,宝箴恐启教案祸端,列强借此发难祸湘,乃下狱禁锢之。湘人多不谅宝箴苦心,或为周汉说情,或造作蜚语中伤。宁乡县士子甚至聚众闹考。晚清中国反教活动中,周汉事件为重要个案。参见吕实强《近代中国知识分子反基督教问题论文集》,广西师范大学出版社2011年版,第155—208页;许顺富《湖南绅士与晚清政治变迁》,湖南人民出版社2004年版,第142—150页。

形势变化，在守旧派的哄闹围攻下，遂以“天时渐热”的理由告示暂时辍讲，五月以后几乎没有活动了。其存在的时间不长，来不及完成维新派对它寄予的兼有地方“议院”性质的厚望。

六、敕军政——创办武备学堂和训练新军

光绪二十二年五月，盛宣怀在回复宝箴函中，建议湖南创办陆军学堂。二十三年十二月，宝箴拟将省城求贤书院改为武备学堂，请朝廷批准在正款项下拨银 12 000 两作为武备学堂的开办经费和时务学堂的常年经费。他在《设立时务武备学堂请拨常年经费折》中奏报：“……今湘省设立时务学堂、武备学堂，事同一律，拟请援照每年于正款项下拨银一万二千两，酌充两处常年经费。自光绪二十四年为始，由臣在藩库、粮库、厘金局三处筹措分拨。其京、协饷及一切应解各款，仍照解不误。总计两处学堂，每岁经费约需二万数千金，除指拨正款外，所有不敷之项及建造学堂房舍之资，即由臣督率绅士，另行设法筹措，就地支给，以期有成。”①

光绪二十四年闰三月，抚院拨款将省城求贤书院改为湖南武备学堂，聘请王者化、武振常等人为教习，学员“即以营(旗)兵选用教之”，于初八日开学。学堂学制和课程仿照天津和湖北武备学堂有关规制，演习新式武器装备，讲求舆算测量，并注重纪律教育。这是湖南实行近代军事教育的开始。戊戌政变发生后，该学堂与其他新政项目一起被迫停办。

光绪二十二年二月初，时在湖北营务处任总办的熊希龄致函②陈三立，建议湘省开设枪厂，引起宝箴重视。不久，熊希龄回衡州府永州结婚，返回武汉时路过长沙，与陈氏父子晤面，并与三立彻夜长谈。宝箴遂邀熊希龄回湘襄办新政。约此时，张通典亦上书宝箴，③建议采用西式枪炮操典练兵 3 000 人。

光绪二十三年六月，陈宝箴委任黄忠浩接统、毅、安三营。陈宝箴《黄忠浩接统毅安三营片》(光绪二十三年六月十八日)：“兹查统带毅安三营两湖题奏总兵刘福兴病故，该营分扎辰、永、沅、靖等处，地居僻远，巡防极为紧要。查有管带湖北武靖营内阁中书黄忠浩，志识轶群，诚信孚众，向于兵事极意讲求，在黔阳本籍办理团练卓著功效，辰沅一带地势、民情尤所素悉，管带鄂军训练有方，于中西之法均有心得。臣函商督臣张之洞，饬令来湘接

① 汪叔子、张求会编《陈宝箴集》上册，第 592 页。
② 见周秋光编《熊希龄集》第 1 册，第 54—56 页。
③ 见张通典《志学斋类稿》，清末刊印。

统，认真训练，以期悉成劲旅。除檄饬遵照外，理合附片陈明，伏乞圣鉴。谨奏。朱批：‘知道了。’”①

七月十一日，值广西柳州会党滋事，扰及湘境。宝箴趁机致函两江总督刘坤一，恳求加拨老毛瑟枪6 000杆。刘坤一同意拨枪2 000杆，子弹100万颗，炮14尊。

光绪二十四年正月，宝箴以“时势孔棘，亟应另募新军，选将训练，俾成节制之师”为由，裁汰湖南旧勇，创练新军，委任黄忠浩招募兵员训练之。五月，在长沙市城南建新军营房，所有新军士兵一律发给新式枪械，仿照西法，操演步伐阵式。

七、公官权——创办西式警察机构，整顿革新“课吏馆”

光绪二十四年（1898）二月，宝箴采纳黄遵宪建议，仿照西方近代警察制度，创办湖南保卫局，作为官制改革、实行地方自治、防止老百姓打教灭洋的机构。组织形式为官、绅、商合办，设议事绅商十人，反映了地方自治观念。所有制度，由其商议制定，经省政当局批准后交局里执行。因此，保卫局的设立是湖南政治改革的重要措施，其特点是让公权给绅民，引进绅商参与治理社会治安。

六月初，省城长沙保卫局各分局一律开办。保卫局设总局1所，地址在长沙市中心区。又于城中设东、西、南、北分局4所，城外分局1所。每个分局又设小分局6所，每个小分局设巡查14名。此前，黄遵宪从汉口雇用当过巡捕的6名中国人前来任保卫局教习。

保卫局虽然在戊戌变法失败后被停办，但留下的《湖南保卫局章程》却成为一份重要文献，这份由黄遵宪起草制定的《章程》，充满现代人权、法制、道德精神，令人起敬。《章程》对巡查的入职、培训、职责、行为约束都有明确的规定。巡查不许擅入人屋、不准受贿、不准受谢、不准吸烟、不准露坐、不准聚饮、不准携伞执扇、不准与街市人嘈闹戏谈、不准打人、不准以声色威势加人。这十不准，据笔者的经历，就是百年后的今天，也是很严格的规定，对今天公安、城管职员的内部管理、素质提升，仍有启发、针砭意义。

陈宝箴、黄遵宪在设立保卫局的同时，接受梁启超的建议，整顿革新课吏馆。课吏馆是陈宝箴的前任吴大澂（清卿）在抚湘期间开办的，旨在帮助候补官员熟悉地方治理的各项业务，为日后正式出任官职做准备，时间约在光绪十

---

①　汪叔子、张求会编《陈宝箴集》上册，第474页。

九年(1893)前后。陈宝箴于光绪二十一年十月接任湖南巡抚,两年多后将课吏馆纳入湖南维新大业,赋予了新的使命。[①]

梁启超对开官智的认识比陈、黄还要深刻。他那篇发表在《湘报》上颇有鼓动性的《论湖南应办之事》详细论述了开民智、开绅智、开官智的深刻意义,而三者中,他又着重指出"开官智,为万事之起点"。因为开民智、开绅智,都要"假手于官力"。那些"胸中曾未有地球之形状,曾未有欧洲列国之国名,不知学堂工艺商政为何事,不知修道养兵为何政"的毫无新知识、新眼光的官吏是根本不能指望他们支持和参与维新改革的。在这一点上,陈宝箴、黄遵宪和梁启超可谓不谋而合。因为宝箴对官场的情伪利弊早有洞见,他深知这一步不跨出去,其他无从谈起。湘省的改革之所以有好的开局,即肇始于此。

课吏馆的功课安排也与梁启超的设想相近,在《改定湖南课吏馆章程》中,将课程分为六大类:学校、农工、工程、刑名、缉捕、交涉。使地方官学有所长,中西兼学。课吏馆当时可谓在全国独树一帜,甚为世所瞩目。它对提高当政者的素质有一定作用。但中国官场的积弊太多,靠课吏馆并不能从根本上改变旧有的官僚结构,尤其是课吏馆开办时间仅几个月,随着政变发生,它也自然消散。[②]

八、陈宝箴对湖南新政的贡献

湖南新政通过三年大张旗鼓的真抓实干,所谓"一步实际行动,胜过一打纲领",从风气蔽塞的省份一变而为"全国最富朝气的一省",[③]走在了晚清变法革新运动的最前列,一度成为全国维新运动的中心地区,或者说是全国维新的"实验省"。后来黄濬评议:

> 翻吾国史事者,皆知近百年间之兴衰治乱,与湖南人士相关咸极深切。前此湘军,曾、胡、左、郭之功业学识,世所共晓。……然湖南至光绪初年风气尚极闭塞,前记郭筠仙受窘诸节,可以见之。湖南之焕然濯新,实自陈右铭抚湘始,当时勇于改革,天下靡然从风。右铭先生与江建霞、黄公度、梁任公等入湘,并力启发,一时外论以比于日本变法之萨摩、长门

---

① 见张求会《近代湖南课吏馆初论》,载《岭南学刊》2006年第2期。

② 张求会认为课吏馆的设想脱离实际,很难付诸实施,见氏著《陈寅恪家史》,东方出版社2019年版,第138页。

③ 范文澜《中国近代史》上册,人民出版社1955年版,第301页。

诸藩,可见声势之舄奕(“联绵不绝”之意)。[①]

湖南新政的蓬勃开展,也为陈宝箴赢得了极大声誉,日本《日本人》报评论:

> 中国名大臣,则首督部张公、抚部陈公。称陈公振湘政,尤津津不一二谈,又从而帜之曰“湖南党”,自陈公督湘以来,“湖南之名重五洲,泰西、泰东则莫不引领望之”。康有为也称赞:“师师陈义宁,抚楚救黎蒸。变法兴民权,新政百务兴。”[②]

从人们对陈宝箴的评价中,可看出陈在当时的所作所为超过了一般督抚,在全国督抚中独领风骚。

湖南维新运动在全国开展最热烈,与陈宝箴有着直接和密切的关系。[③]光绪二十四年三月十五日,湖北巡抚于荫霖上奏,请明颁谕旨,速发电旨召张之洞、边宝泉、陶模、陈宝箴诸臣入都,任以事权,大局必有转机。[④] 八月初五日(戊戌政变前一日),都察院代奏广西举人李文诏条陈:“择老成硕望志在维新,其才识又足以负荷天下之重,如两湖总督张之洞、湖南巡抚陈宝箴两人者,速调进京,任以枢要,然后斟酌损益,次第施行。庶不至凌杂无序,疑谤沸腾。”[⑤]刘坤一认为当时政坛“内则有翁中堂,外则陈右帅,是皆四海九州所共尊为山斗、倚为柱石者”。[⑥] 光绪帝对陈宝箴保举的人才格外重视。[⑦]

---

① 黄濬《陈右铭抚湘变法开新治》,载黄濬著,霍慧玲点校《花随人圣庵摭忆》第1册,第380页。

② 康有为《六哀诗·哀谭嗣同》,载康有为撰,姜义华、张为华编校《康有为全集》第12册,中国人民大学出版社2007年版,第218页。

③ 见丁平一《湖湘文化传统与湖南维新运动》,第100页。

④ 于荫霖《请简用贤能大臣并陈五事以救时局折》,载氏著《悚斋奏议》卷三,沈云龙主编《近代中国史料丛刊》正编第223册,第141页。

⑤ 茅海建《康有为一派对陈宝箴父子政治态度的误解与夸张》,载《社会科学》2013年第8期,第153页。

⑥ 刘坤一光绪二十四年八月二十八日《复欧阳中鹄函》,载中国科学院历史研究所编著《刘坤一遗集》第5册,第2230页。

⑦ 据茅海建研究,“从甲午战后清朝的保举情形中,可以看出光绪帝对各派系、各大臣的不同态度。对于刚毅等军机大臣的保举,基本听从;对于张之洞、刘坤一等人的保举,大体听从;对于其他官员的保举,只不过是例行公事;而他最关注的,是徐致靖、李端棻、陈宝箴等人的保举,尽其权力而从之”。对荣禄最低调,其所荐人员无一召见,也无明旨下发……对陈宝箴最为优遇,陈宝琛等人先前已有多人出保,但陈宝箴一出面,即获旨“召见”。陈宝箴之所以获得光绪帝的青睐,成为“当时光绪帝最信任的地方大吏之一”(茅海建《戊戌变法史事考二集》,生活·读书·新知三联书店2011年版,第164、169、190页),似与“张之洞、陈宝箴集 (转下页)

近些年有研究者认为，在同治、光绪年间的政坛上，要是多有几位像陈宝箴那样的封疆大吏，那么，晚清历史的画卷就会精彩纷呈得多。陈宝箴思想的发展脉络，大体经历了三个阶段：他从具有强烈爱民爱国意识的读书人，逐步变为具有清流特色的官吏，后来又发展为意气风发、推行新政的湖南巡抚。甲午战败之后，湖南地区思想文化的深刻变革，社会经济的迅速发展，都是与陈宝箴的名字分不开的。[①] 汪叔子、张求会评论：

> 陈氏殁逾百载矣。其间评价反复，褒贬不一，而未必皆详知陈氏其人其事其文。返顾晚清之戊戌变法，斯亦吾国近世改革史之一大关键。维新志士，掀涛弄潮。若康梁辈，宣传舆论，策划政治，登高呼啸，风舞云飞，朝野所瞩目，中外所注视，固然一时人杰也。而如陈宝箴者，独于诸革新事业实验实行之全面推进，孜孜矻矻，锲而不舍。不希声华，务讲实效。甚至忍辱负重，险危勇往。卒至成就三湘新政，实绩实功。遂令天下豁然而破大惑，知夫维新自强，洵非空谈虚图，乃真有其实轨在。推誉之曰戊戌时期社会变革实践运动之代表、之领袖，庶几允哉？鲁迅尝言，自古以来，仁人君子，为民请命，埋头苦干，堪为民族脊梁云云。衡诸陈氏，当亦无愧。伊人典型，纵经百年，要仍不乏供备今日教育、发扬民族精神所可取资者。遑论前事勿忘，后事之师。戊戌维新历史经验之于当今改革大业，并非无参考增益之用。[②]

九、热血乍冰丹心破

光绪二十四年四月二十三日，光绪帝颁发《明定国是诏》，宣布变法，“百日维新”开始。从此，维新派与保守派的博弈日趋激烈，湖南在籍保守派与湘籍京官对湖南新政的攻击不遗余力。四月二十五日，湘籍京官黄均隆再次上奏折，全面弹劾宝箴。七月二十六日，湖南邵阳举人曾廉上书光绪帝，摘录梁启超等人在时务学堂触犯清廷政权安全的教学札记，加上评点按语，作为康、梁大逆不道的证据，请求诛杀康、梁，给维新派沉重一击。光绪帝命谭嗣同处理此事，谭请斩曾廉，光绪帝不允。八月初六日，政变发生，慈禧太后再次垂帘

（接上页）团是当时清政府内部最大的政治派系之一，也是最为主张革新的团体”有关（茅海建《戊戌变法的另面——“张之洞档案”阅读笔记》，第 4 页）。参见张求会《陈寅恪家史》，第 109 页。

① 孔祥吉《〈陈宝箴集〉序》，载汪叔子、张求会编《陈宝箴集》上册。

② 汪叔子、张求会《〈陈宝箴集〉后记》，载汪叔子、张求会编《陈宝箴集》下册，第 2007 页。

训政，囚光绪帝于瀛台。光绪帝被迫发布《吁恳慈恩训政诏》（俗称“垂帘诏”）。八月十二日，福建道监察御史黄桂鋆上奏，请罢黜陈宝箴、徐仁铸。八月二十一日，陈宝箴的克星黄均隆再次上折，要求严惩陈宝箴、黄遵宪、熊希龄、江标、徐仁铸等16人（皆为慈禧太后深恶痛绝之人），欲将推行湖南新政人物一网打尽。黄均隆构陷陈宝箴保举康有为，慈禧太后未明真相，盛怒之下，将黄均隆折中言及之人全部重惩。当日以“滥保匪人”“招引奸邪”的罪名将陈氏父子、江标、熊希龄革职，永不叙用。命张之洞立即将湖南南学会、保卫局等新政项目一并撤裁。南学会中所有学约、札记、答问等书一律销毁。八月二十二日，黄桂鋆再次奏请严惩陈宝箴，二十三日，上谕“陈宝箴昨已革职永不叙用，荣禄曾经保荐，兹据自请处分，着交部议处”，经吏部议复，按例照滥保匪人，降二级调用。[①] 八月下旬，张之洞、刘坤一为慈禧太后误以为陈宝箴保举康有为而罢免鸣不平。而宝箴以为谕旨中的“滥保匪人”即自己保举杨锐、刘光第，不为父子蒙莫须有罪名而辩解，尽显古大臣风。[②] 八月二十三日，宝箴为张之洞奉旨裁撤湖南各项新政事，复电张之洞：

> 湘中三年，幸叨广荫，获免颠隮，而溺职辜恩，复以丛疢之身，辱当世之士……热血乍冰，忍勿能已，辄为我公一倾吐之。[③]

电文中“热血乍冰，忍勿能已”之语，可谓沉痛。

按陈寅恪的说法，当时有流放陈宝箴去新疆的传言，相比徐致靖永远监禁，张荫桓、李端棻充军新疆，被革职回里为“薄惩”，固然。陈寅恪说这个结果是荣禄、王文韶在慈禧面前磕头所致。[④]

陈氏父子最痛心的是湖南新政的各种举措被毁于一旦。陈三立《先府君行状》：

---

① 见马忠文《荣禄与晚清政局》，社会科学文献出版社2016年版，第216页。

② 皮锡瑞九月十六日记：“往节吾处，适右帅至，得一见。彼天君泰然，一无激词，得大臣度。”皮锡瑞著，吴仰湘点校《皮锡瑞日记》第2册，第733页；朱德裳感慨：“戊戌政变，中丞革职。吾友贺奉生尝作书上中丞致慰藉之词，中丞复书云：‘此而可愠，孰不可愠。’时人服其量。”载氏著《三十年闻见录》，岳麓书社1985年版，第32页。

③ 汪叔子、张求会编《陈宝箴集》下册，第1621页。

④ 陈寅恪《寒柳堂记梦未定稿》：“当政变后，都中盛传先祖必受发往新疆之严谴，如李端棻奏保康有为及谭嗣同之例（见《东华录》光绪二十四年八月庚子条）。然止于革职永不叙用之薄惩，实由荣禄及王仁和碰头乞请所致也。”陈寅恪著，陈美延编《寒柳堂集》，生活·读书·新知三联书店2001年版，第204页。

康梁难作，皇太后训政，弹章遂蜂起。会朝廷所诛四章京，而府君所荐杨锐、刘光第在其列，诏坐府君滥保匪人，遂斥废。既去官，言者中伤周内犹不绝。于是府君所立法，次第寝罢。凡累年所腐心焦思、废眠忘餐、艰苦曲折经营缔造者，荡然俱尽。独矿物已取优利，得不废。①

澳门《知新报》后来有一则报道，介绍日本《东亚时报》评论政变前后湖南的巨大变化，其中写道：

南学会以讲救济支那于平和之方法为宗旨，依于陈宝箴、黄遵宪、谭嗣同、熊希龄、唐才常等诸氏之首倡，其会员当时一千二百余名，虽为甚盛，但今已与陈、黄、谭三氏之废亡俱解体，今者不留其形影。且新巡抚俞氏到任以来，守旧党首领王先谦、叶德辉之辈，再抬头地，暴横无不至，新党之士尽屏息，会员四散，杳焉无由知其消息。公法学会以研究国际法为目的，见创设者，以毕永年氏为之首倡，乃其人一去，此会亦显解体之势。时务学堂梁启超氏为教习，在堂之日，盛讲新学，其生徒百二十余名。北京政变之后已改名求是书院，复课旧学，而文明日新之学尽废，旧生徒悉去，今者不过新生徒三十余名矣。地图公会系邹代钧氏所创设，如亚细亚北部，数年前即制出精密可惊地图，今者亦唯存其名。《湘报》为南学会之机关发行，大鼓舞湖南之风气，今者改题《汇报》，虽犹继续刊行，但与前时之可益学问者，判与天渊，唯仅录清廷所发之上谕耳。总而言之，湖南之风气，今也寂寞无足观者，噫！

当湖南新政的兴盛期，声名远播日本，被知者比作日本明治维新时期的萨摩和长门两个先进区域。因此政变后的凋零与倒退，自然也引起了东瀛人士的注意。②

光绪二十六年六月二十六日，陈宝箴在南昌西山猝逝。八月初一日，澳门《知新报》转载日本人所办《汉报》报道宝箴去世新闻《老成凋谢》，盖棺论定逝者的道德文章、政治事业：

顷闻前湖南巡抚陈大中丞宝箴，此次抱病，药石无验，遂于六月二十

---

① 陈三立著，李开军校点《散原精舍诗文集（增订本）》中册，第853—854页。

② 见刘梦溪《陈宝箴和湖南新政》，故宫出版社2012年版，第236页。

六日溘然长逝矣，呜呼惜哉！公字佑铭，江西义宁州人，才兼范韩，学凌贾董，经济文章，久已脍炙人口，曾抚湘三年，奉体皇上新政之旨，力创学堂，设学会，整武备，养人才，任劳任怨，不遗余力。创南学会、时务学堂、武备学堂、湘报馆、小火轮、制造厂、课吏馆、迁善所、警察部、矿务局、电线电灯、湘粤铁路、岳州通商口岸等，皆一人之力也。因是湘中有识之士，愤然而起，天下明达之士，歙然来集，中国中兴之业，将自湘中始矣。戊戌八月，皇上有恙，太后垂帘，由是诸政复旧，天下寂然，无敢言新政者。公坐荐梁启超等之罪，遂罢官归里，寓白鹿洞，三年于兹，悬庭无鱼，清贫自安，澹然怡老，怡如避坋尘而乐余年者矣。前月以来，团匪滋扰，中外开衅，北燕之天，黑云惨澹，音信杜绝，致有篡弑之谣传。公每闻此事，慨然涕泪，悲愤恸哭，遂因之得病云。呜呼，自古贤臣名士，为君尽忠、为国竭力者颇多，而出处进退如公者，有几人乎？当此国事艰难之时，斯人云亡，何异狂澜将倒，砥柱忽摧？呜呼惜哉！老成凋谢，其所系岂浅鲜哉！①

十、身后是非谁管得

自光绪二十六年六月陈宝箴猝逝后至今一百余年间，对他的评价、归属，一直围绕他究竟是康党还是张之洞派系即“新党”还是“旧党”展开的，成为一道绕不过去的坎。

光绪二十四年戊戌（1898）八月，西太后为保满清权贵的统治，以血腥手段扑灭维新变法，使清王朝陷入更严重的统治危机。光绪二十七年（1901）二月，在经历庚子（1900）惨变之后，清廷再次宣布变法图强，被罢黜的新政又重新走上历史舞台。② 但康有为作为一个负面符号尚难翻案，在“世人皆欲杀”的时流世态、士论沸腾中，凡与康党有牵连的人都竭力与其撇清关系。

陈宝箴猝逝两个月后，陈三立撰成《先府君行状》并精刻精印为单行本。③

---

① 《知新报》第125期，澳门基金会、上海社会科学院出版社1996年影印本下册，第1896页；亦见澳门基金会·虚拟图书馆·在线阅读。

② 光绪三十年五月因慈禧太后七十寿赦免戊戌案内各员，光绪三十一年（1905）王世琪《督察院代递总检察厅厅丞王世琪等请开复已故湘抚陈宝箴原官呈》，载《国风报》第1年第3号，见李开军编《陈三立年谱长编》中册，第648、678页。

③ 板框高31.6公分，宽19.3公分，比今日大16开本还长3公分，开本极为宽大，木刻大字印刷，请郑孝胥题署。国内多家图书馆有藏本，可见当年印数不少。花这么大工本，当不仅仅是为记载传主的行略、事迹、政绩，应还有其他原因。另外《行状》中不提梁启超、谭嗣同在湖南维新运动中的作为，亦可见其心迹。1909年，熊希龄奏请昭雪开复陈宝箴，致电时在南京的陈三立，请陈三立将陈宝箴行状寄给他。熊希龄电文与奏文见周秋光编《熊希龄集》第1册，第493、610页。

20 世纪 80 年代,陈三立的内侄俞大纲出版《寥音阁诗话》,第十二条揭示陈三立《先府君行状》的写作意图,是要为世人目陈氏父子为康党而辩诬:

> 散原先生撰《先府君行状》,备述右铭公抚湘布行新政之效,及戊戌获罪之由,特书右铭公未尝与康梁辈通声气,其言曰"府君独知时变所当为而已,不复较孰为新旧,尤无所谓新党旧党之见",此先生寄范伯子诗所称"若论新旧转茫然"也。世人每目先生父子为"戊戌党人",实则先生父子在湖南倡导新政,但主设施,盖欲兴工矿以植国本,施教育以培民本,故有矿务局、时务学堂、湘报馆、南学会、武备学堂、制造公司之设置,其于改制变法,虽未尝不措意及之,然深悉积重之势,非朝夕所可更张。至康梁辈则以危言激行,邀信时主,致身中枢,欲以数纸诏书,一夕顿致中国于富强,虽其心迹可原,而事必败覆,要非先生父子所心许也。……可知先生不直康梁,亦未尝以戊戌党人自居,此读先生诗及治近世史者所不可不知者也。①

这个说法对解读陈三立《先府君行状》有启迪意义,但由此申论陈氏父子的政治分野,表明陈氏父子与康梁不通声气,不认可康梁,则难于采信,与这方面的材料不合。在戊戌变法运动这场历史大风浪中,陈氏父子的政治分野到底是属于新党还是旧党?抑或不新不旧、亦新亦旧之间,尚须史家根据现有材料和进一步挖掘史料予以默证深探。

学术界最早论述湖南维新运动和陈宝箴的是梁启超。1898 年底至 1899 年初,梁启超陆续撰成《戊戌政变记》,在附录中即有《湖南广东情形》一节。在这一节中,梁启超对维新前后的湖南士风,南学会、时务学堂以及保卫局等一些重要的维新事件做了回顾论述。此后,国内对湖南维新运动和陈宝箴的关注基本空白。② 到 20 世纪 80 年代解冻后,对陈宝箴还不敢正面肯定,"史观派"史学称他为地主阶级中的开明官僚,在有限度地肯定他支持湖南维新运动的同时,又留下了保守、忠君的尾巴。且研究成果不多,只有汤志钧《戊戌变法人物传稿·陈宝箴传》(1982 年)、王栻《维新运动》(1986 年)两书和谢冰《戊戌变法时期的湖南巡抚陈宝箴》(1982 年)、朱洪斌《谈谈陈宝箴在维新变法运

---

① 俞大纲《俞大纲全集·诗文诗话卷》,第 162 页。

② 海外则有黄彰健《戊戌变法史研究》(1970 年)、费正清《剑桥中国晚清史》(1978 年)率先辟专章介绍湖南维新运动。

动中的作用》(1986年)等寥寥数文,其中以汤志钧的研究成果较为突出。

汤志钧认为“戊戌变法运动是康有为等资产阶级改良派领导和发动的。康有为等在戊戌变法时期所制成的一整套理论体系,属于改良主义性质”,[①]在很长一段时期中,这是“史观派”史学研究维新运动的一般理论模式。其对陈宝箴的评价结论为:“梁启超《戊戌政变记》湖南广东情形曰:‘自甲午之役以后,湖南学政以新学课士,于是风气渐开……及陈宝箴为巡抚,其子陈三立佐之,黄遵宪为按察使,江标任满,徐仁铸继之为学政,聘梁启超为时务学堂总教习,与本省绅士谭嗣同、熊希龄等相应和,专以提倡实学,唤起士论,完成地方自治政体为主义。……湖南新政,时为全国各省之冠……于各省督抚中,实为推行新政最力之一员。湖南新政之得以实施,宝箴自有其业迹……然而宝箴虽汲引维新派讲求改革,然于维新派民权平等之说尚未苟同,亦自称与张之洞“不谋而合”……宝箴于湖南封建势力群起环伺,狂肆溃坏之际,犹能布新除旧,则亦封建官僚之佼佼者矣。’”[②]

在20世纪80年代初,汤先生这个结论尚属公允平正,它肯定了陈宝箴领导湖南维新运动的功绩。但仍把他与康有为切割,归于张之洞一派,最不敢摘的是“封建官僚”的帽子。正是这些“穿靴戴帽”的历史人物评价模式和镇压太平天国的判词,使陈宝箴至今在一般行政干部和老辈学人中仍有腹诽歧议,20世纪五六十年代也使故里宗亲底气不足。[③]

1990年代,学界对戊戌变法的研究日益高涨,但对早于比戊戌政变出现、与戊戌政变都是当时很有影响的湖南新政的关注研究仍显滞后。

至1990年代末和进入21世纪后,这种状况终于有了改变。在研究专著方面,先后出现了丁平一《湖湘文化传统与湖南维新运动》、尹飞舟《湖南维新运动研究》、刘梦溪《陈宝箴和湖南新政》、茅海建《戊戌变法的另面——“张之洞档案”阅读笔记》等代表作。论文代表作则有茅海建《张之洞与陈宝箴及湖南维新运动》、孔祥吉《读书与考证——以陈宝箴保荐康有为免试特科事为例》、马勇《近代中国启蒙者的悲剧——以湖南时务学堂为中心的探讨》、郑海麟《陈、黄之湖南新政试析》、塔丽婷《陈宝箴与湖南维新变法》等。这些专著与论文,既大大开阔了视野,提出了许多精辟的见解,又挖掘提供了令人耳目一新的材料,推进了陈宝箴研究的进展。

---

① 汤志钧《戊戌变法史》,人民出版社1984年版,第447页。

② 汤志钧《戊戌变法人物传稿(增订本)》,中华书局1982年版,第402页。

③ 笔者2005年去湘东平江金坪调查陈宝箴母亲茔墓时,有村民问,以前说墓主人崇洋媚外,怎么今天又说他是对中华民族有功之人?

史学界在“史观派”“史料派”消长起落的学术宗向中，对洋务运动、维新运动的历史意义有了新的认识，观念有所改变，给陈宝箴和湖南新政带来新的评价，把他升格为声名较佳的维新派，但仍定为维新派中主张渐进改革即“第三条路线”的代表，以与激进的康梁划清界限。

至于陈宝箴与张之洞的关系，近年来亦有研究者指出，陈宝箴虽然认同张之洞的“中体西用”思想体系，但政治品格还是有所不同的。光绪二十四年八月十八日，宝箴在戊戌政变已经发生、自己朝不保夕的势态下，犹致电荣禄，示以尊主（光绪帝）庇民、主持大局之意。在这一点上，陈宝箴再次表现出古大臣的气节，比张之洞彻底依附慈禧更显风骨。在维新运动中，陈宝箴是推行新政最力的官吏，被视为“新政重臣”，梁启超曾称赞“观于湖南之事，乃知陈宝箴、黄遵宪等之见识，远过李鸿章、张之洞万万矣”。[①] 梁启超的评价是有道理的，陈宝箴超越张之洞之处，在于他更能接受维新派的一些思想主张，更多地推进维新事业。[②] 张之洞是他的顶头上司，许多新政建议都是他们联衔上奏的，可是张之洞于戊戌政变后，却能逢凶化吉，直上青云；而陈宝箴则运交华盖，穷困潦倒，病没山野。究其原因，其实也很简单。陈宝箴在巡抚任上推行新政、革除陋习时，没有像张之洞那样瞻前顾后，留有余地，两面讨好，奉迎慈禧，而是一往无前，锐意整顿，不计得失，故而酿成后来之灾祸。[③]

此外，“史观派”史学在意识形态的影响下，高抬谭嗣同、梁启超在湖南维新运动中的作用，认为谭、梁发起和领导了湖南维新运动。其实谭、梁光绪二十三年（1897）十月才从南京、上海入湘，当时湖南的近代工业企业已先后开办，《湘学报》已经成立，《湘学报》主笔是唐才常，时务学堂总理是熊希龄。只有《湘报》和南学会是在谭、梁抵湘后于1898年初春开办的。梁、谭主要是参与了1897年底和光绪二十四年四月前的活动。湖南新政无一不与陈宝箴的支持与参加有关，与江、黄、徐等大吏也大有关系。应该是湖南的文化教育、工业企业、政治形势等方面如火如荼的态势吸引了他们赶来参加这场已经轰动了全国的运动。将当时只有二三十岁的谭、梁置于领袖地位，是有失偏颇的。[④]

这一切，都受制于社会政治环境。早在1979年，即有署名戎笙的学者提出“评价历史人物应该实事求是”，反对以人划线，不能用“上边精神”代替学

---

① 梁启超《戊戌政变记》，中华书局1954年版，第143页。

② 见尹飞舟《湖南维新运动研究》，第199页。

③ 见孔祥吉《〈陈宝箴集〉序》，载汪叔子、张求会编《陈宝箴集》上册。

④ 见丁平一《湖湘文化传统与湖南维新运动》，第109页。

术科研。[①] 对于与湖南新政、戊戌变法命运息息相关的陈宝箴来说，只有当妨碍对这个历史人物作出客观公允评价的时代因素都已不复存在时，他的荣辱升沉，性质归属，才可以放在一个比较明朗的大背景下予以分析、论定。

十一、魂兮归来

光绪二十四年八月戊戌政变，陈宝箴被革职。九月十七日，交卸湘抚印篆、旗牌、文卷给新任湘抚(原布政使)俞廉三，并奏报朝廷。二十日，宝箴挈家离湘回江西故里，扶黄夫人灵柩而行。十月中旬到九江，因此前托人所租赁房屋未按期竣工而改变计划去南昌。十四日赁居南昌赐福巷彭氏新宅，黄夫人灵柩暂厝九莲寺。十一月，宝箴与俞廉三派出护送陈宝箴回里的谙熟堪舆的罗经德巡捕到南昌郊外西山山南——新建县望城乡青山村一带为下葬黄夫人相地。光绪二十五年四月，宝箴葬夫人于青山村，并建墓庐，以青山二字联属，名之曰“崝庐”，乡民称“陈公馆”，宝箴从南昌市内移居崝庐。

西山古称“散原山”，[②]为南昌风水、人文所系之地。[③] 它与省城隔江而峙，环绕于南昌市西，成为天然屏障。东南接奉新、高安诸山，北尽彭蠡，绵亘二三百里。峰岭磅礴起伏，山峦挺秀苍翠，山泉悬瀑不绝。自古为洞天仙境，高僧名衲栖隐之所，文人雅士遨游吟咏之场。陈宝箴“大乐其山水云物，岁时常留崝庐不忍去”。[④] “崝庐”名义上是墓庐，实为别业。建筑形式为两层砖木天井式结构，一进三重，两个天井，其面积规模比故里竹墩的“四觉草堂”“义学”还要大。陈宝箴自写门联“天恩与松菊，人境拟蓬瀛”以寄其志。室内墙上嵌一块“容膝”的碑刻，传为朱熹书写，取陶渊明《归去来辞》“倚南窗以寄傲，审容膝之易安”寓意。[⑤] 室外

---

① 见《新华文摘》编辑部《历史学论点选编(1978年底—1987年初)》，中国人民大学出版社1987年版，第1页。

② 关于“散原山”的得名与读音，高福生有很好的解释：“散原山”最早见于北魏时期的《水经注》。古代的西山是道教名山，魏晋南北朝的士大夫嗜服五石散，服后必须行走以散发药性(否则易中毒)，犹如饱食之人，需“散步”消食。所以，“散原”就是道士散步之原，“散”字须读去声sàn。见氏撰《四觉草堂、散原精舍、陈寅恪义音三札》，载《深圳特区报》2020年12月15日，第4版。

③ 有身份的官宦之家多以长眠西山为首选吉壤。故西山是陈家继义宁竹墩、平江金坪后的又一处家族墓地。计有宝箴夫妇墓，三畏夫人张氏墓，衡恪原配范孝嫦墓，继妻汪春绮墓，宝箴从孙荣恪、儒恪墓，罗亨奎夫妇、罗运陟夫妇亦葬此。

④ 陈三立《崝庐记》，载陈三立著，李开军校点《散原精舍诗文集(增订本)》中册，第857页。

⑤ 陈三立《题朱文公题字石刻并序》：“光绪初，扬州土人掘地得石刻一，中为擘窠书，曰容膝，末赘晦翁，盖朱子笔也。其乡李氏子携以贻先侍郎，崝庐落成，遂嵌诸壁。且谓容膝二文与庐同趣，有符宿谶，方欲纪其缘起，稍征跋咏，遽不及待。哀感有作。”陈三立著，李开军校点《散原精舍诗文集(增订本)》上册，第67—68页。后陈三立又请人绘《崝庐记图》嵌墙上。(转下页)

四围环以垣墙，杂植花木，[1]陈宝箴徜徉哦对其中，仿佛闲云野鹤，舒卷自由。他曾登上西山山脉的主峰"萧峰"，高咏"西山高处白云飞，绝顶苍茫入翠微。彭蠡连江烟漠漠，匡庐溅瀑雨霏霏。乘鸾仙子今何在？跨鹤王乔去不归。四望渺然人独立，天风为我洗尘衣"。[2] 此诗境界阔大，情怀旷达，是诗人经历了戊戌政变大劫难后依然独立不群的写照。这是目前存世的陈宝箴最后一首诗篇，为他波澜壮阔、抑扬顿挫的一生画上了圆满的句号。

光绪二十六年四月，三立移家南京。宝箴仍留崝庐，与三立约好秋季亦往江宁，讵料六月二十六日猝然辞尘。时三立人在江宁，闻凶耗奔还南昌，哭临治丧，先厝后葬。对于义宁陈氏来说，戊戌政变既是国难也是家难。先是光绪二十五年六七月之交，陈三立大病一场，[3]七月，陈宝箴侄女德龄将归义宁故里，临别大哭哀痛不止。十月，病殁于故里竹塅，年四十七。[4] 次年五月，陈宝箴长孙衡恪妻范孝嫦因产后染恶疾殁于江宁，年仅 25 岁。十月二十三日，三立回西山，葬父于母墓侧预先筑好的生圹，葬儿媳于崝庐附近之赵家塘（陈三畏夫人张氏 1902 年去世亦葬于赵家塘）。

从此，西山、墓庐、孤儿成为一组意象频繁出现在陈三立的诗作中。从 1901 年到 1919 年，陈三立每年的清明、冬至都从南京到南昌西山扫墓。1943 年，章士钊在成都撰《论近代诗家绝句》，吴宓在昆明撰《〈读散原精舍诗〉笔记》，两人不谋而合地认为散原老人崝庐谒墓之作，是《散原精舍诗》中隐含家世家国之痛最强烈的文字。

几十年后，又一次劫难降临这个家族，陈家在湖南平江的陈宝箴母亲李氏墓、修水故里的陈宝箴父亲陈伟琳墓、祖母谢氏墓以及在新建县西山的陈宝箴夫妇墓都在 20 世纪 50 年代大集体时期被挖掘毁坏。"崝庐"则于"土改"时，

（接上页）见陈三立《庐楼晴眺》自注，载陈三立著，李开军校点《散原精舍诗文集（增订本）》上册，第 310 页。

① "崝庐"的优美环境描述，见陈三立《崝庐记》，载陈三立著，李开军校点《散原精舍诗文集（增订本）》中册，第 858 页。

② 陈宝箴《登西山萧峰》，载刘经富编著《陈宝箴诗文笺注 · 年谱简编》，第 26 页。

③ 邹代钧《致汪康年函》："伯严于六七月之交，大病几死，近稍愈矣。昨得伊电，有'幸更生，将全愈'之语，当保无恙矣。此君生计颇难，奈何？"上海图书馆编《汪康年师友书札》第 3 册，第 2541 页。

④ 陈三立《大姊墓碣记》："既葬吾母，余复得病几死，姊又少留至七月始告归。将归，大哭连昼夜，别时，遍与家人相向哭，而持吾父裾拜哭尤绝哀不止，取道过吾母墓，又往哭焉。未三月，则吾姊以病死矣。姊病气逆累岁，来吾家稍久，病徐除，而归竟以死。其哭也，果为之兆邪？将非复向者之病而别有所大戚于心而死邪？"陈三立著，李开军校点《散原精舍诗文集（增订本）》中册，第 859 页。

分给当地四户乡民。这四户人家迁居其老宅基地时,将崝庐拆旧料运走。崝庐内的书籍字画,"土改"时被损毁。1981 年 11 月 29 日,陈隆恪之女陈小从专程到新建县望城公社青山街大队四小队扫墓,寻访到看墓人朱老人夫妇及其儿子,向他们调查了解毁墓情况。现存采访笔录,痛不忍睹。

陈宝箴夫妇墓地为风水地"金盆养鲤",是经过陈宝箴本人和另一位精通堪舆的行家选中的,其风水自有讲究。陈宝箴父子革职回籍时,从长沙带来一位陈姓墓工,精心营墓。购地和营造黄夫人墓耗银 8 000 两,[①]可以想见墓之壮观与墓场规模之大。墓前两只石狮子,与陈宝箴祖母谢氏墓的两只石狮子型制大小基本相同,墓前还有两根高大的石柱华表。

自 20 世纪八九十年代文化学术界兴起"陈寅恪热"后,陈宝箴在西山"崝庐"的最后岁月往事被越来越多的人关注,重建陈宝箴夫妇墓和崝庐的呼声不绝于耳。1993 年,江西省社科院主持举办了"陈宝箴、陈三立父子学术研讨会",重建陈墓成为莅会的陈氏宗亲与专家代表的一个话题,且与新建县有关部门进行了初步接触,该县提出购地一亩要价 50 万元,会后江西省社联曾向省政府呈文报告,迄无结果。2002 年,修水县的文化人曾有将陈宝箴墓迁回老家的动议,笔者为此曾与陈小从商讨过,以原墓地面目全非、遗物无存和陈宝箴其他后裔无人响应而罢辍。陈宝箴作为一代人杰,身后夫妇暴尸于野,狗啃鸟啄,此情此景,后死者情何以堪!如果不恢复坟茔以妥先灵,所谓敬陈研陈,有何意义?但现今望城乡青山村一带已纳入大南昌城建规划,路网纵横,层楼林立,[②]在原址重建墓、庐殊为牵强。且此地村民、士绅对陈氏家世家史、家族渊源脉络知之甚少、感受不深,征地选址将牵涉各方面的利益诉求,诸多掣肘。全面权衡,似以回归陈氏故里竹塅或黄夫人祖居地油塅为较好方案。

在陈宝箴 70 年的人生历程中,前 40 年在故里的经历永难磨灭,他从阡陌中崛起,出山后犹心系故园,未尝懈怠。在时迁世变、白云苍狗的年代,只有故里青山依旧,风俗仍存。因此,魂归故里,浩然如远游之还乡,是最好的归宿。雄伟阔大的眉毛山,盼展开怀抱,迎接在其陇亩中诞育成长的骄子还家安魂,含笑九泉。

---

① 朱德裳《义宁陈氏之清风亮节》指出"右铭为其夫人营墓至八千金",可能还包括修建崝庐的费用。

② 笔者 2005 年 12 月和 2021 年 4 月两次去实地调查察看的印象。

第六章　神州袖手人——陈三立

第一节　传薪佳子弟

一、故里留痕

陈三立于同治十一年(1872)20岁时走出山外,随祖母、母亲、伯父一家到长沙定居。他在故里20年的往事由于材料缺乏难以系统描述,只能勾勒一个简单轮廓。[①]

咸丰三年癸丑(1853)九月二十一日子时(半夜11—1点),陈三立出生于义宁故里竹塅祖居。[②] 初名成牧,后改名三英,复改名三立,[③]字号伯严,雅号散原。[④]

---

① 陈三立少年时期在老家时有一则表现他性情风骨的往事,他的次孙媳张梦庄(陈封怀的夫人)在陈三立去世后写的一篇悼念文章中提到:"他的性格生来即是刚强真硕的,终身正气凛然,邪恶不敢相犯。据说当他十三四岁时即好替人家打抱不平。从前家住江西修水乡间,每年有衙门里派的差人来民间收钱粮,那班差人们就常在民家勒索欺诈,无所不为,然而人民还得杀猪宰羊款待他们。祖父素来深恨那群狐假虎威的恶棍,于是有一次正值他们在一个贫苦的邻人家里捣乱时,便拿了一根门杠,带了几个家人,跑过去给了他们一顿毒打,撵了出去。幸而那些差人们误以为是官家子弟,遂抱头鼠窜而去。关于他这类扶弱锄强的快举,我们已听得很多。到老来,他仍旧保留着许多属于青年的特性。"栩影(张梦庄)《思祖翁散原老人》,载《宇宙风》第69期,1938年6月8日,第136页。

② 关于陈三立的生庚,《陈氏宗谱》的记载是最权威、最准确的。但《辞海》(1979年版)、《中国大百科全书·中国文学》、《中国近代史辞典》、《中国人名大辞典·历史人物》、《中华民国史辞典》、《中国历史大辞典》、《中国文学大辞典》、苏昌辽《清末四公子之一:陈散原》,均定于咸丰二年(1852),其源殆出于《辞海》"陈三立"条,不知何据。因《辞海》影响大,累研究者费劲考辨,再版时亟须更正。2020年第7版《辞海》终于改为咸丰三年(1853)。

③ 典出《左传·襄公二十四年》"太上有立德,其次有立功,其次有立言"。

④ 关于陈三立何时自号"散原"? 马卫中、董俊珏《陈三立年谱》(苏州大学出版社2010年版,第250页)谓陈三立在光绪二十六年(1900)陈宝箴去世后即自号"散原",依据是吴宗慈《陈三立传略》:"先生移家江宁,右铭中丞暂留西山崝庐,旋以微疾卒,先生于此,家国之痛益深矣。西山者,《水经注》作散原山,先生晚年自号散原,所以识隐痛也。"(《国史馆馆刊》创刊号) (转下页)

自陈三立曾祖父陈克绳四兄弟崇教重文、耕读并举之后，陈家已经成为一个半耕半读家族，子弟中多人习举业、求功名。在“秀者读，朴者耕”“秀者抱经，朴者负耒”的秩序中，子弟在经过初步的开蒙化育之后，便会产生耕读的分野、分工。陈三立具有家族几代积累的书香秉性，自然属于“读”的班行，放牛作田之类的事自不相干。但他出自山乡棚民，对村居农事也不会太陌生。所以有一则掌故说陈三立连韭菜、秧苗都分不清，那是名士行为，不能当真。[①]

据陈三立光绪二十七年（1901）所写《大姊墓碣表》：“（姊）与余同岁。生六岁，俱就邻塾读，佣者左右肩负入塾，及夕又共负以归……”[②]可知陈三立 6 岁发蒙。至同治二三年间，十一二岁时与七八岁的弟弟三畏在四觉草堂读书，老师为姻亲黄韵兰。其时李复亦在四觉草堂潜心深造，可能也给三立兄弟课读过。但陈三立在诗文中对其早年在故里的往事很少涉及，其乡试朱卷、会试朱卷始终没有发现，因此他读书应试的师承授受情况难以全面了解。

同治五六年间，陈三立十四五岁时开始参加县试，出入考场。“余年十四五，始出应州试……都试喧喧翘两童，倾襟结佩嗤子公。帘疏酌清颜颊红，君弥温理侔璜琮。师儒嗟异朋士从，小山连蜷嬉春风。形影绚瑛淑意同，其时天霞冠千峰。”[③]这个少年时在故里留下的记忆，伴随着他度过漫长的一生，以至于垂垂老矣之后，亦“寤寐时时有所谓儿时鸡鸣山者”。[④]

（接上页）但吴宗慈只是笼统概说，无具体年份。俞大纲《寥音阁诗话》第六条：“散原先生辛丑（1901）后构宅南京水西门头条巷，自榜其居曰散原别墅。右铭公褫职后，归隐散原山崝庐，没后即葬山麓，先生颜其金陵别墅为散原，志孝思也。”亦概言“辛丑后”，无具体年份，且“辛丑”似为“辛亥”之误。苏昌辽《清末四公子之一：陈散原》说 1907 年陈三立营建的宅第落成，陈三立名之“散原精舍”（《南京史志》1985 年第 2 期），李开军《陈三立年谱长编》中册第 925 页说陈三立营建的“散原别墅”1911 年才建成。但陈三立的诗集最早一版是宣统元年（1909）年底，伊立勋隶书题耑“散原精舍诗”字样，据此可以断定最迟在 1909 年陈三立已自号“散原”。参见本章第五节，第 290 页。

① 张慧剑说：“民国二十二三年，先生腰脚尚健，曾归金陵小住，有以轻车载之往游陵园者，出中山门，见道旁秧田成簇，丰腴翠美，先生顾而乐之，语其车中同伴曰：‘南京真是好地方，连韭菜也长得这样齐整！’（“齐整”为修水方言，漂亮之意。“整”音 dǎn）闻者大噱，以为先生故作谐语，而先主穆然，盖真‘不辨菽麦’也，其心地浑厚质朴如此。”张慧剑《辰子说林》“韭菜”条，上海书店出版社 1997 年版，第 19 页。

② 陈三立著，李开军校点《散原精舍诗文集（增订本）》中册，第 859 页。其就读的“邻塾”，不知是陈家自己的家塾还是邻近别姓所办的家塾？如果是家塾，虽然与陈家大屋有一段距离，但以 6 岁的孩童，用不着佣人接送。若是邻近别姓所办的家塾，根据竹塅周边各姓的距离与经济条件，没有适合的学堂。实际情况如何难于确指。

③ 陈三立《朱云翮墓志铭》，载陈三立著，李开军校点《散原精舍诗文集（增订本）》中册，第 829—830 页。

④ 按：鸡鸣山是义宁城郊的一处景点，有数里长的古街衢通向该山。山腰有鸡鸣寺，古寺毁于 20 世纪 60 年代初。古街衢毁于本世纪初疯狂的房地产运动。

在揣摩习练八股制艺四五年后，陈三立于同治十年(1871)19 岁时获得生员资格。[①] 在陈三立考取秀才之前，竹塅陈家已经产生了附生陈观瑶、廪生陈观礼、贡生陈三略、举人陈宝箴。陈宝箴两次会试入场均未成功，金榜题名的重任便落在儿子陈三立肩上。

二、乡试不写八股文却被录取

陈三立中秀才后，即向举人功名冲刺。但同治十二年[②]、光绪元年[③]、光绪五年[④]三次乡试都名落孙山。直至光绪八年壬午(1882)年届三十，第四次参加乡试才中式，成为江西这一科的第二十一名举人。[⑤]

关于陈三立这次乡试成功，陈三立孙女陈小从传出一个说法：祖父这次应试，考卷没有按照规定的八股文格式写作，而是用他自己平素所擅长的古文。据说这份卷子在初选时遭黜落，后被主考官陈宝琛发现，大加赞赏，于是破格予以录取，成就了一则慧眼识珠的佳话。[⑥]

据光绪八年壬午科《江西闱墨》，知江西这一科乡试的首场三篇试题是《子曰岁寒然后知松柏之后凋也》[⑦]《凡有血气者莫不尊亲》《夫苟好善则四海

---

① 义宁怀远陈姓光绪二十一年四修《陈氏宗谱》竹塅陈家这一支的《世系册》载三立于“同治十年辛未入州学”，陈三立晚年回忆他中秀才时间为同治十一年壬申，1932 年(壬申)作《庸庵同年届重游泮宫重宴鹿鸣之期……勉缀二绝博一笑》之二：“我亦壬申一秀才，梁髯掉首费疑猜梁节庵以监生得举，坚不信余曾列学官弟子员，谓必假充秀才也。”清代科举规制，童生须经县、府、院三级考试合格才能取得生员资格(俗称秀才)。院试为各省学政主持，三年两试。学政到任后的第一轮按试，先进行岁试，即考老秀才，再进行院试，考县、府试已合格的童生。然后又开始第二轮按试，先进行科试，即送乡试的预考，再考县、府试已合格的童生。时江西学政为李文田，同治九年八月一日到任，十二年离任。陈三立中秀才的这两个年份孰是孰非，暂难考定。遗憾的是，笔者收藏的一本《义宁怀远生员名册》止于同治八年，失去了一个重要依据。

② 见易顺鼎《寄陈大伯严三立南昌，时方应秋试》，载氏著《琴志楼诗集》上册，上海古籍出版社 2004 年版，第 2 页。

③ 见涂家杰《陈大伯严自镇筸归试南州奉赠二律》(诗略)。

④ 见陈三立《致廖树蘅书(二)》：“三立归试，拟在六月初旬。”《致廖树蘅书(三)》：“三立归试，即在数日内矣。文章不要平仄，或能与贵乡举人后先辉映，亦难豫知。”陈三立著，李开军校点《散原精舍诗文集(增订本)》下册，第 1157 页。

⑤ 笔者收藏陈三立举人匾一块，中书“文元”楷书大字，右边竖行小字：钦命大主考日讲起居注官翰林院□调学士□为翰林院编修黄□□□□□□□；左边小字：中式第二十一名举人陈三立。见刘经富编著《陈寅恪家族史料整理研究》下册，第 954 页图片。

⑥ 见陈小从《先祖散原老人轶事数则》，转引自宗九奇《陈三立传略》，载《江西文史资料选辑》1982 年第 3 期，第 114 页。

⑦ 徐一士：“陈弢老于壬午科放江西主试，学政洪文卿(钧)为监临，戊辰同年也。闱中论取士之法，洪曰：‘吾所取皆才华英发之士，所谓春风桃李也。’陈曰：‘吾所取者必为岁寒松柏。’遂以‘岁寒然后知松柏’一章命题。及填榜，洪举所识知名之士，另列一单。填至二十名，尚无一人，洪意不乐。陈曰：‘少须，此前列者犹岁寒松柏也。’至三十名后，单上之名累累如(转下页)

之内皆将轻千里而来告之以善》。《闱墨》收入了江西这一科 38 名举人 58 篇试卷。除解元黄英镇三篇都收入外，其余 37 人多数只收一篇，少数收两篇。陈三立收入的是《夫苟好善则四海之内皆将轻千里而来告之以善》。

八股文的格式要求，开篇只能用两句话“破题”。“破”就是“析”，既要准确地将题目一分为二，说出题目的两个方面，又要紧紧扣住题目的中心意思，摄全题之神理。“破题”类似于论文的中心论点，是后面论证的中心，围绕这个中心论点从正反、虚实、得失来对称排比论证之，最后得出结论。

“破题”之后是“承题”“起讲”，“起讲”以下是“起股”“中股”“后股”，是文章的主要部分。规范的八股文，“起股”“中股”“后股”每股又分两两相对的两小股，形式上类似于一副长联。在两小股中，有时也会句与句对仗，类似于律诗、骈赋的“当句对”。因此，从形式上给八股文分段落层次并不困难。

但陈三立的这篇试卷却难于划分“起股”“中股”“后股”，与规范的八股文对照，明显另类。《闱墨》所收试卷后都有批语。陈三立此文的批语是“浅深离合，深得古文家数，非养气读书者不办”，为我们解读陈三立写作此文的笔法渊源指明了途径。

由于陈三立另外两篇答卷没有找到，我们还不能确定他三篇答卷是否都用了古文笔法。不过有一点可以肯定，选入《闱墨》的卷子应是最好的。这篇佚文的发现，使我们可以基本确定上述那个出自陈小从“破格予以录取”的传说是可信的，也为索解为什么陈三立对只比自己长五岁的陈宝琛终身执弟子礼找到了文献依据。

陈三立这篇用古文笔法写作的乡试试卷，对解读陈三立的个性、性情，也有认知价值。作为科举时代的读书人，他肯定专攻过八股制艺，否则无法中秀才。卢前《八股文小史・弁言》云：“始余谒义宁陈伯严先生、归安朱古微先生于海上。两先生自言少时治举业，尝揣摩先太史《石寿山房制艺》，以为咸同大家无有逾于此者也。”[①]这条资料可证陈三立对八股文下过功夫，但乡试已三次落第，第四次仍敢于不按程式答卷，可见他对自己文章学识的自信自负。他的性格中具有矫然不群的定力和名士风范。文章，不写千人一面的时文；书法，不写欧董面目的“馆阁体”，以致三年后参加会试因书法不合程式被罚停一科殿试；写诗，忌熟忌俗。不过个人的力量终难抗衡体制的惯性，在他人生的重

(接上页)贯珠。陈笑曰：‘春风桃李来矣！’洪大笑，亦服其精识。”徐凌霄、徐一士《凌霄一士随笔》第 4 册，山西古籍出版社 1997 年版，第 1491 页。

① 卢前《卢前文史论稿》，中华书局 2006 年版，第 187 页。

要转折点上，他有幸遇到了一位识贤怜才的好主考，才使一篇已被摈弃的卷子刮垢磨光，破格录取。

三、会试不写“馆阁体”书法被罚留级

陈三立光绪八年中举后，于光绪九年癸未（1883）、十二年丙戌（1886）、十五年己丑（1889）三次进京考进士。蒋天枢《陈寅恪先生编年事辑》“前记”部分“光绪十二年丙戌条”云：“先生父三立成进士，授吏部主事。”蒋先生此说影响极大，此后“陈寅恪热”中出现的众多研陈著作和文章，涉及陈三立中进士时间，都沿引了蒋说。蒋先生在书中注明此说出自吴宗慈的《陈三立传略》，吴文的材料源于陈三立次子陈隆恪，[①]可见蒋说实出自陈隆恪。但陈三立逝世后，陈隆恪兄弟编辑的《散原精舍文集识语》却云其父“丙戌会试中式。是年未应殿试，己丑成进士，以主事分吏部行走”。[②] 著名的掌故家徐一士《谈陈三立》一文亦云陈三立“丙戌会试中式，是年未应殿试，己丑成进士”。[③] 这样，关于陈三立中进士的时间，就出现了光绪十二年丙戌科和光绪十五年己丑科两说并存的现象。

然而进一步考索文献资料，发现造成两说并存现象的肇始者不是别人，正是陈三立自己。在陈氏故里，保存着时间更早的两说并存的文物、文献资料：陈家大屋大门前至今矗立着一对“进士礅”，礅上有一行阴刻文字：光绪己丑年主政陈三立。而光绪二十年陈氏四修《宗谱》“陈三立”名下则载明“丙戌科进士”。光绪十五年陈三立雁塔题名，老家宗亲为陈三立竖进士旗杆时他曾回乡一次（时陈宝箴一家已定居长沙）。4 年后陈氏重修宗谱，由陈三立挂名任主修。因此，这两个中进士的年份都是得到陈三立首肯的。

《清史稿》卷一〇八《选举三》云：“三年大比，试诸生于直省，曰乡试，中式者为举人。次年试举人于京师，曰会试，中式者为贡士。天子亲策于廷，曰殿试，名第分一、二、三甲。一甲三人，曰状元、榜眼、探花，赐进士及第。二甲若干人，赐进士出身。三甲若干人，赐同进士出身。”[④]即会试中式者称贡士，殿试录取者称进士，这是标准的称呼。陈三立既然丙戌科未应殿试，何以能自称“丙戌科进士”并得到社会的认可？又是什么原因未应殿试

① 见陈隆恪致吴宗慈第二函，载陈隆恪著，张求会整理《同照阁诗集》，第 396 页。
② 陈三立著，李开军校点《散原精舍诗文集（增订本）》下册，第 1531 页。
③ 徐一士《一士类稿 · 谈陈三立》，载荣孟源、章伯锋主编《近代稗海》第 2 辑，四川人民出版社 1985 年版，第 141 页。
④ 赵尔巽等《清史稿》卷一〇八《选举三》，第 3147 页。

的呢?

搞清楚后一个疑问并不难。陈三立丙戌科之所以"未应殿试",是因为他担心自己书法不合格,没有参加会试之后、殿试之前的复试。① 清代会试规定,贡士在参加殿试之前,先要复试一次,要求用工楷答题。复试后次日派阅卷大臣内定为一、二、三、四等,列一、二、三等者准其殿试,列四等者罚停殿试一科。清道光以后,殿廷考试专尚书法,重字轻文。阅卷诸臣,仅留意有无触犯忌讳违悖程式,名次优劣,以卷面楷书是否"乌、方、光"定之,几乎成了书法大赛,至咸、同、光时期更成风气。

陈三立书法取法黄山谷,参以北碑,自写胸臆,与"馆阁体"面貌迥异。虽自视甚高,曾说自己"字第一,文第二,诗第三",但毕竟不合规定。3 年后,陈三立补考己丑科殿试,列三甲第四十五名(三甲按例多不得点翰林)。至此,我们可以看出陈三立"丙戌会试中式,是年未应殿试,己丑成进士"说比"丙戌科进士"说更为准确,只是未说明己丑是"补殿试"成进士,给后人留下了悬念。因此,对陈三立中进士时间表述最为准确的是其父陈宝箴,他在光绪二十二年五月《为陈三立蒙旨送部引见谢恩片》中说:"……臣子陈三立以光绪八年壬午科举人,会试中光绪十二年丙戌科贡士,于光绪十五年己丑科恭应殿试,以主事用,签分吏部考功司,即于是年请假回籍。兹乃仰蒙谕旨,送部引见……"②

贡士可以称为进士源于民间习俗。在科举时代,科举人才的多少,常被地方、家族作为衡量人文兴衰的标志。地方、家族以他们为荣,给他们以极高的礼遇和奖励。而作为科举人才中最高层次的进士,自然更受到人们的尊重膜拜。地方志著录补殿试的进士,绝大多数会把其会试年份作为进士录取年份著录。对终身未补殿试的"贡士",人们通常也把他们当作进士看待。甚至对会试未中式的举人,民间仍尊称为"礼部进士""岁进士"。这种根深蒂固的习俗影响很大。这就是陈三立既可循民俗称自己为丙戌科进士,又可按官方正式程序称自己为己丑科进士的"双轨制"社会背景。

---

① 这一科的复试是四月十二日发榜,十三日由考官率领,中式诸贡士诣午门谢恩,行三跪九叩首礼,十五日诸贡士于保和殿进行复试。二十一日举行殿试。见卜永祥、李林主编《科场·八股·世变——光绪十二年丙戌科进士群体研究》,中华书局(香港)2015 年版。

② 汪叔子、张求会整理《陈宝箴集》上册,第 194 页。陈三立这次参加会试,父亲陈宝箴做了细致周密的准备,从州、府、省的相关手续,到随行人员的配置,都亲自操办。随行人员中有轿夫、伙夫,反映出陈家当时的经济实力和倾全力支持子弟科举成功的家风。见刘经富《关于陈三立赴京会试的重要文献》,载《文献》2007 年第 3 期,第 189 页。

四、终于雁塔题名、荣归故里

陈三立光绪十五年（1889）赴京补殿试获隽，老家宗亲得此喜报，非常隆重地按当时科举礼制习俗在祖宅前为他营建进士旗杆礅，同时州城的怀远陈姓祠堂"光远祠"前也增加了一对进士旗杆礅。陈三立按家规于十一月荣归义宁故里。陈家嘉庆二十三年合族所立《分关》文书中有这样一条规定："名魁虎榜者及新进生员，三年之内必须回籍省墓……以为先人光宠。"[①]

陈三立进士旗杆礅（又称"进士礅"）用花岗岩条石砌成，这种厚重的条石方形底座的进士礅以笔者掌握的资料发现目前还是仅见的一对。旗杆石的目的、用途就是固定稳住高高直直的树干，进士功名比举人高一级，所以所竖旗杆比举人旗杆要高，树身更大，因此底座就要比举人旗杆石具更大承受力。笔者所见的进士旗杆石多是在举人旗杆石的基础上增加一座方形石墩或夯土墩，在礅上再立两块石板。陈三立进士旗杆礅这种形式或许是陈家的独创，花费这么大工本，显示出家族对金榜题名的荣耀无比看重（参见本书第二章第七节，第 84 页）。清代义宁州共产生 15 位进士，怀远都占了两位，且均为陈姓，即陈文凤与陈三立。所以陈三立能荣登龙虎榜，不仅是其家族的一件大事，也给全体怀远人带来了面子与话题。

陈三立这次回乡，写了《长沙还义宁杂诗》五律 24 首和一首七言歌行《鹭儿曲》。[②] 诗中留下了关于义宁的风景名胜、州城的市井风雅、茶业兴盛的史料。这是陈三立继光绪十年回乡之后最后一次回乡。此后他南北转徙，人生起落，与故乡渐行渐远。但正如土耳其诗人纳齐姆·希克梅特的名言"人的一生中有两样东西最难忘：母亲的面孔和故乡的面孔"所说的那样，故乡在陈三立的心中仍占有相当的位置。1925 年，在浙江省海关做秘书工作的同乡后辈龚循哲拜访他时，他书写了南宋诗人陈造的一首诗"桑条麦垄接比邻，社酒家炊丐路人。风俗尚如他日否？凭谁细问故园春"赠给龚循哲，表达了他怀念故乡的心声。

五、婚姻、家庭

陈三立原配罗氏，咸丰五年乙卯（1855）十一月初二日生，义宁州邻县武宁

---

① 刘经富编著《陈寅恪家族史料整理研究》下册，第 819 页。

② 见陈三立著，刘经富主编，潘益民、李开军辑注《散原精舍诗文集补编》，江西人民出版社 2007 年版，第 50—54 页。

北乡洋井里人。父亲罗亨奎，是陈宝箴的乡试同年。罗氏同治十二年（1873）四月19岁时与陈三立喜结连理，时陈三立21岁。[①] 陈三立《故妻罗孺人状》：“孺人姓罗氏，居武宁之洋井里……年十九，外舅知酉阳州，赘余于官。”[②]

陈、罗婚后夫妻恩爱，罗氏生子三：长衡恪；次不育；三同良（约两岁时殇）。不料罗氏染疾，于光绪六年（1880）十月，病逝于随陈宝箴赴河南河北道任职途中的安徽颍上县溜犊湾，得年二十六。陈三立异常悲痛，写了多篇哭悼诗文，又请朋僚撰墓铭跋语，汇编成《寓无竟室悼亡草》一册，于光绪七年春刻印。

罗氏亦能吟诗，陈三立《再哭罗孺人绝句十六首》之四：“苦忆千春斗酒卮，洞房香暖笑花枝。珠帘银烛浑如梦，惆怅深宵却扇词（自注：癸酉春，余迎亲酉阳州。定情之夕，卿答余诗有‘深宵瞥见无多语，各自低头看烛花’之句）。”[③]其弟运崃、运陟，均有才干。

罗氏去世后，来陈家提亲的人踵门不绝，“或夸咏絮之才，或述如花之貌。而右丈之意，不惟为子择媳妇，兼欲为己择亲家。伯严之意，不惟欲外舅必雅，亦欲妻弟俱美”，实际上是要找门当户对的书香礼义人家。知交杜俞热心张罗物色，从武陟寄函给廖树蘅，请他打探安化诗人王村农之妹情况，听说此女“见解之高、胸次之远、读书之多、性情之淑”，虽然年近三十，但与陈三立差堪匹配。廖树蘅回信语焉不详，说此女不是王村农之妹而是王村农之女，对此女的性情才德也不予介绍。杜俞很是尴尬，回信把廖树蘅说了一顿，并告知廖树蘅“右丈所重在性情之淑，以上事垂老之舅姑，下抚无母之婴稚，断非性情坚僻者所能安也。伯严则有无穷奢望，然亦岂能满其无当之欲。但求见解胸次读书三件，如弟所言，斯亦足矣。以彼两意，合此四美，则任兄为之。不然，伯严将于秋尽还长沙，再为商定”。[④]

---

① 罗亨奎为涂家杰父亲写的墓志铭说自己从咸丰四年避寇乱到桃里，在陈宝箴、涂家杰家居止，咸丰五年、六年两载“恒以寇警去留，食宿辄数月”，时罗亨奎夫人、父母、内兄俱来，故其长女（五姊妹中老大）有可能出生在陈家或涂家，一岁多带回武宁。

② 陈三立著，李开军校点《散原精舍诗文集（增订本）》中册，第759—760页。按：陈三立《故妻罗孺人状》云“赘余于官”和《继妻俞淑人墓志铭》云“于是试后就赘焉”，使后人产生入赘罗家、俞家的误解。所谓“入赘”，俗谓“招亲”，即“倒插门姑爷”，陈三立显然没有“倒插门”，更不可能“倒插门”两次。民间婚俗，男方至女方迎亲来男方家里举办婚礼。陈三立远赴四川酉阳罗府迎亲，遂由罗家长辈主持婚礼，故称“赘余于官”，此后光绪八年的“就婚”俞家，情况相似，均非指入赘女方家。参见宋雪春《〈宋史·礼志〉勘误一则》一文中披露的关于“赘婿”风俗来由、地位低下的史料，载《书品》2013年第2期，第127页。

③ 陈三立著，李开军校点《散原精舍诗文集（增订本）》下册，第1507页。

④ 杜俞致廖树蘅三函，载廖树蘅等著，廖志敏、李开军整理《珠泉草庐师友录》，凤凰出版社2016年版，第136—139页。

旧时礼教,父母离世有三年丧期,妻子离世有一年丧期。光绪八年,陈三立为应乡试,提前于四月从武陵回到长沙。时在湖南署理沅州知府、安家长沙的故交、江西萍乡人李有棻热心做月老,其妻俞镜秋盛称其堂妹俞明诗之贤,于是天缘作合,订秦晋之好,时陈三立 30 岁,俞明诗 18 岁。[①] 十月,陈三立乡试结束后从南昌回到长沙,当时父母远在武陵,婚礼遂在俞家举办。直到陈宝箴罢浙江按察使职,回长沙居住,新媳妇才第一次见到公婆。俞明诗作为陈家媳妇,深得翁姑喜爱,认为她通文字,习礼仪,明大谊,淡雅朴素、摈弃浮饰。

俞氏的家世、兄弟才德,基本符合陈家的结亲要求。其父俞文葆,原籍浙江山阴(今绍兴县),咸丰元年(1851)举人,因在顺天参加的乡试,遂著籍直隶宛平县,故俞家有时又称宛平人。俞文葆中举后,一直在湖南兴宁(今资兴县)、东安(今衡阳市属)做知县,因长期在湖南做官,故在长沙安家。娶妻梁氏。有子女四人:长子俞明震(1860—1918),字恪士,监生,光绪十四年顺天乡试中举,十六年中进士,选庶吉士,授刑部主事,后任江南陆师学堂总办;次子俞明观(1862—1897),字用宾,监生,先在陈宝箴的巡抚衙门管钱粮,以勤勉见称,陈宝箴保荐其任湖南洪江县知县,36 岁时病卒;女俞明诗(1865—1923),字麟洲;三子俞明颐(1868—1937),字寿臣,1904 年前后曾任湖南学政。传说俞寿臣因赋《咏严子陵钓台》诗中有"汉宫无处钓斜阳"句,得到湘乡曾府的赏识,被招为东床,娶曾国藩孙女曾广珊为妻。

俞氏生子四:隆恪、寅恪、方恪、登恪;生女三:康晦(适合肥张宗义)、新午(适山阴俞大维)、安醴(适四川薛琛锡[珍伯])。

俞氏年轻时雅好弹琴,室名"神雪馆"(神雪是传说中仙人的琴名),家里曾有唐宋琴二,明潞王琴三。[②] 陈三立诗作中,有《闺中听弹琴》五古一首,作于光绪八年新婚后居住蜕园时,[③]后来在南京亦作《神雪馆听琴》七绝二首。《觚庵园红梅盛开戏占绝句》自注亦云"往岁兹园发花,孺人尝倚楼鼓琴数操"。[④]

俞氏写有《神雪馆诗》一卷,已佚。[⑤] 现搜得其遗作 12 首,全部予以移录。从这些网外珊瑚、遗珠沉玉中,可以窥见作者的诗才功力。

---

① 见陈三立《继妻俞淑人墓志铭》:"归应乡试,道长沙,故人李太守有棻之妻,淑人之从姊也,李传其妻之言曰:'公子诚续图娶者,无如吾妹贤。'力媒合。"陈三立著,李开军校点《散原精舍诗文集(增订本)》下册,第 1023 页。

② 见陈方恪著,潘益民辑注《陈方恪诗词集》,江西人民出版社 2007 年版,第 8 页。

③ 见陈三立著,刘经富主编,潘益民、李开军辑注《散原精舍诗文集补编》,第 17 页。

④ 陈三立著,李开军校点《散原精舍诗文集(增订本)》上册,第 130、402 页。

⑤ 据陈小从回忆,祖母的诗稿由新午姑带往台湾,后不知去向。

庚戌寒食病中作

病中忘却是春时，开过辛夷了不知。强起如烟疑化柳，未眠有梦欲成丝。
年年药碗违寒食，夜夜残灯隔酒卮。雪外园林花满眼，纵能临赏已空枝。①

晓　起

卷帘看燕子，池水腻如罗。草色花朝雨，箫声子夜歌。
晓寒因雾重，春恨为谁多。抛绣倚亭石，微吟带薜萝。②

和次云女士山居杂咏

钟声摇落万山颠，残醉模糊欲曙天。怪杀小鬟呼不醒，竹篱门外雨如烟。
登楼携得一枝箫，曙色含山浅欲描。几点残星数株柳，行人扶梦过平桥。
松杉蓊郁小窗幽，午梦初回懒下楼。检点茶铛无箇事，一双新燕落帘钩。
隔篱烟雨望中迷，然竹人家住水西。闲倚小阑数残菊，晓云如縠一声鸡。
一声清磬掩柴扉，若有人兮住翠微。惆怅西风去年事，满庭梧叶雁初飞。③

春　晓　曲

露华嵌空缀晓华，梦痕深浅回天涯。旭影憧憧射帘幕，凉云如水烟如纱。
愁多自觉红鸳重，枕边闲却钗头凤。楼角薰丝避细风，莺飞草长春无缝。④

秋　夜　曲

银缸灯尽秋芙冷，罗衾压梦风初紧。帘栊暗湿露如丝，月色碧晕横塘影。
儿时姊妹拜双星，背向花台私捉萤。模糊旧事苦难记，玉琴寂寞湘山青。⑤

过大兄园林感赋

前岁梅开约举樽，来探犹忆笑迎门。而今凄绝音容渺，惟有空房杖履存。
旧事万端随日逝，新愁千叠向谁论。忍寒花下通宵坐，欲待魂归落月昏。⑥

俞氏于民国十二年（1923）六月去世，享年59岁。陈三立撰《继妻俞淑人墓志铭》，⑦又撰挽联："一生一死，天使残年枯涕泪；何聚何散，誓将同穴保湖山。"⑧

---

① 载《华国月刊》第1卷第5期"闺媛诗录"，1924年1月15日。
② 载《华国月刊》第1卷第5期"闺媛诗录"，1924年1月15日。
③ 载《华国月刊》第1卷第5期"闺媛诗录"，1924年1月15日。
④ 陈小从提供。
⑤ 陈小从提供。
⑥ 陈小从提供。
⑦ 见陈三立著，李开军校点《散原精舍诗文集（增订本）》下册，第1024页。
⑧ 陈三立著，李开军校点《散原精舍诗文集（增订本）》中册，第1226页。

第二节 融入荆湘士林中

作为赣产，陈三立与江右的文人士子联系自是深广。但他弱冠之年即到湖湘，嗣后又居武昌，以江西才子的声名，与荆湘才俊、四方英豪交游往来，胸襟识见气度自然不俗。

一、闲园时期

（一）与湖南青年才俊的交往

根据陈三立友朋唱和诗作、笔记、日记和掌故材料，知陈三立光绪初年与湖南的一班同辈才俊易顺鼎、杜云秋、翟孚侯、朱恢元、张伯纯、罗正钧、陈瀚、何璞元、陈伯弢、黄修原、赵芷荪、成克襄等来往非常密切，成为他一生丰富复杂人事关系的一个圈子，也是陈氏父子立足湖南的重要依靠力量。后来在陈宝箴领导湖南新政时，部分友朋成为新政的班底人才。

同治十一年（1872）上半年某月，陈宝箴一家从义宁老家迁居长沙，租赁关祠右侧的“闲园”。[①] 同年十一月，易佩绅在长沙西城内之孙家桥（亦称培元桥，在今长沙市开福区）建成宅第，宅有楼可以眺望，湘江远近诸山皆历历在目，以其包涵一切，名曰函楼（光绪七年（1871）后因于故里建家庙及新宅，长沙之宅遂售他人。函楼之名遂移于故里新宅之南楼）。因此陈三立侨居长沙交往的第一位湖南才俊是比他小 5 岁的易顺鼎。[②] 这一方面是由于世交关系，两人的父亲曾是一条战壕里的战友，[③]一方面是由于两人性情相近，惺惺相惜。

---

① “闲园”房主为何人不详。关于闲园的材料罕见。郭嵩焘有一首《桂太守超万招饮闲园》诗，时间在陈宝箴候补湖南之前，见杨坚点校《郭嵩焘诗文集》，第 612 页。

② 易顺鼎（1858—1920），字实甫，号哭盦，室名琴志楼。湖南龙阳（今常德）人。光绪元年（1875）中举，六年（1880）第三次会试落第，纳赀得刑部山西司郎中。后任河南候补道、广东道员，民国后任印铸局秘书等职。著有《琴志楼诗集》。夏敬观《学山诗话》：“长沙袁叔舆（绪钦）《酬伯严兼柬实甫》诗……注云：‘伯严初居长沙闲园，予与实甫居培芝书屋。宅中有楼曰憩云楼，亦曰函楼。时伯严年二十一，予年二十，实甫年十六。’此诗载在陈伯弢（锐）《门存诗录》。三人者，皆少年已有盛名。伯严居闲园时，其父右铭中丞，尚系以知府需次湖南也。函楼则实甫父笏山方伯宅。伯弢又有《褒碧斋杂记》，尝忆中有一则云：汪穰卿似龙国太，文芸阁似屠户，陈伯严似尼姑，江建霞似理发师，袁叔舆似成衣匠。少年意气，同人互有品题。细思之，身份都略有相似，亦谑而虐也。”张寅彭主编《民国诗话丛编》第 3 册，第 69—70 页。

③ 陈宝箴、易佩绅、罗亨奎于咸丰九年、十年间结成“三君子”友谊，陈宝箴服官湖南后，同治十年、十一年间，陈、易均在营务处，办理湘军援黔事务，两人再度合作，此后易、陈关系渐渐平淡。光绪二年三月易佩绅离开湖南，署理贵东道，六年十二月奉旨补授贵州按察使，（转下页）

在陈、易的诗集中，两人唱酬之作非常多。戊戌变法后，陈三立挈家定居南京。此时人过中年，与易顺鼎交往渐疏，但青年时期结成的情谊仍有积淀。1920 年易顺鼎去世，陈三立写了《祭易实甫文》。①

光绪三年（1877）初，陈宝箴聘请湘中名绅廖树蘅教读次子三畏、侄子三厚、侄女婿黄韵桐（黼丞）。陈三立通过廖树蘅，结识了湘乡县名秀才杜俞。②杜俞是湘乡著名的“东山十子”的领军人物，陈三立遂因此又结识了东山十子的其他几位成员如朱应庚（恢元）、陈瀚（子峻）、张通典（伯纯）诸人。此外，光绪三年九月，宁乡名士隆观易拟游秦陇，假道长沙，过宿其友廖树蘅家中，陈宝箴曾邀请隆观易、杜俞等人集饮于其家闲园，③隆观易从长沙出发时，陈三立和杜俞等人“徒步送之驿步门外”。④

光绪五年（1879）八月，湖南学政朱逌然（肯甫）及郭嵩焘等将道光十一年（1831）湖南巡抚吴荣光初创于岳麓书院内的湘水校经堂重建于城南书院内，挑选 20 位高才生入学深造，“东山十子”的杜俞、朱应庚等人入选。朱应庚之子朱杞《先府君事略》：

> 府君二十一补县学附生，食廪饩，与同里杜俞元穆、黄煦海霞、陈瀚子俊［峻］讲学邑之东台山，时所称东山十子者也。余姚朱逌然肯夫督学湖南，创湘水校经堂，选高才生二十位入学治学，府君与杜元穆及黔阳黄忠浩泽生、宁乡成克襄赞君、湘潭胡元仪子威、衡山陈嘉言梅生、衡阳何承道璞元等预焉。同时文酒之会有石门阎镇珩季蓉、湘潭罗正钧顺循、义宁陈三立伯严，互求所以修身持己之道……⑤

（接上页）八年十一月奉旨补授山西布政使，九年十二月奉旨调补四川布政使，十一年十二月奉旨调补江苏布政使。光绪十三年易佩绅曾有一函致陈宝箴，谈郑州河工事，以后别无书翰。不过陈三立对易佩绅始终执世侄礼甚恭。光绪十六年（1890）易顺鼎营建庐山匡山草堂，又在九江城东筑琴心楼，奉养老父，易佩绅从此定居九江，直至 1906 年去世。陈三立从 1901 年到 1905 年每到九江都会去谒见壶天遁叟易佩绅。

① 见陈三立著，李开军校点《散原精舍诗文集（增订本）》下册，第 985 页。

② 杜俞（1854—1916），字云秋，又字元穆，自号黄陵外史。湘乡（今双峰）名秀才，曾就读校经堂。擅文学，喜言经世方略，入陈宝箴幕，积功官至江苏候补道，光绪二十四年六月，陈宝箴密荐京外贤能 17 名，第九名为杜俞（汪叔子、张求会编《陈宝箴集》上册，第 807 页）。宣统三年（1911），杜俞简任湖南布政使，未履任而清亡。辛亥革命他支持孙中山，后任民国参议院议员，逝于北京。著有《采菽堂诗抄》《采菽堂书牍》《黄陵诗抄》《黄陵书牍》《元穆文钞》《元穆日记》，汇刻为《海岳轩丛刻》17 卷。这些著作中涉及陈宝箴、陈三立父子处颇多。

③ 见廖树蘅《陈观察宝箴招同张福荄发浚、隆无誉经、杜云秋俞、张伯纯通典集饮闲园》，载氏著，廖志敏整理《廖树蘅诗文集》，第 31 页。

④ 见廖树蘅《罘罳山人隆君哀辞》，载徐凌霄、徐一士《凌霄一士随笔》，第 1984 页。

⑤ 朱应庚《菊坡文存》卷二附录，民国十年（1921）刊印。

陈三立因此与成克襄、胡元仪、陈嘉言、何承道、罗正钧结识，与何承道、罗正钧的关系尤其长久、紧密。

光绪六年七月，陈三立将随父“移官河北”，包括杜俞在内的 14 位友人置酒长沙城北之豫园。朱应庚撰文记叙这次盛会：“伯严居长沙近十年，先后所交多倜傥非常之士……今与于此会者亦已若此，可见伯严之贤。与其所以得友矣。”①

语云“观人拟其伦”，从这班才俊身上可以映照陈三立青年时期意气飞扬的精神面貌。他在《故妻罗孺人状》中忆及夫妻相处的情况，也能使我们略窥陈三立的性格：

> 余尝醉后感时事，讥议得失辄自负，诋诸公贵人，自以才识当出诸公贵人上。入辄与孺人言之，孺人愀然曰：“有务为大言对妻子者耶？”余为面惭不能答。然酒酣耳热，中郁发愤复不禁，往往为孺人言之也。②

陈三立年轻时的狷介与自负，从这段回忆中可见一斑。

（二）与湖南名流耆宿的交往

陈三立在与青年才俊深相结纳的同时，也向名流耆宿执弟子礼，这方面最突出的人物是郭嵩焘。罗正钧曾称赞郭嵩焘的隆望对湖湘晚辈的吸引力：

> 湘阴郭养知侍郎以硕儒家居会垣，奖掖后进，有经师人师之望，四方人士至者，必哀录所业，冀得一言为重，造谒请益无虚日。独庶三（喻兆蕃）与余暨义宁陈君伯严，寂寞相过，未敢随俗以为进退也。③

陈三立青年时从郭嵩焘游，正如他本人日后所追忆的：“绮岁游湖湘，郭公牖我最。其学洞中外，孤愤屏一世。先觉昭群伦，肫怀领后辈。……”④郭嵩焘作为湖湘文化代表人物，对时局有着清醒而深刻的认识，陈三立经常和他探讨国事与诗文，受其影响甚深。郭嵩焘多次在日记中称赞陈三立学养深厚，古文造诣精微。郭嵩焘晚年定居长沙，陈氏父子成为他的知己，陈三立经常拜访他，相

---

① 朱应庚《菊坡文存》卷二附录。

② 陈三立著，李开军校点《散原精舍诗文集（增订本）》中册，第 760 页。

③ 罗正钧《喻母李宜人七十寿叙》，转引自李开军《陈三立年谱长编》上册，第 200 页。

④ 陈三立《留别墅遣怀》组诗之六，载陈三立著，李开军校点《散原精舍诗文集（增订本）》上册，第 436 页。

谈甚为融洽。陈三立在《郭侍郎〈荔湾话别图〉跋》中，表达了对郭嵩焘治国才干的推崇，也表达了对郭氏不容于世的惋惜与痛心。[①] 1913 年，陈三立在《〈庸盦尚书奏议〉序》中回忆：

> 往者三立从湘阴郭筠仙侍郎游，侍郎以为中国侈行新政，尚非其人非其时，辄引青城道人所称"为国致太平与养生求不死，皆非常人所能，且当守国使不乱，以待奇才之出，卫生使不夭，以须异人之至"。郑重低徊，以寄其意，侍郎世所目为通中外之略者也，其所守如此。时少年盛气，颇忽而不察，今而知老成瞻言百里，验若蓍蔡，为不可易。[②]

足见三立对郭氏思想的推崇。经历了几十年的风霜，日渐老成的陈三立目睹时代的沧桑巨变，更加钦服于郭嵩焘的洞幽烛微。

二、蜕园时期

光绪六年（1880）七月底，陈宝箴挈家赴河南河北道职，陈三立随侍治所武陟一年多，光绪八年四月因乡试回到长沙，仍居闲园。光绪九年九月，陈宝箴从浙江按察使任上卸职挈家回到长沙，赁居蜕园，[③]一直住到光绪十七年二月（陈宝箴已于十六年十一月底赴武昌任湖北按察使职）。这一时期原先结识的那班湖南才俊仍然是走得最近的，从陈三立早年诗作、信札可以勾勒出线索、情景。

在这六七年里，蜕园成为陈宝箴父子结交才士名流的场所。[④] 此时陈三立

---

① 见陈三立著，李开军校点《散原精舍诗文集（增订本）》下册，第 793 页。

② 陈三立著，李开军校点《散原精舍诗文集（增订本）》下册，第 884 页。

③ 蜕园为长沙著名风景名胜。现今通行说法，此园为湘军名将周达武（字梦熊，号渭臣）的别墅，但最早创建者为湘西保靖人、曾任浙江巡抚的胡兴仁（恕堂）。胡兴仁晚年退职后，寓居长沙，在西园大湾购地一片，精心营造成一处风景园林，并取唐朝进士刘蜕读书故地之义，命名"蜕园"。袁绪钦《湘社集序》："周氏之蜕园，唐时刘蜕尝为文冢，此其故宅也。保靖胡巡抚曾就其地辟治园林。廊馆修郁，澄波溶□，层台复道，高下隐伏，虹桥凌烟，飞度水际，舟过其下，靓渌阴翳，岸石环薄，文鸳锦鸭，飞鸣翔泳。"同治七年，胡兴仁将蜕园修葺一新（湖南人民出版社校点《郭嵩焘日记》第 2 卷，第 523 页）。胡家在胡兴仁同治十一年（1872）75 岁病逝后家道衰落。其后裔将蜕园出让给周达武。周达武接手后，进行了修治和扩建，蜕园遂成为一处面积达八十多亩的园林胜地。胡兴仁的蜕园故址即今长沙明德中学校址，周达武的蜕园即今周南中学校址。不知这两所中学是否毗邻？如果毗邻，则蜕园面积颇大，陈家只是赁居其中一栋宅第而已。参见陈先枢、金豫北编著《长沙地名古迹揽胜》"蜕园"条，中国文联出版社 2002 年版，第 182 页。

④ 廖树蘅自辑《纪年录》："光绪十三年，馆罗氏，时义宁父子居蜕园，相距甚近。罗顺循、曾觙庵、杜元穆、王伯亮、陈伯弢、文道希常至陈宅，文酒之会，几无虚日。每会必驰函相召，（转下页）

已于光绪八年中举,十二年会试成贡士,十五年补殿试成进士。身份上了一个层次,交游的人物更多,圈子更大。

光绪八年四月陈三立从河南武陟归长沙后,与郭嵩焘的关系已今非昔比,从众多的后学晚辈中脱颖而出,与罗正钧(顺循)、陈瀚(子峻)、曾广钧(重伯)等成为玉池书屋的座上宾,并书函往复不辍,《郭嵩焘日记》中不绝于书。

王闿运是与王先谦二王并称的湘中大儒,陈三立居蜕园后,与二王亦常酬酢往还。陈三立第一次出现在王闿运《湘绮楼日记》中是光绪八年五月初三日,王闿运过访陈三立及其他数人。[①] 十月初三日录《申报》刊载江西乡试中式名单,陈三立中式,[②]光绪十三年五月十四日记:"昨推陈锐于左(宗棠),关书系余手定,而陈三立为请益,能益几何? 使鄙夫轻士,深悔为居间也。"[③]此后记录颇多,直至光绪二十一年三月止。

王先谦与陈宝箴父子的关系肇自同治八年(1869),该年四月陈三立未来的岳父罗亨奎自四川归省武宁,与王先谦同舟南下,王作《由成都赴长沙舟中五首》《舟行同罗亨奎惺四》《送别惺四觐省归武宁》。[④] 光绪十年春,陈宝箴父子在长沙与郭嵩焘、瞿鸿禨、涂宗瀛、王先谦、朱克敬、袁绪钦等时相过从。十一年到十四年,因参加碧湖雅集,与王先谦见面日多。

陈三立与王先谦直接往来虽然没有像郭嵩焘、王闿运那样频繁,但同在一座城市的文人士夫圈子里,间接交集通闻亦复不少。

光绪十一年(1885)到光绪十四年,以王闿运、郭嵩焘为首,长沙的文人雅士组建了一个诗社。陈三立、曾广钧、曾履初、陈锐、罗正钧、寄禅和尚、文廷式等为诗社的羽翼。人员较为固定,有过多次雅集活动,地点是长沙碧浪湖开福寺,故名"碧湖诗社",为新人老辈交往搭起了一个平台。

郭嵩焘思想见识超迈时流,但诗歌创作稍逊一筹,而王闿运为当时一流诗人,是晚清汉魏六朝诗派(湖湘诗派)的领军人物。汪辟疆《光宣诗坛点将录》将其誉为"托塔天王晁盖",冠于晚清诗人之首。名满天下的王闿运显然对当

(接上页)性耽虚寂,不免攒眉,间托故辞之。"廖树蘅等著,廖志敏、李开军整理《珠泉草庐师友录》,第 34 页。陈家光绪十七年初离开蜕园后,易顺鼎兄弟于本年寓居蜕园,结社"湘社",参与诗社者先后 12 人,结集《湘社集》。袁绪钦在序中回忆"往者陈吏部居湘中,喜文好客,尊酒谈宴,月必间举,顾皆清言高睨,激扬意气,间有诗歌,未尝著录"。见陈松青《易佩绅易顺鼎父子合谱》,湖南师范大学出版社 2018 年版,第 346 页。

① 见王闿运著,马积高主编,吴容甫点校《湘绮楼日记》第 2 册,第 1108 页。

② 见王闿运著,马积高主编,吴容甫点校《湘绮楼日记》第 2 册,第 1148 页。

③ 王闿运著,马积高主编,吴容甫点校《湘绮楼日记》第 3 册,第 1380 页。

④ 见王先谦著,梅季标点《葵园四种 · 虚受堂诗存》,岳麓书社 1986 年版,第 426、429 页。

时的陈三立有极大影响，汪辟疆的描述便透露出了这样的信息：

> 至陈散原先生，则万口推为今之苏黄也。其诗流布最广，功力最深，有井水处多能诵之。盖散原早年习闻湘绮诗说，心窃慕之。颇欲力争汉魏，归于鲍、谢，惟自揣所至，不及湘绮，乃改辙以事苏、黄。①

汪辟疆所述，颇接近美国学者布鲁姆所提出的“影响的焦虑”理论，即凡文学史上欲有所建树的“强力诗人”必思改弦更张，另树新帜，不愿笼罩于前人的阴影之下。②

陈三立早期与湘中名士往还交游，增长了见闻，扩展了胸襟，诗文创作也上了一个台阶。相对于他日后的诗名大振，早年在湖南擅写文章的名气更大些。除了上文所举郭嵩焘的赞赏肯定外，尚有李肖聃赞赏陈三立“自弱岁名能古文，光绪元年序《鲁通甫集》，年才二十，文已斐然。其后为席宝田传及《先府君行状》，则充然大篇”。③ 陈隆恪兄弟《〈散原精舍文集〉识语》亦谓“先君壮岁所为文，多与湘阴郭筠仙侍郎、湘潭罗顺循提学正钧辈往复商榷，故去取独谨”。④

陈三立光绪六年（1880）七月赴武陟前，湘乡知县李维丙盛情邀请陈三立代撰《湘乡乐舞局记》。十一年五月，湖南巡抚卞宝第准备聘请陈三立入幕，陈三立未就。郭嵩焘光绪十一年五月初八日记：“卞公闻之李香缘，以陈伯严优于文，谋致之幕府。伯严以其先施也，往见之。出而见语，所言虚浮无实，无适听者，于洋务尤远。彼此言论不能相入，而可以共事乎？”⑤这两条材料说明陈三立当时文名已不虚传，且蓄志不凡，为他日后辅佐父亲行政、处理文案发挥了较大作用。

三、乃园时期

乃园在武昌黄鹄山南麓，又称“臬署园”，为清代湖北按察使署的后花园，依武昌黄鹄山（蛇山）而建。因花园围墙呈“乃”字形，故名“乃园”。面积约数

---

① 汪辟疆《光宣诗坛点将录》，载氏著《汪辟疆文集》，第326、300页。

② 见[美]哈罗德·布鲁姆著，徐文博译《影响的焦虑》，生活·读书·新知三联书店1989年版，第3页。

③ 李肖聃著，络希点校《星庐笔记》，岳麓书社1983年版，第6页。

④ 陈三立著，李开军校点《散原精舍诗文集（增订本）》下册，第1532页。

⑤ 湖南人民出版社校点《郭嵩焘日记》第4卷，第558页。

十亩，遗址位于今武昌大成路湖北省交通厅汽车修配厂旁，直至蛇山顶，西至乃园巷，南至黄鹤楼剧场。园内原有“四宗祠”“学律馆”“七曲廊”“见江亭”“鹤梅堂”“高观台”“西升台”“跻绿亭”“暂亭”“竹深荷静台”“般若台”“射圃”等建筑，采用土、石、竹、木结构，淡雅朴实。植有梅、枇杷、芭蕉、竹、柳等花木，池塘内种有白荷，菜畦内四季种植蔬菜。

从光绪十七年(1891)二月到二十一年冬，陈三立在武昌居止将近五年。前四年父亲陈宝箴任湖北按察使，亦曾两度署理布政使。陈三立的高情逸致，从岳云湘树移于鹄矶琴台之间。继湖湘广交英才之后，凭借武汉三镇这个更大的平台，进一步获交四方魁杰。关于这一点，董俊珏的博士论文《陈三立评传》做了很好的罗列概括。

张之洞于光绪十五年(1889)十一月抵鄂，次年办两湖书院，提倡新学，广储人才，一时文士聚集武昌。他在主政湖广期间，一方面出于图强御侮的政治抱负，以开风气为己任，大力兴办实业，劝课农桑，练新军，应商战，积极推行“湖北新政”；另一方面，词臣出身的张之洞对于文化事业极为重视。开府江汉期间，倡言“中国不贫于财，而贫于人才”，对教育建设倾注了极大的热情。先是致力于书院改制，如在经心书院内增设外文、天文、格致、制造四门课程，创建新式的两湖书院、江汉书院等。后又大举兴办军事、实业、师范、妇幼等各类新式学堂，使湖北一跃而成晚清全国文教事业最为发达的地区之一。可谓人文彬蔚，鸣盛华中。

既有学堂，则必大量延揽贤能之士，何况张之洞本人素以风雅著称，故其幕下座中遂济济多士，籍甚一时，《清史稿》本传谓其“爱才好客，名流文士争趋之”。[①] 易顺鼎从江城文人盛行“打诗钟”这个侧面记录了张之洞幕府人才的盛况：

> 南皮师方督两湖，乃相招入幕，亦不自得，又改充两湖书院分教。于是始奉母居鄂，来往于匡山鄂渚之间。鄂中群彦萃集，朋侣尤多，诗钟之事又兴起矣。陈右铭丈方任鄂臬，伯严随侍署中，尊酒不空，座客常满。臬署有乃园，余则寓居曾祠凌霄阁，皆有亭馆花木江山游览之胜。……南皮师为海内龙门，怜才爱士，过于毕、阮。幕府人才极盛，而四方宾客辐辏，余与伯严追逐其间，文酒流连，殆无虚日。其与于诗钟之会者，幕府则杨叔乔、屠竟山、华若溪、杨范甫、宋芸子、汪穰卿、范仲林、秋门兄弟辈；过

① 赵尔巽等《清史稿》卷四三七《张之洞传》，第12380页。

> 客则文芸阁、曾重伯、缪小山、王子裳诸君；而闽派如郑肖彭、沈爱苍亦同会集，亦一时之盛已。①

刘成禺《洪宪记事诗本事簿注》中的一节文字，则对其时张之洞周围的文士群体做了一番颇有趣味的罗列和品评：

> 南皮广延名流，礼遇有差，往来鄂渚不入幕者，当时目为第一名流，如王闿运、文廷式之属，经心、江汉山长谭献、张裕钊、吴兆泰之属，宴会首座，时谚呼为分缺先。幕府诸贤，如汪凤瀛、王秉恩、钱恂、许珏、梁敦彦、郑孝胥、程颂万之属，两湖、经心监督分校，余肇康、姚晋圻、杨守敬、杨锐、屠寄、杨裕芬、邓绎、华蘅芳、纪钜维之属，宴会皆列三四座以下，当时皆目为第二名流，时谚呼为坐补实缺，总督僚属分司也。而梁鼎芬、蒯光典、陈三立、易顺鼎位在第一、二名流之间，名曰宾僚，时谚呼为分缺间。他如陈庆年、陈衍、张世准之属，不过领官书局月费，时谚呼为未入流。京官在籍如周树模、周锡恩之属，礼遇有加，时谚呼为京流子。此南皮在鄂人才之九品宗正也。至若王先谦断绝往来，孙诒让礼聘不答，时谚呼为上流人物。②

陈三立光绪十七年二月抵达武昌之后，即颇受张之洞重视，并因而迅速地融入了围绕张之洞的士大夫群体中。张之洞光绪十六年(1890)于武昌创立两湖书院，“选录湖南北高才数百人设科造士，海内通儒名哲就所专长，延为列科都讲”，陈三立亦为入彀者之一。陈隆恪后来则说“先君随侍先祖于武昌藩臬任内，即与梁鼎芬、易顺鼎诸公为张南皮所器重，时以文字交游，从未涉及政事，更无入幕之事”。③

参照前面引述的刘成禺之叙述，陈三立的确没有入张幕，不过这并未影响张之洞对他的礼遇。陈曾寿曰：“散原狂狷之士，有世无孔子不当在弟子之列之概……然在鄂时，(张之洞)聘礼散原校阅经心两湖书院卷，先施往拜，正见

---

① 易顺鼎《诗钟说梦》，载《庸言》第1卷第9号、第10号，1913年4月1日、1913年4月16日。不知何故，王飚校点的易顺鼎《琴志楼诗集》收录了《庸言》第1卷第16号《诗钟说梦》(第1515—1518页)，却失载第9号、第10号、第12号的《诗钟说梦》。

② 刘成禺著，宁志荣点校《洪宪纪事诗本事簿注》，山西古籍出版社1997年版，第119—120页。

③ 陈隆恪《致吴宗慈函(四)》，载陈隆恪著，张求会整理《同照阁诗集》，第398页。

公之虚下也。”①

陈三立寓居武昌，是继侨居湘中之后人生再次得到升华的又一重要阶段。是时陈三立利用张之洞和父亲陈宝箴为他所创造的得天独厚的环境，再加上自己之前结下的良好人脉，大大拓展了他的社交圈子，在五年左右的时间里，从容结纳当世雅才俊彦。陈三立在1919年所写的《余尧衢诗集序》中回忆：

> 迨侍余父陈臬鄂中……张文襄方督湖广，竞兴学，建两湖书院，选录湖南北高才数百人，设科造士，海内通儒名哲就所专长，延为列科都讲，特置提调员，拔君（余尧衢）董院事。余以都讲或阙，谬承乏备其一人焉。院中前后凿大池，长廊环之，穹楼复阁临其上，岁时佳日，辄倚君要遮群彦，联文酒之会，考道评艺，续以歌吟。文襄亦常率宾僚临宴杂坐，至午夜乃罢，最称一时之盛。②

因为余肇康当时被张之洞委任为管理院务的“提调员”，所以两湖书院内的诗酒之会由他出面召集。陈三立本人亦时时做东，邀请好友同仁欢聚畅饮。瞿鸿禨《使闽日记》光绪辛卯年（1891）十月十五日记：“伯严招饮两湖书院楼上，同席邓保之丈、杨叔乔锐、屠静珊寄、汪穰卿康年、欧阳节吾与重伯，为诗钟会。”

然而，需要指出的是，武昌时期的陈三立并不安于杯酌联吟、嘲风弄月，悠闲度日。光绪二十年（1894）中日甲午战争的爆发以及随后中国的惨败，构成了中国近代社会的又一个重要转折。民族危机的空前严重，给当时的士大夫们造成了沉痛的心理创伤，整个知识阶层都真切地感受到了这一场浩劫所引发的剧烈的思想冲击，各种社会思潮亦由此而纷纷涌现。与之相应的是新一辈人物的闪亮登场，成为之后一个时代思想文化领域的主导者。其中自然包括尽人皆知的康有为、梁启超、谭嗣同、严复、章炳麟、孙文等等，而陈三立亦是此行列当中重要的一员。以甲午战争为界，陈三立完成了由一个从容于涵泳艺文、流连诗酒的官宦子弟向投身时代洪流、积极参与救亡维新的改革志士的转变。

---

① 苍虬（陈曾寿）《读广雅堂诗随笔》，载《东方杂志》第15卷第4期，1918年4月15日。

② 陈三立著，李开军校点《散原精舍诗文集（增订本）》中册，第955—956页。

第三节　际会风云贤乔梓

一、不做小京官

陈三立于光绪十五年(1889)二月从长沙赴京师,四月十三日补复试,列二等第五十八名。四月二十一日殿试,列三甲第四十五名。四月二十八日朝考,列二等第十三名。三试名次都中等偏下,未入翰林院,[①]五月初十日,以主事签分吏部四司之一的考功清吏司学习行走。[②] 这对于才大心雄、从来不做第二人想的陈三立来说,未跻身词垣,终是一憾。

吏部权大,列六部之首,吏部长官被尊称为天官。黄庭坚曾赋诗,“胸中无水镜,敢当吏部铨”,意思是说,吏部天官不是随便什么人都可以当的。吏部之所以重要、位尊,是因为它的特殊职能——管官。中国一直是官本位,官重要,管官的机构自然就更重要,犹如当今的组织部。做过清末小京官的夏仁虎指出:

> 旧之六部户曹,筦财政最为膏腴之地。吏部掌铨衡外省官员,谒选入觐者,奉为神明。刑部操生杀之权,兵部典戎政。礼部事简,最为清贫。工部多杂流,所与接近者木厂商人而已,颇为士流所轻。故时人之喻六部者曰:富、贵、威、武、贫、贱。[③]

陈三立虽然签分吏部,但按规定先要学习行走。所谓“学习行走”,就是练习政务,一般以3年为期。如果熟谙部务,即奏留本部以主事补用。仍照报满日期先后及行走年份浅深以次挨补,若于部务未能谙熟,但才具尚可造就,堪胜民牧者,奏明以知县用。进士原班,吏部查其甲第名次铨选。所以学习行走(外省称试用)的适用对象是取得入仕资格并已经初步确定部用或外用,但尚未正式得缺的候补(即已经铨选,专待补实缺)者。学习行走期满并表现优良者,可

---

① 清代科举制度,进士点翰林须会试中式后的复试、殿试、朝考的等次都靠前,由皇上根据综合成绩圈点入翰林院名单。

② 主事别称主政,见龚延明编《中国历代职官别名大辞典》“六部主政”“主政”条,上海辞书出版社2006年版,第154、226页。

③ 夏仁虎《旧京琐记》,辽宁教育出版社1998年版,第90页。

为部院和外省奏留和挨补得缺。表现不良者，部院外省不得奏留，咨回吏部办理。被部院奏留以后、得缺之前，这段期间仍叫行走。所以学习行走实际上是一种尚未挨补得缺之前的试用制度。① 光绪十五年（1889）陈三立已经37岁，即使三年见习期满留部任用，主事也只是正六品，要挨次到正五品（厅级）的部郎位置，尚有猴年马月之虞。

陈三立在吏部待了两个多月，即以侍母为由请假回籍，②出都经天津渡海南旋。行前诣时为李鸿章幕僚的王闿运住宅“吴楚公所”告别。③ 八月下旬，回到长沙。④ 恰好八月底王文韶上折奏请起用陈宝箴，光绪十六年十月补授湖北按察使，衙中正需人手，陈三立也就不回吏部销假了。这应该是父子二人审时度势、全面权衡做出的一个重要决策。陈三立本不谙行政宦术，周旋于僚属上官之间，亦难游刃有余。引身而退，善刀而藏，不失为较好的抉择。研究者们常引用徐一士的掌故⑤作为陈三立离开吏部的原因，恐怕不是主要因素。

二、重开名士行

陈宝箴光绪二十年十二月初赴北就任直隶布政使，本拟家眷随后北上，后因循未果，⑥陈三立侍母留寓武昌。光绪二十一年十月陈宝箴上任湖南巡抚，稍后陈三立携家从武昌至长沙，寓湖南抚署潭州官舍（长沙古称“潭州”），地名“又一村”。

---

① 见艾永明《清朝文官制度》，商务印书馆2003年版，第102页。

② 见陈三立《诰封一品夫人先妣黄夫人行状》，载陈三立著，李开军校点《散原精舍诗文集（增订本）》中册，第839页。

③ 王闿运七月初九日记：“陈伯严与馥子夕来。馥便移来，陈仍夜去。”十五日记：“伯严来告行，请免单，与片晦若求之，云礼拜日不可得。”王闿运著，马积高主编，吴容甫点校《湘绮楼日记》第3册，第1571页；李有棻《致陈锐函》：“伯严甚不得意，闻不日将出都，良晤当不远。”陈锐《裦碧斋箧中书》卷三，转引自李开军《陈三立年谱长编》上册，第216页。

④ 何承道《致陈锐函》：“今岁仍馆蜕园，伯严吏部现来湘中，闻暂时不欲供职。清才骏骨，竟尔堕落郎曹，此亦一咄咄怪事。”陈锐《裦碧斋箧中书》卷一，转引自李开军《陈三立年谱长编》上册，第219页。

⑤ 徐一士《一士类稿·谈陈三立》：“己丑成进士，以主事分吏部行走。时有吏部书吏某冠服来贺，散原误以为搢绅一流，以宾礼接见；书吏亦昂然自居于敌体。继知其为部胥，乃大怒，厉声挥之出。书吏惭沮而去，犹以‘不得庶常，何必怪我！’为言。盖强颜自饰之词，散原岂以未入翰林而迁怒乎？部吏弄权，势成积重，吏部尤甚，兹竟贸然与本部司员抗礼，实大悖体制。散原折其僭妄，弗予假借，亦颇见风骨。散原非无经世之志，而在部觉浮沉郎署，难有展布，未几遂翛然引去，侍亲任所。”荣孟源、章伯锋主编《近代稗海》第2辑，第141页。

⑥ 陈宝箴《致赵凤昌（二十九）》：“弟已定于今日附北京轮船去矣，匆匆不及复诣帅座叩谢，惟感深知遇，永言弗谖而已。弟家未知行期。特奉上一纸，乞待禀，请用官电发去为荷。”刘经富编著《陈宝箴诗文笺注·年谱简编》，第216页。按：从此函中“弟家未知行期”一句来看，似当时家眷曾拟随任赴北，后改变计划。

根据高阳的说法,陈宝箴擢拔巡抚有必然性,以他的条件,出任封疆,迟早间事。但安排到湖南则属偶然。当时江西巡抚德馨在甲午战败后“以兵轮载沪上优伶至南昌演剧匝月,所收货贝珍异值五十万,为台谏所劾,张之洞察覆得实”,[①]被光绪帝褫职,空出一个“缺”,但陈宝箴乃赣产,本地人不能做本地的地方官,这是清代官制的禁例,遂调湖南巡抚德寿至江西,陈宝箴补德寿缺。另一个原因是张之洞即将回任湖广总督,而德寿乃一庸才,不能跟进。以陈宝箴的才干和与张之洞的关系,庶几督抚可望和衷共济。同时还有一个绝大的作用,即当时朝中除了极少数的顽固分子之外,都深深感觉到非讲新学、重洋务,不足以匡世济时。督抚中,张之洞是讲新学的巨头,但湖广总督所辖的湖南,则以守旧闻名。倘或要在湖南破旧立新,非本人见识超卓,而旧学根底及政治手腕,两皆可以令人折服者不可。用陈右铭,即可配合张之洞的想法、做法,能在湖南攻破守旧分子的堡垒。[②]

因此对于陈宝箴父子来说,主政湖南,可谓因缘辐辏。在陈宝箴,虽然不是湘军系统嫡系出身,但同治初年已攀上曾国藩关系,后又在席宝田营中效力,屡获军功。同治十年分发湖南候补,人品政声已扬厉湖湘,在湖南已立根基,诚如陈三立 1911 年忆述:

> 三立少从先侍郎游湖南,湖南当咸同之际,人才号极盛。而先侍郎与当时巨人长德、魁垒奇杰之士,皆曾上下其议论,而亲见其行事,至今称叹不衰。居湖南亦最久,历官至巡抚,故于湖南数十年间,官吏之贤否、人才之消长进退及用兵剿寇荦荦诸大事,靡不深识而能道其原委。故自三立幼时所诵习于先侍郎者,尤以湖南掌故为最熟。[③]

在陈三立,早年结识的湖湘才俊已崭露头角,今以“抚台大少爷”的身份回湘,更是宾客盈门,至有“开名士行”之誉。朱德裳谓:

> 江西陈右铭中丞及其公子散原,父子名士。当其居长沙时,座上客常满,尊[樽]中酒不空。于是散原有开名士行之谣。行中有会计,有厨役;有张罗周致入其行中者,谓之跑街名士。时罗顺循教其孙师

---

① 高阳《清末四公子》,第 23 页。

② 见高阳《清末四公子》,第 22—25 页。

③ 陈三立《张惠肃公年谱序》,载陈三立著,李开军校点《散原精舍诗文集(增订本)》下册,第 1339—1340 页。

曾，时亦为之拿扯，或遂指目为跑街名士。此光绪甲午前事也。其后中丞来抚湖南，顺循亦得名保以知县，候补直隶。中丞故与湘人习，其抚湖南，略师刘晏之法，参用士人。……颇能笼罩湘人士而各得其用……一时人才辐凑［辏］。①

抛去掌故野史常见的夸张、捋扯的成分，当时潭州官舍一度"往来无俗客，谈笑有鸿儒"应不虚妄。

三、辅佐之功不可没

自来谈论湖南新政的笔记逸史对陈三立在湖南新政中所起的作用有放大、拔高之嫌，以为谈资语助，耸人耳目。陈灨一《谈陈三立》："戊戌政变，其父宝箴方抚湘，侍亲长沙节署，预新政。尝就按察使黄公度（遵宪）、徐砚甫（仁铸）论议改革，故一省政事，隐然握诸三立手，其父固信之坚也。"②欧阳渐《散原居士事略》："文革发源于湘，散原实主之。"③朱德裳谓："戊戌春，湖南长沙称为德星所聚。盖陈右铭为巡抚，黄公度为臬司，徐研甫为学政，谭复生、唐拂尘、熊希龄之流为奔走百执事。于是时务学堂、湘报馆、南学会后先出焉。然暗中主持者，伯严公子也。"④

按陈三立"以贵公子而为真名士"（徐一士语），无强臣之质而有佐幕之才，其赞勷、辅佐之功自不可没。梁启超在《谭嗣同传》里说："时陈公宝箴为湖南巡抚，其子三立辅之，慨然以湖南开化为己任。"⑤徐一士《谈陈三立》："丁酉、戊戌间，湘省政绩灿然，冠于各省，散原之趋庭赞画，固与有力。"⑥这个定位是准确的，而吴宗慈的说法更为到位，他在1943年应陈隆恪之请为陈三立写传，作为向政府提请表彰的事实材料，根据隆恪提供的要点撰成《陈三立传略》，论曰：

右铭中丞既莅任，于是饬吏治、辟利源、开民智、敕军政、公官权，一切新政，裒然并举。一时贤哲，如朱昌琳、黄遵宪、张祖同、杨锐、刘光第辈，

① 朱德裳《三十年闻见录》，第32页。

② 陈灨一《睇向斋谈往》，上海书店出版社1998年版，第145页。

③ 欧阳竟无著，黄夏年主编《欧阳竟无集》，社会科学出版社1995年版，第202页。

④ 朱德裳《三十年闻见录》，第58—59页。

⑤ 尹飞舟编《湖南维新运动史料》，第892页。

⑥ 徐一士《一士类稿·谈陈三立》，载荣孟源、章伯锋主编《近代稗海》第2辑，第141页。

> 或试之以事，或荐之于朝。又延谭嗣同、熊希龄、梁启超等，创立时务学堂、算学堂、湘报馆、南学会之属。风气所激厉，有志意者，莫不慨慷奋发，迭起相应和。于是湖南士习为之丕变。当时谈新政者，辄以湘为首倡，治称天下最。凡此为政求贤，皆先生所赞勷而罗致之者也。[①]

约而言之，陈三立辅佐父亲推行新政，最大的贡献即吴宗慈指出的罗致人才。[②]

湖南新政的人才班底有不少是陈三立的旧雨新知，属在侪辈和谊在师友间的故旧此时都委以重任，如罗正钧、黄忠浩、黄笃恭、张通典等人都进入了新政人才的圈子，各自展布长才。年辈较长的廖树蘅操办常宁水口山矿务。郭复初《廖荪畡先生传》："……公困于诸生久之，有闻于义宁陈公宝箴，君与公子三立善。自光绪甲午后，国势日绌，变法之论渐起。陈公汲汲造人才、开风气，巡抚湖南，遂以时务名学，公子三立主之。旧人如君辈，亲信或出新进下……陈公巡抚湖南，湖南人旧为公父子所知而用者，张通典、邹代钧、罗正钧、黄笃恭并君，而君独有成绩至今。"[③]

另一位年辈较长的重量级人物黄遵宪来湖南任职前即与陈三立结为契交。光绪二十一年（1895）四月，黄遵宪到武昌办理教案，与陈三立结识。缪荃孙《艺风老人日记》四月初五日、十三日、十七日、二十八日、五月初一日，都有陈、黄与一班文友招饮的记录。[④]

在湖南新政中发挥了重要作用的熊希龄，光绪十九年在武昌与陈三立结识。光绪二十二年二月初，时在湖北营务处任总办的熊希龄致函三立，[⑤]建议湘省开设枪厂，引起宝箴重视，遂邀熊希龄回湘襄办新政。

至于聘请梁启超入湘主讲时务学堂，研陈学界最初的说法是陈三立提的建议，依据是陈寅恪《读吴其昌撰梁启超传书后》所言。[⑥] 嗣后又有研究者认为首倡者为黄遵宪，依据是邹代钧八月十二日《致汪康年函》。[⑦] 近年又有推进，认定最早建议聘请梁启超入湘者为蒋德钧，[⑧]蒋于七月从上海致函王先谦、

---

① 吴宗慈《陈三立传略》，载《国史馆馆刊》创刊号，1947 年 12 月，第 100 页。

② 陈三立关于"人才为改革变法之本"的观点，见其《廖笙陔诗序》《庸庵尚书奏议序》，载陈三立著，李开军校点《散原精舍诗文集（增订本）》中册，第 832、884 页。

③ 廖树蘅等著，廖志敏、李开军整理《珠泉草庐师友录》，第 220 页。

④ 见缪荃孙《艺风老人日记》第 2 册，第 730—737 页。

⑤ 见周秋光编《熊希龄集》第 1 册，第 54—56 页。

⑥ 见陈寅恪著，陈美延编《寒柳堂集》，第 167 页。

⑦ 见上海图书馆编《汪康年师友书札》第 3 册，第 2742 页；参见黄遵宪八月十三日《致汪康年函》，载上海图书馆编《汪康年师友书札》第 3 册，第 2360 页。

⑧ 见贾小叶《梁启超出任湖南时务学堂总教习首荐人考》，载《历史档案》2013 年第 2 期。

张祖同、熊希龄，推荐《时务报》中文主笔梁启超、西文主笔李维格为时务学堂中文、西文总教习。[①] 八月初，湘中士绅公议，同意蒋德钧提出的建议。于是八月十二日、十三日，邹代钧、黄遵宪、江标、熊希龄等分别致函《时务报》经理汪康年，敦促汪康年放人，盼梁启超速来。因此陈寅恪所述与当事人蒋德钧、黄遵宪、邹代钧当时所记颇有出入。但当时陈三立新自上海回湘，与梁启超已经见面叙谈，故陈宝箴询问陈三立对梁启超的看法，以做最后决策，却是事实。

在吸纳人才方面，陈三立充分利用了他在湖湘、京师、武昌结识的人脉资源，无愧为父亲的得力助手。湖南新政一度人才济济，有他很大的贡献。他的会试同年曾广钧在《天运篇》记述当时盛况：

> 一别湘州事势新，其间岁月颇嶙峋。前辈将才余几个，义宁孤立古君臣。我时谒告游巡署，日接黄（遵宪）梁（启超）一辈人。健者谭（嗣同）唐（才常）时抵掌，论斤麻菌煮银麟。廖（树蘅）梁（焕奎）诗伯兼攻矿，一洗骚人万古贫。沅水黄（忠浩）熊（希龄）来应梦，双珠（萼生、鞠生）盐铁佐经纶，中丞东阁贪宾客，公子西园赏好春。楚士英英参入彀，十梅礼绝平原宾。兰亭醉本搜辛亥，只欠人间一陆云。[②]

四、“程子我辈激成”之沉痛

与上述笔记逸史对陈三立在湖南新政中所起的作用有放大、拔高的另一个截然相反的现象是戊戌变法失败后又诋毁、调侃陈三立，塑造了一个“坑爹”的形象。昔日的尊长、诗友王闿运充当了落井下石的角色。胡思敬《王壬秋诙谐》云：“湘潭举人王闿运，性通脱，好诙谐。一日酒座，论及故抚陈宝箴事，皆曰：‘陈中丞讲求吏治，刚直不挠，亦近时贤督、抚，但不应聘梁启超主讲时务学堂，败坏湖南风气。’或释之曰：‘此非中丞之过，缘其子三立朋游太滥，不择人而交游，为所误，亦千虑之一失也。’闿运默不言，捻髭微笑。群以此语质之，因叹息曰：‘江西人好听儿子说话，中丞亦犹行古之道耳！’座客瞠然不解所谓，闿运徐譬之曰：‘公等疑吾言，亦尝读史乎？王荆公变法时，遇事多由子雱主持；严嵩当国，唯世蕃之言是从。今中丞亦然，亦江西惯例也，何怪焉？’闻者莫不倾倒。”[③]按陈氏父子居湘期间，对于王闿运颇为礼敬，王闿运自炫其博，以故人

---

① 见蒋德钧《复王益吾、张雨珊、熊秉三》，载氏著《求实斋类稿》卷九，李超平、杨锡贵整理《蒋德钧辑》，民主与建设出版社 2019 年版，第 86 页。

② 钱仲联编著《近代诗钞》第 3 册“曾广钧”条，第 1436 页。

③ 胡思敬《国闻备乘》，第 55 页。

之不幸寻开心，放言高论，未免太不厚道。陈氏父子革职后，王闿运先在《日记》中调侃“右老有三年不可说”，后又在《日记》里攻伐“陈右铭革职时，或为联讥其子三立云‘不自陨灭，祸延显考’云云。一若明以来四百年俗套讣文，专为此用，亦绝世奇文也”。[①]

光绪二十五年（1899）正月，陈氏父子已解组归里，寓居南昌。外间仍蜚语中伤，谣诼纷纷，至有传宝箴父子欲谋反者。陈寅恪《寒柳堂记梦未定稿（补）》：

> 先祖抚湘，多用湘人办湘事。当时，先君友人中有欲侧身矿务局，不能如愿，遂怀怨望者。光绪二十五年中，先祖、先君罢职后，归寓南昌磨子巷。忽接一函，收信人为“前湘抚陈”。寄信人不书姓名，唯作“湘垣缄”。字体工整。启视之，则为《维新梦》章回体小说之题目一纸，别附七绝数首。其中一段后二句云：“翩翩浊世佳公子，不学平原学太原。”乃用《史记·平原君传》及新、旧《唐书·太宗纪》。先母俞麟洲明诗夫人览之，笑曰：“此二句却佳。”当戊戌时，湘人反对新政者，谣诼百端，谓先祖将起兵，以烧贡院为号，自称湘南王。寓南昌时，后有人遗先君以刘伯温《烧饼歌》抄本一册，以其中有“中有异人自楚归”句，及“六一人不识，山水倒相逢”，暗藏“三立”二字语。[②]

社会上又流传着佚名嘲讽对联，把陈宝箴、陈三立父子和徐致靖、徐仁铸父子合在一起嬉笑诛心：

> 陈陈相因，徐徐云尔，不孝男罪孽深重，祸延显考，兵部侍郎，礼部侍郎；
>
> 侃侃而道，迟迟吾行，维新党潜通消息，勾引奸邪，抚台父子，学台父子。[③]

此联又见吴恭亨《对联话》卷一四《谐谑》，文字略有异同：

---

① 王闿运著，马积高主编，吴容甫点校《湘绮楼日记》第4册，第2236、2476页。

② 陈寅恪著，陈美延编《寒柳堂集》，第216页。

③ 徐珂编撰《清稗类钞》第4册，中华书局1984年版，第1820页。

不孝等罪孽深重，不自陨灭，祸延显考，陈氏父子，徐氏父子；
维新党末学肤浅，罔识忌讳，甘冒宸严，礼部侍郎，兵部侍郎。[①]

另有一幅嘲讽陈宝箴重用熊希龄联，据传出自叶德辉的手笔：

四足不行，试问有何能干？一耳偏听，是个什么东西？[②]

连胡思敬亦言“陈、徐误信其子一言，祸皆萌于湘楚，知其事者，莫不悲之”。[③]

又有廖树蘅的知交郭复初披露出一个传闻：

陈公巡抚湖南，湖南人旧为公父子所知而用者，张通典、邹代钧、罗正钧、黄笃恭并君（廖树蘅），而君独有成绩至今。陈公罢居庐山，萧然一榻，日呶呶切齿骂误我之人。予闻诸公戚俞明颐，而世不知。今次君之行事，为重慨焉。[④]

尔后李肖聃撰文，不取郭说。[⑤] 从李肖聃为陈宝箴澄清视听来看，这个说法曾一度在湖湘士绅群体中辗转传播。李肖聃所言当为有识。实际上不但陈宝箴不会迁怒于“诸少年”，即便陈三立在其后近四十年的漫长人生中，亦未具体地对康、梁、谭等人有所怨尤，不过躬自切责而已。[⑥] 对王闿运亦仍怀尊敬，光绪三十年（1904）四月，王闿运应邀来南昌主讲豫章书院，陈三立与其诗酒往还，九月作《送王湘绮丈还里》诗。[⑦] 与熊希龄亦释前嫌。[⑧]

这种吠形吠声的舆论背景，可知其时士林已普遍将湖南新政之失败归咎

① 范左青《古今滑稽联语》，载龚联寿主编《联话丛编》第6册，江西人民出版社2000年版，第4338页。

② 李伯元《南亭四话》，载薛正兴主编《李伯元全集》第4册，江苏古籍出版社1997年版，第394页；又见陈子展《谈到联语文学》，云此联乃叶德辉所撰，见龚联寿主编《联话丛编》第7册，第5126页；又见雷瑨《文苑滑稽联话》，同上书第6册，第4178页。

③ 胡思敬《戊戌履霜录》卷四《党人列传·陈宝箴》，载顾廷龙主编，《续修四库全书》编纂委员会编《续修四库全书》第446册，第340页。

④ 郭复初《廖荪畡先生传》，载廖树蘅等著，廖志敏、李开军整理《珠泉草庐师友录》，第220页；所云陈宝箴“罢居庐山”，为传闻之误。

⑤ 见李肖聃著，绛希点校《星庐笔记》，第6页。

⑥ 见董俊珏《陈三立评传》，苏州大学2008届博士论文，第102页。

⑦ 见董俊珏《陈三立评传》，苏州大学2008届博士论文，第102页。

⑧ 见董俊珏《陈三立评传》，苏州大学2008届博士论文，第102页。

于陈三立“朋游太滥”，而清廷谕旨所加于其身的“招引奸邪”之罪名，亦是朝野舆情的反映。这些无疑都会加重陈三立对父亲遭受革职惩处的歉疚之情。他自己本来已是在籍绅士，在吏部只是候补主事，类似于当今的编制挂在吏部而已，革不革职对他来说损失不大，但连累到父亲，这种歉疚自然转化成巨大的心理压力，使当事人认为自己对至亲之死负有不可推卸的责任。虽然父亲秉持“父子不相责”的古训，从未有怨怼之言。

戊戌变法失败既终结了陈三立的政治理想，又随即带来了家庭的惨剧。痛定思痛的陈三立认为这一切和自己的激进与自负有关，因而崝庐谒墓诗中才有如此多的忏悔与沉痛。[①] 到 1924 年，犹常以“程明道吾党激成之”的典故，[②]来表示自己的忏悟。

然而有人对陈三立的激进连累了父亲的说法并不认同，认为陈三立并未附和康、梁、唐，陈三立的思想其实比他父亲更为保守，[③]主张行新政逐步改革，臻于郅治。是故“不自陨灭，祸延显考”的调侃，不免失实。[④] 另有研究者亦认为陈三立的“思想恐较其父为保守”。[⑤] 历史真相究竟如何？激进、渐进究竟归属于父还是子？如何考量、处理激进、渐进的相互关系？不仅对当年的改革者们是二马之喻，对百年之后的我们仍然是一个斯芬克斯之谜。

五、“维新公子”美名扬

当历史、家国的巨痛过去之后，世人不以成败论英雄，对以悲情谢幕的弄

---

① 见杨萌芽《碧湖雅集与陈三立早年在湖湘的交游》，载《洛阳师范学院学报》2007 年第 4 期。

② 袁嘉谷《卧雪诗话》：“公子伯严，诗跨一代。近通音问，颓然老矣。伯严屡述程明道吾党激成之论，君子不当如是耶？”载张寅彭主编《民国诗话丛编》第 2 册，第 449 页。按：“吾党激成之论”见宋李焘《续资治通鉴长编》宋神宗元丰八年六月所记：“丁丑，承议郎、新除宗正寺丞程颢卒。颢尝论熙宁初张戬争新法不可行，遂以语触王安石，因曰：‘新法之行，乃吾党激成之，当时自愧不能以诚感寤上心，遂成今日之祸。吾党当与安石等分其罪也。’颢深有意经济，方召用，遽死，士大夫识与不识，莫不哀伤。”李焘撰，上海师大古籍所、华东师大古籍所点校《续资治通鉴长编》卷三五七，中华书局 2004 年版，第 8537 页。清初方孝标《王安石论》文中有“程子曰：‘新法之行，我辈有以激之。’洵定论也”之句。意谓王安石急躁变法，自当负责，但时贤也有过错。

③ 梁启超、谭嗣同、唐才常在湖南大张民权、自治，而陈三立对民权主义不以为然，光绪二十六年（1900）五月为吴樵撰墓志铭，说“光绪二十三年，余父抚湖南，兴矿务，招君为助。……其论治颇喜称民权，与余不合。余尝观泰西民权之制，创行千五六百年，互有得失。近世论者或传其溢言，痛拒极诋，比之逆叛，诚未免稍失其真。然必谓决可骤行而无后灾余患，亦谁复信之？彼其民权之所由兴，大抵缘国大乱、暴君虐相迫促，国民逃死而自救，而非可高言于平世者也”。陈三立《清故光禄寺署正吴君墓表》，载陈三立著，李开军校点《散原精舍诗文集（增订本）》中册，第 843 页。

④ 见高阳《清末四公子》，第 34—35 页。

⑤ 黄彰健《论光绪丁酉戊戌湖南新旧党争》，载氏著《戊戌变法史研究》上册，上海书店出版社 2007 年版，第 462 页。

潮者致以敬意与同情,一腔热血、以身许国的激进人物形象渐占上风。萧功秦认为这与中国“泛道德评判”的文化传统有关:“多年以来,人们对戊戌变法的认识,大多停留在对保守派责任的追究与道德声讨上,而较少对变法派本身的政治行为与决策上的失误进行反省。”[①]陈三立在戊戌变法失败后虽然一度被世人误解、挖苦,但塞翁失马,最终还是从“义宁公子”升格为“维新公子”,成为他后半生立足社会的一张名片、一块招牌。

在湖南新政时期,“抚台大少爷”名声在外,士林传播,甚至引起洋人的兴趣。[②] 其趋新弃旧、锐意改革的新派人物影响也日益扩大,光绪二十四年(1898)正月,清廷开经济特科,陈氏的世交旧识、江苏学政瞿鸿禨举荐陈三立等15人应征。之后荣禄与广东学政张百熙又先后举荐陈三立。[③] 陈寅恪就此说到,倘若不是陈三立是时正丁母忧而依例不列保荐,则或已入都,恐“当与四章京同及于难,可谓不幸中之大幸矣”。[④]

中国的文人向来乐此不疲“四公子”的扬名立万,自“战国四公子”家喻户晓后,又有“明末四公子”“清末四公子”“民国四公子”的名目。“清末四公子”又称“维新四公子”,邵祖平更升格为“天下四公子”,[⑤]入选人物有两种说法:一说陈三立、谭嗣同、徐仁铸、陶菊存;一说陈三立、谭嗣同、丁惠康、吴保初。两说都离不开陈三立,且以年辈居首。实则陶菊存、丁惠康、吴保初列名清末四公子尚可,列名维新四公子则牵强。

此两说一经成立,即播扬中外,掌故笔记不绝于书。著名掌故家徐一士《谈陈三立》:“其父右铭翁(宝箴)在湘南巡抚任,励精图治,举行新政,丁酉戊戌间,湘省政绩灿然,冠于各省,散原之趋庭赞画,固与有力。当是时,散原共谭壮飞(嗣同,湘南巡抚继洵子)、陶拙存(葆廉,陕甘总督模子)、吴彦复(保初,故广东水师提督长庆子)以四公子见称于世,皆学识为一时之俊者,而陈谭二公子之名尤著。丁叔雅惠康,故福建巡抚日昌子,时亦有名,四公子之称,或以丁易陶,原非固定也。”[⑥]陶在东《关于散原老人(苗山今昔谈)》:“当时陈三立与嘉兴陶菊存(甘督陶模子)、浏阳谭嗣同(鄂抚谭继洵子,

---

① 萧功秦《危机中的变革:清末现代化进程中的激进与保守》,上海三联书店1999年版,第115页。

② 见吴樵致汪康年函,载上海图书馆编《汪康年师友书札》第1册,第535页。

③ 参见张求会《陈寅恪家史》,第299页。

④ 陈寅恪著,陈美延编《寒柳堂集》,第204页。

⑤ 邵祖平《散原先生文行掇述》:“(先生)少年侍右铭中丞在湘,极好客,有经济当世意,与谭壮飞、丁叔雅、吴北山有天下四公子之目。”《大风》旬刊第13期,1938年7月5日,第398页。

⑥ 徐一士《一士类稿》,载荣孟源、章伯锋主编《近代稗海》第2辑,第141页;参见夏仁虎《旧京琐记》“清末四公子”条,辽宁教育出版社1998年版,第91页。

戊戌变法六君子之一)、宛平徐仁铸(礼部侍郎徐致靖子,同时督湖南学政),称海内四公子,声名藉甚。"[①]张慧剑《四公子之结局》云:"(陈伯严)先生为所谓清末四公子之一,其他三人为谭复生(谭继洵子)、吴彦复(吴长庆子)、丁惠康(丁日昌子)等,结局皆甚惨。复生被戮于菜市口,彦复贫至无钱买药,叫号而绝,惠康以呕血死,惟伯严先生晚景稍优,复享上寿。……有人以谭嗣同与先生比旧俄贵族出身之两大作家,谭似普希金,先生似托尔斯泰,不可谓其无似处。……"[②]

但维新四公子或清末四公子究竟从何时开始名成义立?产生的过程如何?尚无人予以考证。坊间所出高阳、王忠和两种《清末四公子》的专书,亦付诸阙如。推测其始末,应在陈、谭二公子的基础上增益而成。梁启超《饮冰室诗话》:"陈伯严吏部,义宁陈抚军之公子也。与谭浏阳齐名,有'两公子'之目。义宁湘中治绩,多其所赞画。"[③]以梁启超的当事人身份,陈、谭并举,洵为的论。而陈、谭因立身秉受不同,[④]对维新变法的取向、路线与陈三立不相凿枘,由最初的互相引重到中途分道,亦为维新变法旧梦的一个话题。三十多年后,陈三立已届耄耋之年,为谭嗣同遗留印章题识:

> 复生负奇气,不可一世,所留遗印章,亦磊砢副其生平。阅世至今,以泪眼观之,不忍复忆往事也。癸酉冬月初,去匡山抵旧都,善伯[⑤]出此属题。八十一叟陈三立。[⑥]

沧桑世变,山河陵谷,并世瑜亮,一英魂不死,一孤往独存。散原老人不忍复忆往事,后人读此戋戋题识,仍要为之歔欷动容。[⑦]

20世纪80年代初,被遗忘的民国史事、人物重新挖掘面世,"清末四公

---

① 陶在东《关于散原老人(苗山今昔谈)》,载《大风》旬刊第6期,1938年4月25日,第177页。
② 张慧剑《辰子说林》,第77页。
③ 梁启超《饮冰室诗话》,人民文学出版社1959年版,第10页。
④ 谭嗣同的老师欧阳中鹄说"伯严立身有本末,学术亦复正大,视谭生通身倾入西学窠臼者迥然不同。去年切责谭、熊等,几于药石成仇"。欧阳中鹄光绪二十五年五月二十六日《复蔚堂函》,载《谭继洵集》下册,岳麓书社2015年版,第663页。参见张求会《陈三立与谭嗣同》,载《近代史研究》1996年第3期;又见张求会《"义宁公子"与"浏阳二杰"》,载氏著《陈寅恪家史》,第143—148页。
⑤ "善伯"即徐良,康有为弟子徐勤(君勉)之子。
⑥ 刘经富编《陈三立墨迹选》,上海古籍出版社2020年版,第283页。
⑦ 参见杨萌芽《从陈三立与谭嗣同交恶看湖南地方维新中新旧之争》,"中国近代文学研究30年回顾与前瞻学术研讨会"提交论文,2012年。

子”的美谈给新的一代带来视觉刺激。首开记录的是台湾高阳的《清末四公子》一书，1980 年首印、1983 年重印，最近十余年内地多家出版社重印。该书书名虽为《清末四公子》，实则主要写陈三立，以丁惠康、谭嗣同、吴保初为附庸，凑成一书。接着是苏昌辽《清末四公子之一：陈散原》一文，发表于 1985 年第 2 期《南京史志》。清末公子或维新公子成为陈三立生前身后一道耀眼的光环，为陈家的另一个美谈——“公子的公子”陈寅恪做了铺垫。① 从这个角度来看，戊戌变法失败对于陈家是家难，但却从另一个方面使陈三立拥有了一份巨大的“无形资产”，成了一个赢家。

第四节　宁沪杭间一臞儒

光绪二十六年（1900）四月上旬，陈三立挈家定居江宁（南京）。关于陈家移居江宁的具体原因，②向来相关材料罕见。揆之情理，当是生活所迫。陈家自陈宝箴罢官归南昌后，生活十分窘困，而陈三立却生财无门，加之江西官场风气闭塞，陈宝箴虽曾官至湖南巡抚，与江西地方交往并不多。相较而言，江宁官绅多与陈氏父子相熟相知，总督刘坤一对陈宝箴十分赏识，且陈三立妻兄俞明震时在江宁主持陆师学堂，可为倚靠。③ 不管怎样，陈家迁居南京的决策之正确被后来的事实证明了。南京这座满含六朝烟水气的故都，中国南方的首府，为陈氏子弟感受中国近代文明提供了平台，为陈家上升为文化世家创造了条件，为陈三立诗酒文会、广交胜流带来了机缘。南京的文化底蕴与人物品流，是南昌不能比肩的。

一、“散原精舍”的由来

陈家迁居南京之初，所赁屋位于鸽子桥④畔珠宝廊（今建邺路）⑤、中山南路⑥白下路交会口，寓所后面有河房（南京俗谓河厅），临秦淮支流仓城河上。⑦

① 公子者，名臣巨卿之后具有文采风流而为当世所羡称者。世家子弟如果仅有门第支撑，而无充分的文化传承，不足以获得“公子”的美誉。

② 苏昌辽说是“应友人薛申伯之约”，见氏著《清末四公子之一：陈散原》，载《南京史志》1985 年第 2 期。按：薛申伯应为薛次申，苏昌辽误记。

③ 见李开军《陈三立年谱长编》中册，第 541 页。俞明震的富裕程度，见石三友《俞氏父子》一文，载氏著《金陵野史》，江苏人民出版社 1985 年版，第 477 页。

④ 见南京市地名委员会编《江苏省南京市地名录》，南京市地名委员会 1984 年刊印，第 364 页。

⑤ 见南京市地名委员会编《江苏省南京市地名录》，第 33 页。无“珠宝廊”地名。

⑥ 见南京市地名委员会编《江苏省南京市地名录》，第 31 页。

⑦ 见苏昌辽《清末四公子之一：陈散原》，载《南京史志》1985 年第 2 期。

光绪二十七年(1901)正月再次赁中正街[1]的刘世珩别墅。屋舍宽敞宜人,[2]依据是陈三立光绪二十七年(1901)正月作《移居》七律一首、《园居》五律三首。[3]李开军推测赁屋经费可能来自廖树蘅闻陈宝箴去世的赙金。[4]

1910年6月,时任两江总督的端方举办南洋劝业会即中国举办的第一次世界博览会。苏昌辽披露:"湖南工商界,亦派专人携物来宁参加,并获好评。因思念湖南实业之振兴,为散原老人父子在湘提倡所致,乃联名禀请征辟散原老人任官职,又倡议为陈宝箴铸一铜像,散原老人皆坚决辞谢。后湘籍绅商,得知老人在宁,尚无房产住宅,乃集资二万元赠老人,作为购建住宅之用。六个月后,南洋劝业会闭幕,会场拆除,所有临时房屋,皆任人标购,取值甚廉。老人乃买得建房木料等,准备自建住宅。先是,老人颇爱青溪上游之东岸,半边街(今公园路)复成桥临河一带,风景幽静。后因临河起屋,须砌驳岸,费工太大。乃应妻兄俞明震之约,与其所居之'俞园'结比邻。最后勘定青溪上游之两岸,西华门头条巷。[5] 翌年落成,构屋十楹,有回廊、花径,后临青溪,杂莳花木,夏季尤宜。榜曰'散原精舍',亦称'金陵别墅',是老人在金陵之第三次迁居也。"[6]

俞大纲《寥音阁诗话》第六条:"散原先生辛丑[7]后构宅南京水西门(此处似将"西华门"误作"水西门")头条巷,自榜其居曰散原别墅。右铭公褫职后,归隐散原山崝庐,没后即葬山麓,先生颜其金陵别墅为散原,志孝思也。别墅清溪绕户,钟阜当窗,境极幽邃。与先伯父觚厂(俞明震)先生比邻而居,两家园亩相接,花木互映,童稚仆婢,终日躞蹀门庭,喧笑无禁,颇收熙怡之乐,闲适之趣。先生诗集中《由沪还金陵散原别墅》诗,《留别散原别墅》诗,《七月十二还金陵散原别墅》《雨中遣兴》诗,《夜抵金陵别墅》诗,《留别

---

① 今白下路,清代称中正街,1931年拓修改名为白下路。见南京市地名委员会编《江苏省南京市地名录》,第33页。

② 陈三立1917年曾作《过中正街旧居》诗,载陈三立著,李开军校点《散原精舍诗文集(增订本)》上册,第556页。

③ 此两诗《散原精舍诗集》编年在光绪二十七年(1901)正月初七日和十五日之间。

④ 参见李开军《陈三立年谱长编》中册,第556页;又见陈三立《致廖树蘅函(十)》,载陈三立著,李开军校点《散原精舍诗文集(增订本)》下册,第1165页。李开军后又改为此屋乃陈三立购置,见氏撰《义宁陈家的馆师》一文。按:从1903年陈三立为支持创办"思益学堂"将屋舍让出来看,似为购置。如果不是购置,只是租赁,则别人的房产,他无权处置。但说购置也有问题,一是中正街刘世珩宅第乃南京巨宅,购置资金来源如果仅为廖树蘅的赙金可能不够;二是如果是购置,那么1911年他营建好清溪宅第后又是如何处理10年前已购的这处大宗房产的呢?

⑤ 西华门以西第一条巷,故名,见南京市地名委员会编《江苏省南京市地名录》,第54页。

⑥ 苏昌辽《清末四公子之一:陈散原》,载《南京史志》1985年第2期。

⑦ 按:辛丑为1901年,而陈三立头条巷的宅第于辛亥年(1911)落成,此处似将"辛亥"误成"辛丑"。

墅遣怀》诗等篇，写小别后别墅园庭景物，赋情深挚，状物生动，俱见吾爱吾庐之意。”①

张梦庄忆述：“曾有很多人误以松门别墅为散原别墅。其实散原别墅筑于金陵头条巷，辛亥年落成，并请诗人樊樊山先生写了‘散原别墅’四字烧在磁板上。谁知迁入不到几个月就逢辛亥革命事爆发（按：陈三立诗作自注‘余营新宅金陵青溪旁，居数月而乱作’），于是全家搬到上海，四年后复又迁回。民国十二年（1923）祖姑去世，全家又搬往杭州办丧事，从此就没有再回散原别墅了。北伐的前一年，散原别墅便被一李某买去，随又由他转卖给国术馆，据说直至金陵失陷以前还是国术馆的馆址哩。”②

从以上材料来看，陈三立在南京共迁居三次，前两次为赁居，第三次乃自建宅第。1909 年前已将居所取名“散原精舍”。③ 从此陈三立以“散原”的雅号名世，渐渐代替了“伯严”的字号，同侪后辈称“陈散原”“散原先生”“散原丈”“散原老人”的越来越多（以下视文意或称陈三立，或称散原老人）。

二、大都市里的耕读遗风——陈家在南京的家塾教育

中国历史上世家大族所办的家塾、书院不胜枚举。绵延至清末民初，这种“大夫无恙时，刻意教子弟”的传统，仍然是家族教育的主流，这从义宁陈氏依靠家塾培养子弟聘请名师言传身教的举措中，可以感受到洙泗弦歌、风乎舞雩的书香气息。

陈三立携家定居南京，为子弟感受新学风气、汇入东南青年纷纷留学的时代潮流创造了条件。他于光绪二十七年（1901）正月创办新旧结合的家塾，延聘王景沂④、陶逊⑤、王瀣⑥任教师。又请萧俊贤教女儿作

---

① 俞大纲《俞大纲全集 · 诗文诗话卷》，第 152 页。

② 栩影（张梦庄）《松门别墅》，载《宇宙风》第 74 期，1938 年 9 月 1 日，第 68 页。

③ 按：陈三立前两次虽然为赁居，但从情理上推测也可以为自己斋室取名。卢前《散原迷路》：“陈伯严丈之散原精舍，在中正街，即今交通旅馆。”载氏著《卢前笔记杂钞》，第 430 页；龙榆生 1931 年作《三姝媚》词小序：“春中薄游金陵，寄宿中正街交通旅馆，本散原精舍。”这两条资料均提到陈家 1901 年在中正街的赁屋已称“散原精舍”。当然也不排除人们将 1909 年才取名的“散原精舍”倒推到 1901 年的陈三立寓所。

④ 王景沂（1871—1921），字义门，号味如。江苏江都（今扬州）人。光绪十五年举人，官内阁中书。光绪末年任广东长乐（今五华）、新会知县，补嘉应直隶州知州。工骈文诗词，稿多散佚。与陈三立多有唱和。王景沂做陈家的馆师只有月余即离开。

⑤ 陶逊（1866—?），字宾南。江苏丹徒人。1909 年，任南洋创办第一次劝业赛会调查科科长。辛亥革命后，任南京临时政府交通部参事、津浦铁路南段局长。1913 年当选参议员。陈三立与其唱和有《次韵答宾南并示义门》《园夜和答姚叔节陶宾南》等诗作。陶逊在陈家教馆任塾师至 1903 年春。

⑥ 王瀣（1871—1944），字伯沆，一字伯谦，晚自号冬饮，江苏溧水人。曾任教于南京陆 （转下页）

画,[①]请姚永概[②]坐馆。两年多后,陈三立将家塾并入南京近代第一所新式小学"思益小学堂",并让出自己的部分赁屋作为校舍。

光绪二十九年(1903)二月,两江总督张之洞委派江楚编译书局总纂兼江宁高等学堂总教习缪荃孙前往日本考察教育,随行人员有徐乃昌、柳诒徵[③]等。时年23岁的柳诒徵通过此番考察,更觉我国教育之落后,回国后,他与时任南京民立学堂校长的同乡陶逊相商,兴办一所新式小学校。因柳诒徵是年六月就被录用为三江师范学堂的教习,思益学堂的日常事务便由陶逊主持。是年五月,思益学堂在南京中正街(今白下路)庐江会馆正式开办。[④]

思益小学堂的校址"庐江会馆"[⑤]与陈三立的宅第毗邻,柳诒徵、陶逊创办该校时,苦于校舍不足,与陈三立相商。陈三立极为支持,让出自己的部分寓所,并将陈家私塾并入该学堂。教师有柳诒徵、陶逊、王伯沆等,陶逊任校长。[⑥]

(接上页)师、两江师范等学堂,陈三立聘为馆师。民国后任南京高师、东南大学、中央大学等校教授。病卒于南京。有《冬饮庐诗稿》行世。钱堃新《冬饮先生行述》:"陈伯严建精舍为文酒之会,雅知先生有师道,固请就馆,使子女执经问业。伯严子女八人,衡恪最长,名亚诸才士,亦钦重先生。先生于是游伯严父子间,俯仰提挈,所益弘多。寅恪以次亦渐发名成业,多本先生教也。……"载《南京文献》第21号,1938年9月,第34页。

① 陈三立《萧厔泉画稿第二集题词》诗注:"余获交厔泉数十年,为老友,居金陵,复延课诸女婴。其品格之高尚,性情之笃棐,当于古人中求之,则专一艺自名,非偶然也。"陈三立著,刘经富主编,潘益民、李开军辑注《散原精舍诗文集补编》,第321页。萧俊贤(1865—1949),字厔泉,湖南衡阳人。山水画家,曾任教于两江优级师范学堂、国立北平艺术专科学校等校,晚年鬻画京沪。

② 姚永概(1866—1923),字叔节,安徽桐城人。光绪戊子年(1888)解元。师从吴汝纶。后投身地方教育,曾任桐城中学总监、安徽高等学堂教务长、师范学堂监督等职。入民国后,受严复之聘,任北京大学文科学长。有《慎宜轩文》《慎宜轩诗集》《慎宜轩笔记》《慎宜轩日记》传世。姚永概任陈家西席,见其《致陈介庵函》(《慎宜轩文》卷四),在陈家坐馆时间为光绪二十八年(1902)三月初八日至五月初十日(姚永概著,沈寂等标点《慎宜轩日记》下册,第822—829页)。

③ 柳诒徵(1880—1956),字翼谋,号劬堂。江苏镇江丹徒人。7岁丧父。16岁进学后,设馆授徒,以维持家庭生活。后由陈庆年介绍到缪荃孙创办的江楚编译局任助理。光绪二十八年(1902)随缪荃孙到日本考察教育,回国后在南京与茅谦(茅以升祖父)、陶逊等创办思益小学堂,成为南京第一所新制小学。后又任江南中等商业学堂、江南高等学堂、江南高等商业学堂、两江优级师范学堂教员,自编《历代史略》等教科书。辛亥革命时任丹徒县临时议会副议长、镇江(府)中学监督。后历任北京明德大学、南京东南大学等高等院校教授。

④ 见金建陵《清末南京"思益学堂"的名师与高徒》,载《南京晨报》2008年7月19日。

⑤ 按:《柳诒徵年谱简编》"1901年条"说校址在"祁门会馆",但"1903年条"又说校址在"庐江会馆"(柳曾符、柳佳编《劬堂学记》,上海书店出版社2002年版,第348、349页)。这两个名称应为同一栋建筑,但不知"祁门"与"庐江"是何种隶属关系?

⑥ 陈封怀回忆:"自祖父挈家寄寓金陵,延聘西席外,在家里又办了一所学堂。四书五经外还开有数学、英文、音乐、绘画等课程,以及文、体设备。这所学堂除了方便自己家中子弟外,亲戚朋友家子弟也附学(如茅以升、茅以南兄弟等)。六叔和几位叔叔都是在这种环境中,打下他们对国学的基础。另外,还具备良好的读书条件:祖父藏书很丰富。"蒋天枢《陈寅恪(转下页)

有关“思益小学”的资料，首见《南洋官报・记思益小学》：

> 思益小学创议于癸卯夏五，诸同志慨国势杌陧，人才不兴，基于童蒙教育蔽锢，冀以一身一家为之创导。其时明诏屡下，省垣官学初有建设，而蒙小学堂未遑兼顾，乃合志协力，萃其子弟，仿用日东教课。适某某诸君(柳诒徵、陶逊、陈义、宗嘉禄[宗白华父亲])游学回国，心醉彼中清华各校科学完备，始于辨志，终跻国民。诸君皆愿当研究教员之任，然苦无凭借之址，于是某京曹(陈三立)愿以其学塾学生修脯移就设学，又苦无厂地为实验场，某直牧(章希瑗)乃借其后圃屋数厦以为讲舍，而来学无多，事仍不集。某太史(缪荃孙)既命其子侄来学，[①]某孝廉(茅谦)又率其子两上舍自城南移其居，命诸孙入学，且与某太史相助筹画，宁垣侨寓之士多力辟锢俗，命其子弟偕来，而学乃大盛。嗣又以圃屋尚陋，赁屋而迁，然总不离乎宁垣适中之地。即今日江南省会官长士夫所奖进之思益小学堂也。[②]

《首都志・教育》全文引录《南洋官报・记思益小学》后，又节录柳诒徵《〈江南高等学堂同学录〉序》：“诒徵自癸卯春，偕张君小楼从缪先生之日本，诹访学制。缪先生归国，兴高等(学堂)，诒徵则纠朋辈立思益小学。”这就为我们理清缪荃孙、柳诒徵与思益小学的关系提供了线索。在缪荃孙《艺风老人日记》里，经常提及处理高等学堂与小学堂的校务。因此创办思益小学的发起人虽然是柳诒徵，但没有缪荃孙这个后台，办事可能不会顺利。当时柳诒徵才二十三四岁，而缪荃孙已经是年届花甲的宿儒名绅了。

其后有苏昌辽《清末四公子之一：陈散原》披露此事：

> 光绪二十九年(1903)五月，柳诒徵、陶逊等有感于以富国图强。倡议在南京创办一所新制小学，苦无校舍，乃与散原老人商洽，老人极为赞同。

(接上页)先生编年事辑(增订本)》，上海古籍出版社1997年版，第19页。按：陈封怀的回忆将陈氏家塾与思益小学堂混在一起了。

① 缪荃孙光绪二十九年(1903)四月初九日记：“入小学堂与陈、丁二公周旋。”(载氏著《艺风老人日记》第4册，第1559页)此处“陈”不知是否指陈三立。五月初八日记：“送阿三(阿三即缪荃孙三子僧保)入小学。”(同上，第4册第1566页)次年五月初八日记：“赴思益学堂行开学一年礼。”(同上，第4册第1662页)可证思益小学的开学日。次年七月十二日又送儿子阿四入学(同上，第4册第1680页)。

② 《南洋官报》第75册，光绪三十年(1904)六月初一日；《首都志》卷八《教育・下・小学》首列“思益小学”，全文引录《南洋官报》，《首都志》下册第754—757页。参见李开军《陈三立年谱长编》中册，第616页。

即以其家塾学生修脯移就，设学于老人寓庐后院八府塘侧，并有广圃平为操场，取名“思益小学”。课程除读经外，设有历史、舆地、算学、格致、体操、音乐、图画等，是南京有新制小学之开始。教席除柳诒徵、陶逊外，还聘请溧水王瀣、湘潭周印昆[①]等名流，学生除陈氏子弟[②]、夫人俞氏子弟[③]外，还有周馥之孙周叔弢[④]、杭州朱子涵之子朱伯房及丹徒茅以升、茅以南兄弟[⑤]等乡宦世家子弟。学生入学仍留辫发，穿制服。时张之洞任两江总督，驻南京。闻之，深表赞许。后端方来宁任两江总督时，以散原老人为清流领袖，蓄意笼络，特具奏请表扬。且曾亲到小学视察一次。学生着制服，列队操演，行举手礼，精神焕发。端方甚为得意，并赠学生每人文房四宝一份，以为嘉奖。[⑥]

其后有孙洵撰文叙说：

1903年3月，两江总督张之洞派缪荃孙、徐乃昌到日本考察教育，柳诒徵与之同行。柳究竟年少气盛，他看到日本明治维新以来各项政教事业的发展状况，回国即准备兴办教育。1903年5月，柳诒徵与陶逊、陈义在南京创办“思益小学堂”。没有校舍，柳思忖在南京住处宽大的大户人家很多，能热心教育者，要首推陈三立。[⑦] 三立是诗坛领袖，是湖南巡抚陈

① 此或苏昌辽误记，他将周印昆此前曾教过陈衡恪与陈氏家塾并入思益小学事相混了。

② 按：1903年隆恪15岁，寅恪13岁，可能未入思益小学读书。方恪、登恪、封可当入学堂。三个女儿是否入学堂亦不清楚。

③ 现只知俞大经（1895—1930）在此校就读过（陈封可晚年曾说过自己早年与俞大经、茅以升在一起读书的情况），有研究者说俞大维、俞大纲亦入此校就读，无出处可以落实。

④ 周慰曾《周叔弢传》第一章《家世·青少年时代》：“在南京，曾短时间进过当时的新式学堂。”（北京师范大学出版社1994年版，第5页）

⑤ 茅以升《记柳翼谋师》：“思益小学建于一九〇三年，当时叫作思益学堂，是南京最早的一所新式小学校，由于任课的教师都是社会上有名气、思想上倾向革命的青年学者，人们说它是江南才子办的学堂，深受当时文教界人士所推重。那年我九岁，原在家中从我母亲课读，祖父也有时教我读文章、习大字。思益学堂开办，我便考取入校读书，校址在中正街庐江会馆，校长是陶逊先生，教算学的是位支先生，教国文和历史的就是柳先生。他那时大约二十三四岁，原在南京江楚编译总局担任编辑教科书的工作。”中国人民政治协商会议镇江市委员会文史资料研究会编印《镇江文史资料》第11辑，1986年版，第85页。

⑥ 苏昌辽此节文字言及张之洞、端方赞许思益小学，源于《南洋官报·记思益小学》，《南洋官报》原文内容、细节更多。

⑦ 柳诒徵《我的自述》：“到了廿三岁，陈善余介绍我到南京编译书局，受业于江阴缪艺风先生门下……那时译书局在南京中正街（今白下路）祁门会馆，和义宁陈伯严先生（三立）对门，时常亲炙，粗闻其诗古文绪论。陈戚通州范肯堂先生（当世）常游金陵，寓居陈家，我也常请教他。”《文献》丛刊编辑部编《文献》第7辑，书目文献出版社1981年版，第124—125页。

宝箴之子……家住在南京白下路马府街，当柳诒徵说明详情后，陈表示支持，不久举家搬到内桥湾（今中山南路与建邺路交会口）。[①] 这所小学堂除教《四书》外，还开有数学、英文、音乐、绘画、体育。柳本人担任历史、伦理、书法等课程。上体育课时，柳本人也身着操衣视操，对当时的社会风气震动很大。南通张謇（季直）得知后特来贺信普为“中国第一文明事业”。校中学生后来成为科学家、文学家的有茅以升、宗白华[②]、陈寅恪等人。这所小学堂不仅是南京第一所新式小学堂，在全国也是最早的小学堂之一。[③]

就目前掌握的关于陈氏家塾和思益小学的关系材料，可以基本弄清办学过程、教员、学生情况，不过还有些细节仍不够明了。如《南洋官报 · 记思益小学》所说“嗣又以圃屋尚陋，赁屋而迁，然总不离乎宁垣适中之地”，它后来迁移到何处？该校存在多久？陈三立光绪二十九年（1903）八月初六日《致吴保初函》“鉴泉[④]兄赁宅，究可让作小学堂否？乞催取为荷”是否与思益小学的校舍有关？陈三立光绪二十九年（1903）十二月作《后园茅苇锄除尽，遽得旷地数亩，晚步其间吟二绝》：

雪压霜干茅苇空，顿惊大陆辟鸿蒙。日沈细步啼鸦去，酒袂孤翻河汉风。

儿童觊作抛球厂，厮养贪连种菜园。留与老夫候明月，累唏歌啸了无痕。[⑤]

诗题所述，似为思益小学扩充校舍，虽然诗作于十二月，思益小学五月已开学，

① 按：此处谓陈三立为腾出校舍又搬迁到原来租赁的住所似不确。

② 邹士方《宗白华评传》：“1905 年宗白华随父亲宗嘉禄来南京，就读思益小学。”（西苑出版社 2013 年版，上册第 4 页）李开军说姚永概辞陈家教馆时推荐宗嘉禄继任（李开军《义宁陈家的馆师》），邹士方亦云宗嘉禄先任陈三立的家庭教师，再任思益小学地理教师，可能也是根据姚永概推荐这个说法。但除此之外，没有更多的材料说明宗嘉禄担任过陈家的塾师，或许虽然姚永概推荐了但并没有落实。

③ 孙洵《南京思益小学堂的来由》，载顾国华编《文坛杂忆续编》，上海书店出版社 1999 年版，第 268—269 页。

④ 吴学廉（1853—1931），字符节，一字鉴泉，因在金陵建有著名园林又号“鉴园”。安徽庐江人。光绪、宣统年间任淮扬海兵备道兼按察使衔、淮安关监督、金陵兵工厂总办。1917 年张勋复辟时期，任度支部左参议。与李鸿章家族有三代姻亲关系，又是郑孝胥的内兄。工诗，与陈三立、郑孝胥等名流往还唱酬。

⑤ 陈三立著，李开军校点《散原精舍诗文集（增订本）》上册，第 96 页。

但不排除校舍不是一蹴而就,而是逐步完善,尤其"儿童觊作抛球厂"一句与学生运动场关系大,否则他平整几亩空地出来干嘛?总之关于陈三立在创办思益小学的过程中所起的作用、过程、细节还不是太清楚。《南京教育志》上册《小学教育·概况》:"光绪二十九年(1903)柳诒徵等从日本留学(按:非留学,而是短期考察)归国,创立思益小学。思益小学在学制、课程、教材上均仿效日本,物理、化学、算术等学科之仪器标本、图书均购自外洋。在教法上亦有所改进,当时即为邵阳督宪魏光焘、两江总督张之洞及端方所赏识,曾召思益诸生面试,学业优良,遂按月拨款资学。"①所述仍源于《南洋官报·记思益小学》一文。

虽然仍有一些细节有待充实,但陈家继长沙、武昌时期聘请名家培育子弟的家风一脉相承,是没有悬念的。从义宁故里的仙塬书屋、四觉草堂、义学再到南京家塾,陈氏家族自办教育已有一百二十余年之久。与陈家以往的家塾相比,南京家塾既继承了"欲兴人才,必自学始"(陈伟琳语)的家族遗风,又融入近世中西合璧的新式教育风气。其时中国正面临着巨变,科举制度即将解体,中体西用已成为社会思潮的主流,以声光电化为标志的新学已涌入国门。当此中西文化碰撞消长的时刻,陈三立以预流的胸襟识见,开放的视野心态,先自办家塾,继又鼓励子弟出洋,为子弟知识转型迈出了重要的一步。由陈鲲池奠基的耕读传家、作育人才的门风祖德,中经陈宝箴、陈三立的弘扬光大,到第六代恪字辈达到了高峰。

三、神州难袖手

光绪十九年(1893)正月,陈三立在武昌时,写了一首七绝《高观亭春望》:

> 脚底花明江汉春,楼船去尽水鳞鳞[粼粼]。
> 凭栏一片风云气,来作神州袖手人。②

这两句诗意寄托遥深,营造了一种慷慨阔大豪爽的境界。但以陈三立的儒家经世理念和性情心性,"袖手神州"毕竟不像写诗那样轻松。从戊戌变法失败后迁居南昌至 1911 年清社既屋的 10 年里,陈三立并没有心如古井,与时政彻

① 南京市地方志编纂委员会、南京教育志编纂委员会编《南京教育志》上册,方志出版社 1998 年版,第 177 页。

② 陈三立著,李开军校点《散原精舍诗文集(增订本)》中册,第 737 页。

底断绝关系。一颗忧世伤时的心无论身在何处都难以平静，使他的劫后余生充满矛盾与忧患。这样的“袖手神州”，也许可以视为名士风范的留恋与延续吧。①

（一）参与东南互保运动

陈三立光绪二十六年（1900）四月挈家居江宁，此时陈氏家难尚未发作，故陈三立的政治热情仍未消歇。又因地利关系，与时任两江总督的刘坤一往来频繁，虽未正式入幕，但对时事多有建言。本年五、六月，他参与了“东南互保”活动。自四、五月起，鲁冀京津地区义和团运动风起云涌，在慈禧纵容之下，义和团仇杀洋人愈益肆无忌惮。各国军队陆续开赴北京，中外关系十分紧张。江南督抚与部分朝臣认为对义和团之放纵有亡国之虞，遂有迎銮南下与东南互保之活动。这是江南士绅与官员为免国土焦烂而采取的应对之策。五月底、六月初，张之洞、刘坤一议成东南互保之约，陈三立与盛宣怀、张謇、沈瑜庆、汤寿潜、施炳燮等亦参与其中。②

与东南互保活动相联系的是史称“庚子勤王”事件，有研究者谓陈三立亦参与了“庚子勤王”的策动。依据是周康燮在1974年10月的香港《明报月刊》上发表了一篇题为《陈三立的勤王运动及其与唐才常自立会的关系——跋“陈三立与梁鼎芬密札”》的文章，其中公布了陈三立在光绪二十六年六月十三日由南京发给梁鼎芬的一封电函密札。③ 汪荣祖、桑兵亦认为陈三立“亦积极参与勤王运动”。④ 但董俊珏认为仅据陈三立致梁鼎芬密札和周康燮的论说还不能肯定陈三立参与了“复辟勤王”的策动，谓周康燮惟耸人听闻。陈三立致梁鼎芬密札意在希望张之洞、刘坤一等东南督抚迎慈禧太后与德宗南下而保护之，再徐图后举而已，与唐才常的自立军无关。但从这封密札可以看出陈三立在遭受家国巨变的沉重打击之后，依然高昂激切的忧国忧民的宝贵精神。此说亦有理。⑤

（二）创办南浔铁路，忍辱负重

陈三立自光绪二十六年（1900）以后，即再无宦情。从1904年到1912年，陈三立有多次重新跻身官场的机会，但他无意仕进，屡征不起，以东山高卧之

---

① 见张求会《陈寅恪家史》，第243页。

② 详见李开军《陈三立年谱长编》中册，第542—545页；张求会《陈寅恪家史》，第248—254页；徐凌霄、徐一士《凌霄一士随笔》第3册，第792、793页。

③ 密札原文见汪荣祖《陈寅恪评传》，第17页；张求会《陈寅恪家史》，第250页。

④ 桑兵《庚子勤王与晚清政局》，北京大学出版社2004年版，第222页。

⑤ 见董俊珏《由陈三立与庚子勤王关系之考辩论其后期政治心态》，载复旦大学中国古代文学研究中心编《中国文学研究》第13辑，中国文联出版社2009年版。

姿态,立身行事于士林。不过,陈三立并非真的"神州袖手",宦情虽无,世情仍在。一如他服务桑梓,对家乡的铁路修筑不但积极参与,而且是最重要的主政者之一。

20世纪八九十年代"陈寅恪热"兴起后,学界对陈三立任职南浔铁路事略尚不了了,犹如神龙见首不见尾,朦朦胧胧。赖张求会首揭其秘,董俊珏继之,最后由李开军总其成。他从《申报》《中外日报》《大同报》《近代中国铁路史资料》《交通史路政编》,皮锡瑞著、吴仰湘点校《皮锡瑞日记》和陈三立致端方多封函札、致《中外日报》主编汪诒年函等文献材料中,披沙拣金,聚沙成塔,将陈三立这一段经历梳理清晰,大关节目线索分明。连接上了陈三立生平中一个断裂的链条,还原了陈三立参与南浔铁路建设的全过程,丰富充实了陈三立的另面人物形象。

尽管当时陈三立在南浔铁路总理的位置上勉力维持,但最终还是在各种复杂情绪的交织中与其曾为之耗费无数心力的南浔铁路建设黯然作别,重理诗文旧业。[①] 名士、诗人、古文家才是陈三立的本质,改革家、企业家、位高权重的部门一把手等名头,对他来说戛戛乎其难哉![②]

四、故国新邦遗民志

1911年10月10日,武昌首义,各地纷纷光复,清朝官吏纷纷四散,或回归故里,或往上海、天津、青岛等地做寓公。推测原因,与这三地经济文化发达,又有租界作为最后庇护地有关。他们往往哀叹"乱余还念惊弓鸟,国变真如失树鸦",[③]"酣歌迷故国,飘梦有横流"。[④] 这些诗句形象地表明了他们在清廷推翻之后飘零的处境与凄迷的心境。他们的传统文化素养较高,又有较充裕的时间作诗填词,作为晚年的生活慰藉,遗民创作与结社活动为诗歌带来了痛苦的"繁荣"。[⑤]

---

① 费行简(沃丘仲子)酷评"(三立)尝被推为南浔铁路总理。然三立实纨袴,不达情伪。任事久无寸效。众诟丛之,乃自辞职"。载氏著《现代名人小传》,中国书店1988年影印本,卷下"文人类"第160页。

② 关于南浔铁路的举办建设过程,颇为波澜起伏,人事纷纭,头绪繁多,详见张求会《陈寅恪家史》第262—290页《铁路总理》一节;董俊珏《陈三立评传》,苏州大学2008届博士论文,第118—123页;李开军《最后的事功:陈三立与南浔铁路之修筑》,载《中国文化》2015年第1期。

③ 敬安《俞恪士归自甘肃,其弟寿臣归自辽东,俱侨寓沪上,相见各述乱离,感而相赠》,载(释)敬安著,董群编《八指头陀禅意诗文》,第422页。

④ 陈三立《正月十七日坐雨》,载陈三立著,李开军校点《散原精舍诗文集(增订本)》上册,第323页。

⑤ 参见胡迎建《一代宗师陈三立》,第145页。

1911 年秋季,陈三立的新居"散原精舍"落成没多久,十月,革命军围攻南京前夕,陈三立挈家至沪避乱,寄居位于租界内的虹口塘山路内弟俞明颐宅,后赁居老靶子路。[①] 至 1916 年夏,陈家才迁回南京家中,陈三立作《墙根》诗,自注"辛亥秋避乱沪上,今始还,历五年矣"。[②] 到 1923 年,他在南京度过了七年比较安稳的岁月,其间亦常往返于宁沪两地。1923 年 6 月底,陈三立妻子俞氏逝世,终年 59 岁。治丧期间,长子衡恪奔走操劳。南京气温高,不幸染上伤寒,日本医生误诊为痞疾,以致延误,八月初七日亦卒,年仅 48 岁。[③] 九月,陈三立在家中常触景生悲,由三位女儿护送到杭州西湖南屏山下的顾氏山庄静养,在杭州居止三年。1926 年 10 月,陈三立为避兵乱离杭迁沪,赁居虹口塘山路,与内弟俞明颐宅距离不远。此后,散原老人在上海定居四年,直至 1929 年 9 月(阴历)由次子隆恪迎居上庐山。

关于陈三立在上海避难五年的日常生活状态,李开军有很好的归纳、描述。在"逃世已无及,攀天梦又碎",时时处处紧张不安的民国,作为诗人、名士的陈三立,消遣时光具体形式却又丰富优雅。

(一)访友

"国变"后,沈曾植、樊增祥、李瑞清、瞿鸿禨等旧朝人物,都避居沪上租界,相似的身份,共同的遭遇,使大家在情感上自然容易亲近。交流时局信息,倾吐乱世之际的愤懑,讨论艰危中的出处,在日益严酷的世界中,他们相互支持和慰藉。乱世之中,气类相慕,访友晤谈,是获取慰藉的重要渠道。

(二)宴集

虽是时局动荡,但租界毕竟安稳,且流人多有闲暇,所以宴集之事时常有之。乱离之中,唯求一饱,亦即陈三立所云:"吾侪狎丧乱,贱儒嗜饮食。兴亡一瞬过,不涴杯中物。"[④]丧乱兴亡,非所掌控,饮食诗酒,暂以忘忧。仅民国元年(1912),他参加的宴集活动就达二三十次,"兴亡"自然是宴集上的话语主题。

(三)结社

"国变"后上海寓公,本多诗人,既无公务缠身,遂生啸歌废坠之惧,于

---

① 李详《丙辰(1916)五月奉怀沪上诸友绝句》第四首注:"义宁陈伯严三立……乱后寓老靶子路,与子培、苏堪、樊山、仁先诸君称诗海上。"李详著,李稚甫编校《李审言文集》,第 1308 页。

② 陈三立著,李开军校点《散原精舍诗文集(增订本)》中册,第 472 页。

③ 一个多月内,陈家连遭重创,是继 1900 年后的第二次劫难。在金陵聚居了十七八年的大家庭从此解体,一家人此后流转于杭州、上海、庐山、北平等地。

④ 《雨中午诒招集愚园兼饯郭统将还长沙》,载陈三立著,李开军校点《散原精舍诗文集(增订本)》上册,第 325 页。

是1913年2月，海上诸老创立超社。陈三立参加了26次社集中的绝大部分活动，每次都有应题之作。1915年正月，瞿鸿禨以超社成员中颇有出仕民国者，遂于二十五日重开逸社，尽管因为1915年夏即迁回南京，陈三立仍然参加了六七次逸社雅集。逸社的活动方式与超社并无根本区别，仍以分题赋诗为主，只是似乎更强调诗社在遗民气节方面的认同。

（四）游园

沪上园林是陈三立足迹常至之处，张园寻春茗坐，徐园踏雪，六三园看菊，樊园对杏等等，都是一年四季不错的节目。仅愚园一地，就曾“三岁名园十数过”。[①] 而哈同园梅花，深得陈三立喜爱，每年均往探赏。风景豁目，可以销忧，然而陈三立有时却“独嗟非我春，摘枝乱愁思”。[②]

（五）题辞

“国变”避居上海之后，为他人题辞成为陈三立生活中常有之事。相较于民国之前，题辞数量大为激增，这大概与流人汇集沪上有很大关系。这些题辞中，大多为题图之作，如汪洛年《山居图》、刘廷琛《潜楼读书图》、朱祖谋《归鹤图》、吴学廉《鉴园图》等；其次为墨迹、别集、遗像之类。请题者大多为朋旧，所以陈三立写得格外用心，尤其是常常充满对“换世”的感喟和对“新世界”的批判，有他个人的情怀在。

（六）饮酒

陈三立以酒量颇大闻名，涉及饮酒的诗歌俯拾皆是。民初居沪时，宴饮、社集之事颇多，觥筹交错，朋喧友啸。幽居独处，或雨夜枯坐，或月下望远，或生日诉哀，或除夕感怀，陈三立常手持一杯，藉纾郁结，也暂以忘世，如其所自言“垂老栖迟涨海陬，翻凭沉醉护幽忧”。[③]

这几项是陈三立入民国后最初几年的生活内容，其实也可以延伸为他此后余生的人生秩序。在他辗转行止于宁、沪、杭长三角最富庶繁华的城市里，他带着他那位才气横溢的四子方恪频频出现在名人胜流的圈子里，诗酒文会，叉手联韵，属文题字，士林瞩目。

---

① 陈三立《九日愚园云起楼登高宴集》，载陈三立著，李开军校点《散原精舍诗文集（增订本）》上册，第382页。

② 陈三立《哈同园观梅》，载陈三立著，李开军校点《散原精舍诗文集（增订本）》上册，第323页。

③ 见李开军《故国与新邦——民国初年陈三立诗文中的遗民书写》，载《文学评论》2018年第3期，第137页；陈诒先《散原老人之家》：“先生居杭时期……在民十四年，同饮朱晓岚翁之藏酒。晓岚翁在四十年前做萧山县（令）时，自酿老酒一百坛，每坛五十斤，存于杭州城头巷宅。……晓岚翁不善饮而好客，每开酒，必请先生……先生在民十四为七十三岁，尚能以酒碗干杯。每一酒碗为四两，每四碗为一斤。”载《子曰丛刊》第3辑，1948年8月31日，第17页。

但在这士大夫优游卒岁的表象背后,陈三立文化遗民的心志精神、道统价值观也使他对清社既屋、民国鼎革充满迷茫与痛苦。关于陈三立对民国持遗民立场,源于吴宗慈[①]的思考与认定。1942 年底,陈隆恪致函吴宗慈,请他为父亲撰写传略,作为呈请政府褒奖的材料。吴宗慈回复:

> 弟意对老伯生平,拟以"高不绝俗,和不同流"八字为骨干,至关于出处大节,乃自守为子为臣之本分。故在清末季韬晦不出,与辛亥鼎革后之作遗民,其志趣节操,乃一贯而行者。[②]

嗣后吴宗慈撰成《陈三立传略》,中有"民国肇兴,先生卜居宁、沪、杭各地,时与数故老话沧桑兴废,虽不少灵均香草之忧思,然洞察一姓难再兴之理,且以民主共和之政体,为中国数千年历史之创局,与历代君主易姓有殊,故与当世英杰有为之士,亦常相往还,从无崖岸拒人之言行,其甘隐沦作遗民以终老,只自尽其为子为臣之本分而已"的表述。[③] 吴宗慈从文化遗民的角度,把陈三立鼎革之后的立身行事升华为黄宗羲、顾炎武、王夫之[④]的境界,应该是洞察陈三立心曲的,且高着眼孔,大处着墨,允有史家笔法与识见。

第五节　最后的辉煌

一、一老岿然驻匡庐

陈三立 1923 年 9 月迁居杭州,居杭州三年,1926 年 10 月移居上海。桑榆

---

① 吴宗慈(1879—1951),字蔼林。江西南丰人。光绪二十三年(1897)乡试解元。任建郡中学堂(今南城一中前身)监督(校长)、江西省视学。1917 年,赴广州参加非常国会,受孙中山之命任川滇劳军使,前往调停川、滇两军。随后,任军政府列席政治会议秘书兼交通部主任秘书,参谋部秘书长。1930 年秋,吴宗慈到庐山,掌管江西乐平采矿公司牯岭转运公司。当他得知庐山自清康熙年间后两百多年无人续修山志,便萌发了为庐山修志的强烈愿望,毅然放弃了实业。这年吴宗慈已 51 岁。历时 4 年,吴宗慈完成了《庐山志》稿并付印。1940 年 12 月,应约任重修《江西通志》筹备委员会主任、《江西通志》馆馆长兼总纂、江西省文献委员会主任。著有《庐山志》《庐山续志稿》《中华民国宪法史》《护法纪程》《庐山金石汇考》《庐山金石存真》《庐山历代诗广存》《劫余诗存》《江西全省方志考略》《论今日之方志学》以及多种年表、考略、汇编。

② 陈隆恪著,张求会整理《同照阁诗集》,第 394 页。

③ 见陈隆恪著,张求会整理《同照阁诗集》,第 388 页。

④ 见陈隆恪著,张求会整理《同照阁诗集》,第 408 页。

晚景,如何养老的问题提上议事日程。此时几位儿子中,老七方恪、老八登恪尚未成家,老六寅恪年近四旬始于 1928 年 10 月喜结连理,且在北平工作,均不方便赡养老人。老五隆恪早有贤妻,恰巧 1929 年 5 月因女儿小从患"百日咳"久治不愈,乃决定辞职与妻携女上庐山疗养。入山不久,小从病体竟不药而愈。9 月(阴历),隆恪下山赴沪迎养老父上庐山。陈三立在庐山 4 年,时间虽然不长,但有几件大事值得揄扬。

(一)《匡庐山居诗》

陈三立早在武昌侍父时期,即于光绪十八年壬辰(1892)、十九年癸巳、二十年甲午三次游庐山,正值 40 岁的壮年。

陈三立与庐山的结缘与他的挚友易顺鼎有极大关系。光绪十六年(1890)六月,易顺鼎上庐山,筑草堂于三峡涧,奉亲往来江湘间。不久,就张之洞之聘,到武昌两湖书院教经史。易顺鼎的草堂取名"匡山草堂"。匡山草堂的经始落成,是以张之洞为核心的文人士大夫圈子中的一件盛事。在草堂落成后的七八年里,易顺鼎往来于庐山、武昌间,引发周围人物对庐山的好奇与兴趣。此外,草堂的落成,也为易顺鼎在庐山迎来送往创造了物质条件。

陈三立接连三年游庐山,第一、第三次都没有留下诗作,惟第二次游山诗兴大发。在这次壮游中,陈三立得诗 55 首,同游的罗运崃得诗 30 首,范仲林得诗 50 首,易顺鼎得诗 47 首。4 人下山后,陈三立将 4 人的诗作编为 4 卷汇刻成《庐山诗录》,并撰序以纪其盛。[①]

1929 年 9 月(阴历),陈三立定居庐山牯岭,开始了 4 年之久的山居生涯。时隔三十多年,故地重游,激发他蓄积多年的诗兴,他顾不得已向诗友吟坛宣称"戒诗"。[②] 他的诗兴一旦激活,便和庐山的飞瀑激湍一样一发不可收拾。他定居庐山的第一年,创作了 103 首诗。1931 年,请托姻亲张劼庄[③]用带苏东坡书法笔意的楷书缮写石印《匡庐山居诗》一卷,在亲友间传诵,数年后又将这一卷庐山诗编入《散原精舍诗别集》,成为《别集》的压卷之作。这样,现存已结集的散原老人诗作,便以 55 首《庐山诗录》始,以 103 首《匡庐山居诗》终,一头一尾,贯穿始终。就好像最初出现的乐句,以更大的力量,回到终曲中。这真是一种难以言喻的巧合,仅从一个人的一生与一座名山联系得如此紧密这

① 见陈三立著,李开军校点《散原精舍诗文集(增订本)》下册,第 1124 页。

② 吴宗慈《陈三立传略》:"老人晚年诗文,弥自珍重,不轻易下笔。"散原老人自己也常对人说"吾七十岁后已戒诗矣"。见刘成禺《世载堂杂忆》,第 247 页。

③ 张劼庄(1875—1933),名觐珖,字宵鹏,号劼庄。张国焘之父,喻宜萱舅父。民国初年毕业于浙江法政学校,曾任浙江象山县知县。

个角度，散原老人的庐山诗就很值得专家学者进行一项专题研究。

（二）松门别墅

隆恪 1929 年 9 月（阴历）迎养父亲上庐山后，先在牯岭柏林路赁屋居住。1930 年 4 月，再租住位于万松林的一栋别墅。同年 10 月，散原老人下山到九江避寒，在九江非常想念万松林的风景环境，隆恪遂决定将这栋别墅买下来。[①]

1927 年大革命时期反帝运动空前高涨，大批外国传教士纷纷回国，出售给中国人的别墅已达两百余栋，尚有大批别墅待售。当时庐山有两位经纪房屋的外国人，一位叫甘约翰，一位叫李博德（德国人）。据传李博德的华语说得相当好，所以由他中介售出的别墅特别多。在这次外国人抛售别墅的高峰期里，陈隆恪通过李博德关系，购置了位于万松林的这栋别墅。散原老人非常高兴，以为已卖掉的南京散原别墅又可以在庐山出现了，但不幸家中一时竟拿不出购房款，只得设法和一家亲戚合买，“散原别墅”的名称也就放弃了。

这栋别墅的售价为 4 000 元，屋内家具、厨房用具均在。这与张元济用 4 000 元购下东谷一栋宽大的别墅，家具齐全很相似。大约当时庐山的房屋供过于求，故房价低廉。购屋时，隆恪的连襟贺鹏武由九江携家来庐山定居，遂先向贺家借 2 000 元，[②]产权户主登记为陈隆恪、贺鹏武两人的名字。陈、贺两家同住三年。隆恪购此屋后，对其进行了修整。将原有的凉台扩大改建，砌了坡墈，在坡墈的台地上做了一座小花园。1931 年 5 月散原老人返回山上，住进已装修好的别墅。开始没有名称，因上年 9 月散原老人在别墅前的巨石上题刻了“虎守松门”四个大字，遂以“松门”名之。[③] 1933 年冬，贺鹏武相中庐山湖北路一栋日式别墅，搬出松门别墅。隆恪对松门别墅再次进行装修。

---

① 这栋别墅在 20 世纪 30 年代为河南路 1129 号，今为河南路 602 号，所处位置海拔 1 155 米。

② 关于购置这栋别墅的经费来源，陈氏后裔有两种说法：1. 如上所述，由隆恪先向连襟贺鹏武借一半款，两三年后还清。张梦庄《松门别墅》一文中说“不幸家中一时竟拿不出许多钱，只得设法和一家亲戚合买”，可证借款合住不诬。2. 江西省教育厅偿还陈寅恪留德时欠寄的官费款购买，此说出自陈寅恪女儿，亦有其他亲属后裔传言此房是寅恪家的。但此说也有问题：江西省教育厅资助陈寅恪留欧是 1913 年至 1914 年，地点是法国，不是德国。时隔十六七年，还会不会补发欠费？即使补发，数额多少？若能挖掘到江西省教育厅的原始档案，当可说明问题。笔者推测可能寅恪在隆恪购屋之后出了一部分钱，或者欠贺鹏武的借款是寅恪出钱还的。那时他薪津收入高，月薪高达五百多元，不太可能是江西省教育厅偿还的留学官费。

③ 1939 年，陈隆恪在萍乡乡居，曾作《登后山松林》诗，结尾一联“吾庐同此境，劫烬忆松门”自注：“庐山牯岭松门别墅旁万松林，先君曾书‘虎守松门’四字，留题门前巨石上，因以松门名庐”。陈隆恪著，张求会整理《同照阁诗集》，第 171 页。又，散原老人曾亲题“松门别墅”和“河南路 1129 号”于门前左右石柱上。张梦庄曾说“曾有很多人误以松门别墅为散原别墅”。如胡先骕说“曩登匡庐，得见义宁陈先生于散原精舍”。胡先骕《甘簃文集叙言》，载陈灨一《甘簃诗文集》，沈云龙主编《近代中国史料丛刊》本。

这栋别墅依山形而建，占地面积170平方米，为德国式大坡屋面。两层半的房子，均可从屋外进入。最底下的半层改成两间小房，装修标准较高，作为客房。二楼的一间大房三面都装上玻璃窗，便于眺望，取名“同照阁”，作为起坐室，即客厅。隆恪书写“同照阁”三字，制成匾额悬挂墙上。朝南的一半原为一层，有敞开式外廊、石柱。朝北为两层，经过修整后，朝南的一半也改成了两层，全为红色淋板封闭，成了一栋造型格局颇有个性的别墅。“松门别墅”从此跻身庐山名人别墅之列，成为一栋具有纪念意义的名人故居。

（三）八十大寿庆典

1932年9月21日（阴历），散原老人寿登八秩。北平、上海、南京和庐山的名人胜流，继十年前隆重庆贺散原老人七十寿辰之后，又掀起了一次贺寿高潮。师友故旧，或抵山祝寿，或赠寿礼，或寄贺诗、贺联、贺文，一派祥和熙穆的景象。寄贺诗的有：陈宝琛、张元济、陈仁先、汪兆镛、吴用威、傅绍岩、周梅泉、李宣龚、王源瀚、李启琛、陈诗、曾克耑、程学恂、吴天声、陈灨一、罗家伦等。其中以散原老人的乡试座师，时已85岁的陈宝琛的一首贺诗最为著名：

> 平生相许后凋松，投老匡山第几峰？见早至今思曲突，梦清特地省闻钟。真源忠孝吾犹敬，余事诗文世所宗。五十年来彭蠡月，可能重照两龙钟。[①]

老友张元济为贺寿专程上山，并集清初诗人查初白（慎行）庐山纪游诗成四首贺诗。[②] 朱益藩贺寿联：“闲从莲社寻诗伴；长与松门共岁寒。”[③]李烈钧贺联：“遐龄自是人中瑞；硕德堪为天下师。”徐悲鸿、熊希龄绘赠贺寿图。吴宗慈、叶玉麟撰写贺寿文。叶玉麟的寿序称颂散原老人像清初讲学山中、巍然为文人学士宗风所向的“易堂九子”一样：“今先生在匡山，天下士慕望风规者，莫不欲一登庐阜为欢，盖不事讲学，物望自归焉。”[④]这段话把散原老人80岁后为士林钦仰的盛况，如实地表达了出来。

诚如叶玉麟寿文所言，散原老人晚年卜居之地，金陵、庐山、北平，都是物望所归之地。故八十寿庆时，祝寿的人们很想在庐山重建散原精舍，他们捐资在松门别墅附近购了一块地皮，作为寿礼赠给散原老人。尽管这栋“绿玉青瑶

---

① 关于此诗的背景本事、古典今情，以高阳解释较好，见高阳《清末四公子》，第5页。

② 见张树年《我的父亲张元济》，东方出版中心1997年版，第132页。

③ 王宝洺主编《楹联书法》，北京燕山出版社2010年版，第31页。

④ 叶玉麟《陈散原先生八十寿序》，《青鹤》第1卷第8期，1933年3月1日。

之馆，澹泊宁静之庐”未能在庐山呈现它的风采，但这件事足以说明人们对散原老人的无限崇敬。[①]

除了诗、文、联等，八十祝寿活动还产生了两尊散原老人半身铜像。当时徐悲鸿在南京、上海等地集资请雕塑家江小鹣、滑田友上山为散原老人塑铜像。两尊铜像分别由陈封怀、俞大维保存。[②]

散原老人八十大寿的庆典，因规模盛大，松门别墅容纳不下，只好借附近的李氏山馆举行。对这次文坛盛事，上海、南京的报刊都曾予报道，一度成为热门话题。《青鹤》杂志刊登了散原老人寿像、贺诗、贺联、贺文，《学衡》杂志刊登了散原老人八十寿辰照片，《大公报 · 文学副刊》刊登了铜像和启事。

（四）万松林诗会

民国二十二年（1933）六月初八日（7 月 29 日）下午，在庐山长住和上山避暑的三十多名社会名流，齐集万松林李氏山馆作文酒之会，一时传为佳话。

这次诗会场面宏大，人数众多。根据《邵元冲日记》的记载，这次诗会是曹纕蘅（经沅）发起的。[③] 雅集前两日，熊天翼宴请曹纕蘅、彭醇士、吴鼎昌、谢敬虚等人，餐后，曹纕蘅发起诗会，并约散原老人到会。诗会采取分韵赋诗的传统方式，以慧远的《游庐山诗》为韵目。慧远是庐山东林寺的创建者，佛教净土宗的创始人，人们称它为远公。他的《游庐山诗》是庐山有诗作题咏之始，是庐山文献资料的源头。诗为五言，共 14 句 70 字：

崇岩吐清气，幽岫栖神迹。希声奏群籁，响出山溜滴。
有客独冥游，径然忘所适。挥手抚云门，灵关安足辟。
流心叩玄扃，感至理弗隔。孰是腾九霄，不奋冲天翮。
妙同趣自均，一悟超三益。[④]

诗会共得诗 75 首，一部分是上山避暑旅游时赶上这次雅集者所作，一部分是诗会结束后或步韵、或组织发起者代拈诗韵。这 75 首诗后来由曹纕蘅负责编成《癸酉庐山雅集诗草》一册，有散原老人和冒鹤亭、陈衍三序。

这次诗会，散原老人没有留下诗作。在他所写的序言中，谈到自己为何参

---

① 见怀霜《散原老人八十诞辰，铸造像于散原精舍》，载《晶报》1932 年 10 月 15 日，第 2 版。
② 见怀霜《散原老人八十诞辰，铸造像于散原精舍》，载《晶报》1932 年 10 月 15 日，第 2 版。
③ 见邵元冲《邵元冲日记》，上海人民出版社 1990 年版，第 1014 页。
④ 慧远《庐山东林杂诗》，载刘琦主编《中国古代文学作品选》上册，南京大学出版社 2003 年版，第 24 页。

加诗会也很谦冲:“余以笃老,久废篇什,顾不弃其如喑蝉,要遮接踵,遂强一至而赘其列焉。”[①]但从集会的地点和作品中对散原老人的咏赞中,可以估摸出散原老人所起到的凝聚作用。诗集中多处浮现出散原老人的身影:“岿然一老灵光在,涵负乃为众妙津。”“岿然一老存,久结山灵契。”“灵光尊一叟,齿宿神逾全。”“儒将升台亲较射,诗人分韵自探阄。斗南一老光坛坫,检点佳篇入选楼。”“西江宁独以诗鸣,诗名自有千秋在(散原世丈年八十一,谈诗犹甚健)。”看来散原老人那天兴致颇为高涨。

“万松林诗会”是一次规模盛大的文化活动,给庐山现代文化史留下了一笔宝贵的文化遗产,散原老人作为他那一代诗人的中军掌帅印者,一生参加的雅集难以统计,规模最大的却是晚年参与的两次:一次即万松林诗会,另一次是南京扫叶楼诗会。1933 年 8 月,准确地说,是写完万松林集社诗序后,散原老人离开庐山,赴北平途中暂留南京。南京的知交友朋于九月初九日重阳节,在清凉山扫叶楼,由曹纕蘅主持,大会东南名士,为散原老人接风。参加者有陈衍、冒鹤亭、李拔可、邵元冲、柳诒徵、黄秋岳、汪辟疆、夏敬观、吴梅、卢冀野等六十余人,共得诗八十多首,编成《癸酉九日扫叶楼登高诗集》。从两次雅集的时间、地点、人物来看,“万松林诗会”与“扫叶楼诗会”有一定的因果关系。两次雅集都由曹纕蘅发起主持,都由于有散原老人的参与介入,因而皆取得了极大的成功。

散原老人上庐山后,特别是 1932 年 9 月(阴历),门生故旧、名人胜流为他寿晋八秩贺寿之后,在文坛的声望达到了他一生的顶峰。[②] 比他晚一辈的诗人罗惇曧(复庵)在《呈伯严丈》诗里称颂“散原品节匡山峻,老主诗盟一世雄”。这两句诗是对 1933 年两次以散原老人为轴心的大型文人雅集的最好注脚。

二、寄迹琼岛北海间

(一)散原老人下庐山赴北平

1933 年 8 月(阴历)下旬初[③]散原老人下庐山,次孙陈封怀专程从北平上庐山迎接,吴宗慈亦因要去上海联系《庐山志》出版事,散原老人遂由二人护送

---

① 陈三立《癸酉庐山雅集诗草序》,载陈三立著,李开军校点《散原精舍诗文集(增订本)》下册,第 1149 页。

② 吴梅 1936 年 8 月 6 日记:“早起未出,观散原诗。孤峭遒上,确是一时冠冕,宜享大名也。……晚仍阅散原诗。”载氏著《吴梅全集·日记卷》下册,河北教育出版社 2002 年版,第 758 页。

③ 此据《邵元冲日记》八月廿七日(10 月 16 日)在南京记“下午至桃源村访散原老人”推断。

下山,乘江轮到南京,住桃源村二女陈新午、俞大维夫妇家。① 隆恪夫妇不久亦携女下山赴南京。著名掌故家徐凌霄就此事发表议论:

> 散原老人之诗,标格清俊,新派海派固不通唱和。即在京式诸吟侣中,亦似落落寡合,每见离群孤往。昔年北政府盛时,闽赣派诗团优游于江亭(陶然亭)后海(什刹海),或沽上之中原酒楼,往来频数,酬唱无虚;陈则驻景南天,茕茕匡庐钟阜间,冥索狂探,自饶真赏。及戊辰首会迁移,故都荒落,诗人泰半南去,此叟忽尔北来……颇闻北徙之故,乃不胜要津风雅之追求,有介挈登堂者,有排闼径入者。江干车马,蓬户喧阗,悉奉斗山,愿闻玄秘。解围乏术,乃思依琼岛(琼岛在今北海公园内,又称白塔山,这里代指北平)作桃源。此中委曲,殆非世俗所能喻。而其支离突兀,掉臂游行,迥异常人,尤可钦焉。②

这段话把散原老人的行踪居止与他的立身行事结合起来,用以说明他不苟合时流的性情,进而观照他诗作的特殊风格,确能探幽抉微,很有说服力,这是徐凌霄的一个发现。它把散原老人晚年对眠食之地的选择,上升到文化精神层面,给这些眠食之地注入了情感色彩。特别是庐山,更是成为折射散原老人孤峭身影的一面镜子。按徐凌霄的见解,散原老人上庐山是因为1928年后南京、上海成为社会政治中心;1933年离山定居北平也是因为庐山一度成为政治中心,就像他自己那句著名的诗“来作神州袖手人”。这样,庐山、北平就不仅仅是散原老人晚年的眠食之地,而且还是体现他风骨的一个坐标、一个参照系。这就比单纯的名人与名山、古都的关系更深入了一层。

(二)散原老人在北平古城的文化活动

散原老人八月下旬下庐山到南京,至十月上旬赴北平(入住西城姚家胡同三号陈寅恪的赁宅)。③ 在南京将近两个月。几乎每隔两三天就有文朋诗友拜访或赴宴饮。九九重阳节那天,南京文人雅士借散原老人到南京的契机,在南京著名景点扫叶楼举办诗会,以《龚半千半亩园诗》分韵赋诗,编成《癸酉九日

---

① 张梦庄《松门别墅》“祖翁这一次离山时本打算不久再回来,所以没有留什么纪念”。

② 徐一士《一士类稿·谈陈三立》,载荣孟源、章伯锋主编《近代稗海》第2辑,第143页。

③ 邵元冲11月17日在南京拜访散原老人(载氏著《邵元冲日记》,第1052页)后即无陈三立的记录。

扫叶楼登高诗集》,①与上月在庐山的万松林诗会后编成的《癸酉庐山雅集》珠联璧合。两次集会都由散原老人为合影题字,为诗集题写书名。陈三立的晚年,凡经行之地,都成为当地抢眼人物、文苑灵魂,所以他一到北平,就华丽登场,诗酒文会不断。

散原老人在北平古城居留期间,文化活动丰富充实,概括起来,大致有如下三端:

1. 与乡试座师陈宝琛(弢庵、沧趣老人)的来往。陈三立还在南京时,陈宝琛就致函曹纕蘅,打探此事:"纕蘅贤友足下:日前得惠书,知与散原山中谈艺之乐,近又相从白下。散原并有下月北来之言,至为快慰。……鄙日来适有度辽之行,经月可归。散原能否在此过冬,两龙钟相聚于金台月下,亦老年一乐事也。"②

散原老人十月到北平后,究于何时首谒座师?目下尚不详。据陈流求回忆,1933年除夕是祖父到北平后过的第一个旧历年,大年初一,来家给祖父贺岁的亲友众多,可祖父非要亲自出门去给陈宝琛拜年,数九寒天只得穿戴暖和,由家人陪同前往。③ 徐一士《谈陈三立》说:"民国二十三年,散原北上,省其师。师年八十七,弟年八十二。皤然二老,聚首旧都,共话畴曩,盖欢然亦复黯然云。"④王森然《陈三立先生评传》则渲染:"先生已八十有三,陈则八十有七,两位雪鬓老叟,见者尊为人瑞。先生向陈氏行三跪九叩首礼,陈氏谦逊者再,先生云:'师道尊严,当如斯也!'陈氏勉受之。自此过从无虚夕,唱和甚勤。"⑤陈三立与陈宝琛的晚年聚首,成为文人士林的一个乐于传播的话题,也是显示陈三立性情的一个侧影。

2. 文酒雅集。民国二十三年(1934)正月初八日,江庸(翊云)邀请散原老

---

① 见冒怀苏编著《冒鹤亭先生年谱》,第344页;吴梅《吴梅全集·日记卷》,第357页;邵元冲《邵元冲日记》,第1045页。

② 陈宝琛《致曹经沅(三)》,转引自李开军《陈三立年谱长编》下册,第1462—1463页。

③ 见陈流求等《也同欢乐也同愁:忆父亲陈寅恪母亲唐筼》,生活·读书·新知三联书店2010年版,第112页。

④ 徐一士《一士类稿·谈陈三立》,载荣孟源、章伯锋主编《近代稗海》第2辑,第141页。

⑤ 王森然《近代名家评传》,生活·读书·新知三联书店1998年版,第65页。1935年3月5日,陈宝琛去世,陈三立往吊(《一代鸿儒陈宝琛晚节独全,尤为世重,昨晚大殓,明日接三》:"其门生故旧昨日闻耗往吊者,不绝于途……老辈如陈三立、朱益藩、林开謩等,旧王孙如载洵、载涛、溥儒、溥僡兄弟,并其门下士不下百数十人。"《北平晨报》,1935年3月6日第6版)赋挽诗:"一掷耆贤与世违,猥成后死更何依!倾谈侍坐空留梦,启圣回天俟见几。终出精魂亲斗极,早彰风节动宫闱。平生余事仍难及,冠古诗篇欲表微。"(陈三立著,李开军校点《散原精舍诗文集(增订本)》下册,第1516页)撰挽联:"沆瀣之契,依慕之私,幸及残年偿小聚;运会所遭,辅导所系,务摅素抱见孤忠。"(同上,下册第1516页)

人及北平名流陈宝琛、朱益藩、林开謩、江瀚、杨锺羲、赵椿年、李宣龚、夏孙桐、夏仁虎、孙雄等在中山公园水榭雅集，众人合影外，散原老人又与陈宝琛、朱益藩合影。[①] 八月，袁伯夔从上海，陈仁先从长春，陈病树、周立之从天津来与散原老人相聚，文酒过从无虚日。

1935 年 2 月，江翊云再次在其别墅怡和园眺远斋宴请散原老人及其他几位知交，合影留念。[②] 4 月 5 日，汪曾武在稷园水榭招周立之、黄孝平、郊牟、郭则沄、林开謩、贻美、刘移庵、赵椿年、邵章、章珏等共 12 人同集修禊饮宴，分韵赋诗。[③] 九月初九日重阳节前夕，陈仁先自长春来北平，其 4 个弟弟自天津来，偕周立之、袁伯夔、陈病树、溥儒等与散原老人游聚。[④] 9 月 25 日，有"陈门三弟子"之称的袁伯夔、李国松、陈病树三人同至北平谒师，合影留念。[⑤] 散原老人携家人在宣南便宜坊招待 3 位弟子和陈仁先、诒先兄弟、周立之（学渊）、蒯若木，酒席毕后复游陶然亭。在陶然亭偶遇周学熙、赵椿年、汪曾武、杨寿枢、杨寿枏、陆曾炜 6 人，于是拈韵赋诗，编成《江亭秋兴诗》，散原老人题写书名。[⑥]

1934 年至 1936 年甚至 1937 年上半年，散原老人的文化活动非常丰富，除上述诗酒文会外，尚有登门过访者甚众。散原老人来北平以后，虽然不再写诗（只为应酬破例写过三四首绝句），可是"吏部诗名满海内"的早年声誉仍然覆盖着神州的诗坛文苑，把握着近代诗风的命脉。文曲星北移，无疑给旧京之骚人雅士增加了"高山仰止"的机缘。于是，西城姚家胡同三号陈宅也就成了他们的"朝圣"之地。前来拜谒者既有多年旧雨，也不乏久怀仰慕之忱而欲一亲尊长颜色的新知。陈三立均一视同仁，乐于接谈。[⑦]

他在北平的最后驿程里，一项日常文案事务就是赏阅、题签各地诗人寄给他的诗作、诗集，接信回信、撰联。正像世人请陈三立写墓铭、寿序目的是"义宁陈三立"这个名款一样，那些文朋诗友希望得到的就是散原老人对其诗作的两行题识、一个书名，起到"庶青萍、结绿，长价于薛、卞之门"的名人效应。

---

① 见上海《青鹤》杂志第 2 卷第 15 期（1934 年 6 月 16 日）刊载这次雅集的合影。参见陈小从《图说义宁陈氏》，第 102 页。

② 见陈小从《图说义宁陈氏》，第 106 页。

③ 见李开军《陈三立年谱长编》下册，第 1492 页。

④ 见李开军《陈三立年谱长编》下册，第 1497 页。

⑤ 见陈小从《图书说义宁陈氏》，第 124 页。

⑥ 见李开军《陈三立年谱长编》下册，第 1499 页。

⑦ 见陈小从《图书说义宁陈氏》，第 119 页。

3. 与家人出游。[1] 1934 年 7 月，散原老人携家人游北海公园，摄影留念。[2]

1935 年 2 月，散原老人携家人往旸台山看桃花。[3]

1936 年 4 月 29 日，散原老人携家人往游吴家花园，合影留念。[4] 回来的路上，又兴致勃勃地往游原庆亲王承泽园别庄松坛。[5]

1936 年初夏，散原老人携家人往游香山。陈小从《图说义宁陈氏》："祖父性喜游览，又喜热闹，每次出游，都是一家老少全体出阵，围随老人左右。1934 年秋到 1936 年初夏，是我随父母在北平陪侍祖父的黄金时刻。这一年半的时间里，凡遇春秋佳日，辄驱车名园胜迹，尽兴游览。"[6]

1937 年 3 月，子寅恪、孙封猷陪侍，散原老人偕袁思亮、陈祖壬等往极乐寺看杏花。陈小从回忆："1937 年春季，袁伯夔由上海来北平，履践他一年一叩师门的诺言，并邀同陈祖壬及二三知交，陪侍祖父前往京郊极乐寺观赏杏花。六叔（寅恪）及六哥封猷，也随往照应祖父。这次春游，很可能是祖父一生中的最后一次走出家门。因为从时间上来推算，距离'七七事变'仅隔一个季度，平津沦陷后，祖父即忧愤国事而辞世。从照片中祖父之形象来看，堪称和熙愉悦、蔼然康强，大家绝不会料到，这次竟成了与老人的'饯别之宴'。以祖父当时之健康情况来看，百龄寿域虽不敢必，但至少还可后延数年。还是欧阳竟无居士说得对：'散原发愤不食死，倭虏实致之。'"[7]

三、爱国晚节的光环

（一）忧愤殉围城

民国二十六年（1937）七八月间，散原老人病重卧床，其时正值日军占领北平古城，老人忧愤而逝，时在八月初十日（9 月 14 日），享年 85 岁。9 月 17 日、18 日，上海《申报》连登陈宅报丧："显考伯严府君恸于国历九月十四日酉时寿终平寓正寝，哀此报闻。承重孙陈封可；孤哀子陈隆恪、寅恪、方恪、登恪泣血稽颡。"[8]

---

① 陈家 1923 年夏秋遭受俞夫人、陈衡恪去世重创，陈三立移居杭州，大家庭的局面已经解体。但随着散原老人移居北平，陈家一度再现了大家庭熙攘、雍睦的场景。

② 见陈小从《图说义宁陈氏》，第 108 页。

③ 见陈隆恪《二月偕家人侍大人旸台山看花》，载氏著《同照阁诗钞》，第 138 页。

④ 见陈小从《图书说义宁陈氏》，第 129 页。

⑤ 见陈隆恪《闰三月九日同家人随侍大人吴氏花园观两府海棠归途折游松坛园（即庆亲王承泽园别庄）》，载陈隆恪著，张求会整理《同照阁诗集》，第 146 页。

⑥ 陈小从《图说义宁陈氏》，第 131 页。

⑦ 陈小从《图说义宁陈氏》，第 136 页。

⑧ 《报丧》，《申报》1937 年 9 月 17 日、18 日，第 3 版。

散原老人逝世时，旧都人心惶惶，故老人的丧事未大操办，但闻讯前来拜祭吊唁者仍不乏其人。现只知吴宓 9 月 13 日往姚家胡同吊唁，郑孝胥 11 月 15 日早晨到姚家胡同吊唁，程砚秋、柯昌泗等 5 人亦来吊。张元济致唁电。

散原老人的爱国晚节，在国难时期产生了巨大影响。知交友朋、文人学者纷纷赋诗撰联，[①]报刊登载悼念文章者有沙上旅《"老年"和"青年"——敬吊散原老人在国之灵》、吴宗慈《述散原老人》、张梦庄（栩影）《思祖翁散原老人》《松门别墅》、邵祖平《散原先生文行掇述》、胡先骕《陈散原先生评传》（英文）、陶在东《关于散原老人》。

散原老人逝世时正值"七七事变"不久，平津沦陷，全国抗日呼声高涨之时，关于散原老人绝食绝药、殉国殉城、坚拒日本人引诱的传闻不胫而走，广为传播。国人的二度创作，成就了一个类似于民族英雄的形象，诞生了一位"箭垛式人物"，适应了民族主义时代精神的需要。关于这一点，李开军《散原之死——想象与真实的时代叙述》[②]一文有较好的分析释读。民国二十七年（1938）三月初五日，时任中央大学校长的罗家伦在《新民族》杂志上发表《民族的正气》一文，表彰"近代中国最伟大的诗人陈散原（三立）先生殉国"。文章很短，用一半的篇幅陈述他"殉国"之情景："这次北平沦陷以后，他因为是八十六岁的老人，身体多病，不便移居，所以隐没在一个小胡同里。不料惨酷无心肝的日本人，还想假借他的名义，派人和他接洽，他叫老仆连打带骂把那个人赶出去了。第二天日本兵就到他门口站岗，说是来'保护'他的。于是这位八十六岁老诗人五天不吃五夜不睡，绝粒而死！这是何等的英烈！这种'不为不义屈'的精神，是我们民族的正气！这种'从容就义'的精神，比'慷慨赴难'的行为，有过之无不及！他这一死，应当感动全国的青年、壮年和老年！他这一死，尤其应当感动全国的知识界！他死了，国家丧失一个瑰宝！政府不表彰这种人还表彰谁？"[③]以此种眼光来评说陈三立之死的，颇有其人。汪东的《义宁陈伯严丈挽诗四首》序中云："（民国）二十六年秋，倭陷北平，欲招致先生，游说百端皆不许。诇者日伺其门，先生怒呼佣媪操彗帚逐之。因发愤不食五日死。"[④]其他如蔡敬襄、车驹、古直、曾克耑、徐梵澄、胡光玮、张慧剑等，都在自己的诗文中表彰他的发愤绝食。[⑤]

---

① 挽诗、挽联、祭文、悼文俱见《陈三立年谱长编》下册，第 1524—1557 页。

② 载《中国文化》2013 年第 2 期。

③ 载《新民族》第 1 卷第 2 期，1938 年 3 月 5 日，第 20 页。

④ 载《国史馆馆刊》创刊号，1947 年 12 月，第 106 页。

⑤ 1938 年 3 月，冒鹤亭、陈庸庵、张元济、夏剑臣、李拔可、周梅泉、袁伯夔等在上海贵州（转下页）

一位年至耄耋的诗坛泰斗，骂倭不屈，绝食殉国，这确可以给危亡、混乱关头的中国人带来激动。因此，这种“宏大叙事”成为流传一时的“公共话语”。当年塑造起来的这位“爱国诗人”形象影响颇为深远，为20世纪八九十年代“陈寅恪热”提供了一个正面坚实的理由。在“陈寅恪热”中发表的大量著作文章涉及散原老人之死时都以此为标签。而随着资料发掘工作的推进，出自亲属的亲见亲闻材料却没有罗家伦等人披露的那些细节。1937年，陈三立五子登恪携妻贺黔云、子星照从武汉大学至北平过暑假，亲身经历了父亲七七事变之后病重直至病逝的变故。十月，登恪南返，来到庐山，向二侄陈封怀和侄媳张梦庄讲述了父亲去世的前前后后。次年，张梦庄受“沙上旅”《“老年”和“青年”》一文的触动，以“栩影”为笔名发表了一篇长文《思祖翁散原老人》，她在文中转述了八叔陈登恪讲述的情况，呈现了散原之死的另一个版本，[①]她在另一篇名为《松门别墅》的文章中所述散原老人晚年的爱国情结、去世前的忧患国事场景细节哀感动人：

祖翁在松门别墅里一直住了三年，遍游匡庐名胜，写了很多纪游诗。有一件使我们不能忘记的事也是发生在这三年之中的，即是一二八的淞沪抗战。那时，祖翁因山中的消息比较迟缓，而心中又急于想知道我抗战场中的状况，就订了一份由上海来的航空报，他每每捧着一份报纸看了又看，刚刚放下去，随即又检起来。他的思虑时刻都萦绕在那群英勇抗战的健儿身上，但他在白日里很少对人空发议论，到了夜间便常在睡梦中大声呼喊。有一次，家人惊起跑去看他，问起他，才知道他梦见在战场中杀敌人，杀得满身鲜血，醒来后衣服全汗湿了。我痛心的想起去年他在北平逝世以前也曾在梦里高喊过一句：“杀日本人呀！”愿那一声真切悲愤的呼喊化为万柄利刃刺入我们敌人的心窝！[②]

（二）白墓青山存天壤

散原老人早在1926年就在杭州西湖俞夫人墓地筑有生圹。抗战期间，兵

（接上页）路湖社为散原老人举行隆重的祭奠会，“孤岛”名流大都前往，并在《申报》上刊登了此次集会的启事。见冒怀苏编著《冒鹤亭先生年谱》，第408页。

① 另一位陈氏后裔亲历者在回忆中说祖父关注时事，订阅了平津两地的报纸近十份之多，终日手不释卷。日军占领北平后，老人日夜忧虑，不思饮食。病重时仍忧愤国事不假，不过弥留之际进食已经非常困难，说他为明志而绝食有些牵强。

② 栩影（张梦庄）《松门别墅》，载《宇宙风》第74期，1938年9月1日，第69页。

戈扰攘，道路不通，隆恪兄弟旅食四方，散原老人棺柩厝北平宣武门外长椿寺11年之久。

1945年7月，修水县政府、县参议会及机关团体呈文省政府，请求将设在修水的“赣西北临时中学”改名为“散原中学”，以崇忠烈，激励民族气节。而省教育厅则认为散原先生最大成就在学术文化，不宜以地域私之，呈请省政府将省图书馆改名为省立散原图书馆，并饬该馆收集其著述藏馆。11月7日，省政府省务会议权衡决议还是将修水中学改名为“散原中学”。

1947年6月25日，江西省参议会10位参议员以陈三立“早年参加戊戌变法，提倡改革，后致力于学术文章诗词，为一代泰斗。二十六年北平沦陷后坚拒敌诱绝食而死，大节凛然”为由，提请省政府公葬陈三立于庐山，并立纪念碑亭。8月11日省政府会议通过，同意公葬陈三立于庐山，后因散原老人在杭州已有生圹未能实行。

1948年5月，散原老人的子女开始实施将老父遗柩南迁杭州落葬计划。时散原老人次婿俞大维任交通部部长，遂由次女陈新午从南京赴北平迎榇，三孙陈封雄等护送灵榇，由北平至天津由招商局轮船转运至上海转火车，在车站设置临时祭棚，张元济、陈仁先、陈诒先、陈病树、李宣龚、陈叔通、夏剑臣、沈涛园、袁师南、叶蒲孙、吴孟复等人前往致祭。陈仁先、陈病树、陈叔通、吴孟复作诗悼念。祭礼毕，从沪杭铁路转运杭州（在上海车站时，列车用白布横挂“陈散原先生之灵车”）。[①] 至杭州车站，再用汽车转运至九溪十八涧牌坊山安葬。安葬之日，灵车后护送的小车有数十辆之多。在上海的祭礼与杭州葬礼的隆重，稍稍补偿了11年前治丧的平淡。

1948年5月的散原老人遗柩南迁杭州安葬，动作颇大，火车、轮船、汽车交互转运，据说棺柩下葬墓穴时还动用了部队工兵。这一方面是由于亲属拥有的社会地位、可用资源，一方面是由于散原老人一生声名和爱国晚节的感召。场面之隆重壮观，可以告慰散原老人于九原。这个时间节点抢得好，若晚半年，想把散原老人遗灵南迁与俞夫人、长子衡恪“托体同山阿”，永无可能。儿女的孝心，终于实现了散原老人“一生一死，天使残年枯涕泪；何聚何散，誓将同穴保湖山”的意愿。

陈家杭州墓地的大范围是西湖边缘的景点“九溪十八涧”，墓地的具体称谓是牌坊山、黄泥岭。1923年夏秋俞夫人、陈衡恪相继去世后，棺柩先厝杭州

① 详见陈诒先《送散原先生灵榇归葬杭州记》，载《申报》1948年6月18日，第8版。参见李开军《陈三立年谱长编》下册第1555页节引；陈小从《图说义宁陈氏》，第149—155页。

西湖净慈寺。购得墓场后，墓址、朝向请陈三立的进士同年王病山堪舆选定，[①] 1926 年下葬。1948 年墓场最终形成，围垣内排列着三座长方形墓，墓前有宽大的拜台，有供人歇憩的石桌石凳，还有一栋有十余间房的墓庐。从残存的拜台条石塴、拜台的规模来看，当年的陈墓虽然比不上有华表、墓道的古墓，但在杭州的民国名人墓中，当有一席之位。墓地背倚牌坊山，面向钱塘江，地势轩敞，气氛静穆。一道山梁隔断了公路的尘嚣，但从公路到墓地，只需几分钟。且偌大的一片山谷坡地，只有一座陵园。按过去风水的说法，确是牛眠佳壤，兆域福地。

然而"世事茫茫难逆料"，这一方与世无争的净土，后来屡受危损，几遭与南昌西山陈宝箴夫妇茔墓一样碑毁墓平的厄运。1951 年 6 月初，杭州陈家墓地主家（民间称"坟亲"）应品森写信给方恪，告知"海军征收该处基地百亩建设海军疗养院……且通知限二十日内迁葬。如逾期未迁，当由公家发掘"。陈氏兄弟闻讯后，焦急万分。分头写信向陈毅、陈叔通、章士钊、李一平等求助。后经周恩来、刘少奇、陈毅出面，令某部撤销占用墓地的计划。高层的重视避免了陈墓一劫。否则仅仅 4 年，又要花大动作，将深埋地下的三副棺柩挖出移葬，购地、转运、下葬，以陈家几位书生的实力，殆难办到。虽然隆恪的待老父遗柩南迁后，在墓地广植梅花，使之与孤山林和靖胜迹遥相辉映的计划没有实现，[②]但茔墓总算保住了。

1956 年，陈墓被定为浙江省二级文物保护单位，[③]虽然 1962 年复审时文保单位的保护伞被撤销，但毕竟赢得了十余年的平安无事。"文化大革命"时期，陈墓遭劫受难，墓园内所有建筑物如石砌墓垣、墓碑、石桌石凳、拜坪、墓庐全部被一扫而空，平整为茶园。万幸三副深埋地下的灵榇丝毫无损，毕竟有工兵的技术垫底。而与散原老人墓相距不远的陈布雷墓惨遭破坏，荡然无存。相比之下，散原老人墓算是幸运的。

1986 年夏，经过李一平先生 7 年的奔走努力之后，中央统战部终于同意修复陈墓，并拨款 8 000 元，[④]委托浙江省统战部办理修复事宜。因墓场已辟为茶

---

① 见陈诒先《散原先生灵榇归葬杭州记》，转引自李开军《陈三立年谱长编》下册，第 1314 页。

② 隆恪又说要把牌坊山按谐音改为"徘徊山"，一边说一边流泪。1956 年，陈隆恪夫妇在上海相继病逝，亲属欲葬祖墓侧，未获西湖风景区管理部门的批准。后在看墓人应品森的帮助下，葬于距离祖墓数里远的杨梅岭应姓坟山上。

③ 见 1958 年 2 月文化部文物保护局《全国各省、自治区第二批文物保护单位名单汇编》，第 210 页。

④ 见中共中央统战部致浙江省委统战部函，统发文（86 · 三）第 202 号；参见国务院参事室《1979 年大事记》；李国葆《陈师曾画传》，江苏凤凰美术出版社 2022 年版，第 261 页。

园,恢复原貌需斫砍许多茶树。为减少阻力,只得在"寸土寸金"的条件下,量体裁衣,砌成两个圆形墓。重修后的陈墓主要由三部分组成:一道圆形围墙,环绕着两个圆形墓;左边是陈三立与俞夫人合墓,右边是陈衡恪墓。围墙和两个圆形墓都粉刷成白色,在葱茏的青翠山色中格外醒目。

杭州的山水环境确属第一流,这一方佳山胜水,应是名人的最好归宿。据统计,西湖景区共有六十余座名人墓,"古今多少英雄骨,埋遍西湖南北山"。以陈氏家族在中国近代史、文化史、学术史上的地位,所在之处自成名胜。杭州的文人已经注意到这一点,1997 年 10 月 16 日《人民日报》发表仲向平、胡志红《西湖名人身后寂寞》一文,文中提到"陈三立、陈衡恪墓具有极高的历史价值和人文价值,暂时无法开发,可以先立一块纪念牌,以利保护,供人凭吊"。虽然此文不是出自名人要角手笔,呼声微弱,但毕竟是"春自天涯悄悄来"之先声。2007 年,杭州市文物局钱江分局将陈墓修缮一新,为申报"杭州市文物保护点"做前期准备。2013 年 12 月,陈墓从"保护点"升格为"杭州市市级文物保护单位"。虽然慢了一拍,但该来的还是来了。散原老人的身后哀荣以及义宁陈氏几十年来的炎凉起伏,表面上看似关乎人事浮沉,往深处想,实可窥见时势国是,文运盛衰。

四、盖棺须知"袖手"意

陈宝箴、陈三立、陈衡恪、陈寅恪四位陈氏家族的重要成员,除陈三立外,其他三人的角色认定都比较容易,惟陈三立有点边界模糊。他有经世之志,期望政绩事功,但行政能力稍逊,政治家谈不上。对中西学说均有沉潜钻研,诗文中富于义理识见,但学术、思想不系统,难入儒林传。诗文执坛坫之牛耳,但又不甘心入文苑传。对陈三立这种复杂矛盾面相的抉示,似以欧阳竟无《散原居士事略》能直探本源。《散原居士事略》虽只有八百余字,却留下了一段被后世学人击节的人物月旦评:

> 改革发源于湘,散原实主之。散原发愤不食死,倭奴实致之。得志则改革致太平,不得志则发愤而寄于诗,乃至于死国。发于政,不得以政治称;寓于诗而亦不以诗人概,诚古之性情肝胆中人,始终一纯洁之质也。[①]

这段话确实是知音之言。它甩开了散原老人生平事略的许多细节,直接揭示

① 欧阳竟无著,黄夏年主编《欧阳竟无集》,第 202 页。

人物性格命运的最本质之处。其陈义之高，不仅在当日迥拔时人之上，即使在今日也难出其右，被多位研陈专家所称引。

而"神州袖手人"则是对陈三立人格形象的艺术化表达。"袖手"一词在古代汉语、古典文学语境中是个意蕴多重的词汇，有褒义、贬义、中性义。中性义即一个身体动作，与古人的衣着特点有关，后来引申为一种带有情感评判褒贬抑扬的概念。"谁为袖手旁观客；我亦逢场作戏人""平生袖手谈心性，临危一死报君王"是带贬义的名句，而陆游"关河自古无穷事，谁料如今袖手看"的抒发则激动人心。自宋代以降，"袖手"一词被广泛引入诗坛词林，如苏东坡"用舍由时，行藏在我，袖手何妨闲处看"，刘克庄"江国事稀聊袖手，钧天梦断久灰心"，杨万里"惭愧棹郎能袖手，若非袖手更无功"，李曾伯"多少汗颜君袖手，凭谁举酒问穹旻"，周密"事有难言惟袖手，人无可语且看山"，陈维崧"正霜天袖手，试观其怒，中原赌命，肯受人怜"，康有为"看云愤慨难袖手，被发问天天听否"，梁启超"风波旧忆横身过，世事今归袖手看"，郑孝胥"沧海桑田眼中人，袖手沉吟待天逸"，陈仁先"在昔高眠动湖海，只今袖手看关河"，张默君"还冀浚渠安禹甸，忍教袖手看神州"，佚名"寄语旁观休袖手，风云变幻正苍茫"。

为何从宋到民国那么多人喜欢以"袖手"作诗撰联特别是康有为、梁启超、郑孝胥都曾用"袖手"抒怀写意，但都没有陈三立这一联影响大，成为与"风萧萧兮易水寒，壮士一去兮不复还""我劝天公重抖擞，不拘一格降人才"风调类似的经典名句、文化符号。个中缘由，值得推究。

陈三立这一名句写于光绪十九年（1893）正月，时在武昌，诗题为《高观亭春望》，全诗为：

> 脚底花明江汉春，楼船去尽水鳞鳞［粼粼］。
> 凭栏一片风云气，来作神州袖手人。

当陈三立吟哦出这两句名句时，还只是日常登临抒怀时的神来之笔，触景生情，托物起兴，高亢俊爽。光绪二十一年四月，黄遵宪为办理教案事到武昌，与当地文人颇多往还，结识三立。两人互题诗集，雅相推重。黄遵宪在"凭栏"一联侧打双圈，表示极为赞赏。[①] 这说明这一名句在光绪二十一年后就已经在与陈三立有联系的文人圈子里小范围传播了。

---

① 旧时文人表示对别人诗文的看法，着圆点表示重要，打圆圈表示赞赏。

光绪二十三年（1897）五月，陈三立为时务学堂购仪器事至上海，与梁启超数次会晤，请梁启超为其书题写扇面，梁启超书写了自己的两首词作。本年十月至次年二月，梁启超在湖南时务学堂任中文总教习。有可能陈三立在这两次与梁启超的来往中，抄录了自己的部分诗作给梁启超，内含这首《高观亭春望》。①

光绪二十七年（1901）春，梁启超正思考中国诗歌的革新问题，写了《广诗中八贤歌》，第四贤便是陈三立："义宁公子壮且醇，每翻陈语逾清新。啮墨咽泪常苦辛，竟作神州袖手人君昔赠余诗有'凭栏一片风云气，来作神州袖手人'之句。"②次年《新民丛报》发表梁启超的《广诗中八贤歌》。这样，陈三立"神州袖手人"诗句经梁启超品题公之于世后，一炮打红，士林传诵。在经历了戊戌变法国难家劫之后，人们误以为这是陈三立戊戌变法失败后的心境流露，时人后学赞之不绝，被广泛引用颂赞，成为陈三立一生志节精神的写照。八指头陀《寄义宁公子陈伯严》："俗子纷纷据要津，怜君寂寞卧松筠。流枯沧海哀时泪，只作神州袖手人。"③陈锐《题伯严近集》："湘社联翩擅妙才，几人酱瓿委尘埃？文章流寓天留汝，袖手神州一酒杯。"俞明震《雨中登楼赠伯严》："知否匡庐烟雾里，有人袖手看神州。"《居南安十日书寄伯严》："便拟从容理归棹，从君袖手看神州。"吴董卿《诵伯严还山省墓诸作却和》："安山风雨摇残柝，袖手乾坤剩独醒。"潘飞声《送陈伯严》："神州仍袖手，且放酒杯宽。"蔡公湛《散原丈哀诗》："不堪荆天棘地里，老去神州袖手人。"周梅泉《寿陈散原丈七十》："早羡拂衣除世网，真成袖手看神州丈于戊戌政变后尝自号神州袖手人。"邵祖平《寄散原先生庐山》："飘然绝塞疑翁往，愁涕神州久闭关戊戌政变后先生自号神州袖手人。"夏敬观《怀陈伯严》："雨余钟鼓过秋陂，袖手凭楼晚更悲。"钱仲联《论近代诗四十家》"陈三立"条："当年党人儿，老作袖手人。缚魂闭荒山，吟与木石亲。万古五老峰，骨立同嶙峋。"胡朝梁《呈义宁陈伯严先生》："风雨愁今日，河山依旧时。有人闲袖手，对影苦吟诗。"

人们如此频繁地使用"神州袖手人"来描述、形塑陈三立，表明这一徽号恰恰契合了人们对陈三立遭遇人生挫折之后出处姿态的想象。④ 而陈三立并不

① 见楼培《陈三立的"神州袖手人诗"》，载《粤海风》2016年第5期。

② 梁启超《饮冰室合集》第五册文集之四十五（下），中华书局1989年版，第13页。

③ （释）敬安著，梅季点辑《八指头陀诗文集》，第315页。

④ 陈三立除这一名句之外，尚有"人物渺然羞湛辈，腐儒袖手看横流"，见《胡琴初寄示除日述怀四首次韵酬之》之三，载陈三立著，李开军校点《散原精舍诗文集（增订本）》中册，第540页，但此联影响不大。

公开说明此联写作的具体时间，写作时间的移位倒置，反而“无心插柳柳成荫”，起到了意想不到的效果，成就了中国诗史上的一条掌故，也为发生学、阐释学提供了话题实例，也从此引发了对陈三立角色认定的见仁见智。

关于陈三立“凭栏一片风云气，来作神州袖手人”的论争，向来是陈三立研究绕不过的话题，对这句诗的理解，实际反映了对陈三立理解的深度。20世纪80年代后，学术界突破了过去以“进步—落后”“积极—消极”划线的陈旧观念，认为陈三立实际并未消沉颓废，忘怀国事。郑彧文认为“来作神州袖手人”是一种愤极的沉默，恨余的冷眼，散原的“袖手”极似东坡的“袖手”。苏东坡因对王安石变法不满，被排挤出朝廷，于是“袖手何妨闲处看”。陈、苏二人的遭际相同，处变的态度也大抵一样，“袖手何妨闲处看”“来作神州袖手人”都是牢骚激愤语。[①] 董俊珏评说：“论者往往泥于一句‘来作神州袖手人’，就轻率的以颓唐、消极之词来论定陈三立，却看不到在诗句背后所隐含的无限家国之悲，实在是很不可取。事实上，陈三立身虽废退，却无时无刻不在关注着国家民族的命运，在其《散原精舍诗文集》中，抒发内心忧愤抑郁的文字，触目皆是。……单就对国计民生的关注而言，陈三立远胜于一时风头正健之衮衮诸公。”[②]

就诗句本身的特点而言，两句之间不是顺承关系，而是转折关系。“风云气”与“袖手人”形成正反意象，古典诗文中常以“风云”比喻变幻的局势、际遇，常用“袖手人”来比喻局外论政、耿介自负的畸人高士，带“风云气”的“袖手人”肯定不是凡庸之辈。这一对组合具有一种内在生命力的支撑，一种相反相成的张力，含不尽之意于言外，表达了深沉的人生况味和思想倾向。正适宜用来表现诗人“世言古之伤心者，士有怀抱宁异今”[③]的胸中块垒。

这一联影响或左右着世人对陈三立形象基本评价的名句，是其壮志难酬的负气之言和一身才智无由施展愤懑心境的无奈宣泄。这也从一个侧面说明了陈三立头上所谓“名士”的真正含义。[④]

陈三立具有名士的反叛性格，其性格中有矫然不群的定力，力求脱俗是他追求的主要目标。作文，不喜士林流行的骈偶句，很少铺排形容，厌恶八股文。他于光绪八年（1882）第四次应乡试，试卷是用古文笔法写成的，初审时卷子被

---

① 见郑彧文《散原“袖手”别说》，载《九江师专学报》1995年第1期，第15页。

② 董俊珏《陈三立评传》，苏州大学2008届博士论文，第22页。

③ 陈三立《上元夜次申招坐小艇泛秦淮观游》，载陈三立著，李开军校点《散原精舍诗文集（增订本）》上册，第5页。

④ 见董俊珏《陈三立评传》，苏州大学2008届博士论文，第59页。

黜落,幸被主考陈宝琛处理被打下来的卷子时慧眼识珠,破格录取。但乡试已三次落第,第四次仍敢于不按程式答卷,只有内心有强大安全感的人才敢这样做。写诗,中年以后风格大变,忌熟忌俗,奥涩紧扎,排奡峻洁。写字,不喜势力强大的"馆阁体",以致考取进士时因书法不合程式被罚停一科殿试。总之,他人要不俗,诗文要不俗,书法也要不俗。

戊戌变法失败后,陈三立无意再投身政治,他的儒道混杂的思想引导他优游林泉,充当中国政局的"观弈人"。其既关注政局时事又不与当局合作的处世方式,一直坚持到他生命的最后几年。其六孙陈封猷回忆,老人在北平时,也常有当权者着人打招呼要来拜访他,他均以身体不适婉言谢绝,他与新老权贵始终保存着相当的距离。

笔者20年前就总结出陈三立"一生出处进退,可圈可点,其中三件事影响最大:一是'清末公子'的得名;二是近现代诗坛的盟主地位;三是晚年的爱国情操。这是他一生行述的核心"。[①] 这三条概括,竟与近期才获得的1947年6月江西省参议会10位参议员提请省政府公葬陈三立于庐山的三条理由暗合。[②] 他头上顶着"维新公子""神州袖手人""名父之名子,名子之名父"[③]的桂冠走完了年高德劭的一生。盖棺论定,以贵公子为真名士是陈三立的内在本质,袖手看风云是其外在表现形式,终点落在道德文章上。

第六节 吏部诗文名海内

吴宗慈编《庐山志》卷二八《艺文·历代诗存·近代》"陈三立"条识语云:

---

① 刘经富《义宁陈氏与庐山》,中国文史出版社2004年版,第181页。

② 陈三立先生早年参加戊戌变法,提倡改革,开风气之先。厥后致力于学术文章诗词,为一代泰斗。二十六年北平陷入敌手,被敌威胁,绝食而死。大节凛然,尤堪钦式。拟请省府公葬于庐山,并立纪念碑亭,以资表扬。

③ 这是钱文忠以散原老人在义宁陈氏家族中所处的承先启后的位置立论,认为近代以还,"名父之子"已经不多见,"名子之父"则更寥寥,更不用说二者兼于一身了。这需要有数代清华的家世条件,而且每代都必须至少在立功、立德、立言的一个方面有足以彪炳千秋的成就。这个前提条件难度极大,但散原老人足以当之。他不仅是名父之子,也是名子之父。而且由于他本人享有大名,比"名父之子"和"名子之父"更进一境,是"名父之名子""名子之名父"。此论尖新独特,慧眼独具。钱文忠仅用了一个支点,就托起了一个三代承风的百年家族。这是世人继"清末公子"之后,奉献给散原老人的又一个具有特定含义的专有名词。

> 有清三百年来，诗坛作者踵起，类多趣［趋］于神理声调，不敢少越新城、秀水、瓯北、樊榭诸子之绳武。及至同光间，遵义郑子尹、独山莫子偲、长洲江弢叔辈出，始稍稍矫其趣。至先生而益皎明昌大，天下靡然向风，称为“陈、郑体”。然世尚多以先生之诗瓣香其乡先辈山谷，为江西派中宗匠。及至先生之集出，方晓然如郑君序先生之诗，所谓“越世高谈，自开户牖，不仅隶于江西社里也”。先生之文，金石铭志，早已光烛四裔，其不拘拘于桐城，亦正如其诗之不可囿于双井也。承学之士，自能辨之。际兹世风板荡，俗学浇漓，幸硕果仅存，皤然一老，为群流仰止，不独为吾乡耆献之光，其高蹈灵襟，亦镇自与名山同垂不朽也。壬申（1932）季冬，南丰吴宗慈附识。①

查《庐山志·艺文》选入古今诗人诗文数百家，于名下缀按语者仅陈三立一例。

这段写于1932年的识语点出了陈三立诗文渊源流变关系，其时陈三立正在庐山，也许曾给陈三立过目首肯。

关于陈三立诗作渊源宗向的阶段变化、特点风貌，董俊珏博士论文《陈三立评传》第五章《陈三立诗歌的社会内容和艺术价值》有较好的分析归纳。笔者本节以其梳理论述为框架，参合其他研究者论说和自己拙见而成。

一、陈三立诗风的四个阶段

第一阶段形成于长沙。其青年时期诗作的结集《七竹居诗存》迄今尚未发现，②目前发现的最早诗作是写于光绪三年丁丑（1877）的六首七律，光绪四、五年间的三首七律和两首五律，时陈三立25—27岁。11首律诗都写得开朗流转，清俊芊绵，温润华美，似有晚唐诗风的影子，③反映了青年陈三立的才气性情。④

---

① 吴宗慈编撰，胡迎建等校注《庐山志》下册，第441页。陈衍称誉“五十年来，惟吾友陈散原称雄海内”。转引自周薇《传统诗学的转型：陈衍人文主义诗学研究》，上海三联书店2006年版，第86页。

② 目前发现的陈三立最早诗集是光绪十八年到二十年间，陈三立在武昌侍父期间，将自己的诗作缮写结集，起自光绪六年七月侍父赴河南河北道任职，止于光绪二十年冬，收诗265题，但未刊印。

③ 陈三立年轻时曾爱好李商隐诗，受其影响。俞大纲说“散原先生尝自谓三十岁以前，诗宗义山，三十以后始变体”。见氏著《寥音阁诗话》第一条，《俞大纲全集·诗文诗话卷》，第143页。

④ 参见章木《陈散原诗文的蜕变》，载《艺林丛录》第6编，香港商务印书馆1966年版，第13—17页。廖树蘅曾指出陈三立光绪五六年间诗稍涉轻冶。这与作者的年龄、经历有关。

这一时期有两篇代表作，一篇是《行平江道上六首》。光绪十年（1884）十一月，陈三立自长沙回义宁故里，途经平江长寿街金坪里，扫祖母、伯父、妻、儿墓。此五首诗高古浑成，蕴藉厚重。

另一篇是《鹭儿曲并序》。[①] 光绪十五年四月陈三立补殿试得中进士，于本年冬回义宁故里，写了几十首诗。返回长沙时，住宿州城，到城西茶商聚集的街铺观赏一位名叫“鹭儿”的茶伎表演。诗和序都写得旖旎都丽，借名妹不偶喻己之不值，典型的六朝晚唐风格。如果只看陈三立后期生涩狠劲诗作的人，肯定不相信这是陈散原的手笔。[②]

第二阶段发轫于武昌侍父时期。光绪十七年（1891）春，陈三立至武昌后，与张之洞幕府文人交往唱和，大大扩展了交游圈子，更促成其师法对象由六朝转向唐宋，主要宗法韩愈之雄奇，黄庭坚之奥峭。正如陈锐所论：“气骨本来参魏晋，灵魂时一参黄（庭坚）陈（师道）。”“踢翻高（心夔）邓（辅纶）真男子，不与壬翁（王闿运）更作奴。”[③]

陈三立学黄庭坚诗，在武昌期间所作诗逐渐明显。如《送赵翰林启霖、黄优贡忠浩还湖南》：

> 可怜几日悬吾眼，烛畔尊前更饱看。当代英雄一笑尽，孤篷歌唾万波寒。会因风霰兼飘泊，各有江湖赴控抟。归斸岩阿生事了，倘贪夜月倚阑干。

起句突兀而来，末句用假设，中二联开合有致。黄遵宪评此诗“真山谷诗，神骨气味，无一不佳”。[④]

这一时期的代表作为光绪十九年游庐山诗，凸显其雄奇奥峭的特点。当然，这一时期最有代表性的作品是《高观亭春望》。

第三阶段以光绪二十七年（1901）陈三立诗作正式结集刊印为标志，时已移居南京，所收诗作始于1901年。

戊戌政变（1898）后，陈三立诗作因家国之难一变为郁怒沉郁，“百忧千哀

① 七言歌行体，诗长、序长，见陈三立著，刘经富主编，潘益民、李开军辑注《散原精舍诗文集补编》，第54页。

② 六朝时期的梁、陈诗风别有绮丽甜艳的一面，所以陈三立早年作品也有这种倾向，有才子佳人气。

③ 陈锐《题伯严近集》，载陈锐撰，曾亚兰校点《抱碧斋集》，岳麓书社2012年版，第67页。

④ 陈三立著，刘经富主编，潘益民、李开军辑注《散原精舍诗文集补编》，第73页。

在家国”“旋出涕泪说家国”“抚膺家国逼灯前”之类的哀吟比比皆是,代表作为“崝庐述哀诗”。光绪二十六年(1900)六月陈宝箴在南昌西山猝逝后,已移居南京的陈三立此后每年清明、冬至都来扫墓,一直坚持到1917年。十七年里,陈三立创作了大量谒墓诗,在为父亲所写的《先府君行状》里,有“通天之罪,锻魂锉骨,莫之能赎”的句子。这实际上为“崝庐述哀诗”从内容到情感都奠定了沉郁凄切的基调。① 王揖唐《今传是楼诗话》谓“散原集中,凡涉崝庐诸作,皆真挚沉痛,字字如迸血泪。苍茫家国之感,悉寓于诗,洵宇宙之至文也”。② 这一时期陈三立的诗艺突飞猛进,已把原先那班水平在伯仲之间的诗友甩下几条街。

第四阶段形成于入民国后。陈衍评说陈三立在“辛亥乱后,则诗体一变,参错于杜(甫)、梅(圣俞)、黄(庭坚)、陈(后山)间矣”。③ 汪辟疆继论:“悯乱之怀,写以深语。……初读但惊奥涩,细味但觉深醇。晚年佐以清新,近体参以圆海,而思深理厚,尚不失自家面目。”④

这一时期是陈三立诗作全面成熟的时期,“散原体”名成义立。如果说此前是为“散原体”这座大厦打基础的话,那么现在就是盖屋顶了。作品各体(绝句、五古、七古、五律、七律)都有佳构,指不胜屈。以其咏月诗为例,从1901年到1930年,陈三立共写咏月诗近六十题七十余首,以1930年在庐山所写《中秋夕山居看月》为最:

> 笼湖摇海中秋月,移向匡君卧处看。洗露峰峦迎皎洁,带星楼观出高寒。一生阅世丹心破,万里传辉白骨残。犹有酒杯邀对影,石根虫语落栏干。⑤

此诗不仅可以视为陈三立咏月诗的代表作,甚至可以视为《散原精舍诗》集的压卷之作,一度广为传诵。1936年2月14日,吴梅与蔡正华谈及陈三立这首诗,以为可媲美杜甫“风急天高猿啸哀”名篇。⑥

---

① 见董俊珏《陈三立评传》,苏州大学2008届博士论文,第134页。

② 张寅彭主编《民国诗话丛编》第3册,第276页。

③ 陈衍《石遗室诗话》,载张寅彭主编《民国诗话丛编》第1册,第204页。

④ 汪辟疆《近代诗人小传稿·陈三立》,载氏著《汪辟疆文集》,第301页。

⑤ 陈三立著,李开军校点《散原精舍诗文集(增订本)》中册,第714页。

⑥ 见吴梅《吴梅全集·日记卷》下册,第656页。

二、陈三立诗风的渊源关系

（一）师法汉魏六朝

陈三立早期诗作属意汉魏六朝诗风，与王闿运倡导的“汉魏诗派”有关。清同治年间，宋诗运动呈衰歇之状，王闿运起而倡汉魏诗，不学宋以后诗，一时响应者众，汉魏六朝诗派开始崛起于诗坛，又因其首领与主要人物多半在湖南，带有湖湘地域特色，故又称“湖湘诗派”。当宋诗派人物何绍基、郑珍一辈相继去世，“同光体”诗人尚未崛起之时，王闿运引领诗坛风骚。他功力深厚，风格高华，屹然为晚清一大宗。

陈三立青年时代在长沙与王闿运、曾广钧、易顺鼎、陈锐等人交游，参与湖湘诗人雅集，按王闿运的命题作过多首诗，大多为五古或歌行体。汪辟疆说陈三立早年“习闻湘绮诗说，心窃慕之，颇欲力争汉魏，归于鲍、谢。惟自揣所制不及湘绮，乃改辙以事韩、黄”。[①] 陈三立受风潮涌动，“力争汉魏”自在情理当中。尽管后来改弦易辙，但早年对汉魏诗歌的学习在他诗风形成过程中所起的作用却不容忽视。[②] 曾克耑说王闿运学六朝，只会入不会出，所以他的诗，无论摹仿到怎样好怎样像，只配做六朝人的子孙。但他绝没有想到最初用他的办法从六朝入手，最后不用他的方法，由六朝的底子，摇身一变，而为宋诗的最大成功者，会成就了一位陈散原先生。[③]

（二）师法杜甫

廖树蘅评陈三立早年诗：“伯严诗凡数变，己卯（光绪五年）庚辰（光绪六年）之岁，与何璞元、陈伯弢诸人唱和，微涉轻冶。余游苏杭归，伯严方侨寓鄂城，读其与孝达尚书及范明经当世往来之作，则沉雄高浑，骎骎入少陵之室矣。”[④]

陈三立潜心学杜，其《六月十二日山谷生日……》诗云：“咀含玉溪蜕杜甫，可怜孤吟吐向壁。……一家句法绝思议，疑凭鬼神对以臆。”[⑤]指出黄庭坚诗学杜甫和李商隐，而他本人也非常敬崇杜甫，自言“不见旻公三十年，杜陵旧句摇怀抱”（《寄题湖心寺示慧之上人》）；“恍疑饭颗逢杜甫，安得屐齿俱谢公”

---

① 汪辟疆《近代诗人小传稿·陈三立》，载氏著《汪辟疆文集》，第 432 页。

② 见刘小成《论陈三立的诗歌风格》，山东大学 2005 届硕士论文，第 10 页。

③ 见曾克耑《记陈散原先生》，载氏著《颂橘庐丛稿》第 4 册，新文丰出版公司 1981 年版，第 693 页。

④ 廖树蘅等著，廖志敏、李开军整理《珠泉草庐师友录》，第 28 页。

⑤ 陈三立著，李开军校点《散原精舍诗文集（增订本）》上册，第 375 页。

(《题王梦湘太守〈匡山戴笠图〉》)。又有诗云:"灯前杜老关哀乐,依旧高歌有鬼神。"(《春分日瞻园雅集次和樊山》)可见他对杜诗妙句烂熟于心,更与老杜哀乐之情相通。又说"近句瘦硬益振奇,宛肖东野追杜陵"(《地震后三日雨中倒叠前韵……》)。虽然是评友人夏寿田诗,其实也是他自己所向往的境界。

杨声昭说"散原五古似韩似杜,亦似大谢,五律则专意于杜。吾最爱其《对雨》及《别俞氏女往柏灵》诸篇,意境高敻,字句矜慎"。[①]

(三)师法韩愈

学界一般认为宋诗的源头是韩愈,所以宋诗派诗人一般都要浸染韩愈诗风,陈三立也不例外。

力图摆脱六朝诗风之温婉,努力追求雄奇拗峭,正是同光体形成时避熟、避俗的表现。当陈三立历经人生的忧患、环境氛围的改变、交游的亲疏后,在探索中找到了他的师法对象:七古主要师法韩愈之雄厚;七律学黄庭坚之拗峭。沈其光认为"余观其古诗多似退之,其气味绝不是江西也"。[②] 陈三立本人对韩愈的雄奇、恢诡尤有体认,曾说:"韩公诗继李杜而兴,雄直之气、诙诡之趣,自足鼎峙天壤,模范百世。不能病其以文为诗,而损偏胜独至之光价也。"[③]

(四)师法黄庭坚

关于陈三立对黄庭坚诗的承传与创新,前人多有论述。释敬安(八指头陀,俗名黄读山)《寄题陈伯严吏部〈散原精舍诗集〉》诗云:"吾家诗祖仰涪翁,独辟西江百代宗。更有白头陈吏部,又添波浪化鱼龙。"[④]前两句赞黄庭坚开江西诗派,后两句赞陈三立传承黄庭坚而又能创新,是真正的发扬光大。李肖聃称"近世论诗宗黄,倡之者湘乡曾公,大之者伯严也",又转引"梁璧园焕奎谓伯严诗文初无宗主,中年文拟庐陵,诗宗山谷,其原[源]皆出江西"。[⑤]

从诗歌主张和作诗宗趣来讲,陈三立更倾向于黄庭坚诗学,并努力体悟和学习黄庭坚诗风,时常涌出亲近的思慕之情。[⑥] 他积极继承江西诗派的作诗方法,写诗标新立异,力避俗熟。莫砺锋指出陈三立主要从三个方面学习黄庭

---

① 杨声昭《读散原诗漫记》,载陈三立著,李开军校点《散原精舍诗文集(增订本)》下册"附录",第1551页。

② 沈其光《瓶粟斋诗话》,载张寅彭主编《民国诗话丛编》第5册,第571页。

③ 陈三立《程学恂〈韩诗臆说〉题词》,载陈三立著,李开军校点《散原精舍诗文集(增订本)》下册,第1457页。

④ (释)敬安著,梅季点辑《八指头陀诗文集》,第409页。

⑤ 李肖聃著,绛希点校《星庐笔记》,第6页。

⑥ "同光体"诗派的诗论家陈衍的重要诗论之一是"三元"说,即盛唐开元、中唐元和、北宋元祐,实指唐宋三位诗人杜甫、韩愈、黄庭坚的重要时期,重心落在杜、韩、黄上,原因是他们有开新本领。参见周薇《传统诗学的转型:陈衍人文主义诗学研究》,第70、73、92、96页。

坚：1. 用字奇特，未经人道；2. 句意生新，不落窠臼；3. 开拓诗境，化腐为新。①

（五）师法龚自珍

近代以来，国难当头，西风东渐，儒家固有的“温柔敦厚”诗教思想愈发显得与积极进取、个性解放的时代精神格格不入。龚自珍以心学、佛学为武器，揭露封建专制对个性的压抑，大力倡导“我光照日月，我力造山川”，开近代个性解放思想之先声。吴宓在《余生随笔》中说：“自光绪中叶以来，定庵诗遽大著于世。……当庚子以前，所过亲友家，凡稍称新党者，案头莫不有定庵诗集者。”②

陈三立处于民族危亡之际，势迫情急，发为哀音，以龚自珍所想象的“大声”呼号歌啸。在诗作中冥搜万象，捕捉感觉，驰骋想像，出之以千奇百怪、意想不到之境界。诡谲之意象，创深痛巨之感，奔迸而出，非如此不足以“泣鬼神诉真宰”。③

（六）师法郑珍

郑珍（1806—1864），字子尹。贵州遵义人。道光十七年举人，选荔波县训导，咸丰年间告归。诗风奇崛，时伤艰涩，与莫友芝并称“西南巨儒”。

郑珍与陈三立分别为宋诗运动和同光体诗派的两座高峰。陈夔龙评郑珍诗“奥衍渊懿，黝然深秀，屹然为道咸间一大宗”。④

郑珍活动在道光、咸丰年间，足迹所至，主要在大西南以及鄂、湘等地。其时中国处于鸦片战争时期，继而太平军战事起，而黔地乱事迭生，民不聊生，兼以生产力落后，经济萧条，其时一般士大夫对世界大势茫然无知。郑珍少有大志，然科举蹭蹬，沉沦下层，他的诗能深刻反映现实，但往往只是剪取社会的一角，时局背景却隐微难见，这也许与他的地位卑微经历多局限于西南一隅有关。

陈三立晚生郑珍五十余年，其时西方文明与其学说开始传入中国。八国

---

① 见莫砺锋《江西诗派研究》，齐鲁书社 1986 年版，第 248—249 页。

② 吕效祖主编《吴宓诗及其诗话》，陕西人民出版社 1992 年版，第 188 页。

③ 曾克耑《记陈散原先生》：“在抗战当中，我在重庆认识了俞大维，他的太太，便是散老的九小姐新午。她有一天对我说：‘一般人都以为我家老人做宋诗；他诚然是做宋诗，但是他老人家早年还学过龚定庵，这是一般人所不知道的。他早年的诗稿在杭州丢了，不然，我到可以给你看，就知道他早年学定庵的渊源痕迹了。’我听了这话，大为惊异，以为散原岂屑学定庵，如果不是他小姐对我说的，我哪里能相信。后来翻开他的诗集一看，所有绝句，在空灵缥渺里面，都含有沉挚悱恻的感想，有定庵的灵思奇想，却没有定庵的阴阳怪气，这也是散老能学定庵而不为定庵所范围的好处。”载氏著《颂橘庐丛稿》第 4 册，第 694 页。

④ 陈夔龙《遵义郑珍君遗著序》，载钱仲联主编《清诗纪事》第 14 册《道光朝卷》，江苏古籍出版社 1989 年版，第 10022 页。

联军进攻津、京,日、俄东北大战,后来清廷被推翻。时局变化,陈三立无不写入诗中。在世界局势背景下写作重大题材,借助想像、幻觉等手法,郑珍似不如陈三立。

郑珍是宋诗运动的代表人物,陈三立是同光体的杰出代表。清后期至民国初年,两座高峰相呼应,是诗坛的亮点,无怪乎如此之多的诗家都极力推崇此二人。[①]

(七)融汇众长,自成一家

陈三立的创作实践为宋代以来一成不变的诗歌世界开辟了一个新境界,这是他的一大贡献,正如梁启超所说:"其诗不用新异之语,而境界自与时流异。秾深俊微,吾谓于唐宋人集中,罕见伦比。"[②]陈三立效法前人而有新变,以杜、韩、黄为骨,兼学李商隐、李贺、孟郊、陈师道、陈与义。更上溯屈原、陶渊明、谢灵运、汉魏古诗,于近代则沾溉龚自珍、郑珍等,故有雄健劲挺之骨、恢张奇诡之气。总之,陈三立冥心孤往,转益多师,博取众长,出入百家,融汇创新,[③]故能避免"随人作计终后人,自成一家始逼真"[④]的高境。钱锺书指出陈三立以两宋之格调,用六朝的字法,此为散原得力处,亦能揭示陈三立融合创新、自成面貌的要点。[⑤]

陈三立既有深厚的古文功底,又有纵横的诗才灵气,再加上自己的个性气质,因此其诗奇奥、苍莽、厚重,显示出独特的艺术性,是清末民初诗坛不可多得的精品。应该说,他的成就在近代诗坛上足可傲视群雄。陈衍曾预测陈三

---

① 见刘世南《两位代表诗人——郑珍与陈三立》,载氏著《清诗流派史》,人民文学出版社 2011 年版,第 440—459 页。

② 梁启超《饮冰室诗话》,第 10 页。

③ 见胡迎建《陈三立与同光体诗派研究》,中国社会科学出版社 2013 年版,第 197、199 页。

④ 黄庭坚《以右军书数种赠丘十四》,载黄庭坚撰,任渊等注,刘尚荣校点《黄庭坚诗集注》,中华书局 2003 年版,第 1605 页。

⑤ 钱锺书《宗霍先生少著惊才,比相见,乃云二十年不为诗,强之,出数篇。以两宋之格调,用六朝之字法,此散原真得力处,俗人所不知也。用前韵奉赠一首》,载《国师季刊》第 6 期,1940 年 2 月 28 日。钱锺书对《光宣诗坛点将录》中的"呼保义宋江"(陈三立),有不少酷评,其《容安馆札记》说"散原尚能以艰涩自文饰""竟体艰深""多用涩字",于俗字"惟恐避之不及"。《中文笔记》说得更清楚,言其屡用"照""携""苍""魂气""摇鬓"字,又一处于集中摘句,对这些使用频度很高的"涩字"划线标示,有什么"万古酒杯犹照世,两人鬓影自摇天""忍看雁底凭栏处,隔尽波声万帕招",又有什么"提携数子经行处""提携万影立黄昏""下窥城郭万鸦沉",读者诸公是否觉得眼熟?不就是《围城》里董斜川诗句"数子提携寻旧迹,哀芦苦竹照凄悲""秋气身轻一雁过,鬓丝摇影万鸦窥"那些用字的材料吗?张治《钱锺书笔记中的晚清诗人掌故》,载徐俊主编,严晓星编《掌故》第 1 集,中华书局 2016 年版,第 176 页。

立诗作数十年后恐少有读者,[1]这话说对了一半,1949 年后,确实少有人阅读陈三立的诗。1949 年之后的三四十年,风气翻转,散原体诗又颇得青睐。这是陈衍始料所不及的。

三、“散原体”诗的总体面貌特征

(一)生涩奥衍

陈三立诗作中冷僻、古拙、艰涩生硬的诗句多出现在较长篇幅的诗作里。在长篇中,陈三立似偏爱五古、五排,这或许是五言长篇作为诗体形式本身所具有的难度对这位自视甚高的诗人构成了吸引力。对于欠缺史诗传统的中国诗人来说,希望以较长篇幅来历练与显示自己的结构才力,是容易理解的事,况且,历代诗论家尝有以长篇成就论诗人高下优劣者。[2]钱锺书酷评陈三立“以艰涩自文饰”,尚能自成一家。若黄节(晦闻)等再依傍散原体,则取法于中矣。[3]

(二)莽苍排奡

所谓莽苍排奡,即指追求诗歌音律的跌宕起伏,用词的劲健峭拔,创造一种凌厉恢廓的气势。这种气势造就了陈三立诗歌的奇美,突破了宋诗江西派的樊篱。[4] 在黄庭坚诗集中很难找到与此相似的作品。他的一些五七言古体诗,写得洋洋洒洒,大气淋漓,窾坎镗鞳,气势雄勃。

陈三立在为陈曾寿诗集作序时,反省自己诗作“激急抗烈,指斥无留遗”,自叹为“伧父”,[5]认为自己诗作太莽苍排奡、悲愤沉郁,而无仁先之淡远、温煦

---

① 1932 年除夕,陈衍对钱锺书说:“陈散原诗,予所不喜。凡诗必须使人读得、懂得,方能传得。散原之作,数十年后恐鲜过问者。早作尚有沉忧孤愤一段意思,而千篇一律,亦自可厌。近作稍平易,盖老去才退,并艰深亦不能为矣。为散原体者,有一捷径,所谓避熟避俗是也。言草木不曰柳暗花明,而曰花高柳大;言鸟不言紫燕黄莺,而曰乌鸦鸱枭;言兽切忌虎豹熊罴,并马牛亦说不得,只好请教犬豕耳。丈言毕,抚掌大笑。”钱锺书《石语》,中国社会科学出版社 1996 年版,第 39 页。拾[石]遗老人此论带着讽刺与嘲笑的口吻,未免不够厚道,也说明他其实并没有真正理解陈三立诗歌艺术上的创新。杨剑锋《现代性视野中的陈三立》,第 215 页;参见李开军《钱锺书眼中的散原诗歌》,载《汉语言文学研究》2014 年第 1 期。

② 见刘纳《陈三立:最后的古典诗人》,载《文学遗产》1999 年第 6 期,第 89 页。

③ 钱锺书评黄晦闻诗:“晦闻号学后山,实则依傍散原,而竭蹶张皇。散原以艰涩自文饰,晦闻寒薄浅露,于是不通乱道处一目了然矣。”载氏著《容安馆札记》第 3 册,商务印书馆 2003 年版,第 1389 页。参见卞孝萱《钱锺书、冒效鲁对陈三立态度之比较》,载氏著《冬青书屋文存》,陕西人民出版社 2008 年版,第 474—477 页。

④ 郑孝胥《〈散原精舍诗集〉序》:“大抵伯严之作,至辛丑以后,尤有不可一世之概。源虽出于鲁直,而莽苍排奡之意态,卓然大家,未可列之江西社里也。”

⑤ 见陈三立《〈苍虬阁诗〉序》,载陈三立著,李开军校点《散原精舍诗文集(增订本)》下册,第 1138 页。

之美。可见尽管独特的经历使散原在创作上有莽苍排奡之气，但对自己激切抗烈的诗风亦有所保留。[①] 陈三立诗歌中蕴含的风云之气、愤怒悲情，可谓儒家温柔敦厚诗教的叛逆者。郑孝胥在《〈散原精舍集〉序》中特意强调陈三立诗歌“莽苍排奡”的艺术风格中蕴含着丰富的时代信息，应该说是有见地的。

（三）骨重神寒

“骨重神寒”是“同光体”诗人普遍追求的诗学境界，也是“同光体”诗论的核心。[②] 然而，真正能在创作中加以实践，在诗作中大量展开的，则非陈三立莫属。如他1907年写的无题诗《枕上》：

> 枕上回残味，空文嚼四更。暗灯摇鼠鬣，疏雨合虫声。
> 忧患随缘长，江湖入梦明。豆棚鸡唱外，辗转是余生。[③]

在孤寂的深夜，饱经忧患的老人在枕上辗转反侧，难以入睡，只能在漫漫长夜，独自忍受着世事沧桑、忧患深重的煎熬。在这黑夜中，只有老鼠与虫声伴着疏雨陪伴着他。这种渗入骨髓的孤独感，营造出一种苍凉萧索的意境，令人读之心动。[④] 在陈三立的诗中，如血的残阳、晚归的暮鸦、凄冷的风雨、狰狞的怪柳，均折射出诗人孤寒索漠的心境意绪。

（四）文从字顺

近世诗论家，大抵都以“生涩奥衍”指称《散原精舍诗》的语言风格。散原老人作诗由于“避俗避熟”，务求字句精警，确有不少文字古奥艰深的制作，主要体现在古风与律诗上。但也时有诗意清新、语言流畅的佳章，如《十一月十四夜发南昌月江舟行》：“露气如微虫，波势如卧牛。明月如茧素，裹我江上舟。”[⑤]比喻、描写都超逸庸常，而又如出自然，不见刻炼之迹。他的七言绝句更具有文从字顺这一艺术特色，风调清奇婉畅。摄取小图景、小镜头，多用白描，不用典或少用典。如《池荷》：

> 袅袅池塘红白花，烘晴摇雨几枝斜。

---

① 见周薇《传统诗学的转型：陈衍人文主义诗学研究》，第285、291页。

② 见杨剑锋《现代性视野中的陈三立》，第204页。

③ 陈三立著，李开军校点《散原精舍诗文集（增订本）》上册，第221页。

④ 汪辟疆赠胡诗庐诗云：“同光二三子，差与古淡会。骨重神乃寒，意匠与俗避。”准确地把握了“同光体”诗派的共性，即追求古淡、骨重、神寒、避俗。内容精严坚实，语言独创不俗，意态深寂幽远。见周薇《传统诗学的转型：陈衍人文主义诗学研究》，第89—90页。

⑤ 陈三立著，李开军校点《散原精舍诗文集（增订本）》上册，第85页。

蜻蜓掠过鱼儿跃，初放秋光明晚霞。[1]

陈衍论陈三立诗既指出其过于生涩，但也说“然其佳处可以泣鬼神、诉真宰者，未尝不在文从字顺处”，[2]显示出一位大诗人的风格多样性。

四、“散原体”诗的得失

前人总结出宋诗的三个特征“以文为诗，以议论为诗，以才学为诗”，作为与唐诗区别的标志。陈三立是晚清宋诗派“同光体”的代表作家，自然对这三个家法烂熟于心。[3]

陈三立喜欢将古文的写作路数引入诗歌创作之中，这在他的五古、七古中有非常显著的表现。这里举写于1904年的《感春五首》（之二）为例。这五首五言古体诗纵论古今中外，分别论说对时事的不安，思想界、宗教界的混乱，日俄辽东大战的祸害与教训。思理细密，心思曲折，语意沉痛，吐露极真挚的爱国胸襟。吴宓认为这组诗“说理精湛，类顾亭林《述古》三首，亦可见先生之志”。

《感春五首》之二

杂置王霸书，其言综治乱。慷慨一时画，指列亦璀璨。世运疾雷风，幻转无数算。冥冥千岁事，孰敢恣臆断。况当所遭值，文野互持半。垂示不过物，道若就羁绊。又若行执烛，迎距光影判。倍谲势使然，安能久把玩。巍巍孔尼圣，人类信弗叛。劫为万世师，名实反乖谩。起孔在今兹，旧说且点窜。摭彼体合论，差协时中赞。吾欲衷百家，一以公例贯。与之无町畦，万派益输灌。[4]

我们可以说这是诗化的政论，也可以说是押韵的古汉语。在句法、用字上亦文

---

① 陈三立著，李开军校点《散原精舍诗文集（增订本）》上册，第48页。

② 陈衍《陈三立小传》，载陈衍编辑《近代诗钞》中册，上海商务印书馆1923年版，第984页。

③ “同光体”的诗论家陈衍在提出“三元说”之后又提出“合学人、诗人之诗二而一之”。近年黄霖对“学人之言与诗人之言合”的概念内涵进行了梳理总结，所谓“学人之诗”，即学有根柢、长于考证，表现于诗中，显得用事精切，一字不苟，字字有来历，非徒为大言以欺人。推而广之，须有“真实怀抱、真实道理、真实本领”。所谓“诗人之诗”，即有别才，重性情，写景真实，兴味高妙。并认为陈衍“学人之言与诗人之言合”是由诗人之诗进而到学人之诗，内心深处重学人之诗。见周薇《传统诗学的转型：陈衍人文主义诗学研究》，第15、108、217页。

④ 陈三立著，李开军校点《散原精舍诗文集（增订本）》上册，第97—98页。

亦诗，生涩拗峭，奥衍恣肆。

而《散原精舍诗》初集开篇之作《书感》则是"以议论为诗""以才学为诗"的杰作，陈三立以此诗开卷，似乎向人们昭示他诗风的轨则阃域。

> 八骏西游问劫灰，关河中断有余哀。更闻谢敌诛晁错，尽觉求贤始郭隗。补衮经纶留草昧，干霄芽蘖满蒿莱。飘零旧日巢堂燕，犹盼花时啄蕊回。[①]

此诗写于光绪二十七年（1901）正月，起句指上年六月八国联军入京后慈禧挈光绪帝奔西安，用《穆天子传》的典故，指慈禧、光绪两宫西狩而自己心系劫后京畿。第二联指责慈禧太后为了求和，不惜处死毓贤、刚毅、徐桐等大臣，以献媚"谢敌"的可耻行为。第三联陈说满腹经纶的经世人才沦于草莽，而不肖者却布满朝廷。尾联表达有朝一日，自己要衔些花草和泥土，再来补缀一下这堂上的旧巢的拳拳之心。

诗中用了汉晁错因忠受祸和燕昭王亲自登门拜访郭隗的典故，也活用了宋代韩元吉《六州歌头》"旧日堂前燕"的词句，深邃曲折地表达了诗人忧患时世、不满朝廷、积极用世的家国情怀，对擅权误国者之愤、对国家之哀痛与挚爱充溢字里行间。可谓真情流露，委婉深沉，典故与情感自然结合。[②]

全诗八句，前四句纯为议论，这就是"以议论为诗"。然而这种议论，不是实话直说，而是句句用典，运用典故史料来抒发议论，既切合题旨，又文意疏畅，充分显示了作者的才力学问，此即"以才学为诗"。

陈三立为求不俗，一味避俗避熟，也招致了一些批评。[③] 如林庚白一方面承认他"能屹然自成其一家之诗"，一方面又说他"方面太狭"。[④] 钱仲联指出

---

① 陈三立著，李开军校点《散原精舍诗文集（增订本）》上册，第1页。

② 见周薇《传统诗学的转型：陈衍人文主义诗学研究》，第153页；徐梵澄对此诗另有解说，谓"第一句指八国联军入京后慈禧挈光绪帝奔西安（1900年6月）。晁错指许景澄，郭隗指康有为。'补衮经纶'句指湘政维新开始旋辍，'干霄芽蘖'指义和团。'巢堂燕'指李鸿章，盼其议和约时犹能挽回国家权利也。"祝伊湄评徐梵澄《蓬屋诗存》，载《东方早报·上海书评》，2010年1月24日。高阳对此诗亦有解说，见氏著《清末四公子》，第37—42页。

③ 近代诗人特别是陈散原一派，将"不俗"发挥到极端。他们为诗恶俗恶熟，倾向求新求异，不惜用语艰涩、生僻。陈衍从诗论上对此进行了总结，"专事生涩，盖欲免俗免熟，其用心苦矣"。认为陈三立为了避免俗熟，有意制造生涩艰深的诗句。在生涩与鄙俗二者之间，宁生涩令人憎恨，也不愿鄙俗。见周薇《传统诗学的转型：陈衍人文主义诗学研究》，第177、189页。

④ 林庚白《丽白楼诗话》，载张寅彭主编《民国诗话丛编》第6册，第135页。参见李渔叔《鱼千里斋随笔》评说。

陈三立“如欲朝诸夏,抚万方,南面而王诗国,成大一统之业,则其力犹有所未逮”。[①] 应该说这些批评都是中肯的。钱仲联还指出鑱刻造化,是黄诗的特点,也是三立诗的特点,陈三立说他赞赏黄庭坚“鑱刻造化手,初不用意为”,追求一种精思刻练、奇崛不俗而又能达于自然、不见斧凿痕迹的境界,认为好诗要经过千锤百炼,文面却要自然天成。但这种炉火纯青的境界谈何容易,三立的诗歌创作大部分并没有做到这一点。[②] 三立的同辈范当世亦谓陈三立诗作欠缺自然超脱。[③]

的确,陈三立因为太要自己的面目,不免镂肾鉥肝,锻炼雕琢,未能臻于“拾遗句中有眼,彭泽意在无弦”[④]的最高境界。他追求一种初读但惊奥涩,细味乃觉深醇,让人初看看不懂,一旦看懂了就赞不绝口的效果。一看就懂失之浅显,久看才懂失之深奥,如何把握两者之间的尺度,历代诗人没少受困扰,陈三立也没有解决好这个问题。他之所以选择深奥一路,是因为他诗才宏大,不肯逐队随人。而要独树一帜,就不得不另辟蹊径。他自创了一种有别于古今诗人的诗风,以宣泄“斯文将丧吾滋惧”“余作前儒托命人”“老夫所殉与终古”“天荒地变吾仍在”“大患依然有此身”的忧愤衷肠。[⑤] 所谓“神韵”“格调”“性灵”都难以表达他胸中蓄积和时代际会。

袁进主编的《中国近代文学编年史》以 1910 年 9 月上海《国风报》刊登的《散原精舍诗》广告词“是编为义宁陈伯严先生著。专学宋人,熔铸万有,气象雄浑,意境沉着,有黄河奔流千里一曲之概,诚今时诗中之大家也”为切入点,重估陈三立《散原精舍诗》的历史地位。该著认为:以陈三立为代表的同光体诗派,与以黄遵宪、丘逢甲、梁启超为代表的诗界革命派,以柳亚子、陈去病、高旭等南社诗人为主的革命派,在清末民初的中国诗坛三足鼎立。三派之中,同

---

① 钱仲联《论近代诗四十家》,载氏著《梦苕庵论集》,第 345 页。

② 见钱仲联《论“同光体”》,载氏著《梦苕庵论集》,第 424 页。

③ “伯严文学本我之亚匹,加以戊戌变法至痛,而身既废罢,一自放于文学间,襟抱洒然绝尘,如柳子厚也,此其成就且大于苏戡矣。伯严诗已到雄伟精实、真力弥满之时,所欠者自然超脱之一境。”范当世著,寒碧笺评《范伯子诗文选集》,浙江古籍出版社 2006 年版,第 452 页。

④ 黄庭坚《赠高子勉(其四)》,载黄庭坚撰,任渊等注,刘尚荣校点《黄庭坚诗集注》,第 574 页。

⑤ 正如柳宗元所说:“余虽不合于俗,颇以文墨自慰。”(载氏著《愚溪诗序》)借以自我发泄而已,三立根本没有开疆拓土、独立为王的雄心。至于景从者日多,影响力日大,以至名动中外,连印度诗哲泰戈尔来华,也要找他合影,这却是辛亥革命后外患日剧,内乱日深,使得知识阶层日益失望的一种反应。他们当中相当一部分人,从散原诗中找到了共同的心声,特别欣赏这种心声的表现形式,认为它十分耐人寻味,于是竞效其体。见刘世南《清诗流派史》,第 447 页。

光体诗派影响更大，成就更高，三立是清末民初"第一诗人"。①

钱锺书在《围城》里借董斜川之口揶揄"陵谷山原"②的陈散原为五六百年来成就最高。无论钱氏正反褒贬，陈三立确应属于近代文坛上最负盛名的大诗人之一。但他终究只能做旧诗界的"都头领"，他的文化观念、文学意识还不能冲破传统文化的重围，更不须谈诗体解放了。这与他自幼深受传统文化的熏染，接触西学时，其思想观念已定型有很大关系，我们不应求全责备。只要不以简单化的"时代精神"为评价尺度，散原诗在艺术境界上如同一面尚未蒙尘的古镜，自有其魅力。更何况那蕴蓄着风云之气的文字篇章，真实地再现了一位末世文人的灵魂，又何尝不可以窥见那个时代的脉搏呢？③

五、传世高文待赏音

（一）诸家评说

1936 年陈柱发表《吾国四十年来之文学略谈》长文（载《交通大学四十周年纪念刊》），谓"当今以诗文雄海内而年事最高者则有陈三立氏……散原文为其诗所掩，学者罕论及，实则其文之精炼雅洁，不特为一代作者，宋自王安石外，罕其伦比"。举例陈三立《读〈论语〉》《杂说·三》，认为其峻洁可与柳宗元相埒。又说"三立尤高才老寿，以诗文名海内，世多称其诗，吾以为文更胜于诗也"。④ 陈衍亦说"陈散原文胜于诗，姚叔节诗胜于文"。⑤ 陈衍所论不一定是其本意，但可以反证陈三立文名之盛。

陈三立光绪二十六年（1900）定居南京后，诗名、文名大著。李渔叔说："及戊戌政变后，中丞被议，散原亦落职，自是乃专以文章（此处"文章"系古汉语"文章"之义，指诗文、学问）名世矣。"⑥徐一士《谈陈三立》："新城王晋卿……与散原年辈相若……所为文有盛名，或以南陈北王并称。王氏著作颇多，特以

---

① 见袁进主编《中国近代文学编年史：以文学广告为中心（1872—1914）》，北京大学出版社 2013 年版，第 360 页。

② "唐以后的大诗人可以用地理名词来概括，叫'陵谷山原'。三陵：杜少陵、王广陵、梅宛陵；二谷：李昌谷、黄山谷；四山：李义山、王半山、陈后山、元遗山；一原：陈散原。"钱锺书《围城》，人民文学出版社 1991 年版，第 97 页。按：董斜川的原型即冒效鲁，冒崇敬陈三立，钱锺书则与冒的看法相左。

③ 见贺国强《近代宋诗派研究》，苏州大学 2006 届博士论文，第 168 页。

④ 陈柱《中国散文史》，上海书店 1984 年版，第 308 页。

⑤ 黄曾樾辑《陈石遗先生谈艺录》，载钱仲联编校《陈衍诗论合集》上册，福建人民出版社 1999 年版，第 1019 页。

⑥ 李渔叔《鱼千里斋随笔》，载陈三立著，李开军校点《散原精舍诗文集（增订本）》下册"附录"，第 1562 页。

文家境诣论，似犹略逊于散原耳。”①

1933 年 9 月 1 日，陈灨一在《青鹤》第 1 卷第 20 期上刊《论桐城派》一文，推陈三立与马其昶为近世古文大师：“近世以古文为大师者，桐城马通伯其昶、义宁陈伯严三立其尤著也。尝读《散原精舍》与《抱润轩文》，当知其沉酣经史，笼罩百家。马之严正清洁，尚守桐城师法，陈则雄健挺拔，自成一家之言，亦非可以桐城限之也。”②

（二）渊源

中国古文历来有散体与骈体两大流派，两种文体都有名家名作。比较而言，散体文的范围更为广泛，更为实用，因此所谓古文在很大程度上就是指散体文。陈三立选择了散体文，不近骈偶对仗、用典使事的骈文。这或许与家学环境有关，陈宝箴即不写骈文。陈三立受桐城派的影响，为文切实明净，与他的人品性情相吻合。从大的文学思潮、社会背景来看，陈三立也不会写骈文。有清一代桐城派大行，方苞所开创的桐城派之堂庑经姚鼐“推究阃奥、开设户牖”，极力恢拓，逐渐形成了“天下翕然号为正宗”的盛况，风靡天下，文人士子向风景从，陈三立自然不落人后。

桐城派讲究“义法”，早期代表作家方苞提出“言有物”“言有序”。“言有物”指写作内容，“言有序”指作文技巧。后来举起桐城派大纛的姚鼐进一步提出“义理、考据、词章”三合一。“义理”指文章要有观点见解，“考据”指文章要有实际内容，要有扎实可靠的材料，“词章”指文字要雅洁，表达要准确，使儒家道义与文学结合，写出至善极美的文章。如姚鼐的名文《登泰山记》，不过是山水游记，古已有之，但姚鼐在叙事写景之余，又对入泰山的路径、泰山的水道进行了考证。为什么要这样写？这当然不是掉书袋，而是为了突出泰山这座天下第一名山的历史地位和分量，可以加大文章的厚重感。

陈三立作为桐城派后期的一位重要作手，自然恪守桐城义法，③但又不为其法所缚，能自成一格。宋慈抱论陈三立文“蕴藉雅正，近桐城而不为桐城所域，工者似范晔《后汉》传赞，公卿刻石墓志，往往以金帛购之”。④ 李渔叔认为陈三立的墓志、铭赞学韩愈：“至其文章，尤为奇伟，铭幽之文、韵语直承昌黎法

---

① 徐一士《一士类稿 · 谈陈三立》，载荣孟源、章伯锋主编《近代稗海》第 2 辑，第 144 页。

② 陈灨一《论桐城派》，载《青鹤》第 1 卷第 20 期，1933 年 8 月 1 日，第 4 页。

③ 见吴孟复《桐城文派述论》第九章《马其昶、二姚与陈三立等》以马其昶、姚永概、姚永朴兄弟为桐城派正宗，以陈三立等人为附庸。

④ 宋慈抱《陈三立传》，载陈三立著，李开军校点《散原精舍诗文集（增订本）》下册“附录”，第 1521 页。

乳,当时无与抗手,此则天禀如此,又不尽关学力矣。”[①]

(三)总体风貌

关于这一点,就笔者视野所及,似以孙兴富《陈三立散文研究》一文剖析归纳较好,本段多引自其文。

1. 清醇雅健。徐一士《谈陈三立》评价“其文亦清醇雅健,格严气遒,颇守桐城派之戒律,而能自抒所得,弗为桐城派所囿,蔚成散原之文”。[②] 这个评述可以作为陈三立散文风格的主要特征。

陈三立散文风格之“清醇雅健,格严气遒”直接导源于桐城派。既然陈三立散文效法桐城派,那么桐城派的创作实践和风格都可能直接影响着陈三立的散文风格,其“清醇雅健,格严气遒”与桐城派之风格有着一脉相承的关系。如他的山水游记类散文《花径景白亭记》《王家坡听瀑亭记》等以简洁清隽的语言,描绘出奇特秀丽的自然风景,篇幅简短,着墨不多,但点染景物,妙得其神,形神毕现,意境深幽。

徐梵澄对陈三立《〈南湖寿母图〉记》赞不绝口,连说“真好文字,文字好哇”。[③]

2. 恣肆郁勃。陈三立个人独特的经历也直接影响其散文创作和风格,特别是中晚年,经历了家国世事变迁,壮志未遂英雄老矣的无可奈何,凡此种种一寓于文,使其散文流露出浓重的沉郁感伤色彩,世事无常之叹和沧桑变革之慨,末世情结常显现于字里行间。[④]

陈曾则谓“散原先生晚年之文,益泛滥闳博,有郁勃不平之气蕴积于其中,往往喷薄出之而不能自掩。先生虽未久居仕宦,奋取功名与人家国事,然其见于诗文者,可知其忧患隐于是心者至深,非漠然能忘天下者也”。[⑤]

3. 哀婉感伤。陈三立的墓志文,用自然质朴的语言饱含感情地叙写传主的一生际遇,文章清新洞达,大都通过重点记叙几件事迹突出传主的德行和性格特征,行文中穿插细节描写,对逝者性格的刻画,也写得绘声绘色,实际是一篇传记文学,这种写法乃是继承了司马迁《史记》人物传记的文学手法。吴孟复认为陈三立文“描写生动,语言简朴,不借词采渲染,而真气流行,韵味独

---

① 李渔叔《鱼千里斋随笔》,载陈三立著,李开军校点《散原精舍诗文集(增订本)》下册“附录”,第1562页。

② 徐一士《一士类稿·谈陈三立》,载荣孟源、章伯锋主编《近代稗海》第2辑,第143页。

③ 扬之水、陆灏《梵澄先生》,上海书店出版社2009年版,第34页。

④ 参见杨声昭《读散原诗漫记》,载陈三立著,李开军校点《散原精舍诗文集(增订本)》下册“附录”,第1550页。

⑤ 陈曾则《散原先生文稿后跋》,载氏著《御诗楼续稿》,柯捷出版社2011年版。

胜”。评价陈三立《安吉吴先生墓志铭》:“细节传神,写得恰如其分,这才叫做‘文能尽意’。此则兼有归、方、姚、梅之长,为曾国藩、吴汝纶集中所罕有。”①

《大姊墓碣表》是陈文这一风格的代表作。② 此文描叙堂姐陈德龄之“哭”是全文的“文眼”,极为哀痛。在一般人读之亦相当感动,若听过修水老辈人哭丧习俗,则体会更深。那是一种承传久远的“歌哭”,哭者像汉赋那样铺陈泣述逝者往事,其中夹杂着“耶”“兮”的古音,每哭完一段用悲伤拖长的“也”音作结,再哭叹下一段。这个丧礼已经濒临失传了。

(四)问题

陈三立在 20 世纪 20 年代前诗名、文名都见重于当世,邵祖平说:“先生志节文章,并负重望于当世,宜夫言者词无溢美,受者意可泰然也。”③当时的古文选本都不会落下陈三立。但 30 年代新文学运动声势浩大后,坊间所出的古文选本就罕见陈三立篇章了。1931 年卢前选编的大学高中国文课本《清文选》、1937 年郑振铎选编的《晚清文选》不选陈三立。1949 年后的清代散文选之类的选本陈三立被冷遇可以想见,令人不解的是 2006 年出版的刘世南《清文选》亦不选陈三立,他在 2004 年出版的《清诗流派史》中给予陈三立诗那么高的评价,两年后对陈三立的古文篇什却付诸阙如。以他对义宁陈氏的尊崇和治学的严谨,不可能是疏漏,定有不选的理由。

文选之难,代不数人,文不数篇。今版《散原精舍诗文集》共收录陈三立各体文章二百一十余篇,在不带有色眼镜的人看来其中多有佳构,但在 20 世纪二三十年代形成的“新文化阵营”眼中就是陈词滥调了。选文者偏重阶级分析和思想定性,用宏大叙事、先进落后、现实主义、人民性、厚今薄古等条条框框一杠,自然难以过关。更要命的是以新文学、旧文学、新时代、旧时代划线,业文史者就不敢触碰“旧文学”这根“红线”了。

1937 年秋散原老人去世,10 年后文稿才由儿辈整理结集,又延宕到 1949 年 8 月才由上海中华书局印刷出版。石三友《金陵野史》“散原精舍诗集”条称“该书尚未发行,上海战火已炽。中华书局只得将成书封存在仓库里。杭州陈叔通、张元济曾建议发行,而有谓老人文集有不合时宜之笔,不准流传”。④

---

① 吴孟复《桐城文派述论》,安徽教育出版社 2001 年版,187、188 页。

② 见陈三立著,李开军校点《散原精舍诗文集(增订本)》下册,第 859 页。

③ 邵祖平《无尽藏斋诗话》,载陈三立著,李开军校点《散原精舍诗文集(增订本)》下册“附录”,第 1544 页。

④ 石三友《金陵野史》,江苏文艺出版社 1985 年版,第 470 页。

（五）文章气节传终古

陈三立生前所享受的荣耀，除了登门求文者的口碑之外，尚有三件事可以坐实他在近世文学史上的显赫地位。

1. 1912 年马良、章炳麟、严复、梁启超等共同发起组建“函夏考文苑”，仿效法国开设的研究院形式，旨在提倡学风。“考文苑”各专门科的理想人选名单，即使在今天，也不得不承认四位发起人的确具有一种“天下英雄入吾彀中”的宏大气魄。陈三立的“文辞”虽不见容于数十年后另一场变革下的各类皇皇巨著，却提前在“考文苑”稳稳地立下了一座碑石。①

2. 1924 年 3 月，印度诗圣泰戈尔访华，在杭州会晤三立。关于这一次会晤，当时的主流报纸都有报道。上海的《申报》直到第二年出版《国庆纪念增刊》时，还曾刊登两人的合影，并配有陈三立及泰氏手迹，题为《亚洲两诗人之墨迹》，附文赞颂。②

3. 1934 年 4 月中旬，陈三立与胡适同时被选为伦敦笔会名誉会员。《申报》6 月 2 日报道《中国著作家之荣誉——陈三立、胡适被选笔会名誉会员》：“……世界上已有二十八国成立笔会，各国有名作家之被选为伦敦笔会名誉会员者，总计只有四十人。中国方面有陈三立、胡适……笔会每年轮流在各国举行国际会议一次，由各国笔会派代表赴会。今年国际会议定在苏格兰爱丁堡举行，会期自六月十六日起，以一星期为会期，已函请中国笔会派员参加。”③

中国古代文论历来强调“文以人传”，文是作者人格品德的外在反映，讲究做人与治学相统一。陈三立之所以在文坛享有大名，与其人格高峻是分不开的。陈曾则说：

> 散原先生以贵介公子既通籍，不汲汲于仕进，徜徉于山水之间，以吟咏为乐，而至于老终其身，数十年不易其度。品节文章，为天下所推重。当时所称为四公者，或以得罪而死，或不得志郁郁以殁，未有如先生高年硕德享盛名，无间新旧，莫不翕服，可谓一人而已。古今工于诗者，未必工于文，工于文者亦然。惟唐之韩退之宋之苏东坡，可谓能兼之者。先生淡

① 见张求会《散原精舍文杂识》，载《江汉论坛》2000 年第 4 期，第 94 页。

② 见陈小从《图说义宁陈氏》，第 58 页。

③ 郑逸梅补白：“一九三六［一九三四］年，英国伦敦举行国际笔会，邀请中国代表参加。其时派代表二人，一胡适之，代表新文学；一陈三立，代表旧文学。但陈三立年八十四岁，不能远涉重洋，不果行。”载氏著《艺林散叶荟编》，中华书局 1995 年版，第 236 页。

> 泊于名利，抟心揖志于诗古文词，神不他扰，故皆卓然而擅其然，亦今之韩苏也。然非其气质之厚，学术之醇，品节之高，亦莫能传焉。①

李之鼎称颂他“胸襟冲淡，志趣高尚，既不役志于干时，且复敦崇风义，识与不识，皆以文章气节称之……宜为海内推重也”。②

“前贤心事成孤往，异代文章俟别传”，可以预见，再过几百年，陈三立的道德文章经过历史长河的淘洗，将以“神州风云袖手看”“吏部诗文名海内”的形象，屹立于大家巨擘之林。

---

① 陈曾则《散原先生文稿后跋》，载氏著《御诗楼续稿》。

② 李之鼎《宜秋馆诗话》，载陈三立著，李开军校点《散原精舍诗文集（增订本）》下册“附录”，第1545—1546页。

第七章　文人画旗手——陈衡恪

第一节　文采斐然世家声

一、天才陈童子

光绪二年丙子[①]（1876）二月十七日子时，陈宝箴长孙、陈三立长子生于陈宝箴任职的辰沅永靖兵备道官署中，治所镇筸。[②] 取名师曾，后改名衡恪，字师曾。[③] 成年后有“染仓室”“槐堂”“朽者”“朽道人”诸雅号。[④]

衡恪 6 岁时即由祖父陈宝箴开蒙，陈三立《长男衡恪状》叙衡恪：

---

① 衡恪生日与苏东坡同，日后成为衡恪与几位同庚联谊赋诗的一个由头。

② 今湘西凤凰县城。陈三立《哭亡室罗孺人诗》：“无何子出腹，随官在边城。家人大欢喜，庆者填门墙。”陈三立著，刘经富主编，潘益民、李开军辑注《散原精舍诗文集补编》，第 209 页。

③ 陈三立《长男衡恪状》：“余长男衡恪，乳名师曾，遂为字，元妻罗淑人所出也。”陈三立著，李开军校点《散原精舍诗文集（增订本）》下册，第 1025 页。按：李国葆先生考证，陈宝箴为长孙取名“师曾”，寄寓崇敬曾国藩之意。又指岳麓以名衡恪，纪念衡恪出生于湖南。见李国葆《陈师曾画传》，第 5 页。又“衡恪”或 6 岁时在河南武陟取名，遂移原名“师曾”作字号。光绪七年（1881）十月十三日，宝箴四孙、三畏长子生于武陟官廨，起名覃恪，号陟夫。“武陟”古称“覃怀”，《尚书・禹贡》云大禹治水“覃怀底绩，至于衡漳”，故覃恪、陟夫互为名号。“衡漳”是漳水的古称，此或“师曾”改名“衡恪”的由来，用两位孙子的名号纪念河务兵备道的治绩。

④ 按：美术界传信陈衡恪以字（师曾）行，实不准确。现存清末各省官费自费留日学生姓名表，北洋政府教育部职员录、薪俸发放表均为“陈衡恪”；其在期刊上发表诗词作品多自署“陈衡恪”；其书画、篆刻作品落款或署“衡恪”，或属“师曾”；其著作如 1904 年在日本参与编纂的地理知识教材《地文学》、1907 年由日本东京博信堂印刷的铅笔《习画帖》、1922 年出版的《中国文人画之研究》，均署名“陈衡恪”。《辞海》《中国美术家人名辞典》《中国近现代人物名号大辞典》《中国近现代人名大辞典》《民国人物大辞典》都以“陈衡恪”立条目。他人为他整理出版的著作署“陈师曾”，其父执、同辈喜用“师曾”称呼他，但他自称更偏向于用“衡恪”。因此，文化学术界发表关于陈衡恪的文章，美术界研究人员出版研究陈衡恪的著作，高校艺术专业的博论、硕论，各出版社出版其作品（书画、篆刻、漫画、刻铜）全无例外用“陈师曾”指称他，与其弟覃恪、隆恪、寅恪、方恪、登恪的名讳脱节，是不妥当的。

夕依余母寝，朝就余父识字学训诂，两老人顾视笑语，争寄于衡恪。七岁至十岁，能作擘窠书，间弄丹青，缀小文断句，余父辄举以夸示宾客，忘其为溺爱也。[①]

从“顾视笑语”到“夸示宾客”，短短一年时间，祖父就发现了长孙的早慧，可以承继家族的文章德业。衡恪8岁时，一个偶然的机会，诱发了他心中的艺术灵性。光绪九年(1883)四月，陈宝箴由河南河北道擢任浙江按察使，上任才3个月，却因之前在河南参与复审一个冤案受到连累，受到降职处分。陈宝箴处之泰然，率家人在杭州寻幽探胜，“西湖佳处，从前几至抹杀者，至此时始省识真面目矣”。[②] 西子湖上盛开的十里荷花唤起了幼年陈衡恪对艺术美的热烈追求，从这里起步，开始了他对文人画的长途跋涉和不懈努力，成为他日后跻身我国近现代美术大家行列的原点。多年以后，他在自己以诗论画的《作画感成诗》中，追忆这个难以忘怀的人生开篇：“昔余八岁时，学画西湖莲。既长未辍事，心眼犹追妍。”[③]

尔后陈宝箴携全家从杭州回到长沙旧居，陈衡恪的早慧，也从此脱颖而出，12岁即与父执唱和。光绪十三年(1887)，被誉为“方外诗人之魁”的陈三立诗友八指头陀来到长沙，写了一首《赠陈童子师曾》的诗作：

童龄具耆德，头角方峥嵘。频伽发妙响，玉树敷新荣。道由聚沙植，义以分梨成。好古兴不浅，鉴物智自明。善葆青云器，相期黄阁名。[④]

陈衡恪立即和赠这位比自己年长25岁的诗僧：

天下多奇士，山冈出兰芝。高禅志修己，不为世俗移。甘心守寂寞，袈裟良足披。苟非鸿与鸾，焉能奋翅飞。闲居非吾愿，岳游为子宜。灵境绝妄念，妙悟发新诗。感情亦何报，援笔赓此辞。[⑤]

他将八指头陀比喻为山间兰芝、空中鸿鸾，又用“灵境绝妄念，妙悟发新诗”的

---

① 陈三立著，李开军校点《散原精舍诗文集(增订本)》下册，第1025页。
② 陈宝箴《致欧阳润生》，载刘经富编著《陈宝箴诗文笺注·年谱简编》，第185页。
③ 陈衡恪著，刘经富辑注《陈衡恪诗文集》，江西人民出版社2009年版，第136页。
④ (释)敬安著，梅季点辑《八指头陀诗文集》，第124页。
⑤ 陈衡恪著，刘经富辑注《陈衡恪诗文集》，第134页。

佳句，道出了禅与诗在这位诗僧身上的完美统一。

同一年，另一位父执陈锐（伯弢）道经长沙去益阳，陈衡恪赋诗赠别。陈锐写赠七言《陈郎歌》勉励衡恪："予友义宁陈三立有子名曰衡恪，年未成童而有父风。会予将去益阳，留止长沙。嘉其赠行有诗（衡恪这首赠行诗已佚）以此勉之云尔：'陈郎十二称奇童，双眸点漆莹秋瞳。学诗学画有笔意，力虽未到气已雄。昔见陈郎才过膝，于今容貌映朝日。……'"①

近年又发现一首衡恪少年时期的词作《调寄唐多令》词：

> 柳浪石鱼肥，花荫燕子飞。暮春天气雨丝丝。堪羡懒眠深巷客时□□生所居巷名懒眠巷，擅三绝，画书诗。　　白石谱新词，青藤笔一枝。风流不减郑当时，可许玉堂清□日，展纨素，写胭脂。　　新雨送凉，落花委地，几砚饶有清趣，戏赋小词一解，录呈拍正，并希斧削是幸。戊子莫春下浣侄师曾学填。②

这是一阕向一位兼擅书画诗词又颇具郑板桥风骨的父执索画词。戊子即光绪十四年（1888），陈衡恪时年十三。词作从暮春下浣的景色描写入手，塑造了人在画中、画尤胜景的意境，片笺尺素，小楷精纯；虽谓学填，却已尽得宋词风雅，选词炼句即可显见对于前人典故的熟悉，又能符合词牌格套之规律；尤为难得的是，融所见所感入所学，于画事颇为倾心。小小年纪，既对诗书画确有发乎本心的纯雅之好，亦显示出不凡的才情禀赋。遗憾的是，因字迹漫漶脱落，一时无从知道这位父执是谁。③

他早年的绘画作品，现知最早的一幅是光绪十八年（1892）在武昌为父执易顺鼎画的《匡山草堂图》，④惜此画已佚。现存最早的作品真迹是光绪十九年在武昌画的《菊花图》。⑤

二、名 师 化 育

陈衡恪青少年时代的读书进学情况并没有系统的材料，只能从他父亲陈

---

① 陈锐撰，曾亚兰校点《抱碧斋集》，第34页。

② 中国美术馆2016年12月"陈师曾作品展览"展品，邓锋提供。

③ 见李国葆《少作斐然世家声——读新发现的陈衡恪词作》，载《文汇读书周报》2018年6月4日，第3版。

④ 见陈三立《易仲实属儿子衡恪作〈匡山草堂图〉，为题长句》，载陈三立著，刘经富主编，潘益民、李开军辑注《散原精舍诗文集补编》，第63页。

⑤ 见陈师曾《陈师曾书画精品集》上册第1图，人民美术出版社2004年版。

三立的诗文中予以钩沉联缀。

光绪九年(1883)四五六月,陈宝箴任浙江按察使时,曾请义宁故里青年好友戴春丞任塾师,教读衡恪。光绪九年九月,陈宝箴从浙江按察使任上卸职挈家回到长沙,赁居蜕园,次年请陈三立青年时期结交的好友何承道课读衡恪,时衡恪 9 岁。民国二十三年(1934)五月,陈三立为何承道的外甥女张默君诗集《白华草堂诗》作序,云“璞元馆余家,授衡儿读,历数年,所雅故不减伯纯”。[①] “璞元”即何承道,张默君的母舅;“伯纯”即张通典,娶何承道妹何承徽,张通典、何承徽即张默君的父、母。

何承道(1854—1913),字璞元,号通隐,湖南衡阳人。约光绪四年(1878),入湘水校经堂学习,为高才生,有三篇文章和一首诗入选《校经堂二集》。估计此时与陈三立相识。郭嵩焘光绪五年(1879)八月初七日记:“衡阳何璞元,与陈伯严友善,高才能文。”是年陈三立乡试未售,第二年初春打算入校经堂读书,在写给廖树蘅的信中,他列出“甚可收切磋之益”的在校经堂肄业的 9 人名单,何承道即为其一。[②] 同年七月,陈三立随侍父亲陈宝箴赴武陟河北道任所,长沙友人“置酒长沙城北之豫园”,何承道是与会十四人之一。

在这一时期,陈三立常与包括何承道、陈锐等人在内的长沙青年才俊诗歌唱和,并受到他们诗风的影响,廖树蘅就观察到陈三立“己卯、庚辰之岁,与何璞元、陈伯弢诸人唱和,微涉轻冶”。[③] “己卯、庚辰”即光绪五年、六年。廖树蘅对陈三立受何、陈影响微有不满,不过这也可以证明陈三立与何承道等人之友善。有了这几年的交往和了解,光绪十年(1884)陈家馆师屡聘难得时,陈三立自然属意何承道。[④]

光绪十六年底,陈宝箴赴武昌就任湖北按察使,次年二月,陈三立挈家至武昌侍父。陈三立聘赵启霖课读衡恪。

赵启霖(1859—1935),字芷荪,号瀞园,湖南湘潭人。光绪八年(1882)优贡生,十一年(1885)中举,先后在武陵、澧州任训导。陈三立应该是耳闻赵启霖之名——赵之同乡罗正钧与陈三立为多年好友,遂在光绪十六年岁尾聘定,次年二月同舟赴鄂。赵启霖除写七古长篇《辛卯二月偕陈伯严考功泊黄鹄矶夜谈有作》一诗外,在《瀞园自述》中亦有回忆:“辛卯(1891)三十三岁,假馆鄂

---

① 陈三立著,刘经富主编,潘益民、李开军辑注《散原精舍诗文集补编》,第 327 页。

② 见陈三立《与廖树蘅书》,载陈三立著,李开军校点《散原精舍诗文集(增订本)》下册,第 1159 页。

③ 廖树蘅等著,廖志敏、李开军整理《珠泉草庐师友录》,第 28 页。

④ 见李开军《义宁陈家的馆师(上)——义宁陈氏散论之四》,载杜泽逊主编《国学茶座》第 5 期。

藩署。时陈右铭丈权鄂藩，予与陈伯严由湘江泛舟至鄂，舟中与伯严谈艺甚乐。抵鄂，为伯严课长子衡恪。……”[①]赵启霖在陈家授读大约有半年之久，因准备来年会试，大概于光绪十七年六七月间即还湖南家中了。今存衡恪科举策论一册，上有赵启霖批语，时在五月。次年会试他得中进士，并点翰林。

赵启霖辞馆后，陈家聘请范钟任西席。范钟（1856—1930），字仲林，江苏通州人，与兄范当世、弟范铠称“通州三范”，馆于陈府时，“三范”之名已颇著于士林，而范钟十分谦抑，名斋室为“蜂腰馆”。陈衡恪《蜂腰馆诗集跋语》云：“先大父官湖北按察时，延馆署中，衡恪从受业，朝夕侍左右。”[②]时在光绪十七年（1891）六月，衡恪年十六。

范钟的陈府教读生涯不足一年，此后入两湖书院任文学讲席，但大概仍住陈府，所以与陈三立、陈衡恪接触频繁。光绪十九年（1893）四月，陈三立、范钟还和易顺鼎、罗运崃一起，游览庐山，并于同年将庐山所得诗刻成《庐山诗录》，传观师友之间。更为重要的是经由范钟介绍，陈衡恪于光绪二十年十一月娶范钟侄女范孝嫦，义宁陈氏与南通范家结为姻亲，促成了陈三立与范孝嫦父亲范当世两位著名诗人的订交。陈三立在《〈范伯子文集〉跋》中说：“余最夙交仲林，附以婚姻，然后与君（指范当世）习。”[③]

光绪二十一年（1895）十月，陈宝箴由直隶布政使擢拔湖南巡抚。佐幕兼陈家塾师者有罗正钧、黄笃恭、周大烈。陈三立在《清故山东提学使罗君墓志铭》中云：“独念当先公时，佐幕而课授子弟，为予道艺相切磋之友凡四人，曰黄笃恭修原、赵启霖芷荪、周大烈印昆，皆君县人也，于君交最夙而尤挚。”[④]赵启霖是武昌时期陈家西席，其他三位湘潭人出任陈家馆师，则是在陈宝箴擢升湖南巡抚再次迁居长沙之后。时陈隆恪已经9岁、陈寅恪7岁，都已到入塾年龄，受教的不止陈衡恪。而衡恪日后对周大烈执弟子礼甚恭，称“印昆师”“印昆夫子”“吾师周印昆先生”等。他在一封写给梁鼎芬的信中请代购一二部朱一新的《无邪堂答问》，因为“敝师印昆先生深服此书”。[⑤]衡恪此函大概作于光绪二十二年（1896），当即周大烈在陈家坐馆之时。

世传陈衡恪早年在湖南时曾向尹和伯学画，首见龚产兴编《陈师曾年表》光绪十六年（1890）条：“陈师曾居长沙，师从当地名画家尹和伯学画。”但他未

---

① 赵启霖著，施明、刘志胜整理《赵瀞园集》，湖南出版社1992年版，第329页。

② 陈衡恪著，刘经富辑注《陈衡恪诗文集》，第201页。

③ 陈三立著，李开军校点《散原精舍诗文集（增订本）》中册，第1010页。

④ 陈三立著，李开军校点《散原精舍诗文集（增订本）》中册，第981页。

⑤ 陈衡恪著，刘经富辑注《陈衡恪诗文集》，第192页。

举出材料出处。瞿兑之记："师曾生长湖湘，其幼年喜弄笔摹仿湘中流行之花卉画。既与湘乡曾氏为姻连，曾氏门客湘潭尹翁和白名金阳，以画名于楚南。师曾亦尝与有问故之雅。"①不过这种掌故补白文字总让人不太放心。

三、不应科举重西学

按陈衡恪的年龄，他可以赶上科举时代的尾巴，走传统士子应举获功名的路。但他祖父、父亲是士大夫群体中开风气之先的人物，不欲下一代仍蹀躞科场帖括。陈衡恪成年后，决定弃旧学研新学。光绪二十一年(1895)，谭嗣同给他的老师欧阳中鹄写信，说"近颇令弟侄辈从事洋务。昨晤陈伯严，亦云已令子弟改业西学矣"。② 光绪二十二年十二月，衡恪给汪康年写信，请汪购英文《西字林日报》《英文文法义列表》。③ 二十三年二月，又致函汪康年，询德国人谔尔福与发明气球的胡尔佛是否同一人："近有德意志人谔尔福来游此地，颇精格致之学。昨阅第十九册报，载有伯灵造气球人胡尔福，与谔尔福音相似，不知即是人否？合璧表中未列西文，不能审悉，请转询贵馆翻译，谨将谔尔福西文姓名开列于右，Eujcm Wolf，以备考校。"④

光绪二十六年(1900)四月陈三立挈家定居南京后，衡恪于次年正月赴沪，就读于教会学校。时衡恪因已年届二十六，已有二子，犹一心问学。衡恪就读的这所教会学校名"圣塞威学堂"⑤即 St.Francis Xavier's College，"圣塞威"即 st.Xavier 之音译，一般称为圣芳济学堂。该校由上海的法国天主教耶稣会 1874 年创办，1880 年教会于虹口区南浔路圣心堂对面购地建造校舍，1882 年落成。⑥ 衡恪在该校读书一年。⑦

---

① 瞿兑之《齐白石翁画语录》，载《古今》第 35 期，1943 年 11 月 16 日，第 13 页。

② 《谭嗣同集》整理组整理《谭嗣同集》上册，第 265 页。

③ 见上海图书馆编《汪康年师友书札》第 2 册，第 1902 页。

④ 上海图书馆编《汪康年师友书札》第 2 册，第 1901 页。

⑤ 衡恪 1914 年作《王欣甫丈有子曰宾基、从子寯基，曾于外舅肯堂先生诗中想见其人，季子宰基同学上海圣塞威学堂。越十四年，遇寯基、宰基于京师，赋此赠之，兼呈欣甫丈》诗，载陈衡恪著，刘经富辑注《陈衡恪诗文集》，第 60 页。

⑥ 衡恪就读此校，可能参考了汪康年的意见，陈三立致汪康年第十六函："……小儿至沪就学，何处为最宜？烦审定有以教之。"上海图书馆编《汪康年师友书札》第 2 册，第 1813 页。梁焕奎(璧元)致汪康年第五函："……沪上法国学堂陈师曾在彼读书，不知即圣诺翰否？规模何似？拟令四舍弟往学。"同上，第 1705 页。

⑦ 衡恪内兄范罕(彦殊)在 1923 年衡恪去世时所作《哭师曾》五言七首第三首注："庚子后吾妹已故，师曾就学上海。时予在法国教会读书，约师曾同学一年。校在南浔路。"范罕《蜗牛舍诗》，南通翰墨林 1936 年刊印。

四、留学东瀛

光绪二十七年(1901)二月,就在衡恪入读上海的法国教会学校时,其继母舅俞明震出任南洋陆师学堂总办,校址在南京。这可能是衡恪从上海教会学校辍学回南京的个中原因。① 光绪二十八年(1902)二月,俞明震受两江总督刘坤一委派,到日本视察学务,兼送陆师学堂毕业生22名、陆师学堂附设矿务铁路学堂学生6名到日本留学,衡恪以文案身份带弟寅恪随行。② 赴日后最初拟入成城学校,③但未能入校。四月,与弟寅恪随舅父返回南京。④ 七月二十一日到十月十六日,日本著名教育家嘉纳治五郎(1860—1938)前来中国实地考察教育现状。九月到南京,俞明震、缪荃孙、陈三立、范当世多次与其接触,在陆师学堂为其举行欢迎宴会。席间诸人交流甚欢,陈三立作《日本嘉纳治五郎以考察中国学务来江南,既宴集陆师学堂,感而有赠》诗。赠诗中流露出对嘉纳及日本教育的敬仰和钦佩。这或许坚定了陈三立支持子弟赴日留学的信心。十一月前,经由俞明震的运作,由时任两江总督兼南洋大臣魏光焘派遣,衡恪终获江宁官费留学生名额,再次赴日,开始了正式的留学生涯。

衡恪先入东京巢鸭弘文学院补习日语。⑤ 在弘文学院两年多,编在普通科

---

① 衡恪赴日前曾寄居矿路学堂,见周作人《俟堂与陈师曾》《俞恪士》两文,载周作人著,陈子善、鄢琨编《周作人自选精品集——饭后随笔》上册,河北人民出版社1994年版,第302、351页。自20世纪80年代文化学术界兴起陈衡恪纪念研究后,所有的文章、著作都说衡恪"1898年考入南京'江南陆师学堂'附设的'矿路学堂',与鲁迅同学。1902年2月与鲁迅再同赴日本留学",实误。其源出自沈瓞民1961年撰《回忆鲁迅早年在弘文学院的片段》一文。该文注解云"陈衡恪号师曾,与鲁迅亦是老同学,矿路学堂学生"。沈瓞民的回忆已经有误,而1984年龚产兴发表的《陈师曾年表》又引申为陈衡恪于"1898年考入矿路学堂"。该《年表》1979年为初稿,2007年修订成第三稿,在近四十年的时间里,作者均未意识到此说有误。由于该《年表》发表时间早,影响大,误导学界和陈氏后裔匪浅。

② 关于衡恪以"文案"身份赴日,见当时日本驻上海总领事馆事务代理岩崎三雄的通知公函。此公函载日本外务省外交史料馆保存的外务省记录《在日清国留学生关系杂纂陆军学生海军学生外之部第一卷》,参见[日]北冈正子著,张铁欧译《鲁迅弘文学院的入学》,载《鲁迅研究月刊》2001年第11期。

③ 王仁乾《致汪康年》:"……前湖南陈葆[宝]箴中臣之孙号师曾,及俞恪士观察之子今来东留学,拟入成城学校也。……二月廿日。"上海图书馆编《汪康年师友书札》第1册,第47页。成城学校是陆军士官学校的预科学校。姚永概光绪二十八年(1902)四月初四日记:"师曾兄弟自日本归,云见吴辟彊于东京同文学堂。"

④ 见姚永概著,沈寂等标点《慎宜轩日记》下册,第825页。

⑤ 弘文学院亦作宏文学院。最初用的是"弘"字,因乾隆帝之名为"弘历",有些旗人的留日学生为避讳,乃写成宏文学院,故文献上有"弘文""宏文"两种写法。该校于1902年1月由嘉纳治五郎创建,校舍在东京中込西五轩町。嘉纳氏1902年到中国考察教育,历访当道官员,与他们交换意见,来校入学者因而渐渐增加。嘉纳为满足中国留学生激增的需求,创办这 (转下页)

江南班，曾与鲁迅等人同住一室。①

光绪三十三年（1907）七月，衡恪从宏文学院转入东京高等师范学校（今筑波大学，校长亦为嘉纳治五郎）习博物，②博物学作为一门学科，是动物、植物、矿物、生物学、地质学等自然科学的总称，大致相当于西方的“自然史”。

宣统元年（1909）夏季，衡恪学成归国。《清末各省官费自费留日学生姓名表·毕业生籍贯学校证书号次表》（自宣统元年七月起，至宣统二年六月止）载：姓名：陈衡恪。籍贯：江西义宁州。费别：官费生。到东年月：光绪二十八年十一月。入校年月：光绪三十三年二月（入校年月有误）。毕业学校：东京高师博物科。给证年月：宣统二年四月十三日。证书号数：1464。加编号数：442。备考：宏文普通肄业。但《北洋政府教育部档案·陈衡恪登记表》却云“宣统二年三月东京高等师范学校卒业”，何故提前一个学期回国不详。从他归国前夕在日本所写的一首五言绝句《归鸟》或可窥见端倪：“浩荡辞沧海，从容返故林。拣枝回病影，啸侣动悲音。”③从后两句来看，他可能是因患病而提前归国。

从1902年到1906年，中国兴起留日潮，④尤以江苏、浙江两省为多。陈三立挈家定居南京，感受到这股学术文化风气。陈氏子弟在陈衡恪的带领下，融入时代潮流中。衡恪在日本留学七年多（中间曾回国探亲3次），他为何在进入东京高师后选择“博物科”？当时的“博物科”到底是一门怎样的专业？这是他真正发自内心喜欢的专业吗？在专修之余，他又关注其他一些什么呢？

据相关研究，可知晚清留日学生主要学习的专业以法政科、师范科和军事科为多，这主要是由于这些专业人才为晚清变革之急需。在衡恪交往的留日友人中，姚华学法政，黎伯颜毕业于中央大学法科，其弟黎仲苏入东京帝国大

（接上页）所专收中国留学生进各种专门学校前以补习日语和普通科学知识为主的速成预备学校。课程除了年制的本科（讲授日语及中等程度普通学科；第三学年分文科及理科两组）之外，尚设一年、8个月或6个月的速成师范科，速成音乐科等。见［日］实藤惠秀著，谭汝谦、林启彦译《中国人留学日本史》，生活·读书·新知三联书店1983年版，第46页。

① 见沈瓞民《回忆鲁迅早年在弘文学院的片断》，载山东师范学院聊城分院中文系、图书馆编《鲁迅在日本》，1978年刊印，第26页。

② 《清末各省官费自费留日学生姓名表·各校各生履历清册》载：姓名：陈衡恪。籍贯：江西义宁州。年龄：三十四。费列：江宁。到东年月：光绪二十八年十一月。入校年月：光绪三十二年三月。学科：高师博物科。年级：第三年。按：登记衡恪年龄、入校月份、年级有误。

③ 朱良志、邓锋主编《陈师曾全集·诗文卷》，江西美术出版社2016年版，第191页。

④ 1902年达四五百名，1903年一千余名，1904年两千名，1905年、1906年激增到八千名左右（一说1906年达一万两千余名）。一个国家一下子送出八千名留学生，而另一个国家一下子接受八千名留学生，这种情况，历史上恐怕不多见。

学学工科，张棣生为早稻田大学政治经济科毕业，陈宝泉为弘文学院师范科，江翊云毕业于早稻田大学师范部法制经济科等等。衡恪为何专修“博物科”呢？邓锋认为其内外原因或许有以下几个方面：一则因祖、父仕途受挫，家族中已决定再不从政；二是早在湖南维新变法中，衡恪已通过邹代钧等对近代地图学、矿务知识有所了解，而其祖父在变法中尤重实业之振兴；三是嘉纳曾就中国教育的迫切需要指出“其最宜急者，莫如基础和实业二种”，“非先有普通教育，不能迳习专门，理科尤其著者”。种种机缘，衡恪选择了这门包括动物学、植物学和矿物学，且具有现代自然科学性质的学科，成了相当于我们今日所谓的“理科生”。

或许，我们还不能忽略另一个较为深层的原因，博物学科中涉及大量的图画练习，“博物画”也是晚清中日知识传播的一种重要方式，而这可与衡恪自小喜欢的绘画结合起来。如果稍加注意，会发现在此时日本所有的基础教育和大部分专科教育中，都开设有“图画”课程。鲁迅在学医的过程中便曾描画大量的解剖图，准确而扎实，既练就了其观察客观事物的方法，同时可能也潜在地影响了其后来文学创作中的现实关怀……作为正式科班的陈衡恪又是如何面对“博物”和“美术”的呢？在“博物”与艺术之间如何选择？文学与美术之间如何相互生发？东西方艺术之间的关系又应该如何认识？等等。经过七年多的留日学习，陈衡恪不仅完成了由旧学问到新知识的转化，成为“一身而兼新旧两面”的“新知识人”；而且凭借日本这个平台打开了崭新的艺术视野，对上述问题逐渐有了明晰而清醒的认识。①

陈衡恪在日本学习博物学的经历，对其之后的绘画创作也有着重要的影响，他认为“二十世纪研究画学者，非先知物体内容之生性与构造，就不足讲画学”，凌文渊就此申说，衡恪“所以专攻博物学，因为画的范围，不外属于矿物、植物、动物之三者，既然专攻博物学，则矿植动内容之生性及构造，无不了然于胸中……”②这段博物学的研习经历使他成为20世纪初中国为数不多的几个真正研究过自然科学的画家之一。

陈衡恪在日本学习时期，正值日本完成近代化进程，开始突飞猛进之时，因此得以观览东、西方文化的先进成果，对其日后形成既维护传统又不反对西方文化的改良主义观点有重要影响。

---

① 见邓锋《“东西画界”：通变与自觉——陈师曾画学思想及艺术实践再研究》，中央美术学院2018届博士论文，第39页。

② 凌文渊《在师曾先生追悼会上演说》，载俞剑华《陈师曾》，上海人民美术出版社1981年版，第45—46页。

五、婚姻、家庭

衡恪凡三娶，初娶南通范当世女范孝嫦(小名菊保)，与衡恪同庚，比衡恪小半岁多。光绪二十年(1894)正月，陈宝箴委派堂侄陈三垣(凤楼)携聘礼和衡恪的生庚八字到南通范家提亲，决定本年八月下聘，九月过礼，十月迎娶。① 十一月，衡恪婚礼如期举行。范仲林偕兄范当世夫妇送女到武昌按察使署，二十一日举办结婚大典。② 两年后，光绪二十二年二月十二日，范氏生长子封可。二十六年(1900)四月十八日，生次子封怀。五月十八日，因产后蓐劳，殁于南京，年仅25岁。③ 十月二十三日，陈三立回南昌西山，葬父亲于母亲墓侧预先筑好的生圹。葬儿媳范孝嫦于父母墓附近之赵家塘。其父范当世来吊，撰《陈氏女墓碣铭》和《既作孝嫦墓碣，遂登前山观所谓赵家塘者》诗。范孝嫦的早逝给衡恪留下了长久的伤痛，在诗作、画作中屡屡寄托哀思。

1905年岁末，衡恪从日本回国，次年年初赴汉阳续娶汪春绮(梅未)。④ 汪春绮，光绪九年癸未(1883)十一月二十五日生，⑤民国二年(1913)十一月二十

---

① 范如松(范当世、范仲林父亲)《与范当世》："陈府择今正月十六来通回好。汝弟腊月念三到家……述陈公以我家见亲，上下无不欢喜。及去鄂见面时，陈公云：'我已见君家四代诗文稿，为江南第一。旧家孝友相传，而尊公人品学问，绝非世俗。今我与对亲，真是喜极。我儿子品学，与君家兄弟相类；我孙子师曾又与彦殊略同；及内眷无不相似，真天假之姻。惟日望君来，欲责其避贤之罪，为有此贤侄女而不荐之故也。'……伊侄凤楼亦察此意也。伯严为人一无所好，惟读书是务，其品学有过儿辈。彼自开笔至成进士，作文不满五十篇，其聪慧亦可知矣。汝弟带师曾照像，今寄汝看。据云，其性情似其父，其用功与莲儿等，终日无言，稍闲即学画，真可爱也。……十三陈凤楼来，早已派人港接。其人诚笃，述伊叔颇重此姻，择今正月初四请先人像出，特穿公服，计刻亲写男庚，举署叩喜，择回盘计日请同寅吃喜酒。"范曾编《南通范氏诗文世家·范如松卷》，第237—239页。

② 杨守敬《致汪康年》："顷闻陈伯严之公子于本月廿一日完姻，书院中各同事俱有公分送礼，皆系执事经手。祈插入弟名一分，其金若干，即当呈缴。弟守敬顿首。十五日。"上海图书馆编《汪康年师友书札》第3册，第2171页。

③ 按：范孝嫦生长子封可时即已染蓐劳症。皮锡瑞光绪二十四年十月二十七日记："龚医启南送右帅至吴城始告归，右帅甚信服之。其子妇、孙妇皆病，孙妇蓐劳，恐难治。"皮锡瑞著，吴仰湘点校《皮锡瑞日记》第2册，第745页。《陈氏宗谱》载范孝嫦逝于光绪二十七年(1901)，误记了一个年份。

④ 汪春绮婶婶1905年11月写给丈夫汪凤梁的信中有"家中喜事接踵而上……梅未陈姓占吉，已将文定，迎娶想亦不过迟也"之句。衡恪《感怀》诗序："将就婚汉阳，感念前室，怆然于怀。"父执陈锐作《师曾大兄新婚将别，词以慰之。即送其赴日本，用白石韵》诗。姻亲黄小鲁(嗣东)作《师曾姻世讲新婚后以带钩绣帨见遗，赋此为谢》诗。

⑤ 见汪荣宝《全家生日记录》，载韩策、崔学森整理，王晓秋审订《汪荣宝日记》，中华书局2013年版，第108页。

八日殁。出生于江苏吴县(亦称元和,今苏州)书香门第汪氏。父汪凤瀛,[①]兄汪荣宝、弟汪东(原名东宝,字旭初)、汪季琦(楚宝)俱知名。[②] 春绮颇有才情,俞剑华编《中国美术家人名辞典》云春绮“工刺绣,能诗词,画梅有逸致”。不幸于民国二年(1913)十一月二十八日突发斑疹,西医注以麻醉剂,遽卒,年三十一。民国八年(1919)十二月亦葬南昌西山赵家塘范孝嫦冢近侧,衡恪亲撰亲书《义宁陈衡恪继妻汪氏之墓碣》。[③] 孝嫦、春绮相继病故,使衡恪陷入“此恨绵绵无尽期”的哀痛中。曾从孝嫦、春绮名字中各取一字,将自己的书房名为“菊梅双影盦”,镌刻“菊梅双影盦”室名印一方。

春绮与衡恪结婚8年,在陈家留下的回忆并不多,陈汪两家长辈与家人也没有陈范两家来往密切,故陈家后裔对春绮提供不出有价值的口传资料。[④] 在汪家也是如此,《汪荣宝日记》多处提到家族成员,只有两处简单提到大妹春绮,而大妹夫衡恪一次也没有出现,对其他两位妹夫却反复提到。这里面似乎隐藏着一些家族细故。而衡恪、春绮却倾心相爱,留下了伉俪情深的佳话。总之春绮给人们的印象如雾里看花,有“美人娟娟隔秋水”之感。

民国五年(1916)约七八月间,衡恪赴长沙迎娶黄国巽(1888—1971)。黄家世居长沙,黄国巽的祖父黄荷汀(1810—1865),道光十五年(1835)举人,署江苏宝山县知县,上海县知县,松江府同知候补知府,简放苏松泰兵备道加盐运使,与郭嵩焘有交往。黄荷汀次子黄为焯(1863—1935),监生,议叙知府衔。

---

① 汪凤瀛(1854—1925),字志澄,号荃台。1885年乙酉科拔贡。1891年跟随仲兄汪凤藻出使日本,1894年因甲午战争归国,以知府分发湖北。被总督张之洞延揽入幕府,担任总文案要职。因握有实权,被官场戏称为“小宫保”。1900年“庚子之变”后,张之洞委任汪凤瀛办理洋务文案,主持外交事务,在张之洞、刘坤一等策划的“东南互保”活动中,他多有参赞。汪凤瀛先后担任过湖北自强学堂提调、湖南常德知府、署武昌知府、署长沙知府等职。见汪晨熙、金建陵编著《汪季琦年谱》,现代出版社2009年版,第8页。

② 按:汪家是一个庞大的家族。奠基人汪亮钧(1827—1910),字秉衡,号和卿,元和县廪贡生,镇江府学训导。汪亮钧生四子:汪凤池、汪凤藻、汪凤瀛、汪凤梁。此兄弟四人皆为才俊之士,且都官至知府,在当地有“一门四知府”之誉。此四兄弟妻室、子嗣发旺,三四代后,支脉繁多。如汪凤瀛原配张氏、侧室蔡氏,两位夫人为汪凤瀛生有八子二女。长子汪荣宝,后依次为乐宝、东宝、楚宝、桢宝、椿宝、松宝、相宝。长女汪春绮(大排行第四女),适陈衡恪,次女汪梅梧适何元瀚。至于堂兄弟姊妹之多,则难于缕述。

③ 见陈衡恪著,刘经富辑注《陈衡恪诗文集》,第202页。

④ 笔者曾与陈小从讨论过这个问题,她也不明白为什么家族对这位大伯母的事情流传会这么少?揣测汪春绮没有生育子嗣,是被陈氏家族渐渐遗忘的一个原因。按:1917年衡恪写《苦雨》七绝四首,第四首后两句“阶前百草拚烂死,岂是封伦不复生”,衡恪女弟子江南蘋注“封伦乃师曾先生亡子之名”(陈衡恪著,刘经富辑注《陈衡恪诗文集》,第85页),或许是汪春绮所生,因夭折,故《陈氏宗谱》不载,衡恪子嗣亦不知晓。

娶湘阴郭氏，[1]生子二：伯明、国瀛。女三：长国渊，次国厚，三国巽。[2] 光绪三十一年（1905）17 岁时为反抗旧式婚姻与姊黄国厚等 20 名湘籍女生赴日本女子大学留学，习教育科。在日本时即通过杨怀中与陈衡恪相识，衡恪曾辅导她学日语（据陈封猷致刘经富函）。《清末各省官费自费留日学生姓名表·各校各生履历清册》载：姓名：黄国巽。籍贯：湖南长沙。年龄：二十。到东年月：光绪三十一年五月。入校年月：宣统元年四月。学科：女子大学教育科。年级：第一年。黄国巽归国后曾在长沙任教员。1916 年与衡恪结婚后定居北平，婚后生育封雄、封举（殇）、封邦（殇）、封猷。民国十二年（1923）六月，衡恪继母俞明诗病笃，衡恪驰归南京侍疾。继母不起，衡恪尽长子之责，为治丧奔走操劳。南京气温高，不幸染上伤寒，日本医生误诊为痁疾，以致延误，逾一月（八月初七日）亦逝。[3] 黄国巽接到电报后带着 4 个孩子赶到南京，在接她的亲友家人中未发现衡恪，心中已有不祥之兆。走进灵堂，看到两副灵柩，当场昏了过去，其惨状在场者无不动容。衡恪离京时，曾写《南归省亲，妻子尚留》诗留别，谁能料到这一别竟成永诀。更为残酷的是，泪痕未干，噩运又至。1924 年，封举、封邦亦相继夭殇。两年中突然走了 3 个亲人，这打击实在过于沉重。但黄夫人很坚强，衡恪去世后，她终生未再嫁，含辛茹苦，抚孤成立。

第二节　京 华 十 年

陈衡恪的生平经历、事略行谊并不复杂，大抵可以留日为界分为留日之前、留日时期、归国后至赴京过渡时期、京华十年四个时期。前三个时期尚有许多细节、脉络有待补苴完善，尤其是留日七年，尚须发掘搜辑日本的档案材料予以证实。第四个时期经过这些年研陈学界的努力，虽然还需要向纵深开掘，但已经大致明了。

---

① 黄氏族人所撰网文据这一句定为郭嵩焘之女，陈衡恪之子亦疑郭嵩焘为其母亲的外祖父，有人又引申陈宝箴、曾国藩、郭嵩焘为连环亲，均误判。按郭嵩焘有七女，长女、幼女早卒，中间五女嫁刘、周、左、李、罗（见《湘阴郭氏家族史全书》编辑委员会编《湘阴郭氏家族史全书》，2006 年编印，第 426 页）。又《郭嵩焘日记》有多处与黄荷汀交往的记载，无两家结亲的内容。长沙《汀龙黄氏族谱》记载此湘阴郭氏生于咸丰八年（1858）九月三十日，而《郭嵩焘日记》此日所记无生女内容。湘阴郭氏房支众多，以郭嵩焘名气最大，黄氏族人因此附会攀高。

② 见长沙《汀龙黄氏族谱》第 10 册，1942 年六修。谱载第三女"适法学博士，江西义宁陈衡恪"。

③ 参见李国葆《陈师曾画传》，第 246 页。

一、入京前后的踪迹

（一）入京前

宣统元年（1909）八月，衡恪从日本归国，在南京家中闲居一年多，“无田事躬耕，聊以画自课”。[①]

宣统三年（1911）正月，衡恪应张謇（季直）之邀，任江苏南通师范学校及中学校教员，授博物科，[②]居通明宫道观。九月初，父亲陈三立为避兵乱携家从南京迁沪，衡恪因此常往返于南通和沪上。

衡恪在南通任教期间，恰巧吴昌硕的弟子李苦李在南通经营“翰墨林”书画店，衡恪常去店中作画论艺，两人非常投契。南通离上海较近，再加上衡恪继妻苏州汪家与吴昌硕交往密切，因而衡恪每去沪上，必至吴昌硕家，得以与吴昌硕亲密接触并以弟子称。衡恪对吴昌硕的金石画风极为推崇，因以“染仓室”名书斋，1911 年作诗寄其意：“……沈寥对素壁，喷薄但一气。不似青藤徐，不似大涤济。翁画翁自画，并代或无二。”[③]诗作中对“翁画翁自画”的向往，与他后来提出的“画吾自画”的艺术主张若合符节，由此可见陈衡恪汲取吴昌硕艺术养料渊源有自。

在南通期间，可以说是陈衡恪思想整合的关键时期。之前，他受了二十余年传统文化的熏陶，与西学的接触也超过了 10 年。在对中西知识、思想、艺术有了深刻的了解后，开始形成以中国文化为本位的文化自觉。这时期在《南通师范校友会杂志》第 2 期发表的译文《欧洲画界最近之状况》，即这种自觉的具体表现。[④]

1912 年春，衡恪留日时结识的好友李叔同任《太平洋画报》编辑，聘衡恪为特约专栏作家，陆续刊载衡恪简笔画作计 60 幅，并发表衡恪为苏曼殊著名小说《断鸿零雁记》所作插图，被柳亚子戏称为“僧道合作”。十一月辞去教职，离开南通。

1913 年初，衡恪在沪上家中逗留了三个多月。四月，衡恪离沪赴湘，任教于湖南第一师范。留日同学杨怀中（昌济）亦来执教，两人时有交往。又在长沙晤见留日老同学杨钧，向他借临清代梅清（瞿山人）的山水册页，题记中说：

---

① 陈师曾《公湛以诗酬我之画，复以诗报之》，载朱良志、邓锋主编《陈师曾全集·诗文卷》，第 191 页。

② 《江苏南通师范学校职员学生录》记：陈衡恪辛亥正月始“授博物”。

③ 陈衡恪著，刘经富辑注《陈衡恪诗文集》，第 41 页。

④ 见郑钰垚《“以精神相应”——陈师曾的交游及其文人画价值论》，中央美术学院 2011 届硕士论文，第 13 页。

"癸丑夏客游长沙，假杨重子所藏瞿山人画册，留观数日。"秋初，陈师曾离湘回沪。

现已发现的三种民国官绅名录均谓衡恪于1912—1913年间短期担任过江西教育司长。[①] 其聘任教育部中层干部或与其担任过省一级教育司长的资历有关，但因未找到江西教育司的原始档案和别的书证，只能暂存疑。[②] 李国葆先生考证此事甚详，谓当时教育部的主政者欲外放陈衡恪任教育教育司司长，但因故未上任，官绅名录所载并未成为事实。[③]

（二）入京后

1912年，北洋政府成立，"来京谋干者日见其多，以故人才辈出，士多荟萃都门者不知凡几。兹闻警察厅确实调查，在京各会馆及各客店候事者，已有十一万人之谱"。[④] 时北京画坛除姜筠、陈衍庶等已过气的老派画家之外，新进者几乎全是从南方过来的画家，而且多为政界中人。姚华光绪三十三年（1907）十月底从日本归国，先在邮传部任职，民国后入交通部、任参议员，又担任北京女子师范大学校长；余绍宋1910年于日本留学回国，先任外务部主事，后在民国政府司法部任职；尚有贺良朴、汤定之、陈半丁、林纾、金城、王梦白、凌文渊、周肇祥、陶瑢等等。这批国学根基深厚又具有一定社会地位的政府官员们成为北京画坛的崭新力量，民初的北京画坛逐渐形成了以南方旅京画家为主导的局面。如余绍宋组织的"宣南画社"，陈衡恪、姚茫父被尊为画坛"领袖"，金城被奉为"广大教主"等等。

1913年秋末，陈衡恪赴京，据其继妻汪春绮之弟汪东回忆："癸丑秋末，余迎姊同赴北京，侍先君杨仪宾胡同，即伯兄衮甫（汪荣宝）寓处也。师曾方任职教育部，亦来就甥馆。"并说与师曾"退食之暇，谈画刻印，于时最乐"。[⑤]

1914年1月28日（阴历）衡恪到教育部报到，《北洋政府教育部档案·一九一四年职员薪簿册》载："编审员陈衡恪，一月二十八日到部。月薪一百五

---

① 见［日］田原天南编《清末民初中国官绅人名录》1919年版、日本外务省情报部《现代支那人名鉴》1924年版、敷文社编辑《最近官绅履历汇录》1920年版。

② 按：目前已出的几种《陈师曾年表》均称衡恪于宣统元年（1909）夏秋曾任江西教育司司长，均无书证。按宣统年间省一级的教育机构称"提学司"，学政称"提学使"。刚从日本归国的衡恪不可能任江西教育司司长，也不会在任江西教育司司长后又于1911到江苏南通县去做师范及中学教员。又：江西教育司成立于民国二年（1913）。

③ 见李国葆《陈师曾未任江西教育司长考》，载《书品》2017年第3辑，又见氏著《陈衡恪画传》，第262—270页。

④ 《谋官者之人数》，载《大公报（天津）》，1914年6月17日。

⑤ 汪东《寄庵随笔》，上海书店1987年版，第25页。

十元。”[①]可知陈师曾在教育部的工作，是编审教科书。职位为“编审员”，与各省教育司司长同级。[②] 教育部编《教育部职员录》载陈衡恪住安福胡同56号，教育部有多人住此胡同。

1915年8月，衡恪任教科书编纂处副主任。8月4日，《教育部职员任免调迁通知》：“总长嘱，本部编审员高步瀛现经呈准升任社会教育司司长，所遗教科书编纂处副主任职务应派编审员陈衡恪接充。”秋，留日同学张棣生于其新华街居所之东修缮房间一椽以供衡恪住坐，因堂前有槐一株，遂名之曰“槐堂”。[③]

1918年《教育部及所属各机关借发薪金粘存簿》载：“编审处主任高步瀛、陈文哲月支薪金二百四十元，编审员陈衡恪、罗惇曧、周庆修、熊景熙月支薪金二〇〇元，朱文熊月支薪金一百五十元。”[④]

1920年仲夏，衡恪移居邱祖胡同西头库资胡同3号，作《移居》七律四首。[⑤]

以上是衡恪在京城的身份职业、薪津待遇、寓所基本情况，而其一生事业声名鹊起，却依赖于教育部本职工作之外的业余文化活动。

二、京华十年活动概述

京华十年是陈衡恪实现自己精神志业的最重要的阶段，对陈衡恪这一时期的文化活动、教书育人、人事交往、作品成果，几种《陈师曾年表》均有叙列。而以后出的中央美术学院2018届邓锋博士论文《“东西画界”：通变与自觉——陈师曾画学思想及艺术实践再研究》的附录《陈师曾年表》较为全面、准确。以下叙说以其《年表》为基础，参以赵盼超《陈师曾居北京期间的艺术活动及成就》一文。

（一）从事美术教学，培养艺术人才

陈衡恪居京期间，先后兼职北京女子师范学校（1919年升格为“北京女子

---

① 教育部档案内有两本工资簿，另一本为守卫、巡警、兵丁、门役、听差、杂役、更夫、信差，薪津为2、4、5、6、7、8、9元。

② 如许寿裳于1915年以教育部参事简任江西教育厅厅长，1921年回教育部任编审员。

③ 按：陈衡恪1914年4月前租住安福胡同56号，其第三子陈封雄1917年4月即生于安福胡同，乳名“福丁”。不知衡恪当时是否有两处居所？

④ 按：240元为官等四级俸等三级，亦有编审员支领240元的，如伍崇学，职位为编审员，月薪240元。薪津簿册中尚有支领40元、80元的职员，因此150—240元之间实为教育部中层干部的薪津待遇。

⑤ 见陈衡恪著，刘经富辑注《陈衡恪诗文集》，第102页。此次移居是从安福胡同迁居还是从新华街槐堂迁居？尚不清楚。

高等师范学校”)及女高师博物教员(1914年),北京高等师范学校手工图画专修科国画教员(1915年),国立北京美术学校国画教授(1918年),北京女子高等师范学校(1919年)。

陈衡恪所任职的北京高等师范学校手工图画专修科,乃是专为培养师范人才的学校。图画手工课程也以写生、临摹、创作为主,兼学美术史和教授方法。陈衡恪在任职期间,也是教授学生临摹、写生,兼及创作,教一些绘画技法和创作方法。著名画家、美术史论家俞剑华,于1915年考入此校手工图画科,成为陈衡恪的学生。

1918年4月,北京美术学校(1921年升格为“北京美术专门学校”)聘请衡恪为中国画教授。翌年衡恪开始在该校讲授美术史。这是我国最早的一所公办美术学校,首任校长是留日画家郑锦。该校在建立之初,学科设置较为完善。① 陈衡恪从1918年4月被该校聘为中国画教授,直到他1923年8月去世,共在该校工作了5年,为国画教育和艺术人才的培养做出了贡献。其间王雪涛、高希舜、李苦禅、刘开渠、俞剑华、苏吉亨、王子云等均为衡恪学生。衡恪在高校教学之余,还有很多年轻人拜他为师,成为“槐堂”弟子。②

(二)著书立说,宣传文化艺术思想、理念

陈衡恪除致力绘画、篆刻以外,亦潜心研究绘画史及理论,结合自己的实践经验和对美术史的理解,一生发表多篇有关美术史论的著作和文章。包括两个方面:一是绘画理论;二是绘画史。

1. 绘画理论方面有《文人画之价值》《中国画是进步的》《绘画源于实用说》《对于普通教授图画科的意见》等篇章,以《文人画之价值》较为重要。

《文人画之价值》首言文人画的概念,次言文人画的艺术特点,最后总结文人画的要素为:第一人品,第二学问,第三才情,第四思想,具此四者方能完美。③ 陈衡恪家学渊源深厚,比20世纪初叶的“洋化”文人更有国学根柢。后又留学东洋七八年,相较于保守的“国粹”派文人,他又是开明的现代文化人。

---

① 见陈继春、袁宝林《校史钩沉:郑锦与中国第一所国立美术院校的创立》,载《美术研究》2013年第2期,第75页。

② 参见江南蘋《缅怀吾师陈师曾——六十年前从师学艺追忆》,载上海书画出版社编辑《朵云》第2集,上海书画出版社1981年版。

③ 《文人画之价值》有白话文和文言文两个版本。1921年春陈衡恪发表白话文《文人画的价值》(载北京大学绘学杂志社编《绘学杂志》第2期,1921年1月)后,本年夏又用文言改写。1922年日本大村西崖访问中国与陈衡恪会谈后,陈衡恪翻译了大村的《文人画之复兴》一文,遂将文言版的《文人画之价值》与他翻译的《文人画之复兴》合刊,书名为《中国文人画之研究》,1922年由中华书局出版。见吴雨阳《陈师曾的艺术思想研究——以“一史一论”为中心》,江南大学2018届硕士论文,第24页。

这种身世阅历,决定了他的文化思想与艺术观念的兼容并蓄与立足民族本位的特殊性质。所以,在强大的“五四”新文化运动的“西化”思潮中,他能独抒己见,发表《文人画之价值》,反驳否定传统文人画的观点,抵制民族虚无主义的论调,捍卫民族艺术的尊严和传统文人画的价值。

2. 绘画史著述有《中国绘画史》《中国文人画之研究》专著及《清代山水画之派别》《清代花卉画之派别》等篇章。

《中国绘画史》是陈衡恪在北京美专任教时,以日人中村不折、小室翠云合著的《支那绘画史》为蓝本编著成的教材讲义。后由学生俞剑华、苏吉亨分别整理出版,[①]书中对历代文化概况、绘画的变迁、画派的师承演变及各时代杰出的画家,都有提纲挈领、简明扼要的介绍,开了近代中国绘画史著作的先河。

(三)参与举办中日画展活动

1918 年 12 月,陈衡恪、颜世清与金城等人出面召集北京画家为访华的日本画家渡边晨亩举办招待会。日后的“中日联合绘画展”,就是在这次招待会上提出来的。联展的动议,与中日两国画家联合抵制西化浪潮、研究和发展东方艺术有关。[②]“中日联合绘画展”共举办四届,1920 年为首届,1922 年第二届,1924 年第三届,1926 年第四届。每隔两年一届,中日双方轮流主持。[③]

1920 年 11 月,在北京欧美同学会举办首届“中日联合绘画展”。陈衡恪主持了这次活动,并以自己的作品积极支持。

1922 年 3 月 18 日,陈衡恪接到荒木十亩和渡边晨亩的邀请电文,精选中国画家作品,于 5 月与金城、吴镜汀赴日参加东京府厅商工奖励馆的第二届“中日联合绘画展览会”,取得巨大成功,[④]带去作品四百余件,半数被日本人购买,共计收入 10 851 两,而日方展出作品 79 幅,购买者甚少,收入共 1 440 两。衡恪等人至日本鬻画,极一时之盛,尤其带去的齐白石花卉、山水 9 幅全部高价出售。[⑤]法国人在东京选了陈衡恪与齐白石两人的画作加入巴黎艺术

---

① 俞本于 1925 年由济南翰墨缘美术院印行;苏本于 1934 年由天津百城书局印行。

② 见胡健《朽者不朽——论陈师曾与清末民初画坛的文化保守主义》,北京大学出版社 2012 年版,第 247 页。

③ 见杭春晓《温和的渐进之路——以民初北京地区中国画传统派画家为中心的考察》,中国艺术研究院 2006 届博士论文,第 84—95 页。

④ 按:陈衡恪 1922 年 5 月到日本,以前的陈衡恪年表、传记都说是去参加“中日联合绘画展览会”,其实他还身负公务,依据是教育部第 38 号令:“本部编审员陈衡恪现赴日本,应令就近考察该国美术教育状况,仰遵此令。”载《教育公报》1923 年第 4 期。

⑤ 见陆伟荣《齐白石与近代中日联合绘画展览会——被介绍到日本的齐白石》,载《东方艺术》2013 年第 16 期,第 90 页。

展览会。日本人把二人的作品和生活状况拍成电影,在东京艺术院放映。经过日本展览会后,外国人来北京求齐白石画者甚众。

衡恪从日本回国后,写了《东游所感》一文[①]志感。

(四)参与书画社团活动

陈衡恪居京十年期间,参与的书画社团有北京宣南画社、北京大学画法研究会、北京中国画学研究会、上海中国书画保存会。

1. 宣南画社。1915年,时任司法部参事的余绍宋聘请书画名家汤定之先生作指导,邀集梁启超、姚华、陈衡恪、贺良朴、林纾、萧俊贤、陈半丁、沈尹默、萧谦中、郁曼陀、王梦白等成立画社,[②]进行书画学习和交流活动。因画社地点在骡马市大街西砖胡同宣武门南,故名"宣南画社"。初多聚会于余绍宋宅,后轮流作东,一起研讨绘画。此画会是北京民初较早的画会,也是存续时间较长的画会,持续12年之久,直到余绍宋离京为止。[③]

2. 北京大学画法研究会。1917年12月1日下午,陈衡恪应蔡元培之邀,赴北大讲演《清代山水画之源流派别》。三百多位听众聆听了讲演,并报以热烈的反响。[④] 当陈衡恪结束演讲时,蔡元培旋即宣布陈衡恪已应北京大学的正式邀请,担任中国画首席导师,筹建"画法研究会"。

1918年3月8日晚,画法研究会举行第一次导师会议,陈衡恪、贺履之、汤定之、徐悲鸿、李毅士、钱稻孙、贝季美作为首批导师,就课程安排和教学方式进行讨论。陈衡恪任山水和花卉两科导师,贺履之任山水和花卉导师,汤定之任山水导师。陈衡恪应约每月做一次演讲,每周导师对学生进行评议。

1918年10月,陈衡恪突然以"事忙"为由,辞去画法研究会导师之职。辞职的原因可能缘于陈、蔡对美术教育的理念不同、对中国画的风格旨趣认同有分歧。在美术革命浪潮袭来前夕,他离开了革命的风暴眼。然而,他并没有从

---

① 载《顺天时报》1922年6月16日,第7版。原瑞雪提供。

② 林志钧《龙游余君墓志铭》:"时武进汤定之先生游京师,嗜书,多见名迹,以家学通六法,君与予获交定之,同时萧厔泉、贺履之、陈师曾诸先生,皆精绘事,亦常相过从,月一二会,多集君西砖胡同寓宅。"阮毅成《记余绍宋先生》:"樾老在北京的时期,卜居于宣武门南的西砖胡同五号,题名曰余庐。他在每星期日午刻,备了佳肴美酒,招待画画谈诗的文友。大家于上午就去,互相交谈,饭后才各自散去。"转引自徐文治《陈师曾艺术年表》(载《新美域》2007年第2期)"一九一四年"条。

③ 按:"宣南画社"并非一个具有严密组织的绘画团体。从活动内容看,仅为文人间相互合作的酬唱画会,无多规范,皆趁兴而为,带有较强的娱乐性。

④ 见《通信·画法之研究》,载《北京大学日刊》1917年12月4日,第4版。60年后,郑天挺(著名历史学家)仍记得陈师曾在北大的第一次演讲。参见郑天挺《蔡先生在北大的二三事》,载中国人民政治协商会议全国委员会文史资料研究委员会编《文史资料选辑》第83期,文史资料出版社1982年版,第85—88页。

此退向保守,相反,他温和、理性的声音一直在为中国画的价值进行有力的辩护。①

3. 中国画学研究会。陈衡恪1918年10月辞去北大画法研究会后,又于1920年5月与金城、周肇祥发起成立"中国画学研究会",并担任学术地位最高的"评议"。此画会是民初在北京影响最大的一个画会,它不同于"宣南画社"的雅集消闲性质,而是具有明确宗旨和组织结构,带有美术教育机构性质的现代型画学团体。也与北大画法研究会秉持的"科学美术"教育方针有别,而以"提倡风雅,保存国粹"为创办动机,以"精研古法,博采新知"为宗旨,在西方文化的冲击下主张保存国粹、发扬传统,非常自觉地与全盘西化、彻底否定传统的文化激进主义划清畛域。② 中国画学研究会聚集了一批趣味相投的人,抱成一团,共同维护着中国文人画传统,成为"国粹派"的大本营。这样,再次面临"革新派"的进攻时,陈衡恪再也不是一个人在战斗。站在他身后的是整个"国粹派"的同仁们,像金城、凌文渊、胡佩衡、许士祺等人都曾撰文回击"革新派"。③

第三节　扛起"文人画"的大纛

文人画作为中国古代社会特有的一种艺术潮流,走过了漫长的里程。到中国近代,随着封建制度的解体,它必然受到冲击并发生变异。然而由于中国仍旧保留着一顶"半封建"的帽子,封建社会的末代文人们也并不因社会变革而消失。又由于艺术本身所具有的继承性,加之它在当时仍有国内市场和国际市场,在清末民初,非但没有销声匿迹,在一批有才华的艺术家的努力下,却仿佛回光返照似的放出了异样的光彩,出现了诸如赵之谦、虚谷、吴昌硕、陈衡恪、齐白石、黄宾虹等众多后期的文人画大师。他们集合显示的艺术成就,甚至可以和石涛、八大或扬州画派那个时代相比,较之陈淳、徐渭,较之"元四家"也并不逊色。

---

① 见高昕丹《陈师曾与北京大学画法研究会》,载《新美术》2008年第5期,第44页;闫春鹏《陈师曾与北京大学画法研究会》,载《荣宝斋》2009年第3期,第257页;杭春晓《温和的渐进之路——以民初北京地区中国画传统派画家为中心的考察》,中国艺术研究院2006届博士论文,第95—98页。

② 见陈继春、袁宝林《首任校长郑锦:从"北京美术学校"到"北京美术专门学校"——校史钩沉之二》,载《美术研究》2015年第2期;李煜田《精研古法砥砺前行——历史中的中国画学研究会》,载《流行色》2019年第12期。

③ 见闫春鹏《陈师曾与北京大学画法研究会》,载《荣宝斋》2009年第3期,第256页。

一、在新旧文化坐标上的反思“文人画”

1919年“五四”运动前后，在新文化运动的巨潮中，一些激进文人提出了“美术革命”的口号，把批判矛头指向明清以来的“文人画”和“四王”画派，[①]主张用西画的写实精神拯救、改造中国传统绘画。1917年康有为发表《万木草堂藏画·序》，认为“中国画至国朝而衰弊极矣”，警告“如仍守旧不变，则中国画学应遂灭绝”。[②] 1919年陈独秀发表《美术革命——答吕澂》，[③]大声疾呼“若想把中国画改良，首先要革‘王画’的命，因为改良中国画，断不能不采用洋画写实的精神”。如此层层递进，将革命的矛头指向了文人画。康、陈的观点在当时虽有一定进步意义，但也有失偏颇，其失误在于他们对中国画的特质缺乏深刻认识，简单地用政治学和社会学的观点来规范和要求艺术。[④]

在西风炽热之时，一部分维护中国学术传统的文人不为时潮所趋，面对西方强势文化，提出了继承和更新传统的理论主张，如当时的北京画坛领袖陈衡恪。他主张在全面继承民族绘画优秀传统的基础上革新中国画，以振奋中国画艺术的民族精神。陈衡恪有家学和留学东瀛的学术背景，因而对中西文化都有深入的了解，对中国文化、西方文化的认识比较深刻。他站在文化的制高点来看待中西文化和中西艺术，对中西艺术关系的认识具有文化学的意义。他认为中画和西画没有孰高孰低的问题，它们分属两个系统并各有其内在规律和价值，但在培养美感、涵养精神情操的艺术功能上却有共同性。[⑤]

陈衡恪面对思想界、美术界的“美术革命”论，清醒地意识到这种文化思想动向的极端性，对中国画退步论有所抵制。出于对传统绘画价值的了解和对传统文化的熟谙，陈衡恪从维护传统的角度提出了自己的见解。中国画进步论是陈衡恪对绘画研究与思考的中心，有针对性地提出这个观点。他主张固本自强、借古开今，在对历史的梳理与研究中形成自己的艺术认识论和实践方法论，在立足传统的基础上吸收外来养料，更新传统。针对康、陈等否定传统

---

① “四王”：王时敏、王鉴、王原祁、王翚。他们继承晚明董其昌的艺术主张，致力于摹古，在摹古中求变化，集元、明文人画笔墨、图式之大成，注重对国画笔墨的追求与探索，发展了干笔渴墨层层积染的技法。使山水画的审美趋向于笔墨本体，不注重对真山水的观察和感受。在近代，“四王”成为革新者诟病传统中国画一味模仿、不注重创造和表达主体感受的代表，受到了猛烈抨击。

② 郎绍君、水中天编《二十世纪中国美术文选》（上卷），上海书画出版社1999年版，第24页。

③ 载《新青年》第6卷第1期，1919年1月15日。

④ 见顾雪涛《民初北京画坛的双子星座——姚华与陈师曾》，载《贵州文史丛刊》2014年第4期，第69页。

⑤ 见钟国胜《陈师曾中国画进步论的史观研究》，载《美苑》2007年第2期，第43页。

绘画的言论，他撰写了《文人画之价值》一文，成为一篇立意高远、论述精辟、影响广泛的代表文献。

早在1912年，陈衡恪执教于江苏南通师范学校时，就在《南通师范校友会杂志》第2期上发表了《欧洲画界最近之状况》的译文，从文章中可以看出他对西洋画史的熟悉。陈衡恪曾留日7年，对西学进行过深入的学习，其所学专业又是领时代之风气的"博物学"。另外，戊戌变法前后他所亲身经历的种种往事，以及从小受到的传统文化的熏陶和家学的影响，使他在面对知识界主流人物将中国传统文化视为万恶之源，以摧枯拉朽之势彻底毁灭传统文化的情形时有着更加客观和谨慎的态度。陈衡恪正是站在这个新旧文化坐标上，对中国艺术以及中国文化进行反思。①

《欧洲画界最近之状况》一文虽不是陈师曾所写，而是翻译日本久米氏的作品，但在文章最后，他以"附识"阐述了自己的观点。他认为中西文化是两个系统、两种类型的文化，就绘画而言，"东西画界，遥遥对峙，未可轩轾。系统殊异，取法不同，要其唤起美感、涵养高尚之精神则一也"。② 意即中西绘画没有谁高谁低，谁优谁劣，只是"系统殊异，取法不同"，在艺术功能上都是为了唤起人们的美感，培养人高尚的情操。在陈衡恪看来，只有在立足于中国文化的主体、秉承民族文化本位精神的基础上进行吐故纳新，循序渐进，才能保证传统文化的顺利过渡和持续发展。他在这里表现出的文化取向，在其1921年发表于《绘学杂志》第1期上的《对于普通教授图画科意见》一文中有着更加明确的表述："个人之行为，国民之特性，可由美术而表现之。英、法、土、波斯、印度诸国人情与我国不同，故诸国之图画亦然。是美术者，所以代表各国国民之特性，其重要可知矣。但研究之法，宜以本国之画为主体，舍我之短，采人之长，其法大略如此。"③而这之后刊载于《绘学杂志》第2期的《文人画的价值》一文则可以视为他在立足于中国文化的基础上，以文人画为手段推进中国传统文化向现代转型的一次预设。他站在中西绘画的制高点，指出了中国文人画的写意性与西方现代艺术强调主观性的相通之处，他说到西方现代艺术"不重客体，专任主观。立体派、未来派、表现派联翩演出，其思想之转变，亦足见形似

① 见郑钰垚《"以精神相应"——陈师曾的交游及其文人画价值论》，中央美术学院2011届硕士论文，第11页。

② 陈衡恪《欧洲画界最近之状况》，载李运亨等编注《陈师曾画论》，中国书店2008年版，第187页。

③ 陈衡恪《对于普通教授图画科意见》，载李运亨等编注《陈师曾画论》，第148页。

之不足尽艺术之长，而不能不别有所求矣”。[①] 他的这种文化自觉可以说与其1912年在《欧洲画界最近之状况》一文中所表现出来的文化诉求是一脉相承的。[②]

1921年，陈衡恪发表《文人画的价值》一文，拉开了论争的帷幕，双方壁垒开始搭建。或者可以说衡恪发动了第一波反击的攻势，首先扛起了传统派反击革命派的大旗。[③]

陈衡恪文言文版[④]《文人画之价值》从艺术的本质、文人画的历史、文人画的要素等方面，科学地阐发了文人画的价值和意义，对全盘否定文人画的观点做了富有说服力的回答，丰富了前人关于文人画的理论，不仅在当时具有振聋发聩的力量，在今天仍散发着光芒。有的美术史家称它为20世纪20年代中国画论争的“压卷之作”，绝非虚誉。[⑤]

二、“文人画”的概念、特征

在中国近现代的文人画家中，年仅48岁的陈衡恪，其艺术才能没有得到充分的展示，艺术成就也许没有吴昌硕、齐白石高。但是由于他通过《文人画之价值》一文，对文人画做了理论性的总结，影响极大，对近现代文人画的地位起到一种稳定性的作用。因此，陈衡恪的文人画观，便成为我们认识这一时期文人画思潮的钥匙。

（一）“文人画”的概念

古人对于文人画的概念说法不一。自唐张彦远说“自古善画者，莫非衣冠

---

① 陈衡恪《中国人物画之变迁》，载李运亨等编注《陈师曾画论》，第157页。

② 见郑钰垚《“以精神相应”——陈师曾的交游及其文人画价值论》，中央美术学院2011届硕士论文，第11页。

③ 陈衡恪于1921年1月1日在《绘学杂志》第2期上发表《文人画的价值》后，一个月内，日本美术史家大村西崖也于同年1月7日完成万言长文《文人画之复兴》，并于1月25日由东京巧艺社出版。同年10月，大村西崖来到中国，与陈衡恪、姚华讨论文人画问题。衡恪将大村西崖的《文人画之复兴》一文译成中文的文言文，又将自己在《绘学杂志》上发表的白话文《文人画的价值》改写成文言文，将两篇文章合为《中国文人画之研究》，由姚华作序，上海中华书局1922年首印，至1941年已刊印8版。

④ 这一文体改换似可表明陈衡恪从一开始赞同白话文到对白话文成为一种思潮后的回应，他以文言翻译大村西崖《文人画之复兴》，又以文言改写其《文人画的价值》的举动，已经表明他意欲保存传统的心志。1932年10月26日，朱自清在日记中对陈衡恪翻译的大村西崖《文人画之复兴》译文给予很高的评价，对其《文人画之价值》则评价不高（见朱乔森编《朱自清全集》第9卷《日记编》，江苏教育出版社1996年版，第168页），是否反映了新文化阵营中重要人物的某种情绪？

⑤ 见顾雪涛《民初北京画坛的双子星座——姚华与陈师曾》，载《贵州文史丛刊》2014年第4期，第70页。

贵胄，逸士高人……非闾阎鄙贱之所能为也”之后，文人贵族的作品就与画工作品之间划下了一条鸿沟。宋郑刚中谓：“胸中有气味者，所作必不凡。而画工之笔，必无神观也。”宋康与之所谓“隐士之画”、刘学箕所谓“画士”、苏东坡所谓“士人画”，也都是与“画工之画”相对应的概念。元钱选答赵文敏问何以称“士气”，谓“隶体耳”；明高濂亦有“士气画”之说，至董其昌始提出“文人之画”的概念。[①]

然而这个概念并没有被普遍认可，清代仍有许多人使用“士大夫画”的说法。由以上几种说法可以看出，掌握了宣传工具的文人们以其文人之作贬低画工画，继之贬低画家画的思想是一脉相承的，只是称谓不一而已。陈衡恪基本上沿用了董其昌的说法，明确地使用了“文人画”这一概念，结束了以往称谓的混乱，使“文人画”这一说法被广泛认可。董其昌对文人画以“文人之画”四字表述，因为有个“之”字，其意义便可以解释为凡文人所作的画即文人画。但是他又以南北二宗不同的艺术思想和艺术面貌加以区别，所以他所谓的文人之画又有一种艺术流派之意。大村西崖则不持风格流派说，他认为：“文人画者，有文学人所作之画也，又谓文人士夫之画。……吾人之所谓文人画。非流派样式之名，盖由作者之身份区别之者也。”陈衡恪对文人画的研究兴趣当然与大村西崖的刺激有关，但还不能轻易地说他与大村西崖观点完全相同。陈衡恪在文中曾交互使用“文人画”与“文人之画”两种说法，可能使人产生“文人之画”即“文人画”的误解，但他对文人画的解释远非这样简单，也远比董其昌、大村西崖所论深刻。陈衡恪在文章开篇即言：

> 何谓文人画？即画中带有文人之性质，含有文人之趣味，不在画中考究艺术上之工夫，必须于画外看出许多文人之感想，此之所谓文人画。

按照这个说法，文人画当然是由文人所作，但文人所作却不一定都可称为文人画。如果不能体现文人之性质、趣味、感想，就算不得文人画了。这大概是陈衡恪当时不同意大村西崖以作者身份区分的观点，而又不便直接反驳的一种曲笔。

值得注意的是，陈衡恪没有使用“士夫画”“士大夫画”这类提法，显然因为“士大夫”是“有职居官者之称”，而陈衡恪却和历代那些失意的或者有反封

---

① 见刘曦林《陈师曾的文人画观》，初载《美术史论》1984 年第 3 期，2017 年 3 月修改，收入朱万章等《朽者不朽——陈师曾和他的时代》，人民美术出版社 2017 年版，第 47—48 页。

建精神的文人有更多的文化联系。他说"文人之事何邪？无非文辞诗赋而已"，并不看重文人是否为官从政。他避用"士夫画"的提法，这不仅因为近代科举已废，封建末代文人绝了仕进之途，更深刻的原因恐怕是他更看重文人的人品、修养、学问和艺术观念。①

（二）文人画不求"形似"而重"神似"

苏轼的"论画以形似，见与儿童邻"的观点，并不能代表他的全部艺术观。然而由于它道出了艺术的某种规律，遂启迪了历代文人画家，故元代倪云林有"逸笔草草，不求形似"之说。明代王绂说："东坡此诗，盖言学者不当刻舟求剑，胶柱而鼓瑟也。然必神游象外，方能意到圜中……古人所云不求形似者，不似之似也。"清代石涛亦有"不似之似当下拜"的诗句。然而由于艺术的修养不同，以形似论画的观点仍长期普遍存在，并且成为责难文人画的口实。当西洋的写实技巧传入中国之后，不少人把写实的技法和现实主义混为一谈，以此攻击中国画不科学，攻击文人画"丑怪荒率"。在这种情况下，陈衡恪进一步阐发了前人的理论，提出了"不求形似，正是画之进步"的观点，以此维护文人画家之地位。他首先从文人画的主旨论说文人画家何以不求形似的根本原因：

> 仅拘于形似，而形式之外别无可取，则照相之类也。人之技能又岂可与照相器具、药水并论邪？即以照相而论，虽专任物质，而其择物配景，亦犹有意匠寓乎其中，使有合乎绘画之理想与趣味，何况纯洁高尚之艺术而以吾人之性灵感想所发挥者耶！（《文人画之价值》）

正因为文人画的主脑是"发挥其性灵与感想"，也就是"写意"，所以他认为对外界物质的描绘不是目的，而仅是"寄托其人情世故、古往今来之感想"的"材料"而已。他认为，如果没有画的观念、画的感想，仅仅描绘事物的表象，无意境，无趣味，则"不达乎文人画之旨"。

其次，他以文人画的形体观念与西方美学的"象征"手法相联系，进一步阐明文人画"不求形似"的意图。他说：

> 所谓不求形似者，其精神不专注于形似，如画工之钩心斗角惟形之是

---

① 见刘曦林《陈师曾的文人画观》，载朱万章等《朽者不朽——陈师曾和他的时代》，第48—50页。

> 求耳。其用笔时另有一种意思,另有一种寄托,不斤斤然刻舟求剑,自然天机流畅耳。且文人画不求形似,正是画之进步。何以言之?吾以浅近求譬:今有人初学画时欲求形似而不能,久之则渐似矣,久之则愈似矣,后以所见物体记熟于胸中,则任意画之,无不形似,不必处处描写,自能得心应手,与之契合。盖其神情超于物体之外,而寓其神情于物象之中,无他,盖得其主要之点故也。庖丁解牛,中其肯綮,迎刃而解,离神得似,妙合自然。其主要之点为何?所谓象征(Symbol)是也。(《文人画之价值》)

这在当时无疑是一种最时髦的解释了。[①] 20世纪初,西方的现代主义与野兽派、立体主义、表现主义、抽象主义、象征主义等,都开始反对传统的写实主义,而倾向于绘画的情感表现和象征意义。陈衡恪敏锐地看到中国文人画的写意性,与西方兴起的表现主义、象征主义在摆脱"形似"的束缚,趋向主观表现方面有相通之处,符合世界艺术发展的进步方向。"西洋画可谓形似极矣。自十九世纪以来,以科学之理,研究光与色,其于物象,体验入微。而近来之后印象派,乃反其道而行之,不重客体,专任主观。立体派、表现派,联翩演出,其思想之转变,亦足见形似之不足尽艺术之长,而不能不别有所求矣。"这样,表面上看来,相对于美术革命论者和国画改良论者来说,似乎落后于时流、倾向保守的陈衡恪却是站在世界最新绘画发展的高度来肯定近代传统文人画的价值的。而美术革命论者所推崇的西方写实主义恰恰是被西方现代主义所反对和摒弃的东西,这一矛盾现象颇值得思考。陈衡恪重估和肯定文人画的价值,是为了说明元明清以来的文人画从总体上来说都是进步的,而且符合世界艺术发展的方向与规律,具有无限生命力。[②]

(三)文人画不求普及,而重提高

"五四"新文化运动以来的提倡打倒贵族的、山林的、有闲的文艺,推崇大众的、民间的、走向十字街头的文艺,致使面向社会实用的、通俗易懂的、叙事性强的非文人画艺术成为画坛的宠儿,而格调高雅的文人画却被视为阳春白雪,曲高和寡。[③] 对此有人提出建议:"文人画过于深微奥妙,使世人不易领会,

---

① 见刘曦林《陈师曾的文人画观》,载朱万章等《朽者不朽——陈师曾和他的时代》,第56—59页。

② 见钟国胜《陈师曾中国画价值的历史观研究》,载《美苑》2008年第3期,第60页。

③ 见成佩《陈师曾关于文人画的理论》,载《美术研究》2005年第1期,第64页。

何不稍卑其格，期于普及耶?”[①]这种主张表面看似一石二鸟，两全其美：一则不影响文人画作为国粹的至高声名；二则稍降其品格亦可保证文人画有更多受众和更大领地。岂不大快人意？但是，陈衡恪以为不妥，此犹似杀鸡取卵、饮鸩止渴，“正如欲尽改中国之文辞以俯就白话，强已能言语之童而学呱呱婴儿之泣，其可乎?”[②]所以，最合理的做法应该是提高欣赏群体的水准。诚如陈衡恪所言：

> 欲求文人画之普及，先须于其思想品格之陶冶世人之观念，引之使高，以求接近文人之趣味，则文人之画自能领会，自能享乐。不求其本而齐其末，则文人画终流于工匠之一途，而文人画之特质扫地矣！若以适俗应用而言，则别有工匠之画，在又何必以文人而降格越俎耶?[③]

此处陈氏之论，虽周期长见效慢，但假以时日，不失为标本兼治之良方。毋庸赘言，由于欣赏者知识构成、文化素养和审美喜好等方面的差异，艺术的雅俗之见势必会不同程度的存在。事实上，“文人画”在长期的发展中，已经建立起了“一套具有严格的图像意义、风格规范和技法标准的艺术系统”。它独特的文化内涵和形式语言，不仅文化背景差异悬殊的西方人不理解，即便是中国人自己也未必能解得其中深意。真正要能从文人画简约非简单的图式语言中，把玩“不着一字，尽得风流”的精神旨归，从接受的层面言，欣赏者亦必须具备一定的文化储备。[④]

其实，通观《文人画之价值》，我们发现全文开篇和结尾两处都谈到了如何欣赏文人画的问题，此种行文布局足见陈衡恪对该问题的重视程度。在文章开篇陈氏给文人画下了精准定义后，他立刻明言：“然则观文人之画，识文人之趣味，感文人之感者，虽关于艺术之观念浅深不同，而多少必含有文人之思想。否则，如走马看花，浑沦吞枣，盖此谓此心同此理同之故耳。”由此观之，只有当欣赏者亦具有一定的鉴赏能力才有可能欣赏文人画，理解文人画，读懂文人画，与创作者一起“悠然起澹远幽微之思，而脱离一切尘垢之念”。陈氏对文人画如何欣赏和普及之高论，恰似一首曲调之主旋律，余音绕梁，发人深省。诚然，对文人画的理论问题进行探讨后，最终要落实到文人画如何继承、推广和

---

① 陈衡恪《文人画之价值》，载李运亨等编注《陈师曾画论》，第171页。

② 陈衡恪《文人画之价值》，载李运亨等编注《陈师曾画论》，第171页。

③ 陈衡恪《文人画之价值》，载李运亨等编注《陈师曾画论》，第171页。

④ 见成佩《陈师曾关于文人画的理论》，载《美术研究》2005年第1期，第64页。

创新的实践层面。陈衡恪本着这一写作思路，使得此文虽为一篇文人画的理论文章，但亦饱含了浓郁的经世致用之价值。①

（四）文人画重视综合性和画外功夫

陈衡恪指出，文人画“非仅画之范围内用功便可了事，尚须从他种方面研究始能出色，故宋、元、明、清文人画颇占势力，盖其有各种素养、各种学问凑合得来”。这段话实际上讲到了文人画的综合性，它甚至可以视为一种诗、书、画、印乃至包括其他艺术营养在内的综合艺术。它不仅使各门不同的艺术样式在一幅画的形式格局上取得了统一，而且在内在的艺术规律上有若干相通之处。如果它不具备这种综合性，在画中体味不出画外的功夫，就不成其为文人画。不仅文人画如此，诗歌、京剧、书法、音乐等民族艺术也有这种非单纯性，它体现了各种形式的民族艺术在互相渗透、互相借鉴中提高的艺术规律。具有多种艺术修养的文人画在这一点上也对中国画做出了重要的贡献。在近代，金石考据学、篆刻学的发展以及书法崇尚碑学等因素，使文人画又有了新的艺术内涵，陈衡恪也是在这几方面都很有修养的艺术家，对此体会是很深切的。而且他特别讲到了书法入画的问题，他认为：“文人画不但意趣高尚，而且寓书法于画法，使画中更觉不简单。”所以至今许多画家仍然主张画是“写”出来的，而鄙薄那种“做”的效果。这恐怕不能算作保守，因为这是中国画独异于其他画种，致使外国画家望之兴叹的特殊功夫，是中国画在形式美方面耐看的原因之一。②

陈衡恪对文人画艺术特点的分析基本上有以上诸点，可以说是文人画史上空前的历史总结。他是文人画理论的集大成者，也有许多的创见和发挥，并带有时代印记。诚然，以画与照相术相比以及象征说等，是大村西崖与陈衡恪的共识。但大村西崖所论之“舍阴影，用线描”，重水墨，轻色彩，很难说可以概括文人画的艺术特点，也没有抓住文人画的要义。这一点恐怕只有既是文人画家又是理论家的中国人陈衡恪能解个中之妙了。③

（五）文人画的四要素：人品、学问、才情、思想

在中国传统绘画几千年的历史发展长河中，文人画成为区别于宫廷绘画、民间绘画和宗教绘画的四大画种之一。复兴文人画，实如陈衡恪所言，应具备人品、学问、才情、思想四要素，方能完善。关于绘画与人品的关系，早在北宋

---

① 见曹贵《陈师曾〈文人画之价值〉内涵及其影响》，载《湖北美术学院学报》2016 年第 2 期，第 18 页。

② 见刘曦林《陈师曾的文人画观》，载朱万章等《朽者不朽——陈师曾和他的时代》，第 64 页。

③ 见刘曦林《陈师曾的文人画观》，载朱万章等《朽者不朽——陈师曾和他的时代》，第 64 页。

时期，郭若虚《图画见闻志》曾有言：“窃观自古奇迹，多是轩冕才贤岩穴上士，依仁游艺，探赜钩深，高雅之情一寄于画。人品既已高矣，气韵不得不高；气韵既已高矣，生动不得不至，所谓神之又神而能精焉。”[①]此处郭氏论画首次在画史上把人品与气韵甚至画作的质量联系起来，虽然稍稍有些绝对，但强调人品对绘画的重要影响，亦有其合理成分。当历史的车轮行进到 20 世纪，陈衡恪在《文人画之价值》中明确提出：

> 文人画之要素，第一人品，第二学问，第三才情，第四思想。具此四者，乃能完善。盖艺术之为物，以人感人，以精神相应者也。有此感想，有此精神，然后能感人而能自感也。

无疑，此论为未来中国文人画的发展指明了方向，因此具有重大的意义。紧随其后，1931 年由南京书店出版的《中国绘画变迁史纲》，作者傅抱石在分析和比较了董其昌、沈宗骞、陈衡恪三人关于中国绘画思想的研究后，针对董其昌的“读书、广见闻、脱俗”之说，沈宗骞的“清心、读书、却誉、正体”之论后，极力赞成陈衡恪的观点，提出：“人品”“学问”“天才”，此为研究中国绘画的三大要素。[②] 不仅如此，傅抱石更是把上述三者看作研究中国绘画史的指导思想，并由此提纲挈领地引出中国绘画的体系。[③]

除此之外，在具体论证过程中陈衡恪还用近世美学家所讨论的移情理论来佐证他的观点。移情理论发源于德国，代表人物为立普斯，在 19 世纪下半叶至 20 世纪初普遍流行于西方许多国家。所谓移情，即把人的情感、意志等外射到人以外的事物中去，使原本没有生命的东西好像具有了人的情感、思想和意志，产生物我合一的境界。不难看出，陈衡恪为批驳康有为、陈独秀二人的观点，亦十分注意康、陈以之为准则的西方绘画或美学理论作为依据。但是，有一点不得不令人思考，即陈衡恪为了阐明中国文人画本身具有的重大价值和驳斥康、陈的文人画衰败论，参照的是 19 世纪以后西方现代主义重表现的绘画主张，而康、陈却又以西方古典写实主义作为中国文人画必须变革的理

① 郭若虚《图画见闻志》，载王伯敏、任道斌主编《画学集成（六朝～元）》，河北美术出版社 2002 年版，第 316—317 页。

② 见傅抱石《中国绘画变迁史纲》，载叶宗镐选编《傅抱石美术文集》，江苏文艺出版社 1986 年版，第 8 页。

③ 见曹贵《陈师曾〈文人画之价值〉内涵及其影响》，载《湖北美术学院学报》2016 年第 2 期，第 19 页。

论武器。中国文人画的弘扬和变革,都是以西方的价值体系作为理论依据或评判准绳,这不能不说明处在20世纪一二十年代的时代背景下中国文化受西方文化影响之大。①

的确,陈衡恪针对康有为、陈独秀有失偏颇的文人画的言论,拨乱反正,对文人画的概念、内涵、历史、格调及要素等诸多方面进行了系统阐述,观点鲜明,论证严密,而且及时有效,影响深远。②

三、"文人画价值"的意义

陈衡恪的文人画观体现了一位现代知识分子的胆识,更兼具了建构文人画之现代理论体系的策略意识。这种对于"文人画"概念的重新发掘、建构,在厘清了文人画注重主观表现而不求形似的特点之外,也使"文人画"增益了新的内涵,使其由零碎、单纯而变得系统、丰富,更顺应了进化论思潮影响之下的时代风气。③

19世纪中期兴起、风行欧洲的达尔文进化论对陈衡恪的中国画进步论史观的形成和发展也产生了重要影响。清末民初达尔文、赫胥黎的进化论作为学术新潮被介绍到中国,正好适合中国人求新图变的思想需要,成为当时影响最大的理论。陈衡恪曾留学于"脱亚入欧"的日本,所学为博物科,因而他对进化论有着深刻的理解。但陈衡恪对达尔文、赫胥黎的进化论思想是有所选择和阐发的,形成了他自己独特的进化论。这种独特性表现在达尔文没有把人类文化艺术的发展与生物的进化并提。陈衡恪则创造性地认为文化艺术的发展规律和生物进化规律具有一致性,用"进化论"有力地阐明了中国画是进步的理论思想。④

陈衡恪提出进步论史观理论以后,中国画发展到今天,出现了齐白石、黄宾虹、傅抱石、李可染等大家,他们所取得的成就为陈衡恪所说的中国画是进步的这一观点增加了有力的注脚,对20世纪中国画的健康发展起到了积极作用。深入分析和阐释在清末民初的社会、文化背景下,陈衡恪的进步论绘画史观所具有的理论价值和实践意义,对于当代中国画发展具有重要的启示价值。

---

① 见曹贵《陈师曾〈文人画之价值〉内涵及其影响》,载《湖北美术学院学报》2016年第2期,第19页。

② 见曹贵《陈师曾〈文人画之价值〉内涵及其影响》,载《湖北美术学院学报》2016年第2期,第19页。

③ 见于洋《启辩与内观——中国画现代变革语境中的陈师曾》,载《中国美术》2017年第1期,第38页。

④ 见钟国胜《陈师曾中国画进步论的史观研究》,载《美苑》2007年第2期,第43、45页。

陈衡恪的进步论绘画史观启示了一个思路：中国画现代化的要求与反西化应从传统美术中发掘资源从而更新传统。[①]

四、《文人画之价值》的影响

徐书城曾有言：陈衡恪是20世纪“以理论形式明确肯定文人画价值之第一人”。[②] 毫无疑问，陈衡恪写作《文人画之价值》和他在1921年前后发表的《中国人物画之变迁》《中国画是进步的》等文，产生了强大的集群效应，它们不仅论证了文人画具有的重大意义，而且阐发了中国画的进步性。这无疑给当时言必称西方的中国画坛打了一剂强心针，亦让国人从美术上找回失落已久的文化自信。[③]《文人画之价值》一出，可谓一石激起千层浪，许多画家和美术理论家开始重新认识文人画，思索中国画，并且从多个角度展开了对文人画或中国画的讨论和研究。他们中虽有人提出和陈衡恪相似的观点，但大多数是在陈氏揭示文人画理论的框架上，或更加完善，或发表新的看法，不一而足。这些新论文和新著作的出现，无疑彰显了陈衡恪《文人画之价值》的巨大影响。[④]

曹庆晖的《革命!？保守!？——民国文人画辩之剖析》一文有一小节专门论述“不同阵营内部对文人画的另外看法”，可以看出在革命阵营和保守阵营内部对文人画所持的整体多样的态度，文中说：“尽管陈师曾《文人画之价值》的基本态度是解释传统，但其之所以解释的根本起因还在于画坛兴起的种种对中国传统绘画的质疑，因而他虽然表面上没有和改良—革命者进行面对面的公开论战，但实际上却对他们否定文人画的基本观点进行了辩驳。倘若翻阅一下《文人画之价值》发表后维护中国传统绘画的文论，也不难看到很多维护者都受到陈师曾文人画观——主要是陈师曾对文人画首重精神、不贵形似的解说的影响。”[⑤]

成佩在《陈师曾关于文人画的理论》中说：“《文人画之价值》一出，应者云集，在北京有金巩[拱]北、姚茫父、萧谦中、陈半丁、贺履之、汤定之、凌直支、王梦白、余绍宋、胡佩衡、秦仲文等，另外上海也是文人画的另一大本营，广州也

---

① 见钟国胜《陈师曾中国画进步论的史观研究》，载《美苑》2007年第2期，第45页。

② 刘梦溪主编《中国现代学术经典·陈师曾卷》，河北教育出版社1996年版，第742页。

③ 见曹贵《陈师曾〈文人画之价值〉内涵及其影响》，载《湖北美术学院学报》2016年第2期，第19页。

④ 见曹贵《陈师曾〈文人画之价值〉内涵及其影响》，载《湖北美术学院学报》2016年第2期，第19页。

⑤ 载《文艺研究》2005年12期，第105页。

有国画研究会等组织遥相呼应。相对来说，大村西崖倡导的文人画复兴运动在日本几乎没有什么影响，随着日本特立独行的文人画家富冈铁斋的去世，日本现代文人画再也后继无人。而在中国，继陈师曾之后，黄宾虹、齐白石、潘天寿、李可染、周思聪等许多画家一直在探索着传统文人画在现代历史文化情境中存在和发展的可能性。"①

陈池瑜在《20世纪上半叶中国美术史研究概评》中称："《文人画之价值》对文人画的定义、文人画的源头和发展、文人画的历史和艺术价值都作了深入探讨，陈师曾还提出文人画的四大要素，即人品、学问、才情、思想。该文成为其后学者们研究文人画的重要参考文献，此外，20世纪初，在一片对文人画的贬斥声中，陈师曾的《文人画之价值》发表，对廓清在文人画研究中的偏见、复兴文人画精神、确立文人画的价值均具有重要作用。"②

陈衡恪提出的文人画的论调是在民族危机、"保国""保种"的形势之下文化改良派们激发所导致的。然而就当时的时代环境而言，文化改良是必然要走的道路，因此此时国人的自卑，大部已从落后的科技转入自身之文化，只是在更为激烈的革命派眼中，他们对中国传统文化所持的观点是全盘否定。与陈衡恪不同的是，康有为、陈独秀等人的美术论调根本不在美术本身，美术本不是他们真正所关心的问题。康有为早年与梁启超等人谋求"维新变法"失败使他再不能在政治上有更大的抱负和作为，转而从寻求社会的改良走向学术研究，即探求文化的改良。陈独秀为新文化运动的领袖，他和康有为一样，"美术革命"和中国画的衰亡论只是抛出一种论调即中国文化的改良和革新的必要，而这些都不过是他们寄予整个社会改革的一个引子。陈衡恪与他们不同，由于家学传统和自身的绘画学术理想，他坚守了一位知识分子对自我文化的捍卫，虽然看似与时代革新大势论调相反，但是他确实独立地坚守了自己的观点，并敢于与当时的流行唱反调，这不难看出陈衡恪的独立学术精神。可以说，陈衡恪在反对"美术革命"维护"文人画之价值"之时没有其他功利目的，他的目的就是要维护他独立的学术认知。③

直到今天，文人画的概念依然在被使用，文人画的价值依然还在被反复讨论，当人们要反驳反对文人画的观点时往往会举出陈衡恪《文人画之价值》一文，引为自己观点强有力的支持，这也是陈衡恪该文价值最好的说明。

---

① 载《美术研究》2005年第1期，第62页。

② 载《美术观察》1999年第12期，第58页。

③ 见陆璐《陈师曾〈文人画之价值〉的研究综述》，载《中国艺术》2014年第3期，第113页。

文人画的价值争论还会继续，只不过这些争论所需的不是简单的下判断而需要做更深入的实践和研究，同时以学术的公心来看待传统文化及其成果，而这一点陈衡恪依然不失为一个榜样，敢于坚守自己的独立立场，维护学术的自由本意。这也是陈衡恪《文人画之价值》背后最为重要的价值。[①]

总之，在20世纪上半叶声势浩大的全盘西化浪潮中，中国画将何去何从成为时代亟待解决的问题。无论是以徐悲鸿、林风眠和刘海粟等为代表的革新派，还是以陈衡恪、齐白石、黄宾虹、潘天寿和傅抱石等为典型的传统派，其初衷都是为了谋求中国画的出路。但是，传统派能够从自身下功夫，不仅论证了文人画的价值和肯定中国画的意义，而且处在特定的时代背景下，继承中寻发展这对于重拾文化自信，振兴士气，实乃功不可没，意义非凡。[②]

第四节　佳句流传江海间

一、诗是吾家事，因君父子吟

1930年，钱基博撰《现代中国文学史》，在《陈三立》一节后附“陈衡恪”，谓“三立诸子皆能诗，而长子衡恪名最著”。李详《丙辰（1916）五月奉怀沪上诸友绝句》第四首注：“义宁陈伯严三立……寓老靶子路，与子培、苏堪、樊山、仁先诸君称诗海上，又有才子师曾、彦通，如太邱之有元方、季方羔雁相属。”[③]

1909年，衡恪好友胡朝梁在诗中赞誉“陈家兄弟文章伯，佳句流传江海间”。人们是如何获读衡恪诗作的呢？早期的几部诗话如梁启超《饮冰室诗话》（1907年）、狄葆贤《平等阁诗话》（1908年）、孙雄《眉韵楼诗话》（1908年）、《诗史阁诗话》（约民国初年）均未介绍衡恪诗作。孙雄《道咸同光四朝诗史》甲集、乙集（1910年、1911年印行）也没有选入衡恪的诗作。可知1909年以前衡恪诗作尚未大范围显扬于世。

真正使衡恪诗作引起广泛影响的应是陈衍的《石遗室诗话》。1912年8月到1916年2月，陈衍在北京大学和京师大学堂任教，衡恪约1914年后与陈衍交往日多，陈衍谓衡恪“年来有诗，必使余酌定之”。《石遗室诗话》卷一五

① 见陆璐《陈师曾〈文人画之价值〉的研究综述》，载《中国艺术》2014年第3期，第113页。

② 见曹贵《陈师曾〈文人画之价值〉内涵及其影响》，载《湖北美术学院学报》2016年第2期，第20页。

③ 李详著，李稚甫编校《李审言文集》下册，第1308页。

第十七条"陈师曾至情人写至情诗"、卷一七第九条"陈师曾诗多真挚语"、卷一九第八条"陈师曾诗深厚可诵"、第九条"师曾悼亡之作乃真悲哀语"，分别刊登于《东方杂志》1915 年第 12 卷 8 号、10 号、12 号上（1915 年 8 月、10 月、12 月）。所引录的诗作，全引计 7 题 10 首，摘句 16 题。1923 年陈衍编印的《近代诗钞》收入衡恪诗作 30 题 37 首，《石遗室诗话》评析的那些悼亡诗全部入选。

另一个使衡恪诗作引起广泛影响的渠道是报刊。从 1914 年 5 月起，到 1923 年 6 月止，衡恪在《庸言》《东方杂志》《大公报》《小说月报》《学衡》上发表诗作共计 84 题 108 首。加上《石遗室诗话》所引共计 91 题 118 首，占叶恭绰编印的《陈师曾遗诗》264 题 350 首的三分之一。衡恪 1913 年秋进京后的重要诗作在报刊上都露了脸，槐堂诗作的风貌基本呈现在世人面前。1914 年 2 月，陈衍赠衡恪诗中有"诗是吾家事，因君父子吟"之句。

自 1906 年散原老人开始在报刊上发表诗作后，首先跟进的是衡恪，接着是方恪（他以发表词作为多），接着是隆恪。陈氏父子的名字频频在报刊上出现，有时父子诗文刊载在同一天报纸的副刊或同一期杂志上。十余年间，陈氏父子的名声大噪。世传散原诸子均能诗在这里得到了印证，得分最高者当属衡恪。表面上看是由于衡恪此时的画印书诗均达到了相当的高度，而背后的因素则来自传统的"世重其艺，我重其人"。衡恪人品之好，是当时文人士夫一致公认、口耳相传的。他能在旧京画坛成为领袖人物，品格高尚是一个主要原因。

二、悼亡诗为衡恪诗的代表作

（一）衡恪两次悼亡

衡恪的前妻范孝嫦于光绪二十六年（1900）五月 25 岁时早逝，衡恪不胜伤痛，连绘菊花图、病菊图，作悼亡诗五首题于画上。几年后衡恪续婚，曾以菊花图出示诗友夏敬观，夏敬观作《惜秋华 · 陈师曾以画菊寓悼亡意。续婚后，偶于箧中检出，怆然伤怀，持以示余，余因为题此解》词以慰之。可惜衡恪这五首悼亡诗和两幅菊花图后来都佚失了。

1905 年岁末，衡恪从日本回国，次年年初赴汉阳迎娶汪春绮。行前作诗：

感　怀将就婚汉阳，感念前室，怆然于怀

闲居心不怡，徘徊盼遥冈。层霭荡空冥，修林日摧黄。
萋草蔓广陌，寒潦澹方塘。寻迹非故尘，即景玩余芳。

昔欢如未徂，沉思安能详。代谢岂自然，古今互参商。
披轩复揽涕，翘首送微阳。凄彼节物移，何以尽杯觞。
悠悠岁暮怀，毋令松菊荒。①

1909年夏，衡恪从日本学成归国。次年十一月冬至节，他与父亲回南昌西山扫墓，衡恪作《至前妻范氏墓所》诗：

酬酒对荒山，泉枯草亦干。封兹一抔大，迟我十年看。
人事只如此，悲怀耿未殚。驰晖背云去，怆立又空还。②

这是目前仅存的衡恪悼念孝嫦的两首诗。

衡恪继妻汪春绮卒于1913年12月25日。一个半月后，甲寅正月十三日，教育部的同事鲁迅、许季上、钱稻孙合制挽联送到汪宅。这天晚上，衡恪含泪刻了一方印，印文是"深知身在情长在"，边款："师曾悼亡，乃有此作，灯前自赏，不禁泫然。甲寅一月十三夜。""深知身在情长在"是李商隐的诗句，全诗为《暮秋独游曲江》：

荷叶生时春恨生，荷叶枯时秋恨成。
深知身在情长在，怅望江头江水声。③

1916年，衡恪在一幅《墨荷》图上，又题写了李商隐这首诗，并撅"深知身在情长在"印。值得注意的是，他将"怅望江头江水声"改成"怕听江头江水声"。

春绮去世的第二年，衡恪致函内弟汪东："衡恪就婚汉阳时，易实甫有'骆绮兰三朵花'贺语。骆绮兰盖卢瀞香之误，卢为钱袖海之继室，钱善画，曾作三朵花图，瀞香绣之，曾宾客、王梦楼皆有题咏。瀞香归钱数载亦病殁，殆亦前谶。"④衡恪与春绮新婚，父执易顺鼎在贺语中借用钱袖海善画、继室卢瀞香工绣的掌故，本意是赞誉衡恪、春绮一对新人乃天缘作合。不承想卢瀞香归钱袖海数载病殁之往事，竟在春绮身上重现。一切似乎冥冥之中已经注定，所谓生命中不可承受之重。"前谶"云云，语虽平淡，实为沉痛。

---

① 朱良志、邓锋主编《陈师曾全集·诗文卷》，第290页。
② 朱良志、邓锋主编《陈师曾全集·诗文卷》，第194页。
③ 李商隐著，朱鹤龄笺注，田松青点校《李商隐诗集》，上海古籍出版社2015年版，第192页。
④ 汪东《寄庵随笔》，第25页。

（二）衡恪悼亡诗的艺术价值与影响

民国时期的诗评家普遍认为师曾于诗一道虽承家学而不貌袭其父，初学选体，不为唐宋所囿。诗风冲和萧澹，情真语挚，思深味隽，悼亡诸作尤工。首先揭橥衡恪悼亡诗价值的是陈衍，他对衡恪的悼亡诗有独到的评价：

> 悼亡诗古今不知凡几，真悲哀者却少。师曾屡有作，无不真悲哀者。①《吴仲成再婚感而有赠》云：“‘新婚人所欢，再婚人所叹。不识新人意，常忆故人颜。’皆佳句也。师曾笃于伉俪，再悼汪氏亡，悲之尤甚。年来有诗，必使余酌定之。一卷百余首，悼亡作居十三四，即非悼亡题目，亦牵动及悼亡，与余十年来真同病矣。真挚语至多，莫如《题春绮遗像》一首……”②

另一位对衡恪悼亡诗有深刻体会的是朱金城先生。1981 年 3 月，中华书局编辑出版的《学林漫录》第 10 集发表了他《读〈陈师曾遗诗〉零墨》一文。文中对衡恪悼亡诗的解读，至今仍觉有指导意义：“他的诗风平淡自然，感情深挚，和他父亲陈三立不一样。特别是悼亡诗，在集中占据很大的比例。这些作品缠绵悱恻，带有晚唐的韵味，具有强烈的艺术感染力……师曾笃于伉俪之情，先娶南通范当世女孝嫦，继娶吴县汪凤瀛女春绮，都先师曾而卒，因此流露这种哀痛情感之作在集中俯拾皆是。”如《春绮卒后百日往哭殡所感成三首》其一：

> 我居西城堙，君殡东郭门。迢迢白杨道，萋萋荒草原。来此尽一哭，泪洗两眼昏。既不簠簋设，又无酒一尊。焚香启素幄，四壁惨不温。念我棺中人，欲呼声已吞。形影永乖隔，目渺平生魂。我何不在梦，时时闻笑言。倏忽已三月，卒哭礼所敦。我哭有已时，我悲郁难宣。藕断丝不绝，况此绸缪恩。苦挽已残月，留照心上痕。

其　二

> 故人九原土，新人三寸棺。相继前后水，一往不复还。我何当此戚，泪眼送奔澜。生时入我门，绿发承珠冠。死别即尘路，灵輀载鸣銮。忽忽十年事，真作百年观。念此常恻怆，凋我少壮颜。少壮能几何，厌浥朝露团。会当同归尽，万事空漫漫。

---

① 陈衍《石遗室诗话》卷一九，载张寅彭主编《民国诗话丛编》第 1 册，第 265 页。

② 陈衍《石遗室诗话》卷一七，载张寅彭主编《民国诗话丛编》第 1 册，第 244—245 页。

陈衍评论:“第二首‘冠’‘銮’二韵,眼前事人不能道,愈瑰丽乃愈悲痛,所谓不堪回首也;师曾哀乐过人,真悲哀语,皆非浅衷人所知。”①

衡恪又有一首《题春绮遗像》云:

> 人亡有此忽惊喜,兀兀对之呼不起。嗟余只影系人间,如何同生不同死!同死焉能两相见,一双白骨荒山里。及我生时悬我睛,朝朝伴我摩书史。漆棺幽闭是何物,心藏形貌差堪拟。去岁欢笑已成尘,今日梦魂生泪泚。②

这首诗的语言如同说家常话,而丰富的感情起伏变化却紧紧扣住读者的心弦。诗的开头指出人死后能见到遗像是一桩喜事,但是“兀兀对之呼不起”又勾起了失去亲人的悲痛,转而再想到“同死”,而同死仍不能相见,不如让遗像“朝朝伴我摩书史”。诗的后半部分又将笔锋转向现实,从“漆棺幽闭”一直写到“去岁欢笑”,感到分外的孤寂和凄凉,以至悲泪纵横。全诗采用情景交融、虚实相错的手法,一气呵成,具有“难将终夜长开眼,报答平生未展眉”的艺术魅力,确实是他诗中的上乘之作。

清末民初,著名的悼亡诗词与悼亡诗集,记忆所及,许振祎为悼其姬人刻《诒炜集》,程学恂为悼其姬人刻《鹣恨集》,张雨珊有悼亡词百余首,名为《湘弦离恨谱》,陈衍有三百韵悼亡长诗。但像衡恪这样两赋悼亡,哀感痛绝,却不多见。

(三)深知身在情长在

衡恪童年时期的早慧即在义宁陈氏人事圈子里斐然有声,得到祖父的钟爱。袁伯夔《陈师曾墓志铭》谓:

> 生五岁,母罗淑人卒,鞠于祖母,侍郎公亲授以训诂。天禀慧绝,十岁能为擘窠书,涂抹赭墨,作云水烟峦状。间或弄笔为诗文,短章断句,多可诵者。侍郎公辄出以诧其宾客,宾客皆大惊,以为世乃有奇童子也。③

这是实录,没有习俗的墓铭诔词谀溢夸饰。

---

① 陈衍《石遗室诗话》卷一九,载张寅彭主编《民国诗话丛编》第1册,第265—266页。

② 陈衡恪著,刘经富辑注《陈衡恪诗文集》,第58页。又见钱基博《现代中国文学史》“陈三立”条,载陈三立著,李开军校点《散原精舍诗文集(增订本)》下册,第1576页。

③ 天津古籍出版社编《湖社月刊》上册,天津古籍出版社2005年影印本,第312页。

成年后的衡恪渊默沉稳，深得外家范氏一门上下喜欢。孝嫦祖父范如松与儿子范伯子谈孝嫦婚事，曾言“汝弟带师曾照像来，今寄汝看。据云其终日无言，稍闲即学画，真可爱也”。家有贤婿之庆，溢于言表。

衡恪中年时期广交朋友。在教育部10年，不预政事，与人无町畦，惟艺事勇猛精进。与同事胡朝梁、鲁迅、许寿裳、伍仲文、张宗祥尤为友好。胡朝梁每在人前称“陈君师曾之贤”。[①] 鲁迅未投身新文化运动之前，有几年与衡恪来往非常频繁，《日记》中有七十多处记录。周作人说，大家都想慢慢地再揩他的油，[②]岂料“林花谢了春红，太匆匆”，识者闻耗，无不怆然。

古代文论家有一个观点，谓诗导性情，不争工拙，“所以读君诗，亦知君为人”（白居易语），以此观照衡恪的诗作，觉前人对其风格的点评是准确的。以他平和谦抑、不趋时触热的性情，不可能去写黄遵宪、梁启超那样的“诗界革命”诗，也写不出他父亲那样奥涩沉郁之作。年轻时虽写过《书愤》《拔树叹》《秋兴》等感怀时事的诗，但旋即被赴日留学所中断。陈衍论诗主清切，故与衡恪颇投缘。所撰诗话，对衡恪评价极高。有些诗评家喜欢把槐堂诗作与散原诗风作对照，如沈其光指出：“义宁陈师曾，画为近代第一，诗学亦深造。曩读乃翁《散原精舍诗》，苦其奥涩。而师曾诗则为简斋而不为后山，工者虽其妇翁范肯堂亦不能过，然往往为画名所掩。”[③]其实衡恪自写性情，本地风光，他清切的诗风与他平易的性情相吻合，并没有刻意去学哪家，模仿什么流派，正如他的题画诗所言：“画吾自画自合古，何必低首求同群。”[④]

笔者虽生长于义宁，说来惭愧，陈衡恪的诗作到20世纪80年代初才获读朱金城《读〈陈师曾遗诗〉零墨》一文引录的那几首悼亡诗。“酬酒对荒山，泉枯草亦干。封兹一抔大，迟我十年看”，“故人九原土，新人三寸棺。相继前后水，一往不复还”。诗句如行云流水，明白晓畅，但读来不轻松，仿佛能听到作者平静叙述背后的咽泪吞声。很多年后，才知道朱先生对衡恪悼亡诗的解读源于陈衍的《石遗室诗话》，中间还经过钱基博的转引发挥。[⑤] 但在近四十年前，能读到文史内涵这样丰富，对陈家往事这样熟悉的高级掌故，已令我辈神往。

---

① 王揖唐《今传是楼诗话》，载张寅彭主编《民国诗话丛编》第3册，第413页。

② 见周作人《俟堂与陈师曾》，载周作人著，陈子善、鄢琨编《周作人自选精品集——饭后随笔》上册，第302页。

③ 沈其光《瓶粟斋诗话》三编卷二，载张寅彭主编《民国诗话丛编》第5册，第661页。

④ 林浩基《齐白石传》，团结出版社2018年版，第246页。

⑤ 见钱基博《现代中国文学史》“陈三立”条，第218页。

“深知身在情长在”是在1988年荣宝斋出版的《陈师曾印谱》上读到的。一见即爱其俊爽，辞浅意深，似有“六朝人物晚唐诗”的风味。彼时尚不知作者是李商隐。多年来我一直以为这印文是衡恪自己的佳句，印文与“师曾悼亡，乃有此作，灯前自赏，不禁泫然”的边款营造了一种伉俪情深、深情绵邈的伤感氛围，使人对这位悼亡人产生深深的敬意。的确，衡恪的悼亡是真诚的，没有丝毫矫情的成分。他对两位前妻的长久怀念，成就了近世文人悼亡的一段佳话。悼亡之作贵真，衡恪的悼亡诗，不仅在清末民初的悼亡诗里有一席之位，在历代悼亡名作中，亦有资格入选。李商隐的这首《暮秋独游曲江》并非太有名，千百年后终于遇到知音。这位知音以其嘉言懿行对义山的“伤心人别有怀抱”做了最好的诠释。①

第五节　人生得一知己足矣

“人生得一知己足矣，斯世当以同怀视之”是清代学者何溱（字方谷，号瓦琴，杭州人）集《兰亭集序》文字而成的一幅名联。因鲁迅曾书赠瞿秋白，一般人都把版权归到鲁迅名下。作为一位世家子弟和京华艺林核心人物，陈衡恪一生交游广泛，知己颇多。若以交游的长久深挚、精神志业的相互砥砺助益而言，则似以下述几位为最。

一、蔡 公 湛

蔡公湛（1882—1953），名可权，字号公湛，江西新建县人，国学生。南昌心远学堂的创办人之一。1908年入部曹，以主事签分民政部营缮司。入民国后，任北洋政府交通部秘书、津浦铁路局秘书和北京公路局秘书等职。曾参加北京稊园诗社。1951年12月被聘为中央文史研究馆馆员。1953年1月4日病故，终年72岁。著有诗文集《或存草》《存古录》《阴符经初解》《墨子浅说》等。

蔡公湛与陈衡恪的交游活动约始于光绪二十四年（1898）、二十五年间，是时，蔡公湛前来拜见被革职还乡的陈宝箴、陈三立父子，遂与衡恪结识、唱和。

蔡公湛一生与陈衡恪交好，来往频繁，时而诗文唱和，时而分享各自鉴藏，

---

① 参见贺国强、魏中林《由“学人之诗”到“画人之诗”：论陈师曾诗》，载《深圳大学学报》2011年第2期。

交流心得体会。在衡恪留日前夕(光绪二十八年二月),公湛作诗一首赠衡恪以表离别之情。因该诗并未收入蔡公湛诗集中,故其内容不得知晓,只能从陈衡恪的和作中得知蔡公湛曾赋诗赠别。

宣统元年(1909)二月,陈衡恪还在日本时,蔡公湛向衡恪索画。衡恪绘《花卉人物山水册页》遥寄蔡公湛,共八帧,前四帧为山水画,后四帧则为人物画。册页之《逾墙》有题:"公湛吾友以旧绢属画,遂戏仿之,聊博一粲。宣统元年春二月衡恪。"[①]蔡公湛收到册页后,为表感谢挚友寄画之谊,以诗酬画,作《谢陈师曾寄画》诗。在陈衡恪留日期间,蔡公湛仍然不忘与挚友鸿雁传书、遥寄画作,足见二人来往密切,关系匪浅。是年夏,陈衡恪归国后,作《公湛以诗酬我之画,复以诗报之》。同年岁暮,蔡公湛返回南昌,得知陈衡恪亦即从南京将返昌,且等待与其见面。公湛有诗《南归待友》,陈衡恪写《闻公湛南归》以作回应,表达了衡恪即将与挚友相逢的欣悦之感。

细数陈衡恪为蔡公湛所作诗词,其中有数首题画诗值得关注。宣统二年(1910)十一月,衡恪为蔡氏绘制花卉册页四帧,前三首题画词为陈衡恪所作,分别是:《解连环·为公湛画水仙并题,用清真韵》《庆清朝·海棠,用碧山榴花韵》《玉烛新·赋梅,用清真韵》,第四首是抄录七弟陈方恪仿碧山体作的白莲词。二人之隆情高谊,由此可知。

再看蔡公湛诗集《或存草》中涉及衡恪之诗,1915 年至 1918 年间有《寄怀陈师曾》《柬诗庐师曾玉父》《闻师曾病即用其见怀韵奉寄》《忆师曾用东坡赠王彦若韵》《师曾寄示移居四首次韵却寄》等,这些诗皆彰显二人情谊深笃、过从甚密。颇为可惜的是二人以诗唱和的交往只持续到 1923 年。这年八月,陈衡恪病故于金陵后,蔡氏陆续写诗追忆挚友衡恪,《或存草》中录存了三首悼亡诗,分别为 1923 年的《陈师曾哀诗》;1924 年的《八月初七日追忆师曾》,1945 年的《八月初七日追忆师曾》。三首诗的字里行间都流露出蔡公湛对陈衡恪的永久缅怀之情。

如果说互赠诗画是二人关系匪浅的佐证,那么时常分享各自的藏品亦能彰显他们志趣相投。蔡公湛嗜古物且好与友人分享藏品,偶然得一方古印,持之与陈衡恪一同欣赏,随后陈以此为由,刻一印章:"闻公湛得古印,有此三字,'小富贵'当作'小鲁'、'小天下'之'小'字义。偶画牡丹,即刻此石钤之。折枝小品谓之小富贵,未为不可,此又一义也。我以为小,安知人不以为大耶?

---

① 朱良志、邓锋主编《陈师曾全集·诗文卷》,第 191 页。

我小之,而人则大之矣。壬戌三月,朽记。质诸茫父,将又何说?”[①]从印文可以看出,陈衡恪就“小富贵”三字抒发感想,并以古印为契机,与蔡公湛讨论“小”之义。姚华见后,十分喜爱,后衡恪将此印赠予姚华。

蔡公湛在陈衡恪逝世后,搜集其一生所刻的部分印章,聚拓为册印行。书名为《槐堂印谱》,成书于1934年,为钤印本,共收印36方,叶恭绰作跋。《槐堂印谱》实为蔡、陈二人一生交好的例证之一。此外,陈衡恪去世后,他们共同的好友叶恭绰辗转搜寻其遗诗。蔡公湛将自己悉心抄录的陈衡恪诗词提供给叶恭绰。陈衡恪诗词的存世传播离不开蔡公湛的鼎力相助。[②]

蔡公湛不仅与陈衡恪保持着终生友谊,与陈衡恪的父亲陈三立、弟陈隆恪、陈方恪、堂弟陈覃恪、陈伊恪都有来往唱和,甚至出手帮助办理陈家的家事,他与陈家的关系确不一般。

二、叶 恭 绰

叶恭绰(1881—1968),字裕甫(玉甫、玉父、誉虎),号遐庵,广东番禺人。清末民初叱咤政坛的“旧交通系”二首领,交通银行主要创始人之一,上海交通大学首任校长,北京中国画院首任院长。民国时期诸多重大文化与艺术活动的组织者,收藏家、诗人、书画家。

据《叶遐庵年谱》,他于光绪十八年(1892)至光绪二十八年(1902)10年间,主要跟随嗣父叶仲鸾游宦江西(其间曾回广州应童子试及赴北京入读京师大学堂仕学馆),[③]得以结识蔡公湛等人。1902年冬赴上海谋职,1903年冬至1906年冬在湖北做事,1907年底入邮传部。从以上粗略的线索中我们可以看出,叶恭绰和陈衡恪早年认识的时间点,极有可能就是在陈家光绪二十五年(1899)暂住南昌期间,而且叶恭绰先结识蔡公湛,再通过蔡公湛结识陈衡恪。照此推算,叶恭绰1930年在《〈陈师曾诗集〉印成,漫题示吴眉孙》诗句最后的注释中说:“‘清宵斗柄情空越’,三十年前余送师曾往江宁词句也。”[④]“三十年”是约数,准确是三十一年。[⑤] 1930年在《陈师曾诗集》序言中,叶恭绰回忆

---

① 《陈师曾印谱》荣宝斋,1988年编印第46页;又见王家葵《近代印坛点将录》,四川文艺出版社2020年版,第55—56页。

② 此段据刘超《蔡公湛与义宁陈氏交游考略》(未刊稿)、吕作用《且安廛隐:文人蔡公湛的家世与生平》(载《创作评谭》2021年第2期)两文缩写而成。

③ 见叶恭绰《诸宗元〈大至阁诗〉序》:“余年十二始随先君至赣……”

④ 叶恭绰《遐庵汇稿》,载《民国丛书》第二编94,上海书店出版社1990年版,第68页。

⑤ 叶恭绰1933年在《蔡公湛诗集·序》中说:“吾少随先君子至赣,学为诗。首得刘未霖、玉珩昆仲,又介其甥(蔡公湛),是为吾识公湛之始。继而交师曾、贞壮、眉仙及桂伯华、(转下页)

他与陈师曾的私交："余年十九，识君于南昌。同盛气跳荡，以诗歌相倡和不辍。"①可证他与陈衡恪结识是在光绪二十五年（1899）。

叶恭绰与陈家还有姻亲关系，1899年冬叶恭绰娶无锡孙虎峰之女为妻，后衡恪的堂妹陈绮庄（陈三畏之女）嫁给叶氏的内弟孙浥英。叶公绰晚年在《陈右铭先生函札陈伯严先生诗笺合册跋》中说："余少时仅获见（右铭）先生一面，伯严丈则往还甚密，且有姻连，以余与师曾辈游，视余如子弟，且激赏余诗，为之作序。"②

1913年秋，38岁的陈衡恪赴京，次年一月到教育部任编审，而33岁的叶恭绰已经担任交通部（邮传部在民国改称交通部）代理次长。按理说，陈、叶二人既是故旧又是姻亲，应该很快彼此就有了接洽。但在衡恪的诗文、画作中，罕见两人交往的材料。只知1917年陈衡恪所绘《读画图》的题记中提到叶恭绰。1920年叶恭绰40岁生日时，陈衡恪送他一方精心绘制的梅花图墨盒。③此外，一直到陈衡恪1923年病逝，未见两人有过诗词唱和的记载。

仔细分析陈衡恪的北平交游圈，不难发现他在有意无意地回避当时处于权力核心的人物。民国初年，北京的权力掌握在北洋各军阀手中，政府中派系林立。叶恭绰进入邮传部后，因才干过人，在广东同乡梁士诒（1869—1933）的提携下，得到邮传部多任尚书的赏识，一路得到擢升。辛亥革命前后，唐绍仪、梁士诒悉心辅佐袁世凯顺利当上大总统，交通部一时权倾朝野，"交通系"诸首脑自然也被舆论界视为"袁党"。参与洪宪复辟，成为叶恭绰一生的痛点。作为有人生污点的叶恭绰，在洪宪复辟后，几乎可以说终其余生都在竭力弥补这一遗憾。他积极搜罗、刊行诸多故旧师友如梁鼎芬、文廷式、曾习经、陈衡恪、罗瘿公、胡眉仙等人的诗文集，广泛参与国故整理、文物保护、美术推广等大量文化活动，虽说出于喜爱和念旧之情，但也不免带有某种"自我救赎"的意味。也正因为这些付出，再加上岁月的推移，政局的变易，叶恭绰终于逐渐被文化界所接纳。1930年，他与衡恪四弟陈方恪以及夏敬观、朱孝臧、潘飞声、龙榆生等人组成词社——"沤社"，④未尝不可视为他与"同光派"文化人彻底冰释前嫌的标志。⑤

（接上页）杨云谷、欧阳竟无、夏剑丞、文公达，皆年少好为诗者。"叶恭绰著，姜纬堂选编《遐庵小品》，北京出版社1997年版，第68页。

① 叶恭绰《遐庵汇稿》，载《民国丛书》第二编94，第349页。

② 叶恭绰《矩园余墨》，辽宁教育出版社1997年版，第167页。

③ 见网文《民国文人的"铜臭"情结》，2016年8月31日。

④ 见曹辛华《民国词社考论》，载《2008年词学研讨会论文集》，第15页。

⑤ 见张足春《叶恭绰与陈师曾交游考辨》，载《艺术家》2020年第5期。

陈衡恪英年早逝后，在一片痛惜声中，也有极个别逊清画坛的遗老遗少在一旁冷眼相待。揶揄陈衡恪画作多游戏笔墨，登不得大雅之堂。诸如《北京风俗图》等，充其量不过是“清明上河”者流；甚至还有人诋毁《北京风俗图》至多只能作为《东京梦华录》或《武林遗事》一类风俗纪事杂书的插图云云。对此，作为著名文物鉴赏家的叶恭绰曾挺身而出，义正辞严地在《北京风俗图》册后题跋申言：

> 呜呼！此(《北京风俗图》)亡友陈师曾遗作也。梦影不留，声尘如接，而师曾之去此五浊已久矣。此虽近戏作，而笔力豪健，造形维肖。……师曾之死，诚吾国学术文艺界一大损失。抑此册虽戏作乎？由今视之，其此物连类伤今怀古之意，可触发于毫楮间。

在这篇短跋中，叶恭绰列举明清以来历代著名画家，一一品评，认为陈衡恪的画作无论学养，抑或功力，皆能融通古今，其博采徐渭、陈洪绶、金农、罗聘等众家之长，与任熊、任伯年、吴昌硕等不相上下，且远胜于杨芝、黄慎等人。最后说：“师曾之不及见(这些人的揶揄与诋毁)，盖亦师曾之幸也。独此作留存天壤间，将永不能灭。吾昔题师曾画云：朽道人将终不朽。可以移题此册。”①

1930 年，叶恭绰张罗主持刊印了《陈师曾遗诗》，从陈衡恪夫人黄国巽处获得两册陈衡恪遗诗抄本，《陈师曾遗诗》的印行与抄本的保存，使陈衡恪重要的文化遗产得以传世。同年又张罗主持刊印陈三立的《匡庐山居诗》集。1946 年还与蔡公湛帮助解决陈覃恪的家事。从这一点而言，叶恭绰未尝辜负青年时代结识的好友陈衡恪。

三、鲁　迅

陈衡恪与鲁迅是中国近现代画坛和文坛的巨擘，是有着二十余年艺术因缘的挚友。以致研究陈衡恪也好，研究鲁迅艺术活动也好，都不能绕过他们之间的交往。

陈、鲁的交谊确切地说始于日本留学时期。光绪二十八年(1902)二月，鲁迅以一等第三名的成绩从矿路学堂毕业，即被两江总督派赴日本留学。在陆师学堂总办俞明震的带领下，鲁迅等其他留学生与以“文案”身份的陈衡恪乘日轮大贞丸号由南京出发到上海，再转乘神户号到日本横滨，踏上了他们的日

① 陈师曾画《北京风俗图》，北京出版社 2003 年版，第 79 页。

本留学之旅。鲁迅与徐广铸、顾琅、张邦华、刘乃弼、伍崇学进入弘文学院。①

光绪二十八年(1902)十月前,陈衡恪在四月回国半年后,终于获得江宁官费留学生名额,再次赴日,开始了其正式的留学生涯。衡恪先入东京巢鸭弘文学院速成普通科补习日语,期限两年,编入江南班,与鲁迅同住一个寝室。同寝室的还有张邦华、顾琅、刘乃弼、伍崇学、祝凤楼和沈瓞民,共 8 人。② 弘文学院在日语以外的普通课程包括化学、动物学、植物学、理论指导、算术、代数、几何、三角、史地、图画等。从课程来看,主要是现代科学的基础知识。陈、鲁二人在弘文学院"普通科"的学习,对二人形成自己独立的世界观和方法论起着重要作用。更重要的是,作为积极推进中国现代文化的陈、鲁二人,这段经历是其系统、深入接触和研究作为其思想形成的参照系的"西学"必不可少的阶段,为二人之后努力推进中国现代文化的实践打下了牢固的基础。③

1904 年,陈衡恪转入东京高等师范学校学博物,鲁迅则赴仙台学医。鲁迅去仙台前,二人曾在东京中心的日吡谷公园饮茶谈心。据沈瓞民回忆,1904 年他回国前,鲁迅和陈衡恪二位学长邀请他到东京日吡谷公园吃点心。鲁迅当时就指出:日本军阀野心勃勃,包藏祸心,为此他专门给编辑《俄事警闻》的蔡元培写信,建议在警惕俄国的同时"持论不可袒日",希望在日俄战争的形势下"对国际时事认真研究"。鲁迅的爱国热情深深感染了陈衡恪,他回到宿舍一口气给国内包括父亲陈三立在内的 6 位亲友写信,托沈瓞民带回。信中主要指出日本包藏祸心,对他们要提高警惕。沈瓞民回国后,将鲁迅的信交给蔡元培,将陈衡恪的信分送给有关人员。④ 在日本留学时,鲁迅对陈衡恪的绘画、书法就很看重。1909 年 3 月,鲁迅、周作人兄弟合译《域外小说集》,请陈衡恪题写书名。⑤

宣统元年(1909)七月鲁迅回国,先在杭州、绍兴教书。1912 年 5 月,经好友许寿裳介绍,到教育部任职,先后任社会教育司第二科(负责文化、科学、美

① 见[日]北冈正子著,张铁欧译《鲁迅弘文学院的入学》,载《鲁迅研究月刊》2001 年第 11 期,第 37—38 页。

② 见沈瓞民《回忆鲁迅早年在弘文学院的片断》,载山东师范学院聊城分院中文系、图书馆编《鲁迅在日本》。

③ 见郑钰垚《"以精神相应"——陈师曾的交游及其文人画价值论》,中央美术学院 2011 届硕士论文,第 18 页。

④ 沈瓞民《鲁迅早年的活动点滴》,载山东师范学院聊城分院中文系、图书馆编《鲁迅在日本》,第 55—56 页。

⑤ 据周作人回忆,他归国后 1914 年翻译的波兰显克微支的中篇小说《炭画》书名也是陈衡恪书写的。

术等，后改称第一科）科员，科长（佥事，官等四级，俸等四级 200 元），主管博物馆、图书馆、美术展览、搜集古物等方面的工作。陈衡恪宣统元年（1909）八月回国，1914 年 1 月任教育部编纂处编审员，从事图书编纂审查工作。陈、鲁同在教育部，二人的接触往还日益频繁，友谊更为深厚。鲁迅作为教育司第一科科长，有独立的办公室，此处就成为许寿裳、陈衡恪等同事、好友经常高谈阔论的地方。除此之外，二人还经常与教育部的同事如许寿裳、许季上、张协和、伍崇学、钱稻孙、齐寿山、何沧华、汪书堂、戴螺舲等同游琉璃厂、小市，以及在“益昌”“和记”等饭馆酒叙。教育部不仅为陈、鲁二人在工作上的合作搭建了平台，而且为与许多同事在私谊上形成一个密切交往的朋友圈创造了条件。

《鲁迅日记》中共有 75 处与陈衡恪交往的记录，反映出二人不同寻常的关系。往往从一两个字中就可以显示二人的深厚交情，如“交”拓片、“持”拓片来、“索得画一帧”“代买印章”“捕陈师曾写讫”等等。以陈衡恪当时的身份名望，鲁迅找他写字、刻图章、代买东西、要他画作，陈衡恪皆慨然应允，全不分彼此，甚至临时的、带有勉强性质的事情用“捕”的办法都能做到，可见二人交情的深厚程度了。也许有人说，既然交情这样好，为什么刻印还要付钱呢？如《鲁迅日记》中有请衡恪给二弟周作人刻印，“酬二元”，托刻印，“报以十银”，这是为什么呢？实际这也正是够朋友之处。陈衡恪当年在北京是极有名的画家、书法家、刻印名手，在琉璃厂各大南纸店、各个图章店都有“笔单”，生意极忙，书画刻印的债务常常还不清。鲁迅找他刻印，给以适当润资，他也照收。在鲁迅说来，是能体谅知己朋友，自然不能过多地揩他的油；而陈衡恪也因是知己朋友，知道鲁迅当时的经济情况，既不必过分客气，也不必有心为朋友省钱，所以照收不误。这一付一收之间，正显示了老一辈人在知己朋友之间，对润笔的看法和互相间的风义。①

《鲁迅日记》中记载两人最多的是一起去逛琉璃厂和小市。陈衡恪从 1913 年秋入京后，很早就开始在琉璃厂活动，其子陈封雄回忆：“先父陈师曾于民初来北京定居后，便成为琉璃厂那条街的常客。除在画店寄售他的国画作品或物色历代小文物外，就是会晤美术界朋友。”②鲁迅在来到北京后不久也成为琉璃厂的常客，在琉璃厂买了大量的拓片及书籍。陈、鲁二人到琉璃厂一是为购买碑帖或造像的拓片；二是到同古堂等店铺制作印章；三是对于笺纸和

① 见邓云乡《记陈师曾艺事——兼谈与鲁迅的友谊》，载《文献》1982 年第 2 期，第 137—138 页。

② 陈封雄《陈师曾的画铜艺术（附图片 2 张）》，载《人民日报》1997 年 8 月 21 日，第 12 版。

刻铜的收集和创作。

陈衡恪曾从范仲林学魏碑汉隶,对钟鼎甲骨、石鼓秦权无不擅长。他成长的时代,帖学大衰而碑学大盛,写隶书由唐隶而上溯汉隶,写篆书也由小篆而直接钟鼎。他耳濡目染,加以超高的资质及勤苦的学习,对古代的碑帖和拓片自然有着很深的研究和鉴赏能力。

鲁迅在北京工作的前几年,用极大的精力来收集和研究古代碑拓,尤其汉魏六朝石刻,他把收藏碑拓和抄碑作为一门学问来对待。一位对古代碑拓有着很深研究和很高鉴赏能力,一位对古代碑拓有着浓厚兴趣并进行学术研究,陈、鲁二人围绕碑拓进行交流探讨并且到琉璃厂访碑寻拓的活动也就如影随形。两人互赠名拓贞珉背后,是对中国传统文化和艺术源流的共同研讨和兴趣。[①]

从《鲁迅日记》中可以看出二人关系最好、来往最密切的时期是1916年。如6月22日所记:“上午许铭伯来,瞩觅人书寿联。携至部,捕陈师曾写讫送去。”两人的交情之深,不拘形迹,约略可以想见。“捕”字极传神。鲁迅那天带许铭伯急匆匆地赶到教育部,缠住陈衡恪为好友完成写寿联任务的急切情状跃然纸上,也折射出衡恪为人和易的一面。

自从1919年鲁迅成为新文化运动主将之后,陈、鲁二人交往日稀,《鲁迅日记》关于二人交往的记录锐减。1919年、1920年均仅有一条,1922年空缺。此时鲁迅投身于“五四”新文化运动,发出彻底反封建的呐喊,站在反旧礼教、旧文化的前列;陈衡恪则站在“五四”新文化运动的对立面,试图在全面否定传统的激流中力挽狂澜。他更注重于传统文化的反思和重建,尤其宣扬文人画的价值,提倡文人画的精神。鲁迅对于文人画的批判虽主要在1930年代,但他对封建文化的批判却一开始就是尖锐辛辣的,而且为之撰稿的《新青年》主编陈独秀当时已大骂文人画为“中国恶画”。由此看来,鲁、陈在传统文化观点上的差异尤其是对文人画的分歧显而易见。他们的年龄仅隔五岁,但在思想上则是世纪之差。[②] 显然,“五四”前后鲁迅和陈衡恪已站在了不同的文化营垒中,一方以美术革命为武器,否定传统文化;另一方则通过阐发文人画的进步性,大力为传统艺术辩护。二人终因出身、三观不同而分道扬镳,渐行渐远。民国十二年(1923)六月二十九日(8月11日)衡恪继母俞氏病逝,鲁迅隔一个

---

① 见郑钰垚《“以精神相应”——陈师曾的交游及其文人画价值论》,中央美术学院2011届硕士论文,第31页。

② 见刘晓路《君子之交——从陈师曾送鲁迅的十幅画谈起》,载《美术观察》1999年第4期,第72页。

月才在9月10日记:“师曾母夫人讣至,赙二元。”八月初七日(9月17日)衡恪亦逝,鲁迅至12月12日才获知噩耗,此日记:“陈师曾赴(讣)来,赙二元。”未再着一词。九月初八日(10月17日)北平友朋为陈衡恪开追悼会,鲁迅未参加,日记中亦无记载。①

但人虽走,情还在,1924年至1928年间,琉璃厂淳青阁发行《陈师曾先生遗墨集》共12集,鲁迅每期购藏,《日记》中都有记录。1928年他出版《朝花夕拾》时,曾给李霁野写信,想找一张陈衡恪的花卉笺纸作为封面,后因找不到合适的,才另托陶元庆设计。1933年,鲁迅和郑振铎编印《北平笺谱》,选用陈衡恪的山水花鸟画笺32幅,在该书《序》中给予高度评价:

> 及中华民国立,义宁陈君师曾入北京,初为镌铜者作墨盒、镇纸画稿,俾其雕镂;既成拓墨,雅趣盎然。不久复廓其技于笺纸,才华蓬勃,笔间意饶,且又顾及刻工省其奏刀之困,而诗笺乃开一新境。盖至是而画师梓人,神志暗会,同力合作,遂越前修矣。②

在近世画家中,鲁迅这种高度评价仅见于陈衡恪。

四、李叔同

陈衡恪在日本留学期间,与李叔同的交往尤其值得我们注意,他们的交往对于陈衡恪艺术发展有着重要的意义。

光绪三十一年(1905)八月,李叔同由官费派赴日本留学,经过一段时间的日语补习,次年考入东京上野美术学校油画科,随黑田清辉学习西洋画,成为中国留日学生学习美术的先驱之一。他除擅画油画外,在书法、篆刻、诗词、音乐等方面均有很深的造诣。赴日的次年,他与就读东京高等师范学校博物科的陈衡恪相识,两人一见如故,交往频繁。虽然陈衡恪所学专业为博物学,但两人的交往无疑对陈衡恪深入了解西方艺术有着直接的影响。③ 陈衡恪不仅关注李叔同与欧阳予倩等人组织的“春柳社”活动,而且还与李叔同参加其他

---

① 关于鲁迅对陈衡恪去世的冷淡,有人曾为之辩解,参见强英良《关于陈师曾之死——〈鲁迅与陈师曾〉补叙》,载北京鲁迅博物馆鲁迅研究室编《鲁迅研究资料》第15辑,天津人民出版社1986年版。

② 鲁迅《〈北平笺谱〉序》,载张光福编注《鲁迅美术论集》,云南人民出版社1982年版,第615页。

③ 见郑钰尧《“以精神相应”——陈师曾的交游及其文人画价值论》,中央美术学院2011届硕士论文,第10页。

日本文艺社团活动，如汉诗社团“随鸥吟社”，[①]书画雅集“淡白会”等。[②]

李叔同于1911年3月回国。1912年，在上海与曾孝谷发起成立“文美会”，陈衡恪等海上名家参与。这无疑既是日本“淡白会”这一文艺雅集形式的引入和移植，同时也是李、陈等人留日时艺术理想和情怀的延续与拓展。作为以美术为专业的李叔同，留日时不仅译述《西洋画法》《水彩画略论》[③]等，而且其随黑田清辉、藤岛武二学习当时东京美术学校流行的准印象派风格，对西方现代艺术颇为关注，[④]这些都无疑会连带影响陈衡恪。[⑤]

1912年4月1日，《太平洋报》在上海出版发行。李叔同担任广告部主任，兼任副刊编辑，编辑戏剧、美术。于是，他想到了好友陈衡恪。约请他为美术园地供稿。由于当时印刷技术的限制，带色彩的国画无法制版，按照李叔同的意见，随意作一些黑线条的画，4月1日出刊，发表了陈衡恪的作品《光烛遐海》，以表示对《太平洋报》创刊的祝贺。从4月初到6月末，陈衡恪在这个园地发表了60幅率性而作、随意而为的漫画，被美术史家视为中国现代漫画的源头，陈衡恪自然成为中国现代漫画的鼻祖。

陈衡恪为李叔同刻过一枚印章“息翁晚年之作”，李叔同皈依佛门之前，和其他印章一起捐给西泠印社。[⑥]

1918年7月(阴历)李叔同到虎跑寺出家后，仍关注着老友陈衡恪，为衡恪写了一篇小传：

道人姓陈，名衡恪，字师曾。义宁陈伯严先生长子也。风雅多能，工诗词，善书画、篆刻。中年以后，技益进，名满都下。执政教育部十年，不

---

① 神田喜一郎《日本填词史话》(北京大学出版社2000年版，第716页)载衡恪留日时所作词五首，原刊于日本随鸥吟社的机关杂志《随鸥集》词栏中，神田喜一郎认为这五首词为衡恪留日时呈日本著名词人森川竹溪。详见陈衡恪著，刘经富辑注《陈衡恪诗文集》，第171—173页。

② 《太平洋报·文艺消息》：“日本书画大家创立淡白会，每月开会一次。七年前，淡白会场多在汤岛天神鱼十楼，近年移至京桥出云町北川楼。……淡白会仅十余人，人品皆属闲雅，其作品亦潇洒清疏，洵不愧‘淡白’之名矣。吾国人陈师曾、曾孝谷、李叔同诸氏留学东京时，亦在此会，日人当筵乞书画者尤多。”原载《太平洋画报》，1912年4月15日。转引自王中秀编著《黄宾虹年谱》，第87页。

③ 见王中秀《〈西洋画法〉：李叔同的译述著作》，载《美术研究》2007年第3期，第83页。

④ 见刘晓路《李叔同在东京美术学校——兼谈李叔同研究中的几个误区》(《杭州师范学院学报》1998年第1期)、吉川健一《日本的李叔同研究——对日本早期研究李叔同之史料考察》(《嘉兴学院学报》2008年第1期)等相关研究。

⑤ 见邓锋《“东西画界”：通变与自觉——陈师曾画学思想及艺术实践再研究》，中央美术学院2018届博士论文。

⑥ 见刘宜庆《松风传韵：陈衡恪与李叔同的交往》，载《中华读书报》2016年3月2日，第14版。

为俗习所溺，人以是多之。子封可，亦善画，能篆刻。①

陈衡恪四子陈封雄回忆：李叔同迟先父三年抵达日本。由于两人在绘画艺术的理论和实践方面志趣相投而订交。他们归国后又都从事艺术教育，因而时相过从。1914年夏丏尊在杭州有居舍名“小梅花屋”，倩先父作图，李叔同在图之上端题了一首《玉连环影》词。先父在1913年以前赠李叔同一幅荷花图，他于1916年在画上补题一诗：“一花一叶，孤芳致洁。昏波不染，成就慧业。”其旁有小序曰：“师曾画荷花，昔藏余家。癸丑之秋，以贻听泉先生同学。今再展玩，为缀小词，时余将入山坐禅，慧业云云，以美荷花，亦以是自劭［勖］也。丙辰寒露。”在李叔同正式入山坐禅之前，他就将他所画的油画、衣物、书籍以及所藏文物等分赠北京国立美专和诸朋好。先父那时已在北京工作，也得到他馈赠的十余件中国民间玩具和一尊从日本带回的维纳斯半身石膏像。先父曾将他的赠品画了一张条幅挂在画室内。② 我幼时还玩过那些玩具，那尊维纳斯像和先父的画在我家保存了约半个世纪，不幸在“史无前例”时被当作“四旧”毁灭了。③ 先父对弘一法师的艺术修养和高标逸韵的人格非常钦仰，并且在友朋间广为称颂。1923年秋，先父在南京因染时疫病故。据先母言，举丧期间忽然来了一位身着灰色僧袍面容清癯的和尚，不通报姓名，径至先父灵柩前伏地叩首，然后飘然而去，始终未发一言，在场亲朋群相错愕，后来才知道那是弘一法师。据说那时他正在衢州，是特意赶到南京来吊唁亡友的。④

五、齐白石

陈衡恪和齐白石的艺术交游是近代美术史上一个耐人寻味的话题，也是

① 李叔同《朽道人传》，载氏著《李叔同文集·杂谈卷》，线装书局2018年版，第97页。

② 按：此作品2021年7月6日在上海首届文物艺术品拍卖会上出现，由中圣公司拍卖。

③ 按：李叔同赠陈衡恪艺术品，黄苗子别有描述，十余件中日民间玩具，计有泥马、竹龙、广东泥鸭、无锡大阿福（泥娃娃）、布老虎、日本的泥偶人，还有一尊从日本带回的维纳斯半身石膏像。陈衡恪在李叔同捐赠的次年（1919年）将他的赠品画了一张条幅挂在槐堂画室内，题为《息斋玩具图》。据说此图将诸物“布置满幅，色彩明丽（惟维娜丝像用水墨），题跋的大意是：友人李叔同（按：即弘一法师）去岁出家杭州，以平日所爱玩之物，分赠纪念，因图其形象，‘上天下地，同此赏爱者，有几人哉！’”黄苗子《墨盒上的铜刻画》，载氏著《货郎集》，百花文艺出版社1981年版，第106—107页。

④ 陈封雄《热爱祖国的弘一法师——兼记法师与陈师曾的友谊》，载《团结报》1990年8月29日。按：陈封雄发表此文后，又在致某友人的信中提到李叔同还为他父亲画过一巨幅油画肖像，亦在“文化大革命”时遭毁失。王慰曾《李叔同和陈师曾的一则轶闻》，天津《今晚报》2006年11月4日。

谈论最多的艺坛佳话。但凡研究齐白石艺术者，无一不提及陈衡恪。研究陈衡恪，也鲜有不提及齐白石的。

论年龄，齐白石（1864—1957）比陈衡恪（1876—1923）年长12岁。但因为陈衡恪成名早，在京津地区影响较大，所以，在艺术上，陈的影响与地位要远远高于齐白石。

关于陈、齐关系，以朱万章《君无我不进，我无君则退——陈师曾与齐白石的翰墨因缘》一文[①]归纳叙说较好，本段以其文为主缩写，并辅以其他研究者的新说。

（一）陈、齐交游与齐白石晚年变法

陈衡恪与齐白石历史性的相遇始于1917年秋。这一年，齐白石避乡乱徙居北京，以卖画及篆刻为生，当时陈衡恪在琉璃厂南纸铺见到齐白石所刻印章，大为激赏，专门到齐白石所住的法源寺相访。晤谈之下，竟成莫逆之交。[②]白石誉衡恪“能画大写意花卉，笔致矫健，气魄雄伟，在京里很负盛名”。[③] 白石取出《借山图》卷请他鉴赏，陈衡恪欣然赋诗一首，劝白石自创风格，不必求媚世俗：

> 曩于刻印知齐君，今复见画如篆文。从蚕束纸写行脚，脚底山川生乱云。齐君印工而画拙，皆有妙处难区分。但恐世人不识画，能似不能非所闻。正如论书喜姿媚，无怪杜甫讥右军。画吾自画自合古，何必低首求同群。[④]

陈衡恪此诗力劝齐白石不要亦步亦趋时人之后。齐白石听从了衡恪的建议，改变了画法，侧重学习吴昌硕的大写意花卉，创出兼有文人画和民间艺术之长的“红花墨叶”一派。[⑤]

---

① 朱万章《君无我不进，我无君则退——陈师曾与齐白石的翰墨因缘》，载《美术学报》2011年第2期。

② 齐白石《自记》：“丁巳（1917）避乡乱，窜入京华。……借法源寺居之，卖画及篆刻为业，识陈师曾（衡恪）、姚茫父、陈半丁、罗瘿公兄弟……”胡适《齐白石年谱》，安徽教育出版社1999年版，第217页。

③ 齐白石口述，张次溪笔录《白石老人自述》，岳麓书社1986年版，第70页。

④ 吕立新《中国艺术大师·齐白石》，河北美术出版社2009年版，第64—65页。

⑤ 关于齐白石晚年“变法”，可参见胡佩衡《白石老人衰年变法》，载《文汇报》1958年1月10日；亦载王朝闻等著，力群编《齐白石研究》，上海人民美术出版社1959年版；郎绍君《论中国现代美术》，江苏美术出版社1988年版，第79—80页；胡风森《齐白石“衰年变法”的实质及意义浅探》、陈祥明《活笔墨与真精神——齐白石衰年变法再探索》、苗德文《齐白石与衰年变法》，均载齐良迟主编《齐白石艺术研究》，商务印书馆1999年版；裔萼《陈师曾与北京画坛》，载《美术》2005年第7期；陈芳桂《齐白石“衰年变法”初探》，载《国画家》2002年第5期。

齐白石的艺术实践表明，他在衰年变法后，作品深受藏家的喜爱，因而使自己拥有了广泛的受众群，影响日盛。所以，陈衡恪的劝导点拨，对齐白石晚年艺术提升是不容忽视的。

（二）陈衡恪是齐白石画艺的主要推广与宣传者

齐白石之所以在北京画坛奠定其地位，其主要是源于陈衡恪的点拨与揄扬，使初来乍到的齐白石在北京能逐渐有自己的立身之地。齐白石在认识陈衡恪之后（1917 年）到陈衡恪离世（1923 年）的 6 年时间里，与陈衡恪一起多次参与书画家的雅集活动。齐白石在《对菊忆陈师曾》诗中追记了当时经常参与雅集活动的情形：

> 往日追思同饮者，十年名誉扬天下。樽前夺笔失斯人，黄菊西风又开也。

诗题自注："京华俗风，招画人一饮，求合作画一幅，先动笔者为主，登报纸者名必居首。师曾每夺笔一挥。此时画侣凋残，因追叹也。"①

在 20 世纪 20 年代初，由 1920 年成立于北京的中国画学研究会（1926 年改名"湖社"）组织的雅集，几乎每月都有一两次，参加的书画家有金城（拱北）、王云（梦白）、陈衡恪、周肇祥（养庵）、汤涤（定之）、齐白石、陈年（半丁）、姚华（茫父）、萧俊贤（厔泉）、溥儒（心畬）、萧谦中等。中国画学研究会是当时北京地区从事传统国画创作的画家的最大组织，代表了国画界的主流。齐白石能参与其组织的书画活动，显示出他已逐渐进入画坛的主流中心圈。当然，这与认识陈衡恪并得其推介是分不开的。

此外，在湖社画会主办的会刊《湖社月刊》中，也陆续刊登一些齐白石的作品，齐白石作品能在权威的绘画媒体《湖社月刊》上发表宣扬，显示出他作为北京画坛的一分子，已经慢慢地被主流画坛所接纳。

值得一提的是，陈衡恪和姚华在当时并称"姚陈"，是被公认的北京"画坛领袖"，金城则是"广大教主"，被称为"南画正宗"。他们都是当时北京画坛举足轻重的重量级人物。齐白石作为一位寓京时间极短的外地画家，能很快进入主流美术圈，这多半获益于认识陈衡恪。② 可以这样说，齐白石通过与陈衡恪的交游因而进入北京主流画坛。这是他后来被北京画坛直至整个中国画坛

---

① 齐白石《齐白石诗集》，漓江出版社 2012 年版，第 115 页。

② 事实上，当时齐白石获交很多画坛名流，大多经过陈衡恪引荐，如通过陈衡恪认识陈半丁等。

认同的前提之一。

另外，齐白石绘画在日本的宣扬及其得到一定的认同，陈衡恪也是功不可没的。1922 年 3 月 18 日，陈衡恪接到日本画家荒木十亩和渡边晨亩的电文，邀请陈衡恪准备绘画作品参加 4 月 22 日在日本东京府厅工艺馆举办的“中日联合绘画展览会”，[①]陈衡恪与湖社画会会长金城一同赴日，并带吴昌硕、王云、凌文渊、陈半丁、齐白石等人作品。[②] 齐白石的作品有花卉、山水数幅。陈衡恪到日本参加展览的同时也售画，引起很大的轰动。他所带去的齐白石作品几乎全部销售一空，且售价甚高。黎戬斋在《记白石翁》中详细记载了此事：“陈师曾携翁画东游，日人出数百金购之。其所作曾选入巴黎艺术展览会，而日人亦将翁之作品及艺术生活摄为影片，献映于东京艺术院，名动海外。”[③]齐白石画艺在日本的传播并拥有相当一部分日本受众，陈衡恪可谓居功至伟。

经过日本展览会后，外国人来北京求齐白石画的人日渐增多，国内认识齐白石的人也多了起来。[④] 齐白石的鬻画生涯一天比一天兴盛。所以，齐白石说“这都是师曾提拔我的一番厚意，我是永远忘不了他的”。[⑤] 这是齐白石的肺腑之言。

（三）余论

陈衡恪认识齐白石不到 6 年便因病早逝。两人交往的时间并不长，但却为近代美术史留下了一段可圈可点的艺坛佳话。对于初来乍到的齐白石来说，遇到陈衡恪是其艺术生涯中的关键一环。正如有论者指出的，“是否接受高层次的高质量的文化信息，能否把握文人画变革的必然性，能否发现自己并使自己的潜能得到充分的发挥”，[⑥]是齐白石寓居北京能否成功的重要因素。

齐白石在《题陈师曾画》中阐述两人的关系：

---

① 该电文手写稿于 2004 年 11 月 15 日，出现在上海国际商品拍卖有限公司 2004 年度秋季艺术品拍卖会上，从电文可知这次中日联合画展的具体时间。见该场拍卖会图录“古籍善本专场”0008 号《荒木十亩致陈师曾信札》、内藤湖南《义宁陈师曾、归安金巩伯以展画会事来游我邦，同饮东山清风阁酒间赋示》诗。

② 见龚产兴《陈师曾年表》，载李运亨等编注《陈师曾画论》，第 309 页。

③ 胡适《齐白石年谱》，第 226 页。

④ 见齐白石口述，张次溪笔录《白石老人自述》，第 78 页。关于齐白石在日本的影响，有论者以《中日联合绘画展览及齐白石的崛起》为题论述，见吕鹏《湖社研究》，中央美术学院 2007 届博士论文，第 36—40 页；陈振濂《近代中日绘画交流史比较研究》，安徽美术出版社 2000 年版，第 162—163 页。

⑤ 齐白石口述，张次溪笔录《白石老人自述》，第 78 页。

⑥ 刘曦林《齐白石论》，载齐良迟主编《齐白石艺术研究》，第 90 页。

君我两个人，结交重相畏。胸中俱能事，不以皮毛贵。
牛鬼与蛇神，常从腕底会。君无我不进，我无君则退。
我言君自知，九原毋相昧。①

二人的结交在于“相畏”，而两人交游中最关键的一点在于“君无我不进，我无君则退”。关于这一点，齐白石在其《白石老人自述》中做了注解：“他对于我的画，指正的地方很不少，我都听从他的话，逐步的改变了。他也很虚心的采纳了我的浅见。”②陈衡恪对齐白石的“指正”，前文已经详加阐述。而陈衡恪所采纳的齐白石的“浅见”，则由于史料的阙如，现在已不得而知。这是我们在考察陈、齐关系时略感遗憾之处。所以，我们在关注陈、齐交游及其翰墨因缘时，实际上更多的是关注陈衡恪对齐白石的影响，而齐对陈的影响，则有待资料的发掘和深入探讨。③

在这一点上，美术史学界对陈、齐关系有新的解释、突破。2017 年，《齐白石研究》推出张涛《两字槐堂如写上　无群鉴赏买相争——齐白石、陈师曾关系新考》和邓锋《“显隐”与“进退”——齐、陈相交背后的地缘文化背景与艺术相互影响关系再探》两文。张文谓：“齐白石与陈师曾二人关系，是近现代艺术史上常常为后人津津乐道的一段‘艺坛佳话’——陈师曾因激赏齐白石的艺术而倾全力无私扶持提携，齐白石借此由‘欲乞燕台葬画师’豹变‘海国都知老画家’而感恩终老。这种貌似高山流水遇知音的和睦印象与融洽表象，大多来自齐白石后来发表于公共领域的个人自述与题跋之类的文字表达。可是如果对齐白石日记及陈师曾信札等更显私人心态的一手材料所隐约流露出的微妙信息进行一番细致梳理与祛魅考察后会发现，也许在某种程度上，我们都陷入了由齐白石所刻意设计与引导的印象陷阱之中。”“齐白石后天所自树的二人交往之‘佳话’，实则既是老人对于自我尊严的用心维护，也是老人迭经世事的生存智慧，更是老人记恩不记过的质朴厚道。”④

邓文指出齐白石结识陈衡恪是通过二人共同的朋友朱德裳介绍的。但《齐白石自述》以及其他记录均不提及这一极为重要的中介人。齐、陈相交，绝非白石老人自述那般简单的陈衡恪偶见其画作印章后，就折节拜访。正如朱

① 齐白石《齐白石诗集》，第 80 页。
② 齐白石口述，张次溪笔录《白石老人自述》，第 79 页。
③ 见朱万章《陈师曾与齐白石的翰墨因缘》，载《美术学报》2011 年第 2 期，第 43 页。
④ 张涛《两字槐堂如写上　无群鉴赏买相争——齐白石、陈师曾关系新考》，载朱万章等《朽者不朽——陈师曾和他的时代》，第 161、221 页。

京生在《白石老人自述索隐》系列文章中所指出的："'口述历史'对于学术研究之功，不言而喻。但其中的问题也颇为不少，比如'自述'中的自我修饰和自我塑造成分，'他述'中的臆断、拔高或诋毁，当事人与旁观者，哪个更全面、更客观、更可信？叙述者回避、遮掩、隐没了什么？动机何在？既往的研究在哪些方面、多大程度上受到了'口述历史'的误导？这些都值得我们深入思考。"齐、陈相交中一显一隐的两种叙述版本正彰显出上述问题在近现代美术史研究中的重要性。虽然，我们通过材料的分析和推导，对于齐、陈相交有了除个人单一口述之外的更确切证据，但交往的细节已经湮灭在自述的回避与取舍以及其他更多旁证材料的缺失中。[①]

六、姚　华

清末民初，以赵之谦、吴昌硕为代表的海派画家，顺应时代审美观念的变化，融碑学、印学笔意入画，开创了雄强浑朴、古拙奇倔的"金石画风"，中国传统绘画由此开始了从古典形态向现代形态的转型。但在旧都北京，此时"四王"余风仍很盛行，画坛因循守旧，陈腐疲软，与生机蓬勃的上海画界形成鲜明对比。所幸一批具有革新精神的南方画家陆续客居北京，佼佼者有陈衡恪、姚华、王梦白、齐白石、陈半丁等，他们大多是"金石画风"的倡导者和实践者，用自己富有个性的画作给北京画坛带来一股新风。其中姚华和陈衡恪因人品高尚，学养深厚，诗书画印"四全"，且与各界文化精英交往密切，被公认为北京画坛领袖，合称"姚陈"。[②]

姚、陈同年出生，都曾留学日本。在北京结识后，二人志趣相投，艺术观念相近，常在一起切磋书画诗文，共同参加各种美术活动，友谊极为深厚。从1913年相识到1923年陈衡恪病逝，10年间，二人互相影响，密切配合，并肩奋斗，为中国画的复兴与繁荣，做了大量开拓性的工作。二人声名远播，被称为民国初期北京画坛的"双子星座"。[③] 二人的互为引重、公私交集可以概括为以下三个方面：

（一）把"金石画风"引入北京画坛

陈衡恪自幼酷爱丹青，后来他广泛师法古今名家，特别是石田（沈周）、石

① 见邓锋《"显隐"与"进退"——齐、陈相交背后的地缘文化背景与艺术相互影响关系再探》，载《齐白石研究》第5辑，广西美术出版社2017年版，第13页。

② 见阮荣春、胡光华《中华民国美术史》，四川美术出版社1992年版，第72页。

③ 见顾雪涛《民初北京画坛的双子星座——姚华与陈师曾》，载《贵州文史丛刊》2014年第4期，第68—72页。

天(沈灏)、石虎(蓝瑛)、石涛(道济)、石谿(髡残)所谓“五石”,奠定了坚实的绘画基础。但真正引领陈衡恪迈入更高艺术境界的老师是吴昌硕。1911 年他在南通师范学校任教时,因钦佩吴的书画、篆刻,常到上海向他求教。吴昌硕深爱其才,对陈悉心指导,使他受益良多。这一时期陈衡恪潜心临写石鼓文及篆、隶、楷各体书法,制作了不少印章,对他画风的形成产生了深刻影响。1913 年秋陈师曾定居北京后,常与鲁迅结伴到琉璃厂寻访碑刻、拓本,和姚华一起研讨、临摹汉石刻和唐画砖,并为刻笺、刻铜艺人提供画稿,这些都使其画作中的金石、书法味更加浓烈。对陈衡恪的画作,时人无不叹服,吴昌硕称赞他“以极雄丽之笔,郁为古拙块垒之趣,诗与书画下笔纯如”。[①] 姚华评论他“不但能从画里求画,并能以书法作画法。……以篆书参入山水,以草书参入兰草,以隶书参入竹石”。[②] 二人都充分肯定陈画以碑学、印学入画的特点。

姚华的绘画经历与陈师曾不同,他从未拜过师,学画全凭自己的悟性、勤奋、学养和阅历。由于他对诗文、词曲、书法、篆刻、画史、画论均有深湛造诣,又精研过古今名家画迹和汉刻石、唐画砖,并自创兼具书画、金石、碑刻之妙的颖拓艺术,以故下笔便不同凡响,作品气格高古,意境隽永,富金石、书法趣味,诚如刘海粟所言:“其画得力于书,得境于诗,得虚实相生于印,得活脱不羁之气于写生。”[③]姚华 40 岁前很少作画,偶有所作,个人面貌亦不鲜明,40 岁时他登泰山,游曲阜,泛西湖,济沧海,胸襟为之大开;加之他性喜交游,与北京各界文化名人过从甚密,互相切磋砥砺,画艺日益精进。陈衡恪评论姚华的画“有独来独往之概”“孤峭生硬,与我同趣”,可见二人在艺术上的追求是心犀相通的。民国初年,把“金石画风”从上海引入北京是众多革新派画家共同努力的结果。姚、陈之外,齐白石、陈半丁等都有过重要贡献;但毫无疑义,由于姚、陈在当时北京画坛的领袖地位,他们对北京画风的改变起了最主要的作用。

(二) 肯定和宣传“文人画”的价值

在陈衡恪的文艺理论思想方面,姚华的见解、探索对陈衡恪亦有影响。陈衡恪的名文《文人画之价值》虽作于 1921 年,但其中的主要内容和观点,在之前二人的交往和唱和中早有探讨并基本成形。

1921 年 10 月,日本美术史家大村西崖来到北京,[④]经金城介绍同陈衡恪

---

① 胡佩衡《陈师曾和他的画》,载俞剑华《陈师曾》,第 48 页。

② 姚茫父《在师曾先生追悼会上演说》,载俞剑华《陈师曾》,第 46 页。

③ 《姚茫父书画集》编辑委员会编《姚茫父书画集》,贵州美术出版社 1986 年版,第 2 页。

④ 大村西崖(1867—1927),日本美术史家、美术评论家,静冈县人,早年毕业于东京美术学校,东京美术学校教授。所著有关佛教美术、中国美术的著作影响巨大。大村西崖从 1921 (转下页)

相识,大村随身携来《文人画之复兴》一文,该文虽系针对日本画界现状有感而发,但文中关于中国文人画的论述与陈衡恪的观点颇多相合之处。陈读后十分欣喜,将其译为中文,准备与自己的文章合为一书出版。为了增加书的分量,陈衡恪拟请一位有名望、有水平的人为之作序。他环顾北京文化界,认为此人非姚华莫属,这既是因为姚在北京文化界的权威,更是因为陈一向把姚视为事业上的知己。

关于《中国文人画之研究·序》的写作缘起,姚华在文中有如下记述:“归堂(即大村)自东京来游,与师曾联翩见访,意既相同,言必有合,语予此志,嘱叙其凡……归堂归急,燃烛写此……”这说明序是姚在衡恪、大村“联翩见访”时应邀而作,因大村急欲回国,姚遂于当夜(1921 年 12 月 7 日夜)燃烛疾书,草成此文。作为《中国文人画之研究》一书的序言,姚文与衡恪、大村的文章在精神上是完全相通的,然而它并非一篇空泛的应景文章,字里行间处处透射出真知灼见,有着后者不可取代的学术价值。姚文凡一千两百余字,篇幅虽短,却涉及文人画的诸多方面。文章先简述了文人画产生、发展的历史,然后将其同画家画(即院体画)进行比较,指出:“画家多求之形质,文人务肖其神情”,“以文人之美,常参造化之权。画家之真,屡贻驽犬之诮”,“文人之画有人存焉,画家所为,唯物而已”。[①] 姚华认为,画家画致力于刻画物象外在的形质特征,注重的是“物”的再现,作品往往求“真”而乏“美”,重“形”而轻“神”;文人画更注重表现自然万物的变化之美,作品渗透了画家的精神、思想和人格,从中可看到“人”的存在。以上观点深刻揭示了画家画和文人画的区别,概括了文人画的特征,它与陈衡恪的有关论述交相辉映,互为补充,共同谱写了中国文人画论的华彩乐章。

(三)共同参与美术社团活动

民国初年,各种美术社团如雨后春笋在北京涌现,成为古都一道亮丽的文化景观。陈衡恪和姚华当年曾积极参与美术社团活动,是多个社团的核心成员。

“宣南画社”是北京出现较早的美术社团,由余绍宋等人发起,1915 年成立,主要成员有汤定之、梁启超、陈衡恪、姚华、林纾、陈半丁、王梦白等。画社

(接上页)年至 1925 年共 5 次访问中国。此外,据吉田千鹤子《大村西崖和中国——以他晚年的五次访华为中心》一文介绍,1921 年秋,大村花 4 个月的时间把在北京、天津、南京和上海沿途走访的中国现代画家作品六七十幅带回日本,在东京和大阪展出,并出版画集,画集附上画家的简历。

① 邓见宽编《姚茫父画论》,贵州人民出版社 1996 年版,第 29—30 页。

重传统，重鉴赏，不定期举行聚会，与会者吟诗作画，谈艺论文，属雅集性质的松散组织。画社成立之初，陈衡恪根据他在宣南（泛指宣武门外，系近代北京人文荟萃之地）采风所得，绘制了《北京风俗图》册页 34 幅，该画笔墨简洁，形象生动，寓意深刻，被誉为中国近代漫画的开山之作。陈衡恪病逝后，姚华为每幅画填词一首，画与词珠联璧合，见证了陈、姚深厚的友谊。

民初北京最活跃的美术社团是 1920 年 5 月成立的"中国画学研究会"，金城为首任会长，陈衡恪和姚华均为核心成员。研究会在"精研古法，博采新知"的旗帜下，开展了一系列活动，影响较大者有：1922 年春，金城、陈衡恪携吴昌硕、齐白石等南北画家作品四百余件，赴日本东京参加"第二届中日联合画展"，取得空前成功。同年 12 月，为纪念苏东坡诞生 855 周年，研究会在北京城东的"罗园"举行雅集，金城、周肇祥、陈衡恪、姚华、齐白石、汤定之、王梦白、凌植之、萧谦中等齐聚一堂，合作山水、人物、花卉画多幅，极一时之盛。

综上所论，"五四"运动前后，在中国传统绘画从古典形态向现代形态转换的历史背景下，陈衡恪和姚华携手站在时代潮流之前，以其绘画创作、艺术理论和美术教育的卓著成就，为中国画的复兴和繁荣做出了重要贡献。可惜他们的事业尚未达到顶峰，就过早地因病去世，陈衡恪享年仅 48 岁，姚华也只享寿 55 岁，正处于生命的黄金时期。天妒英才，令人扼腕。值得欣慰的是，陈、姚在诸多领域的建树，已被永载史册。仰望中国绘画的灿烂星空，他们犹如不可分割的双子星座，静静地在苍穹深处闪烁，为后继者照亮求索之路。姚华不仅是民国画坛上最能理解陈衡恪的人，也是衡恪终生的同道和契友。[①]

第六节　朽 者 不 朽

一、追悼会规模盛大

民国十二年（1923）八月初七日（9 月 17 日），衡恪因为继母治丧过于劳累染疫猝逝于南京。当时陈家一个多月内连逝两位主要成员，哀痛不止，加上南京气温高，故衡恪丧事未大举办。但也有感人的细节，如弘一法师李叔同闻讯从浙江衢州赶来吊唁亡友，在灵柩前伏地叩首后未发一言黯然离去。罗瘿公归过金陵，本意是来吊唁好友继母，不料到后才知衡恪已去世 3 天。不禁抚棺

① 参见杜鹏飞编《艺苑重光：姚茫父编年事辑》，故宫出版社 2016 年版。

凄悼，听散原老人讲述衡恪病状，留一饭而去。

九月初八日（10 月 17 日）下午二时，陈衡恪在京友朋三百余人借江西会馆举行追悼会，现场挽诗挽联数百件，并陈列展览陈衡恪山水、花卉、人物百余幅遗作。追悼会先由周养庵报告发起，后由梁启超、周印昆、凌植支、姚茫父演说。10 月 18 日北京《晨报》第 6 版以《都人士追悼名画家》为题报道追悼会和刊发梁、周、凌、姚的演说辞，10 月 19 日江苏《南通报》转载了《晨报》的报道和四人演说辞。

陈衡恪不是军政要人，陈家也不是权势之家，他的追悼会能有如此大的规模和这么高的规格，充分说明了衡恪人格的吸引力和艺术品流的高华。由于资料的缺乏，我们尚不清楚追悼会的组织、举办的具体事项，操办人也没有把挽诗挽联保存下来整理成册，失去了一份重要的原始资料。好在《晨报》《南通报》刊发了梁、周、凌、姚的演说辞，使我们今天仍可以藉此感受追悼会的场面气氛。

梁启超演说辞：诸君，我们想不到有今天的悲痛如此。前次日本的地震，大家深为惋惜，以为文化损失甚大，如今陈师曾之死，可说是中国文化界的地震。我们期望陈师曾对于中国文化界尽力的时间甚长，想不到忽然逝世。所以陈师曾之死，如同意外之天灾地变一样。……

凌文渊演说辞：今天在此开会追悼，实因先生一死关系世道人心和我国文化的前途很大，故此种丧感，真觉不知何年何日才可消释。师曾先生根本的立足点，固然在性情上、品格上，令人望尘莫及。就是讲到他的文学，不独少承家学，对于旧的方面早已卓然成家。更因游学海外，精通东西语言文字，尤能贯通新的方面，故其思想所及，岂但非一般所谓文人者所领会，就是一般所谓文人学人者，亦恐较逊一筹。……先生的画，乃系创造的，而非属于因袭的，完全产生于先生的文学之中、思想之中。

周大烈演说辞：师曾之死，此事最为痛心，以一画家之死，本来不足为奇。而于师曾之死，独如斯追悼哀叹，何也？美术家为文化之一部分，师曾人格高尚，出笔异于常人。于其作品可以想见其为人，乃至于处世接物无一不可谓为真如中国古代之高士隐者。鄙人与师曾相处日久，可略述师曾行状以补凌君之不足。师曾年十九时，其祖右铭官湖北臬司，甚钟爱之，而师曾素性纯谨，不好游玩。即如衣食服用，同于寒士。其天性和平澹泊有如此者。……故望诸君先当尊崇其为人，不必沾沾于其画事而尊崇之云。

姚华演说辞：（师曾）不但能从画里求画，并能以书法作画法，故师曾辄以篆书参入山水，以草书参入兰草，以隶书参入竹石。就其作品中，皆可以寻出个中消息，故其画师资不一，而取材丰富。此外，取材于金石诗文者，尤不一而足。至于读书养气，师曾尤有心得。……师曾之画，取途渊博，用笔得之于书法，参之以西洋画法，于其作品中，随处均可寻出。①

二、友朋悼挽文字极多

现在搜集到的哀悼陈衡恪的挽联、挽诗、祭文、杂记数量颇不少。其中有在追悼会上展出的，亦有追悼会之后追挽的。

1. 挽联：齐白石挽："三绝不多人，造物怜才，我未杀君天有忌；千秋非易事，盖棺定论，世当传汝地难埋。"

杨天骥挽："傲骨撑天，人如其画；惊才照世，命也何穷。"

萧友梅挽："画理变深吴墨井，诗声响绝陈后山。"

黄秋岳挽："道旁踯躅一诗癯，京国十年，赠画忽怜难再得；天上凄凉此秋夕，钟山一老，寄书不忍问何如。"

2. 挽诗：因挽诗文字较多，兹只录作者名号和题目。范罕《哭师曾》(五古七首)，陈宝琛(弢庵)《哀陈师曾》，陈衍《哀师曾兼慰散原》，姚茫父《哭师曾》，罗瘿公《师曾一口剑立幅为释戡题》，齐白石《师曾亡后，得其画扇，题诗哭之》《见师曾画，题句哭之》《越园嘱题亡友师曾画兰》，夏敬观《挽陈师曾》，诸宗元《哀师曾》，江庸《哭陈师曾》，孙雄《陈君师曾衡恪伯严前辈之长子也，善画能诗，年四十有八，以微疾逝，赋此挽之》，李宣龚《哀陈师曾》，李肖聃《挽陈衡恪师曾》，陈诗《挽陈师曾衡恪》，诸宗元《哀师曾》，凌宴池《挽陈师曾》，费范九《挽陈师曾》，程颂万《吊师曾且慰散原》，梁启超《西江月》"癸亥端午前三日，师曾以画扇见诒，画一宜兴茶壶，媵以小词，盖绝笔矣。检视摩挲，追和此解，泫然欲涕。……"

陈衡恪英年早逝，给亲人、友朋留下了永久的哀痛。如蔡公湛，在陈衡恪去世当年写了《陈师曾哀诗》和《效简文卦名诗追悼师曾》五言长诗哀悼，次年陈衡恪忌日写《八月初七日追忆师曾》五律一首，1942 年陈衡恪忌日又写《八月初七日追忆师曾》七律一首。与陈衡恪谊在师友之间的周大烈，1923 年 9 月在北平闻讯陈衡恪病逝后，即检出衡恪所画扇四面，一一题诗"用当哀诔"。同年周大烈每每睹物思人，为这位弟子写下多首悼诗，如《陈师曾画荷花芦叶》《题莲花寺图》《陈师曾殁后为朱师晦题其墨梅二首》《陈师曾画姜白石词意十二帧为孙伯恒题》(以上 1923 年)，《题陈师曾画松石》(小序云"师曾宦家子，

① 《都人士追悼名画家——陈师曾知交之追悼与讲演》，载《晨报》1933 年 10 月 18 日，第 6 版。

少不营禄，留滞燕蓟，卖画养亲，然绝非京洛遗老比也”）、《师曾山水册三首》《师曾竹石二首》（以上 1924 年），《陈师曾卖画北京，图其风俗，笔尽贱贫，心存神理，今没二年矣，潸然题此》（1925 年），《检陈师曾藏碑》（1926 年），《题陈师曾日本所画扇面二首》（1928 年），《题陈师曾北海图》（1931 年）等。师生深情，饱含在这些诗作中。①

3. 祭文。吴绩凝《陈师曾哀词》，叶玉麟《祭陈师曾文》，姚纪《祭陈师曾文》，朱悟园《陈师曾哀辞》，袁思亮《陈君师曾墓志铭》，陈三立《长男衡恪状》。

4. 其他。余绍宋民国十二年（1923）八月初九日（9 月 19 日）记：“夜得刘崧生电话，惊悉陈师曾病殁于南京，复为陨涕。师曾人品极高，天才卓越，使假以年，诗书画皆可成家，不料其竟死也，伤哉！”②

蔡元培在比利时布鲁塞尔访问时，从北京《晨报》上得知噩耗，悲叹：“陈师曾君在南京病故，此人品性高洁，诗书画皆能表现特性，而画尤胜。曾在日本美术学校习欧洲画时，参入旧式画中，有志修《中国图画史》。在现代画家中，可谓难得之才，竟不永年，惜哉！”③

李苦李（1877—1929）为人严谨而谦退，平居交往多直谅之友，尤与陈衡恪交谊甚笃。两人先后问学于缶翁，论艺谈心，互相师法，亲如手足。1923 年，衡恪中年夭逝，苦李痛失良友，刻印自称“自愧弗如”。陈衡恪 1915 年曾刻“李祯私印”一方，不知何故未能刻完。民国十四年（1925）正月，苦李续刻成自玩，不禁泫然。④

俞陛云（娱堪老人）《印林清话·陈师曾》：“义宁陈右铭中丞宝箴之孙，陈散原考功三立之子。衡恪字师曾，别号朽道人，以画鸣于京师。所用印章，亦多自刻。中丞以政治名，考功以诗歌著，至师曾乃以艺人见重于当世，‘明德之后，必有达人’，真信然也。师曾遗画，每幅辄逾百金。友人蔡公湛可权，尝集师曾所治之印为谱，叶遐庵先生序之。师曾寿仅中年，而自署曰朽道人，朽道人不朽矣。”⑤

陈守实民国十七年（1928）闰二月十二日记：“昨晡至任师（梁启超）宅……任师搜（陈）师曾画最多。师曾富天才，然似未到炉火纯青之候，老以岁

① 李开军《义宁陈家的馆师（中）——义宁陈氏散论之四》，载杜泽逊主编《国学茶座》第 6 期，山东人民出版社 2015 年版，第 51 页。

② 余绍宋《余绍宋日记》第 3 册，北京图书馆出版社 2003 年版，第 492 页。

③ 高平叔编《蔡元培全集》第 4 册，中华书局 1984 年版，第 350 页。

④ 见凌士欣《为情造印绝笔传——李苦李与西园》，载《中国文物报》2001 年 1 月 14 日。

⑤ 娱堪老人《印林清话·陈师曾》，载《中和》月刊第 1 卷第 10 期，1940 年 10 月 1 日，第 80 页。

月，必当更有可观者。惜乎其早卒也。”①

1930年代，江小鹣曾塑陈衡恪半身铜像。②

三、遗作的搜整印行

“斯人如玉悲殂折，不朽声名待弘扬”，陈衡恪猝然下世后，友朋知交对其遗作进行了抢救性的搜集整理印行。③ 1923年，姚华集师曾所绘《北京风俗图》，赋词合装，题名《菉猗室京俗词题朽道人画》影印出版；1924年，周大烈、姚华辑，张研农整理印行《染仓室印存》（一函8册）；1924年至1928年，淳菁阁主人张研农编印《陈师曾先生遗墨》（共12集，珂罗版）；1926年，陈师曾弟子俞剑华整理衡恪的《中国绘画史》（济南翰墨缘术院印行）；另一版本为门人苏吉亨于1934年编校（天津百城书局出版）；1928年，衡恪的《北京风俗图》连续刊载于《北洋画报》；1930年，叶恭绰、江南蘋编印《陈师曾先生遗诗》；1932年，杨昭儁拓印《陈姚印存》（一册）；1936年，经亨颐搜集编印《陈师曾遗画集》；1936年，王伯沆编印《染仓室印存》（一函4册，南京襄社朱墨两色影印）；1937年，王道远编《槐堂摹印浅说》（1962年在台湾刊印）。

但1949年后，由于预设的“派”“主义”的理论框架和“传统”与“现代”、“革命”与“保守”等简单的二元对立思维模式流行，以及老成凋谢，陈衡恪渐渐淡出人们的视野。到20世纪80年代初，才像“出土文物”一样惊动世人。

---

① 陈守实《记梁启超、陈寅恪诸师事》，见张杰、杨燕丽选编《追忆陈寅恪》，第49页。

② 见邵洛羊主编《中国美术大辞典》“江小鹣”条，上海辞书出版社2002年版，第635页。按：此铜像未见。

③ 陈衡恪猝逝的信息一经传播，其遗墨一时争购殆尽。陈隆恪1924年作《甲子春日感赋》诗，在“一场尘梦已无兄”句注“大兄逝世，一时遗墨争购殆尽”。杨天骥（千里）《题师曾水仙花篮图》：“师曾于癸亥七月奔丧南旋居南京，遽一病不起，八月初九日哀耗至京师，同侣伤之。海王村各肆所存书画崇朝而尽，片纸只字，无复留者。此幅系其殁后搜获者。展卷题字，感怆何如。九月初二日天骥题。”陈衡恪的几位好友担心衡恪遗孀、子嗣的生活，组成了一个善后委员会，将衡恪家中画作统统售出，得到一笔可观的钱存在银行，只准衡恪夫人用利息不许动本金。委员会成员有江翊云、周印昆、章士钊、陈半丁、姚茫父等。在卖掉的画作中，有十几张是衡恪的得意之作，后来由衡恪夫人黄国巽出资买回，1953年捐给了中央美术馆（据陈衡恪六子陈封猷复刘经富函）。又据龚产兴先生回忆，他20世纪80年代为写《陈师曾年谱》，与陈封雄夫妇取得了联系。陈封雄夫人说，黄国巽有个闺蜜好友叫张昊贞，湖南人，曾留学法国。衡恪去世后，家计困难，张昊贞出主意，把衡恪的好作品捐给有关机构，次一点的出售。徐悲鸿曾花几块钱在文物市场买到陈衡恪的梅花册页。那本《北京风俗画》册页原物1962年前出现在北京西单文物商店，售价800元。我那时在美术研究所，无这笔钱。遂说服文化部出钱买下，保存在文化部艺术局美术局，后来移交给中国美术馆。50年代陈师曾夫人黄国巽曾捐过一批陈师曾的画给文化部，70年代有一文化代表团访日，还从这批捐赠品中挑选了一件送给日本。（2007年4月18日刘经富在北京拜访龚产兴先生笔录）

随着纪念、研究的兴起，终于形成了“艺林争传老画家，后世相知可破颜”的局面。真正的人格高尚、志业杰出的大师巨子身后不会寂寞，朽道人可以“吾道不孤托相知”了。

四、槐堂“三不朽”

1923年8月(阴历)，自号“朽者”的陈衡恪猝然去世，年仅48岁。他虽然年寿不永，但他留给后世的文化遗产却非常丰厚，他去世后，师友、门人对他的艺术成就、道德文章给予极高的评价。梁启超在追悼会演说中赞扬他为“现代美术界第一人”；[①]吴昌硕在《陈师曾先生遗墨》第一集题词“朽者不朽”，称他“是一个不寻常的人”；萧谦中称他是“近代画家才气最高者”；潘天寿惋惜他“天赋高，人品好，学识渊博，国学基础深厚，金石书画无所不能，可惜死得太早，否则，他的艺术成就定在吴昌硕之上”。[②]

他逝世七八十年后，学者专家重新发掘其在艺术史上的价值地位，认为“难以想象，如果民初北京画坛少了一位陈师曾，中国近代美术史上不可缺少的一章将如何书写？至少，这段历史恐怕要显得黯淡得多了”。[③] 正如有研究者所指出的“关于民初北京画界的学术研究，也有一个从部分遗忘到整体重现、从主观臆断到客观理性的认知历程”，在历史的遮蔽与去蔽的相互拉扯的缝隙中，“朽者”的“不朽”也伴随这一过程逐渐浮现。[④] 如果说梁启超、吴昌硕的赞誉题辞还带有个人感情因素的话，那么2016年11月中国美术馆举办“朽者不朽：中国画走向现代的先行者——陈师曾诞辰140周年特展”则标志着人们的共识。

陈衡恪之所以能赢得“不朽”声名的原因，大抵可以概括为以下三点：

(一) 思想不朽

陈衡恪在北京工作、生活10年，恰好是“五四”新文化运动的高潮时期。在“五四”新文化运动的影响下，新美术运动也应运而生，新美术运动包括以下

---

① “第一人”这样的称谓，在中国代不乏人。举凡有较高成就或造诣者，皆可称“第一”“无出其右者”“罕有其匹”“无人比肩”等等。有时仅是夸饰而已……不过，梁启超口中的“第一”，却是中肯的评价。以梁启超的严谨和声望，他是不可能将这样的高帽子随便往人身上戴的。见朱中原《陈师曾何以不朽》，载《中国书法》2017年第4期，第36页。

② 转引自朱万章《砉然笔落纸　若刀解牛声——陈师曾的艺术历程及其画学风格》，载《中国书画》2004年第9期，第39页。

③ 万青力《万青力美术文集》，人民美术出版社2004年版，第150页。同样的评价还见于阮荣春、胡光华《中华民国美术史》。

④ 见邓锋《探寻“不朽”之路：陈师曾研究综述及反思》，载《中国美术》2017年第1期，第44页。

内容：从美术的社会作用来说，提出重视美育；从绘画本身来说，当时把介绍西洋绘画，大力引进"西法"作为中心内容。中国画与西洋画的对峙，古法与西法之争，成为当时美术界的矛盾焦点。一些具有革新思想的人，往往把希望寄托在向西方学习，而把中国画称之为"国粹"，对中华民族传统采取了虚无主义的态度。①

陈衡恪虽然也主张国画革新，但并没有依循"革新就是学西画"的途径。他留学日本七八年，与同时在日本学习绘画的李叔同交往紧密，熟悉国外绘画情况，并不拒绝和排斥西画。自己还画过多幅油画。他在绘画上的革新，是从研究中国画的传统开始，对明清以来的绘画，十分认真地进行过研究。由于对中国绘画的源流、演变很熟悉，又通晓画理，所以他并不附和流行一时的有关中、西画的那种肤浅看法，即所谓"西洋画科学""中国画不科学"等等。他强调要善于会通，而不是生吞活剥，生搬硬套，更不是照抄西方的表面形式，而是把落脚点置于"发挥固有之特长"上，也就是要发扬民族传统。他既不能是那种保守派，闭关自守，拒绝吸收外来文化；也不是盲目崇拜西洋的民族虚无主义者，这也正是他和同时代人相比较所独具的高明之处。②

陈衡恪作为传统绘画的精神领袖，能站在中西文化的制高点，用两种眼光来看待东西方文化，既没有近代人看西方的自卑心理，也不狂妄自大。在 20 世纪初叶西化风潮中，陈师曾最先掀起回归民族传统之新风，理直气壮地宣扬民族传统之伟大，他对中国传统艺术精神的深入研究和现代阐释，不仅影响了"五四"运动前后的一代大师，催化了返归民族本位传统的新一轮思潮的出现，同时，对几乎整个 20 世纪中国画坛民族传统绘画的创新和发展都有着难以估量的重要影响。③

陈衡恪"对北京画坛的影响主要在学识上，而在学识上，可以说当时的全国画家中首推师曾。所以，他不仅是北京画坛，而且可以说是中国传统绘画的精神领袖。现在，也许没有人说师曾不是艺术大师，但是，仅仅承认师曾是艺术大师，还完全不足以说明他在近代中国美术史的地位和作用。……"④

"中国的美术史，就内涵和境界而言，有与欧洲相媲美之处，但就精神的引

---

① 见李树声《近代著名画家陈师曾》，载《美术研究》1982 年第 1 期，第 59 页。

② 见李树声《近代著名画家陈师曾》，载《美术研究》1982 年第 1 期，第 59—60 页。

③ 见胡健《守护中的拓进：陈师曾艺术思想与艺术创作》，载《江西社会科学》2004 年第 10 期，第 228 页。

④ 刘晓路《大村西崖和陈师曾——近代为文人画复兴的两个苦斗者》，载《南京艺术学院学报》1996 年第 4 期，第 12 页。

领性及所达到的突破性和超越性而言，则无法与欧洲相比……中国美术史上的很多美术家，都可以称大师级的人物，在某个领域都有开创之功，引领之功，但还不宜称之为伟大。伟大者，精神之伟大也，人格之伟大也，非画技之伟大也……石涛、八大者，确可为画史开一新画法或新画境，然就整体的精神人格而言，则与陈师曾又大异其趣。陈师曾是以思想引领美术史，石涛、八大是以画法或画风引领美术史。二者之间的精神差距，非可以道里计。”①

在文化语境更迭和文人绘画已趋式微的晚清民国，陈衡恪融“旧式文人”与“新知识人”两种身份为一体，其艺术创作也同样如此，呈现出“新风”与“旧貌”并存，“借古”与“融西”不悖，而这恰恰体现出陈衡恪在变革时代中秉持文化主体的充分自信和开放胸怀。所谓“凭情以会通，负气以适变”，朽者陈衡恪以其超绝的才情气质开启了20世纪中国画“会通适变”之门，由此“走向现代”，直指当下，是为“不朽”！②

（二）人品不朽

人是文化的存在，以“文”化“人”则是文化之功能。“义宁陈氏”所体现出的文化托命意识，即是民族文化传承的典范；陈寅恪提出的“独立之精神，自由之思想”更是留给现代学人的宝贵精神财富；陈衡恪提出的“文人画四要素”（人品、学问、才情、思想），同样是将艺术之用回到创作主体的完善与充实。而他去世后，众人评价也正是首推其品性之高洁，“朽者”为人为艺于此可见一斑。③

1918年，鲁迅在《随感录》第四十三里提出人品和思想在绘画当中的作用问题：“美术家固然须有精熟的技工，但尤须有进步的思想与高尚的人格，他的制作，表面上是一张画成一个雕像，其实是他的思想与人格的表现。”继鲁迅之后，陈衡恪也把人品、思想提到文人画要素的地位，把人品视为绘画的灵魂，这比只谈选择什么题材，用什么工具来表现要深刻得多。陈衡恪从绘画的陶写性灵，抒发个性与其感想的角度去肯定文人画的价值，比仅在形似与荒率、文人与工匠、题材与体裁方面探讨文人画也要透彻得多。这一方面反映了当时要求个性解放的民主思想，也体现了陈衡恪对中国画发展的认识较少受到那种过于简单的形而上学观点的影响。所以对我们今天研究中国文人画的发

---

① 朱中原《陈师曾何以不朽》，载《中国书法》2017年第4期，第36页。

② 见吴为山《朽者不朽——为“陈师曾诞辰140周年特展”而写》，载《中国美术馆》2007年第1期。

③ 见吴为山《朽者不朽——为“陈师曾诞辰140周年特展”而写》，载《中国美术馆》2007年第1期。

展，对继承和借鉴传统仍有参考价值。①

作为民初画坛上一位杰出的领袖人物。陈衡恪为人正直诚恳，热心负责，爱才敬友，能团结人，与他交往的人都愿亲近他，与他谈艺论画，啸歌觞咏。他从不崖岸自高。侪辈同行对他极为敬重，因而名噪南北，诗、书、画、印冠绝一时。当时许多学者名流，对他的人品、艺术都很推重。

澳大利亚学者白杰明在《艺术的逃难：丰子恺传》一书中写道："在同辈人中，陈师曾的正直和修养与他对绘画艺术的独立追求一样，受到世人的尊敬。在他身上，我们再次看到'人品'与'画品'同等的重要性。"②

对陈衡恪人品最为推崇、总结最好的是梁启超。他在陈衡恪追悼会上的演说中有精到的阐述：

> 无论何种艺术，不是尽从模仿得来。真有不朽之价值，全在个人自己发挥创造之天才。此种天才，不尽是属于艺术方面，乃个人人格所表现，有高尚优美的人格，斯有永久的价值。试看我国过去美术家，凡可以成为名家，传之永远，没有不是个人富于优美的情感，再以艺术发表其个性与感想。过去之人且不论，如今有此种天才者，或者甚多，以所知者论，陈师曾在现代美术界，可称第一人。……其作品之表现，都有他的精神，有真挚之情感，有强固之意智，有雄浑之魄力。而他的人生观，亦很看得通达。处于如今浑浊社会中，表面虽无反抗之表示，而不肯随波逐流，取悦于人，在其作品上，处处皆可观察得出。又非有矫然独异剑拔弩张之神气，此正是他的高尚优美人格可以为吾人的模范。③

（三）作品不朽

陈衡恪在我国近代绘画史上之所以占有重要地位，在于他既有深厚的传统绘画修养，又有卓越的创新精神。他力图恢复古代绘画"外师造化"的优秀传统，同时吸收西洋画写生之长，形成他所开创的"写生画"。陈衡恪生活的年代，中国画临摹古人的风气盛行，陈陈相因的东西很多，于是有人把提倡写生，反对临摹作为新美术的标志。陈衡恪也主张写生，但他的写生画和当时流行的西画写生方法不同，基本上是按照中国画"外师造化，中得心源"的传统，通

---

① 见李树声《近代著名画家陈师曾》，载《美术研究》1982年第1期，第60页。

② ［澳］白杰明著，贺宏亮译《艺术的逃难：丰子恺传》，浙江人民出版社2015年版，第62页。

③ 《都人士追悼名画家——陈师曾知交之追悼与讲演》，载《晨报》1933年10月18日，第6版。

过写生去接触生活，熟悉对象，而后进行艺术的概括与加工。

现在我们容易见到的他的人物画《北京风俗图》册是他重视写生极好的证明。这套册页共34幅，创作于1915年至1916年间。内容不是花鸟虫鱼，而是地地道道的人间世相，描绘出民国初年北京街头的社会景象。有驮夫、卖糖葫芦、拉胡琴、出殡、赶牛车等劳动人民的生活图景。作者对这些人物充满同情，他着意描绘这些街头的劳动者，正是他具有艺术革新思想的表现。①

从《北京风俗图》可以看出近代中国人物画在从表现佛道、仕女、高士转为表现现实人物特别是下层人民命运的变革过程中，体现出来的现实主义精神，甚至可以说，陈衡恪以其《北京风俗图》开辟了中国近现代现实主义人物画创作的新阶段，在贴近现实生活上前进了一大步。从此以后，我国现实主义的人物画得到了一定程度的发展，为中国近代人物画史揭开了新的篇章。② 陈衡恪注重创新，一以贯之。1911年他作《为贞长题缶翁梅花酒瓮画》诗，结尾云“不似青藤徐，不似大涤济。翁画翁自画，并代或无二。为语搜奇人，得之可珍秘”。③ 1917年他劝齐白石自出新意，自创风格，变通画法，在齐白石的一幅画上题了一首长诗，最后两句“画吾自画自合古，何必低首求同群”，④“翁画翁自画”与“画吾自画自合古，何必低首求同群”把陈衡恪主张创新的思想充分显示出来。这既是陈衡恪对他人的点拨鼓励，也是他夫子自道、自我期许的艺术境界。

陈衡恪创造性地将诗书画印融于一体，他所高扬的文人画旗帜，在其书画中得到了很好的贯彻与执行。他的思想及其实践精神，通过这些凝聚着他光彩夺目的作品和弟子的传承得以薪火不灭。当我们回眸20世纪初中国的美术境况时，陈衡恪这个和“文人画”永远连在一起的名字和其不朽的作品将永驻于我们的心田视野。⑤

---

① 见李树声《近代著名画家陈师曾》，载《美术研究》1982年第1期，第60页。《北京风俗图》的传世还有点传奇性。先是梁启超在衡恪去世后花700大洋购藏，有日人愿出千金，竟未如愿。此国粹没有流落海外，实为万幸。后来这本册页流落民间多年。20世纪50年代被废品收购站获得，后由中央文化部购藏。中国美术馆建馆后，又转为中国美术馆的藏品。参见刘曦林《陈师曾的〈北京风俗〉》，载陈师曾画《北京风俗图》，第84页。

② 见刘曦林《陈师曾的〈北京风俗〉》，载陈师曾画《北京风俗图》，第91页。

③ 朱良志、邓锋主编《陈师曾全集 · 诗文卷》，第196页。

④ 陈衡恪还刻有一方“画吾自画”的闲章。“画吾自画”语出王廙《与羲之论学画》：“画乃吾自画，书乃吾自书。”

⑤ 见朱万章《砉然笔落纸　若刀解牛声——陈师曾的艺术历程及其画学风格》，载《中国书画》2004年第9期，第41页。

第八章　学人魂——陈寅恪

第一节　读 书 种 子

一、生庚、名号

修水怀远陈姓1943年六修《义门陈氏宗谱》载：三立四子寅恪，号彦恭，德国大学校毕业，清光绪十六年庚寅（1890）五月十七日寅时生。[①] 与屈原的生日[②]巧合。

“恪”字为义宁州怀远陈姓的派号（“三恪封虞后，良家重海邦”），因寅恪出生于寅年寅时，故名“寅恪”，[③]字号“彦恭”。[④] 20世纪八九十年代“陈寅恪热”之后，介绍其字号均云“鹤寿”，源自寅恪弟子蒋天枢《陈寅恪先生编年事

---

① 按：“寅时”为凌晨3—5点。若按改革开放以来把半夜12点以后定为次日凌晨，则为十八日。古人计时以一日一夜为一天，不把夜晚单独剥离出来，有些地区的方言至今称昨日为昨夜、今日为今夜。古人以卯时（清晨5—7点）为一天的开始。业文史者切勿受当今把半夜12点后定为次日的影响。

② 据《离骚》“摄提贞于孟陬兮，惟庚寅吾以降”两句推算，屈原生于寅年寅月寅日。见郭维森《屈原》，上海古籍出版社1979年版，第3页。陈垣曾赠陈寅恪印章一方，印文为“惟庚寅吾以降”。袁克文亦生于1890年，有贺寿联“庚寅以降，初度揽揆”。看来前人颇以与屈原同庚为文人雅事。

③ 按：朱熹为他的魏氏外甥取名“魏恪”，写了一篇小序，解释“恪”字的恭敬本义：“《商颂》曰：‘自古在昔，先民有作。温恭朝夕，执事有恪。’作之言为也，恪之言敬也。夫人饱食逸居而无所作为于世，则蠢然天地之所一蠹也，故人不可以无作。然作而不敬，其所作也终无成矣。魏氏甥茂孙善读书，能讲说，然余患其无所作为之志，恪敬之心。因其来请名字也，名之曰‘恪’，而以‘元作’字之。恪也其敬听余言，毋怠毋忽！”朱熹《魏甥恪字序》，载郭齐、尹波点校《朱熹集》第7册，四川教育出版社1996年版，第3933页。

④ 按：其兄隆恪号彦和，弟方恪号彦通，登恪号彦上。隆恪、方恪在世时名、字俱用，用字号更多一些，寅恪、登恪因在国外留学久，故取字未用。这四兄弟的字号何时取的，暂不知晓。光绪二十一年（1895）四修宗谱只有名而无号，民国九年（1920）五修谱有名有号。隆恪1904年至1912间在日本留学时已经使用“彦和”字号，因此陈家长辈给四兄弟取字号当在1904年之前。

辑》"光绪十六年"条:"昔年枢尝以字请,师语之曰:'忆闻,余生时适老人熊鹤村来,先祖拟以鹤寿字余,然未曾使用。'"[1]陈寅恪女儿根据这句话铺衍成一段谈资语助:"明诗夫人正在'蜕园'宅内临产,虽然已是第二胎,产程却仍较长,婴儿久久未见落地,全家都很着急。忽然家人来报,熊鹤村老丈到访,他是当地一位知名文士,为宝箴、三立父子的年长诗友,与三立时有唱和。正当熊老丈精神抖擞健步踏入门庭时,婴儿呱呱坠地……"[2]按熊鹤村生于嘉庆六年(1801),光绪十九年(1893)去世。光绪十六年他已90岁,似不太可能于寅时(清晨3—5点)到人家家里去。修水旧时风俗,婴儿出生后第一位来家的客人是很荣幸吉祥的,称"逢生",日后作为婴儿的寄爷、寄娘(相当于干爹、干娘之意)走往。因此熊老人不是正在生小孩的时候到陈家,而是婴儿出生后第一位到陈家的客人。恰巧他是高寿之人,又名"鹤村",陈宝箴准备为这位孙子取字号为"鹤寿"当是一时兴会。[3] 由于《陈寅恪先生编年事辑》一书面世时间早,流传广,至今人们还把陈寅恪字"鹤寿"作为陈寅恪生平事略的一条材料。"鹤寿"一词出自《淮南子·说林》"鹤寿千岁,以极其游",古人取"松鹤延年""松龄鹤寿"之意而以"鹤"字为名号者极多,以"鹤寿"为名号无新意,且与"寅恪"词义不搭,故陈寅恪的字号以《陈氏宗谱》所载兄弟字号统一联属的"彦恭"为宜。陈寅恪曾说:"治史者,即于名字别号一端,亦可窥见社会风习与时代地域人事之关系,不可以其琐屑而忽视之。"[4]

陈寅恪四兄弟的字号以寅恪的最好,因经义出处较多。其他三兄弟"隆"与"和"对文互义,"方"与"通"对文互义,"登"与"上"对文互义,惟寅恪既"寅"与"恭"对,亦"恪"与"恭"对。《尔雅·释诂》:"俨、恪、祗、翼、諲、恭、钦、寅,敬也。"《尚书·皋陶谟》:"同寅协恭,和衷哉。"《诗·商颂·那》:"温恭朝夕,执事有恪。"故古人取名、字时常"寅恭""恪恭"对文互义。东晋十六国的前燕名将慕容恪字玄恭,湖南近代书画家雷恪字恭甫,中华书局创始人之一陈寅字协恭。此即陈寅恪名寅恪、字彦恭的经义出处。

---

① 蒋天枢《陈寅恪先生编年事辑(增订本)》,第9页。

② 陈流求等《也同欢乐也同愁:忆父亲陈寅恪母亲唐筼》,第20页。

③ 鲁迅本名"樟寿",系鲁迅祖父周介孚所取。取名的原因是周介孚在北京为官的寓所得到绍兴家中生一男婴的喜讯后,第一个来他家的人是张之洞,遂用一个同音字"樟"取名"樟寿"。用第一个到家的有名望的客人姓名给新生儿取名,也可能是当时士大夫间的一种不成文的习俗。

④ 陈寅恪《柳如是别传》上册,生活·读书·新知三联书店2001年版,第101页。

二、年少志学

寅恪年幼时的情况所知不多，据亲属传言，其幼时即表现出好安静喜独处的性格。① 其兄弟开蒙读书的材料缺乏，现只知光绪二十一年（1895）其祖陈宝箴任湖南巡抚后设有家塾（见《陈方恪自填履历表》），时覃恪15岁、隆恪8岁、寅恪6岁、方恪5岁。既有家塾，当有馆师，据李开军考证，陈家在1896年至1898年间的馆师为罗正钧、黄笃恭、周大烈。但这里也有一个疑惑，罗正钧、黄笃恭、周大烈是湘抚衙门的幕僚，他们都是有一定身份的人，请他们兼课讲授程度较高、年龄较大的子弟比较合适，如果仅仅是开蒙阶段的学童，则似另有塾师。②

有更多明确记载的陈氏子弟上学情况是光绪二十七年（1901）其父陈三立挈家定居南京后创办家塾，陈氏兄弟姊妹隆恪、寅恪、方恪，妹康晦、新午、安醴等一起先后入塾读书。③

光绪二十八年（1902）二月十五日，陈氏兄弟的母舅俞明震受两江总督刘坤一委派，到日本视察学务，兼送陆师学堂毕业生22名、陆师学堂附设矿务铁路学堂学生6名到日本留学，④衡恪以文案身份携12岁的弟弟寅恪随行。⑤ 四月初，兄弟俩随俞明震返回南京。十一月前，经俞明震的运作，衡恪终于获得江宁官费留学生名额，再次赴日。寅恪则仍在家塾读书，⑥时姚永概任陈家西

---

① 见陈小从《庭闻忆述》组诗第六首，载王永兴编《纪念陈寅恪先生百年诞辰学术论文集》，江西教育出版社1994年版，第66页。

② 蒋天枢《陈寅恪先生传》："昔年尝闻：先生幼年居湘时，家人为聘湘人周姓者为塾师，授先生兄弟读……唯所谓周姓塾师不详何名。后读先生兄师曾《蜗牛舍诗集序》，中云：'吾师周印昆先生论吾父诗为有清诗人之殿，亦旧诗之殿。'此周印昆殆即居湘时塾师。"载《文献》1984年第20辑。按：陈衡恪对周印昆（大烈）奉弟子礼甚恭，而未闻隆恪、寅恪与周印昆有交集。一般来说学生对开蒙老师终生难忘，周印昆入民国后居止北平，1934年去世。陈寅恪在北平10年，未闻与周印昆有来往。周印昆第六女嫁许地山，陈寅恪抗战滞留香港时与许地山来往颇多，亦未闻向许地山提起这层关系。因此，说周印昆曾做过寅恪的蒙师应可排除。

③ 见苏昌辽《清末四公子之一：陈散原》，载《南京史志》1985年第2期；陈小从《庭闻忆述》组诗第五首。

④ 俞明震《与陈庆年书》："弟去腊即奉檄携学生三十人赴日本送入学堂，即考察各种学校章程办法，回华仿效。观上游意旨，似甚慎重，然亦不过一篇空文章而已。而弟则藉此游历，二月十五日起程，四月初间回，颇足快心也。此间学生中人才颇多，驾御甚难。公到武昌，何不过金陵盘桓数日，藉得畅谈。伯严等均在此，颇不寂寞。"陈登丰编《横山先生年谱》"一九〇二年"条，转引自李开军《陈三立年谱长编》中册，第589页。

⑤ 皮锡瑞光绪二十八年四月初二日记："陈师曾为恪士文案，想同出洋。陈隆恪、寅恪皆右老小孙，为洋学生，宜细崽得以为辞也。"皮锡瑞著，吴仰湘点校《皮锡瑞日记》第3册，第1114页。

⑥ 陈寅恪民国四年（1915）二月到北京，到姚永概寓所拜访，姚氏二月初四日记："陈生寅恪来。"姚永概著，沈寂等标点《慎宜轩日记》下册，第1292页。

席,坐馆时间为光绪二十八年(1902)三月初八日至五月初十日。因此衡恪、寅恪光绪二十八年(1902)二月至四月的日本之行,只是利用母舅职务之便,到日本见见世面,为以后留日探路。亲属后裔传言寅恪这次到日本后“入中学学习”或说“与衡恪同入东京弘文学院补习日语”①均不存在。东京大学池田温说寅恪1902年至1903年在日本新文学院中学就读,亦未列出处,②亦为不实。

蒋天枢《陈寅恪先生编年事辑》指出寅恪光绪二十八年(1902)二月赴日后,在日本留学至1904年暑假回南京,然后与兄隆恪一同考取官费留日。③ 初冬,两兄弟同赴日本。④ 隆恪初入庆应大学,后转入东京帝大财商系,⑤未提及寅恪就读何校。亲属则称入弘文学院高中部,⑥池田温说入新文学院中学。《编年事辑》又指1905年寅恪在日本患“脚气病”,遂回南京家中疗养。对于寅恪1904年初冬以官费赴日留学以及1905年因“脚气病”回国之说,近年有研究者发掘史料,指出两说均有漏洞。如果是官费生或自费生,应该在《清国留日学生名簿》《弘文书院清国留学生名簿》《清国留学生会馆第五次报告》《清末各省官费自费留日学生姓名表》等原始档案和学籍记录名单中有登记,但在这些文献档案中均找不到寅恪的名字,而衡恪、隆恪则有登记。且弘文书院规定,录取最低年限为“年满十六周岁之清国男子”。更能说明问题的是日本外务省没有给予陈寅恪“留学资格”签证,只有“家族滞在”的签证。第一次给予停留时间是半年,第二次依然为半年,并不准延期。寅恪其实是以“家族滞在”身份在当地小学一年级借读,并因签证到期而回国。⑦ 由于笔者没有目验《清国留日学生名簿》《弘文书院清国留学生名簿》和日本外务省档案馆的档案,因此还不能完全断定发掘新材料者所撰文章揭秘的真伪,该文对三十多

① 见陈封雄《卌载都成肠断史——忆寅恪叔二三事》,载《战地》1980年第5期;陈流求等《也同欢乐也同愁:忆父亲陈寅恪母亲唐筼》,第26页。

② 见池田温《陈寅恪先生和日本》,载纪念陈寅恪教授国际学术讨论会秘书组编《纪念陈寅恪教授国际学术讨论会文集》,中山大学出版社1989年版,第115页。

③ 对于光绪二十八年(1902)二月赴日,寅恪自称是“东游”。见寅恪1945年《乙酉冬夜卧病英伦医院,听人读熊式一君著英文小说名〈天桥〉者,中述光绪戊戌李提摩太上书事。忆壬寅春随先兄师曾等东游日本……》诗。对于1904年第二次赴日,寅恪说是留学,见1968年《交代稿》:“我十五岁考取官费留学日本。”

④ 见陈三立《十月二十七日江南派送日本留学生百二十人登海舶,隆寅两儿附焉,遂送至吴淞而别……》,载陈三立著,李开军校点《散原精舍诗文集(增订本)》上册,第138页。

⑤ 按:隆恪实先入弘文学院,1909年8月升入东京庆应大学理财科。

⑥ 见陈流求等《也同欢乐也同愁:忆父亲陈寅恪母亲唐筼》,第27页。

⑦ 见乌有之乡网站刊发的网文《陈寅恪及“陈粉”多种涉日史实造假总揭露》,2019年5月;刘正《陈寅恪史事索隐》,上海书店出版社2014年版,第84、86页;参见曹震《陈寅恪第一次出国考》,载徐俊主编,严晓星编《掌故》第1集,第90—110页。

年来一些人不重证据、炒作神化陈寅恪带着火气。只有日本外务省档案馆关于陈寅恪的档案材料公开，才能理智分析，去伪存真，予以论定。

不论陈寅恪以何种身份在日本求学，有一个基本事实无须怀疑，即他作为一位小学学生，其年少志学的精神令人刮目相看。且非常刻苦，除完成学校规定课程外，还注意浏览东洋文化科学知识，特别是接触、学习了日语。他这时正值少年生长发育年龄，因伙食甚差，每天带的便当仅有少许咸萝卜佐餐，少见新鲜菜蔬及豆类、肉类，偶尔有块鱼，又腥又生，很难下咽，营养摄入不足而常常患病。①

1905 年 7 月，陈寅恪插班考入上海吴淞复旦公学（高中程度），与竺可桢同班同桌，在复旦公学读书 4 年。② 在校时成绩优秀，1908 年夏季期考，陈寅恪平均成绩为 94.2 分，为丁班最高分。③ 1909 年秋，陈寅恪尚未毕业即离校，赴德国留学。

寅恪自识字起即嗜书如命，见书就读，不分昼夜。由于阅读过度不知保护视力，对眼睛的发育和损伤影响严重。他中年失明后，曾向王钟翰谈及："我之目疾非药石所可医治者矣！因龆龄嗜书，无书不观，夜以继日。旧日既无电灯，又无洋烛，只用小油灯，藏之于被褥之中，而且四周放下蚊帐以免灯光外露，防家人知晓也。加以清季多有光纸石印缩印本之书，字既细小，且模糊不清，对目力最有损伤。而有时阅读，爱不释手，竟至通宵达旦。久而久之，形成了高度近视，视网膜剥离，成为不可幸免之事！"语毕不胜感慨系之。④

1965 年，陈寅恪在回忆录《寒柳堂记梦未定稿》中感慨自己的家世："吾家素寒贱，先祖始入邑庠，故寅恪非所谓读书种子者。"这既是他的自谦，也隐含着自负。从义宁陈氏的家族史来看，经过近两百年几代人的书香积累，薪火相传，到第六代恪字辈达到了最高峰，而寅恪更是恪字辈中的翘楚。他不仅是义宁陈氏的读书种子，而且是天下的读书种子之一。⑤

---

① 见陈流求等《也同欢乐也同愁：忆父亲陈寅恪母亲唐筼》，第 27 页。

② 陈寅恪 1956 年 5 月 21 日所填《干部经历表》："1904 年春起（此处寅恪回忆有误，应为 1904 年冬）1905 年秋止，在日本东京巢鸭弘文学院高中读书，因脚气病回国。1905 年秋起，1909 年秋止，在上海吴淞复旦公学读书。"

③ 1908 年，复旦公学在校学生有甲、乙、丙、丁、戊、己、庚七级，共 241 人。甲、乙、丙三级为正斋生（年级较高的学生），丁、戊、己、庚为备斋生（年级较低的学生）。

④ 王钟翰《陈寅恪先生杂忆》，载纪念陈寅恪教授国际学术讨论会秘书组编《纪念陈寅恪教授国际学术讨论会文集》，第 50 页。

⑤ 傅斯年与陈寅恪留德时，是留学生中最用功的两个，被称为"宁国府大门前的一对石狮子"。傅斯年则称赞陈寅恪是我国最有希望的读书种子。见毛子水《记忆陈寅恪先生》，载俞大维等《谈陈寅恪》。

三、留学欧美12年

中国近代文化学术，出现一个新情况、新要求，即读书人在掌握中华传统国学的基础上，还要学习西方先进的学问知识。不仅要学习，还要融会贯通。传统国学与现代学理、方法相结合，于是群贤出世，大师成群地来。这是近代人才成长、学术转型的一条规律。[①]

在这股中西贯通、新旧兼容的学术潮流中，陈寅恪得风气之先，以“预流”之胸襟，挟家学之渊源，赴法、美、德各国深造12年，为我国近世留学史留下了一段佳话。[②]

1909年秋至1911年秋，寅恪在德国柏林大学学习语言文学。1911年秋至1912年春，在瑞士苏黎世大学学习语言文学。1913年春至1914年秋，在法国巴黎高等政治学校学习社会经济部课程，因一战爆发在即，匆匆回国。1918年11月[③]至1921年9月，在美国哈佛大学学习梵文、巴利文、希腊文等语言文字。1921年9月至1925年12月，再到德国柏林大学，入研究院学习梵文及其他东方语文。[④]

有一点值得注意，即陈寅恪12年的留学生涯是在经费没有保障的情况下完成的。陈家家境并不富裕，陈三立没有官职俸禄，偶有他人馈赠和自己润笔是重要的经济来源。按说他一年润笔收入并不低，但他是名士，不会理财，名士要有名士的做派。家里吃饭的人又多，[⑤]又要维持大户人家的门面，所以生活开支有时会捉襟见肘。自1902年起，陈家不断有子弟留学，经费压力颇大。幸好其夫人有两位兄弟饶有家财，时常接济。陈寅恪的留学经费有时自费，有时公费。1909年赴德留学两年，经费据说是母舅提供的。1911年秋留学瑞士苏黎世大学只有一个学期就回国，即因为囊中羞涩，只好回国筹措经费。1912年秋，寅恪到南昌参加江西省公费留学考试，入选赴法。陈寅恪本人回忆：“江西省教育司副司长符九铭电召回江西南昌，阅留德学生考卷。并许补江西省

---

① 参见王汎森《天才为何成群地来》，社会科学文献出版社2019年版。

② 陈寅恪从1909年20岁到1925年36岁，其中除去在国内的读书、谋职、筹措留学经费、养病的时间，负笈欧美的时间首尾17个年份，按月份计约为12年，在留学生中可谓经验丰富。他是不是中国近代放洋留学年头最多者还不好说，但绝对是时间最长者之一。

③ 本拟再入柏林大学，因“一战”战事未完全结束，德国国内仍混乱，乃改赴美国。

④ 见陈正宏《陈寅恪先生与德国》，载《德国研究》1997年第3期。

⑤ 陈三立家中通常有30人，且人客不断。其二女陈新午给在日本留学的二兄隆恪写信云：“五哥如见：昨得致七哥（方恪）书，敬悉一切。四嫂（覃恪夫人）于八月廿四回鄂，黄姑丈（黄韵桐）、聋子湘姑（可能是黄韵桐妻子）、希尹（黄韵桐儿子）等则先于四嫂三日归宁州。于是合家内外只三十人耳。”见西泠印社2019年12月拍卖的一批陈家文献。

留学官费。”①

陈寅恪1918年11月到1921年9月这一阶段的经费来源为官费，湘督谭延闿在下台前为他请来建设新湖南的人才做好了退路，给总务厅长林伯渠、教育司长熊知白、交涉科长陈寅恪赴美留学经费，标准是每人路费400大洋，另每月生活费140大洋。还抢在谋取他职位之人到来之前就预付1 500块给驻美大使保管，专款专用。当时留美官费生月给100美金，而伙食费只需30元。由于有经费保障，留学生中不乏喜欢购书者，以梅光迪、陈寅恪、俞大维最为突出，引起吴宓的惊叹。② 1921年9月至1925年12月第二次留德经费来源不详。他有时是“富翁”，常周乏济困。但次数多了，他也吃不消。傅斯年是山东官费留学，因时局动荡，学费常常拖欠。他没钱，就向陈寅恪借。陈是自费留学，生活略有保障，自然慷慨解囊。傅斯年之外，姚从吾、毛子水甚至俞大维有时也向他借钱。傅斯年寄给罗家伦的信中常有向陈借钱的诉说：“这两月，子水、从吾、大维都是赖老陈维持，老陈大苦。”“要是老陈不走，尚有法……老陈走后，更不了矣。”③时值一战后，柏林的生活费用不高，马克大贬值。据1919年初由官商资助到德国考察的梁启超《日记》记述，他在柏林住一旅馆，“所居极安适，日租金50马克，可称昂贵，然合中国银只得一圆耳”。又在通信中写

① 陈寅恪在“文化大革命”中的《第七次交代底稿》，见蒋天枢《陈寅恪先生编年事辑（增订本）》，第34页。这里面有一个问题，即陈寅恪由江西公费资助留学是1913年春至1914年秋，地点是法国巴黎。而蒋天枢《编年事辑》系于1923年陈寅恪第二次留德时，谓：“是时国内时局动荡，江西省教育厅官费，时停时寄，此后一两年间，先生在德生活至为艰苦。”这是根据陈寅恪女儿陈美延的回忆“父亲在德留学时，官费停寄，经济来源断绝，父亲仍坚持学习。每天一早买少量最便宜面包，即去图书馆度过一天，常常整日没正式进餐。日子一长，营养太差，加以学习繁重，终于大病，回国休养。后来教育厅偿还父亲所欠官费款，以给祖父在庐山购买一幢房子名义，作为偿还欠款”，“此美延幼小时所听到，历时过久已不尽忆，难于详备”。陈封雄回忆：“1918年冬，他取得江西省的官费留学资格，本来打算再去柏林大学，但因当时第一次世界大战尚未完全结束，德国国内仍混乱，乃改赴美国，入哈佛大学。”陈封雄《卌载都成肠断史——忆寅恪叔二三事》，载《战地》1980年第5期。江西省资助陈寅恪官费的时间、国别，陈氏后裔回忆颇不准确，引用须先予以考证。

② 吴宓1919年8月18日记：“哈佛中国学生，读书最多者，当推陈君寅恪及其表弟俞君大维，两君读书多，而购书亦多。到此不及半载，而新购之书籍，已充橱盈笥，得数百卷。陈君及梅君，皆屡劝宓购书。回国之后，西文书籍，杳乎难得，非自购不可。”吴宓著，吴学昭整理注释《吴宓日记》第2册，第55页。吴宓《读〈散原精舍诗〉》：“寅恪在美，虽困而非甚困。平日衣食居处，所费与我等每月＄一〇〇美金之官费生相同，而购书独多，屡次装箱运回。”陈三立著，李开军校点《散原精舍诗文集（增订本）》下册“附录”，第1560页。又：据1920年4月30日北大教授评议会之“议事录”，北大借款1 000元给陈寅恪购书，北大同意借款的条件就是陈寅恪将来要到北大任教。见刘克敌《清华“四大导师”与北大国学门》，载《中华读书报》2019年7月10日，第15版。

③ 王汎森等编《傅斯年遗札》第1册，台北“中研院”史语所2011年版，第29—31页。

道:“此次赴德,觉学费之廉出人意外,现一圆可易五十马克,每学生得三十或四十圆(即一千五百或两千马克)尽可从容度日,国内大公司如中原公司之类,每年能出资五千或万圆,可派学生十人或二十人。”①但陈寅恪有时因买书而囊中羞涩,有一次他和俞大维请赵元任、杨步伟夫妇看歌剧,他们二人送客人到剧园门口自己不进去,杨步伟问“你们不看吗?”“大维笑笑,寅恪就说我们两个人只有这点钱,不够再买自己的票了,若是自己也去看,就要好几天吃干面包。”②12 年的留学生活,有时回国做事筹备经费,然后再出国留学。同辈人都娶妻生子,陈寅恪不理会,39 岁才结婚。他追求学问,献身学术的精神真为常人所不及。

陈寅恪到国外求学多年,对西方近现代学术自然有相当广泛的了解,所谓“中西贯通”。不过其中最使他着迷的一门学问是西洋东方学中的汉学和历史语文考证学。自 1918 年至 1925 年,他以整整 7 年的时间追随西洋东方学学者,向他们学习研究东方学的先进工具与方法,受西洋东方学的训练。这是陈氏留学生涯中的一项重要内容,对他后来的学术研究工作影响颇大,特别是他在清华国学研究院任教期间所开展的有关“塞外之史,殊族之文”的研究,与他这 7 年的留学经历有直接的联系。

德国东方学研究有数百年的传统,其成就举世公认。西方近代史学几乎无不受德国的历史语文考证学派影响的。这一学派对于语文水平有极高的要求,有两个标准:“第一,最上乘,应当多识外国文……除古代语言(拉丁文、希腊文)外,学历史的人,至少能随时互译现代几种通行世界的语言如英文、法文、意大利文和用这些语言写成的历史著作;第二,须通达研究范围内有关系的各种语言,能运用这些语言作史料研究的补助,以便解决与自己研究有关的问题。”熟练地利用各种东方语言以深入研究东方的历史与文化,是陈寅恪最为向往的西洋东方学的学术境界,这就是他两次赴柏林大学留学深造的原因。

陈寅恪第二次赴柏林前先在美国哈佛大学跟随兰曼教授学习梵文、巴利文、希腊文等,大约三年。然后转入柏林大学学习四年多,期间除师从路德施教授学习梵文、巴利文等东方古文字外,还曾向缪勒学习中亚古文字,向黑尼士学习蒙古语。

陈寅恪在德国留学时,曾做过大量的学习笔记,现在存下来的仍有 64 本

---

① 见陈明远《文化人的经济生活》,陕西人民出版社 2013 年版,第 57 页。参见胡文辉《陈寅恪留德的经济背景》,载《关东学刊》2019 年第 5 期。

② 杨步伟《杂记赵家》,辽宁教育出版社 1998 年版,第 33 页。

之多。这些笔记本为我们考察陈寅恪留学后期的学习情况提供了极为珍贵的资料。从这些笔记本中可看到陈寅恪当时已经掌握和正在学习的语言文字包括英文、德文、法文、俄文、日文、朝文、梵文、巴利文、印度古代俗语、藏文、蒙文、西夏文、满文、新疆现代语言、新疆古代语言、伊朗古代语言、古希伯来语、印地语、尼泊尔语等等,其种类之多,确实令人惊叹不已。

陈寅恪深入钻研东方学,并非与国学毫不相干。恰恰相反,作为一位深受中国传统文化熏陶的知识分子,陈寅恪跟随西洋东方学者进行东方学的研究工作,归根结底还是出于他对中国文化前途的关心。他接受的是西洋东方学的训练,研究的是汉族的文化本原,心中思索的则是中国文化的历史命运。①

陈寅恪本有国学素养,留洋12年又掌握了西洋科学方法和语言工具。这些语言工具帮助他解决前人所不能解决的问题,发现别人所未能发现的历史真相。因此,陈寅恪即以学问渊博、掌握多种外文一举成名。

陈寅恪留学多所名校,时间长久,却没有拿过学位。陈寅恪认为考博士并不难,但两三年内被一个具体专题束缚住,就没有时间学习其他知识了。所以他留学的档案资料很少,因为他不要学分,人家上课他跑去听,做笔记,有点像中国传统的游学。

而就是这样一位既无博士头衔,当时又无著述的留学生,清华国学研究院竟然肯发给他一纸导师聘书,与王国维、梁启超、赵元任一起被称为“四大导师”。他们都是中国近代学术的泰斗,声名远播,为清华大学创造了巨大的无形资产。②当时的清华国学研究院是非常有名的高级学术机构,培养了不少著名学者。

四、婚姻、家庭

陈寅恪晚年在《寒柳堂记梦未定稿·关于寅恪之婚姻》中写道:“寅恪少时,自揣能力薄弱,复体孱多病,深恐累及他人,故游学东西,年至壮岁,尚未婚娶。”所以他在清华国学研究院任教时已是大龄单身男教师,近四十岁仍然未婚,在兄弟姐妹这一辈中也是年龄最晚结婚者。当时许多同事朋友为了他的婚姻大事,都主动关心,也介绍过女青年,然而寅恪对婚姻一直抱有神圣的看法,尤为注重修养高洁、气质优雅,认为婚姻是一辈子的幸福,不可轻率而为。本着极其慎重的态度,他始终都没有满意的人选。直到母亲去世,父亲为此十分焦急,再三催

---

① 见殷祝胜《陈寅恪的留学经历与西洋东方学》,载《社会科学战线》1998年第3期。

② 清华大学某个会议室曾挂着6个人的肖像:梁启超、王国维、陈寅恪、赵元任、闻一多、朱自清。见章怡《春日的遐想》,载《读书》1994年第6期,第11页。

促,如果再不重视自己的婚姻大事,他就要以长辈的权力,强行做主了。[①]

陈寅恪1926年7月初到清华,曾和几位单身男教师住在清华园的工字厅。一次偶然的机会遇到后来成为妻子的唐筼(字号"稚莹",婚后字"晓莹")。她多年来专注从事女子体育教育,尚未遇到愿意托付终身的知音,却与寅恪一见如故。通过一段时间的约会接触,两人遂订秦晋之好。[②]

民国十七年(1928)七月初一日,两人在北平城里举行订婚仪式,宾客是男女双方在北平的家人、亲友及女方同事。七月十七日(8月31日),二人在上海寅恪家中举办西式婚礼。人海茫茫,39岁的寅恪终于找到最理想的另一半,建立了琴瑟和鸣的小家庭,从此一对新人携手走过四十余载,风雨同舟,患难与共。

几十年后回首来看陈、唐的美满婚姻,不得不佩服陈寅恪父亲陈三立的见事之明,如果没有他的"逼婚",陈寅恪以后的人生之路可能更加艰难。他中年目盲,晚年膑足,没有一位贤内助,做学问、搞研究都无从谈起。

1969年10月,陈寅恪在"文化大革命"中受摧残迫害3年后溘然长逝。早在1967年,陈寅恪就预先给妻子拟写了一副挽联:

涕泣对牛衣,卌载都成肠断史;残废难豹隐,九泉稍待眼枯人。[③]

这副预挽联词意凄怆,哀感悱恻,成为陈寅恪的一副名联。即使不了解其中的典故,也会被字里行间所蕴含的悲情伤感震撼,为他们伉俪情深、生死同心所感动。四十多天后,唐筼因过于悲痛,加上长时期的过度劳累,体力透支,终因脑出血、高血压、心脏病等多种疾病并发,抢救无效,追随丈夫于九泉之下。2003年6月,夫妇安葬于庐山植物园。

寅恪夫妇生育三女:长流求,次小彭,幼美延。

第二节　学术生涯的两次重要抉择

一、北平各高校与研究机构争聘著名"海归"

20世纪20年代,在"整理国故"的文化学术思潮中,崛起了北京大学研究

---

① 见陈寅恪《寒柳堂记梦未定稿(补)》,载陈寅恪著,陈美延编《寒柳堂集》,第236页。
② 见陈流求等《也同欢乐也同愁:忆父亲陈寅恪母亲唐筼》,第58—63页。
③ 陈寅恪《挽晓莹》,载氏著《陈寅恪集·诗集》,第190页。

所国学门、清华大学国学研究院、中研院史语所等著名的学术机构，成为我国学术与世界学术潮流接轨，学术现代化、科学化的标志。陈寅恪是清华国学研究院、国民政府中央研究院（以下简称“中研院”）历史语言研究所（以下简称“史语所”）的重要成员，其崇高的学术地位，就是从这里开端的。

陈寅恪一生在清华大学、西南联大、香港大学、燕京大学、中山大学任教，又在中研院史语所任研究员和历史组主任。在他丰富复杂的学术经历中，有一个重要的节点值得我们注意，即 1926 年至 1929 年间工作单位的选择。

民国时期，在大学教师与研究人员的聘任问题上，政府在政策制定时对于“本土派”与“海归派”并没有实质性的差异，但由于近代中国大学师资缺乏和当时国人普遍趋新的心理，以及“海归”群体比较完整的中西文化教育背景，使大学与学术机构在聘任实践中，往往更青睐“海归”。①

在陈寅恪的同辈中，具有“海归”身份者不在少数。但陈寅恪的留洋经历较为独特，他在德、法、美诸国留学 12 年，出入柏林、巴黎、苏黎世、哈佛等名校，钻研多种域外语言文字。其游学时间之长，所到外国学府之多，所学语言门类之广，师友评价之高，很少有人能出其右，使他未出道就已先声夺人，一出道就在学术前沿高地占有一席之位，并一路稳固强化。

早在欧美留学期间，陈寅恪就崭露头角，得到师友的好评。1920 年 6 月 5 日，哈佛大学梵文讲座教授兰曼给中国留美学生监督严恩槱写信，告知陈寅恪的学习情况：

> 陈先生是在 1919 年 9 月参与到我的课程中来的，自那以后还选修了我的梵文和巴利文课程。我们一起研读了许多婆罗门著作，今年还从佛教的巴利文典籍中选读了大量材料。他有着高超的智慧（与他的同学汤用彤一样），这将为他的祖国——中国赢得荣誉。一直以来，他的认真、诚恳和恒心都值得特别褒扬。他不在乎我们学生的学位，在这一点上我很欣赏他。这方面的差异可以反映出他有着更为崇高的理想。我完全相信，当他回到中国以后，他将于你们的国家大有裨益。……陈先生掌握的梵文和巴利文知识将会给予他一种不同寻常的能力，让他在 20 世纪得以

① 陈永发论述中共初期党员出身时说：“出国留学成为社会地位上升的终南快捷方式。”可“同样是出国留学，欧美留学生的地位要比留日学生高……‘欧美留学生，一般大学毕业的，便远远赶不上哈佛、耶鲁、牛津、剑桥等名校；同样是日本留学生，一般大学的也远远赶不上帝国大学’”。载氏著《中国共产革命七十年》修订版，联经出版事业股份有限公司 2011 年版。转引自王震邦《独立与自由——陈寅恪论学》，上海人民出版社 2011 年版，第 44 页。

继续卓越的法显(Fa Hien)在5世纪时曾经做过的事情。我深信他是一个真正的爱国者,必将忠实地将所学知识造福于他的祖国。①

1924年3月,北大毕业派遣留德的姚从吾给母校老师写信汇报留学情况,涉及在柏林的中国留学生罗家伦、陈枢、孔繁霱、陈寅恪、俞大维、傅斯年。其中对陈寅恪的评价最高,称其"能畅读英法德文,并通希伯来、拉丁、土耳其、西夏、蒙古、西藏、满洲等十余种文字。近专攻比邻中国各民族之语言,尤致力于西藏文……陈先生志趣纯洁,强识多闻,他日之成就当不可限量"。②

1925年2月,陈寅恪还在德国留学时,经他留学哈佛时的同学好友吴宓推荐,清华学校聘他为国学研究院导师。2月27日,《清华周刊》登载《清华研究院筹备处消息》:

研究院主任(或专任)讲师,已聘定王国维、梁启超、赵元任三先生。兹校中又函电往德国,聘请陈寅恪先生为主任讲师,连前共四位。按陈寅恪先生,乃诗人陈伯严先生(三立)之公子……幼承家学,故中国学问甚为渊博。自前清宣统元年迄今,留学欧美共已十余年。陈先生初治史学,继研究古今语言,如希腊文、拉丁文及英、德、法文等。近七八年来,则攻读梵文、巴利文(Pali)以及蒙文、藏文之类。其所用力者,为古代东方各国语言及历史,佛教发达传播之历史,中西交通史等。陈先生留学德、法两国最久,在巴黎与伯希和(Paul Pelliot)、莱维(Sylvain Levi)诸大学者相从问学,极为熟稔。又其人笃志用功,故造诣宏深,诚留学生中特别首出之人才。③

最后一句"诚留学生中特别首出之人才",可与上面引录的师友评价相印证。

1926年12月,北大研究所国学门聘请陈寅恪为兼职导师,④陈寅恪开了四个选题的课程,由本科三年级以上学生选修:一、长庆唐蕃会盟碑藏文之研

---

① 兰曼致留美学生监督严恩槱函(1921年6月5日),转引自林伟《陈寅恪的哈佛经历与研习印度语文学的缘起》,载《世界哲学》2012年第1期,第145页。

② 北京大学编《北京大学日刊》第11册,1924年5月9日,第2页。

③ 《清华研究院筹备处消息》,载《清华周刊》第337期,1925年2月27日,第44页。

④ 见北大《研究所国学门主要职员录》,转引自陈以爱《中国现代学术研究机构的兴起——以北大研究所国学门为中心的探讨》,江西教育出版社2002年版,第82页。

究(吐蕃古文);二、鸠摩罗什之研究(龟兹古语);三、中国古代天文星历诸问题之研究;四、搜集满洲文学史材料。国学门在《北京大学日刊》上刊登了15次《研究生通告》,[①]陈寅恪在当时学界的引人瞩目可见一斑。

1926年12月下旬,燕京大学聘请陈寅恪主持国学研究所,陈寅恪与吴宓商量,决定不就。[②] 20世纪20年代,燕京大学在校长司徒雷登的领导下日益“中国化”,尤其希望在国学教育和研究领域能有一番成就,与华北协和外语学校联合成立“国学研究所”,共享师资和设备,1926年秋开始运转。希望吸引到优秀的学生和教师,使国学研究所成为北平的国学联络中心。[③]

1928年春,北大史学系请寅恪讲授佛经翻译文献,秋季改为“蒙古源流研究”。[④]

1929年1月,燕大与哈佛大学合办的“国学研究所”再次聘请陈寅恪,请他讲授华梵比较课程。陈寅恪以已与史语所有约为由婉拒。1月24日陈寅恪致函傅斯年:“弟接到哈佛聘书,嘱授华梵比较之学,弟以与中央研究院有著书之约辞之矣。闻胡适之先生亦被邀,闻亦不去,不知确否?”[⑤]美国在华所主办的诸项文化事业中,“哈佛燕京学社”无疑是一项很有特色很有成就的机构,在东西文化交流史上举足轻重的哈佛燕京学社是由美国铝业公司创办人查尔斯·马丁·霍尔的遗产捐赠而建成的。它是一个联合领导的机构,附设于美国的哈佛大学和中国的燕京大学,但又有相对的独立性。1928年1月4日哈佛燕京学社正式成立,2月10日,北平燕京大学的哈佛燕京学社也宣告成立。先创办国学研究所,由陈垣任所长,容庚、洪业、顾颉刚

---

① 见北京大学编《北京大学日刊》第13册,1926年12月4日第1997期,第345页。12月8日第1998期刊登《高鲁启事》:“顷读一九九七号日刊,知先生有中国古代天文星历诸问题之研究,极愿一聆高论,借作北大古历数学课程之指导。何日何时何地,准予一谈,盼即示及为荷。此致陈寅恪先生。”

② 见吴宓著,吴学昭整理注释《吴宓日记》第3册,第268页。

③ 见颜芳《近代学术转型视野下的燕京大学国学教育》,北京师范大学2011届博士论文,第155页。

④ 见卞僧慧纂,卞学洛整理《陈寅恪先生年谱长编(初稿)》,第115页。

⑤ 陈寅恪著,陈美延编《陈寅恪集·书信集》,生活·读书·新知三联书店2009年版,第23—24页。按:此处“哈佛”为1928年2月成立的“哈佛燕京学社”,多有研究者误以为美国哈佛大学。哈佛燕京学社还曾聘请胡适、顾颉刚。胡适1928年3月23日记:“收信,乌西卢斯·C·波特答我‘哈佛与燕京’合办中国学院聘我加入事。”胡适著,曹伯言整理《胡适日记全编》第5册,安徽教育出版社2001年版,第3页。顾颉刚1928年1月28日记:“希白来信,谓燕京大学司徒校长往美国捐款,得二百万元,与哈佛大学合办中国学研究院,因招我去。此事我极愿就,在北京,一也;生活安定,二也。”1929年5月2日记:“燕京大学与哈佛大学合办之国学研究所,去年已见聘,予以不能脱广州未应。此次来,又承见招,拟应之。”顾颉刚《顾颉刚日记》第2册,联经出版事业股份有限公司2007年版,第128、279页。

等五位任教授。①

1929年1月,北平研究院聘陈寅恪为史学研究所主任,陈寅恪决定不就。② 北平研究院是民国时期仅次于中研院的综合性国立科研机构,区别在于中研院是全国性的科研机构,北平研究院则是地区性的科研机构。

上述新式学术团体都是"海归"扎堆的地方,从领导人到骨干成员,从筹建、管理工作到具体学术科研,归国留学生都起着举足轻重的作用。他们聘请陈寅恪,许以高薪,看重的正是他特殊的留学经历、丰富的域外语文知识和用新方法整理国故的能力,当时清华研究院招聘教师时,就制订了"受聘者必须精通国学,能用正确科学的研究方法治学,熟悉欧美、日本学者研究东方新成果"的基本标准。③

1928年、1929年对于学术界和陈寅恪本人都是重要的年份。1928年7月,中研院史语所创办初期,所长傅斯年誓言要让"科学的东方学的正统在中国",聘请当时最有能力从事东方学研究的陈寅恪为兼职研究员。8月,国民政府议决清华学校改制升格为国立清华大学,任命罗家伦为校长。罗家伦主张"国民革命之目的,在求中国之独立、自由、平等,如学术界不能站立在平等地位,则民族之独立亦不能永久"。1927年6月王国维自沉,1929年1月梁启超病逝(1928年6月即辞教职回天津养病),1929年6月清华国学研究院因导师后继乏人,不得不停办。这对陈寅恪的归属有些不利,因为早在1926年4月,清华学校对院系结构进行过一次大调整,准备成立包括东方语言学系在内的17个系,拟聘陈寅恪为东语系负责人。④ 因此陈寅恪未列入清华大学其他学系的教师名单,只是国学院专任教授,而国学院其他三位导师王国维列为国文系教授,梁启超列为史学系教授,赵元任列为哲学系讲师。这反映出在清华校方的认知里陈寅恪当时所从事教学和研究的东方学其实只能列入拟议中的东方语言学系,而无法在学系分野上归入国文、历史、哲学三系中的任何一个。他似乎被清华校方看作是东方学家,而非历史学家。⑤ 罗家伦主政清华后,对教师队伍进行整顿,重聘和续聘教授。罗家伦与陈寅恪本为留德同学,在出任清华校长前与陈寅恪有过学术上的合作,知道陈寅恪的价值,自然不会放弃陈

---

① 见张凤《哈佛燕京学社75年的汉学贡献》,载《文史哲》2004年第3期。

② 吴宓1929年1月23日记:"下午1—2(时),陈寅恪来,久不晤矣。寅恪谈及不就北平研究院主任等事。"吴宓著,吴学昭整理注释《吴宓日记》第4册,第199页。

③ 吴宓《清华开办研究院之旨趣与经过》,载《清华周刊》第351期,1925年9月18日,第2页。

④ 东语系属于暂不开课的四个系之一,1927年5月前与西洋文学系合并为外国语文学系。

⑤ 见陈怀宇《陈寅恪〈吾国学术之现状及清华之职责〉疏证》,载《史学史研究》2015年第4期,第52页。

寅恪。陈寅恪被改制后的清华大学文学院中文、史学系合聘，哲学系也请他开课。① 适逢史语所从广州迁来北平改组重建，对内部机构进行了大调整，将原定 8 个组收缩合并为历史、语言、考古 3 个组，陈寅恪任历史组(第一组)主任。原本与陈寅恪一样在清华、史语所两边兼职的赵元任、李济到史语所做专职研究员，赵元任任语言组(第二组)主任，李济任考古组(第三组)主任。在这错综复杂的时刻，清华学校的改制升格与史语所的北迁，为陈寅恪的个人经历带来了转运的契机，奠定了他拥有清华与史语所两个顶级学术机构重要成员双重身份的基本格局。

二、任教清华大学与兼职史语所

国民政府中研院是民国时期学术地位最高的研究机构，它的成立是我国近现代学术由旧入新的重要标志。其下属机构史语所则树立了中国近现代史学研究的新典范。陈寅恪曾担任中研院学术评议会评议员、史语所研究员兼历史组主任，对史语所的创建和学术发展起过很大的作用，其卓越的学术成果和崇高的学术地位在很大程度上也得益于史语所提供的学术资源和资助。但由于他曾任清华、西南联大、中山大学(简称"中大")教授，其学术生平的另一面被大学教授的声名所掩。目前已出版发表的陈寅恪传记、年谱、人物介绍词条对其大学教授的介绍叙述较为详细，对他与史语所的关系了解不多，介绍不够深入全面。近年来随着陈寅恪与史语所所长傅斯年往来信札的整理出版，特别是史语所档案的开放，考释陈寅恪与史语所的关系，在材料上前进了一步。

1928 年 3 月，中研院院长蔡元培委托时在广州中大任教的傅斯年(孟真)筹备创办史语所。傅斯年当时刚从欧洲留学回国，怀抱着要在中国创立新史学的雄心壮志，树立了"要科学的东方学之正统在中国""为中国而豪外国"的目标，目光自然更多地投射到具有留学背景的新派学者身上，曾经留学哈佛与柏林两大名校的陈寅恪更是重要的延揽对象。而陈寅恪对傅斯年的办所方针旨趣也颇为欣赏。共同的学术理念和追求目标，促使陈寅恪欣然加盟，8 月接

---

① 学界曾流传陈寅恪被中文、历史、哲学三系合聘之说，《清华大学校史稿》关于哲学系的介绍认定陈寅恪是三系合聘(中华书局 1981 年版，第 168 页)。但清华大学档案记载 1930 年 5 月 22 日下午，清华大学第七次聘任委员会决定续聘陈寅恪为中文系、历史系教授(刘桂生、欧阳军喜《陈寅恪先生编年事辑补》，载王永兴编《纪念陈寅恪先生百年诞辰学术论文集》，第 434 页)。冯友兰写的 1931 年度哲学系介绍，只提到陈寅恪在哲学系上课(《清华周刊》第 35 卷第 11、12 期合刊"向导专号"，1931 年 6 月 1 日，第 52 页)。

受聘请，11 月出任北平分所主任。

傅斯年在史语所创办筹备初期，对史语所的工作有一个宏大的远景规划。1928 年 2 月所写的《中央研究院历史语言研究所筹备办法》，①设想将史语所本部设在北平，广州和其他各地设立分所。后在 11 月所写的《历史语言研究所报告书》中，改为"一部分在广州一部分在北平"。② 10 月 22 日，史语所正式成立，11 月 14 日，傅斯年致函陈寅恪，告知史语所拟在北平设立分所，同人推举他为北平分所主任。③ 12 月 1 日，傅斯年致函蔡元培，谈及设立北平分所和聘陈寅恪为主任事：

> 职所之暂设广州，实因迁就方言及人类民俗学两项材料之方便，在粤动手，易立基础。一年二年之后，职所与本院各所偕同移入南京时，可留此地为工作站。惟史料及其它各种历史的及语言的科学之材料在北平者最多，职所各组亦多设北平，宜设分所以集中事务，循序责功。职所兼任研究员陈寅恪教授，学业既可表率，同人又皆推重，如即聘任为北平分所主任，事业之成，必有可观。④

陈寅恪任北平分所主任后，在操办购买内阁大库明清档案、为史语所迁移北平的办公用房费心尽力、参与策划史语所迁移北平并改组重建等三件大事上积极主动，与傅斯年相知相得，共创新史学的宏图基业。

傅斯年在广州创办史语所时，8 个研究组的摊子铺得太大。开始实施的几项科研活动都旷日持久，难以在有限的经费内迅速拿出成果，向中研院的高层交代。傅斯年一度左支右绌，压力巨大。而陈寅恪领衔的史料组和赵元任领衔的汉语组都显示出好势头，北平分所已有超过广州本所之势，史语所重心渐向北移。傅斯年审时度势，毅然决定广州人马向北平靠拢。1929 年 5 月 1 日，蔡元培致函赵元任、陈寅恪，给他们两位打招呼：

> 历史语言研究所承两先生允为主持，将来成绩，必为世界学者所注意，不胜欣幸。顷已与傅孟真兄商定迁平计划，此后进行，必益顺利。傅

---

① 见王汎森等编《傅斯年遗札》第 1 册，第 125、167 页。

② 苏同炳《手植桢楠已成荫——傅斯年与"中研院"史语所》，台湾学生书局有限公司 2012 年版，第 8、67 页。

③ 见王汎森等编《傅斯年遗札》第 1 册，第 125、167 页。

④ 王汎森等编《傅斯年遗札》第 1 册，第 168 页。

君到平后，请接洽一切为荷。第七月间或能来平一次，当晤罄积悃。[①]

同年 6 月 5 日，史语所迁入北海公园静心斋，与北平分所合二为一，并对内部机构进行了大改组，将原定 8 个组收缩合并为 3 个组。原史料组、敦煌组并为第一组（历史组），陈寅恪任组长；汉语组、汉字组、民间文艺组并为第二组（语言组），赵元任任组长；考古组、人类学组并为第三组（考古组），李济任组长。[②]陈、赵、李三位是当时中国新派学者的代表，分别在历史、语言和考古学等方面具有先进的方法、深厚的潜力。三人都在清华国学研究院任教，傅斯年创办的史语所，其成员结构从最初依赖中大研究人员，到以清华研究院为主体，从“本土派”变成“西洋派”，傅、陈、赵、李构成史语所的核心。

这次组织机构改组成功，使史语所轻装上阵，得以重点发展历史、语言与考古三个学科。历史、考古两个组迅速上位，很快就因整理内阁大库档案和安阳考古成绩显著而崛起，使傅斯年在史语所创建之初向中研院高层许诺的“半年之内可期小成，一年之间基础可立”没有落空。正如李济后来回忆的：“这一决议，较之原来的设计，不但是一件切合实情的改进，同时在理论上及组织上也是一大进步，廿余年来，三组工作之相辅相成，就是这一决议案合理的最大证据。”[③]

史语所北迁和大改组对今后的发展有着里程碑式的意义，而能够对傅斯年施加影响、使他否定自己原有计划的人，即陈、赵、李“三大人物”和刘半农等人。在这关键时刻，陈寅恪对史语所前途的擘划设计，贡献尤大。[④] 史语所北迁后，傅斯年一度想辞掉所长职务，首先想到的接手人即陈寅恪。[⑤]

史语所迁北平后，陈寅恪由北平分所主任改任历史组主任。但他坚持兼顾清华与史语所的工作，不放弃清华教授身份，与傅斯年决心取消兼职研究员的措施出现了不兼容的态势。史语所在广州创办的初期，按中研院的章程将研究人员定为专任、兼任、特约、通信四种。1928 年制定的史语所章程第十四条规定：“专任研究员应常时在研究所从事研究。兼任研究员应于特定时间内到所工作。特约研究员于有特殊调查或研究事项时临时委托到

① 高平叔编《蔡元培全集》第 5 册，中华书局 1988 年版，第 312 页。

② 见史语所民国十八年度（1929）所务会议记录，载史语所档案，元 207－3。

③ 李济《傅孟真先生领导的历史语言研究所——几个基本观念及几件重要工作的回顾》，载王为松编《傅斯年印象》，学林出版社 1997 年版，第 103 页。

④ 见苏同炳《手植桢楠已成荫——傅斯年与“中研院”史语所》，第 78、88、111 页。

⑤ 见王汎森等编《傅斯年遗札》第 1 册，第 219 页。

所或在外工作。"[①]史语所未迁北平之前，北平的几位重要成员在大学授课的矛盾尚不突出，迁北平大张旗鼓运转后，他们不能到史语所坐班，且有人才流失的矛盾就凸显出来。傅斯年决定取消兼任研究员的设置，促使他们放弃大学教职。就在史语所迁移北平当月底，清华国学研究院停办，赵元任、李济归队史语所，几位重要成员的兼职问题只剩下陈寅恪、刘半农（时在北大任教）二人没有解决。1929 年 7 月 29 日，傅斯年给蔡元培写信："兼任研究员之制，最易发生流弊，故今年在史语所中拟尽废之。济之不成问题，寅恪情形须待与清华商之。无论名词如何结束，要以专任其实为法。最困难者为半农先生。……"[②]8 月 20 日，刘半农回复傅斯年，"辞去专任研究员职务，改为特约，不支薪"。[③]

傅斯年没有料到，陈寅恪也与刘半农一样要求改为特约，不支薪。然而傅斯年可以同意刘半农退出，却不能放弃陈寅恪。一直到 1949 年 1 月史语所迁移台湾，20 年内，傅斯年始终未能解决陈寅恪的兼职问题，成为一个解不开的"死结"。

傅斯年给蔡元培写信时对陈寅恪放弃大学教职尚抱有一定信心，因为上一年 6 月陈寅恪曾给他和罗家伦写过两封信，请他俩向蔡元培进言，准许他留薪停职一年，专门从事《蒙古源流》一书的注疏。[④] 然而"计划不如变化快"，就在陈寅恪写信的两个月后，南京国民政府决议清华学校改为国立清华大学，委任罗家伦出任校长。罗主政半年多后对清华的教师队伍进行了整顿，重聘和续聘教授。站在罗家伦的角度，自然不会放弃陈寅恪。国学研究院停办后，陈寅恪被历史、中文系合聘，哲学系也请陈寅恪开课，把文史哲都包揽了。这对一位教师来说是不可多得的荣耀，陈寅恪的教学热情一下释放出来，上年信中设想的留薪停职和对上课啧有烦言，以后再也不提了。因此，傅斯年这次废止兼任研究员的计划，遇到了陈寅恪的反弹，不得不对陈寅恪做出让步。

在 1929 年前，以兼任研究员身份担任组主任尚不违反规定。史语所 1928 年 9 月拟定的《暂行组织大纲》第十二条规定："每组设主任一人，由专任或兼任研究员任之。"而 1931 年制定的《历史语言研究所章程》第三章第十条改为：

---

① 《国立中央研究院历史语言研究所章程》，载傅斯年撰，朱渊清导读《史学方法导论》，上海古籍出版社 2011 年版，第 181 页。

② 王汎森等编《傅斯年遗札》第 1 册，第 211 页。

③ 史语所档案，元 29 - 12。

④ 见罗久芳编著《五四飞鸿——罗家伦珍藏师友书简集》，百花文艺出版社 2010 年版，第 118 页。

“每组设主任一人，由属于该组之专任研究员兼任之。”①这样，陈寅恪由兼任研究员担任组主任就与规章制度冲突了。傅斯年只得采取一种变通破例的办法，将陈寅恪的兼任研究员改为专任研究员，但不享受专任研究员的薪津，只发给100元补贴。

至此，傅斯年为陈寅恪破了两个例：一是同意陈寅恪两边兼职，在1937年前，史语所只有陈寅恪享受了这个待遇（1937年增聘沈兼士、汤用彤为兼职研究员）。顾颉刚、朱希祖、罗常培亦想在大学和史语所两边兼职，傅斯年都没有同意，相互关系因此大打折扣。二是给予专职研究员名义，以与规章制度相吻合。这就是1929年史语所职员录显示陈寅恪的身份为兼任研究员兼历史组主任，1930年后的历年职员录一律改为专任研究员兼历史组主任的原因。这种处理策略反映了傅斯年为防范所内人才流失和在规章制度与工作需要之间打擦边球的苦心孤诣。作为新史学的领军人物，傅斯年非常清楚陈寅恪用现代学术眼光治学的价值与分量，他要陈寅恪擎史语所历史学科这面大旗，史语所有赖于他，不会轻言放弃。为了留住一位核心人物，傅斯年甘冒开禁违例的危险而特事特办。② 傅斯年、陈寅恪当时都没有料到，正是这个研究员兼组主任的身份，为陈寅恪日后提高学术地位增加了砝码重量。1938年胡适、杭立武向牛津大学推荐陈寅恪，都把陈寅恪任历史组主任作为推荐理由之一。这个身份也为他当选中研院评议员和院士创造了条件。1935年9月首届评议会制定的《国立中央研究院评议会条例》规定，当选评议员必须具备两项资格，“对于所专习之学术有特殊之著作或发明者”和“对于所专习之学术机关领导或主持在五年以上成绩卓著者”。③ 1940年第二届评议员选举筹备委员会对评议员人选强调要有“相当科学资格而同时有领导能力”。④ 1947年3月13日修正公布的《国立中央研究院评议会条例》规定，评议员的两项资格移为中研院院士的资格。

为了彻底解决陈寅恪的兼职研究员和“遥领”历史组主任问题，傅斯年曾

① 欧阳哲生主编《傅斯年全集》第6册，湖南教育出版社2003年版，第69页。

② 根据桑兵的研究，有“傅大炮”之称的傅斯年，之所以对陈寅恪“敬而不畏”，一再礼让，当是留欧期间，陈寅恪对傅斯年学术理念发生顿悟，起过至关重要的点拨作用。这一关键转折，使得傅斯年回国不久就能够在古史研究领域别树一帜，超越古史辨派，展现新一代领军人物的雄心和理念。参见桑兵《留欧前后傅斯年学术观念的变化及其因缘》，载《中山大学学报》2016年第1期，第82页。

③《国立中央研究院评议会条例》，载欧阳哲生主编《丁文江文集·第一卷》，湖南教育出版社2008年版，第97页。

④ 郭金海《1940年中央研究院第二届评议员的选举》，载《自然科学史研究》2009年第4期，第402页。

抓住三次机遇,尽最大努力,力图使陈寅恪放弃大学,来史语所做坐班的专职研究员和担任组主任实职,但都没有如愿以偿。[①]

傅斯年抓住三次机会力图使陈寅恪放弃大学彻底解决其兼职问题都未成功,使我们看到这样一个事实:陈寅恪不仅对史语所有吸引力,对大学的吸引力同样强大。特别是他1939年被牛津大学聘为教授和1942年当选教育部首批部聘教授后,中国的大学对他都敞开大门。[②] 史语所与清华在面对对方的同时,也必须面对其他竞争对手。就争取陈寅恪到史语所任专职研究员而言,傅斯年没有成功。但他面对众多的竞争对手,能够拉住陈寅恪与史语所保持长久的合作关系,与清华平分秋色,从这个意义上说,他又取得了成功。作为史语所的掌门人,傅斯年自然希望陈寅恪屁股坐到史语所来。但遇到陈寅恪这种独立意识超强的人,他也只好退而求其次,只要陈寅恪名义上不脱离史语所,愿意"遥领"历史组主任职务,具体事务管多管少都无所谓了。他要的是这面旗帜的凝聚力和感召力。

对陈寅恪来说,他之所以坚持不去史语所做专职研究员而坚守清华大学讲坛,大致有以下三个方面的原因:

(一)他钟爱教学,非常敬业。1930年3月15日,陈寅恪致函傅斯年,谈及自己不再领史语所薪水,向清华领全薪:"一年以来,为清华预备功课几全费去时间精力,故全薪由清华出,亦似公允。所以向清华卖力者,因上课不充分准备必当堂出丑,人之恒情只顾其近处,非厚于清华而薄于史语所也。"[③]1936年3月,傅斯年请他南下南京参加史语所会议,陈寅恪回复:"若南行必请假两礼拜,在他人,一回来即可上课,弟则非休息及预备功课数日不能上课,统合计之,非将至三礼拜不可也。……清华理工学院之教员,全年无请假一点钟者,而文法学院则大不然,彼时弟即觉得此虽小事,无怪乎学生及社会对于文法学印象之劣,故弟去学年全年未请假一点钟,今年至今亦尚未请一点钟假。……非有特别缘故必不请假,故常有带病而上课之时也。"[④]

(二)清华大学吸引力的强大。清华是一所用美国"退还"的庚子赔款创办的学校。1908年5月美国国会通过的退款议案决定,将美国所得庚款中扣

---

① 第一次机遇是1933年3月底,史语所因平津时局不靖,执行中研院集各所于首都的计划而南迁上海(翌年再迁南京);第二次机遇是1942年营救陈寅恪一家撤离香港;第三次是1946年抗战胜利复员时。

② 燕京大学教授翁独健1946年一次在课堂上说:"陈先生(寅恪)如能来燕大,即使不上课,也是我们的光荣。"齐世荣《史料五讲(外一种)》,人民出版社2016年版,第110页。

③ 陈寅恪著,陈美延编《陈寅恪集·书信集》,第39页。

④ 陈寅恪著,陈美延编《陈寅恪集·书信集》,第48页。

除“实应赔偿”的部分,剩下的一千零七十八万余美元,从1909年起至1940年止,逐年按月退还给中国,这便是后来从清华学堂到清华大学的办学资金来源。1929年6月,国民政府教育部批准的《国立清华大学校务进行计划大纲》规定,1929年至1931年,由中华教育文化基金董事会代领的美国每月退回的庚款,除拨汇清华留美学生经费外,余款悉数拨作清华大学的经费。1932年至1940年,清华大学的经费规定为每年120万元国币,每年的退款余额加上以前积累的部分,全部储作清华大学基金。按规定这笔基金不得动用,基金的利息也只有到退款终了(1940年)之后,才能拨支作为清华经费使用。

(三)陈寅恪对清华抱有厚望,希望清华能为民族学术的独立做出表率。1931年,他撰写《吾国学术之现状及清华之职责》一文,指出清华在实现学术独立上的重要性:

> 二十年以前之清华,不待予言。请略陈吾国之现状,及清华今后之责任。吾国大学之职责,在求本国学术之独立,此今日之公论也。……夫吾国学术之现状如此,全国大学皆有责焉,而清华为全国所最属望,以谓大可有为之大学,故其责任尤独重。①

陈寅恪撰写此文时,清华正在走向学术独立,力图摆脱庚子赔款所建立的留美预备学校旧形象,展现国立大学的新面貌。1928年改为国立大学之后,清华正式脱离外交部,转归教育部管辖,教育归教育,政治归政治,也称得上教育和学术独立。② 罗家伦、梅贻琦两任校长虽在政治上各有所宗,但都有民族主义的思想底色。这使他们在办学目标上一脉相传,即建成近代化研究型大学,以学术独立促成民族独立和复兴……清华的发展在整个中国学术界产生了较大影响,引领国人自办的新兴大学迅速崛起,为学术独立和民族独立奠定了重要的基础。③ 清华得以迅速崛起为一流学府行列,与史语所一样,成为中国学术独立、与世界学术并驾齐驱的中心之一。这样的清华,正是陈寅恪的希望之所在。

20世纪二三十年代,中国的学术界展现出一个新趋势,即学者必须依托大学或学术机构,这是区别新旧学术的一个标志。对一位学者来说,能够成为清

---

① 陈寅恪著,陈美延编《金明馆丛稿二编》,第361、363页。
② 见陈怀宇《陈寅恪〈吾国学术之现状及清华之职责〉疏证》,载《史学史研究》2015年第4期,第54页。
③ 见刘超、李越《梅贻琦与清华之崛起》,载《清华大学学报》2012年第6期,第108页。

华大学或史语所的其中一员，拥有其中的一份学术资源，都是上乘的选择，而陈寅恪竟兼而有之。清华大学隶属于教育部，中研院属于政府系列，两个单位的学术资源、办事渠道虽然不同，但致力于建立现代学术体制，尽力为其成员提供学术平台和学术资源的目标是一致的。仅就资料而言，史语所与清华大学给予陈寅恪的帮助支持、尊崇礼遇都令人感动。在清华，有助教浦江清、图书馆参考员顾子刚、图书员毕树棠为他操办购书、查书、送书事宜。史语所则对他要求购藏的书尽量照办，他需要的资料找到后送到家里，他自己要买的书也请图书员买好送来。[①] 陈寅恪在中国最高学术机构获得的史学首座地位和待遇，无疑会激发他巨大的教学科研热情。其崇高的学术地位，丰厚卓越的科研成果，与清华大学优裕的工作环境和史语所的顶托支持是分不开的。两所顶级学术机构共同呵护一位著名学者，显示了文化学术机关不但要有大楼和大师，还要有大爱的道义力量。

三、南下广州但不浮海过台

1948 年 6 月，刚刚上任的岭南大学校长陈序经北上，[②]到南开、北大、清华、燕大游说动员著名教授到岭南大学任教，给予丰厚报酬。当时战事主要集中在东北、华北、中原、华东地区，处于华南的广州相对比较安定，对急于躲避战乱的教授有一定吸引力。

1948 年 12 月初，平津战役打响。傅斯年与朱家骅紧锣密鼓地实施“抢救北平学人计划”，安排陈寅恪与胡适、梅贻琦等 25 人乘坐两架飞机，于 12 月 15 日飞离北平，当晚到达南京。傅、朱等人亲到机场迎接。陈寅恪一家当晚在南京住下，第二天晚上乘京沪夜车赴上海。

当时最有力量敦促陈寅恪过港台的是杭立武和傅斯年。1949 年 6 月，国民党在广州成立“战时内阁”，杭立武任教育部部长。他曾多次力劝陈寅恪离开大陆，承诺给予优厚的物质待遇。如能赴台更好，或者过香港也行。1948 年 12 月 16 日，国民政府任命傅斯年为台湾大学校长。傅斯年非常清楚陈寅恪在学术界的地位与价值，因此傅当天刚一发表任台大校长，即恢复陈寅恪在史语所的研究员薪水，一直保留到 1950 年 5 月。5 月 28 日，傅斯年函复朱家骅：“关于陈寅恪先生入境手续，因其属于历史语言研究所，自当照办。”5 月 30

---

① 史语所规定，只有专职研究员配有协同研究的助理员以及可供行走、抄写等杂务的书记。陈寅恪是兼职研究员，却享受专职研究员的待遇。

② 见朱乔森编《朱自清全集》第 9 卷《日记编》，第 510 页。

日，史语所致电台湾省警务处："本所专任研究员兼第一组主任陈寅恪先生自广州携眷来台工作，兹附上申请书，敬请惠发入境证。"但陈寅恪终究未浮海赴台，他在上海逗留了一个月后，最终决定南下，于 1949 年 1 月 19 日抵达广州，受聘于岭南大学。其史语所历史组主任一职一直由陈槃代理，直到陈寅恪 1969 年去世，陈槃才将"代"字去掉。

由于陈寅恪的史学大师地位和孤标独步的人格形象，他在动荡鼎革之际的去与留，成为一个十分敏感的话题，附有浓厚的意识形态色彩。在台湾、北京两方面争夺大知识分子的较量中，陈寅恪因留在大陆，被誉有"爱国主义"，当作"国士"优待照顾。1979 年 10 月，陈寅恪的弟子王永兴撰《怀念陈寅恪先生》一文。文中指出："党和国家对寅恪先生十分关怀。广州解放不久，周恩来总理派一位同志[①]到广州看望寅恪先生。这位同志转达了总理对他的关怀和期待：希望他不要离开中国大陆，不要离开社会主义祖国；他居住的地方由自己选定，在广州、在北京、在庐山都可以，如果他愿意住在庐山，政府可以把他老家在牯岭的旧居加以修理……"[②]吴宓 1961 年 8 月 31 日《日记》所载陈、吴对话证实了这个传闻。[③]

也正是由于陈寅恪坚决不出国门，帮助他度过了在极"左"路线下面临的许多次难关。这一点陈寅恪至死也未必知道。[④] 据说周恩来有一次在正式场合说过，光是凭陈寅恪不乘蒋介石派来的飞机去台湾这一点，陈寅恪的所有问题都不成问题。[⑤] 陈寅恪去世 20 年后，中山大学召开首次纪念陈寅恪国际学术研讨会，这是一次带有平反性质的会议。会议在审批时一度受阻，最后主办方以陈寅恪是爱国主义者的理由得以通过。[⑥] 在 1999 年中山大学第三次纪念陈寅恪的国际学术讨论会上，季羡林先生特别提到陈寅恪的爱国主义。他说爱国主义有广义和狭义之分，狭义的如血战沙场的民族英雄岳飞、戚继光。而陈寅恪这样的高级知识分子，大爱于中华文化，大关切于在中西方文化的碰撞中如何保留中华文化之本位，从更高的层面上讲这也是一种爱国主义，而且是更高境界的爱国主义。

陈寅恪在 1948 年底南下之前，就已经名高学界、誉满士林。其世家子弟

---

① 按：即陈家至交李一平。

② 中华书局编辑部编《学林漫录》初集，中华书局 1980 年版，第 11 页。

③ 参见张求会《中央高层迎请陈寅恪居庐山讲学的原始证据》，载《关东学刊》2019 年第 5 期，第 82 页。

④ 见陆键东《陈寅恪的最后二十年》，生活 · 读书 · 新知三联书店 1995 年版，第 27 页。

⑤ 见陆键东《陈寅恪的最后二十年》，第 148 页。

⑥ 见唐振常《承传立新——陈寅恪先生之学》序言，香港商务印书馆 2000 年版。

的身世,教育部部聘教授、牛津大学聘任教授、中研院院士的身份,留学列国、通晓多门外语、教授的教授、目盲著书、记忆力惊人等等传闻,使他身上笼罩着一层神秘的光环。1949 年后,这道光环不但没有黯淡,而且赢得"国宝"的桂冠。1950 年代中期,中大教务长在一份"关于陈寅恪"的报告中反映"四年级学生如陈仿、邹文光、曹国祉等(可能还有一些),对陈(寅恪)甚为崇拜,曹曾表示,替陈扫地服役,亦甚愿意。……校外的一些中学生,听说中大有一个国宝级的教授,认识十几种文字,到处打听他住在什么地方,究竟懂得哪些国家的文字。羡慕他不用马列主义也能赢得人们的尊重,希望有朝一日能列其门下"。①

陈寅恪的"国宝"待遇首先是他的社会地位得到中央的关照。1954 年夏秋之际,中国社科院筹备成立"学部"时,对是否遴选陈寅恪任学部委员发生过激烈的争论。据主持其事的副院长张稼夫回忆:"矛盾最尖锐的是陈寅恪,他是史学界的权威人士,不选进学部不行,他下边的一班人也会有意见。若选他进学部委员会,他却一再申称他不信仰马克思主义。我们只好请示毛主席,毛主席批示'要选上'。"1954 年第一届全国人大、1955 年第二届全国政协均邀请陈寅恪担任代表、委员,中大党委书记冯乃超多次上门做工作,均遭婉拒,说不愿做"歌德派"。后听说是周恩来的意思,遂同意担任全国政协委员一个名义,但不赴京开会。

另一个关于陈寅恪"国宝"待遇的热门话题是对他生活上的特殊照顾。1956 年,陈寅恪评为一级教授(中大初评意见为"特级")。这一年中大还给予陈寅恪配助手、付特级稿费、可以使用中大仅有的两辆小汽车等照顾。1962 年 7 月陈寅恪右腿骨折住院和出院后的特护,享受了省级领导也不一定有的待遇。②

然而从中大档案馆、广东省档案馆保存下来的那么多关于陈寅恪的内部材料来看,陈在享受极高礼遇的同时,也是被监视的对象。他的政治态度和言论(包括诗作、对联),常常被人通过不同途径反映到校党委和广东省委有关部门,作为内部分析知识分子动向的依据。

陈寅恪这种既受礼遇又被视作另类的复杂诡谲、充满秘辛的政治现象,给中大校方和历史系主政者的"政治智慧"带来考验。1949 年干戈扰攘之际,陈

---

① 吴定宇《守望:陈寅恪往事》,中国社会科学出版社 2014 年版,第 294 页。

② 医疗方案由周恩来裁定,广东省委批转有关部门按月供应营养食品,配三个半护士,陶铸特别关照购买落地式收音机等。

寅恪南下定居康乐园，对中大的意义非同小可。由于陈寅恪在学界的崇高地位，中国的大学和学术机构都以延揽他为首选目标。他既不浮海也不北返，对中大是极大的支持。站在学校地位、声望的角度，中大需要这块“金字招牌”，给予保护、照顾，但陈寅恪苏世独立，横而不流，始终不与意识形态大一统的国策合拍，也是一个“烫手的山芋”。在陈寅恪的晚年岁月中，一次又一次的政治运动，无不以改造思想为主要目标，对知识分子排队“洗澡”，洗心革面，而陈寅恪以目盲、多病为由从不参加政治运动。中大的极“左”分子认为他是以此为借口逃避群众运动，不应让他逍遥运动之外，据说陈寅恪表示即使以死相逼他参加运动，他也不为所动，从而维护了自己的操守与尊严。《守望：陈寅恪往事》作者遍读中大档案馆几乎所有涉及陈寅恪的档案文献，没有发现他一篇“屎盆子往自己头上扣”的自贬、自辱之类的检讨、交代，也没有揭发检举侮辱别人的材料。因而在这种两极对垒纠结敏感的局面下，保护他的人首先面临着站稳立场的压力，必须学会在两者之间踩平衡木。刁难他的人利用群众运动落井下石，却疏于分析纷繁错综的政治格局和掂量陈寅恪的分量，碰到了“硬钉子”。结果阴沟里翻船，为此付出了代价，运动过后，或被通报处分，或检讨错误，或调离中大。

1958 年“拔白旗”运动中，陈寅恪受到冲击，此后不再开课授业，但他始终被尊为中国史学界的头号泰斗。1959 年 4 月，陈寅恪被安排为第三届全国政协常委，1960 年 7 月经中央文史馆馆长章士钊提名，国务院批准，与沈尹默、商衍鎏、徐森玉荣膺副馆长。这面“大白旗”不但没有被拔倒，反而提高了知名度。北京的一些政要，利用到广州公干或疗养的机会，常抽空到中大，希望见到这位学界名流、国老儒宗。

总的说来，陈寅恪在岭南的最后 20 年的前 17 年基本上是比较安稳的。康乐园（中山大学校园的雅称）有时阳光灿烂，有时风雨如晦，他都能屹立不动，专心致志地做学问，坚定不移地守望着中国文化，守望着中国学术文化之魂。

事实证明他南下广州后就决定以岭南大学为人生旅途的最后一站是审时度势的正确抉择。陈寅恪弃世后，海外的陈寅恪研究者依据陈寅恪的诗句和陈寅恪朋友、学生的回忆，考证出陈寅恪曾动过避地港台的念头，并有所行动。但时间上已来不及了，只得定居广州。近年来国内的研究者为解构意识形态色彩，依据新发现的台湾“中研院”史语所档案、陈寅恪致香港友人的信札，对陈寅恪当年去留问题予以考证，得出与海外学者相同的结论。笔者认为这个考证结论还难以定论。他们疏忽了下面这一条有价值的材料。1950 年初，国民政府教育部部长杭立武派黄霖生赴穗，敦劝陈寅恪来台，“结果虽不圆满，但已有线索。因在铁幕内受片面宣传影响，对赴台深感踌躇。若来港或可能，但来港有何意义？生活如何？均须考虑”。[①] 这可以证明陈寅恪去意并不坚定，否则他要离开也就离开了。因为直到 1949 年 10 月初，国民政府外交部还在广州为离开大陆的各色人员办理出境护照，陈寅恪想离开大陆随时都有机会。对此有研究者另有解说：“陈寅恪立足于‘北京—海外’这两极间的中介地带广州，似乎有可进可退之势，而实际上生命的漂泊已经到头了。”“近年，有关晚年陈寅恪‘欲移居海外’的议论再起，一些间接的资料面世。只是这些材料仅能证明在 1950 年前后，海外的一些机构仍对招揽陈氏在做工作。而对于‘去’或‘留’最能一锤定音的陈寅恪，在适应了岭南大学的环境后，已抱‘不动’之旨。”[②]笔者认为他既不留北京也不去台北未尝没有远离政治中心的考量，[③]如果留在政治中心，即使他不靠拢“政治”，“政治”也会找他。以政治中心的强势和手段，陈寅恪的桑榆晚景可能会呈现另一种面貌。台湾 20 世纪五六十年代的政治生态与大陆在伯仲之间，这一点高华的相关文章有披露叙说。[④] 社会经济生活艰难竭蹶，陈寅恪所倚赖的中研院、史语所处境维艰，[⑤]另一根倚赖支柱——时任台湾大学校长的傅斯年 1950 年 12 月即下世，陈寅恪曾赋诗悼念。[⑥] 陈寅恪若拖家带口过台，生活、治学条件估计没有在康乐园好，也难有他第三轮学术成果的勃发。更不会有《对科学院的答复》《赠蒋秉南序》和一批用“暗码”创作的诗篇，而正是这些寓意深微的文字，成为陈寅恪立德立言、振动士林的重要因素。

陈寅恪学术生涯中的两次重要抉择，开启了他两个 20 年的走向和结局。前一个抉择对他前期、中期的学术成果、地位声望带来了巨大影响。后一个抉

---

① 史语所保存的“杭立武档案”第 398 件。

② 陆键东《陈寅恪的最后二十年(修订本)》，第 37、39 页。

③ 陈寅恪在《寒柳堂记梦未定稿》的两段残稿中一而再、再而三地表彰他父亲陈三立的“气节”，即在戊戌被革职以后，再也不肯接受清廷的官职。尤其是记袁世凯托其父的挚友电邀劝驾的一次，他用斩钉截铁的口气说他的父亲“绝不入帝城”。陈寅恪在 1953 年不理会许多朋友和学生的一再敦促，坚决拒绝出任北京科学院中古史研究所所长的职位。这是他晚年的第一大事。陈寅恪有意借《记梦》昭告后世，他自己的拒不北返是继承了他父亲“绝不入帝城”的“气节”。

④ 见高华《历史学的境界》，广西师范大学出版社 2015 年版。

⑤ 见吴定宇《守望：陈寅恪往事》第 253—257 页相关叙述。

⑥ 见陈寅恪寄周一良函：“《元白诗笺证稿》分赠诸友留意纪念。然京洛耆英、河汾都讲，闻皆尽捐故技，别受新知，故又不敢以陈腐之作冒昧寄呈。《霜红龛集望海诗云‘一灯续日月不寐照烦恼不生不死间如何为怀抱’感题其后》‘不生不死最堪伤，犹说扶余海外王。同入兴亡烦恼梦，霜红一枕已沧桑’。”封越健、孙卫国编《郑天挺先生学行录》，中华书局 2009 年版，第 258 页。

择所带来的影响如上所述，陆键东《陈寅恪的最后二十年》和吴定宇的《守望：陈寅恪往事》两书利用中大档案馆、广东省相关部门的档案和与陈寅恪有过接触者的口述资料做了很好的梳理、分析、总结，下一步尚需钩沉、等待新材料，予以发覆、证明。

第三节　学术成果的三次高峰期

一、中亚史地与魏晋南北朝史（1927—1937）

1926 年 2 月，陈寅恪从德国回国，7 月，到清华国学研究院任教。他在国学研究院 3 年，与王国维、梁启超、赵元任一样，享受月薪四百银元的待遇。根据清华《民国二十年至二十六年度（1931—1937）教师一览表》，陈寅恪的月薪 1931 年为 400 元，1933 年为 440 元，1934 年至 1935 年为 460 元。是否为全校教师中薪资最高者，尚难考定。不过陈寅恪拥有“双俸”收入，他还有另一个身份——史语所研究员，从 1930 年 3 月起，史语所每月发给他 100 元兼职研究员津贴，为他本来很高的薪俸锦上添花。这样，陈寅恪的“双俸”月薪 1931 年就达到 500 元，1935 年高达 560 元，加上稿酬收入，数额已非常可观，已跻身当时文人学者薪津收入最高者的行列。

1927 年至 1937 年，陈寅恪薪酬丰厚，生活稳定。他专心治学，勇猛精进，学问的气象广博精严，是他学术成果的第一轮丰产期，不仅产生了一批关于西北史地之学的重要文章，还为 40 年代产生的成果在资料、记注、构思上做了大量前期准备工作。共发表文章 54 篇，其中《支愍度学说考》《天师道与滨海地域之关系》《三论李唐氏族问题》《武曌与佛教》《四声三问》《与刘叔雅教授论国文试题书》《冯友兰〈中国哲学史〉审查报告》《〈王静安先生遗书〉序》等重要文章，都发表于此一时期。这些文章的特点，是娴熟运用他所掌握的语言与材料等工具，直接探讨中外文化的学术本原，从而奠定了陈寅恪在古文化史研究和梵夹道藏诸典籍释证领域的权威地位。

据苏云峰对清华文学院 1937 年前教师的科研成果统计，陈寅恪是文学院发表论文最多的教授，其次为赵元任、王力、朱自清、杨树达。[①] 1937 年 5 月傅

---

① 见苏云峰《从清华学堂到清华大学：1928—1937》，生活 · 读书 · 新知三联书店 2001 年版，第 123 页。

斯年在给胡适的一封信中表扬陈寅恪能在清华关门闭户，不习惯人情往来，潜心著述，故文章源源而至，其文章数目在史语所是最高的。[①]

1930年，陈寅恪一鼓作气推出四篇研究《蒙古源流》的系列文章，即《吐蕃彝泰赞普名号年代考》《灵州、宁夏、榆林三城译名考》《彰所知论与〈蒙古源流〉》《〈蒙古源流〉作者世系考》。《蒙古源流》是明朝万历年间内蒙古鄂尔多斯贵族萨囊彻辰所著的一部蒙古史书。陈寅恪以蒙文原本为主，用藏译、满译和汉译的异本互校、比勘《蒙古源流》同源异流的版本。这批蒙元史研究成果意义重大，成为我国蒙元史研究进入以直接利用多种文字史料和运用新方法为特征的新时期的标志。

《吐蕃彝泰赞普名号年代考》一文被中外学界称道。这篇考论综合藏、蒙、满、德、拉丁文资料，并结合汉文史籍及长庆《唐蕃会盟碑》这一珍贵的文物，考证《蒙古源流》中“达尔玛持松垒”即朗达尔玛与可黎可足（即敦煌写本中的乞里提足，亦即《新唐书·吐蕃传》之彝泰赞普）的合称，发千载之覆。此文发表后，受到傅斯年的力捧。他在北大讲课时，在讲稿中全文引录陈寅恪这篇文章，说“我的朋友陈寅恪先生，在汉学上的素养不下钱晓徵，更能通习西方古今语言若干种，尤精梵藏经典。近著《吐蕃彝泰赞普名号年代考》一文，以长庆唐蕃会盟碑为根据，‘千年旧史之误书，异国译音之讹读，皆赖以订’。此种异国古文之史料至不多，而能使用此项史料者更属至少，苟其有之，诚学术中之快事也”。[②] 1952年，法国著名汉学家戴密微在《吐蕃僧诤记》中考证《唐蕃会盟碑》与吐蕃赞普名号时，大量征引陈寅恪的研究成果，认同陈寅恪将乞里提足考定为彝泰赞普的观点。

1934年，陈寅恪发表《四声三问》这篇非常专业的音韵学论文，在学术界引起较大反响。杨树达称赞此文“立论精凿不可易”。[③] 朱自清在日记中两次摘录此文的要点精义。[④] 陈寅恪去世后，其弟子许世瑛在悼文中称颂“寅恪师并非语言学专家，但是他写的《四声三问》，确是一篇千古不朽的论著，我每次讲‘四声’的时候，一定向同学介绍寅恪师这篇大著”。[⑤] 劳榦亦在回忆文章中称赞此文：“至于《四声三问》那一篇，证明中国语言，虽然本有四声（但四声之中，还有变调，四声之分不易被发现）。而能以发现四声的，还是靠梵文的启

---

① 见欧阳哲生主编《傅斯年全集》第7册，第132页。

② 傅斯年撰，朱渊清导读《史学方法导论》，第18页。

③ 杨树达《积微翁回忆录》，上海古籍出版社1986年版，第77页。

④ 见朱乔森编《朱自清全集》第9卷《日记编》，第257、269页。

⑤ 俞大维等《谈陈寅恪》，第47页。

示。此亦可以发千秋之秘。"①

1933 年发表的《天师道与滨海地域之关系》和 1936 年发表的《支愍度学说考》是陈寅恪的两篇力作。史语所 1933 年的工作报告不惜笔墨介绍《天师道与滨海地域之关系》一文的要点。②《支愍度学说考》亦有一万两千余字，篇幅与《陶渊明之思想与清谈之关系》相当。1944 年 7 月，英国学术院三位院士陶育礼、汤因比、库克联名推荐陈寅恪当选该院通讯院士，代表作即《天师道与滨海地域之关系》《支愍度学说考》《东晋南朝之吴语》三篇论文。③ 陈寅恪使用西方学术中最擅长而在中国学界当时尚缺乏的历史语言比较学这一治学的新方法，对中国历史文化进行研究，在西北史地之学和魏晋南北朝史这两个领域取得了突破性进展，获得了世界性的声誉。

1937 年抗战爆发前，陈寅恪获得一次大奖。获奖前（1936 年 11 月），傅斯年联络胡适推荐陈寅恪为中华教育文化基金会（简称"中基会"）科学奖历史科候选人，推荐书云：

> 陈君所研究之范围甚广，中国文史学之各部多所精通。近年来专治汉晋六朝隋唐史，所成论文，不特皆有独到，且皆由小见大，结论确不可易者。陈君对于西洋文史学之素养在中国亦为第一人，又通习梵藏蒙诸语言，尤以藏文之造诣为高，盖能兼用中西史学者之工具，并兼造其极也。……中国之史学，在近代虽考证上不少精确工夫，而取材之范围甚狭。最近，研究之范围颇能扩大，而方法不能精密。且自与欧洲之正统文史学（Philalogie）接触，稍受影响，仍多以开风气为事，其有坚实之造就者，陈君为第一人也。④

"中基会"自 1928 年设立以来，获得个人奖励的只有 8 人，文科的获选者始终只有陈寅恪。⑤ 1938 年胡适向牛津大学推荐陈寅恪，即把他获得这一奖项作为推荐依据之一。

这一时期，陈寅恪除了具有清华和中研院两个顶级学术机关的重要成员

---

① 俞大维等《谈陈寅恪》，第 38 页。

② 此文计两万余字，比他 1940 年刊行的单行本《秦妇吟校笺》、1945 年刊行的单行本《陶渊明之思想与清谈之关系》篇幅还要大。

③ 见陈怀宇《在西方发现陈寅恪：中国近代人文学的东方学与西学背景》，北京师范大学出版社 2013 年版，第 132 页。

④ 中基会档案，转引自程巢父《思想时代》，华夏出版社 2004 年版，第 36 页。

⑤ 见杨翠华《中基会对科学的赞助》，台北"中央研究院"近代史研究所 1991 年编印，第 292 页。

身份外，还是故宫博物院理事，中基会编译委员会委员，中研院评议员，以中研院评议员最为尊荣。中研院评议会为全国最高学术评议组织，由当然评议员（院长、各研究所所长）和聘任研究员（中研院聘请的国内专家）组成。1935 年 6 月选举聘任评议员 30 人，加上 10 位所长，共 41 人组成首届评议会，任期为 5 年。陈寅恪与胡适、陈垣当选历史组的首届聘任评议员。[①]

二、隋唐史（1938—1948）

1937 年 7 月 7 日卢沟桥事变爆发，8 月 8 日日寇入京。陈三立八月初十日（9 月 14 日）去世，陈寅恪未等满七即于 11 月 3 日携家仓皇离京，于 11 月 20 日夜抵长沙。临时择址长沙的清华大学又决定辗转云南，陈再次举家跄踉南下，于 1938 年春节后抵云南蒙自授课。此时清华已在蒙自与北大、南开合并为西南联大。

1935 年 5 月，英国牛津大学原中文教授苏维廉去世，牛津正式宣布另觅人选填补中文教授的空缺。1938 年 10 月，牛津做出聘请陈寅恪的决定。牛津大学聘任教授的荣誉，使陈寅恪一度成为文化学术界的话题人物。当时的《教育通讯》周刊、《学生杂志》、《英文自修大学》均有报道。

但陈寅恪赴英执教却不顺利。他于 1939 年、1940 年暑假两次到香港准备赴英伦都未成行。1941 年 12 月下旬香港沦陷，陈寅恪被困在香港。1942 年 5 月，陈寅恪一家在傅斯年、朱家骅（时任中研院代院长）等人的大力营救下，撤离香港。5 月 12 日，朱家骅致电陈寅恪，要求陈寅恪前往史语所驻地——四川宜宾南溪李庄，电文中有“本院历史语言研究所工作正加紧进行，务需即日首途来渝”之语。[②] 此电是证据链中的关键材料，它使我们明了陈寅恪当时与中研院高层的关系，中研院、史语所上下一致希望陈寅恪归队的心情，陈寅恪以史语所研究员身份应聘燕大的背后原因。而陈寅恪一家 6 月到达桂林后，遇到全家精疲力竭、自己病痛缠身无力再往前走的困难，遂请傅斯年转托杭立武以中英庚款会讲座形式在广西大学任教。

陈寅恪滞留桂林时，教育部开始实施第一批特聘教授计划，陈寅恪入选。民国时期的教育界、学术界有三大荣誉，即部聘教授、中研院评议员、中研院院士。“部聘教授”即国家级教授，不仅享有极高的学术地位，在薪津待遇上也有

---

① 见张剑《中国学术评议空间的开创——以中央研究院评议会为中心》，载《史林》2005 年第 6 期，第 90 页。

② 郭长城《陈寅恪抗日时期文物编年事辑》，载郭长城等著，周言编《陈寅恪研究：新史料与新问题》，九州出版社 2014 年版，第 25 页。

较大的改善。1942 年 7 月，28 家国立院校和学术团体推荐 121 名候选人，直接由教育部提名者 35 人。8 月，经会议表决，选举出第一批 30 人，[①]可见当选部聘教授颇不容易。[②]

陈寅恪当选第一批部聘教授后，迁徙到西南后方的各大学闻风而动，1942 年 8 月间，先后有中央大学、中大、贵大、武大、浙大给他寄来聘书。浙大史地研究所主任张其昀致函陈寅恪，表示“待遇除部聘教授原薪外，另由研究所月送五百元”。[③] 陈寅恪因已与燕大有聘约，他的部聘教授即由燕大提名，故谢绝了其他大学的聘请。他之所以选择燕大，是因为史语所驻地李庄与成都距离较近。他本拟直接到李庄，在 1942 年 8 月 19 日、23 日致刘永济函中辞谢武大聘请时说：“以人事关系言，若能入川，势亦不得不至李庄，此中委曲不能函尽。”“若此行遽入川而不至李庄，必召致人事上之纷纭。”[④]后来折衷改为到成都燕大。

抗战时期，公职人员、教师生活水准大幅度下降，陈寅恪虽然享受高薪待遇，但一样困顿无奈，他致贫的主要原因是重病。1944 年 12 月，陈寅恪左眼又失明（右眼视网膜早在 1937 年脱落）。目盲体弱，使他家的经济雪上加霜，不得不四处寻求救济援助。在写给傅斯年的信中，连篇累牍谈钱米药费救济补助问题。这从陈寅恪 1945 年 1 月 26 日致傅斯年函可以窥知当时的救助详情。[⑤]

在艰难困苦的抗战环境中，陈寅恪以惊人的毅力，克服珍贵图书资料丢失、视力衰退的重重困难，奋力写作撰著。

1940 年陈寅恪在昆明和香港撰成《隋唐制度渊源略论稿》（1944 年出版），1941 年在香港撰成《唐代政治史述论稿》（1943 年出版）。这两部著作奠定了陈寅恪在中古史领域的崇高地位。

顾颉刚认为“魏晋南北朝史的研究，以陈寅恪先生的贡献为最大……隋唐五代史的研究，亦以陈寅恪先生的贡献为最大，他撰有《隋唐制度渊源略论稿》一册，《唐代政治史述论稿》一册。二书对于唐代政治的来源及其演变均有独到的见解，为近年史学上的两本巨著”。[⑥]

西方唐史权威崔瑞德在其主编的《剑桥中国隋唐史》“导言”中指出：“解

---

① 见曹天忠《档案中所见的部聘教授》，载《学术研究》2007 年第 1 期，第 114 页。

② 1943 年 6 月西南联大向教育部呈报第二批推荐人选 65 人，有 35 人符合评选条件入围，而 12 月公布的第二批 15 位部聘教授，这 35 人中只有冯友兰一人当选。他当时任清华大学文学院院长，地位较高，第二批才评上。

③ 散木《抗战期间陈寅恪先生与浙江大学失之交臂始末》，载《书品》2008 年第 6 期。

④ 陈寅恪著，陈美延编《陈寅恪集 · 书信集》，第 243、244 页。

⑤ 见陈寅恪著，陈美延编《陈寅恪集 · 书信集》，第 105 页。

⑥ 顾颉刚《当代中国史学》，上海古籍出版社 2006 年版，第 89、90 页。

释这一时期政治制度的第二大贡献，是伟大的中国史学家陈寅恪作出的。在战争年代重庆出版的两部主要著作和四五十年代发表的许多论文中，他提出的关于唐代政治和制度的一个观点远比以往发表的任何观点扎实、严谨和令人信服。”第七章《玄宗》开篇注明“这一章得益于两位学者的研究成果。第一位是已故的陈寅恪，他关于唐代政治的各方面的研究为近代的唐史及其制度史的工作打下了基础”。在第九章《晚唐的宫廷政治》中提到：“近年来学者们对牛李党争提出了社会学的解说；它是以中国历史学家陈寅恪的著作为基础的。陈寅恪很注意分析唐代统治精英集团的社会背景的变化，特别是旧贵族的没落和无门阀的新兴官僚相应的兴起，这样就把注意力集中到了考试制度的作用上，认为它是实现社会晋升的手段。按照这一社会学的解说，牛党的权力以通过科举入仕为基础，而李党则是世家大族的堡垒，用世袭的荫庇方式取得做官资格。有许多表面上的理由使这个假说很有吸引力。”①

夏承焘 1943 年 11 月 13 日记：“商务新出陈寅恪《唐代政治史述论稿》一册，略翻一过，极佩其精博。近日治中古史者，诚卓然一大家。予曩年妄欲治宋史，见此杰作，可以缩手矣。”1950 年 12 月 17 日记：“终日未出，阅陈寅恪《唐代政治史述论稿》，札其可入杜诗论者。陈君有史识，不愧一代大师，其功力之勤，亦不可及，惜其失明。”②

牟发松认为陈寅恪研究中古史的《隋唐制度渊源略论稿》《唐代政治史述论稿》是两部划时代巨著。陈先生既对中国古代文化、典章具有通识，又通晓多种外文，熟悉西方思想、学术及研究方法，因而能够兼摄中西史法，交叉多种学科，得以从魏晋隋唐时期错综复杂甚至是纷纭迷乱的历史现象中寻出主次，追源溯流，从那些貌似毫无关联的历史事件之间探明其内在的因果关系，总结出规律。如揭示南朝所承袭的汉魏以来典章文物之分为前后两期传至北方，与残留于中原和保存于河西的汉魏以来制度文物熔冶为一，而为隋唐所继承；又如提出“关陇集团”“关中本位政策”等重要概念，用以解释唐代统治阶层的升降；以及对于唐代中央政局与边境少数民族的关系的分析；都是在一些前人不易也未曾察觉而事关魏晋隋唐史研究基本线索的重大问题上，发前人所未

① ［英］崔瑞德编，中国社会科学院历史研究所、西方汉学研究课题组译《剑桥中国隋唐史》，社会科学文献出版社 1990 年版，第 11、12、332、659 页。该书涉及陈寅恪处颇多，作者崔瑞德在充分肯定陈寅恪的研究发现时也对陈寅恪的一些考证论断提出不同看法。

② 夏承焘《夏承焘集》，浙江教育出版社、浙江古籍出版社 1997 年版，第 6 册第 519 页、第 7 册第 142 页。

发，将中国 3—9 世纪史的研究提高到一个新的阶段。[①]

许静指出：

> 寅恪先生在探讨秦凉学者保存文化在隋唐制度中的作用时使用的“承前启后，继绝扶衰”这八个字意味深长，其中所透露的正是寅恪先生治史的真正趋向。……（二十世纪）四十年代，寅恪先生于战火纷飞中面对日寇威逼，闭门读《建炎以来系年要录》而对国事有更深切之体认；在撰写《隋唐制度渊源略论稿》时，正值学人南迁，中华民族面临生死存亡之关头，寅恪先生又通过魏晋战乱中河西诸儒保存文化汇入隋唐这一论断之考证，呼吁南迁学人承当保存文化于不坠之重任。在很长的一段时期内，以学术工作为谋求救亡振兴之道是寅恪先生的自期，这一点在“续命河汾”之中有明确的表白。[②]

1943 年 8 月底，陈寅恪携家入川，于年底到达迁移到成都的燕京大学。次年一年内他就写出《以杜诗证唐史所谓杂种胡之义》《〈长恨歌〉笺证》《元微之悼亡诗笺证稿》《白香山琵琶引笺证》等 11 篇考证论说文，又完成了一部学术著作《元白诗笺证稿》主体部分的撰写工作。

这样，陈寅恪这一时期共完成了两部不朽之作——《隋唐制度渊源略论稿》《唐代政治史述论稿》和大半部《元白诗笺证稿》。在学术研究上，迎来了出成果的第二个高峰期。

长期以来，陈寅恪是中国及世界隋唐史研究的高峰。他的三部代表著作最早问世，也为中外学界所瞩目。三书中，《隋唐制度渊源略论稿》探讨唐代的礼法、职官、兵财等各种制度。《唐代政治史述论稿》“以唐代之政治史为范围，盖所以补前稿之未备”。[③]《元白诗笺证稿》则通过释证元稹、白居易等人诗文，展示唐代社会文化变化。三书各有体系，各有特色，共同构成唐代通史

---

① 见牟发松《略谈前辈学者对唐长孺先生治学的影响》，载《文史知识》1995 年第 8 期，第 6 页。

② 许静《论陈寅恪的“独立思想”不同于西方意义上的学术本位》，《华东师范大学学报》2000 年第 5 期，第 112—113 页。

③ 此书出版后，陈寅恪仍继续隋唐政治领域的研究，对李唐统治集团婚姻、山东豪杰、蕃将府兵、安史乱后国家变化、河北胡化、唐后期政治、宪穆宗易代、高祖称臣突厥等问题提出补充意见，见氏撰《记唐代之李武韦杨婚姻集团》《论隋末唐初所谓“山东豪杰”》《论唐代之蕃将与府兵》《读东城老父传》《论李栖筠自赵徙卫事》《李德裕贬死年月及归葬传说辨证》《顺宗实录与续玄怪录》《论唐高祖称臣于突厥事》（以上文章载陈寅恪著，陈美延编《金明馆丛稿初编》《金明馆丛稿二编》《寒柳堂集》）。论述的核心仍为种族文化、统治集团、外患内政等，作为《唐代政治史述论稿》的补充，同样值得重视。

的全貌。

由于陈寅恪抗战前在西北史地之学和抗战期间在中古史这两个领域取得的卓越成就,他在国际上的学术声誉日隆。1944 年 7 月,陈寅恪继牛津大学聘任他为汉学教授之后,由英国学术院三位院士陶育礼、汤因比、库克联名推荐陈寅恪当选该院通讯院士。陶育礼是牛津大学希腊文钦定讲座教授,库克是剑桥大学希伯来语钦定讲座教授。牛津、剑桥的两位钦定教授加上著名的汤因比一起推荐一位中国学者,确实非同一般。陈寅恪因此项荣誉又接着于 1947 年 4 月当选美国东方学会会员,5 月当选 1946 年度的英国皇家亚洲学会荣誉会员。①

抗战期间,陈寅恪又获得一次大奖。1943 年,其代表作《唐代政治史述论稿》获教育部第三届“著作发明、美术作品”奖社会科学类一等奖(奖金 15 000 元)。②

这一时期,陈寅恪的学术头衔与学术成果同步而至。1940 年 4 月,中研院第一届评议会第五次会议选举第二届评议员,陈寅恪在历史组 33 名候选人中以最高票数 21 票初选入围,决选以 22 票(低于胡适 1 票)当选。③

由于陈寅恪在 8 年抗战中艰苦卓绝,成就卓越,他以史语所研究员的名义与史语所张政烺、梁思永荣获国民政府颁发的“抗战胜利勋章”。④

1946 年 5 月,国民政府还都南京,疏散到四川、云南、贵州等省的大学先后复员迁回原来的校址。陈寅恪于上年 9 月赴英伦治疗眼疾,如手术效果好则留在牛津任教。终因手术不理想,双目失明已成定局,只得于年底辞去牛津聘约,1946 年 5 月底回国,在南京住了几个月。陈寅恪还在英国将要回国时,史语所、清华、燕大都想留住他。最后清华胜出,陈寅恪最终决定回清华。这或许与梅贻琦校长 6 月到南京两次拜访陈寅恪有关。⑤

1947 年 7 月 24 日,教育部学术审议会召开第三届第二次常务会议,决议第一批部聘教授 5 年任期已到期,一律续聘 5 年。⑥

在抗战胜利复员后的 3 年里,陈寅恪学术地位进一步抬升。1947 年中研

---

① 见陈怀宇《在西方发现陈寅恪:中国近代人文学的东方学与西学背景》,第 134、101 页。

② 见竺可桢《竺可桢全集》第 3 卷,上海科技教育出版社 2004 年版,第 559 页;刘明《论民国时期的学术研究审查与激励办法》,载《社会科学论坛》2005 年第 11 期。

③ 见郭金海《1940 年中央研究院第二届评议员的选举》,载《自然科学史研究》2009 年第 4 期,第 412 页。

④ 见史语所档案,李 67-1-2,李 67-3-1,李 13-2-2,京 25-2-5,杂 4-1。

⑤ 见黄延复、王小宁整理《梅贻琦日记(1941—1946)》,清华大学出版社 2001 年版,第 227、232 页。

⑥ 见《教育与文化:学审会通过硕士论文及续聘部聘教授》,载《教育通讯》复刊第 3 卷第 12 期,1947 年 8 月 15 日,第 30 页。

院筹备院士评选，他提交了两部隋唐史专著和 1943 年前发表的 29 篇关于西北史地之学和中古史研究的论文。推荐人胡适对陈寅恪最初的评语是："天才最高，功力亦最勤谨，往往能用人人习知之材料，解决前人未曾想到的问题，研究六朝隋唐史最精。"①次年 3 月下旬，中研院在南京召开第二届评议会第五次年会，选举首届院士 81 名，陈寅恪当选。

1948 年 9 月，北平研究院在北平召开学术会议第二次大会，推荐首届会员 90 名（"会员"即"院士"的另一种称谓），②陈寅恪入选。"院士"与"会员"均为终身名誉。至此，陈寅恪集部聘教授、英国学术院通讯院士、中研院院士、北平研究院会员于一身，学术地位达到了顶点，走在学人队伍的前列。这都源于 20 年前的那个"起点"，20 年前，陈寅恪作为一名著名"海归"，已显露出日后可以成为大师的潜质，而清华大学、史语所也感应着中国学术由旧入新、学术独立的风会际运乘时而起。个人也好，团体也罢，都踩着时代的节拍崛起发展，合作双赢，终成大局面。

三、明末清初文史（1949—1969）

陈寅恪于 1949 年 1 月 19 日挈家抵达广州后，第二天《岭南大学校报》登载陈寅恪应聘到校的消息和简介：

> 陈教授为名诗人陈散原先生之哲嗣，曾在巴黎柏林各大学研究，精通十余国文字，西洋汉学家伯希和等曾从陈先生学中国史，壮年即享盛名。民十五年，与梁启超、王国维、赵元任三先生同任清华大学国学研究院教授（本校王力院长亦出其门下），迄今共任清华教授廿余年。中间有一年（一九四二）由英国牛津大学聘为正教授，此为我国罕有之荣誉，终以健康关系归国。陈先生以史学驰名海内外，尤精于隋唐史；同时以家学渊源，又精于唐诗。且以精通梵文之故，又常讲授佛典翻译文学。其博学为学术界所公认。去年国立中央研究院院士选举，陈先生荣膺院士之选。③

① 夏鼐 1947 年 10 月 23 日记事，载氏著《夏鼐日记》第 4 册，华东师范大学出版社 2011 年版，第 152 页。

② 见刘晓《北平研究院的学术会议及会员制度》，载《中国科技史杂志》2010 年第 1 期；张培富、夏文华《北平研究院第一届会员分析——兼与中央研究院首届院士比较》，载《华中师范大学学报》2013 年第 4 期。

③ 转引自陆键东《陈寅恪的最后二十年（修订本）》，第 20、22 页。

这份简介除增加了牛津大学聘任教授、中研院院士两项荣誉外，仍保留了 1925 年清华国学研究院那份简介中的一些关键词，放洋留学多年的经历和掌握多种域外语言文字始终是陈寅恪的得分点。

1951 年前，陈寅恪为岭南大学中文系、历史政治系合聘教授。1952 年 9 月，岭南大学在院系调整中与中山大学合并，中大迁入岭大校园，陈改任中大历史系教授。他支两份薪金，正薪为工薪分数 1 000 分，折合人民币旧币 270 万元或新币 270 元，比校长陈序经工薪还高，比很多教授高出二三倍。校方还每月固定补助他 100 元，一直领了两年多。岭南大学的历史专业一向很弱，选修陈寅恪所开课程学生很少，有两个学期甚至只有一位学生听课，被戏称为"最高价的学生"。[①] 1954 年，中大定期补贴他医药费 60 元，到 1956 年他获得一级教授为止。[②]

1954 年夏秋之际，中国社科院筹备成立"学部"，[③]1955 年 6 月 3 日，国务院公布学部委员 233 人名单，社会科学部 61 人。陈寅恪当选，每月发给 100 元津贴。

1956 年 7 月，国务院先后下达《国务院关于工资改革的决定》，高教部根据国务院文件精神制定出高等院校工资改革方案，发出《关于 1956 年全国高等学校教职工工资评定和调整的通知》，将教授分为 4 级，工资分别为 345、287、241.5、207 元。陈寅恪评为一级教授，按地区差，月薪 381 元（一说 385 元），加上学部委员每月津贴 100 元，月薪达 481 元。[④] 这在当时教授中，已经是高薪中的高薪了。

在住房上，陈寅恪也受到中大的礼遇。其住宅为中大校园东南区 1 号，此楼两层，为美国麻金墨夫人为纪念其丈夫于 1911 年所捐建，故名"麻金墨屋"，原是岭南大学附属中学校长葛佩之住宅。陈寅恪一家住此楼的二楼。虽然比不上以前在清华一家独用一栋住宅，但在当时的条件下，已是中大最高的住房待遇。

从 1949 年到 1964 年"文化大革命"爆发前的 16 年，陈寅恪经济待遇优厚，生活环境稳定，是他取得丰硕成果的第三阶段。在南下广州的初期，他仍然在中古隋唐的历史文化领域内耕耘。1950 年，陈寅恪将两年前由助手协助

---

① 见吴定宇《守望：陈寅恪往事》，第 248 页。

② 见吴定宇《守望：陈寅恪往事》，第 272 页。

③ 见杨树达《积微翁回忆录》，第 403 页；竺可桢《竺可桢全集》第 9 卷，上海科技教育出版社 2008 年版，第 60 页。

④ 见吴定宇《守望：陈寅恪往事》，第 274 页。

整理成书的《元白诗笺证稿》正式出版，与《唐代政治史述论稿》《隋唐制度略论稿》合称唐史研究三稿。美国国会图书馆中文部主任恒慕义认为此书代表了中国文学研究的最高水平，不仅对诗歌本身内容提出许多见解，亦揭示了文化史上不为人知的事实。[①] 此外，从 1949 年到 1958 年，陈寅恪发表了 16 篇关于中古史的论文。这是他晚年又一轮学术生命力的勃发，为他的中古史研究画上了一个圆满的句号。

在这 16 篇关于中古史的论文中，有一篇重要的文章——《论韩愈》，写于 1951 年。在这篇文章中，陈寅恪从历史文化方位审视韩愈的思想和贡献，评价其在唐代文化史上的特殊地位。他不像一般史学家那样把唐史分为初唐、中唐和晚唐三期，而独出机杼地分为前、后两期：前期结束了南北朝陈陈相因的旧格局，后期则开启两宋以来的新局面。唐代社会的政治、经济如此，文化学术也是这样，以证明韩愈是“唐代文化学术史上承先启后、转旧为新关捩点之人物”。[②]

陈寅恪认为，韩愈的首要贡献就是建立道统、证明传授之渊源。中华学术最重传授渊源，不然则师出无名，就不能取信于人。由于韩愈少年时曾生活在新禅宗的发祥地韶州，因而陈氏断言：韩愈少年时聪明过人，悟性极高，必然会在新禅宗学说浓厚之环境气氛中受到感染，所以，韩愈的道统之说，表面上是受《孟子》卒章之言所启发，实际上乃因禅宗教外别传之说所造成，“禅学于退之之影响亦大矣哉！”[③]他发现韩愈的名篇《原道》是我国文化史上与禅宗最有关系的文字。因为天竺佛教传入我国时，我国的文化已达到很高的程度，所以，佛教必须经过改造，方能适应我国民族、政治、社会传统的特性。韩愈学说实质上以“天竺为体，华夏为用”，[④]其作用是一扫传统儒学中繁琐的章句之学及传统儒学的种种积弊，沟通儒、佛谈心说性的差异，调和两家文化，从而奠定了宋代新儒学的基础。[⑤]

1954 年后，陈寅恪的治学重心转到明清之际的历史人物研究，到 1964 年，他在目盲体弱的身体条件下，尽十年之功，完成了《论〈再生缘〉》《柳如是别传》等名作，他自我解嘲为“著书唯剩颂红妆”。

---

① 见陈怀宇《在西方发现陈寅恪：中国近代人文学的东方学与西学背景》，第 101 页。程千帆亦有高度评价，参见陈永正《诗注要义》上册，上海古籍出版社 2018 年版，第 260 页。

② 陈寅恪著，陈美延编《金明馆丛稿初编》，第 332 页。

③ 陈寅恪著，陈美延编《金明馆丛稿初编》，第 321 页。

④ 陈寅恪著，陈美延编《金明馆丛稿初编》，第 322 页。

⑤ 见吴定宇《守望：陈寅恪往事》，第 448 页。

《论〈再生缘〉》从1953年9月开始写作，1954年2月完成。人们或许会问，为什么陈寅恪对《再生缘》情有独钟？首先是作者陈端生的绝世才华与悲惨命运，以及身后声名的寂灭，激发起他强烈的共鸣。他在写作《论〈再生缘〉》时，也在抒发“绝世才华偏命薄”和“文章我自甘沦落”的自伤身世之感，难怪他在听读《再生缘》时会“怅望千秋泪湿巾”。[①] 其次，这部弹词作品的成就，印证了他的主张，“无自由之思想，则无优美之文学”。[②] 陈氏认为，内容繁复的长篇弹词作者，如果没有灵活自由的思想，以运用贯通在创作过程中，那么千言万语，就会堆砌成为毫无生气的死句，即使有真情实感，也免不了堕入世俗的平庸看法之中。陈端生摆脱了“三纲”的羁绊，使《再生缘》在弹词体作品中独占鳌头，“实由于端生之自由活泼思想，能运用其对偶韵律之词语，有以致之也”。[③] 如此看来，《论〈再生缘〉》既是陈氏为陈端生所写，也是借古人之酒杯，浇自己胸中之块垒。[④]

陈寅恪在写完《论〈再生缘〉》后，即着手写作“钱柳因缘诗释证稿”（出版时更名为《柳如是别传》）。这是陈寅恪最后一部旨在揭示考察明末清初反清复明的史实和当时士大夫道德气节的学术著作。在方法上，此书继《元白诗笺证稿》后把“以诗文证史”发挥到极致，其中关于“古典”“今典”的考证诠释极多。他克服晚年双目失明、体弱多病，以及后来腿部骨折所带来的困难，旁征博引各种文史典籍600种以上，其中诗词、戏曲文集240种左右，正史、野史、年谱等不下170种，方志约50种，儒佛典籍、笔记、小说、杂志不下140种，过耳而未加引用的图书资料，更是不计其数。书稿全部通过指导助手查阅资料、口述写作内容而成。

“左丘失明，厥有国语；孙子膑脚，世传兵法。”[⑤]这是中国历史上代代相传的佳话，而陈寅恪兼有之。正如其助手黄萱所言：“寅师以失明的晚年，不惮辛苦，经之营之，钩稽沉隐，以成此稿，其坚毅之精神，真有惊天地、泣鬼神的气概。”[⑥]严耕望慨叹“这绝非任何并世学人所能做得到”。[⑦] 周法高读后“叹为观止”。[⑧] 何

---

① 陈寅恪著，陈美延编《寒柳堂集》，第86页。

② 陈寅恪著，陈美延编《寒柳堂集》，第73页。

③ 陈寅恪著，陈美延编《寒柳堂集》，第73页。

④ 见吴定宇《守望：陈寅恪往事》，第451页。

⑤ 司马迁《史记》卷一三〇《太史公自序》，中华书局1959年版，第3300页。

⑥ 黄萱《致蒋天枢》，载蒋天枢《陈寅恪先生编年事辑（增订本）》，第176页。

⑦ 严耕望《治史三书》，第171、101页。

⑧ 周法高《读〈柳如是别传〉》，载《史语所集刊》第53本第2分，台北“中研院”史语所1982年印行。

龄修认为该书“标志着他的学术研究又纵横驰骋到了一个历史新天地”。[1] 刘梦溪高度评价该书“是寅恪先生平生撰著的最高峰。他的为学境界,他的学术理念,他的批评方法,他的深厚功力,他的史才、诗笔、议论,都在《别传》中得到充分而不拘一格的体现”。[2] 而且一些文化学者、作家,如周采泉(《柳如是杂论》作者),卞敏(《柳如是新传》作者),文鸿、李君(《独立寒塘柳:柳如是传》作者),刘斯奋(《白门柳》作者),刘燕远(《柳如是诗词评注》作者),禾青(《柳如是》作者),范景中、周书田(《柳如是事辑》作者),丁功谊(《钱谦益文学思想研究》作者),陈莒珊(《〈钱笺杜诗〉研究》作者)等,无不在其著作的前言、后记或创作谈中,怀着深深的敬意追述他们在酝酿论点、构思情节和塑造艺术形象上,如何受到陈寅恪这项研究成果的启迪,这部学术著作又怎样帮助自己去解决在研究或创作过程中所遇到的困难。可见,《柳如是别传》淹通文史,和陈氏的其他论著一样,无论对史学还是对文学,都影响深远。[3]

第四节 “义宁之学”的面貌及要点

四十多年来,随着“陈寅恪热”的兴起,人们称陈寅恪为“义宁先生”,称他的学术为“义宁之学”,称他的人格、品行为“义宁精神”,有关陈寅恪的研究已蔚为大观。举凡陈寅恪家族史,其生平与学术道路,与同时代学者关系,义宁之学的范围(魏晋隋唐史、佛学、敦煌学、藏学、诗文证史、近代史等)的治学特点,史观、文化观、诗作等都有大量成系统的研究文章。关于义宁之学的风貌特征,史观、文化观大抵可以归纳为以下几点。

一、四根学术支柱

余英时先生在《陈寅恪的学术精神和晚年心境》一文中总结陈先生的“学术权威”建立在四大支柱之上。

第一是博通多种古典语文如希腊、拉丁、梵文、巴利以及其他中亚和中国边疆文字。元史及西北地理的研究自钱大昕以来即受学者注意,19 世纪以后

---

① 何龄修《〈柳如是别传〉读后》,载纪念陈寅恪教授国际学术讨论会秘书组编《纪念陈寅恪教授国际学术讨论会文集》,第 637 页。

② 刘梦溪《“一代文化所托命之人”——论陈寅恪先生的学术创获和研究方法》(上),载《书目季刊》第 24 卷第 4 期。

③ 见吴定宇《守望:陈寅恪往事》,第 464 页。

便成为显学。但早期中国专家并不通中亚及边疆文字,不能阅读原始资料。陈先生是唯一能通解与此有关的一切文字的人(包括蒙文、藏文、满文、波斯文及土耳其文等)。他回国后立即受到老辈与同辈学者的一致推重,自是顺理成章的事。他特别精研梵文、巴利文和藏文则是为治唐史与佛教史做准备(见陈寅恪《与妹书》),这更不是一般中国传经史学家所能望其项背的了。

第二是他对西方古典文化的亲切了解。他在1909年至1925年期间,先后留学法国、德国、美国达12年之久,除了专治东方古文字以外,他也旁及希腊、拉丁文与英、德、法各国的语文与学术。"五四"运动时期是中国知识界最崇拜西方的时代,但是兼通西方古典与近代语文的人却寥寥无几。陈先生则能直接阅读希腊、拉丁文的原典,如荷马史诗、柏拉图与亚里斯多德的哲学,西塞罗的经典作品、奥古斯丁的《上帝之都》等。在近代文学、学术方面,他对英、德、法三国的传统也都有亲切的认识。但他并不是一个泛滥无归的人,他的重点始终放在广义的文化史方面。陈先生精治梵文和佛教史,显然便有这一西方文化史的背景在胸中;他研究中国中古史特别注重民族与文化的问题也是从西方中古史方面获得的启发。陈先生对西方文化不但察识入微,而且直探本原,这就使得当时一般浮慕西方的学者对他也不能不肃然起敬。

第三是陈寅恪所掌握到的与史学有关的辅助学科远比同期一般的史学家丰富。自天文、历史语言、音韵以至医学、本草,他都具有一定程度的专业知识。如董作宾著《殷历谱》在天文历法方面曾得到他的启发和指教,[①]又如汤用彤研究《太平经》在1935年也向他请教有关天文历数的问题。[②] 此外,他运用音韵语言学的知识而写出《四声三问》《东晋南朝之吴语》及《从史实论切韵》等名篇,又运用中国医学知识写作《狐臭与胡臭》一文,则更是大家皆知的。这一类专门知识在他的文史之学的著作中触处皆是,不必一一列举。

第四是陈寅恪在中国文献资料的掌握方面所达到的惊人的广度和高度最使学术界心折。"博闻强记"本是传统学人所共同向往的一种学问的境界,虽然它不算是最高的境界。但是陈先生的渊博则已超出传统的格局之外:他是以"问题"为中心的现代史学研究者,不是徒以记诵炫耀于人的传统读书人。他的"博闻强记"基本上是为他所研究的历史问题服务的。他之所以特别获得侪辈的敬重正是因为他常能在重大的史学问题上为专门研究者提供关键性的文献证据。陈先生虽以魏晋南北朝和隋唐史专家著称,但宋、明以下的重要典

---

① 见董氏该书《自序》及陈寅恪《与董彦堂论殷历谱书》。

② 见汤氏致陈寅恪函,载蒋天枢《陈寅恪先生编年事辑(增订本)》,第91页。

籍,他实亦无不遍窥。至其记忆力之惊人更于此可见一斑。傅斯年说陈先生“在汉学上的素养不下钱晓徵”,[①]决非溢美之词。

上面举出陈先生的学术权威所赖以树立的四大支柱,只是从有形方面而言的,这也是大家所有目共睹的。至于陈先生学术精神之所在及其在研究方法上的运用之妙却远非这些有形的东西所能穷尽。[②]

二、治史的主要方法

从微观的角度来分析陈寅恪治学的具体方法,则可归纳为:一、用材料说话;二、从史实中求史识;三、文史互证,化诗词为史料。

(一)用材料说话

陈寅恪主张无史料即无史学,不作空头史学家。通过归纳、类比大量精选的材料来提出自己的见解。重视全面广博地占有史料,强调史源意识。陈寅恪治学广征博引,除正史实录之外,敦煌遗书、明清档案、梵夹道藏、笔记小说、碑石墓志、家谱方志、异族故书、域外文献,无不作为“考兴亡之陈迹,求学术之新知”的有用材料,抉隐发覆,开拓利用史料的蹊径,示范驾驭史料的能力。这种治学方法,一是来源于乾嘉朴学的排比、校勘、辨伪史料传统;二是受益于德国历史语言考据学派。这个学派的代表人物兰克,对史料的准确性有严格的要求。

兰克学派坚持历史的客观主义立场,主张史料至上,认为史学研究的唯一任务,就是用史料说明这个世界真正发生过的事情,还原历史的真面目,也就是所谓论从史出,在经过考据而得到确认的史料中,提炼出符合真理的见解,对历史现象做出客观的诠释。因此兰克学派非常重视史料的作用,并且大力收集、积累史料,对已经掌握的史料,进行严格的考证、辨析、求真,这和中国清代的乾嘉学派不无相同之处,但在思路上则更清晰,更开阔,在方法论上更胜一筹,在识见上则更上一层楼。陈寅恪认同兰克学派的理论和方法,[③]并把他与中国传统的乾嘉考据方法创造性地融合在一起,形成自己的一套做学问的方法。他极其重视史料的价值,以客观的态度考据史料的真伪。[④]

---

① 见傅斯年《史学方法导论》之《史料论略》章。

② 余英时的概括论述见氏著《陈寅恪晚年诗文释证》,东大图书股份有限公司 1998 年版,第 1—6 页。

③ 另有研究者认为陈寅恪并未直接受兰克学派的影响,参见王震邦《独立与自由——陈寅恪论学》,第 56、70、202 页;李孝迁、胡昌智《兰克在新中国史学界的境遇》,载《史学史研究》2021 年第 1 期。

④ 见吴定宇《守望:陈寅恪往事》,第 49 页。

（二）从史实中求史识（通识）

陈寅恪学术的显著特征是史料考据，既吸收中国乾嘉学派的考据方法，又结合19世纪德国历史学派如被誉为欧洲“近代史学之父”的兰克考据方法。不过陈寅恪的理论思考能力非常强，想象力也很丰富，史料常常充当他思想与方法的证据。他研究中古史，有一套非常完整的框架和几个重要的支点。如种族之间的文化交流，各种宗教的融合，家族保存文化的重要作用，有他的一套理论。① 也就是说陈寅恪的史学研究背后是有义理做支撑的，只不过被他最擅长的考证所遮蔽。用中国传统的经学术语来概括，他是“汉宋兼采”，从史实中求史识，与史观派的“以论带史”甚至“以论代史”学风旨趣不同，畛域分明。白寿彝先生曾赞许陈寅恪是“近代考据家中最有史识的学者”，认为他“无论在史料上或对民族文化知识的论述上”，“都有相当开阔的看法”。② 李坚回忆，记得陈寅恪第一次上课，专讲关于他的历史观和治学方法问题。他首先强调历史是一门科学，是可以通过科学方法和历史事实加以印证的。他不同意黑格尔把历史说成是人类理性或精神的自由发展；也不赞成把人类历史过程刻板地分为五种社会形态。他认为人类历史从整体看，是统一的，存在因果关系，有其轨迹可寻：从部分看，它又是多样性的，世界上决无完全相同的历史现象重演。因其有轨迹可寻，故研究历史可以垂教于后世；又因其是多样性的，故不存在放之四海而皆准的必然规律。③

（三）文史互证，化诗词为史料

从史学的角度考证诗文中的时间、地点、人物，尤其要找出诗文中所蕴含的与当时历史事实有关的“今典”成分，并与史籍相互参证，从而更全面地把握历史真相。学术界对陈寅恪的这种“文史互证法”评价极高，认为他继章学诚“六经皆史”之后，开辟了一种新的史学途径，在方法论上有贡献。陈寅恪认为唐诗的史料价值最高，因为唐诗作者多达两千余人，有着广泛的代表性，能反映各阶层的社会生活与思想。例如《旧唐书》所载唐代官吏俸料制度极不完备，陈寅恪选择元稹、白居易诗作中关于俸料的内容，与史籍对比，发现元、白诗中涉及的中央政府官吏的俸料，与史籍所载数额无不相合，而地方官吏的俸料，与史籍所载数额大有出入。于是推断“中晚唐以后，地方官吏除法定俸料之外，其他不载于法令，而可以认为正当收入者，为数远在中央官吏之上”，为

---

① 见葛兆光《预流的学问：重返学术史看陈寅恪的意义》，载《文史哲》2015年第5期。

② 白寿彝《史学概论》，宁夏人民出版社1983年版，第316页。

③ 李坚《陈寅恪二三事》，载张杰、杨燕丽选编《追忆陈寅恪》，第247页。

深入研究中晚唐的学者提供了重要线索。又如从《琵琶行》结语“江州司马青衫湿”一句，论证唐代官品服色，对唐代官制有烛照幽微之效。在陈寅恪名著《元白诗笺证稿》中，这类考证胜义迭出，使《元白诗笺证稿》成为他学术生涯的一座里程碑。

近代主张和运用以文证史研究方法的大家有梁启超、陈寅恪，陈氏《元白诗笺证稿》和《柳如是别传》就以诗史互证作为主要的考证方法，获得学界的认同。他在《读〈莺莺传〉》中以元稹的这篇小说作品研究唐代复杂的社会问题，以两《唐书》及唐代诗歌散文及笔记小说中的材料互相发明，以细致的分析、判断，得出有关唐代婚宦问题的结论。这种以小说证史的方法对现当代的学术研究也具有很深远的影响。①

三、文化高于种族论

陈寅恪先生的学术态度和学术思想，像血液一样流贯于他的全部著述之中。这种学术的执着使他的史学研究在某种程度上与文化史重合。②

值得注意的是，寅恪先生特别强调“民族文化之史”，这一界定不仅说明他的研治范围和选取的角度，也反映出他的研究的特点。尽管人类文化发展的历史早已证明种族决定论和环境决定论的偏颇，但各民族与文化的关系一直是文化传播和文化演进的枢纽，则是不争的事实。

在种族与文化两造之间，陈寅恪认为文化高于种族。种族与文化相比，种族是第二位的，文化的作用高于种族。他以种族与文化的观点来研究种族与文化，强调不同民族的融合与同化，主张文化可以超越种族。并提出了“汉化”与“胡化”的问题。

在陈寅恪看来，魏晋南北朝隋唐这数百年之间的中古史，其实是民族文化发展史。中古时代在中国封建时代处于承上启下的位置。在历史学科中，中古历史涉及朝代之多、国内外史料之丰富、民族文化关系之复杂可谓独特。这既为研究者提供了丰富的治学素材，也增加了出成果的难度。但陈寅恪治史有方，非常善于从各种散落于史料的信息中整理出历史演变的脉络，并由此提出一种新理论。

汉化与胡化是陈寅恪研究的一个重点。他在《隋唐制度渊源略论稿》中对北朝的胡汉问题有如下论述：

---

① 见孟昭《于非事实中觅出事实——读〈东京梦华录笺注〉》，载《书品》2007 年第 4 期。

② 见刘梦溪《陈寅恪的学说》，生活书店出版有限公司 2014 年版，第 82 页。

总而言之，全部北朝史中凡关于胡汉之问题，实一胡化汉化之问题，而非胡种汉种之问题，当时之所谓胡人、汉人，大抵以胡化汉化而不以胡种汉种为分别，即文化之关系较重而种族之关系较轻，所谓有教无类者是也。①

当时的胡汉之别，更多的是指文化上的“胡化”或“汉化”，而不是民族成分本身。祖上是胡人却全面接受汉文化，像汉人一样生活，就是汉人。反之，祖上是汉人却按照游牧民族的习俗生活，按照游牧民族的思维方式看问题，就是胡人。古人所谓“夷入夏则夏，夏入夷则夷”即指此。古代中国一直很重视夷夏之防，但夏夷之别，或者说汉胡差异，并不是单纯以血缘来区分，更多的是从文化来区别。②

在《唐代政治史述论稿》中陈寅恪又指出：

汉人与胡人之分别，在北朝时代文化较血统尤为重要。凡汉化之人即目为汉人，胡化之人即目为胡人，其血统如何，在所不论。……此点为治吾国中古史最要关键。③

这说得再明白不过了。在种族与文化的问题上，“文化之关系较重而种族之关系较轻”。这就是寅恪先生的种族与文化学说的精义。④

四、中国文化本位论

1934 年，陈寅恪在为冯友兰《中国哲学史》下册所写的著名的审查报告中说：

在吾国思想上……其真能于思想上自成系统，有所创获者，必须一方面吸收输入外来之学说，一方面不忘本来民族之地位。此二种相反而适相成之态度，乃道教之真精神，新儒家之旧途径，而二千年吾民族与他民

① 陈寅恪《隋唐制度渊源略论稿》，生活·读书·新知三联书店 2001 年版，第 79 页。

② 见季风编著《陈寅恪讲国学》，北京时代华文书局 2015 年版，第 31 页。参见袁伟时《中国传统文化与近代中国社会转型中的困境》，此文对陈寅恪“中国文化定义”有很好的引申解说，载《东方文化》2003 年第 2 期，第 77 页。

③ 陈寅恪《唐代政治史述论稿》，生活·读书·新知三联书店 2001 年版，第 200 页。

④ 参见刘梦溪《陈寅恪的学说》，第 91 页。

族思想接触史之所昭示者也。[①]

其中心思想是传统儒家文化不能一成不变，但也不能极快地大面积地加以破坏和抛弃。中国传统文化固然有缺陷，但西方文化也并非十全十美。中国文化可以也应该接受外来文化，但外来文化不能取代中国文化的主体，否则民族与国家都将失去独立与尊严。必须“一方面吸收外来之学说，一方面不忘本来民族之地位”，从而创造出适应时代的本民族新文化。这是陈寅恪处理中西文化的基石和出发点。

在近现代有影响的史学家中，陈寅恪最为关注中国文化问题。文化之于寅恪先生，是信仰，是终极关怀。由于家学渊源，陈寅恪自幼即奠定了旧学的根基，传统文化已融入其生命。欧风美雨的侵袭，时局世风的剧变，都不能摇撼他对文化传统的信仰。他自命为“文化遗民”“文化托命者”，体现出一种强烈的人文关怀意识。又由于负笈海外多年，使他对世界文明也有深刻的体察，对外来文化既不排斥，也不盲目崇拜，始终保持着一种取人之长补己之短的宽广胸怀。对文化作用的高度重视，对文化发展过程的深入阐发，已构成他学术体系的一个核心。这个核心经他的知己吴宓概括为“中国文化本位论”。

近代以来，在西方文化的冲击下，中国传统文化确实面临着总体危机，在器物、制度、观念、价值等层面均受到西方文化体系的影响，且几乎断裂。当此中西方文化大碰撞之时，一部分深爱中国传统文化又喝过洋墨水的知识分子陷入了两难境地：一方面，出于对自己民族文化的挚爱，不愿看到它式微和消灭，不愿让西方文化取代中国文化；一方面，作为时代的清醒者，他们也看到传统文化的弱点。他们既不愿做全面继承传统文化的“国粹派”，也不愿做全面抛弃传统文化的“全盘西化派”。于是，他们选择了第三条道路：既要维护中国传统文化的内核和民族性，又能实现其蜕变与飞跃，以适应现代社会需要的文化重建，即学衡派提出的“昌明国粹，融化新知”。这种文化视角与那些“要彻底摧毁、清算旧世界”者或“抱残守缺”者，都有着本质的区别。比起前者，它多了一种文化意义上的宽容；比起后者，又多了一种放眼看世界的视野。陈寅恪的中国文化本位论，即是第三条路线的经典表述。[②]

---

① 陈寅恪著，陈美延编《金明馆丛稿二编》，第284—285页。

② 余英时说，陈先生是“文化遗民”，他一生背负了一副沉重的传统精神包袱，他所奉行不渝的仍然是中国文化中他认为仍然合情合理的一些基本价值。但他同时又经过了西方文化的洗礼，特别看重个人意志之独立，学术思想之自由。因此，对于一切违背了这些基本价值（转下页）

第五节　“义宁精神”的内涵与价值

陈寅恪之所以能从象牙塔式的学术殿堂走近十字街头，从小众话题成为大众话题，很大程度上是因为他巨大的人格力量。① 与同时代的知识分子相比，陈寅恪人格的最大特征是具有独立不倚的精神。他始终清醒地认识到作为一位知识分子必须具有独立人格，他终其一生都自觉地贯彻了这一精神，人们将这种精神誉为“义宁精神”，其内涵主要为：一、坚持“独立之精神，自由之思想”；二、未尝“侮食自矜，曲学阿世”；三、守住知识分子的底线。

陈寅恪有三篇大文章集中体现了“义宁精神”：《清华大学王观堂先生纪念碑铭》《对科学院的答复》《赠蒋秉南序》。这三篇文章的思想意义巨大，预料未来出版20世纪著名思想文献之类的著作，它们都有资格入选。②

一、独立之精神，自由之思想

1927年，王国维自沉颐和园，把中国知识分子的价值命运，知识分子在社会动荡时期如何安身立命等重大问题，最直接地呈现在陈寅恪面前。促使他加深了对中国知识分子问题的思考，明确地提出了知识分子的独立人格和思想自由这一命题，并一生坚持和捍卫了这一理念。他在《清华大学王观堂先生纪念碑铭》中宣称：

> 士之读书治学，盖将以脱心志于俗谛之桎梏，真理因得以发扬。思想而不自由，毋宁死耳。斯古今仁圣所同殉之精义，夫岂庸鄙之敢望。先生以一死见其独立自由之意志，非所论于一人之恩怨，一姓之兴亡。呜

(接上页)的做法他无不深恶痛绝。……他不能不守住这最后的一道文化防线。……没有人能做到像陈先生那样毫不妥协、不折不扣的地步。这是一个值得研究的特殊文化现象，即中国文化中究竟有哪些精神资源竟能造出像陈先生这样的人物？这些精神资源对于今天的中国知识分子还有意义吗？它们在中国未来的文化发展中还能发挥新的生命力吗？见余英时《“弦剑文章那日休”？》，载冯衣北《陈寅恪晚年诗文及其他——与余英时先生商榷》，花城出版社1986年版，第208—209页。

① 历史给我们一种启示，明清易代之际，无数的士人对顾、李、王表现出无限的崇拜和敬意，不只是对他们的学问，更重要的是他们的志节。见鲲西《文化趋向当在图书出版之先——读陈思和讲稿的一点商榷》，载《文汇读书周报》2005年6月24日。

② 由漆永祥主编、钱理群等审定的《大学国文读本》(北京大学出版社2014年版)已收入《王观堂先生纪念碑铭》。

呼！……来世不可知者也。先生之著述，或有时而不章。先生之学说，或有时而可商。惟此独立之精神，自由之思想，历千万祀，与天壤而同久，共三光而永光。①

这是一首热烈褒扬独立精神的颂歌，是知识分子人格自觉的宣言书，是中国近代学术史上值得纪念的大文章，文中的每一个字均掷地有声，充满浩然之气，充分显示出陈寅恪的自信与风骨。王元化先生认为，陈寅恪揭帜的“独立之精神，自由之思想”，是中国现代思想神圣的灵魂。②

1953 年，时隔 24 年后，中国科学院成立，中央请陈寅恪到北京来任中科院的历史第二所所长，郭沫若还特别写了邀请函，但陈寅恪婉拒了。后来又派他的学生汪篯来劝说，汪篯以《陈寅恪自述——对科学院的答复》为题把老师的谈话记录下来。③

《答复》在新形势下将《纪念碑铭》的思想内涵做了新的阐释与发挥，可以视为陈寅恪在新的社会条件下学术精神的宣言书。

陈寅恪高标“独立之精神，自由之思想”，不止《碑铭》和《答复》两个文本。他从 1929 年到 1954 年，在多篇文章、多个场合陈述阐扬独立精神、自由思想，与《碑铭》和《答复》内外呼应。

---

① 陈寅恪著，陈美延编《金明馆丛稿二编》，第 246 页。

② 1992 年，王元化撰《〈思辨短简〉序》，赞扬：“过去中国知识分子大都把自己的人格力量和学术良心渗透到治学中去。陈寅恪为王国维作纪念碑铭提到独立精神自由思想就是一例。而陈寅恪本人则更多的具有这种精神。”载氏著《清园夜读》，海天出版社 1993 年版，第 202 页。1997 年 3 月，王元化过访清华大学南院儿时旧居时，感慨：“王国维的纪念碑，非常朴素、简单，地点也十分幽静。碑文为陈寅恪所撰，七十年过去，不仅不曾被人忘记，‘独立之思想、自由之精神’还不断被人说起，成为九十年代最有魅力的思想主题。纪念碑不仅是清华园神圣的所在，而且是中国现代思想神圣的灵魂。”王元化《王元化集》卷十《附卷》，湖北教育出版社 2007 年版，第 92 页。1998 年，王元化发表《我对“五四”新文化运动的再认识》一文（载《炎黄春秋》1998 年第 5 期），“痛定思痛”地反思“五四”人物提倡的“庸俗进化”“激进主义”等观念对此后中国文化建设的“不良影响”。1999 年“五四”80 周年纪念时他又阐述“独立之精神，自由之思想”是“‘五四’文化精神的重要遗产之一”。“我们要继承‘五四’的什么精神？过去写‘五四’思想史很少涉及‘独立之精神，自由之思想’这句话，很少被人注意，我认为这句话倒是表现‘五四’文化精神的重要遗产之一。王、陈等一向被视为旧营垒中人，被划在‘五四’范围之外。我觉得这是一种偏颇。问题在于这句话是不是可以体现‘五四’时期出现的一种具有时代特色的精神，它是不是具有相当普遍性？如果不斤斤于用文白之争来概括‘五四’，那么它是否在以不同形式写作的人物身上都同样存在着？近年来这句话渐渐获得了许多人的认同，比较容易被理解了。我特别重视‘独立精神、自由思想’，是因为倘从这方面去衡量‘五四’人物，那么褒贬的标准会有很大不同。”王元化《五四精神和激进主义》，载《百年潮》1999 年第 5 期，第 11 页。

③ 全文首见陆键东《陈寅恪的最后二十年》，第 111—113 页；参见吴定宇《守望：陈寅恪往事》，第 264—265 页。

1931 年，清华大学成立 20 周年纪念，陈寅恪撰《吾国学术之现状及清华之职责》一文，提出“吾国大学之职责，在求本国学术之独立”，认为学术能否独立，“实系吾民族精神上生死一大事”。① 同年，陈寅恪认为中研院如果想形成外国式学院的独立自主风格，必须先树立独立自由之精神。②

1932 年，陈寅恪在讲课时，告诫学生“一定要养成独立精神、自由思想、批评态度”。③

1942 年，陈寅恪写信给潘公展，向他推荐自己的学生罗香林，信中指出“罗君十年来，著述颇多，斐然可观，自不用旧日教师从旁饶舌，以妨其独立自由之意志也”。④

1954 年，陈寅恪完成《论〈再生缘〉》。他在这篇长文中首先强调：“端生此等自由及自尊即独立之思想，在当日及其后百余年间，俱足惊世骇俗，自为一般人所非议。”“无自由之思想则无优美之文学。”⑤

1954 年，陈寅恪开始写作《柳如是别传》，1964 年完成。该书开篇即申言“夫三户亡秦之志，九章哀郢之辞，即发自当日之士大夫，犹应珍惜引申，以表彰我民族独立之精神，自由之思想”。⑥

上述文字分别写于 20 世纪二十到六十年代，表明先生对独立精神、自由思想的主张始终一贯，不以时代为转移。

“独立之精神，自由之思想”，在 20 世纪二三十年代的学术界是常识。蔡元培掌北大时，即实行“思想自由、兼容并包”的方针，1925 年刘大白作词的复

---

① 陈寅恪著，陈美延编《金明馆丛稿二编》，第 361、363 页。

② 见苏同炳《手植桢楠已成荫——傅斯年与“中研院”史语所》，第 307 页。

③ 汪荣祖《陈寅恪与乾嘉考据学》，载纪念陈寅恪教授国际学术讨论会秘书组编《纪念陈寅恪教授国际学术讨论会文集》，第 221 页。

④ 陈寅恪《致潘公展》，载陈寅恪著，陈美延编《陈寅恪集·书信集》，第 252 页。

⑤ 《论〈再生缘〉》于 1953 年 9 月开始撰写，至次年 2 月写定，而《答复》是同年 12 月 1 日上午口述的。从同时性考虑，陈在《论〈再生缘〉》里论及自由，绝非无的放矢，可以说是其自由言说的一种“隐微书写”。就表达来说，《答复》是一个显文本，《论〈再生缘〉》是一个潜文本；不过，若就传播来说则反之，《答复》成了一个潜文本，在陆键东《陈寅恪的最后二十年》公布《对科学院的答复》之前，海内外完全不知道有此文本。《论〈再生缘〉》才是一个显文本，从中可以感受到陈氏内心的强烈呐喊。《论〈再生缘〉》之外，稍后的《柳如是别传》同样属于陈寅恪自由言说的一个潜文本。此外，1930 年，陈氏还有一篇学术短论《〈大乘义章〉书后》，开头就大议论：“……中国六朝之世则不然。其时神州政治，虽为纷争之局，而思想自由，才智之士亦众。”明明是讨论佛教史，何以要特别强调“思想自由”呢？这应是与《碑铭》相表里啊！当学术已处于党国政治阴影的笼罩之下，陈寅恪一方面在公共场合明确地表彰“独立之精神，自由之思想”，一方面也在专业领域自觉不自觉地凸显“思想自由”，正可谓一以贯之。见胡文辉《陈寅恪论自由》，“历史的擦边球”系列网文之一。

⑥ 陈寅恪《柳如是别传》，第 4 页。

旦大学老校歌亦有“学术独立、思想自由”字样。[①] 陈寅恪的过人之处，是别人都不说了，只有他还在说；[②]别人说了未必能做到，而他说到做到。从1929年为王国维撰写碑文，到1964年完成《柳如是别传》，几十年中不懈地提倡“独立之精神，自由之思想”，为知识分子的人格尊严定位，既不辱人，亦不自辱，真正做到了“脱心志于俗谛之桎梏”。在同时代知识分子中，1949年以后，没有人能够像他那样把“独立之精神，自由之思想”坚持到这种强度和纯度。西方的自由思想资源[③]与中国传统士大夫的独立人格理想[④]在陈寅恪身上得到了高度统一，使他成为中国现代知识分子的人格偶像和价值追求。

二、未尝“侮食自矜，曲学阿世”

1964年5月，陈寅恪早年弟子蒋天枢（秉南）到广州谒师，陈寅恪向蒋天

---

① 在陈寅恪写《王观堂纪念碑铭》的那个时代，陈寅恪的声音绝不孤单。当日向国民党争自由的，有众多的同路人：“新月派”的胡适、罗隆基、梁实秋，与“新月派”关系密切的徐志摩、林语堂，国家社会党的张君劢、诸青来，北洋派的章士钊，甚至国民党内部的汪精卫系、孙科系，还有蔡元培、邵力子、熊十力、萧公权、马一浮、梅光迪等一批学者。倒是应该说，在此众声喧哗之中，陈寅恪作为纯学者实甚低调，并不引人注目。但是到了口述《对科学院的答复》的年代，才万马齐喑，举世皆浊，而此时陈寅恪依旧坚持“为学术争自由”，却已是空谷足音，近乎绝响了。见胡文辉《陈寅恪论自由》，“历史的擦边球”系列网文之一；王子舟《陈寅恪读书生涯》，长江文艺出版社1997年版，第233页。

② 就老一代知识分子来说，在1949年以后仍然固守自己的价值主张的，除了陈寅恪先生之外，恐怕再也没有第二个人了。见刘浦江《不仅是为了纪念》，载《读书》1999年第3期，第126页。

③ 《不自由，毋宁死》是美国演说家帕特里克·亨利在美国独立战争时期的著名演说。“不自由，毋宁死”的口号激励了千百万北美人为自由独立而战，这篇演说也成为世界演说名篇。黑格尔论述希腊哲学以及独立和自由思想的关联时说：“思想必须独立，必须从自然事物里摆脱出来，并且必须从感性直观里超拔出来。思想即是自由的，则它必须深入自身，而达到自由的意志。”（黑格尔《哲学史讲演录》，转引自王震邦《独立与自由——陈寅恪论学》，第81页）从陈寅恪一贯的自由言说来看，将他归入自由主义者的行列，自无不可。从知识背景考虑，近世德国有所谓“古典大学观”，特别强调学术的“自由”和“寂寞”因素，即强调学术相对于政治和世俗的独立（见陈洪捷《德国古典大学观及其对中国大学的影响》，北京大学出版社2002年版），而陈寅恪正是留德出身，其一生坐言起行也很契合“自由”和“寂寞”的学术标准。从这个角度来看，蔡元培在北大，陈寅恪在清华，皆于思想自由再三致意，恐怕正因为两人本有同样的思想渊源，都承受了德国古典自由观念的影响。见胡文辉《陈寅恪论自由》，“历史的擦边球”系列网文之一。

④ 余英时曾言：“‘独立之精神，自由之思想’是现代知识分子的特征，但在中国士的传统中也有其根源，不过不够彻底而已。”余英时《明明直照吾家路》，载氏著《陈寅恪晚年诗文释证》，第10—11页。“独立”一词最早见于《易经·大过》：“君子以独立不惧。”孔颖达疏曰：“明君子于衰难之时，卓尔独立，不有畏惧。隐遁于世而无忧闷。欲有遁难之心其操不改。凡人遇此则不能然，唯君子独能。”“独立”还有拯救世界之意：“大人大过越常分以拯患难。”此后的仁圣们都要大谈人格之独立问题。“独立”构成中国知识分子人格修养的一个重要组成部分。陈先生使用“独立”一词，既是指称人格修养，又同民族之独立兴衰有着密切联系，它既指称个人主体性的修养规范，又具有民族主体性的内涵。参见徐葆耕《碑的迷思》，载《读书》2001年第10期。

枢做了一生事业的托付,将自己著作的出版事宜全权授予蒋天枢。并按古人送行赠言的传统,郑重地写了一篇《赠蒋秉南序》,夫人唐筼用工楷誊录后作为纪念品赠给蒋天枢。在这篇文章中,陈寅恪简洁地回顾了自己的一生,阐述自己的文化理想和操守志节,点明当时的社会政治背景。将自己几十年的身世之感,现实之慨,兴亡之叹,都浓缩在这篇短文中。论者谓此序有如陶渊明的自祭文,又宛如禅门高僧的临终偈,是他一生志业著述的最后总结,[①]寄托深微曲折。序中自叙:

> 清光绪之季年,寅恪家居白下,一日偶检架上旧书,见有易堂九子集,取而读之,不甚喜其文,唯深羡其事。以为魏丘诸子值明清嬗蜕之际,犹能兄弟戚友保聚一地,相与从容讲文论学于乾撼坤岌之际,不谓为天下之至乐大幸,不可也。当读是集时,朝野尚称苟安,寅恪独怀辛有索靖之忧,果未及十稔,神州沸腾,寰宇纷扰,寅恪亦以求学之故,奔走东西洋数万里,终无所成。凡历数十年,遭逢世界大战者二,内战更不胜计。其后失明膑足,栖身岭表,已奄奄垂死,将就木矣。默念平生固未尝侮食自矜,曲学阿世,似可告慰友朋。至若追踪昔贤,幽居疏属之南,汾水之曲,守先哲之遗范,托末契于后生者,则有如方丈蓬莱,渺不可即,徒寄之梦寐,存乎遐想而已。呜呼!此岂寅恪少时所自待及异日他人所望于寅恪者哉?虽然,欧阳永叔少学韩昌黎之文,晚撰《五代史记》,作义儿冯道诸传,贬斥势利,尊崇气节,遂一匡五代之浇漓,返之淳正。[②]故天水一朝之文化,竟为我民族遗留之瑰宝。孰谓空文于治道学术无裨益耶?蒋子秉南远来问疾,聊师古人朋友赠言之意,草此奉贻,庶可共相策勉云尔。甲辰夏五七十五叟陈寅恪书于广州金明馆。[③]

---

① 李锦绣认为陈寅恪《赠蒋秉南序》与《先君致邓子竹丈手札二通书后》其实是他为自己所有著作(即后来蒋天枢整理的《陈寅恪文集》)所作的“序”和“跋”。《赠蒋序》中的“默念平生固未尝侮食自矜,曲学阿世,似可告慰友朋”与《先君致邓子竹丈手札二通书后》中的“乞仙令之残砂,守伧僧之旧义”含义相同。这一“序”一“跋”,首尾回环照应,显示出陈寅恪平生始终如一地坚守“贬斥势利,尊崇气节”的凛然大节。见李锦绣《陈寅恪学案》,载杨向奎等《百年学案》,辽宁人民出版社2003年版。

② 谢泳认为此段论说实为对清华旧日同事缘事而发,1950年,张君劢在台北《民主中国》创刊号发表《一封不寄的信——责冯友兰》,文中将冯友兰比作冯道。所以陈寅恪给其清华旧门生的感慨中,包括了对清华旧人出处的判断,冯友兰1959年在《四十年的回顾》一书中,不点名否定了早年陈寅恪对其《中国哲学史》的高度评价。陈寅恪这段论说当由冯友兰变化引出。见谢泳《陈寅恪晚年诗中的人事》,载周宁、盛嘉主编《人文国际》第8辑,厦门大学出版社2014年版。

③ 陈寅恪《寒柳堂集》,第182页。

这篇只有四百六十余字的古文，是寅恪先生传奇身世、学人风骨的高度浓缩，其文简约，其旨奥博，内含三层意思：

（一）“默念平生固未尝侮食自矜，曲学阿世，似可告慰友朋”①

此为陈寅恪继“独立之精神，自由之思想”之后的又一句名言，两句名言都已从原文中独立出来，在文化知识界广为传播，影响巨大。在“改男造女态全新”“文章唯是颂陶唐”，既没有说话的自由，也没有不说话的自由，知识分子普遍丧失独立人格的年代，陈寅恪能始终坚持独立人格，坚持其学说思想而不曲学阿世，少无悔作，老全晚节，确实值得自豪地“告慰友朋”，昭明心迹。

（二）贬斥势利，尊崇气节

“欧阳永叔少学韩昌黎之文，晚撰《五代史记》，作义儿冯道诸传，贬斥势利，尊崇气节，遂一匡五代之浇漓，返之淳正”。五代十国，是中国历史上人文精神相当堕落的一个时期。在短短的53年间，中原就有五个朝代急剧更替，换了八姓十三君，亡国被弑者就有八人。士大夫苟全于这样的乱世，鲜有气节可言。像冯道此人，历仕四朝十君，都自鸣得意，号称“长乐老”，就是士风沦丧的典型。继五代而起的北宋朝廷在巩固南北统一的政治局面的同时，也面临着道德伦理重建的时代课题。有鉴于此，庆历之际的先进人物以道德重建的使命感，开始著书立说，代表人物是范仲淹、欧阳修。陈寅恪注意到薛居正的《五代史》对五代时期的士大夫颇多恕辞，甚至赞誉变节行为，而欧阳修在其所撰的《五代史》中强烈地谴责了变节行为，在《冯道传》中斥冯道为寡廉鲜耻，在各传的序言及论赞部分尤其高扬起道德这面旗帜，表现了强烈的道德主义倾向。②

1945年，陈寅恪在《读吴其昌撰梁启超传书后》云：“忆洪宪称帝之日，余适旅居旧都，其时颂美袁氏功德者，极丑怪之奇观。深感廉耻道尽，至为痛心。至如国体之为君主抑或民主，则尚为其次者。”③他把“廉耻”看得很重，认为

---

① 这句话用了两个典故，“侮食”本为“海蛤”，因隶书字形相似而误。“侮食”的字面意义有“嗟来之食”之义。“曲学阿世”一词出自《史记·儒林列传》，汉武帝时辕固生与公孙弘等应征入京，老儒辕固生告诫公孙弘说：“公孙子，务正学以言，无曲学以阿世。”但告诫无效，后来公孙弘变其所学迎合当世，于是一路官运亨通，进爵封侯。“阿世”即迎合世局、阿谀当朝。“未尝侮食自矜，曲学阿世”可以译成“既没有以食周粟为荣，也没有背离所学以阿当世”。见刘经富《释“侮食自矜，曲学阿世”——读陈寅恪〈赠蒋秉南序〉》，载《中国文化》2016年第1期，第356页。

② 见孙明《欧阳修与“君子之勇”》，载《读书》2013年第12期；戴建华、解正德《沧桑人世，浩然文章——读陈寅恪先生〈赠蒋秉南序〉》，载《名作欣赏》1997年第4期；李锦绣《圣籍神皋寄所思——读陈寅恪先生〈赠蒋秉南序〉》，载张杰、杨燕丽选编《解析陈寅恪》，社会科学文献出版社1999年版，第76—85页。

③ 陈寅恪著，陈美延编《寒柳堂集》，第166页。

“廉耻”乃立国之本，气节重于国体形式。

1961年8月，吴宓赴广州拜访陈寅恪，8月30日、31日记：“寅恪兄之思想及主张，毫未改变……确信中国孔子儒道之正大，有裨于全世界，而佛教亦纯正。我辈本此信仰，故危行言殆，但屹立不动，绝不从时俗为转移。”“（寅恪兄）安居自守，乐其所乐，不降志，不辱身，堪为人所难及。”①

3年后，陈寅恪在写赠弟子蒋天枢的序文中，重发“贬斥势利，尊崇气节”之心声，与《吴宓日记》标举的陈寅恪晚年“不降志，不辱身”的高标峻格前后映照，真可谓“虽千万人吾往矣，欲扶元气蚊负山”。

（三）追踪易堂，续命河汾

“易堂”原址在江西赣州宁都县著名景点翠微峰。当地望族魏氏魏兆凤有三子魏祥、魏禧、魏礼及其他亲友共9人，清军南下时举家避乱于翠微峰。筑室与同志者讲《易》，号易堂九子。“续命河汾”系借用隋末大儒王通隐居河汾讲学授徒的典故。河汾是黄河与汾水的合称，专指山西一带。隋末大儒王通（文中子）隐居汾水讲学，杨素遣使劝仕，王曰：“疏属之南，汾水之曲，有先人之弊庐在，可以避风雨，有田可以具饘粥，弹琴著书，讲道劝义，自乐也。”②传说王通讲学时，远近来求学者达一千余人。唐初名臣房玄龄、杜如晦、魏徵都是他的弟子，时称“河汾门下”。③ 寅恪先生平生向往易堂讲学、河汾著书，存亡续绝，守先待后。④

这三层意思以第一层影响最大，已与“独立之精神，自由之思想”成为“义宁精神”的经典表述。如果说“独立之精神，自由之思想”是中西融合，且西方的成分多一些，涉及国家、民族的公理大义，那么“未尝侮食自矜，曲学阿世”则纯为中式话语，表现的是学者个人的风骨节操。自《史记·儒林列传》记载老儒辕固生告诫公孙弘不要“曲学阿世”以后，士大夫世代相传，引为大戒，是否“曲学阿世”，是关系到人格道德的大问题。20世纪60年代，陈寅恪标出“曲

---

① 吴宓著，吴学昭整理注释《吴宓日记续编》第5册，生活·读书·新知三联书店2006年版，第160、161页。

② 王通著，阮逸注，秦跃宇点校《文中子中说》卷三《事君篇》，凤凰出版社2017年版，第21页。

③ 按：这一传说未必属实，陈寅恪《论韩愈》一文有谓：“世传隋末王通讲学河汾，卒开唐代贞观之治，此固未必可信……”不过这篇《赠蒋秉南序》乃寄意之文，非考史之论，王通事迹在这里只是作为典故使用。陈寅恪1950年诗“续命河汾梦亦休”，1962年诗“疏属汾南何等事，衰残无命敢追攀”，其例亦同（参见胡文辉《陈寅恪〈赠蒋秉南序〉疏证》，“历史的擦边球”网文之一，2021年6月）。但这个典故却成为历代学人的亘古怀想。

④ 1929年，陈寅恪在《〈王国维先生遗书〉序》中申言：“自昔大师巨子，其关系于民族盛衰学术兴废者，不仅在能承续先哲将坠之业，为其托命之人，而尤在能开拓学术之区宇，补前修所未逮。”（陈寅恪著，陈美延编《金明馆丛稿二编》，第247页）这既是陈寅恪对往圣大儒胸襟气度的礼赞，也是他高度使命感的自我期许。

学阿世”一词，赋予了这个成语新的时代意义。“未尝侮食自矜，曲学阿世”，足以概括陈寅恪一生的志节品格。[①] 此品格也是现代中国学人在历经社会递邅、新旧转型之后，需要重新认识、继承坚守的。[②]

爱因斯坦在悼念居里夫人时曾说：“第一流人物对于时代和历史进程的影响，在其道德品质方面，也许比单纯的才智成就方面要更大。”“义宁精神”是陈寅恪留给我们的一笔具有特殊价值的文化遗产。四十多年前，我们还在为衣食温饱奔走，那是一个物质匮乏、精神过剩的年代，全党、全民争谈理想，儿郎虎豹，气冲霄汉。四十多年后，像翻烧饼似的变成精神匮乏、物欲横流，人心世态为之一变。因此，宣传弘扬寅恪先生的“不降志，不辱身”的气节操守，使“贪者廉，懦者立”，对人文知识分子来说，既是本分，也是职责。

陈寅恪的人格魅力即“义宁精神”将会越来越显示出其普世价值。荣格说“文化的最后成果是人格”。人们之所以崇仰陈寅恪并反复言说，他在学术上的成就固然是一个原因，而更主要的在于他以自己的人生与学术印证并捍卫了“独立精神，思想自由”的原则，彰显了人性的庄严与光辉，[③]他一生之最为看重者，不是金钱地位，甚至也不是知识学问，而是人品与气节。人品与气节是超学术的，不仅仅是对做学问者有意义。

三、学魂大义雄两间

1999年，钱理群《学魂重铸》[④]一书，引起了学界对学魂问题的重视。2000年，夏中义以后学晚辈向梁启超、王国维、陈寅恪、吴宓、胡适、吴晗、闻一多、冯友兰、王瑶写信的形式，出版了《九谒先哲书》。[⑤] 他在书中标举学统、学魂。

---

① 蔡鸿生先生对此有很好的解释，他在中大历史系竖陈寅恪铜像揭幕典礼讲话中指出，陈寅恪精神就是“二要一不要”：要独立自由，要脱俗求真；不要曲学阿世。载氏著《读史求识录》，广东人民出版社2010年版，第96页。

② 见刘经富《释“侮食自矜，曲学阿世”——读陈寅恪〈赠蒋秉南序〉》，载《中国文化》2016年第1期，第357页。

③ 众所周知，“独立之精神，自由之思想”早已成为陈寅恪的金字招牌。其实，这段看似简单实则深奥，看似激昂实则艰涩的10个汉字，原本应成为我们民族的集体标志。在我看来，“独立”与“自由”似乎都可以归结为自由——不仅仅是孟德斯鸠所说的“自由就是法律允许做的事情”，还应扩展为自由就是做法律所没有限制的事情。可惜的是，“独立”与“自由”从来都似乎只能局限于“精神”或“思想”的局面，而且换取独立精神与自由思想的代价又是那么地高昂。见张求会《陈寅恪、唐筼骨灰安葬侧记》，载《东方杂志》2003年第8期，又见《文汇读书周报》2003年8月22日。

④ 文汇出版社1999年版。2000年6月入围“长江《读书》奖”五本书名单（《读书》2000年第6期）。

⑤ 上海文化出版社2000年初版，二十一世纪出版社2013年再版，上海社会科学院出版社2017年重印。

指出"若曰学术史是对给定的学术思想暨学魂史的学理表述,那么,倒过来,学术思想暨学魂史恰恰是相应的学术史赖以逻辑地展开的精神背景或文化存根"。[①] 在《用生命践履碑铭——谒陈寅恪书》[②]中,着重指出陈寅恪在王国维纪念碑"倡言'自由思想,独立精神',实是将乾嘉学术所孕育、后经梁启超《清代学术概论》之思辨洗炼过的现代学统,提纯为简约明澈之'八字方针',当更见学统的文化含量之凝重且幽邃。其间,'独立精神'为学统之魂,'自由思想'为学统之骨,风骨清傲,魂灵才得以发扬"。[③]

《九谒先哲书》出版后,刘锋杰发表了以《没有地址,抵达灵魂——读夏中义〈九谒先哲书〉》为题的书评,揭示只有陈寅恪才体现了学人的真正精神,显示了学人的真正价值。这就使陈寅恪超越了其史学家身份而具有了学人所应具有的整体价值特征。"综览百年中国学术史,从晚清、民国、共和国,能真正自觉地用生命践履碑铭,说到做到,呕心沥血,使自身化为学统之链所以历代未绝的悲怆一环者,舍先生其谁?"陈寅恪的意义在于:当中国学统成为荒原,他是荒原之绿舟;当中国学统坍塌颓毁,他是擎天一柱。因此,在世纪末的中国学界,陈寅恪成为一种象征,是学统的化身,引起夏中义乃至中国学界的共同反省:他为什么能够守住学统之堤而挡住了道统狂潮的百年冲击?答案是:他高扬人格而成"抗洪"英雄。夏中义用他的热情与理智铸造了陈寅恪这座精神偶像,使陈寅恪成为一种价值标准。[④]

在20世纪八九十年代众多的弘扬陈寅恪的著作中,陆键东的《陈寅恪的最后二十年》、吴定宇的《学人魂:陈寅恪传》(下称"《学人魂》")对引发1990年代中期那一拨"陈寅恪热"功不可没。

《学人魂》于1996年8月初版,印数5 000册,次年4月重印,印数9 000册。在出版业开始企业经营、纯学术著作出书越来越难的形势下,这个印数应该差强人意。该书出版后受到了广泛的好评,不仅被评为1996年度上海文艺、文化、音乐出版社十大优秀图书,而且还得到文化学术界好评。作者吴定宇凭借敏锐的学术眼光和对知识分子精神的叩问,再现了陈寅恪在社会动荡不安与文化机制的交替中,如何坚守自己的精神信念,勾勒出陈寅恪的心路历程与命运浮沉,抉示出陈寅恪在中国近现代学术史、思想史上最本质的核心价值——学人之魂。

---

① 夏中义《九谒先哲书》,上海文化出版社2000年版,第327—328页。
② 夏中义《九谒先哲书》,第53—74页。
③ 夏中义《九谒先哲书·目录》篇名后的提要。
④ 夏中义《九谒先哲书》,第431页。

作者在《学人魂》的结尾写道：

> 作为一位学人，陈寅恪上承清代朴学传统，又学习和借鉴现代西方人文科学的治学方法，加以独创的融铸，形成了他自成一家的研究学术的方法，拓展了二十世纪中国学术的研究领域，转移了一代学术研究风气。他的学术成就，代表了二十世纪中国学术研究学院派的最高水平。他在《清华大学王观堂先生纪念碑铭》中强调“士之读书治学，盖将以脱心志于俗谛之桎梏，真理因得发扬”。认为从事学术研究必须坚持“独立之精神，自由之思想”“思想而不自由，毋宁死耳”。这些主张，构成了他治学的灵魂，一直到死，都未曾改变。[①]

此外，相关书评对《学人魂》一书的价值、意义和对“学人魂”性质、特征的挖掘、阐述亦发人深省。1996 年，杨义撰写书评，认为此书“紧扣‘学人魂’的命题之处，是它在探寻传主人生踪迹之际，分阶段地、相当系统地剖析其学术渊源、治学动因和形成学术体系的关键所在，这就把‘学’与‘人’融为一体，而以一个‘魂’字点醒其精神特征”。[②] 同年，惠吉兴在书评中评议《学人魂》：“没有局限于个体的生活和学术历程，而是将陈寅恪视为一代学人的化身和一个时代学术文化的象征，正因为这样一层立意，就使本书的论述既有厚重感，又不乏新意。……人们从本书可以获得这样的启示：随着时代的演进，陈寅恪的学术建树也许会成为历史，但他的学术精神——‘学人魂’——却将历久弥新，不断促进中国学术事业的发展。”[③]1997 年，殷国明撰写书评，感慨“我们什么时候失掉了它(学人精神)，又什么时候能真正重建起来。……以‘学人魂’来为这本陈寅恪传定名，其实是再恰当不过了。所谓‘魂’，就是一种精神，一种给学术以历史生命和文化价值的内在品质。无论对于一个学人或者一代学术，如果没有了或者失去了这个‘魂’，无论如何虚张声势热热闹闹，提出什么样的新精神新口号，都只能是扭曲和被扭曲的产物。也许正是出于这种思考，定宇才更看重陈寅恪的精神人格”。[④] 同年，陈思和在阅读了《陈寅恪的最后

---

① 吴定宇《学人魂：陈寅恪传》，上海文艺出版社 1996 年版，第 268—269 页。

② 杨义《稳健博识铸学魂》，载氏著《晨窗剪霞：杨义学术随笔自选集》，福建教育出版社 2000 年版，第 239 页。杨义又有《世纪回眸陈寅恪——读〈学人魂：陈寅恪传〉》，载《读书人》1996 年第 22 期。笔者由于没有看到《读书人》所载原文，不知两文是否异名同质？

③ 惠吉兴《鸿儒 · 硕学 · 良师——读〈学人魂——陈寅恪传〉》，载《学术研究》1996 年第 12 期，第 97—98 页。

④ 殷国明《再写陈寅恪》，载《解放日报》1997 年 4 月 10 日。

二十年》《学人魂》之后所写的读后感中提到:“对现社会一般知识分子而言,极需从被称为‘学人魂’的寅恪先生身上所获的,不是其学术本相而是其为学之魂。”①

《学人魂》书名简洁明了,非常准确传神地概括归纳了传主陈寅恪的学术与人格的风貌、价值。陈寅恪作为史学的一代宗师和20世纪下半叶中国知识分子道德良心的楷模,“学人之魂”当之无愧。这个封号在1990年代的“陈寅恪热”中风靡一时,得到文化学术界的普遍认可。论者有言,“一种思潮是否流行,取决于时代需要它的程度”。30年前,人们呼唤“学人魂”,30年后,人们还在呼唤“学人魂”,“学人魂”奏响了时代强音。② 论者谓20世纪上半叶是鲁迅的时代,称之为“民族魂”;下半叶是陈寅恪的时代,称之为“学人魂”。鲁、陈双峰并峙,意义重大。③

第六节　发皇心曲苦讴吟

义宁陈氏恪字辈的衡恪、覃恪、隆恪、寅恪、方恪、登恪皆能诗,这是由两个因素促成的:一是他们从小诵读三百千千,文史经籍。吟诗作对,是他们的日课。时代大环境熏染,成天捧读典册,吟诗作对摇笔就来,犹如今日的孩童三四岁就会玩手机电脑。一是家族书香氛围所引,家里有一个旷代大诗人,接触的多是当世名公巨卿,想不子曰诗云都难。但除了隆恪的诗风有其父散原体的痕迹外,衡恪、寅恪、方恪、登恪均不写“同光体”诗,而是自写性情,自成风格。

寅恪不但能诗,对楹联亦情有独钟。他不仅本人对联写得很好,有几幅名联足以传世,也希望学生们能掌握这一传统的文学形式,如1932年为清华大学拟对对子考试题目,且自己一生都用文言文写作。他们这一代学者由于痛感国家学术的落后,希望把人文学科建设得像生物学、地质学一样,人文学者也要向科学家看齐。傅斯年入学术门后,从不写旧式诗文,也要求学生脱尽才子气,不写文言韵文。而李济在排斥旧诗文上走得更远,对人文学者题诗作对

① 陈思和《知识分子的民间岗位:几种陈寅恪的传记读后》,载《人民政协报》1997年12月1日。
② 见刘经富《关于陈寅恪的新史料》,载《中华读书报》2016年5月11日,第14版。
③ 见刘经富《“民族魂”与“学人魂”——关于鲁迅与陈寅恪的话题》,载《中华读书报》2022年7月21日。

不以为然,对陈寅恪以对对子为清华大学新生考试题目连褒带贬。[①] 幸亏寅恪作为世家子弟,没有疏离儒文素业,留下了不少人文底蕴深厚的名诗、名联、名文。若没有这批名篇佳构特别是用旧式文言文写的《纪念碑铭》《赠蒋序》这样的旷世雄文,其文史大师的声名与形象可能要打折扣。胡晓明认为"诗学是中华民族最重要的精神学问,如果一个大师没有诗学,多少有点缺少魅力,缺少资格"。[②]

一、陈诗的分期

陈寅恪诗作目前存有 258 题 316 首。全部诗作大致可以分为三个阶段:1910 年至 1937 年抗战开始;1937 年抗战后至 1949 年;1950 年至 1966 年。从 1910 年《庚戌柏林重九作》哀朝鲜亡朝诗,到 1936 年《吴氏园海棠》,27 年间只存诗 27 首。这固然与早年多未留稿有关,如《追忆游那威诗并序》所云:"游踪所至,颇有题咏,今几尽忘之矣。"[③]但另一方面,这一阶段陈寅恪主要精力用在求学和治学研究上,先赴欧美学习,后到清华任教。在许多学术领域既开风气,又作表率,发表了大量富有开创性的论著,因而吟咏不多。

第一阶段诗虽不多,却有极重要作品《王观堂先生挽词并序》。王国维自沉,给陈寅恪极大震动,所以一再表达哀思,挽词之外有挽诗,挽诗之外又有挽联。关于观堂挽词论者已多,而且认识似亦比较一致。陈寅恪挽诗中"敢将私谊哭斯人,文化神州丧一身"这两句可以概括陈寅恪当时总的思想感情。[④] 陈寅恪诗中多次以王国维比屈原,如"灵均""累臣""湘累",固因王氏自沉于水,

---

① 他在一篇文章中说,"记得清华大学有一次招生的国文题目,只是要考生对几副对子就可以完卷。这主意出于一位国际知名的教授。他的理由,据传说是:中国语文,无所谓文法,只是讲对仗而已;能对好对子,就会作好文章。这一议论曾引起教育界的广泛的注意。是否有人驳过他,我不知道。我个人相信,这是不容易驳的一个命题;因为它不但洞中窍要,同时也破了神秘的中国思想这个谜。两千年来中国的文学——自汉朝的词赋到清末的八股——只是一连串的好对子,我们可以看出来,读了书的中国人的思想,也只是一连串的对子思想"。"旧教育的核心是从写八股到对对子。沉浸在巧妙工仗对联中的心灵,不易接受逻辑思维。使用由对联塑定其结构和性能的文字,对推进科学思想会产生许多不便。"张光直主编《李济文集》第 5 卷,上海人民出版社 2006 年版,第 19、464 页。

② 胡晓明《说陈寅恪》,见氏著《文化的认同》,安徽教育出版社 2008 年版,第 120 页。

③ 陈寅恪《陈寅恪集 · 诗集》,第 4 页。

④ 俞大纲《寥音阁诗话》第十七条:"陈寅恪挽王观堂诗,罗雪堂推为哀挽诸作之冠,观堂之学,继往开来,生死大节,尤不苟且,寅恪此诗,独能阐扬其人,叙述其学,古今挽章罕见之作也。其诗托体长庆,而渊雅典切,文质并茂,介乎元白梅村之间,腴于元白,而无梅村跋扈腾踔之气,即此亦足觇寅恪之学行醇朴矣。此诗收入《王忠悫公全集》,此间颇少流传,特迻录之。并存其序言,以见观堂之所殉者,非流俗所持愚忠之说也。"俞大纲《俞大纲全集 · 诗文诗话卷》,第 172 页。

另一方面也是借屈原忠于楚主比喻清朝。但楚王也好，溥仪也好，"其所殉之道与所成之仁，均为抽象理想之通性，而非具体之一人一事"。[①]

1937年抗战后至1949年，12年中留诗82首。这12年中，陈寅恪颠沛流离，生活极不安定。1948年12月离北平南飞诗第一句"临老三回值乱离"，自注："北平卢沟桥事变、香港太平洋战争及此次。"三回乱离都在这一阶段。其次，陈寅恪目疾由轻而重，期间赴英医治无效，终至失明。国事方面，外有强敌侵略轰炸，内则政治腐化贪污，民怨沸腾，日本甫投降而内战即起。陈寅恪自然感慨万端，烦冤苦楚都出之于吟咏，"只余未死一悲歌"（1939年）了。除去抒发幽忧郁抑之情以外，时事在诗中的反映比第一阶段更为频繁与明显，如"看花愁近最高楼"（1940年）、"九鼎铭词争颂德"（1943年）、"自我失之终可惜，使公至此早皆知"（1949年）。而《哀金圆》（1949年）长诗明白点出"临安书棚王佐才"的王云五。对于日本投降、"满洲国"的覆灭、南北朝局势之可能出现、国民党借助美军等，皆有诗咏之。[②]

1950年至1966年4月，16年中共存诗214首。抒发感情之外，吟咏时事之作远多于前两阶段。这十多年中，陈寅恪"自处与发言亦极审慎，即不谈政治，不论时事，不臧否人物"（《吴宓日记》）。然却借诗篇议论时事，借吟咏臧否人物。北京解放后不久，范文澜老嘱周一良写信给陈寅恪，代他致意，陈没有回应。后来陈寅恪寄给周一良几首诗，嘱周转呈邓文如先生。记得其中有1951年的"八股文章试帖诗"一首。邓文如看后笑着对周一良说："这是陈先生的谤诗啊。"[③]

陈寅恪晚年诗篇中出现的所感受的客观环境与自己主观心态，1950年《经史》绝句中的7个字可以概括无遗："豁刻阴森惨不舒。"学术上的态度，1964年《赠蒋秉南序》中"默念平生固未尝侮食自矜，曲学阿世，似可告慰友朋"数语和赠蒋诗"俗学阿时似楚咻，可怜无力障东流"两句，是最明白不过了。1989年周一良在《我的〈我的前半生〉》一文中有"理解陈先生"一节，就是从陈寅恪赠蒋天枢的诗文得到启示，自信没有歪曲陈先生的用意。陈先生的睿智并未因失明而失去辉光。1966年1月《丙午元旦作》有言："一自黄州争说鬼，更宜赤县遍崇神。"5个月后就开始了"文化大革命"。[④]

---

① 周一良《从〈陈寅恪诗集〉看陈寅恪先生》，载《读书》1993年第9期，第132页。

② 见周一良《从〈陈寅恪诗集〉看陈寅恪先生》，载《读书》1993年第9期，第134页。

③ 周一良《从〈陈寅恪诗集〉看陈寅恪先生》，载《读书》1993年第9期，第135页。

④ 见周一良《从〈陈寅恪诗集〉看陈寅恪先生》，载《读书》1993年第9期，第136页。

二、陈诗的主题

对陈寅恪诗作的主题、内涵，研究者根据陈诗全部诗作的题旨和各自的理解，可以有多种分类。如可分为“讽咏时政”“感怀文化变迁”“写景纪游”“思亲怀友”。① 又可分为“情谊诗”“政治诗”“咏怀诗”“感时诗”“其他类”。② 这种分类的好处是全面，所有诗作都包含其中。但也有平面化、重点不突出的缺陷。

刘梦溪先生对此归纳、阐述得较好，他说：“陈寅恪先生的诗篇和他的学术著作一样，是他生命的一部分，展读之下有一股渊深磅礴之气和沉郁独立的精神充溢于字里行间。《诗集》中最早一首写于1910年，结束在1966年，时间跨度为半个多世纪，牵及百年中国众多的时事、人物、事件、掌故，释证起来，殆非易事。但《诗集》中有几组再三吟咏、反复出现、贯穿终始的题旨，这就是兴亡之感、家国之思、身世之叹和乱离之悲。……寅恪先生诗作……共329首，‘兴亡’‘家国’‘身世’‘乱离’四组词语凡四十六见，重复率如此之高，超乎想象。而且这些词语大都居于诗眼位置，反复咏叹，一往情深，实具有接通题旨的意义。就中缘由、委曲安在？兹可以断言：这四组词语背后，一定有寅恪先生内心深处幽忧牢结不得摆脱的‘情结’，以致于昼思夜想，萦回不散，吟咏之间总要自觉不自觉地流露于笔端。”③

李坚先生亦对《陈寅恪诗集》中“使用意义相反的悲、哀、愁、恨、怨、病、死、亡和喜、笑、欢、乐两组十二个词组的次数作了初步统计。结果前一组八个词共出现253次，后一组四个词共出现64次，而且使用与第一组词含义相近的凄、怆、伤、泪、哭、泣等词，次数亦复不少。这表明寅恪先生的诗绝大部分都带有浓重的悲观主义伤感色彩，而且始终不渝”。④

（一）乱离之悲

“乱离”之悲较易理解。寅恪先生少年正值近代中国大故迭起，社会发生剧烈变动时期。特别是中岁以后，1937年卢沟桥事变，日人占领北京，北大、清华等高等院校南迁，寅恪先生挈妻携女，下天津、奔青岛、至济南、转郑州、经长沙、绕桂林、过梧州、抵香港，一路颠沛流离，饱尝了逃难的苦痛。其夫人唐筼

---

① 见何嘉忆《陈寅恪诗研究》，湖南大学2016届硕士论文。

② 见沈美绮《陈寅恪诗之研究》，台南师范学院2002届硕士论文。

③ 刘梦溪《陈寅恪的“家国旧情”与“兴亡遗恨”》，载氏著《传统的误读》，第161、164页。

④ 李坚《〈陈寅恪诗集〉中的悲观主义色彩浅释》，载中山大学历史系编《〈柳如是别传〉与国学研究》，浙江人民出版社1995年版，第103—104页。

写有《避寇拾零》一文,记此次逃难的前后经过甚详。不久,太平洋战争爆发,寅恪先生又从香港避难至内地。好不容易盼到 1945 年抗战胜利,以为可以安心教学,谁知国共两党内战又起,结果 1948 年 12 月再一次离京南逃。所以有"临老三回值乱离"的感叹。

(二)家世之叹

陈寅恪心中始终萦绕着一种世家子弟情结,他在 1945 年作《乙酉冬夜卧病英伦医院,听人读熊式一君著英文小说名〈天桥〉者,中述光绪戊戌年李提摩太上书事。忆壬寅春随先兄师曾等冬游日本,遇李教士于上海,教士作华语曰:"君等世家子弟能东游甚善。"故诗中及之,非敢以乌衣故事自况也》:"故国华胥犹记梦,旧时王谢早无家。……万里乾坤迷去住,词人终古泣天涯。"[①]表面虽谦辞不敢以乌衣子弟自比,但诗中明显流露出对昔日世家消逝的哀叹。1957 年作《答王啸苏君》一诗云"死生家国休回首,泪与湘江一样流",[②]表达出同样的情感。其临终前最后一部著作《寒柳堂记梦未定稿》更把对家族的回忆、留恋、珍惜与感伤的情绪鲜明地体现出来……寅恪童年时读庾信《哀江南赋序》云"'昔桓君山之志事,杜元凯之平生,并有著书,咸能自序。潘岳之文采,始述家风;[③]陆机之辞赋,先陈世德。信年始二毛,即逢丧乱。藐是流离,至于暮齿。'深有感于其言"。陈氏在晚年仍拳拳眷顾于其久已消逝的世家,并耗尽其最后的生命能量为其家庭立传,其重视家族的思想可见一斑。这也是陈氏士族观形成的重要原因。[④]

(三)家国之思

陈寅恪系怀的"身世",蕴含着他们祖孙三代的极为深挚的"家国"之情。所以寅恪的诗中,在提到"家国"时,常常与湖南相联系,如"家国沅湘总泪流""死生家国休回首,泪与湘江一样流"等等。他父亲陈三立的诗,也每每"家国"并提,如"百忧千哀在家国,激荡骚雅思荒淫""旋出涕泪说家国,倔强世间欲何待""合眼风涛移枕上,抚膺家国逼灯前""茫茫家国梦痕存,片念已教千浪浣""泪边家国谁能问,杯底乾坤且自多"等等。据此可知义宁父子的"家

---

① 陈寅恪《陈寅恪集·诗集》,第 55 页。

② 陈寅恪《陈寅恪集·诗集》,第 127 页。

③ 陈寅恪著,陈美延编《寒柳堂集》,第 185 页。过去的书香之家非常在意子弟诵读《哀江南赋》,认为一个诗书之家应有家风。因该赋特别强调"潘岳之文采,始述家风;陆机之辞赋,先陈世德"。这与义宁陈氏非常重视门风祖德的传承又极为相似。1931 年,寅恪先生撰《庾信〈哀江南赋〉与杜甫〈咏怀古迹〉诗》一文;1939 年又撰《读〈哀江南赋〉》一文,晚年在《寒柳堂记梦未定稿·弁言》中,再次述及自己童年读《哀江南赋》时的情景,都与自己的家世有关。

④ 见杨树坤《陈寅恪士族观探析》,北京师范大学 2005 届硕士论文。

国”之思如出一辙。陈寅恪写于1965年的《乙巳冬日读〈清史·后妃传〉有感于珍妃事为赋一律》：

昔日曾传班氏贤，如今沧海已桑田。伤心太液波翻句，回首甘陵党锢年。家国旧情迷纸上，兴亡遗恨照灯前。开元鹤发凋零尽，谁补西京外戚篇。①

诗中以“家国旧情”和“兴亡遗恨”对举，完全可以视作陈寅恪全部诗作的主题曲。

（四）兴亡之感

寅恪先生的“兴亡”之感究竟缘何而发？首先，在寅恪先生笔下，“兴亡”二字不仅是历史和政治的概念，而且是文化的概念。1927年王国维自沉，寅恪先生的《挽王静安先生》诗中有“文化神州丧一身”句，自是从文化的角度哀挽无疑。而《王观堂先生挽词》的序文更强调中国文化具有“抽象理想之通性”。特别是后来所写的《清华大学王观堂先生纪念碑铭》一文中明确提出：“先生以一死见其独立自由之意志，非所论于一人之恩怨，一姓之兴亡。”严驳所谓“殉清说”。王国维尚且如此，寅恪先生的兴亡之感当然不是为一朝一姓所发。不仅如此，对党派私见，寅恪先生也素所深恶，因此《诗集》中有“唯有义山超党见”之句。其二，我们不要忘记寅恪先生是历史学家，他的敏锐而深沉的兴亡感，恰恰是他的史学天才的表现。因为历史就是事物发生发展、兴衰寂灭的过程。不只政权的更迭和社会制度的变迁，连人事、物态都有自己的兴衰史。看不到兴亡，不懂兴亡，不辨兴亡，就不具有成为历史学家的资格。

中国历史的特点，是王朝更迭频繁，而且每次王朝更迭都伴以社会动乱，经济遭受破坏，人民流离失所，统治集团的权力攘夺成为社会与文化的劫难。知识分子、文化人首当其冲，寅恪先生于此感受尤深。1950年5月，他在写给吴宓的信中说：“吾辈之困苦，精神、肉体两方面有加无已，自不待言矣。”②

职是之故，寅恪先生诗作中流露出来的“兴亡”之感，实具有非常丰富的精神历史的内容。而他使用的“家国”概念，亦超越了单一的政治内涵。传统社会的一家一姓的王朝体系既不能与家国画等号，那么政权的更迭也并不意味

---

① 陈寅恪《陈寅恪集·诗集》，第172页。

② 陈寅恪著，陈美延编《陈寅恪集·书信集》，第268页。

着国家的灭亡。①

（五）曲学阿世之痛

除刘梦溪概括阐述的以上四个主题之外，陈诗还呈现出另一个主题，即痛诋曲学阿世。

1949年后“去独立、去自由”的知识分子改造旨在“宗朱颂圣”，形同红色纲纪，恰巧与旧纲纪在晚近300年间构成前呼后应的“谱系对称”。②

陈寅恪最忌体制自上而下地挥舞“宗朱颂圣”和“改男造女”这两把板斧：前者用来“去自由”，后者用来“去独立”。③

“文章羞与俗雷同”，这本是一个纯正学人的角色自律，不然心虚，不用人家针砭，自己也会脸红。这又是一个现代学者应享有的“思想自由”，因为治学只有“为学不作媚时语”，才可能不雷同，出新意。④

1951年，陈寅恪作《文章》诗：

> 八股文章试帖诗，宗朱颂圣有成规。白头宫女哈哈笑，眉样如今又入时。

陈氏以八股文、试帖诗比喻当时官样化的文章。八股文不离孔子、朱熹的所谓圣贤之言，现代的“八股文”则不离马、恩、列、斯、毛的语录。“宗朱”的“朱”亦可兼喻中共的崇尚红色。1950年代初举世趋新，学者文人言必称马列，著述以引据马、列、毛的原文为尚，陈氏对此种风气极不以为然，⑤后来更在《对科学院的答复》中表示“不能先存马列主义的见解，再研究学术”。

1952年，陈寅恪作《项羽本纪》诗：“左转前行陷泽中，沐猴方始叹途穷。如何烂熟仪秦传，未读童瞳纪一通。”此诗实写张东荪。张以自由教授身份，1949年北平围城期间，当了说客，据说毛泽东曾说他是“北平解放第一人”。失去了学人魂独立性，投靠了权势，张是著名的大学教授，对中国文化有深厚

---

① 见刘梦溪《陈寅恪的“家国旧情”与“兴亡遗恨”》，载氏著《传统的误读》，第181页。

② 见夏中义《“文化神州”的心灵史记——对〈陈寅恪诗集〉作学术思想史新解》，载《文学评论》2013年第4期，第24页。

③ 见夏中义《“文化神州”的心灵史记——对〈陈寅恪诗集〉作学术思想史新解》，载《文学评论》2013年第4期，第20页。

④ 见夏中义《“文化神州”的心灵史记——对〈陈寅恪诗集〉作学术思想史新解》，载《文学评论》2013年第4期，第20页。

⑤ 见胡文辉《陈寅恪诗笺释》上册，广东人民出版社2008年版，第416页。

修养,饱读诗书,但在历史关键时刻,却成了苏秦、张仪一流角色。①

铺天盖地而来的皆是令陈寅恪头晕的党八股:“宗朱颂圣有成规”(1951年);“独讳尊贤信是真”(1952年);“文章惟是颂陶唐”(1953年);“更宜赤县遍崇神”(1966年)。其实质是“舆论一律”。对此,陈是看准了“座客善讴君莫讶,主人端要和声多”(1954年)。不难想见,当史学家目送一拨拨学者走出昔日书斋,走向广场,腰系红绸带,扭起秧歌舞之际,他碑石般孤傲的神情也不免掠过一丝孤苦。②

三、陈诗的面貌、特征

陈寅恪诗歌的总体艺术特征是沉郁遥深、婉曲悱恻,与其父亲散原老人生涩奥衍、排奡雄肆的风格不同。

周一良指出:“具有诗人气质者往往多愁善感。③ 我们当然不应以‘为赋新词强说愁’来看陈先生,但陈先生自青年至暮年五十余年的诗篇中,确是情调低沉抑郁者多,爽朗欢快者少。我想,主观上这是由于陈先生的性格所致,而客观上与他所处的时代环境及家庭背景有关。”④

程千帆指出:“寅恪六丈,当代通儒,余事为诗,亦复词采华茂,气骨清峻,而尤工于七言。古体掩有香山(白居易)、梅村(吴伟业)之长,今体则取法少陵,及玉溪(李商隐)、冬郎(韩偓)之所则效少陵者。”⑤

缪钺对陈寅恪诗作颇为钦仰。1988年他在回复江西一位诗人的信中写道:“晚近江西诗人自当推散原老人为巨擘,而我尤喜诵寅恪先生之诗。寅恪先生以学者而兼诗人,识解深邃,其诗能采义山之深美情韵而运以宋人疏宕之笔致,尤耐循诵。”⑥1991年他在回复一位近现代诗选的编者信中建议:“王静安、陈寅恪两位先生学问博大精深,久为海内外学者所公认。两家诗词亦造诣甚高。静安先生能运用西方哲学美学观点入诗词,开前人未有之境。寅恪先生以悲天悯人之怀,经沧桑多变之世,借诗歌以发其沉忧积愤,艺术风格亦兼

---

① 见谢泳《陈寅恪诗笺释二十九则》,载《名作欣赏》2012年第31期,第85页。

② 见夏中义《学术遗民情结的两代诗证——从〈陈寅恪诗集〉到钱锺书〈槐聚诗存〉》,载《学习与探索》2019年第1期,第153页。

③ 徐葆耕亦认为陈寅恪虽然以学者著称,但“其内心深层依然是诗人”。载氏著《释古与清华学派》,第79页。

④ 周一良《从〈陈寅恪诗集〉看陈寅恪先生》,载《读书》1993年第9期,第131页。

⑤ 程千帆、张宏生《七言律诗中的政治内涵——从杜甫到李商隐、韩偓》,载北京大学中国中古史研究中心编《纪念陈寅恪先生诞辰百年学术论文集》,北京大学出版社1989年版,第161页。

⑥ 缪钺著,缪元朗整理《冰茧庵论学书札》下册,商务印书馆2014年版,第292页。

融唐宋。望尊《选》多收入两家作品。”①

邓小军亦指出陈寅恪诗“融汇少陵之沉郁，义山（李商隐）之绵邈，子山（庾信）、牧斋（钱谦益）之遥深，悱恻芳馨，蕴涵无穷”。②

胡晓明指出：“一代学术宗师陈寅恪，生前留下了旧体诗二百余首，世称‘寒柳诗’。‘寒柳诗’出入唐宋，寄托遥深，境界尤高，是近人旧体诗中真正传世之作，研究中国知识分子的心灵境界和中国文化的近代命运之关系，不可不先了解陈寅恪，了解寒柳诗的境界。”③

在中外矛盾尖锐、国内政局动荡、文化世代更替的时代背景下，陈寅恪诗作对现实的关注决定了它所表现的情感与社会变迁息息相关，有受外部条件驱动的一面。在现实上陈寅恪要面对国内外交困的战乱局面，奔波流离、困厄苦愁是时代的背景色；在精神上要面对失却了熟习、认同的文化环境，有士人失怙之感。这种种现实的因素使陈寅恪的诗作始终萦绕着凝重的氛围，有如陆机的“伊我思之沉郁，怆感物而增深”，悲慨而苍凉。

陈寅恪作为一位世家子弟、史学大师，是有使命感的。虽然他未曾自称大师，但他所拥有的社会资源与学识使他具有不一般的影响力，即使不在当时突显，也会在后世浮现，这也倒逼着他对社会有着更多的关注。陈寅恪超脱于自身的、对社会与士林的关注，使他的诗歌主题广远博大，多有对现实的批判，如杜诗那样着意诗歌的“美刺”。而作为史学家，他在诗歌的表现上以历史连贯现实，用典频繁，④几无一字无来历，为他对现实的剖析增添了厚度与深度，使陈诗风格尤为深沉厚重、寄托遥深。

---

① 缪钺著，缪元朗整理《冰茧庵论学书札》下册，第 344—345 页。

② 邓小军《现代诗词三大家：马一浮、陈寅恪、沈祖棻》，载《中国文化》2008 年第 1 期，第 98 页。

③ 胡晓明《寒柳诗的境界》，载《学术月刊》1995 年第 7 期。

④ 诗人们往往以用典加大有限字数内的意义密度，使诗歌更添浓郁厚重的风味，陈寅恪亦是如此。此外他还追求同时以时下今典入诗，在有限的喻指中编织出古典今典混同的意义网络，使诗作具有古典、今典的两重解读。他在《读〈哀江南赋〉》一文中写道：“用古典以述今事。古事今情，虽不同物，若于异中求同，同中见异，融会异同，混合古今，别造一同异俱冥、今古合流之幻觉，斯实文章之绝诣，而作者之能事也。”（陈寅恪著，陈美延编《金明馆丛稿初编》，第 234 页）陈寅恪曾言：“诗若不是有两个意思，便不是好诗。”陈寅恪作诗追求词意多重指向，古典今典融会重叠，达到字面义与寓意皆通的效果，即不知典故的人能作一种解读，知典故之人又能读出背后的意蕴。陈寅恪诗之沉郁、绵邈、悱恻是互为支撑的几个侧面。其诗主题厚重宏大，表达手法曲折幽深，“意在笔先，神余言外”，欲语还休，缠绵反复，“终不许一语道破”，所言皆有寄托，意在美刺，因而形成深沉蕴藉、绵邈遥深的诗风。见何嘉忆《陈寅恪诗研究》，湖南大学 2016 届硕士论文，第 30—31 页。

四、陈诗的价值

陈诗无疑是中国近现代文化遗产的重要内容，它在文学史、思想史上的价值越来越为人注意。陈诗跨越的时代是中国社会发生重大变革的时期，它的意义相当丰富。陈赠其夫人诗句有言："脂墨已抄诗作史。"可见陈先生的诗不仅言志，也是他（至少后半生）行藏出处的记录。①

夏中义甚至置陈寅恪为当代旧体诗之榜首，理由是"其旧体诗作为心灵处的证词，最切近、最深挚地亲证了诗人自清末、民国至共和国（尤其是其生命'最后二十年'），如何活出足以标志现代学人精神的纪念碑式的崇高与悲怆"。②

但学界也有人对陈诗不以为然。钱仲联曾评点陈寅恪诗："寒柳亦能诗，而功力不能与其兄衡恪、隆恪敌，亦非如其季方恪诗之风华绝代也。其名篇即挽观堂之长庆体长诗，身处共和，而情类殷顽（遗老、遗少之意）。其余短章，时羼酬应牵率，且有猥托贞元朝士之感③者，皆张茂先我所不解④也。"⑤

钱氏当时所看到的陈诗是附录在蒋天枢编、上海古籍出版社1980年版的《寒柳堂集》后面的一百余首陈诗，还是看到了陈寅恪女儿编的清华大学出版社1993年版的《陈寅恪诗集》（编者1991年已编好）的三百余首陈诗，不得而知。一百多首也好，三百多首也罢，从其评点中，反映出他没有看出陈寅恪诗作的大价值，识见一般，还是政治标准第一。

徐梵澄对陈寅恪诗作评价亦不高，"说起陈寅恪的诗，我（指与徐梵澄交谈请益者）说，总觉得一派悲慨愤懑之气，发为满纸牢骚。先生说，精神之形成，

---

① 王仲荦非常强调研究史学应当知道欣赏文学，一再对陈寅恪诗作给予高度评价。见洪廷彦《怀念金兆梓、傅振伦、王仲荦三先生》，载中华书局编辑部编《我与中华书局》，中华书局2002年版，第327页。

② 夏中义《中国当代旧体诗如何"入史"——以陈寅恪、聂绀弩、王辛笛的作品为中心》，载《河北学刊》2013年第6期，第20页。

③ "'贞元朝士'语出刘禹锡《听旧宫中乐人穆氏唱歌》：'曾随织女渡天河，记得云间第一歌。休唱贞元供奉曲，当时朝士已无多。'这是刘禹锡坐王叔文党案南贬，二十多年后归朝所发的世事沧桑之感。后代用为习语。"蒋寅《世间文字慎嗤点》，载《中国图书商报·书评周刊》2001年12月6日。

④ 按："张茂先我所不解"语出《世说新语·品藻》，又见《晋书》卷六九《刘隗传》。刘隗伯父纳，有人伦鉴识。初入洛，见诸名士而叹曰："王夷甫太鲜明，乐彦辅我所敬，张茂先我所不解，周弘武巧于用短，杜方叔拙于用长。"钱仲联将寅恪先生比作张华，说寅恪先生的心态他很难理解。

⑤ 钱仲联《近世名家诗词平亭——饶宗颐〈选堂诗词集〉序》，载《苏州大学学报》1992年第2期，第50页。

吸纳于外，以寅恪之祖、之父的生平遭际，以寅恪所生活的时代，不免悲苦、愤慨集于一身，而痛恨政治，世代虽变，但人性难变，所痛所恨之世态人情依然。寅恪不满于国民党，亦不满于共产党，也在情理之中。其诗作却大逊于乃（其）父，缘其入手低，——未取法于魏晋，却入手于唐，又有观京剧等作，亦觉格低，幸而其学术能立，否则，仅凭诗，未足以立也”。①

萧公权认为陈寅恪“乃卓绝之史家，然未必为优越之诗人；其论诗笺诗虽多胜义，然以较其在史学上之成就，则殊有逊色”。②

按义宁陈氏世家八九部诗集，以散原精舍诗集、寒柳堂诗集价值最高。陈三立自创了“散原体”，他那生涩奥衍、恣肆沉雄、“上薄风骚气独苍”的诗风，展现了他所处时代的落暮景象，塑造了“神州风云袖手看”的名士形象，吐露了“余作前儒托命人”的曲折心事。陈寅恪心系学术，偶出绪余，从事吟咏，所谓“余事作诗人”。但他学识渊博，思虑深沉，学术地位崇高，与当世重大社会事件、学界秘辛、人物沉浮都有关涉。发言为文，都有本事。所谓“圣人道大能亦博，出其余技可惊人”，其诗价值不在诗艺，而在思想、道义、心曲，折射出“一生负气成今日，四海无人对夕阳”的大儒气象，“是非谁定千秋史，哀乐终伤百岁身”的巨子心声，具有人格、人性的审美魅力。

五、陈诗的后世相知

陈寅恪自信自己未尝侮食自矜、曲学阿世，其人其学不会湮没。他在诗作中多次申言“余生所欠为何物，后世相知有别传”（1946 年），“今生积恨应销骨，后世相知傥破颜”（1962 年），“今生所剩真无几，后世相知或有缘”（1963 年）。

果然，在他谢世、沉寂了几十年后，文化学术界掀起了“陈寅恪热”，成为世人瞩目的文化现象。关于他的生平事略、学术成就、人格精神、诗作对联都有系统的研究著作、文章面世，蔚为壮观。对其诗作的研究、阐发虽然稍晚一些，但骎骎然有平分秋色之势，产生了众多专著、专文与几位前沿专家。

1981 年，蒋天枢先生在整理编辑《陈寅恪文集》之一的《寒柳堂集》文后附录了《寅恪先生诗存》，首次披露了陈寅恪晚年诗作。国内学界对这些诗作反

---

① 扬之水、陆灏《梵澄先生》，第 76 页。

② 汪荣祖《史家陈寅恪传》附录《萧公权先生与作者论陈氏书》，转引自刘梦溪《以诗证史　借传修史　史蕴诗心——陈寅恪撰写〈柳如是别传〉的学术精神和文化意蕴及文体意义》，载《中国文化》1990 年第 3 期，第 102 页。

应迟缓，海外的学人却受到极大震动，发表了一批研究、解析陈寅恪晚年心境的文章，其中以余英时的文章影响最大。他于1983年元月到1985年10月在香港《明报月刊》发表了《陈寅恪的学术精神和晚年心境》《陈寅恪晚年诗文释证》《陈寅恪晚年心境新证》《古典与今典之间——谈陈寅恪的暗码系统》《“弦箭文章”那日休?》等五篇近十万字的文章。[①] 引起大陆的托名冯衣北（刘斯奋）的反驳，发表了《也谈陈寅恪先生的晚年心境——与余英时先生商榷》《陈寅恪晚年心境的再商榷》两篇长文。冯衣北旋即将自己的文章、余英时的五篇文章作为附录结集出版。[②] 但当时国内“陈寅恪热”的大潮还没有到来，因此这本书当时在读书界影响并不大。直到1996年，陆键东在《陈寅恪的最后二十年》一书中披露胡乔木组织力量驳斥余英时的论说，此书才大范围进入文化界视野。吊诡的是，此书的主体文章反而不如附录文章影响大。

余先生为陈寅恪诗的研究提供了一种方法，认为循陈寅恪治诗方法还治其诗，最能体悟陈寅恪的原意。陈寅恪推崇杜甫的“诗史”；用诗史互证之法笺释元白诗与钱柳因缘诗，注重古人诗文中所寓之时事，“古典今情”双管齐下。余英时以陈解陈，提出陈寅恪的诗作有暗码系统之说，以内证法拈出今典，辨其寄托，创获甚多，且有金针度人的方法论指导意义。“虽个别地方或许失于求之过深，近乎穿凿，但就总体说来，这部《释证》是触及陈先生心事的，是研究晚年陈寅恪的人不可不读的。”[③]

此后，释读陈诗的集大成者为胡文辉，他撰写出版了《陈寅恪诗笺释》上下两册。[④] 胡著对现存的陈寅恪诗作做了全面的笺释，尤重结合近代史进行“今典”的挖掘，所引史料非常丰富，诗史结合紧密。与余英时的著作相比，胡著更为细致详尽，体大思精。[⑤]

---

① 后收入余英时学术论文集《陈寅恪晚年诗文释证》，东大图书股份有限公司1998年版，2011年增订再版。

② 冯衣北《陈寅恪晚年诗文及其他——与余英时先生商榷》，花城出版社1986年初版，1998年再版。

③ 周一良《从〈陈寅恪诗集〉看陈寅恪先生》，载《读书》1993年第9期，第135页。

④ 广东人民出版社2008年初版，2013年再版增订本。

⑤ 胡著也有个缺陷，即《目录》不按陈诗的原题列目，而是按自己对陈诗主旨的理解拟定标题，例如《北朝》一诗，胡文辉拟题为《左翼知识分子与延安》，读者在该书《目录》上怎么也找不到《北朝》这首诗在哪一页？这样处理《目录》带来的问题，一是与清华大学版或三联版《陈寅恪诗集》的《目录》不配套。二是这种杂感随笔式的拟题减弱了学术著作的严谨性。三是在文献学上，这种现象称为“篇名项”著录失实。若干年后，后人有可能误将《左翼知识分子与延安》作为陈寅恪的某首诗的题目著录，成为辨伪的案例。

余、胡之后，又有谢泳致力于陈寅恪晚年诗作“今典”①出处的挖掘笺释，已完成六十多首，在余、胡释读“今典”的基础上更上层楼。他自述心得体会：“陈诗有个特点，凡诗题标明古典的，今典都极晦涩，而标题不出古典，则知古典大体即能判断今典。如诗题《项羽本纪》，等于明示本意肯定即在此文本中。如不能寻得今典，则完全无解，而一旦寻得，则不难索解。”“寅恪为文，极有智慧，他字面叙说与实际所咏极为贴切，但字面又毫不扣关，正是这个技巧，让解陈诗的人常感困惑，而一旦解开，则陈诗全部明白如话。”“解陈诗，有个前提，就是对引发陈诗写作的时代事件要有基本判断。诗言志，陈诗多是由当时中国社会事件引发的感慨，中心在政治、文化、自己早年的学生变节及高级知识分子的进退出处上。”近年他将自己历年来发表的解读陈诗文章结集出版。②

余、胡、谢三家外，尚有刘梦溪、朱新华、邓小军、夏中义、高阳、程巢父、李海默等对释读陈诗亦有贡献。③

1949 年后，陈寅恪的研究、写作实际上形成了两幅笔墨。他一边写作自己擅长的考据著作如《柳如是别传》以应对“唯物史观派”史学一统天下的现实，1957 年在给一位友人的信中表示自己决不用“太史公、冲虚真人”的史观来研究历史，④不随时势附会新说。一边用序、跋、诗作抒发对高级知识分子变节及名流大佬出处进退、曲学阿世的忧愤。职是之故，陈寅恪晚年诗作用重重“古典”包裹“今情”，余英时称之为“一环套一环的‘暗码系统’”。这套暗码系统是否真的存在，历史真相及诗人原意如何？仍需后世相知埋头考证、发皇心曲。⑤

笔者 1995 年写过一首《读余英时〈陈寅恪晚年诗文释证〉》旧体诗，现移录在这里作为本节的结束语：

诗乃卿家事，传薪映古今。忍逢天地坼，变徵发悲喑。
日落挥秦瑟，风萧奏楚音。解人握灵钥，心史抉幽深。

---

① 朱新顺先生说：“还有一类注释，恐怕是现代文学领域特有的也是最难的，那就是为涉及的同时代人作注，为提到的事件、文章作注。这或可称为今典。这类注释是较为特殊的，也是更为重要的。……因为今典是一般工具书查不到的。”载氏著《新文学资料引论》，北京语言学院出版社 1986 年版，第 78 页。

② 谢泳《陈寅恪晚年诗笺证稿》，秀威资讯科技股份有限公司 2019 年版。

③ 参见刘上林《“力振前文觉道孤，耻与流辈论荣枯”——论陈寅恪的诗》，载氏著《20 世纪中国学人之诗研究》，安徽教育出版社 2005 年版。

④ 见陈寅恪致刘铭恕函，载陈寅恪著，陈美延编《陈寅恪集·书信集》，第 279 页。

⑤ 见陈永正《诗注要义》上册，第 253 页。

第九章　园丁巨匠——陈封怀

第一节　家 学 转 型

一、求 学 简 历

陈封怀，字时雅。陈衡恪次子。光绪二十六年（1900）四月十八日子时生于南京。[①] 刚满月，五月十八日，母亲范氏因产后蓐劳去世。父亲陈衡恪1901年就读上海法国教会学校，1902年又赴日留学。1906年虽续娶汪春绮，但汪氏并未与夫家大家庭一起生活。1909年父亲回国，1911年与汪氏居南通，1913年秋迁居北京。所以封怀是在以祖父母为中心的南京大家庭里长大的，幼年丧母，父亲疏于照顾，在大家庭的磕磕碰碰中，也给封怀幼小的心灵带来隐痛。

陈封怀开蒙上学的情况，由于资料缺乏，所知不是很详细。从他晚年对南京家塾的回忆描述来看，应该上过思益小学堂。[②] 开蒙入学时祖父陈三立曾送给他一方刻着“知白守黑”格言[③]的砚台。陈封怀的中学也是在南京读的，1919年至1921年就读于金陵中学，其日后成名事迹载于南京市金陵中学建校120周年校庆纪念文集《桃李坐春风》上编《校友风华录》第86—89页（南京大学出版社2008年版）。

1922年，陈封怀从金陵大学的附属中学——金陵中学毕业，[④]升入金陵大

---

① 据修水怀远陈姓民国三十二年（1943）六修《义门陈氏宗谱》，此日期可证陈三立挈家迁居南京的年月。

② 见蒋天枢《陈寅恪先生编年事辑（增订本）》，第19页。

③ 语出《老子道德经》第二十八章：“知其白，守其黑，为天下式。”

④ 光绪十四年（1888），美国基督教美以美会在金陵干河沿1号（今中山路169号）创建汇文书院。书院内设博物院（文理科）、医学馆（医科）、圣道馆（神学）等。光绪十八年（1892），汇文书院分为大学堂、中学堂、小学堂。1910年，汇文书院与宏育书院合并为金陵大学堂，中学堂更名为金陵大学附属中学（简称金大附中）。

学农学院植物农艺科。[①] 至1924年，因闹学潮，次年转学东南大学农科植物系，1926年毕业。在读期间，受到植物学家陈焕镛先生[②]、胡先骕先生[③]的引导，对植物学产生了浓厚的兴趣。[④] 他本来是想学文科的，但遭到父亲的反对，最终走上了从事植物学研究的道路。1927年至1929年，他先后在上海吴淞中国公学、辽宁沈阳文华中学任教；1929年至1930年在清华大学农学院生物系任助教，未婚妻张梦庄在清华大学西洋文学系学习。[⑤]

至此，封怀的人生道路与事业方向已基本确定。他没有像自己的父辈那样，成为治中国文史的学者专家，虽然在这方面陈家有着深厚的家学渊源。陈家第七代"封"字辈，除陈小从习传统文史外，其他的均习新学。陈衡恪长子封可习德语，三子封雄习新闻，六子封猷习化学；陈寅恪长女流求习医，次女小彭习生物，三女美延习化学；陈登恪之子星照习工程技术。从旧学、新学的转变过程中，我们可以感知风气转换、学随世变的脉息运会。

由于陈封怀的青少年时代是在南京度过的，所以他得以经常参与大家庭的活动，与几位叔叔关系密切。1914年至1918年，隆恪、寅恪、方恪、登恪在家相聚较多，加上封怀，一家人常游览金陵的名胜古迹。见于文字记载的有1917年8月21日，祖父散原老人携寅恪、登恪、封怀游燕子矶，写有七古长诗纪游；

---

① 金陵大学的前身是由在华传教士创办的汇文书院（1888年创办）、宏育书院（1907年创办，由1891年创办的基督书院和1894年创办的益智书院合并而成），1910年合并为金陵大学堂。金陵大学设有文、理、农三学院，"三院嵯峨"。1952年全国院系调整，金陵大学文、理两学院和当时的南京大学（其前身是国立中央大学）文、理两学院合并，并以此为基础，在金陵大学原址组成了今日之南京大学（鼓楼校区）。农学院与南京大学农学院合并成立南京农学院（今南京农业大学）。后又将原南京大学、金陵大学森林系合并成立华东林学院（今南京林学院），金陵大学实际存在64年。见金陵大学南京校友会组编，张宪文主编《金陵大学史》，南京大学出版社2002年版。

② 1919年从美国留学回国，1920年应聘任金陵大学林学系教授，1923年春转至东南大学任教，1927年在广州中山大学创建农林植物研究所，并任所长。

③ 1925年秋从美国留学回国，任东南大学农林科教授。

④ 当时陈焕镛、胡先骕在该校传授植物分类学和树木学，良好的科学环境和优秀的师资力量，使得学习生物学成为一种风气。欧阳翥1935年撰《南京高师与生物学》一文对南高生物学的发展历程和盛况做过总结：当时学习生物学成为一种风气，很多人都想看看生物学研究者的模样。生物学是全校各系的必修课，以它为专业的学生越来越多，而且受老师们的影响形成勤奋刻苦的学风。生物学就这样逐渐繁荣了起来。见胡宗刚《中国植物学先驱胡先骕》，山西人民出版社2019年版，第36页。

⑤ 《清华周刊》第31卷第465号第98页（1929年6月15日）载录陈封怀居住、通讯地址："北平城内麻豆腐作坊五号。"吴宓1928年1月8日记："是夕6—7（时）复为张孟庄女士（陈师曾夫人之姨侄女，其子封怀之未婚妻，胡徵之意中人也）代作历史考试答案（英文）。复于晚八时送往麻豆腐作坊陈宅，交付其人。又晤陈师曾夫人及陈封怀君。"九日记："晨七时半，至麻豆腐作坊陈宅，偕胡牧、陈封怀同乘电车人力车归校。宓导陈封怀至南院见寅恪。"吴宓著，吴学昭整理注释《吴宓日记》第4册，第6—7页。

1918年3月,隆恪、寅恪、登恪、封怀游牛首山。

封怀在"封"字辈中年龄较长,与祖父母和几位叔叔在一起接触较多,故他对家族中的往事比陈家其他后裔了解的更多些。20世纪八九十年代"陈寅恪热"后,他的回忆录(封怀口述,堂妹小从笔录整理)成为研究陈寅恪的第一手资料,蒋天枢《陈寅恪先生编年事辑》引录颇多。[①] 可惜他不业文史,不做考据,许多与陈氏家族相关的有价值的史料都湮没无闻了。"陈寅恪热"起来后,他曾慨叹如果大哥封可在世就好了,大哥知道的家族往事比八叔登恪知道的还要多。

二、婚姻、家庭

陈封怀年轻时,二姑新午曾想做媒把他与姻亲俞家表妹俞珊(1908—1968,俞明震孙女,俞大纯之女)撮合成亲,俞珊亦曾示好于他,但他婉拒了。[②] 后遇继母黄国巽的外甥女张梦庄(1909—1978),二人遂亲上加亲,携手结缡。

张梦庄的母亲黄国厚(1883—1967),年少时受维新思想影响,主张男女平等,曾在影珠女学堂读书。[③] 光绪三十一年(1905),湖南巡抚端方奏准选派第一批湖南女留学生出国,计20人,其中女生大多为第一女学和影珠女学的学生,由黄萱祐领队,国厚与妹国巽随堂姊萱祐同时出国。在日本东京青山实践女校师范科学习美术。光绪三十三年归国后,她立志从事职业教育,先在影珠

① 蒋天枢《陈寅恪先生编年事辑(增订本)》"1911年"条第31页:"先生在家,与侄封怀同住一室,暇则偕同出游。"侄封怀《回忆录》:"最初和六叔接近,是在我十三四岁的时候,那时我家由南京迁往上海,我和他同住一个房间。当时他正由欧洲回国,由于他不善讲上海话,所以每当他想出去,或者办什么事,总要拉我同去,让我给他当导游兼翻译。"第39页:"第二次和六叔在一起是在南京。他刚从湖南长沙回来。那时,我正在金陵大学农学院就读,他送了我一册原文本的《莎士比亚集》,据说是他以前在英国读过的。里面每个剧本后面都写有他的评语(是用文言文写的),在那时,我们叔侄二人经常谈论欧洲各国的历史及文学等。他在欧洲,特别是对英、德、法语言文字学术,有深入的理解。"

② 李春晓在《树和它的年轮——记我国著名植物学专家陈封怀》一文中提到封怀大学毕业后,他青梅竹马的女友要求他与她同赴法国研习绘画。但封怀一心一意想着去探索大森林,终于拒绝了。汪国权在《园林无处不为家》一文中提到与陈封怀同在白下街一起长大,同在一盏灯下学习绘画的女友,去法国留学,邀他同去,并有可能继承女友父亲在国外的遗产,但陈封怀舍不得他心爱的植物学而放弃。此女友不是俞珊,另有名媛。

③ 黄氏宗族黄琼、黄萱祐姊妹,联合亲族黄锳(辛亥首义同盟会员)、黄为焯(国厚父亲,监生)、黄亨理(贡生)、陈保彝(举人)、黄国芝等,捐集私财,于1903年在影珠山下西冲樟树脚下黄锳私宅开办影珠女学。学生仅十余人,皆黄姓戚族女子,后更名为黄氏家塾。见黄曾甫《湖南最早的乡村女学堂》,载中国人民政治协商会议湖南省委员会文史资料研究委员会编《湖南文史资料选辑》第20辑,湖南人民出版社1986年版,第202页。

女学堂任教。后与童澹村、周鼎芳等创办明耻小学堂。辛亥革命后童、周相继去世,黄国厚接任校长。她将学校迁长沙城内,改名衡粹女校。设刺绣、缝纫、美术三科,附设工场,开女子半工半读之先例,为女子就业、服务社会做出了示范。时南北军阀混战,教育经费不时中断。黄国厚不顾艰辛,输财告贷;亲自绘制图案画册请商务印书馆发行出售,又携学生刺绣成品在京沪举行展销。筹得经费,衡粹女校赖以维持不辍。黄国厚办学,以校为家,治校严谨。1927年因病辞去校长职务,仍任校董事会董事长。抗日战争时期,湖南大学迁辰溪,校长胡庶华邀请黄国厚任湖大子弟小学校长,办学成绩斐然。黄国厚与徐特立、蔡畅、李维汉、张蕴、章士钊有交往。1952年来北京拜访老友,时徐特立任中央文史馆馆长,次年安排她任中央文史馆馆员,遂寓居北京,1967年2月在北京去世。丈夫张长茂,湖南武冈州人,①属姨表亲。生子张光华,②女张梦庄。

张梦庄嫁到陈家后,颇得陈家上下尊敬,成为陈封怀的"贤内助"。这里抄录陈封猷、陈小从给笔者函,以见其贤淑:

> 关于二嫂张梦庄,她是姨母黄国厚的女儿,1909年生于长沙。1923年我父亲去世后,我母亲极端痛苦困难,姨母便从长沙来京陪伴母亲,后来张梦庄也从长沙来京,就读于北京师范大学附属女子中学,住在我家,后经五婶(喻婉芬)介绍互看相片,双方同意与二哥封怀订婚。1928年,张梦庄中学毕业后考入清华大学西洋文学系,当时,封怀在清华大学生物系任助教(后转职北平静生生物调查所任研究员),1932年夏,两人喜结连理。二嫂是个才女,文学、美术、音乐、体育均爱好。中英文水平很高,③二哥许多中英文作品多经她润色过,能画西洋水彩画和国画花卉,拉得一手小提琴,曾是清华大学篮球、排球梯队队员。1933年曾代表北平市赴南京参加全国运动会排球赛。二嫂为人新旧兼备,颇得祖父及众叔婶的好评,惜1933年染上肺结核病,抗战时间颠簸流离,营养匮乏,病情加剧。1978年在广州发病去世。(陈封猷函)

---

① 见长沙《汀龙黄氏族谱》第10册,1942年六修。

② 知名化工陶冶专家,毕业于清华大学,留学美国麻省理工学院。曾任广州华南化工学院教授。1930年代,张光华任湖南大学工学院化学系主任时,随校迁辰溪,迎母奉养。

③ 1963年,陈封怀参加国际植物园大会并访问非洲四国归来后,张梦庄根据封怀口述,写了《西非游记》十余篇,在《羊城晚报》上连载。一次夫妇俩去中大探望六叔寅恪,寅恪说:听读了《羊城晚报》上连载的文章,仅据文笔,就知道是梦庄所写。见吴应瑜《陈寅恪家族旧事》,第240页。

> 梦庄嫂既贤淑能干，又多才多艺，她对封怀哥在事业上起着举足轻重的作用。她是封怀继母黄国巽姊姊黄国厚之女，比封怀小 9 岁。1933 年在清华大学外语系毕业。结婚后，即随夫各地迁流，因患肺结核，故参加工作时断时续。主要是襄助封怀写论文等。她兼擅绘画，与封怀时常共案挥毫，有时也替封怀的植物论文画插图，我这辈人对这位二嫂是非常敬重的。（陈小从函）

散原老人陈三立 1937 年 8 月（阴历）去世后，张梦庄写了《思祖翁散原老人》《松门别墅》两篇纪念文章，为后人留下了珍贵的第一手资料。可惜她惜墨如金，写得太少。

陈封怀、张梦庄生二男：贻松、贻竹。贻松 12 岁时不幸夭殇，贻竹现为华南植物所研究员、博导。

第二节　中国植物园事业的先驱

一、加入北平静生生物调查所

1930 年是封怀一生中具有转折意义的一年。他当时与六叔寅恪同在清华大学任教。在世人看来，任教清华，是很荣耀的。但是，在我国现代植物园事业几乎是一张白纸的情况下，陈封怀告别了大学讲坛，来到了创办不久的北平静生生物调查所工作，受到时任静生植物部主任、我国近代植物学重要奠基人之一的胡先骕的指导。

北平静生生物调查所是 1928 年由动物学家秉志与植物学家胡先骕在尚志学会和中美文化基金会的资助下创办的，是中国早期独立科研机构的佼佼者。为了纪念中国早期教育家范源濂，遂以他的字号“静生”命名此所。静生所是中国生物学发展进入现代生物学初期所创建的一所最大也是最重要的研究机构。它最终于 1949 年并入中国科学院，结束了其独立运作的历史。但在它存世的短短 20 年间，静生所取得了辉煌成就，为中国生物学赢得了广泛的国际声誉。静生所良好的研究环境，吸引了国内一流的学者，如蕨类植物分类学家秦仁昌、树木学家郑万钧、藻类学家李良庆等，其研究都在该所得到进一步的拓展。静生所培养了一大批优秀的青年科学家，成为中国生物学各个领域的中流砥柱。唐进、汪发缵、俞得浚、蔡希陶、秦仁昌、郑万钧、陈封怀等皆依此培养而成为各自领域的著名专家。①

陈封怀在静生生物调查所，主要的工作是“调查”。他不是外出采集标本，就是上山采集种子，还受胡先骕的委派，骑着小毛驴到香山、妙峰山等地考察挑选植物园的园址。但都因各方面条件的限制，怅然而返。

植物园顾名思义就是植物的园地，但它又不同于一般的公园，它的职责与任务是通过发掘植物资源、自然资源与人文资源，使之成为科研体系健全、科普内容丰富、规划布局合理、园林景观优美，集科研与观光休闲为一体的景观园地。这里的所有植物都是为了研究和普及植物科学而种植的。因此植物园是以植物学理论结合农林园艺和城市绿化工作的一个科学研究机构，它的主要任务是通过引种驯化栽培实验，研究国内外植物学的进步，从而扩大植物资源在发展国民经济建设中的积极作用。世界上科学发达的国家无不有植物园的设立，远在 17 世纪，欧洲各国植物园事业已有相当发展，至 18 世纪以后，植物园事业不仅限于欧洲一角，美、亚两洲亦相继发展。例如英国的邱园，德国的柏林植物园，印度尼西亚的茂物植物园，日本的东京植物园，美国的纽约植物园和阿诺树木园，皆为世界知名、规模宏大的机构。②

现代意义的植物园，是收集、保存、研究、利用植物，且在种类上具有相当规模的大型基地，亦是具有园林外貌和科学内涵的科普教育园地。西方在文艺复兴达到高潮的 16 世纪，在文艺复兴运动发端的意大利，率先出现了比较正规的植物园，1544 年创立了波杜瓦植物园和比萨植物园。此后，随着植物学的进步，植物园逐年增加，分布范围日益扩大，进入 20 世纪，总数跃增至四五百座，其中，英国皇家植物园——邱园，收集植物近五万种，举世无双。③

---

① 见胡晓江《从北平静生生物调查所谈青年科学家的成长》，载《今日科苑》2016 年第 2 期。

② 见陈封怀主编《庐山植物园栽培植物手册·前言》，科学出版社 1958 年版。植物园是一个外来语，源于英语 botanical garden 或 botanic garden，原意是“植物学的园地”。世界上第一个植物园是 1545 年在意大利建立的帕多瓦大学药用植物园，到 2005 年，植物园保护国际统计全世界约有两千四百多个植物园。据查，我国最早的相关定义来自 1935 年陈植教授的《造园学概论》，其意为“植物园乃胪列各种植物聚植一处，以供学术上之研究及考证者也”。虽然我国很早就有园林或药圃建设的记载，而且有许多园林现在依然存在，但真正现代意义上的植物园可能要算 1929 年兴建的南京中山植物园。到目前为止，我国也已有一百八十多个植物园。随着时代的变迁，植物园的定义逐渐更新，目前定义为“植物园是搜集和栽培大量植物并展示模拟自然景观，供科学研究、物种保育、科学普及和资源开发的场所”。从植物园的历史变迁及作用来看，植物园三大支撑学科分别是植物学、生态学和园林园艺学；此外，还有艺术、文化等。见任海编著《科学植物园建设的理论与实践》，科学出版社 2006 年版，第 1 页。

③ 见汪国权《绿涛深处的记忆——记庐山植物园的诞生》，载汪国权编著《庐山草木随笔》，中国林业出版社 1990 年版，第 181 页；汪国权编著《芳菲世界》第三章《世界植物园鸟瞰》，四川科学技术出版社 1985 年版，第 66—123 页；汪国权《中国植物园的由来和发展》，载《中国科技史料》1985 年第 4 期。

中国疆域辽阔，自然条件复杂多样，巍峨群山、辽阔江湖，孕育着丰富的植物资源。据初步调查，我国有种子植物 343 科，3 155 属，30 586 种。有世界最古老的孑遗树种银杏，活化石水杉和银杉，它们的发现曾轰动世界植物学界。众多的特有植物和经济植物为中华民族的生息、繁衍提供了极为珍贵的衣食之源。

世界各国十分关注中国的植物，早在 17 世纪英国人 Cunningham 便开始来我国采集植物标本。到 1949 年，先后有英国、瑞典、法国、葡萄牙、德国、俄国、美国、奥地利、日本等 11 个国家的 159 人来我国采集，将标本带回本国进行研究，并且在国外刊物上发表介绍中国植物的新属、新种，编写、出版中国的地区植物志书或名录。①

中国早在西汉时期就出现了原始形态的植物园——上林苑。汉代辞赋大家司马相如的《上林赋》描绘的就是上林苑的景色。此后各朝各代，都陆续有一些植物园的雏形出现，如宋代司马光撰写《资治通鉴》的所在地"独乐园"、明成祖朱棣在开封附近建立的种植救荒本草"圃"、明末科学家徐光启在上海徐家汇建立的种植试验园、清代植物学家吴其濬在河南固始县建立的"东墅花园"、解放前上海黄金荣建立的"黄家花园"（解放后改名为"桂林公园"）等等。

中国是拥有 5 000 年文明史的国家，为人类文明做出过卓越的贡献。但是到了近代，则贫穷落后。仅就植物园事业而言，到 20 世纪 30 年代之前，我们这么辽阔的国土，这么丰富的植物，却仍然没有一座中国人自己创办的具有现代科学意义的植物园，而许多外国的植物学家却纷纷到中国，大量搜集、研究中国的植物，拿大量的中国植物去充实外国的植物园，这在某种程度上也是一种"国耻"。因此，当时我国植物学界几位责任感极强的先驱，下决心非得在中国创办一座像模像样的植物园不可。②

二、参与创建庐山植物园

1933 年 12 月，在中国创办一所植物园的园址问题有了转机，其时江西省准备成立农业院。胡先骕在第一次筹办理事会上提出了在庐山创办一所植物园的设想、建议，获得理事会的赞成。1934 年春，江西农业院正式成立，经省政

---

① 见夏振岱《旷世巨著——〈中国植物志〉》，载《植物杂志》1997 年第 5 期，第 3 页。

② 见江西省修水县政协文史资料委员会编《义宁陈氏五杰：陈宝箴、陈三立、陈衡恪、陈寅恪、陈封怀史料》，第 261 页。

府批准，同意由北平静生生物调查所与农业院共同创办“庐山森林植物园”，经费由两家各认其半。①

“庐山森林植物园”园址确定在含鄱口北麓，离牯岭约四公里，包括三逸乡和七里冲两段地。三逸乡谷地位于月轮峰和东西横卧如屋脊的含鄱岭之间，海拔约一千一百米；七里冲谷地北为大月山，南为五老峰。这里环境幽静，群山环拱，下瞰鄱湖，气候宜人，清溪一道，终年不干，占地面积近万亩，可供开发苗圃用地两千余亩，是世界上亚热带最为理想的山地植物园。② 日后胡先骕在回顾时指出“此为中国最大的植物园”。③

1934 年 8 月 20 日，“庐山森林植物园”正式成立。胡先骕主持了成立盛典。当时正值中国植物会和中国科学社在庐山开年会，我国著名科学家、教育家竺可桢、任鸿隽、梅贻琦、辛树帜、傅焕章、陈焕镛、钱天鹤、李继侗、李良庆以及有关人士和军政要人代表一百多人出席了成立大会。蒋委员长和江西省政府主席熊式辉也派代表——省财政厅厅长吴健陶前来致辞祝贺，可谓极一时之盛。④

“庐山植物园”的创办，是我国植物学史、植物园建设史上的一件大事。它的首创意义，⑤在我国植物园事业的发展壮大过程中，不断地显示出来。

庐山森林植物园的创设“旨趣”，分为纯粹植物学研究与应用植物学研究两个方面。前者指全国植物的调查、采集、栽培，以供系统分类研究之用；后者指全国森林调查，造林学、木材利用研究，花卉园艺植物繁殖与推广，以及世界各国经济植物的引种与栽培等。⑥ 庐山植被昔日非常茂盛，然而，近现代由于砍伐等原因而受到了极大的破坏，至 1934 年庐山植物园选址含鄱口谷地，其植被多以灌木丛为主，植物景观单一而显荒凉。不过由于其特殊的地形地貌、气候条件和地理位置（交通、政治因素等），选址仍为当时国内首选。建园初期，因条件所限，园景布置未经全面规划设计，园林建设主要有两个方面：一是办公用房、职工住宅、温室、地下温框的营造；二是苗圃、茶园、草本植物分类

---

① 见吴家睿《静生生物调查所纪事》，载《中国科技史料》1989 年第 1 期，第 28 页。

② 见汪国权主编《庐山植物园的创建与发展》，中国文联出版社 2010 年版，第 52、53、57 页。

③ 见胡先骕《植物分类学简编》，高等教育出版社 1955 年版，第 3 页。

④ 见汪国权主编《庐山植物园的创建与发展》，第 64 页。

⑤ 我国现代植物园早期建立的有熊岳植物园（全称辽宁省果树科学研究所熊岳树木园）、南京植物园和庐山植物园等，据称庐山植物园创立时间最早。见汪国权《中国现存植物园哪座建立最早？》，载《植物杂志》1991 年第 4 期，第 42 页。

⑥ 见汪国权《绿涛深处的记忆——记庐山植物园的诞生》，载汪国权编著《庐山草木随笔》，第 180 页。

区、水生植物区、石山植物区的建设。主要工作是引种、育苗和植物资源调查。由于胡先骕先生在当时植物学界的影响，聚集了一批学界精英来为此项事业努力，因此，在短短的 4 年中，四千多亩的荒凉山地辟成园址，初具规模，并引种植物三千一百多种，繁殖苗木数十万株，其中包括不少名贵品种，如西南高山松杉树种，高山草原地带的杜鹃、报春、龙胆、百合等，这些工作为以后的园景布置提供了良好的物质基础。同时由于植物引种、植物资源调查和研究成果，此时的庐山植物园在国内外产生了极大的影响，与 25 个国家 46 个植物科研教学园区建立了交流关系，实现了胡先骕要把庐山植物园办成世界一流植物园的初衷。①

庐山植物园的创始人是胡先骕、秦仁昌、陈封怀。植物园成立后，胡先骕委派秦仁昌（1898—1986）和陈封怀负责建园工作，秦仁昌任植物园主任，陈封怀任园艺技师。

胡先骕早年攻读植物学，曾两度留学美国。1916 年，年仅 22 岁的胡先骕，第一次自美国留学归来，便来到云缠雾裹、绿溢翠飞的庐山，任森林局副局长兼技术员。他考虑到我国在本世纪初虽出现过陵园、树木园和植物园，但无名园巨圃，且多为教学或陵园点缀性质的，不能满足科学研究和社会建设的需要。为了发展我国植物科学，意欲在庐山含鄱口一带建立植物园，曾与当局商洽，但因这块土地为军阀占踞而未果。胡先骕第二次赴美留学，就读哈佛大学。获得博士学位归来后，不久便任静生生物调查所所长。他即派陈封怀到北京的香山、玉泉山、妙峰山等地寻觅植物园园址，又因各种条件限制，也没有结果。最后因缘巧合，终于抓住机会促成了庐山植物园的问世。②

秦仁昌 1932 年自丹麦、瑞典、英国、德国等国学习归来，任静生生物调查所标本室主任。他痛感我国虽然地大物博，植物资源极为丰富，但却被其他国家大量采集、利用，而我国连一座较为正规的、供栽培和研究植物的场所也没有，便积极向静生生物调查所建议在中国创办一座像样的植物园，并表示愿负建园之责。

陈封怀 1934 年以优异成绩考取"庚款基金会"留学资格，仍参与了庐山森林植物园的筹建工作。成立大会结束后，在胡先骕的安排下，身负"加强庐园

---

① 见易官美、邱迎君《论庐山植物园空间景观的继承与发展》，载《中国植物园学术年会论文集》，2008 年。

② 见汪国权《绿涛深处的记忆——记庐山植物园的诞生》，载汪国权编著《庐山草木随笔》，第 184 页。

建园的后备力量"[①]的责任赴英国爱丁堡植物园留学，师从当时世界著名的植物学家史密斯及古柏博士，研究报春属植物和森林园艺学、植物园的建设和管理，学习爱丁堡植物园以自然风格为主的造园艺术，获硕士学位。[②] 爱丁堡植物园中的植物配置、园路布置、玻璃温室群以及岩石园分区等都深深影响了陈封怀，从他回国后的园林规划中隐约可见爱丁堡皇家植物园布置的影子。[③] 由于他学习刻苦、作风严谨，且聪明过人，深受师长和同行的赞赏。

1936 年，陈封怀离开爱丁堡回国。在回国途中，他参观了英国邱园以及德国、法国、奥地利的几乎所有欧洲著名的植物园。在那里看标本、交流、吸收和领悟西方园林建设的文化与美学内涵。此时正处于世界植物园发展的第二阶段，重视资源植物的发掘和开发利用。因此陈封怀得以将国外学习到的保存、利用以及对植物引种驯化的科学研究计划引进国内，融合西方庭园建设文化与美学内涵，结合东方的传统园林之美，为我国植物园的规划建设带来新鲜血液。同年夏季陈封怀回到国内，受命任庐山植物园技师，携妻回到庐山森林植物园，继续投入建园工作。

三、勇挑恢复庐山植物园的重担

1937 年日本侵华战争爆发，1938 年 7 月马当失守，日军进逼九江。庐山植物园奉命撤退。10 月底，植物园开始了西迁的准备，把标本、图书、仪器等物品分装于百余只大木箱，存放在庐山的美国学校。随后，秦仁昌、陈封怀、冯国楣与植物园部分员工转至昆明，部分人员加入了云南农林植物研究所，其余人员则再往云南北部，在丽江玉龙雪山下建立了庐山植物园丽江工作站。[④]

但是，迎接秦仁昌一行的，却是一个接一个的困难，首先是经费减少了一半；其次是没有标本、图书资料和仪器；第三是人员更少了。陈封怀忧劳成疾，

---

① 见魏平主编《根深叶茂竞芳菲：中国科学院华南植物园 80 周年纪念文集》，广东科技出版社 2009 年版。

② 陈封怀曾就读于教会学校——金陵大学，外文基础很好。在爱丁堡取得硕士文凭后，却没有申请读博，这使导师史密斯感到诧异。后来陈封怀解释说，他当时除了研究植物分类外，还有考察植物园的任务，若攻读博士学位，研究范围会定得很窄，不利于回国后开展植物园工作。

③ 见潘俊峰等《爱丁堡皇家植物园对武汉植物园景观优化的启示》，载《安徽农业科学》2017 年第 7 期。

④ 庐山植物园原址则由在庐山的两名外籍人士代管。头两年由于有一班雇佣工人的看护，园貌还算能够维持，后来随着战争局势的变化，整个园子逐渐陷入无人看守的境地，房屋被毁，园区荒芜，杂草丛生，许多珍贵品种被丢失。见易官美、邱迎君《论庐山植物园空间景观的继承与发展》，载《中国植物园学术年会论文集》。

病倒在昆明,痊瘉后仍参加了昆明农林植物研究所的工作。

1940年,经费完全停拨,工作站陷入绝境。秦仁昌只好另辟蹊径:当时林业部成立金沙江流域林区管理处,他便"李代桃僵",以工作站的职工充任管理处的工作人员、两块牌子一套人马,终于使庐山森林植物园丽江工作站得以在狭缝中生存。①

抗战胜利后,战前纷纷撤离的单位、人员复员返回原地。"庐山森林植物园丽江工作站"的员工回到昆明,此时云南大学聘请秦仁昌为林学系和生物系的教授兼系主任,另一位技师冯国楣也被挽留在昆明植物所工作。陈封怀则已于1941年返回江西,在胡先骕任校长的国立中正大学生物系任教。② 1946年,北平静生生物调查所和江西农业院改聘陈封怀为庐山森林植物园第二任主任,一直到1957年。恢复植物园的重任,便落在了陈封怀的肩上。他面对断垣残壁、遍地荆棘,毅然挑起领导重担。③

一别八载,乱后归来,庐山已今非昔比,萧条破败。日军在占据庐山6年多的时间内掠夺文物,毁坏名胜古迹,拆毁房屋480栋,毁坏寺庙52座,杀害山民三千余人。战前庐山拥一万多人口,战后仅余其半。日军对庐山森林的破坏更是惊人,全山被日军砍伐的树木达十万余株,损失达90%以上。植物园内到处都是炸弹的深坑,断梢的树木,上千亩土地成了荒山、荒谷。战前植物园有实验室、办公室等十余栋房屋,概于沦陷期间被日本人拆毁。原有名贵苗木三千一百余种三十余万株,枯萎殆尽,其他家具杂什更无一存。惟有标本、图书经政府向日人交涉,追回约80%,④但因经费奇缺未能从北京运回庐山。

陈封怀忍住悲愤,与妻子张梦庄在瓦砾中找了间仅存四壁的房子,盖上茅草,住了下来。抗战期间,留下的工人们为了谋生,都已分散了。陈封怀叩开一扇又一扇工人的家门,向他们讲解自己的打算,不久工人们陆续回来。当时,既没有事业经费,也没有钱给工人们发工资。为了解决迫在眉睫的经费问题,陈封怀将自己在中正大学兼职任教的收入,弥补植物园开支的不足。并组织工人进深山、攀悬崖,采种挖苗,向外出售。种类有乔木、行道树、灌木、绿篱、攀缘、球根、盆景等。第一年,借7 000元印刷种苗目录,发往国外植物园和有关机构,当年获得数百美元的订金,作为工资发放;第二年扩大对外销售,获利2 000美元;第三年,获利10 000美元。远在北平的胡先骕也汇款相助。

---

① 见汪国权《绿涛深处的记忆——记庐山植物园的诞生》,载汪国权编著《庐山草木随笔》。

② 1942年,陈封怀曾接到金陵大学园艺系的聘书,因无旅费未成行上任。

③ 见汪国权《中国现存植物园哪座建立最早?》,载《植物杂志》1991年第4期,第42页。

④ 见江西省文献委员会编《庐山续志稿》,江西省庐山地方志办公室1992年编印,第200页。

1948 年 12 月致函任鸿隽，请求中基会继续给予资助，并要求对该园今后计划有明确指示。[①] 那时他五叔陈隆恪一家，也回到了松门别墅。封怀常携妻儿与五叔一家相聚。生产自救的成功，师长的相助，妻子的温馨，亲人的重聚给封怀忧郁的心情，带来了些许温暖与安慰。

在庐山植物园艰难困苦的三年恢复期间，陈封怀含辛茹苦，勉力支撑着植物园的局面。他还步行上山下山，定期到南昌中正大学兼课，用兼课的工资和出售种苗的有限资金，维持工人的基本生活和植物园的基本开支，与工人们过着十分艰苦的生活。经过几年的苦苦支撑，惨淡经营，到 1949 年全国解放，终于保存了国内当时唯一的植物园。特别是在 1948 年，庐山植物园繁殖了大量的水杉苗，在国内外产生了很大的影响。

四、指导全国植物园建设工作

1949 年 5 月，庐山森林植物园被江西省政府接收，与庐山林场合并为“江西省人民政府庐山植物研究所”，原植物园主任陈封怀被任命为农事试验场场长兼管植物园工作。[②]

1950 年，中国科学院成立。院长李四光函召陈封怀北上参加会议，会后要他仍回庐山工作。同年 10 月，庐山森林植物园收归中国科学院植物研究所领导，改名“庐山植物园”，陈封怀继续任主任。1964 年，庐山植物园直接隶属于中国科学院。

新中国成立后，我国的植物园建设进入了一个前所未有的高潮，各地不断向庐山植物园求援，帮助他们建造植物园。陈封怀丰富的办园经验派上了用场。1953 年下半年，陈封怀应杭州建设局的邀请，去杭州协助设计杭州植物园。1954 年，他奉中科院之命，率领七八位庐山植物园的工作人员去南京，创建南京中山植物园，并任主任。1958 年，他又率领那几位援建南京中山植物园的部下奔赴武汉，参加武汉植物园的建设，并任主任。[③] 1963 年，陈封怀收到老师陈焕镛寄自广州的信，请他到广州创建华南植物园。陈封怀遂任华南植物所副所长兼植物园主任。[④]

---

① 见赵慧芝《任鸿隽年谱》，载《中国科技史料》1989 年第 3 期，第 46 页。

② 见吴家睿《静生生物调查所纪事》，载《中国科技史料》1989 年第 1 期，第 32 页。

③ 陈封怀次子陈贻竹说：“我出生在昆明，抗战结束后在庐山念小学，(19)53 年毕业。(19)54 年父亲调南京，我又到南京念初中，接着上高中。(19)58 年父亲调武汉，我又转到武汉念高中，跟着父母亲到处跑。”

④ 华南植物园的前身是中山大学生物系为教学所需而建立的小型植物实验园地。1956 年，中科院和广东省决定筹建华南植物园，同年 11 月 26 日，时任南京中山植物园主任的陈 （转下页）

上面的这张“时间表”和几个植物园的名字把陈封怀的后半生履历联成一线。他本人也认为这几座植物园的创建可以概括他一生的业绩。他晚年在一首诗中写道：

植物学家丹青手，二绝一身学父祖。匡庐云雾云锦开，秦淮河畔留芳久。
翠湖步月话古今，羊城赏菊怀五柳。布景建园园中园，一片丹心待后守。

另一首绝句也表达了同样的意思：

五十年来建园圃，江南江北度生涯。问道故乡何所在，园林无处不为家。

陈封怀从此进入了他事业的鼎盛时期。我国现有植物园一百多座，其中 20 世纪五六十年代建造的植物园，或请他做指导，或请他审查规划。更主要的是他身兼庐山植物园、南京中山植物园、武汉植物园、华南植物园这四座名园创办人的特殊身份，使陈封怀享有“中国植物园之父”的崇高声誉。①

陈封怀的声名还传到国外。1963 年下半年，他受邀请赴朝鲜平壤协助建设朝鲜“中央植物园”。1964 年，他与蔡希陶（时任西双版纳热带植物园园长）、肖培根（时任中国医学科学院助理研究员，1994 年当选为中国工程院首批院士）西行万里，赴非洲参加国际生物学大会。在会上，他作了《新中国植物园的发展》的报告。会后，访问了西非的加纳、马里、几内亚和摩洛哥四国，还带回了非洲的猴面包、牛乳树、马拉胶、非洲楝子等 45 科 156 种非洲植物种子以及从西双版纳转来的非洲神秘果，在广州进行栽培。1976 年 2 月，他又应邀率团赴泰国访问。1981 年 8 月，中国植物学会与中国科学院、教育部联合派出植物学代表团出席在澳大利亚召开的第十三届国际植物学会议。已 82 岁高龄的陈封怀未能与会，但由于他在植物园事业中的贡献与成就，仍被增选为国际植物协会常务委员。②

1949 年 12 月和 1950 年 3 月，新成立的中国科学院分两次开展自然科学各学科专家的调查。以前中央研究院的院士为基础，经过审查、选择、补充，决

（接上页）封怀，应邀从南京赴广州，参加华南植物园建园筹备会议。1963 年春，经时任华南植物研究所所长的陈焕镛推荐，中科院决定，调陈封怀到华南植物研究所。据说陶铸也希望陈封怀到华南工作。

① 见汪国权《陈封怀：中国植物园之父》，载《植物杂志》1994 年第 4 期，第 39 页。

② 见中国植物学会编《中国植物学史》，科学出版社 1994 年版，第 142 页。

定了35位投票人，请他们分别在他们所专长或熟悉的学科中推荐数人到20人的专家名单。陈封怀入选植物分类组专家名单，而且还是第二次调查的提名投票人。[①] 1980年，《中国科学家辞典》编委会编纂的《中国科学家传略辞典》（现代第1辑）收入《陈封怀传》。[②] 1991年出版的《民国人物大辞典》为陈封怀立条目。[③] 2016年，为纪念中国现代植物园奠基者之一的陈封怀教授，倡导科学、可持续的植物园建设与管理，引领植物园的发展方向，中国植物园协会经研究决定，从2016年起开始评选“最佳植物园”，被评上的植物园授予“封怀奖”。至2020年，已有西双版纳热带植物园、北京植物园、深圳仙湖植物园、上海辰山植物园获得“封怀奖”。[④]

第三节　学术科研成就

一、建 园 理 论

（一）“科学的内容，美丽的外貌”

我国植物园的发展在20世纪50年代前后一段时期，由于受到战争和经济的影响，只有少数植物园重视植物的引种、栽培、保护工作。对植物园的规划策略与方法仍处于探索阶段，在规划理念和建设方式上与国外优秀植物园存在较大差距。1952年，我国植物学界先驱之一的陈嵘认为“植物园的任务，与一般公园、果园、花园等不同，有时能兼其作用”，[⑤]指出植物园不应仅仅与果园、花园等同起来，其内涵仍需不断丰富。也就是在这一时期，陈封怀开始着手庐山植物园的规划与恢复工作。他通过总结国际植物园的建园经验，提出了“科学的内容，美丽的外貌”[⑥]的建园理念，是早期指导中国植物园建设和发

---

① 见中国植物学会编《中国植物学史》，第142页。

② 见《中国科学家辞典》编委会《中国科学家传略辞典》（现代第1辑），内刊，第195—198页。

③ 徐友春主编《民国人物大辞典》，河北人民出版社1991年版，第1036页。该辞典尚有陈三立、陈衡恪、陈寅恪条目。

④ 见胡启明、陈贻竹编《陈封怀教授诞生一百二十周年纪念集》，华南植物园2020年印，第26页。

⑤ 陈嵘《造林学特论》，中国图书发行公司南京分公司1952年版，第490页。

⑥ 按：陈封怀这一重要的建园理论概括尚不知原始出处，1950年代初某次会议发言曾提到植物园的科学性、植物园的美化问题。见胡启明、陈贻竹编《陈封怀教授诞生一百二十周年纪念集》，第25页。“科学的内容，美丽的外貌”则首见于易官美、邱迎君《论庐山植物园空间景观的继承与发展》一文。

展的重要方针。[①]

1954 年,陈封怀撰写了《庐山植物园》一文,进一步提出“我们要准备做到植物园有它的科学内容,有决定性的、对人民无论在生产方面、在文化教育方面起作用,这种要求是一个植物园应负的责任”。[②] 当时我国正处于建国后的建设初期,植物园以研究观赏植物、药用植物、为教学服务或综合研究为主,致力于对经济植物的引种驯化和应用推广,为当地国民经济发展做出贡献。而陈封怀提出要将仅以“生产内容”为主的植物园建设方式进一步丰富,将“科学内容”以及“文化教育”也纳入其中,丰富、提升了植物园的内涵与功能。陈封怀“科学的内容,美丽的外貌”的建园思想就是在这样的基础上精炼完成的。

许再富先生在其文章中指出:“从 1950 年至 1980 年是我国植物园发展较快的第二个阶段……在这期间的 50 年代,时任庐山植物园主任的我国植物园泰斗陈封怀教授总结了国际植物园建园经验,提出了‘科学的内容,美丽的外貌’的建园理念,这是后来被我国植物园广为采纳的思想。……总之,近 50 年来,我国植物园建设的理念都是以陈封怀教授所提出的‘科学的内容,艺术的外貌’为基础的。……与笔者所识略同,异曲同工。因而,作者认为,现代植物园建设理念中:多样的植物种类是植物园的特征,丰富的科学内涵是植物园的核心,优美的园林景观是植物园的基础,传统的文化展示是植物园的灵魂。”[③]

1983 年,陈封怀在一篇文章中写道:“古为今用,吸前人之精粹;洋为中用,去国外之糟粕。集国内外之大成,继传统之所长。”故他主持建造的植物园,中外结合,古今结合,科学和艺术相结合。既有丰富的科学内容,又有美丽的园林外貌,还有发展生产的意义。[④] 这需要主持人具有较高的人文素养和造型意识,这一点正是陈封怀的整体素质所具备的。

(二)“植物园是科学与艺术共同结合发展的基地”

20 世纪 80 年代,随着植物科学的发展,植物园建设迎来了第二个高潮。随着国内经济建设迅速发展,精神文明建设也逐渐引起人们的重视,生态环境

---

① 见贺善安《植物园的科学意义》,载《科学》2012 年第 2 期;钟迪、赵纪军《陈封怀的植物园规划设计理念与实践研究》,中国风景园林学会 2020 年会提交论文。

② 陈封怀《庐山植物园》,载《生物学通报》1954 年第 4 期,第 46 页。

③ 许再富《与时俱进的植物园建园理念》,载中国植物学会植物园分会编辑委员会编《中国植物园(第十三期)》,中国林业出版社 2010 年版,第 7—8 页。

④ 见汪国权《陈封怀:中国植物园之父》,载《植物杂志》1994 年第 4 期,第 39 页。

保护、科普教育推广逐渐提上日程。此时植物园把“引种驯化”作为研究任务的中心，以经济植物建设为主的弊病逐渐显露。1980 年代中国开始与国际植物园同步，从侧重经济植物的引种驯化，到注意全球环境变化和物种保护的趋势，开始侧重物种的保护，中国逐渐挑起了植物园多样性保护及其研究的历史新重担。在此期间，陈封怀教授又适逢其时地提出了“植物园是科学与艺术共同结合发展基地”的精辟见解。①

1989 年，第三次植物园工作会议召开，其条例中明确指出对植物园的建设要求，即“建立并布置具有园林外貌、科学内容的各种展览区和试验区作为进行科学研究、科学普及和宣传辩证唯物主义的基地”，②并把“植物种质资源尤其濒危植物保护”作为重要任务，同年，陈封怀提出“植物园是科学与艺术共同结合发展的基地”③这一理念，他认为植物园既有保护我国植物资源，发展药用、经济类苗圃之效，同时又具有风景的美色之趣，园内花草树木是观赏价值与科学内容的结合，是“科学文艺的结晶”，也是文化和历史的展示和见证。该理念的提出，再一次促进了植物园的全面建设，以提高生活水平，发展文化科学为建园目标的植物园如雨后春笋纷纷出现。④

（三）基础理论学科应与应用学科相结合

1984 年，陈封怀在《理论科学与应用科学相结合，共同为生产建设做贡献》一文中提出：“我们体会到植物基础学科与其他学科结合或与生产结合、为生产服务，才能不断提高本学科的科学内容。”“我们既要反对束之高阁的纯理论的研究，也不应单纯论技术观点，似乎应用学科只需在实践中靠‘自在发展’，而不作理论提高。”⑤基础理论学科与应用学科的结合，是陈封怀先生顺应改革开放的步伐，在国家生产力和经济水平大幅提升的前提下，在新时代现代化建设的背景下提出的又一个新观点。强调学科之间广泛的合作，不仅是植物分类学与农、林、牧的结合，为经济生产与对植物的引种驯化做贡献，更要加强与兄弟行业不同学科的结合。例如医药、科研、教育等，使得植物分类学专业学科不仅在经济建设中有成效，也为文明生活的提高做出贡献，才能不断

---

① 许再富《与时俱进的植物园建园理念》，载中国植物学会植物园分会编辑委员会编《中国植物园（第十三期）》，第 7 页。

② 贺善安等《植物园学》，中国农业出版社 2005 年版，第 50 页。

③ 陈封怀《芳菲世界引种驯化建立植物园的意义》，载中国植物学会植物引种驯化协会编辑《植物引种驯化集刊（第五集）》，科学出版社 1987 年版。

④ 钟迪、赵纪军《陈封怀的植物园规划设计理念与实践研究》，中国风景园林学会 2020 年会提交论文。

⑤ 陈封怀《理论科学与应用科学相结合，共同为生产建设作贡献》，载广东省植物学会会刊，1984 年。

提高植物学科的科学内容。

总之,植物园建设从单纯考虑植物资源保护与利用到重视园林艺术的美学体现,注重造就优美环境,从原先的引种、利用到现阶段的开展科学研究、进行科学普及。结合我国国情与各地发展历史,尝试如何真正走自己的道路,探索植物园的正确建设方向,充分发挥科研优势,大力开发和利用我国特有的观赏植物资源,为创建有中国特色的园林做出应有的贡献,是陈封怀先生园林规划设计思想的总出发点。①

二、建园实践

(一)庐山植物园

庐山植物园自1934年创建,八十多年来,历经几代植物园工作者、造园师的努力,共引种栽培高等植物三千四百余种。在近三千亩的山地上开辟了松柏区、杜鹃园、岩石园、蕨园、树木园、灌木园等专类园区14个,形成了优美独特的园林景观,在国内乃至国际具有较大的影响。这与陈封怀的辛勤努力是分不开的。

陈封怀能诗善画,有较高的文学基础和美术修养,同时他又精通植物分类与栽培学知识。再加上他留学世界名园的经历,使得庐山植物园在他主持的阶段有一个科学合理的规划与实践。

1950年至1957年,是庐山植物园园林建设快速发展期,同时也是庐山植物园园林景观初步形成期。在陈封怀的亲自指挥下,庐山植物园瞄准世界一流植物园的园林建设,充分利用本地地理和气候条件,采用中国传统园林与欧洲古典园林相结合的手法,在这块被日军蹂躏得几近荒芜的土地上,开始了全面的建设恢复工作。本着"科学的内容,美丽的外貌"的造园方针,奠定了庐山植物园园林景观布局的基本框架。② 其中不乏值得称道的经典之作。这些"作品"包含了中西文化的理念,山、水、树、石、草、建筑和谐地组合在一起,表现出源于自然但又超越自然之美。可以毫不夸张地说,其中有些看似不经意之作,恰是设计者背后深厚文化底蕴的体现。

在科学内容方面,结合庐山植物园本身适应山区地带森林生长的特点,以培养高山花卉、园艺花卉新品种为旨趣,并确定以引种松柏类植物为主要方

① 见钟迪、赵纪军《陈封怀的植物园规划设计理念与实践研究》,中国风景园林学会2020年会提交论文。

② 见易官美、邱迎君《论庐山植物园空间景观的继承与发展》,载《中国植物园学术年会论文集》。

向，在满足当地地区环境特点以及植物生长属性的前提下进行部署与规划。在生产内容方面，扩大了苗圃、茶园等具有经济效益的占地面积。在文化教育方面，陈封怀建议学习英国邱园向游客科普植物相关知识，传授科学教育价值的方法，尽量提供各种不同形态和性质的植物为学校师生研究学习材料，使同学们明确了解植物在天然生长的状态，观察植物与环境发生的密切关系。[①]

对于植物园的外部景观，陈封怀总结国外留学经验，以中国自然山水园为基础，突出植物造景、山地造园的特点，同时借鉴和吸纳欧洲园林审美理念与造园艺术，为中国植物园的发展注入了新的元素。如庐山植物园整体呈自然风景式的造园风格，局部的草花区、办公大楼、水生植物区等，采用规则式布局，轴线式布置植物景观，通过植物大小以及形态的变化营造不同观感的景观序列，具有法国、意大利古典几何式的园林特征。其余大部分仍以自然式布置为主，以自然草坪为基础，多样化的植物种类成为植物园中的主角，再现大自然的原始风貌体现出英国自然式造园风格。庐山植物园在陈封怀先生的规划下兼具科学性与美观性，既具有丰富的科学内涵，起到植物园应尽的责任，又具有优美的园林景观，供游客观赏与学习，开创了中国植物园事业的先河，具有划时代的意义。[②]

庐山植物园的亭、桥、廊、架、门的建设也颇具特色，如建在松柏岭上的叠翠亭与风景区含鄱口的含鄱亭、望鄱亭遥相呼应，对应成景，还可登高望远。建在杜鹃岭大道旁的十二角亭造型别致，便于游客小憩，但可惜后来被毁。植物园内溪流纵横，长年不绝，以各式小桥梁连通各个展区，不仅有利通行，而且为园景增添诗情画意，如岩石园境内的红漆木制小桥与周围环境形成鲜明对比，活跃了气氛，平添了几分情趣。廊既是装饰性建筑，又具休憩功能，在去草花区的山脚下，临溪修建的一座花廊，是一个空透的游憩空间，其造型和体量及色彩与环境融为一体。专类园区连接处花架的设计美观实用，既有利于藤本植物攀缘生长，又丰富了展区景观。植物园大门以鹅卵石砌成，雅致不俗，也很适于庐山多湿低温的环境。松柏区入口用松柏原木做成的松门，小巧玲珑，与该区协调统一，富有山林野趣，荫棚后的月洞门，起到框景和引导作用。以上种种，别具匠心，把植物学与美学完美结合，体现了设计者独到的眼光和

---

① 见钟迪、赵纪军《陈封怀的植物园规划设计理念与实践研究》，中国风景园林学会 2020 年会提交论文。

② 见张乐华、王凯红《庐山植物园在中国近现代园林建设中的地位》，载《中国园林》2005 年第 10 期，第 23 页。

设计技巧。①

庐山植物园在中国植物园中，历史悠长，受欧洲植物园影响较大，属广义的植物园。庐山植物园建有试验研究室、标本馆、图书馆、气象站等，此外尚有松柏区、树木园、蕨园、国际友谊杜鹃园、温室区、岩石园、草花区、猕猴桃园、槭树园、乡土观赏灌木园、药圃、自然保护区等专类园、区。专类园、区的植物，均按科学系统、类别进行栽植，既是科学研究的场地，也是科学教育的课堂。在这里，科学研究与科学教育得到了紧密的结合。

庐山植物园每一个专类园、区，即是某一专类植物的活标本园，也是一本翻开了的某一类植物的“图书”……人们徜徉其中，便可看到世界是如何在寂静的春天中醒来，听到自然奏响的绿色华彩乐章。②

（二）华南植物园

华南植物园是中国最大的南亚热带植物园，是世界热带亚热带植物种质资源宝库，也是广东省科研科普教学实习的重要基地和广州生态环境体系中不可缺少的绿肺，还是颇受国内外游客赞誉的旅游景点。③

华南植物园坐落在广州市东北郊的火炉山与飞蛾岭之间的龙眼洞边缘，它被广州市民称为“晶莹的绿宝石”。此园在 1986 年曾被广州市民评为“羊城八景”之一，现占地四千五百余亩。由于地方好，曾有一些单位想钻进来占一席之地，被陶铸同志毫不留情地顶了回去。这么一个好地方，对又爱作画又爱写诗的植物园专家陈封怀来说，自然要好好地布景造境，将诗情画意揉进其中。

园中有一去处曰“龙洞琪林”，此四字乃叶选平之墨宝。此一“园中之园”门的右边又有一块 10 平方米的“小园”。“小园”三面有围，一面是龙洞琪林的园墙，与之相接的一面墙的上部又开有一横洞为窗，再转曲一面又是白色栏杆。此“小园”中立有一米来高的太湖石，石左后方斜植一棵热带姜科植物如少女一般美丽多姿。在有“横窗”的那面墙外，植有一束丰满的青翠欲滴的芭蕉，从墙的上部可见芭蕉的上部，从横窗中可见芭蕉的中部。若是从根到梢一览无遗则缺少韵味。有隐有现，更见情趣。进得“龙洞琪林”之门，展现在眼前的是一片纵深百米的开阔水面，清风徐来，微波粼粼。水面两边的岸上，是两片由近而远的高大树林，左边是代表热带植物的棕榈树林，右边是代表寒带植

① 见易官美、邱迎君《论庐山植物园空间景观的继承与发展》，载《中国植物园学术年会论文集》。

② 见汪国权《绿叶曼舞唱春歌》，载汪国权主编《庐山植物园创建与发展》，中国文联出版社 2010 年版，第 213 页。

③ 见刘思跃《华南植物园总体规划》，载《中国园林》2004 年第 7 期，第 25 页。

物的落羽松林。面前的水边横着一条水榭,水榭前面又横有一块立于水上的长方形平台。整个“龙洞琪林”的园景,给人一种高雅、气派而又别致的感觉。

此园的布置是陈封怀在20世纪60年代设计的。整个植物园,根据树种分为若干区域,各条道路的两边同一树种相对集中,以树种名称给道路命名。而树种的高矮、水面和草地的搭配,亦错落有致。有“碧水桥”点缀其中,也是陈封怀精心安排的。现在华南植物园的整体布局,基本上还是封怀先生以前的风格。这些风格,又程度不同地沿袭了陈封怀以前在庐山等地的造园艺术特点。这些特点,就是秉承“科学内涵与美观的园林外貌相结合”的原则。何为科学？何为美观？里面包含着丰富的植物学知识、古今中外的造园艺术、建筑风格、美学欣赏、诗情画意的综合素养。而一个人同时具备众多学科的素养,是极不容易的,急功近利的浮躁者,不容易做到。①

著名作家秦牧称赞华南植物园是“花城桂冠上的宝石”,说:“华南植物园是我十分喜爱的一个游览去处。海外学者曾经称誉我国为‘园林之母’,我国的园林艺术和世界的植物科学相结合,孕育了华南植物园这么一座令人增长见识、悦目赏心的园林。庐山植物园,华南植物园,南京植物园,武汉植物园等,在我国都是著名的植物园。广州的这一座,和国内任何名园相比,都并不逊色。我参观过我国植物园的开山鼻祖——庐山植物园,虽然它也相当丰富多采,但是论境界开阔,风光旖旎,我个人却认为它比不上广州的。我不仅自己每隔若干时候就上一次华南植物园徜徉、憩息,而且每当知识界的朋友远道而来,总得劝他们到那儿玩一遭。我说:‘广州最值得逛的园林,实际上是华南植物园,但是因为它离市区远一点,很多人都不知道。花大半天时间去观光一下,是非常值得的。’许多朋友接受我的劝告,前往游览之后,回来都赞不绝口,从来没有一个摇头说不好的。”②

华南植物园的功能定位于热带亚热带植物的保育、科研、科普、利用,强调“山清水秀,鸟语花香,峰回路转”的特色。园林强调岭南园林,植物强调木兰、姜、竹、棕榈等。自陈封怀先生提出植物园建设要做到“科学的内涵、艺术的外貌”之后,华南植物园在建设过程中进一步深化为“艺术的外貌、科学的内涵、文化的底蕴”。③

在一个植物园的运行管理中,创新文化占有重要的地位,华南植物园在

---

① 见江西省修水县政协文史资料委员会编《义宁陈氏五杰:陈宝箴、陈三立、陈衡恪、陈寅恪、陈封怀史料》,第221页。

② 秦牧《花城桂冠上的宝石》,载《广州日报》1986年4月5日。

③ 见任海编著《科学植物园建设的理论与实践》,第10页。

此过程中提出了“绿叶情操、细根精神、木棉风采”的创新文化，孕育出一个国立科研机构的管理内涵。在具体项目建设中，以园内飞鹅岭新石器遗址为基础建设的“广州第一村暨地带性植被园”项目，在建设地带性植被园的过程中，强调了人文景观，让人们了解自然生态与广州先民“天人合一”的原始文化，同时与文化部门合作，将文化场馆建设与文化参与相结合，全面提升文化底蕴。此外，在各专类园建设中，也突出植物学家的风范，体现科学大家的人文情怀。①

三、情系报春花

在学术科研上，陈封怀主要从事植物分类学的研究，对报春花科的研究最为钟情投入。报春花科是孢子植物进化中的一类重要类群，主产于北半球温带地区，分布于世界各地，种类繁多，有 22 属八百余种，在我国的种类特别丰富。但由于此种植物多为高山种类，形态变化较大，且标本资料较少，在分类方面难度很大，之前无人做过全面的研究和整理。

陈封怀早年便注意到报春花科植物的研究，赴英留学，主要内容便是学习、研究报春花科植物。1936 年，他发表了论文《述植物名实图考所记载报春之种类及植物名称》；1940 年，发表了论文《云南西北部及其邻近之报春研究》和《报春种子的研究》；1948 年，发表了论文《中国报春研究补遗》。1979 年，他与胡启明发表了论文《中国珍珠菜属植物的分类与分布》一文，对该属一百二十余种植物进行了深入研究，对该属植物的起源、地理分布及演化做了全面的分析，提供了新的研究成果。这些论文的写作发表，以及他长期研究所积累的丰富经验，为他和他的学生胡启明日后承担《中国植物志》报春花科的编著重任，奠定了坚实的基础。

在华南植物园工作的后期，从 1975 年起，陈封怀和胡启明（胡先骕侄孙）集中精力对中国报春花科植物进行了系统研究。经过十几年的努力，终于全面理清了我国报春花科植物的种类，共 13 属 517 种，并进一步把研究的范围扩大到整个东南亚地区。而且经过深入研究，论证了我国西南山区是珍珠菜属、点地梅花和报春花属的现代分布中心和多样化中心，也是其起源中心。对珍珠菜属的分类系统做了重大的修正。根据花部的结构，将我国的种类分为 5 个亚属，理清了前人系统中亚属之间的性状交叉和混乱，纠正了西方学者将我国沿海岛屿种类与夏威夷种类归为同一亚属的错误。对点地梅属的分类系统，陈封怀通过深

---

① 见任海编著《科学植物园建设的理论与实践》，第 11、9 页。

入研究，也做了部分修正，认为此属起源于我国西南地区中海拔的湿润森林地带，随着时间的推移，一支向高海拔地带迁徙，保持了多年生之习性，并出现了木质根茎；一支则在高纬度地区发展，演化为一年生植物，因而改变了长期以来认为一年生种类是从具有木质根茎的高山种类演化而来的观点。在传统分类的基础上，他们还进一步利用扫描电镜和透视电镜，对珍珠菜属98种植物的花粉形态的演化与花部构造进行深入的研究，证明在亚属水平上花粉形态的演化与花部构造的特点密切相关，花粉特征在各亚属中十分稳定，从而证实了修正后的系统更趋科学和自然。通过研究和分析，发现点地梅属和报春花属是报春族的两个主要分支，并在各自的演化过程中分化出一些近缘的小属，否定了此前部分西方学者将点地梅属归并于报春花属的主张。

陈封怀和他的学生还重新划定了报春花属30个组的界限，对部分种类的隶属做了调整，纠正了前人著作中的许多错误，使之更趋自然。他们的研究成果，集中反映在《中国植物志》第59卷第1分册和第2分册上。[①] 并且《中国植物志》中由陈封怀等编著的报春花科，被认为是研究模式标本最多、清理种类彻底、并对演化趋势和亲缘关系进行了全面探讨的少数卷册之一。与国外同类工作比较，其研究的广度和深度都居领先水平。

报春花科所涉及的植物多生长在高寒山区，不易调查采集，加之其形态高度分化，分类难度大。经过陈封怀师生两代人的努力，按照植物系统学的原理，运用植物分支学科的理论和新技术对该科的种类特征、亲缘关系、区系地理和生态环境、经济用途、利用前景等进行了全面系统的研究，确认我国报春花科有13个属517种，纠正了前人的误差，发现新亚属一个，新种和新变种五十余个，完成专著两册，约九十万字，59幅图版。在此基础上，该卷的研究者将研究范围扩大到东南亚，论证明确指出我国是报春花起源和多样化的中心，并提出珍珠菜属的新分类系统，同时修订了点地梅、报春花属的系统。为报春花等野生花卉开发，提供了准确、科学的系统分类和确切的生境数据。[②] 正因为如此，此项成果于1993年荣获中国科学院自然科学一等奖。1995年，获国家自然科学奖三等奖。[③] 遗憾的是，这一殊荣表决通过时，终生为此追求不息的陈封怀先生已辞世两天了。

---

① 中国科学院中国植物志编辑委员会编《中国植物志》第59卷第1分册、第2分册（国家自然科学基金资助项目），科学出版社1989年、1990年版。

② 见夏振岱《旷世巨著——〈中国植物志〉》，载《植物杂志》1997年第5期，第4页。

③ 见夏振岱《旷世巨著——〈中国植物志〉》，载《植物杂志》1997年第5期，第4页。按：中国科学院自然科学奖即国家自然科学奖的前身，1956年首次颁发，1982年改为“国家自然科学奖”。

第四节 长与匡山伴古今

1974 年春末夏初，以园林为家的陈封怀，回到庐山植物园消夏小住。自 1954 年春正式调离庐山植物园起，陈封怀阔别庐山已经 20 年了。在那些难忘的如火如荼的日子里，陈封怀以极大的热情，致力于我国植物园的建设事业。他的青壮年时期，为庐山植物园的创建和恢复抛下了汗水和心血，取得了辉煌成就。此后，他无论到哪里都带着庐山精神。虽然植物园已不再是庐山一家独有，但那些由陈封怀主持建造的植物园，基本上都保持着庐山植物园的精神风貌，它们与庐山植物园有着一脉相承的渊源关系。

1993 年，陈封怀教授以 94 岁高龄在广州走完了他漫长的一生。他是我国科学家队伍中的长寿者之一，是陈氏家族中年寿最高者。庐山植物园为迎葬他的骨灰，做出了一个重要决定——在胡先骕墓的两侧，安葬秦仁昌、陈封怀的骨灰，建造三位创始人的墓地。

早在 1968 年 7 月，胡先骕在遭受迫害，生命垂危之际，遗言安葬庐山植物园。1984 年 7 月 10 日，在胡先骕逝世 15 年之后，中国科学院、江西省科委和庐山植物园建造了胡先骕墓。这一天，中国科学院植物研究所所长俞德浚和陈封怀以及胡先骕的学生、亲属共一百余人，参加了胡先骕墓的揭幕仪式。

胡先骕墓的建造，是庐山植物园 50 周年大庆活动中重要的一环。大庆的前一年，植物园便邀请陈封怀上山，拟定庆典方案，方案中就已列入落实胡先骕临终遗言，迎葬胡先骕骨灰，建造胡先骕墓的计划。1983 年 10 月中国植物学会在太原召开 50 周年年会，主持人俞德浚在会上正式宣布，将在庐山植物园建造胡先骕墓的决定。胡先骕墓在园庆一个月前建成，无疑给 50 周年大庆带来了庄严肃穆的气氛，激起参加园庆的人们缅怀创业者们不朽业绩的强烈共鸣。

以胡先骕墓为基点，庐山植物园踵事增华，设计了“三老墓”墓园。“三老墓”的建成、开放，增加了庐山植物园的历史文化景观。庐山植物园的三位创始人，中国现代植物分类学的先驱胡先骕、享誉国际的蕨类分类系统创立者秦仁昌、享有“中国植物园之父”之称的陈封怀都长眠在庐山植物园的青山翠柏之中。他们都是我国现代植物学研究的开创者，当年秉持“科学救国”的宏愿，放弃了优越的国外生活，投身祖国的植物学事业，孜孜以求几十年不改初衷，为我国的科学事业做出了辉煌的成就。因此，这里是对青年学子进行爱国主义教育、科学道德教育的宝地；是激励植物工作者献身科学的生动教材，也是激发青少年从小树立远大志向，不畏艰辛，探求未知，乐于奉献的殿堂。[①]

时至今日，我们不得不佩服当年建造三位创始人墓地的决策，具有深邃的眼光和对事物判断把握的超前性。它使庐山植物园增加了文化的内涵，加重了园史的分量，绝非一般意义上的“入土为安”。“三老”墓建成后，已成为庐山植物园的重要组成部分。今天的庐山植物园，已是繁花照眼，锦绣满园。为了适应科研和科普的需要，植物园建立了松柏区、树木园、草花区、岩石园、温室区、药圃、自然保护区，一年四季，都有醉人的绿和炫目的花。在庐山人心中，植物园是山中的瑰宝；在游人心中，它是怡情养性净化心灵的圣洁之地。作为个体生命能够托体庐山，已属不易，况是这样一座蜚声中外的名园；作为庐山植物园，它承继了中华民族的慎终追远、见贤思齐的传统美德，给三位创始人安排了最好的归宿。这一决策的意义已经超出了事物的本身。它大大提高了庐山植物园作为群体所拥有的道德、人格力量，因而也大大提高了庐山植物园的知名度。

胡先骕、秦仁昌、陈封怀墓坐落在植物园松柏区水杉林内，墓地的山形地势显然经过精心选择。它枕山面湖，前方是一个通向鄱阳湖的山垭口。三位“一生爱好是天然”的学者，大化后复归自然，幕天席地，返璞归真。牛眠吉壤，无意求之而偶然得之，未尝不是一种机缘，一种福分。生前长别离，身后常相伴，三位志同道合的科学家，可以含笑九泉了。

1994 年 9 月，陈隆恪之女陈小从，陈寅恪之女陈流求、陈美延，陈封怀之子陈贻竹，陈覃恪之孙陈中一、陈中兴在南昌开完“陈宝箴、陈三立父子学术讨论会”后，上庐山探视松门别墅，随后又来到庐山植物园祭扫陈封怀墓。陈小从口占七绝一首：

> 埋骨名山慰平生，奇花异树饱含情。松门落照含鄱月，长与匡君伴古今。

对于陈封怀教授来说，长眠在先祖故居松门别墅附近的庐山植物园，既是义宁陈氏庐山缘浓彩重墨的一笔，也是对他平生事业的最好纪念。

---

① 见易官美、邱迎君《论庐山植物园空间景观的继承与发展》，载《中国植物园学术年会论文集》。

附录一：口述资料选辑

陈三泗

王文韶母亲病重，请中医西医都看不好。宝箴自告奋勇为其母诊病。王问："你懂医?"宝箴答："我自幼曾随父学医。"王允之。宝箴开方三剂，王母病愈。宝箴因此得到王文韶的赏识提拔。

宝箴中举后与修水另一位举人陈奉显（本地人）去见慈禧太后。太后问你们两人是同宗亲戚吗？奉显答"他是怀远陈，我是本地陈，不亲"。宝箴答"我们是亲，因为都是皇上的子民"。太后称宝箴有才。

宝箴一家在竹塅田土不多，他不置产。但在平江县金坪有田产 360 箩，合六百三十多石谷。（录自修水县政协编《一门四杰》时采访但未用的留存材料）

陈明恪

听老辈人讲乌石坑一开始叫"蓝棚里"，后来作茶、作薯。最兴旺的时候有 48 只屋场。茶兜几埚几埂。全部是用青石砌起来的土块。我们每年都去摘野茶。

过去有句顺口溜，若要惊（漂亮之意），去乌石坑；若要穷，去松木垄。（刘经富采访录，2000 年 1 月 1 日）

陈小从（封玖）

公公（陈三立）教我的修水童谣：月光光，照玉堂。玉堂背，好作菜。菜开花，好作瓜。瓜冇大，孙崽偷去卖。瓜冇黄，孙崽偷去尝。阿公打，阿婆争，争得丫丫急颠颠。走冇路，树冇杈，跌死个老娭毑。

我公公好多笑话。有一次用肥皂洗澡，出来后说浑身不舒服，黏黏糊糊的。祖母问你用水冲了没有？公公说："啊，还要用水冲呀?!"

我三位姑姑，康姑、安姑的丈夫，公公很是满意，说这两位姑爷打灯笼都找不到，实际都不行，都是纨绔子弟。这两位姑爷没选好。安姑 5 岁就订亲，薛姑爹是姨太太所生，招赘到陈家。来时带来两箱文物古董。他嗜赌，没钱就卖古董，也不懂行。有时把古董商带回家，让古董商任挑、任估价。安姑成天哭，因住在娘家，家人老是埋怨她未管好丈夫，心情压抑，得了心脏病。临终时念叨我爹爹。我爹爹立即从南昌赶回南京，但还是没见上面。安姑两夫妻感情并不坏，临终时交代薛姑爹要跟着父亲（陈三立）。后来我祖父迁居上海、庐山、北平，大家庭散掉了，薛姑爹就离开了陈家。他字写得好，曾在上海中华纺织公司做录事。

大姑静娴（堂姑）与我爹爹很好。她会裁剪。抗战胜利后，我爹爹帮她在南昌找到一份工作。当时我母亲的萍乡喻家有个亲戚在江西女子职业学校工作，遂介绍她当裁缝老师。解放前夕她儿子要回修水，大姑不愿去。我爹爹劝她还是先回修水。

大八[九]爸伊恪从日本留学回国，到南京拜见我公公。没有按旧式礼节磕头，而是用当时流行的新礼节鞠躬。公公很不高兴，用老家话说了他几句。他离开南京时没有再来辞行。（刘经富 2011 年 7 月 7 日—11 日在陈小从老人武大家中居止接谈记录）

陈封万（希白）

我家的田产在竹塅，有四只庄屋。“土改”时我爷文恪被划成地主成分，山下彭桥的贫农会来了二三百人分我家家产，把乌石坑老屋里很多字画抬走了。里面有衡恪的画，盖了章的。还有四条屏，有一幅是“秋官驱邪”，下面有一方印：“提督军门巡抚部院”。家谱也很多，被搬到小卖部做包货纸用。我爷把我们这一支——竹塅陈家的世系册要回来了（按：这本怀远陈姓民国三十二年六修谱竹塅这一支的《世系册》，与其他各支通谱内的竹塅陈家《世系册》在内容上稍有不同，如陈寅恪名下有“配唐氏，清光绪戊戌年五月初一日吉日生，女三”字样，而其他同本《世系册》无这行字，应该是竹塅陈家用谱局原版再增补重排印刷而成）。

大屋里的官厅挂满了字画，有衡恪的，还有中央大人物的。

我家里原来有儒恪写给三厚的信。起因是我公三吉有点能力，管过几年义学。有几个堂兄弟不服气，要查账。我公为此专程去南昌找到儒恪，他便写信来劝解。（刘经富采访录，2001 年 10 月 3 日）

陈封彬

汪坑陈右铭祖母的坟土听哇是用糯米加桐油搭的，黏性好，硬。看这棺坟的地仙是吴仙昉(音),专门为大户人家看风水的。平江的陈家祖上坟也是他看的,因为外七都的葫芦山(本名湖洞山)龙脉通过那里。修水民谚"葫芦山上一兜瓜,摇摇摆摆过长沙"。

平江县的田产解放前由鉴泉(清恪)去收租。为躲避路上被打劫,将轿杠的竹节打通,把现洋藏在轿杠里过境。

解放前的某年,在省里卡子上做事的彦通(方恪)跑到修水,他是只起债鬼(修水方言,给父母增加麻烦、败家子之意)。当时的县长给了他 15 担盐,叫他赶快走,罢啊罢,喊你做爷。当时盐很金贵,我们都吃了两三年的淡饭,15 担盐是不小的数目。后来上面知道了此事,派人来追查。(刘经富采访录,1997 年 8 月 24 日)

陈继虞

我是三房克藻名下。大房克绳名下最发旺,二房克调名下只有一女,三桂的女,叫雪梅(谱名芗恪),嫁到另外一个乡去了。四房克修尚有希白、朗山两家。

我太公叫德基,谱名三焘,是个地先。光绪十年宝箴回乡捐资建义学,是我太公协助办理相关事宜。

《一门四杰》上衡恪的那两幅画是衡恪送我太公(三焘)的,1982 年与那两封宝箴家书一起被县文化馆陈靖华以 35 块钱买去。"文化大革命"时乡里、村里造反队来我家抄家,因我家驮坏了成分,是个富农。这几件东西幸未抄走。我是在义学发蒙读过几年书,所以对宝箴那两封家书勉强看得懂,背得出其中几句。

我太公小时候与三立一起发蒙读书。有一日患感冒,晚上没背书,第二日在学堂背不出来。先生握戒尺打手。三立下坐位,双膝跪先生面前说道:焘弟昨因感冒发烧未曾背书,三立愿代他受罚。说着伸出左手请先生打。先生见状,怒气自消,夸奖三立仁义,必有后福。

我太公曾在湖南帮宝箴管过金矿的账。所用算盘是 36 档,一般算盘只有 13 档。宝箴很相信我公,因他品德好,不吃重(音"同",修水方言,"不占小便宜"之意)。

宝箴对老家宗亲很好,过年时给每家发银子。

我爷叫封建,解放时被划成富农成分。一九六几年帮队上放牛,两只牛发生牛斗,一只牛跌倒磡里跌死了。队上的人哇我爷报复社会。队上要我家拿钱赔偿,家里无钱,只得用祖上克藻做的老屋抵偿。队上遂用我家老屋做大队部。后来大队书记给队上300块钱买下来，变成他家的私产。“文化大革命”结束后我曾去过县里，要求落实政策，把祖产要回来，没有结果。（刘经富采访录，1997年10月21日；以后有人告知，2002年这个大队书记的崽把这栋老屋拆掉做屋，先做一层，2012年新农村建设时再加一层）

陈新虞

我公鉴泉（谱名清恪）“土改”时被划为地主管家。“文化大革命”时队上把他批斗得不得了。无人照顾他，没有饭吃，1971年饿死在床底下。人缩成一团，像只狗样。

我公生前跟我讲过，他有个哥（荣恪）在北京做事，但一直没有联系。

听哇做陈家大屋的木料是从黄港乡的龙港运过来的。瓦、砖是黄沙乡的泉源运过来的。（刘经富采访录，2000年1月1日）

陈学虞

我公俫恪去见过陈三立，不知是在什么地方见的。陈三立送我公一件皮袍，还与我公通信。哇要带我爷封炳出去读书，但我祖母不愿。覃恪与我公也很要好。（刘经富采访录，1997年7月28日）

谢国纲

我小时候在陈家大屋里看到过不少字画，只记得三幅印象最深的：一幅梁启超写的对联，以前记得下联，后来忘记了；一幅很大的《钟馗打鬼图》；一幅《草山虎》。《草山虎》的眼睛夜里放光，大屋里蓄狗不成，只好把眼睛刮掉去。

陈家的字画书籍，“土改”时抬走一捆。在地坪里也烧过一次字纸，当时一个姓姜的、一个姓宁的在桃里当书记、区长，比较左。（刘经富采访录，1999年10月7日）

张瑞生

“土改”时大屋官厅里的一张紫檀木架子床分给陈××，(19)70年代以四石谷卖给余××。前几年余××又以120块钱卖给湖南来的文物贩子。

“土改”时把大屋里的一张团桌分给范××，桌面是石板嵌的（笔者后来曾找到这户人家看过这张桌子。桌面不是石板嵌的，而是油漆得像玻璃那样光滑）。

大屋的官厅里原来有王羲之的四条屏，每幅有门板那么大。“土改”时被

撕毁了。（刘经富采访录，2000年1月2日）

余杰风

我与陈三立侄女静娴的孙女订亲结婚，1957年我被打成右派后被迫离婚。

《陈氏宗谱》记载三畏的长女嫁给同里朱甲生，即静娴老公。修水漫江朱姓一九九几年新修宗谱载静娴生于1885年，殁于1956年。漫江乡是宁红茶的产地，朱甲生的祖上常去长沙经销茶叶，又是怀远人，一来二去，与陈宝箴结识了，两家遂开亲。（按：陈三立《清故国子监生朱君墓志铭》即为漫江朱启南墓志铭，文中提到陈家与朱启南有"姻娅"关系，不知是否即朱甲生祖上？）

静娴的崽叫朱圣豫，在省城读书，考取法政专科学校，毕业后在江西省某厅任职。正是春风得意时，但他不习惯官场周旋，厌恶大城市生活，1932年离开官场、省城，举家迁回老家漫江。解放后被划成地主，约1955年年龄不大即抑郁以终。

静娴能诗善绣。她的女儿圣杏在南昌，老公是省府要员，圣杏自己也有学历，抗战时不幸去世。静娴曾接到圣杏一封信，不是圣杏亲笔，怀疑圣杏出了大事，要圣豫送她去南昌。圣豫不愿，静娴几近癫狂，写了一首诗放在圣豫房里桌子上。圣豫看后受了感动，便雇轿送母亲去南昌。（按：那时从修水山区去一趟省城不容易。修水解放前不通公路。去南昌步行起码要三日，轿子则可能要四日）

静娴、圣豫母子见我会读书，要我好好读，带动影响圣豫的崽读书。静娴对我哇，你好好读，我家有几个大学教授，到时候带你去，哪怕赖也要赖在他们那里上大学。一解放这一切都泡了汤。（刘经富采访录，1999年10月23日）

按：口述资料是区域社会史吸纳人类学田野调查时必须进行的一个环节。口述资料属于三亲（亲历、亲见、亲闻）资料，具有较高的史料价值。将口述资料与文献、实物相印证，可以使得出的结论更为可信，更为坚实。

以上选辑的三十余条口述资料，如果孤立单纯地看，它可能就是一些碎片、枝叶。但如果把它们放进你所研究对象的大系统中，其有效价值就会显示出来。这批口述资料大约可以分为三种类型：

一、事情可以确定不存在，但与这件事情相关的社会环境、心理印记却存在过。犹如陈寅恪所说即使伪书也有值得挖掘的真史料。

1. 陈三泗提供的陈宝箴为王文韶母亲诊病，未曾听闻过。此事在《王文韶日记》里无记载，可靠性存疑。但却反映折射出修水故里的士绅希望破解陈宝箴得到王文韶赏识重用的背后原因。

2. 陈三泗提供的陈宝箴作为怀远人中举后与修水土著举人陈奉显觐见太后的故事可以确定无此事。但这个故事传说在修水老辈人中流传很广，另一个版本是陈奉显回家后觉得讲错了话，触冒了清廷以关外异族统治中原汉族的忌言界限，自缢而死。这是怀远人与本地人因入籍产生激烈斗争的历史痕迹在掌故逸闻上的反映，是斗争双方普遍存在过的心理印记。

3. 陈封彬老人提供的陈方恪跑到修水，当时的县长给了他 15 担盐之事可以证无，陈方恪一生从未到过老家，虽然他对老家感情很深。但却可以印证他 1920 年在南昌依督军陈光远，担任督军公署副秘书长，景德镇税局局长，后又在田亩丈量局、厘金局、小池口统税局、二套口统税局任职时刮得盆满钵满的传闻不虚。

二、事情确实有，且细节生动，线索清晰。

1. 陈明恪讲述的乌石坑一开始叫“蓝棚里”，极有价值，为陈氏从福建上杭迁来义宁乌石坑最早是种植蓝靛这种经济作物提供了来自地名的依据。乌石坑至今仍存“上蓬”“下蓬”（以“蓬”字组词的“蓬户”“蓬门”与“寮棚”“棚户”意义相同）两个地名，在陈家的分家文书里，亦有“上蓬”“下蓬”字样。但棚民搭建的是“寮棚”，而“蓝棚”却卡紧了此地因为种蓝而得名。

2. 陈小从提供的三姑陈安醴因心情抑郁而早逝的原因，一般人深入不到大家庭内部这一层。

3. 陈小从晚年还能用修水老家方音咏唱儿时记住的老家童谣，说明一个家庭从老家走出去不管多远，其渊源痕迹是无法割断的。

4. 陈封万提供的陈儒恪给老家宗亲写信，说明当时陈家这个大家族山里山外的成员仍有着千丝万缕的联系。

5. 陈继虞、陈封万提供的他们家有陈衡恪赠他们祖上的画作，可证衡恪当时赠送给故里的画作不少。故里还有一幅他写赠给堂伯父陈三桐的《作画感成诗》书法作品，1989 年冬由县政协征收，移交县博物馆。

6. 余杰风讲述陈三畏女儿陈静娴的家庭情况，随儿子回故里的生活经历，为我们了解陈三畏这一支后人的去向聚散提供了线索、材料。这些情况即使陈三畏之子陈覃恪的后裔也不知道。陈静娴能诗善绣，也可以说明陈三畏去世后其儿女曾与陈三立的子女一起受诗书礼乐教育，且程度不低。

三、事情确实有，但时间、地点、事由、数目等细节与事实有出入，不过这并不影响这些口述资料的作用、价值。

这类口述资料主要是指陈封万、陈继虞、陈新虞、谢国纲、张瑞生提供的

“土改”运动给陈氏族家族带来的冲击。对于陈氏这个书香之家来说，在“土改”运动中损失最大的不是房产、家具、土地、山林，而是文物、书画和与文物、书画紧密相连的文化精神气息。虽然这个家族在 20 世纪三四十年代就已经显露出文运衰落的败象，但那是家族内部的运数动力作用的结果，从外部给这个家族沉重一击、最后杀威棒的是“土改”。“土改”把这个家族从过去受人敬重的大户人家降为“地富反坏右”的黑五类阶层。家族成员只求维持生命和最低的生活标准，哪里谈得上文化书香，也不敢粘这些祖上引以为荣的东西。

走出山外的陈氏家族成员虽然没有受到“土改”的打击，但也同样阻挡不住人文式微的气数。第七代、第八代绝大部分从事自然科学、理科工科，与传统国学越来越远。这个家族的人文断裂是必然的。

上述采访、交谈的 11 人中已有 9 人去世，他们带走的往事陈迹比吐露出来的肯定更多。但聊胜于无，这是我们要看重这些口述资料的原因所在。

附录二：竹墩陈家四房世系图

附录三：陈寅恪名讳读音 ko 与其家族史的关系溯源

一、陈寅恪名字及“恪”字辈的由来

陈寅恪先生（1890—1969），江西修水县人。清雍正末年，陈寅恪的六世祖陈鲲池从福建上杭县来苏里中都乡琳坊村迁江西南昌府义宁州（1914年分为修水、铜鼓两县）泰乡七都竹塅村。

一百多年后，迁入义宁州的怀远人（修水、铜鼓客家人的特殊称谓）开始联宗建祠修谱。咸丰元年（1851）恩科乡试，陈文凤和陈宝箴（陈寅恪祖父）中举。怀远陈姓欢欣鼓舞，借此喜庆，敦促陈文凤、陈宝箴编纂“合修宗谱”（通谱）。因受太平军战事影响，延宕至同治二年秋季将通谱修成。

图1　义宁怀远陈姓谱派诗

同治通谱在义宁州怀远陈姓族史上具有重大意义，它理清了过去一百多年来各支自定的混乱世次。在此基础上，陈文凤、陈宝箴制定了“三恪封虞后，良家重海邦。凤飞占远耀，振采复西江”的行辈用字（修水民间称之为“派号”）。规定从开基祖下延到二十一世，一律按通谱派号起名，废止以前各支自定的私派。需要特别指出的是，为了使“三恪封虞后”的新派号顺利推行，陈宝箴家族将二十一世已成年子弟的原名都改成“三”字。如陈宝箴从侄“陈成塈”时已 30 岁，仍按新谱派改名“三略”，陈宝箴长子陈三立时已 11 岁，已按私派起名“成牧”，亦改名“三立”，可见陈宝箴作为宗族核心人物推行通谱派号决心之大。

“三恪封虞后”典出我国古代的一项礼制（见《左传·襄公·二十五年》，杨伯峻《春秋左传注》，中华书局 1990 年版，第 3 册，1104 页）。古代新王朝为巩固统治，对前朝贵胄后裔赐予封地，以示尊礼。周武王灭商得天下后，封夏、商之后于杞、宋，封虞舜之后妫满于陈丰氏部落故地宛丘（今河南东部、安徽西部一带），“以备三恪”，建立陈国，并将长女太姬嫁给妫满，可见周武王对虞舜后裔敬重之至，其子孙后代遂以国为姓。因此，陈文凤、陈宝箴制定的“三恪封虞后”派号概括了陈氏受姓的尊荣和史源，寓含慎终追远之意，也昭示着“恪”字形、音、义与“客”字同源相通。《孔丛子·答问》：“王曰：周存二代，别有三恪，其事云何？答曰：封夏殷之后，以为二代，绍虞帝嗣备为三恪。恪敬也，礼之如宾客也。”明焦竑《焦氏笔乘·古字有通用假借用》条：“‘三恪’，恪当读如客，恪、客古通用。”清吴大澂《古籀汇编》卷一〇据周朝的愙鼎考证，“愙（恪）”为“客”字的异体，三恪即三客，即以客礼相待虞舜、夏、商子孙后裔之意（“三恪”礼制一直延续到唐代，参见《辞源》“三恪”条，商务印书馆 1980 年版，第 1 册，31 页）。修水另有一个陈寅恪取字“敬宾”，准确地阐释了“恪”“客”二字音同义近的互训关系。（段玉裁《说文解字注》“客”字条：“‘客’，自此托彼曰客，引申之曰宾客。宾，所敬也。”）

光绪十六年庚寅（1890）五月十七日寅时，陈宝箴的六孙在长沙降生。因生在寅年寅时，故名寅恪。陈宝箴有八个孙子：老大衡恪（师曾）、老二殇、老三同亮殇、老四覃恪（陟夫）、老五隆恪（彦和）、老六寅恪（彦恭）、老七方恪（彦通）、老八登恪（彦上）。（陈寅恪四兄弟的字号以寅恪的取得最好，因经义出处较多。其他三兄弟“隆”与“和”对文互义，“方”与“通”对文互义，“登”与“上”对文互义，惟寅恪既“寅”与“恭”对，亦“恪”与“恭”对。《尔雅·释诂》：“俨、恪、祗、翼、諲、恭、钦、寅，敬也。”《尚书·皋陶谟》：“同寅协恭，和衷哉。”《诗·商颂·那》：“温恭朝夕，执事有恪。”故古人取名、字时常“寅恭”“恪恭”对文互义。东晋十六国的前燕名将慕容恪字玄恭，湖南近代书画家雷恪字恭甫，中华书局创始人之一陈寅字协恭。此即陈寅恪名寅恪、字彦恭的经义出处。）

在陈寅恪故里修水县，怀远陈姓自通谱派号颁行后，著录在宗谱上的恪字辈有九百六十余人，其中陈宝箴家族的恪字辈有六十余人。在这近千人的恪字辈中，曾有6个“陈寅恪”（据修水怀远陈姓民国三十二年[1943]六修谱）。今修水恪字辈用“恪”字起名者尚有近两百人（如果加上铜鼓县、奉新县，还不止此数）。

“文革”以后，民间已不时兴按谱派起名。陈文凤、陈宝箴制定的二十辈派号到“良”字辈后基本歇绝。因此，“三恪封虞后”五辈派号的通行，就成为这个客家宗族从几十个分散家族构建凝聚为一个大族、望族的历史记忆。陈寅恪兄弟作为“恪”字辈的翘楚，他们的名字已成为这个宗族重要的文化遗产，其名字的读音与这个宗族“三恪封虞后”派号的含义紧密相连。

二、北京话“恪”字两读现象

“恪”字的正字为“愙”，从宋《广韵》到清《康熙字典》都只有一个反切，宕摄开口一等字，折合成现代语音即kè（克）音。但民国初年以后的字典“恪”字却增加了一个què（却）的又读音：

商务印书馆1912版《新字典》：恪，苦各切。读如却。（第2册，118页）

商务1915版《辞源》：恪，可赫切。亦读如却。（上册，心部，六画，21页）

商务1937版《国语辞典》：恪（愙）（一）ㄎㄜ科，（二）ㄑㄩㄝ缺。（删节本394、599页）

商务1948版《国音字典》：恪，ㄎㄜ。（又）ㄑㄩㄝ。（99页）

人民教育1953版《新华字典》：恪ㄑㄩㄝ ㄎㄜ（又）。（412页）

商务1957版《新华字典》：恪ㄑㄩㄝquè ㄎㄜkè（又）。（285页）

可见北京话“恪”字两读现象由来已久，1953、1957版《新华字典》甚至把“ㄎㄜ（克）”标为又读音。1965年第2期《中国语文》发表周定一《对〈审音表〉的体会》一文，说“‘恪守’的‘恪’有què、kè两读，北京比较通行的是què，合乎北京语音一般演变规律……”。

“恪”字在北京话里有两读，与“腭化”有关。约从明代开始，北方语系中舌根音g、k、h的细音（包含齐齿呼ī、撮口呼ü的音节）向舌面音j、q、x转变。也就是说古音本没有舌面音j、q、x，今音中一部分读j、q、x声母的字是从古音g、k、h声母中分化出来的。语言学界把这种发声部位的前移称为“腭化”。如“卡”字既念kǎ，又念qiǎ，“壳”字既念ké，又念qiào，“客”字既念kè，又念qiě。（徐世荣《北京土语词典》，北京出版社1990年版，326页）“恪”的本字为“愙”（北宋时简化为“恪”），“客”有两读，用“客”做声旁的“愙”自然也会有两读。

也有专家从文读、白读的角度来分析北京话“恪”字两读现象，认为“恪”字文读为kè，白读增加了介音ü，从而腭化为què。

“恪”字又读音què（却）的流行与民国初年的南方识字读本用常用字

"确"标注"恪"字的读音也有一定关系。"恪""确"二字在南方方言区均念入声 ko 或 kɑ,至今如此(1980 年香港中文大学出版社出版的《李氏中文字典》即用"课"注"恪"的国音 kè,同时用"确"注"恪"的粤音 ko),学习官话的南方人用"确"的官话音 què 来类比切换"恪"的读音。

陈寅恪曾在清华大学工作多年。北平的文人和清华、北大的师生称呼他的名字有念 kè(克)的,有念 què(却)的,以后念 què(却)者逐渐增多。但陈寅恪对别人念 què(却)成风并不认同,曾对同事毕树棠和学生石泉说过"我的名字念 kè(克)"。

三、纠正两种错误的说法

1. 陈寅恪老家方言客家话念 què(却)说

1996 年 12 月 25 日《团结报》发表董开荣《"恪"字读音》一文,援引陈寅恪某位弟子的说法:"陈师先祖由闽入赣,落户义宁,属客家系统。客家人习惯将'恪'读 què(却)。义宁陈氏一直保持客家传统,故陈氏昆仲名中的'恪'字均读 què(却)。友人及学生即约定俗成随之。因'恪'读 què(却)系客家习惯,故诸工具书不载 què(却)音。"(1997 年第 4 期《文史知识》转载了这段文字)其实这是一个纯属子虚乌有的学术硬伤,此说一出,影响极大,误导匪浅。

按此说从方言旧读的角度来解决《现代汉语词典》《新华词典》"恪"字不载 què(却)音,而陈寅恪家人、部分弟子念 què(却)的困惑,大方向没有错。只是没有将注意力放在北京方言旧读和 1959 年以后字典已不载 què(却)音的原因上,而转从陈寅恪老家方言去寻找解释、发掘证据。后来热衷于传播此说的人既没有用考据实证的精神方法,带着问题深入到陈寅恪故里或其他客家方言区作一次田野调查,也不向研究方言学、音韵学的专家请教,就坚信陈寅恪老家方言念 què(却)。人云亦云、集体无意识地制造了一个"美丽的错误"。对照科学理性精神和严谨笃实的学风,不能不说是一个遗憾。

客家话没有 què(却)这样的音节(无"圆唇撮口呼 ü"),且比较完整地保留了古入声。"恪"字古音为入声铎韵,故修水客家话(怀远话)和本地话均念"恪"字为入声 ko,类似于普通话"贺""鹤"字的发音。笔者二十余年来在修水、铜鼓乡间搜集陈寅恪家族史料,遇到的恪字辈,上至八十老人,下至七八岁孩童,无一例念 què(却)。他们背诵谱派诗"三恪封虞后,良家重海邦……"时也从不将"恪"念成 què(却)。

2. 陈寅恪本人念 què(却)说

2001 年新世界出版社所出《思想的魅力——在北大听讲座》第 3 辑张岂

之《百年中国史学回顾》有这么一句：“‘恪’为什么念què(却)呢？陈先生自己讲我这个字念què(却)，所以就念què(却)了(笑声)。”如果作者能举出陈寅恪讲这句话的原始出处，当增加可信度，然而至今没有发现可以证明陈寅恪何时何地讲过这种话的文献材料。

而可以证明陈寅恪自己不会念què(却)的文献材料和理由却比较多。

首先，陈寅恪本人从青年到老年，从未将自己的名字读音写成què(却)。

① 1921年到1922年，陈寅恪在美国哈佛大学和德国柏林大学留学时，给哈佛大学老师兰曼的三张贺卡(生日、圣诞)和两封信，署名均为Yin koh Tschen(见林伟《哈佛大学所藏陈寅恪留学档案》，未刊稿，贺卡和信函均有图片)。

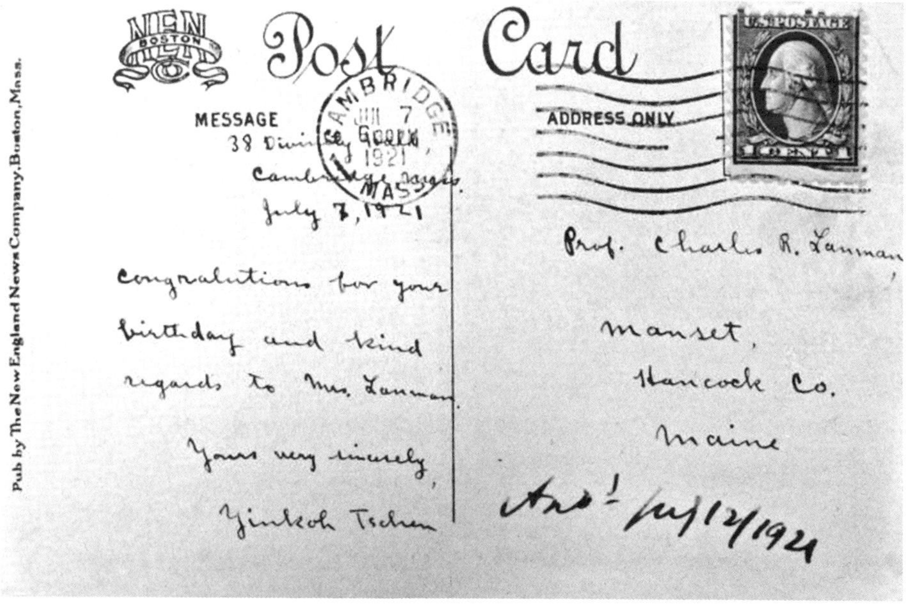

图2 陈寅恪1921年7月致哈佛兰曼教授的生日贺卡，署名Yin koh Tschen

② 1924年，赵元任亲见陈寅恪署名为Yin ko Tschen(见赵元任、杨步伟《忆寅恪》，载俞大维等《谈陈寅恪》，台湾传记文学出版社1970年版，26页)。

③ 1925年，陈寅恪在柏林大学肄业证上署名为TSChen Yin Koh(出处与旁证资料②同)。

④ 1931年，陈寅恪致钢和泰的亲笔信署名为Yin Koh Tschen(见陈流求等《也同欢乐也同愁》，三联书店2010年版，69页)。

⑤ 1936年和1937年，陈寅恪在哈佛《亚洲学报》发表两篇英文论文，署名

为 Tschen Yinkoh 和 Ch'enYin k'o(见杨君实《陈寅恪先生的两篇英文论文》,载《追忆陈寅恪》,社会科学文献出版社 1999 年版,359 页;杨君实在文章末尾附识:寅恪先生的“恪”字有两个读音:一音“客”,一音“却”。我从前听到前辈学者说起“陈寅恪”,有念“客”的,也有念“却”的,莫衷一是。今见陈先生这两篇文章的署名是 Tschen Yinkoh,署名之后又有一括弧〔Ch'en Yink'o〕。Koh 或 K'o 发音均为“客”,可见“客”音是经陈先生自己认可的)。

⑥ 1940 年 5 月,陈寅恪致牛津大学的英文信署名为 Tschen Yin Koh(见《陈寅恪集·书信集》,三联书店 2001 年版,222 页)。

⑦ 1945 年秋,陈寅恪在赴英国的护照上署名为 Chen Yin ke 和 Yin ko Chen(见郭长城《陈寅恪抗日时期文物编年事辑》,载《陈寅恪研究——新材料与新问题》,九州出版社 2014 年版,52 页)。

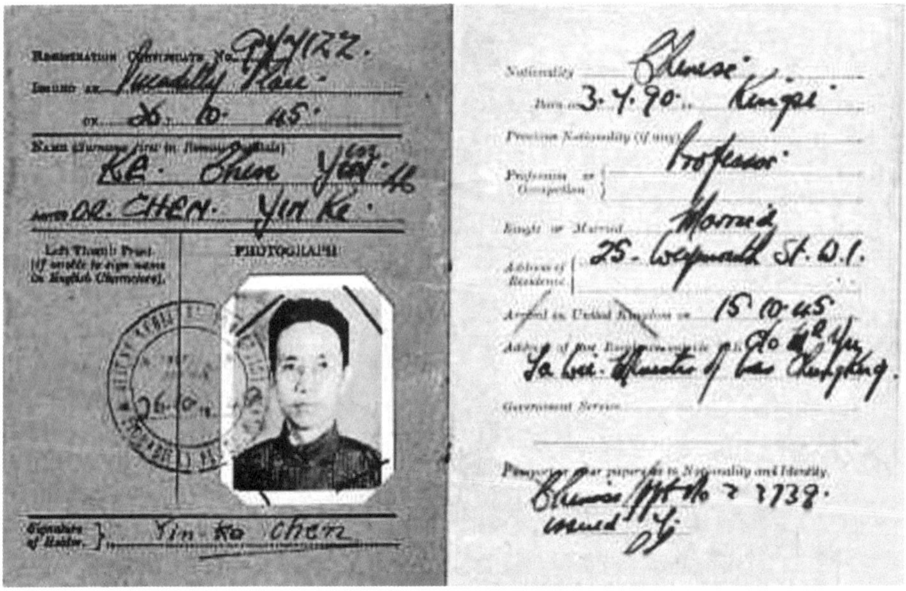

图 3　陈寅恪 1945 年秋在赴英国的护照上署名 Chen Yin Ke 和 Yin Ko Chen

⑧ 1946 年 3 月,陈寅恪写给傅斯年的信署名为 Chen Yin Ke(见《陈寅恪集·书信集》,三联书店 2001 年版,119 页)。

⑨ 1956 年,陈寅恪在中山大学《本校专家调查表》上署名为 Yin Koh Tschen 和 Chen Yin Ke(见王川《历史学者陈寅恪姓名“恪”之读音》,载《东方文化》2003 年第 6 期)。

旁证资料:

① 哈佛大学陈寅恪成绩单标音为 Yinkoh Tschen(见林伟《哈佛大学所藏

陈寅恪留学档案》)；1926 年校友名录陈寅恪标音为 chen yin koh(见陈流求等《也同欢乐也同愁》,34 页)。

② 1921 年 11 月和 1922 年 10 月,柏林大学新生登记册上陈寅恪标音为 TSChen Yin Koh(见刘桂生《陈寅恪、傅斯年留德学籍材料之劫余残件》,载《北大史学》1997 年第 4 辑)。

③ 1938 年 10 月 4 日,中国中英文化协会主席杭立武在为陈寅恪申请剑桥中文教授事致英国"大学中国委员会"秘书的信中,指出"他自己喜欢用的姓名的罗马拼音是 Tchen Yin koh"；在提供的陈寅恪个人材料中,杭立武再次注明"陈寅恪先生比较喜欢他名字的罗马拼音作 Tchen Yin Koh"(见程美宝《陈寅恪与牛津大学》,载《历史研究》2000 年第 2 期)。

④ 1941 年,清华大学校长梅贻琦给清华驻港的陈寅恪弟子邵循正写了一封英文信,请他就地敦促在港的陈寅恪返校复课,信中提醒邵循正注意陈寅恪名字要标音为 Yin ko Chen(见黄延复《陈寅恪先生怎样念自己的名字》,载《中华读书报》2006 年 11 月 22 日)。

⑤ 1944 年,陈寅恪当选英国学术院通讯院士,院士名单标音为 Yin Koh china(见陈怀宇《在西方发现陈寅恪》,北京师范大学出版社 2013 年版,68、137、137、143、151 页)。

⑥ 1946 年,陈寅恪在英国治疗眼疾,医生的诊断书标音为 yin ke chen(见陈流求等《也同欢乐也同愁》,205 页)。

⑦ 1948 年国立中央研究院院士名录陈寅恪的名字标音为 Chen Yin-k'o。

⑧ 从 1930 年到 1948 年,陈寅恪在当时权威刊物《史语所集刊》上共发表 29 篇文章,每期目录的题目、姓名翻译陈寅恪时均标音为 Yin Koh Tschen 或 Tschen Yin Koh 或 Tschen Yin-k'o(见《历史语言研究所集刊》,中华书局 1987 年影印本)。

其次,从陈氏兄弟的口音构成、家族背景来分析,陈寅恪也不会将自己的名字念成北方口音的 què(却)。

① 陈氏兄弟在长沙生长,自会讲长沙话(长沙话土语"恪"字不念 què),但客家话也与生俱来地融入他们的记忆中。客家人素重木本水源,恪守"宁可抛荒,不可抛腔"的祖训,无论迁到何处,必以母语传家。陈氏兄弟姊妹幼年与祖父母和宗亲、姻亲朝夕相处,在乡情浓烈的语言环境中,自会濡染熟悉客家话。1989 年冬,隆恪女儿陈小从回乡祭祖,将修水之行情况写信告诉姑父俞大维(陈寅恪妹夫)。时俞大维已年逾九十,回信犹问"老家的族人还讲客家话吗",可见客家话在他们那一辈印象之深。

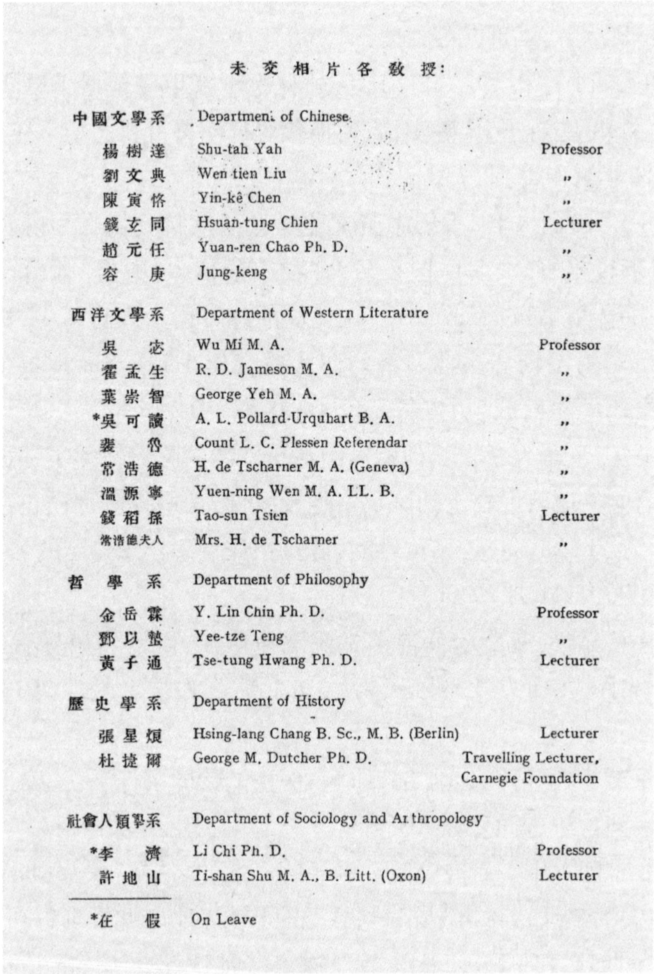

未交相片各教授：

中國文學系	Department of Chinese	
楊樹達	Shu-tah Yah	Professor
劉文典	Wen-tien Liu	"
陳寅恪	Yin-kê Chen	"
錢玄同	Hsuan-tung Chien	Lecturer
趙元任	Yuan-ren Chao Ph. D.	"
容　庚	Jung-keng	"
西洋文學系	Department of Western Literature	
吳　宓	Wu Mi M. A.	Professor
翟孟生	R. D. Jameson M. A.	"
葉崇智	George Yeh M. A.	"
*吳可讀	A. L. Pollard-Urquhart B. A.	"
婁　卺	Count L. C. Plessen Referendar	"
常浩德	H. de Tscharner M. A. (Geneva)	"
溫源寧	Yuen-ning Wen M. A. LL. B.	"
錢稻孫	Tao-sun Tsien	Lecturer
常浩德夫人	Mrs. H. de Tscharner	"
哲學系	Department of Philosophy	
金岳霖	Y. Lin Chin Ph. D.	Professor
鄧以蟄	Yee-tze Teng	"
黃子通	Tse-tung Hwang Ph. D.	Lecturer
歷史學系	Department of History	
張星烺	Hsing-lang Chang B. Sc., M. B. (Berlin)	Lecturer
杜撻爾	George M. Dutcher Ph. D.	Travelling Lecturer, Carnegie Foundation
社會人類學系	Department of Sociology and Anthropology	
*李　濟	Li Chi Ph. D.	Professor
許地山	Ti-shan Shu M. A., B. Litt. (Oxon)	Lecturer
*在　假	On Leave	

图 4　1934 年《清华年刊》一页，陈寅恪“恪”字标音 kè

② 1919 年，日人田原天南《清末民初官绅人名录》陈衡恪条“恪”字标音为 k'o。1955 年，陈方恪在户口登记时用注音字母标音“恪 ㄎㄜ（克）”。1956 年，陈寅恪在《本校专家调查表》上用外文标音“恪 Koh”。陈寅恪曾对同事和学生说过“我的名字念 kè（克）”，陈方恪亦曾对学生说过自己的名字应念 ko。这不可能是巧合，说明陈氏兄弟对自己名字读音的态度是一致的。

③ 与陈寅恪有血缘关系的从兄弟有六十余人之多，其中儒恪、储恪、伊恪、荣恪、齐恪亦走出山外发展，与衡恪兄弟多有接触。他们在修水老家长大，自会讲客家话，不会将自己的名字念成 què（却）。寅恪也不会标新立异，脱离兄弟们自幼形成的读音习惯。

④ 更大的背景是陈宝箴参与制定的“三恪封虞后……”派号对凝聚宗族起到了巨大作用。寅恪对祖父素所敬重，不会在自己名字的读音上违逆先祖的意愿，从全族宗亲整齐划一的读音中剥离出来，把自己名字的读音弄得形只影单。

四、结　　论

综上所述，陈寅恪的“恪”字之所以有两读，根子乃在北京方音旧读上。所谓“陈寅恪老家方言客家话念 què（却）”“陈寅恪本人念 què（却）”的说法，既严重背离事实真相，也不符合“凭材料说话”的学术规范。至于民国时期北平流行念 què（却）是否就能成为今天人们仍可以念 què（却）的理由，则受到来自现代汉语规范的挑战。

谈现代汉语规范问题，首先要分清普通话与北京话的概念。普通话以北京话的语音系统为标准，并不是把北京话一切读音全部照搬，北京话并不等于普通话。从 1956 年开始，中科院普通话审音委员会对北京话的方音土语进行了多次审订，分三批公布了《普通话异读词审音表初稿》，“恪”字的又读音 què（却）在第一批中就被废止了（商务印书馆 1959 年版《新华字典》“恪”字不再保留 què 音）。1985 年 12 月，国家语委、国家教委、广电部联合正式公布《普通话异读词审音表》，正式确定“恪”字“统读”为 kè（克），即“此字不论用于任何词语中只读 kè（克）音”（《国家语言文字政策法规汇编》，语文出版社 1996 年版，121、136 页），参加审音工作的徐世荣先生特别举例指出“人名如近代学者陈寅恪”（徐世荣《〈普通话异读词审音表〉释例》，语文出版社 1997 年版，118 页）。

陈寅恪的名字究竟怎么念，不能不考虑“恪”是陈氏宗族的一个派号，众多的恪字辈成员都不将自己的派号念成 què（却）这个客观历史事实。既然 960 个恪字辈 959 个不念 què（却），与陈寅恪有血缘关系的 60 个恪字辈 59 个不念 què（却），6 个陈寅恪 5 个不念 què（却），那么，根据逻辑常识推理，这个同根共源的陈寅恪也不应念 què（却）。说到底，关于陈寅恪名字的读音，最有发言权的是“恪”字辈成员。判别的基本标志是，“三恪封虞后”谱派意义已经规定了只能念“三恪 kè（克）”不能念“三恪 què（却）”，如果念“三恪 què（却）”，就背离了以客礼相待虞舜、夏、商子孙后裔的经文本义，与陈寅恪名寅恪、字彦恭蕴含的“恪恭”意义关联亦不紧密。

20 世纪八九十年代文化学术界兴起“陈寅恪热”时，学界对陈寅恪的家族史还没有太多的了解认识，陈寅恪名字的读音与他的家族一样，蒙上了一层神秘的面纱。走在学界前沿的某些陈门弟子，疏于考证，将老师家人按北平方音念 què(却)误以为老师老家客家话念 què(却)而坚信不疑，并要求自己的学生必须念 què(却)以示尊重，遂使简单的语言学问题变得神秘复杂。如今陈寅恪的家族史业已明朗，其名字的读音不再神秘。他是陈氏故里众多恪字辈的一员，他们根据祖辈传下来的派号读音念自己的名字“恪”为入声 ko 而不是 què(却)。北方语系已无入声，古入声 ko 已转变为去声 kè(克)。文化学术界理应尊重谱派创制人陈宝箴和姓名拥有者恪字辈们的意愿(陈宝箴的直系后裔尤其应该敬祖归宗，带头示范)，以求是证实的严谨学风正本清源、拨乱反正，使用规范读音 kè(克)称呼陈寅恪先生及其昆仲的名讳。

(本文原载中华书局《文史知识》2009 年第 6 期，本次印行略有增、改)

陈寅恪故里的“恪”字辈怎样念自己的名字

参 考 文 献

一、原始文献(按文献性质分类)

《陈氏宗谱》,江西修水怀远(客家)陈姓道光八年(1828)二修,同治二年(1863)三修,光绪二十一年(1895)四修,民国九年(1920)五修,民国三十二年(1943)六修。

《黄氏宗谱》,修水怀远黄姓光绪二十四年(1898)四修。

《何氏宗谱》,修水怀远何姓同治二年(1863)三修。

《谢氏宗谱》,修水怀远谢姓光绪二十一年(1895)五修。

《李氏族谱》,修水怀远李姓民国三十二年(1943)七修。

《郑氏宗谱》,修水怀远郑姓民国三十六年(1947)续修。

《林氏宗谱》,修水怀远林姓民国二十六年(1937)续修。

《赖氏宗谱》,修水怀远赖姓光绪二十七年(1901)三修。

《钟氏宗谱》,修水怀远钟姓民国六年(1917)续修。

《涂氏宗谱》,修水本地涂姓 1994 年重修。

《徐氏宗谱》,修水本地徐姓民国二十六年(1937)续修。

《陈氏宗谱》,修水本地陈姓民国十六年(1927)续修。

《邓氏宗谱》,修水本地邓姓民国三十四年(1945)续修。

《余氏宗谱》,修水本地余姓民国三十二年(1943)续修。

《查氏宗谱》,修水本地查姓民国二十五年(1936)九修。

《罗氏宗谱》,江西武宁罗姓民国年间续修。

《汪氏宗谱》,武宁汪姓民国二十五年(1936)续修。

《喻氏续修族谱》,江西萍乡清溪一甲喻姓宣统二年(1910)续修。

《萍乡喻氏通谱》,萍乡喻姓 2013 年续修。

《萍乡龙塘贺氏支谱》,萍乡贺姓民国五年(1916)续修。

《东安席氏族谱》,湖南东安席姓民国二十六年(1937)四修。

《汀龙黄氏族谱》，湖南长沙县汀龙黄姓民国三十一年(1942)六修。

《湘潭黎氏绪周五修支谱》，湖南湘潭黎姓民国十六年(1927)五修。

《湘阴郭氏家族史全书》，湖南湘阴郭姓2006年编印。

《光远祠志》，修水怀远陈姓嘉庆十三年(1808)首修，道光十八年(1838)二修，同治五年(1866)三修，光绪八年(1882)四修。

《怀远都图册本》，道光十七年(1837)刊印。

《四都二图丁粮册》，道光十六年(1836)刊印。

《怀远生员名册》，同治八年(1869)抄本。

《全善局志》，光绪十五年(1889)刊印。

《华国堂志》，光绪二十年(1894)刊印。

《梯云书院志》，同治二年(1863)初版，光绪十八年(1892)再版。

《奎光书院志》，同治元年(1862)初版，光绪二十八年(1902)再版。

《梯云宾兴志》，光绪二十二年(1896)刊印。

《云记宾兴志》，光绪十二年(1886)刊印。

《光记宾兴志》，光绪十二年(1886)刊印。

《五魁宾兴志》，同治八年(1869)刊印。

《三都二图文昌宫志》，光绪二十六年(1900)刊印。

《四都一图双五甲文昌季志》，光绪十一年(1885)刊印。

《大塅文昌宫志》，民国七年(1918)刊印。

《本籍濂山书院抚宪注销案》，道光二十三年(1843)刊印。

《泰交书院志》，修水土客共建书院，光绪三十二年(1906)刊印。

《凤巘书院志》，修水土著书院，光绪元年(1875)刊印。

《义宁创建考棚志》，光绪十二年(1886)刊印。

《江西通志》，雍正十年(1732)版。

《南昌府志》，同治十二年(1873)版。

《义宁州志》，乾隆二年(1737)版，道光四年(1824)版，同治十二年(1873)版，江苏古籍出版社1996年影印本。

《修水县志》，海天出版社1991年版。

《宜春县志》，康熙四十七年(1708)版，江苏古籍出版社1996年影印本。

《新建县志》，同治十年(1871)版，江苏古籍出版社1996年影印本。

《武宁县志》，同治九年（1870）版，江苏古籍出版社1996年影印本。

《昭萍志略》，刘洪辟纂修，江苏古籍出版社1996年影印本。

《萍乡市志》，《萍乡市志》编纂委员会编，黄式国主编，方志出版社1996年版。

《庐山志》，吴宗慈编撰，胡迎建等校注，江西人民出版社1996年版。

《庐山续修志稿》，吴宗慈纂，庐山地方志办公室1992年刊印。

《上杭县志》，康熙二十六年（1687）版，民国二十七年（1938）版。

《上杭县志》，范书声主编，上杭县地方志编纂委员会编，福建人民出版社1993年刊印。

《嘉禾县图志》，民国二十七年（1938）刊印。

《续武陟县志》，民国二十年（1931）刊印。

《武陟县志》，武陟县地方史志编纂委员会编，中州古籍出版社1993年刊印。

《江西省修水县地名志》，江西省修水县地名委员会办公室1988年编印（内刊）。

《上杭县地名录》，福建省上杭县地名办公室1980年编印（内刊）。

《平江县地名录》，平江县地名办1982年编印（内刊）。

《江苏省南京市地名录》，南京市地名委员会1984年编印（内刊）。

《清史稿》，赵尔巽等，中华书局1976年排印本。

《清实录》，中华书局1985年影印本。

《〈清实录〉江西资料汇编》，邵鸿主编，江西人民出版社2005年版。

《清文献通考》，商务印书馆民国二十五年（1936）合装本。

《光绪朝东华录》，朱寿朋编，中华书局1958年初版，1984年重印。

《光绪朝朱批奏折》，中国第一历史档案馆编，中华书局1995年影印本。

《曾国藩全集》，曾国藩著，岳麓书社1987年版。

《郭嵩焘诗文集》，杨坚点校，岳麓书社1984年版。

《张之洞全集》，宛书义、孙华峰、李秉新主编，河北人民出版社1998年版。

《沈文肃公政书》，沈葆桢著，载沈云龙主编《近代中国史料丛刊》正编第54册，文海出版社1967年版。

《刘坤一遗集》，中国科学院历史研究所编著，中华书局1959年版。

《函楼文钞》,易佩绅撰,光绪二十年(1894)刊印。

《溪州官牍》,张修府撰,同治四年(1865)刊印。

《天岳山馆文钞》,李元度著,载沈云龙主编《近代中国史料丛刊》正编第402册,文海出版社1979年版。

《黄遵宪全集》,陈铮编,中华书局2005年版。

《吴汝纶全集》,吴汝纶撰,施培毅、徐寿凯校点,黄山书社2002年版。

《陈宝箴集》,汪叔子、张求会整理,中华书局2003年版。

《陈宝箴诗文笺注·年谱简编》,刘经富编著,商务印书馆2019年版。

《陈宝箴遗文》,许全胜、柳岳梅整理,载上海中山学社主办《近代中国》第11辑,上海社会科学院出版社2001年版。

《散原精舍诗文集》,陈三立著,李开军校点,上海古籍出版社2003年初版,2014年增订本。

《散原精舍诗文集补编》,刘经富主编,陈三立著,潘益民、李开军辑注,江西人民出版社2007年版。

《陈衡恪诗文集》,陈衡恪著,刘经富辑注,江西人民出版社2009年版。

《陈师曾全集·诗文卷》,朱良志、邓锋主编,江西美术出版社2016年版。

《陈师曾画论》,李运亨等编注,中国书店2008年版。

《金明馆丛稿初编》,陈寅恪著,陈美延编,生活·读书·新知三联书店2001年版。

《金明馆丛稿二编》,陈寅恪著,陈美延编,生活·读书·新知三联书店2001年版。

《唐代政治史述论稿》,陈寅恪著,生活·读书·新知三联书店2001年版。

《寒柳堂集》,陈寅恪著,陈美延编,生活·读书·新知三联书店2001年版。

《柳如是别传》,陈寅恪著,生活·读书·新知三联书店2001年版。

《陈寅恪集·书信集》,陈寅恪著,陈美延编,生活·读书·新知三联书店2009年版。

《陈寅恪诗集》,陈寅恪著,生活·读书·新知三联书店2001年版。

《同照阁诗集》,陈隆恪著,张求会整理,中华书局2007年版。

《陈方恪诗词集》,陈方恪著,潘益民辑注,江西人民出版社2007年版。

《吟雨轩诗文集》,陈小从著,中华书局2015年版。

《范伯子诗文集》,范当世著,马亚中、陈国安校点,上海古籍出版社2003年版。

《范伯子诗文选集》,范当世著,寒碧笺评,浙江古籍出版社2006年版。

《蜗牛舍诗》,范罕著,南通翰墨林民国二十五年(1936)刊印。

《抱碧斋集》,陈锐撰,曾亚兰校点,岳麓书社2012年版。

《海藏楼诗集》,郑孝胥著,黄坤、杨晓波校点,上海古籍出版社2003年版。

《艺风堂文漫存》,缪荃孙著,文史哲出版社1973年版。

《慎宜轩诗集》,姚永概著,民国八年(1919)刊本。

《采菽堂笔记》,杜俞撰,光绪二十五年(1899)刊印。

《求实斋类稿续编》,蒋德钧撰,民国初年刊本。

《蒋德钧辑》,蒋德钧著,李超平、杨锡贵整理,民主与建设出版社2019年版。

《南通范氏诗文世家·范如松卷》,范曾编,河北教育出版社2004年版。

《南通范氏诗文世家·范钟卷》,范曾编,河北教育出版社2004年版。

《八指头陀诗文集》,(释)敬安著,梅季点辑,岳麓书社1984年版。

《珠泉草庐诗集》,廖树蘅著,光绪二十三年(1897)刊印。

《廖树蘅诗文集》,廖志敏整理,凤凰出版社2022年版。

《赵滪园集》,赵启霖著,施明、刘志盛整理,湖南人民出版社1992年版。

《陈石遗集》,陈衍撰,陈步编,福建人民出版社2001年版。

《李审言文集》,李详著,李稚甫编校,江苏古籍出版社1989年版。

《修水游草》,熊为霖著,乾隆四十六年(1781)刊印。

《小洞山房诗草》,冷采芸著,同治八年(1869)刊印。

《饮冰室合集》,梁启超著,中华书局1989年版。

《谭嗣同集》,《谭嗣同集》整理组整理,浙江古籍出版社2018年版。

《熊希龄集》,周秋光编,湖南人民出版社2008年版。

《唐才常集》,湖南省哲学社会科学研究所编,中华书局1980年版。

《蔡元培全集》,高平叔编,中华书局1984—1989年版。

《诗庐诗文钞》,胡朝梁著,民国十二年(1923)刊印。

《忍古楼诗》,夏敬观著,台湾中华书局1970年版。

《汪辟疆文集》,汪辟疆著,上海古籍出版社1988年版。

《胡先骕文存》,胡先骕著,张大为、胡德熙、胡德焜合编,江西高校出版社1995年版。

《欧阳竟无集》,欧阳竟无著,黄夏年主编,社会科学出版社1995年版。

《姚华诗选》,姚华著,邓见宽选注,贵州人民出版社2000年版。

《湘上诗缘录》,张修府撰,光绪十四年(1888)刊印。

《近代诗钞》,钱仲联编著,江苏古籍出版社 1993 年版。

《词话丛编》,唐圭璋编,中华书局 1986 年版。

《师竹斋笔记》,龚浦庆撰,民国九年(1920)刊印。

《异辞录》,刘体仁著,张国宁点校,山西古籍出版社 1996 年版。

《安乐康平室随笔》,朱彭寿著,何双生整理,中华书局 1982 年版。

《戊戌履霜录》,胡思敬撰,载顾廷龙主编,《续修四库全书》编纂委员会编《续修四库全书》第 446 册,上海古籍出版社 1996 年版。

《国闻备乘》,胡思敬撰,上海书店出版社 1997 年版。

《郭嵩焘日记》,湖南人民出版社校点,湖南人民出版社 1983 年版。

《湘绮楼日记》,王闿运著,马积高主编,吴容甫点校,岳麓书社 1997 年版。

《王文韶日记》,袁英光、胡逢祥整理,中华书局 1989 年版。

《翁同龢日记》,翁同龢著,陈义杰整理,中华书局 1997 年版。

《皮锡瑞日记》,皮锡瑞著,吴仰湘点校,中华书局 2020 年版。

《郑孝胥日记》,中国国家博物馆编,劳祖德整理,中华书局 1993 年版。

《艺风老人日记》,缪荃孙撰,北京大学出版社 1986 年影印本。

《慎宜轩日记》,姚永概著,沈寂等标点,黄山书社 2010 年版。

《汪荣宝日记》,韩策、崔学森整理,王晓秋审订,中华书局 2013 年版。

《吴宓日记》,吴学昭整理,生活·读书·新知三联书店 1998 年版。

《邵元冲日记》,邵元冲著,上海人民出版社 1990 年版。

《吴梅全集·日记卷》,吴梅著,河北教育出版社 2002 年版。

《余绍宋日记》,余绍宋撰,北京图书出版社 2003 年影印本。

《顾颉刚日记》,顾颉刚著,联经出版事业股份有限公司 2007 年版。

《竺可桢全集》第 3 卷,竺可桢著,上海科技教育出版社 2004 年版。

《竺可桢全集》第 9 卷,竺可桢著,上海科技教育出版社 2008 年版。

《梅贻琦日记(1941—1946)》,黄延复、王小宁整理,清华大学出版社 2001 年版。

《汪康年师友书札》,上海图书馆编,上海书店出版社 2017 年版。

《傅斯年遗札》,王汎森等编,台北"中研院"史语所 2011 年版。

《珠泉草庐师友录》,廖树蘅等著,廖志敏、李开军整理,凤凰出版社 2016 年版。

《修水县文物普查资料汇编》,1986年刻写油印(未刊稿)。

《盛宣怀档案资料选辑》,陈旭麓等主编,上海人民出版社2016年版。

《盛宣怀未刊信稿》,北京大学历史系近代史教研室整理,中华书局1960年版。

《清代官员履历档案全编》,秦国经主编,华东师范大学出版社1997年版。

《清末各省官费自费留日学生姓名表·各校各生履历清册》,载沈云龙主编《近代中国史料丛刊》续编第494册,文海出版社1984年版。

《清末民初中国官绅人名录》,[日]田原天南编,载《近代中国史料丛刊》第三编第793册,文海出版社1973年版。

《广清碑传集》,钱仲联编,苏州大学出版社1999年版。

《湖南维新运动史料》,尹飞舟编,岳麓书社2013年版。

《湘报》,中华书局2006年影印本。

《清华周刊》,清华大学图书馆辑,国家图书馆出版社2021年版。

《北京大学日刊》,北京大学编,人民文学出版社1981年影印本。

二、研究专著(按书名笔画排列)

一　画

《一门四杰——修水陈宝箴、陈三立、陈衡恪、陈寅恪史料》,江西省政协学习、文史委员会办公室,修水县政协文史资料委员会合编,载《江西文史资料》1994年总第52辑。

二　画

《九十年代日记》,王元化著,浙江人民出版社2001年版。

《人境庐诗草笺注》,黄遵宪著,钱仲联笺注,上海古籍出版社1981年版。

三　画

《三(两)江师范学堂:南京大学的前身(1903~1991)》,苏云峰著,南京大学出版社2002年版。

《三十年闻见录》,朱德裳著,岳麓书社1985年版。

《义宁陈氏与庐山》,刘经富著,中国文史出版社2004年版(初版书名《陈三立一家与庐山》,作家出版社2001年版)。

《义宁陈氏五杰:陈宝箴、陈三立、陈衡恪、陈寅恪、陈封怀史料》,江西省修水县政协文史资料委员会2005年编印(内刊),吴应瑜编著。

《义门陈氏文史考》,陈月海主编,江西人民出版社2006年版。

《乡土中国》,费孝通著,生活·读书·新知三联书店1985年版。

《也同欢乐也同愁：忆父亲陈寅恪母亲唐筼》，陈流求等著，生活·读书·新知三联书店 2010 年版。

四　画

《天才为何成群地来》，王汎森著，社会科学文献出版社 2019 年版。

《艺苑重光：姚茫父编年事辑》，故宫出版社 2016 年版。

《历史学的困惑》，陈支平著，中华书局 2004 年版。

《中国移民史》第 6 卷，曹树基著，福建人民出版社 1997 年版。

《中西体用之间：晚清中西文化观述论》，丁伟志、陈崧著，中国社会科学出版社 1995 年版。

《中国学术思想史论丛》，钱穆著，东大图书股份有限公司 1977 年版。

《中华谱牒研究——迈入新世纪中国族谱国际学术研讨会论文集》，王鹤鸣编，上海科学技术文献出版社 2000 年版。

《中国风水》，高友谦著，中国华侨出版公司 1992 年版。

《中国古代科举百态》，熊庆年著，东方出版中心 1997 年版。

《中国宗法宗族制度和族田义庄》，李文治、江太新著，社会科学文献出版社 2000 年版。

《中国近代文学编年史：以文学广告为中心(1872—1914)》，袁进主编，北京大学出版社 2013 年版。

《中国人留学日本史》，[日] 实藤惠秀著，谭汝谦、林启彦译，生活·读书·新知三联书店 1983 年版。

《中国现代学术研究机构的兴起——以北大研究所国学门为中心的探讨》，陈以爱著，江西教育出版社 2002 年版。

《手植桢楠已成荫——傅斯年与“中研院”史语所》，苏同炳著，台湾学生书局有限公司 2012 年版。

《长汀县的宗族、经济与民俗》，杨彦杰主编，国际客家学会 2002 年编印。

《长沙地名古迹揽胜》，陈先枢、金豫北编著，中国文联出版社 2002 年版。

《文化人的经济生活》，陈明远著，陕西人民出版社 2013 年版。

《文坛杂忆初编》，顾国华编，上海书店出版社 1999 年版。

五　画

《古村落：和谐的人聚空间》，刘沛林著，上海三联书店 1997 年版。

《石遗室诗话》《石遗室诗话续编》，陈衍著，载张寅彭主编《民国诗话丛编》第 1 册，上海书店出版社 2002 年版。

《石壁之光》，张恩庭等主编，厦门大学出版社 1993 年版。

《世载堂杂忆》,刘成禺著,辽宁教育出版社 1997 年版。

《世运之枢轴——义宁陈氏家族文化评传》,苏克勤著,郑州大学出版社 2015 年版。

《戊戌变法史》,梁启超著,人民出版社 1984 年版。

《戊戌变法人物传稿(增订本)》,汤志钧著,中华书局 1982 年版。

《戊戌变法的另面——“张之洞档案”阅读笔记》,茅海建著,上海古籍出版社 2014 年版。

《宁都县的宗族、庙会与经济》,刘劲峰主编,国际客家学会 2002 年编印。

六　画

《在西方发现陈寅恪:中国近代人文学的东方学与西学背景》,陈怀宇著,北京师范大学出版社 2013 年版。

《朽者不朽——陈师曾和他的时代》,朱万章等著,人民美术出版社 2017 年版。

《朽者不朽——论陈师曾与清末民初画坛的文化保守主义》,胡健著,北京大学出版社 2012 年版。

《传统诗学的转型:陈衍人文主义诗学研究》,周薇著,上海三联书店 2006 年版。

《危机中的变革:清末现代化进程中的激进与保守》,萧功秦著,上海三联书店 1999 年版。

《杂记赵家》,杨步伟著,辽宁教育出版社 1998 年版。

《仰望陈寅恪》,蔡鸿生著,中华书局 2004 年版。

《守望:陈寅恪往事》,吴定宇著,中国社会科学出版社 2014 年版。

《江西史稿》,许怀林著,江西高校出版社 1993 年版。

《刘海粟年谱》,袁志煌、陈祖恩编著,上海人民出版社 1992 年版。

七　画

《李鸿藻年谱》,李宗侗、刘凤翰著,中华书局 2014 年版。

《花随人圣庵摭忆》,黄濬著,霍慧玲点校,山西古籍出版社、山西教育出版社 1999 年版。

《辰子说林》,张慧剑著,上海书店 1997 年版。

《吴宓诗及其诗话》,吕效祖主编,陕西人民出版社 1992 年版。

《饮冰室诗话》,梁启超著,人民文学出版社 1959 年版。

《近代江西农村经济研究》,万振凡、吴小卫著,江西高校出版社 1998 年版。

《汪辟疆文集》,汪辟疆著,上海古籍出版社 1988 年版。

《近现代金石书画家润例》,王中秀等编著,上海画报出版社 2004 年版。

《劬堂学记》,柳曾符、柳佳编,上海书店出版社 2002 年版。

《汪季琦年谱》,汪晨熙、金建陵编著,现代出版社 2009 年版。

《陈宝箴和湖南新政》,刘梦溪著,故宫出版社 2012 年版。

《陈三立年谱长编》,李开军编著,中华书局 2014 年版。

《陈三立年谱》,马卫中、董俊珏编著,苏州大学出版社 2010 年版。

《陈三立与同光体诗派研究》,胡迎建著,中国社会科学出版社 2013 年版。

《陈三立墨迹选》,刘经富编,上海古籍出版社 2020 年版。

《陈师曾画传》,李国葆著,江苏凤凰美术出版社 2022 年版。

《陈寅恪的最后二十年》,陆键东著,生活·读书·新知三联书店 1995 年初版,2013 年修订本。

《陈寅恪先生编年事辑》,蒋天枢编,上海古籍出版社 1981 年初版,1997 年增订本。

《陈寅恪先生年谱长编》,卞僧慧纂,卞学洛整理,中华书局 2010 年版。

《陈寅恪之史学》,李玉梅著,三联书店(香港)有限公司 1997 年版。

《陈寅恪的学说》,刘梦溪著,生活书店出版有限公司 2014 年版。

《陈寅恪论稿》,刘梦溪著,生活·读书·新知三联书店 2018 年版。

《陈寅恪评传》,汪荣祖著,百花洲文艺出版社 2014 年版。

《陈寅恪家史》,张求会著,东方出版社 2019 年版。

《陈寅恪家族稀见史料探微》,刘经富著,中华书局 2013 年版。

《陈寅恪家族史料整理研究》,刘经富编著,上海古籍出版社 2019 年版。

《陈寅恪家族旧事》,吴应瑜编著,中国文史出版社 2016 年版。

《陈寅恪晚年诗文释证》,余英时著,东大图书股份有限公司 1998 年版。

《陈寅恪诗笺释》,胡文辉著,广东人民出版社 2008 年版。

《陈寅恪晚年诗文及其他——与余英时先生商榷》,冯衣北著,花城出版社 1986 年版。

《陈寅恪晚年诗笺证稿》,谢泳著,秀威资讯科技股份有限公司 2019 年版。

《陈寅恪讲国学》,季风编著,北京时代华文书局 2015 年版。

《陈衍诗论合集》,钱仲联编校,福建人民出版社 1999 年版。

八　画

《现代中国文学史》,钱基博著,上海书店出版社 2004 年版。

《现代名人小传》,费行简(沃丘仲子)著,中国书店 1988 年影印本。

《现代性视野中的陈三立》,杨剑锋著,中国社会科学出版社 2011 年版。

《易佩绅易顺鼎父子年谱合编》,陈松青撰,湖南师范大学出版社 2018 年版。

《制度·言论·心态——〈明清之际士大夫研究〉续编》,赵园著,北京大学出版社 2006 年版。

《图说义宁陈氏》,陈小从著,山东画报出版社 2004 年版。

《金翼:中国家族制度的社会学研究》,林耀华著,庄孔韶、林宗成译,生活·读书·新知三联书店 1989 年版。

《金陵野史》,石三友著,江苏文艺出版社 1985 年版。

《学人魂:陈寅恪传》,吴定宇著,上海文艺出版社 1996 年版。

《治史三书》,严耕望著,上海人民出版社 2011 年版。

《庚子勤王与晚清政局》,桑兵著,北京大学出版社 2004 年版。

九　画

《星庐笔记》,李肖聃著,绛希点校,岳麓书社 1983 年版。

《冒鹤亭先生年谱》,冒怀苏编著,学林出版社 1998 年版。

《修水县姓氏志》,熊金望著,华夏翰林出版社 2006 年版。

《独立与自由——陈寅恪论学》,王震邦著,上海人民出版社 2011 年版。

《客家研究导论》,罗香林著,广东人民出版社 2018 年版。

《客家学导论》,王东著,上海人民出版社 1996 年版。

《中国历史上的移民与族群性——客家人、棚民及其邻居》,梁肇庭著,冷剑波、周云水译,社会科学文献出版社 2013 年版。

《客家民系的形成及其源流》,陈支平著,广东人民出版社 2018 年版。

《客家源流新探》,谢重光著,福建教育出版社 1995 年版。

《"客家历史"与传统文化》,刘佐泉著,河南大学出版社 2003 年版。

《客家社会历史研究》,许怀林著,暨南大学出版社 2016 年版。

《客家人》,陈运栋著,联亚出版社 1978 年版。

《客家人》画册,古进主编,中国三峡出版社 1994 年版。

《客家人在修水》,江西修水客家文化研究会编,1999 年刊印(内刊)。

《客家宗族社会》,孔永松、李小平著,福建教育出版社 1995 年版。

十　画

《荷堂诗话》,陈声聪著,福建美术出版社 1996 年版。

《兼于阁杂著》,陈声聪著,上海古籍出版社 2002 年版。

《桐城文派述论》,吴孟复著,安徽教育出版社 2001 年版。

《积微翁回忆录》,杨树达撰,上海古籍出版社 1986 年版。

《积微居友朋书札》,杨逢斌整理,湖南教育出版社 1986 年版。

《徐悲鸿年谱长编》,王震编著,上海书画出版社 2006 年版。

《矩园余墨》,叶恭绰著,辽宁教育出版社 1997 年版。

《谈陈寅恪》,俞大维等著,传记文学出版社 1970 年版。

《读史阅世六十年》,何炳棣著,广西师范大学出版社 2005 年版。

《家产继承史论》,邢铁著,云南大学出版社 2000 年版。

《高阳说诗》,高阳著,辽宁教育出版社 1998 年版。

《凌霄一士随笔》,徐凌霄、徐一士著,山西古籍出版社 1997 年版。

十一画

《梦苕庵论集》,钱仲联著,中华书局 1993 年版。

《黄宾虹年谱》,王中秀编著,上海书画出版社 2005 年版。

《剑桥中国晚清史》,[美] 费正清编,中国社会科学院历史研究编译室译,中国社会科学出版社 1985 年版。

《晚清士绅与近代社会变迁——兼与日本士族比较》,贺跃夫著,广东人民出版社 1994 年版。

《晚清的士人与世相》,杨国强著,生活 · 读书 · 新知三联书店 2008 年版。

《移民、户籍与宗族: 清代至民国期间江西袁州府地区研究》,郑锐达著,生活 · 读书 · 新知三联书店 2009 年版。

《银翅——中国的地方社会与文化变迁》,庄孔韶著,生活 · 读书 · 新知三联书店 2000 年版。

《族谱: 华南汉族的宗族 · 风水 · 移居》,[日] 濑川昌久著,钱杭译,上海书店出版社 1999 年版。

《清代科举考试述录》,商衍鎏著,生活 · 读书 · 新知三联书店 1958 年版。

《清末四公子》,高阳著,华夏出版社 2004 年版。

《清诗流派史》,刘世南著,人民文学出版社 2011 年版。

《曾国藩评传》,梁绍辉著,南京大学出版社 2011 年版。

《曾国藩及其幕府》,梁勤主编,远方出版社 2002 年版。

《康有为评传》,马洪林著,南京大学出版社 1998 年版。

《梁任公先生年谱长编(初稿)》,丁文江、赵丰田编,中华书局 2010 年版。

《寄庵随笔》,汪东著,上海书店 1987 年版。

十二画

《掌故小札》,郑逸梅著,巴蜀书社 1988 年版。

《释古与清华学派》,徐葆耕著,清华大学出版社 1997 年版。

《湘赣民系民居建筑与文化研究》,郭谦著,中国建筑工业出版社 2005 年版。

《湖湘文化传统与湖南维新运动》,丁平一著,湖南人民出版社 1998 年版。

《湖南维新运动研究》,尹飞舟著,湖南教育出版社 1999 年版。

《湖南时务学堂研究》,郑大华主编,民主与建设出版社 2015 年版。

《湖南绅士与晚清政治变迁》,许顺富著,湖南人民出版社 2004 年版。

十三画

《辞海》,上海辞书出版社 1979 年第 3 版。

《新史学九十年》,许冠三著,岳麓书社 2003 年版。

《福建族谱》,陈支平著,福建人民出版社 1996 年版。

十四画

《廖树蘅年谱长编》,廖志敏编著,凤凰出版社 2020 年版。

《寥音阁诗话》,俞大纲著,载氏著《俞大纲全集·诗文诗话卷》,幼狮文化事业公司 1987 年版。

三、研究论文、文章(按篇名笔画排列)

一 画

《一士类稿·谈陈三立》《一士类稿·谈廖树蘅》,徐一士著,载荣孟源、章伯锋主编《近代稗海》第 2 辑,四川人民出版社 1985 年版。

《"一代文化所托命之人"——论陈寅恪先生的学术创获和研究方法》,刘梦溪撰,载《书目季刊》1991 年第 24 卷第 4 期。

《〈护仙坑礤上合众分关〉解读——一个客家移民群体的社会经济关系》,刘经富撰,载《中国经济史研究》2012 年第 4 期。

《1940 年中央研究院第二届评议员的选举》,郭金海撰,载《自然科学史研究》2009 年第 4 期。

二 画

《"力振前文觉道孤,耻与流辈论荣枯"——论陈寅恪的诗》,刘上林撰,载氏著《20 世纪中国学人之诗研究》,安徽教育出版社 2005 年版。

三 画

《大村西崖和陈师曾——近代为文人画复兴的两个苦斗者》,刘晓路撰,载《南京艺术学院学报》1996 年第 4 期。

《义宁陈氏的"文化保守主义情结"》,张求会撰,载《寻根》2001 年第 5 期。

《义宁陈氏家史述略》，刘经富撰，中山大学 1999 年陈寅恪研讨会上提交的论文。

《义宁州客家陈姓祠堂"光远祠"研究》，刘经富撰，载嘉应学院客家研究院《客家研究辑刊》2019 年第 1 期。

《义宁陈家的馆师——义宁陈氏散论之四》（上、中、下），李开军撰，载杜泽逊主编《国学茶座》第 5、6、7 期，山东人民出版社 2014 年 12 月、2015 年 4 月、2015 年 8 月刊印。

四　画

《太平天国时期的江西团练》，朱谐汉撰，载《江西师范大学学报》1988 年第 4 期。

《"东西画界"：通变与自觉——陈师曾画学思想及艺术实践再研究》，邓锋撰，中央美术学院 2018 届博士论文。

《天意怜幽草，人间要好诗——读陈小从〈吟雨轩诗文集〉》，刘经富撰，载《中华读书报》2016 年 6 月 29 日，第 14 版。

《〈艺风老人日记〉中的陈三立资料发微》，刘经富撰，载《南昌大学学报》2012 年第 1 期。

《切不断的血脉亲情——陈宝箴祖籍地调查记》，刘经富撰，载《客家研究辑刊》2004 年第 2 期。

《中央高层迎请陈寅恪居庐山讲学的原始证据》，张求会撰，载《关东学刊》2019 年第 5 期。

《中国学术评议空间的开创——以中央研究院评议会为中心》，张剑撰，载《史林》2005 年第 6 期。

《四觉草堂、散原精舍、陈寅恪义音三札》，高福生撰，载《深圳特区报》2020 年 12 月 15 日，第 4 版。

《叶恭绰寓赣期间的学业与交游》，吕作用撰，北京画院"叶恭绰诞辰 140 周年研讨会"论文，2021 年 12 月 2—3 日。

《从"异民"到"怀远"——以"怀远文献"为重心考察雍正二年宁州移民要求入籍和土著罢考事件》，梁洪生撰，载《历史人类学学刊》第 1 卷第 1 期，中山大学历史人类学研究中心 2003 年编印。

《从义宁州怀远陈姓宗谱祠志看陈宝箴家族史》，刘经富撰，载《南昌大学学报》2003 年第 2 期。

《从耕读之家到文化世家》，刘经富撰，载《读书》2005 年第 2 期。

《从客家棚民到文化世家——陈寅恪家族简史》，刘经富撰，载《客家研究辑刊》2019 年第 2 期。

《从陈寅恪的“双俸”待遇看其崇高学术地位》，刘经富、卢冰冰撰，载《学术研究》2018 年第 12 期。

《从陈寅恪外文藏书书目看其学贯中西》，刘经富、冯丽平撰，载《文史知识》2019 年第 6 期。

《从馆藏客家文献看上杭客家向义宁州的移民》，严雅英撰，载罗勇主编《“赣州与客家世界”——国际学术讨论会论文集》，人民日报出版社 2004 年版。

《从寅恪论陶，看“一门四杰”的文化取向》，徐声扬撰，载《九江师专学报》1995 年第 1 期。

《从陈三立与谭嗣同交恶看湖南地方维新中新旧之争》，杨萌芽撰，“中国近代文学研究 30 年回顾与前瞻学术研讨会”提交论文，2012 年。

《从〈陈寅恪诗集〉看陈寅恪先生》，周一良撰，载《读书》1993 年第 9 期。

《从亲密到生分：陈寅恪与傅斯年》，张旭东撰，网文，2016 年 11 月 20 日。

《壬戌罗园雅集》，江南蘋撰，载上海书画出版社编辑《朵云》第 4 集，上海书画出版社 1982 年版。

《“风采宣南”耀千秋 读新版陈师曾〈北京风俗〉》，陈礼荣撰，载《博览群书》2003 年第 9 期。

《文史大师陈寅恪》，黄延复撰，载《人物》1983 年第 4 期。

《文化世家》，万宇撰，载刘士林编著《人文江南关键词》，上海音乐学院出版社 2008 年版。

《“文化神州”的心灵史记——对〈陈寅恪诗集〉作学术思想史新解》，夏中义撰，载《文学评论》2013 年第 4 期。

《记陈散原先生》，曾克耑撰，载氏著《颂橘庐丛稿》第 4 册，新文丰出版公司 1981 年版。

《记陈师曾艺事——兼谈与鲁迅的友谊》，邓云乡撰，载《文献》1982 年第 2 期。

《少作斐然世家声——读新发现的陈衡恪词作》，李国葆撰，载《文汇读书周报》2018 年 6 月 4 日，第 3 版。

《“以精神相应”——陈师曾的交游及其文人画价值论》，郑钰垚撰，中央美术学院 2011 届硕士论文。

《为学日损　为道日益——读卞僧慧纂〈陈寅恪先生年谱长编〉》，刘经富撰，载《读书》2010 年第 10 期。

《为国家保存读书种子的人——读〈傅斯年遗札〉》，刘经富撰，载《光明日报·国学》,2014年10月28日。

五　画

《卌载都成肠断史——忆寅恪叔二三事》,陈封雄撰,载《战地》1980年第5期。

《世间已无陈寅恪》,虞云国撰,载《中国研究》1996年9月号。

《由陈三立与庚子勤王关系之考辨论其后期政治心态》,董俊珏撰,载复旦大学中国古代文学研究中心编《中国文学研究》第13辑,中国文联出版社2009年版。

《由"学人之诗"到"画人之诗":论陈师曾诗》,贺国强、魏中林撰,载《深圳大学学报》2011年第2期。

《叶恭绰与陈师曾交游考辨》,张足春撰,载《艺术家》2020年第5期。

《史坛南北二陈论》,虞云国撰,网文,2013年1月。

《戊戌变法今议》,余英时撰,载香港《廿一世纪》1998年2月号。

《半篇陈寅恪故里游记》,刘经富撰,载修水县文化馆编《南崖》1996年第2期。

《民初北京画坛的双子星座——姚华与陈师曾》,顾雪涛撰,载《贵州文史丛刊》2014年第4期。

《圣籍神皋寄所思——读〈陈寅恪的最后二十年〉修订本》,刘经富撰,载《读书》2013年第11期。

六　画

《朽者不朽——为"陈师曾诞辰140周年特展"而写》,吴为山撰,载《中国美术馆》2007年第1期。

《回忆鲁迅早年在弘文学院的片段》,沈瓞民撰,载山东师范学院聊城分院中文系、图书馆编《鲁迅在日本》,1978年刊印。

《回忆陈寅恪先生》,罗香林撰,载钱文忠编《陈寅恪印象》,学林出版社1997年版。

《同照阁诗本事拾零》,陈小从撰,载陈隆恪《同照阁诗钞》,里仁书局1984年版。

《关于散原老人(苗山今昔谈)》,陶在东撰,载《大风》旬刊第6期,1938年。

《关于陈寅恪的新史料——读吴定宇〈守望:陈寅恪往事〉》,刘经富撰,载《中华读书报》2016年5月11日,第14版。

《"怀远都"及其"四都二图"考——雍正朝义宁州移民户籍研究之一》,梁洪生撰，中山大学历史人类学中心“东亚贸易网络与地域社会学术研讨会”提交论文，2001 年 12 月。

《江西客家综述》，江西省社会科学院客家问题研究课题组撰，载《江西社会科学》1995 年第 2 期。

《江西修水怀远人和怀远人史研究》，刘经富撰，载广东嘉应大学《“客家文化与全球化”学术研讨会论文集》上册，2003 年 12 月。

《论陈三立的诗歌风格》，刘小成撰，山东大学 2005 届硕士论文。

《齐白石与近代中日联合绘画展览会——被介绍到日本的齐白石》，陆伟荣撰，载《东方艺术》2013 年第 16 期。

七　画

《吾国四十年来之文学略谈》，陈柱撰，载《上海交通大学 77、78 级学生入学四十周年纪念专刊》。

《严复与“同光体”成员的交往》，杨萌芽撰，载《闽江学院学报》2011 年第 1 期。

《杨树达、陈垣、陈寅恪与“法韶山”》，彭浩仁撰，网文，2013 年 1 月。

《时代印痕才人笔——〈陈方恪诗词集〉序》，张宏生撰，载《博览群书》2007 年第 2 期。

《近代湖南课吏馆初论》，张求会撰，载《岭南学刊》2006 年第 2 期。

《近代著名画家陈师曾》，李树声撰，载《美术研究》1982 年第 1 期。

《近代学术转型视野下的燕京大学国学教育》，颜芳撰，北京师范大学 2011 届博士论文。

《陈宝箴乡试朱卷册的文献价值》，刘经富撰，载《中国典籍与文化》2011 年第 3 期。

《陈宝箴履历单解读》，刘经富著，载《清史研究》2012 年第 1 期。

《陈宝箴家族分家文书解析》，刘经富撰，载《中国社会经济史研究》2012 年第 1 期。

《陈三立赴京会试的重要文献》，刘经富撰，载《文献》2007 年第 3 期。

《陈三立传略》，吴宗慈撰，《国史馆馆刊》创刊号，1947 年 12 月。

《陈三立评传》，董俊珏撰，苏州大学 2008 届博士论文。

《陈三立与谭嗣同》，张求会撰，载《近代史研究》1996 年第 3 期。

《陈三立与梁启超》，李开军撰，载杜泽逊主编《国学茶座》第 2 期，山东人民出版社 2014 年版。

《陈三立：最后的古典诗人》，刘纳撰，载《文学遗产》1999 年第 6 期。

《陈三立诗学研究》，孙老虎撰，华东师范大学 2005 届博士论文。

《陈散原诗文的蜕变》，章木撰，载《艺林丛录》第 6 编，香港商务印书馆 1966 年版。

《陈师曾艺术年表》，徐文治撰，载《新美域》2007 年第 2 期。

《陈师曾的艺术思想研究——以“一史一论”为中心》，吴雨阳撰，江南大学 2018 届硕士论文。

《陈师曾与北京大学画法研究会》，高昕丹撰，载《新美术》2008 年第 5 期。

《陈师曾与北京大学画法研究会》，闫春鹏撰，载《荣宝斋》2009 年第 3 期。

《陈师曾未任江西教育司长考》，李国葆撰，载《书品》2017 年第 3 辑。

《陈师曾中国画进步论的史观研究》，钟国胜撰，载《美苑》2007 年第 2 期。

《陈师曾与现代中国画的“文化自觉”》，宋晓霞撰，载《中国美术馆》2017 年第 1 期。

《陈师曾关于文人画的理论》，成佩撰，载《美术研究》2005 年第 1 期。

《陈师曾〈文人画之价值〉内涵及其影响》，曹贵撰，载《湖北美术学院学报》2016 年第 2 期。

《砉然笔落纸　若刀解牛声——陈师曾的艺术历程及其画学风格》，朱万章撰，载《中国书画》2004 年第 9 期。

《陈师曾〈文人画之价值〉的研究综述》，陆璐撰，载《中国艺术》2014 年第 3 期。

《陈师曾的文人画理论和近现代中国画转型》，袁宝林撰，载王明明主编《大匠之门》第 13 集，广西美术出版社 2016 年版。

《陈师曾的画铜艺术(附图片 2 张)》，陈封雄撰，载《人民日报》1997 年 8 月 21 日，第 12 版。

《陈师曾与齐白石的翰墨因缘》，朱万章撰，载《美术学报》2011 年第 2 期。

《陈师曾何以不朽》，朱中原撰，载《中国书法》2017 年第 4 期。

《松风传韵：陈衡恪与李叔同的交往》，刘宜庆撰，载《中华读书报》2016 年 3 月 2 日，第 14 版。

《陈寅恪先生传》，蒋天枢撰，载《文献》1984 年第 20 辑。

《陈寅恪论士族文化世家及其意义》，林济撰，载《华中师范大学学报》2003 年第 3 期。

《陈寅恪的“世家子”情结》，王晓清撰，载《博览群书》2000 年第 11 期。

《陈寅恪及“陈粉”多种涉日史实造假总揭露》，乌有之邦网站网文，2019 年 6 月。

《陈寅恪与复旦公学关系考》，张仲民撰，载《中国文化》2013 年春季号。

《陈寅恪先生与德国》，陈正宏撰，载《德国研究》1997 年第 3 期。

《陈寅恪留德的经济背景》，胡文辉撰，载《关东学刊》2019 年第 5 期。

《陈寅恪的哈佛经历与研习印度语文学的缘起》，林伟撰，载《世界哲学》2012 年第 1 期。

《陈寅恪〈吾国学术之现状及清华之职责〉疏证》，陈怀宇撰，载《史学史研究》2015 年第 4 期。

《陈寅恪抗日时期文物编年事辑》，郭长城撰，载郭长城等著，周言编《陈寅恪研究：新史料与新问题》，九州出版社 2014 年版。

《论陈寅恪的"独立思想"不同于西方意义上的学术本位》，许静撰，载《华东师范大学学报》2000 年第 5 期。

《陈寅恪与新考据学》，秦竞芝撰，广西师范大学历史系 1998 届硕士论文。

《陈寅恪论自由》，胡文辉撰，"历史的擦边球"系列网文之一，2021 年 6 月。

《陈寅恪学案》，李锦绣撰，载杨向奎主编《百年学案》，辽宁人民出版社 2003 年版。

《陈寅恪"续命河汾"之经史学脉》，顾涛撰，载《中国文化研究》2012 年第 4 期。

《陈寅恪对中国知识分子问题的关注》，刘克敌撰，载《北方论丛》1998 年第 5 期。

《陈寅恪先生的"中国文化本位论"》，周勋初撰，载《南京大学学报》1989 年第 5 期。

《陈寅恪诗研究》，何嘉忆撰，湖南大学 2016 届硕士论文。

《陈寅恪诗之研究》，沈美绮撰，台南师范学院 2002 届硕士论文。

《陈寅恪诗笺释二十九则》，谢泳撰，载《名作欣赏》2012 年第 31 期。

《陈寅恪的"家国旧情"与"兴亡遗恨"》，刘梦溪撰，载《光明日报》1993 年 9 月 11 日。

《陈寅恪士族观探析》，杨树坤撰，北京师范大学 2005 届硕士论文。

《陈寅恪：文化的两难及其他》，徐葆耕撰，载氏著《释古与清华学派》，清华大学出版社 1997 年版。

《陈寅恪、傅斯年之关系及其他——以台湾"中研院"所见档案为中心》，王晴佳撰，载《学术研究》2011 年第 5 期。

《陈寅恪未刊信札整理笺释》，刘经富撰，载《文史》2012 年第 2 辑。

《陈寅恪与中研院史语所》,刘经富撰,载《福建师范大学学报》2017 年第 3 期。

《陈寅恪第一次出国考》,曹震撰,载徐俊主编,严晓星编《掌故》第 1 集,中华书局 2016 年版。

《陈方恪先生的前半生和后半生》,章品镇撰,载《人物》1988 年第 3 期。

《陈登恪:古典诗学家庭走出的新文学作家》,马思其撰,载《江苏师范大学学报》2016 年第 5 期。

《陈小从对"陈寅恪研究"的贡献》,张求会撰,载《南方周末》2017 年 5 月 25 日。

《陈氏父子与康有为(下)》,李开军撰,载《国学茶座》第 4 期,山东人民出版社 2014 年 10 月刊印。

《〈张修府日记〉手稿及其史料价值举例》,李青枝、胡政撰,载《古籍整理研究学刊》2011 年第 1 期。

《张之洞与陈宝箴及湖南维新运动》,茅海建撰,载《中华文史论丛》2011 年第 3 期。

《张吴之后有散原——读新发现的陈三立早年〈文稿〉评语和范当世佚函》,刘经富撰,载《中华文史论丛》2012 年第 2 期。

八　画

《松门别墅》,栩影(张梦庄)撰,载《宇宙风》第 74 期,1938 年。

《明末清初赣西北棚民问题研究》,李木子撰,载《宜春师院学报》2005 年第 5 期。

《明清闽西粤东北地区人口向外流动的原因和影响》,周雪香撰,载《华南客家族群追寻与文化印象》,黄山书社 2005 年 12 月版。

《明清江西"棚民"问题探析》,宋德剑撰,江西师范大学 1998 届硕士论文。

《明中期以降赣闽粤客家聚居区的联宗与族群关系》,张勇华撰,上海师范大学 2016 届博士论文。

《罗香林先生与客家精神的崛起》,李春泰撰,载肖文评主编《罗香林研究》,华南理工大学出版社 2008 年版。

《变迁与互动:清代苏南家族教育研究——以苏松常太为中心》,蒋明宏撰,南京大学 2004 届博士论文。

《浅谈杨筠松及赣派风水术》,韩振飞、姚莲红撰,载南昌大学《赣文化研究》编辑委员会《赣文化研究》第 4 期,1997 年编印。

《房与传统中国家族制度——兼论西方人类学的中国家族研究》，陈其南撰，载《汉学研究》第3卷第1期，1985年版。

《试论陈宝箴诗歌创作的宗宋倾向》，闵定庆撰，载《新国学》2012年第9辑。

《若论新旧转茫然——试析晚清新旧过渡人物的面貌特征》，刘经富撰，载《中国文化》2019年第1期。

《治学不甘随人后——读新发现的陈寅恪信札》，刘经富撰，载《读书》2012年第9期。

九 画

《南京思益小学堂的来由》，孙洵撰，载顾国华编《文坛杂忆续编》，上海书店出版社1999年版。

《故国与新邦——民国初年陈三立诗文中的遗民书写》，李开军撰，载《文学评论》2018年第3期。

《革命!? 保守!? ——民国文人画辩之剖析》，曹庆晖撰，载《文艺研究》2005年第12期。

《树和它的年轮——记我国著名植物学专家陈封怀》，李春晓撰，载《羊城晚报》1983年11月20日。

《思祖翁散原老人》，栩影（张梦庄）撰，载《宇宙风》第69期，1938年。

《科举录取名额分配制度发展形成的历史》，谢海涛著，载《福建论坛》2009年第1期。

《科场·八股·世变——光绪十二年丙戌科进士群体研究》，卜永祥、李林主编，中华书局（香港）2015年版。

《科举制度在民间的生动演绎》，刘经富撰，载《东方文化》2003年第2期。

《俟堂与陈师曾》《俞恪士》，周作人撰，载周作人著，陈子善、鄢琨编《周作人自选精品集——饭后随笔》上册，河北人民出版社1994年版。

《独立之精神，自由之思想——论作为思想家的陈寅恪》，李慎之撰，载《学术界》2000年第5期。

《客家研究的起源——从宋湘、黄遵宪到罗香林》，张应斌撰，载肖文评主编《罗香林研究》，华南理工大学出版社2008年版。

《闽西武北的村落文化》，刘大可著，客家国际学会2002年编印。

《祖先记忆、家园象征与族群历史——山西洪洞大槐树传说解析》，赵世瑜撰，载《历史研究》2006年第1期。

《祠堂之礼：有秩序的爱》，李玲撰，载《光明日报》2018年12月29日，第

11 版。

《祠堂与宗族社会》,罗艳春撰,载《史林》2004 年第 5 期。

《神州袖手人甲子祭》,钱文忠撰,载《读书》1998 年第 5 期。

《送散原先生灵榇归葬杭州记》,陈诒先撰,载《申报》1948 年 6 月 18 日,第 8 版。

《首任校长郑锦:从“北京美术学校”到“北京美术专门学校”——校史钩沉之二》,陈继春、袁宝林撰,载《美术研究》2015 年第 2 期。

《预流的学问:重返学术史看陈寅恪的意义》,葛兆光撰,载《文史哲》2015 年第 5 期。

十 画

《校史钩沉:郑锦与中国第一所国立美术院校的创立》,陈继春、袁宝林撰,载《美术研究》2013 年第 2 期。

《热爱祖国的弘一法师——兼记法师与陈师曾的友谊》,陈封雄撰,载《团结报》1990 年 8 月 29 日。

《陈寅恪的留学经历与西洋东方学》,殷祝胜撰,载《社会科学战线》1998 年第 3 期。

《钱锺书笔记中的晚清诗人掌故》,张治撰,载徐俊主编,严晓星编《掌故》第 1 集,中华书局 2016 年版。

《钱锺书、冒效鲁对陈三立态度之比较》,卞孝萱撰,载氏著《冬青书屋文存》,陕西人民出版社 2008 年版。

《钱锺书眼中的散原诗歌》,李开军撰,载《汉语言文学研究》2014 年第 1 期。

《唐代士族家学研究——以京兆韦氏、赵郡李氏、吴郡陆氏为例》,汪仕辉撰,武汉大学 2011 届博士论文。

《读〈散原精舍诗〉笔记》,吴宓撰,载《国学研究》第 1 卷,北京大学出版社 1993 年版。

《读〈陈师曾遗诗〉零墨》,朱金城撰,载中华书局编辑部编《学林漫录》第 10 集,中华书局 1985 年版。

《谈奎光书院与至诚书院教学之竞争》,王现国撰,载《宜春师专学报》1987 年第 6 期。

十一画

《探寻“不朽”之路:陈师曾研究综述及反思》,邓锋撰,载《中国美术》2017 年第 1 期。

《晚清文化家族的构建——以瑞安孙氏为中心》，凌一鸣撰，浙江大学2017届博士论文。

《晚清江西籍旅外官绅群体研究》，朱明正撰，江西师范大学2017届硕士论文。

《晚清河南王树汶案的黑幕与平反》，徐忠明撰，载《法制与社会发展》2014年第2期。

《晚清进士、贡士不分的原因——以陈三立为例》，刘经富撰，载《文史知识》2009年第3期。

《论清代棚民的户籍问题》，刘敏撰，载《中国社会经济史研究》1983年第1期。

《清代修水客家陈姓拟制宗族的个案分析》，刘经富撰，载《江西省社会科学》2012年第11期。

《清代江南文化家族的特征及其对文学的影响》，罗时进、陈燕妮撰，载《江苏社会科学》2009年第2期。

《清末民初江南士绅家族的"中西观"——以苏州东山莫厘王氏为中心》，张建华、徐茂明撰，载《苏州大学学报》2009年第3期。

《清代棚民之所研究》，黄怡媛撰，台湾政治大学历史研究所1999届硕士论文。

《清代义宁州书院研究》，张劲松撰，华中师范大学2019届博士论文。

《清代江西义宁州棚民学额考》，刘经富撰，载《客家研究辑刊》2020年第1期。

《清至民国闽北六件"分关"的分析——关于地主的家族与经济关系》，郑振满撰，载《中国社会经济史研究》1984年第3期。

《清末四公子之一：陈散原》，苏昌辽撰，载《南京史志》1985年第2期。

《清代候选官员得官初步——读〈望凫行馆宦粤日记〉之一》，张研撰，载《清史研究》2008年第2期。

《清代的幕府》，郑天挺撰，载《中国社会科学》1980年第6期。

《清末民初多面人陶森甲》，戴海斌撰，首发于"国学数典论坛"，2010年7月30日。

《清末南京"思益学堂"的名师与高徒》，金建陵撰，载《南京晨报》2008年7月19日。

《清华"四大导师"与北大国学门》，刘克敌撰，载《中华读书报》2019年7月10日，第15版。

《清华开办研究院之旨趣与经过》,吴宓撰,载《清华周刊》第351期,1925年9月18日。

《清遗民与近代政治文化的变迁》,林志宏撰,台湾大学2005届博士论文。

《梁启超出任湖南时务学堂总教习首荐人考》,贾小叶撰,载《历史档案》2013年第2期。

《康有为一派对陈宝箴父子政治态度的误解与夸张》,茅海建撰,载《社会科学》2013年第8期。

十二画

《蒋天枢先生与〈陈寅恪文集〉》,陈正宏撰,载《中国典籍与文化》1996年第1期。

《散原先生文稿后跋》,陈曾则撰,载氏著《御诗楼续稿》,柯捷出版社2011年版。

《散原老人之家》,陈诒先撰,载《子曰丛刊》第3辑,1948年。

《散原先生文行掇述》,邵祖平撰,载《大风》旬刊第13期,1938年。

《散原精舍文杂识》,张求会撰,载《江汉论坛》2000年第4期。

《陈三立诗集、文集的版本及其佚诗、佚文》,刘经富撰,载《文史》2005年第2辑。

《散原"袖手"别说》,郑彧文撰,载《九江师专学报》1995年第1期。

《散原之死——想象与真实的时代叙述》,李开军撰,载《中国文化》2013年第2期。

《最后的事功:陈三立与南浔铁路之修筑》,李开军撰,载《中国文化》2015年第1期。

《释"侮食自矜,曲学阿世"——读陈寅恪〈赠蒋秉南序〉》,刘经富撰,载《中国文化》2016年第1期。

《湖南时务学堂考实》,迟云飞撰,载《历史研究》1988年第6期。

《温和的渐进之路——以民初北京地区中国画传统派画家为中心的考察》,杭春晓撰,中国艺术研究院2006届博士论文。

《缅怀陈方恪先生》,柳定生撰,载《江苏图书馆学报》1986年第1期。

十三画

《新发现的陈三立早年诗稿及黄遵宪手书批语》,陈正宏撰,载《文学遗产》2007年第2期。

十四画

《蔡公湛与义宁陈氏交游考略》,刘超撰,未刊稿。

《蔡公湛的家世与生平》，吕作用撰，载《创作评谭》2021 年第 2 期。

《碧湖雅集与陈三立早年在湖湘的交游》，杨萌芽撰，载《洛阳师范学院学报》2007 年第 4 期。

《碑的迷思》，徐葆耕撰，载《读书》2001 年第 10 期。

《漫谈"捐班"和"候补"》，周采泉撰，载中华书局编辑部编《学林漫录》第 12 集，中华书局 1987 年版。

十五画以上

《横山先生年谱》(谱主陈庆年)，陈登丰编，网络电子版。

《"题外作文 度外举事"与"借资鄂帅"背后——陈三立与梁鼎芬庚子密札补证》，戴海斌撰，载《近代史研究》2011 年第 2 期。

《赣西棚民与福建佃农》，张桂林撰，载《福建师范大学学报》1986 年第 3 期。

《赣南客家祠堂宗族研究》，陈伟明撰，江西师范大学 2009 届硕士论文。

人名索引

本索引含历史人物人名、引用文献资料作者人名（第五、六、七、八、九章中的传主本人名字不录），按姓氏笔画排序，同一姓氏按首笔横、竖、点、撇、折排序。

二画

三画

四画

五　画

六　画

七 画

八　画

九　画

十　画

十一画

十二画

十四画

十五画以上

后　　记

文化世家是由血缘纽带联结而成的特殊共同体，虽然每个家族形成的渊源、地域、过程不同，决定了各自不同的家风、家学内涵和内在特质，但必须积聚四五代人的努力才能造就一个名门望族这一特性却是共同的。义宁陈氏六七代人发展史不仅告诉我们培养一个文化家族多么艰难，还为我们展示了渐进积累为望族的具体过程，值得我们深研细探。

在两百多年的发展历程中，义宁陈氏留下了宗谱、祠志、分家文书、田山交易契约、公益事业捐款记录、陈宝箴自述履历、陈宝箴乡试朱卷、陈三立赴京会试手续等一批数量可观的鲜活、真实的原始文献材料，保存了这个家族关于入籍、人口、婚姻、分家析产、经济活动、科举教育、作育人才等方面的历史信息，激发我们尽最大努力予以搜集、整理、注释、论述，最大限度地挖掘、揭示其史料价值，接近历史真相。

笔者怀抱这个目标，从 1997 年年初正式确立之后的人生事业方向，开始朝着这个目标前行。二十余年来，在长期搜集、整理陈氏文献材料的前提下，写作发表了近二十篇符合现代学术规范的研陈论文和数十篇文史随笔，出版了 7 部研陈专著，申报了八九个课题（获批国家社科基金 1 项、省级 3 项）。在此基础上，再动手写作《陈寅恪家族史研究：从客棚民到文化世家》这部酝酿多年的书稿。

近三十年来，文化学术界发表了为数颇多的关于陈寅恪家史、家世的文章，出版了数部专著，取得了一定成绩。但也出现了不少问题，最大的问题是缺乏学科归属意识，没有理论工具和研究范式。在现今学科建构体系中，所谓"陈学"大体属于历史学。即使与美术联系紧密的陈衡恪研究，也属于美术史的范畴。"陈学"在"历史学"这个一级学科的大体系中，只是一个小领域，其内部的几个分支被切分到史学下属的各个二级学科中。义宁陈氏家族史既然有个"史"字，就得有史学的学理、范式。那么它在史学这个大家庭里怎样找到属于它的"娘家"呢？断代分期史、通史、史学理论、政治史、经济史、思想史等等显然挨不上，唯有20世纪90年代兴起的区域社会史才是它的归宿。[①]

做区域社会史，必须吸纳边缘学科如文化人类学、社会学的学理、方法。由于义宁陈氏出自客家民系，因此与客家学亦有不解之缘。具体到家族史，还与考据学结缘，[②]这一点许多人都没有意识到。家族史必然涉及族源、婚姻、人口、生产经济、分家析产、社会公益，文化家族必然涉及科举、官制。没有解读这些历史现象的知识与意识，不仅深入不了堂奥，而且容易开口就说外行话。那些没有学科归属意识的《陈寅恪家世》之类的读物，在明了学术四通八达门径的学者看来，不过是东拉西拽、七拉八扯的"小说家言"。只有找准了自己所研究对象的学科归属，才能在宏观概念、细节知识上豁然开朗。诚如谢泳所言：大方向对了，就是具体细节上错了，也是对的。大前提错了，即使在具体细节上对了，也是错的。这真是治学的见道之言。

罗香林先生在客家研究理论与方法上，创造性地把宏观研究与微观调查相结合，注重田野调查，把历史文献与方志和民间谱牒资料相结合，把历史学、民族学、人类学、社会学、民俗学、语言学等多种学科结合起来进行综合考察的研究方法，奠定了他学术大师的地位，为后来的研究者开辟了一条新路。[③] 对笔者从事义宁陈氏家族史研究、写作有启发意义。本书致力于用区域社会史的基本理念和方法，阐述诸如耕读、家族、世家概念的内涵与外延。用考据学的学理、工具考释科举、官制、经济、风水、民俗等细节知识。一部学术论著的价值，主要取决于它在内容上是否有新的开拓，其生命力在于它是否具有科学上的可信度。因此，笔者秉着实事求是的治学原则，力求达到言之有据，不作空泛推理。论证均以事实为准。用文献学的学理方法纂辑文献材料，予以学术史回顾、梳理。从而抽象归纳出义宁陈氏家族史的几个要点，即一个源头（客家渊源），一条主线（耕读并举、兴教办学、作育人才），三个阶段（棚民之家、耕读之家、文化世家）。以陈家大屋、陈宝箴举人石、陈门五杰广场等建筑为阶段转折点的标志，系统展示这个家族从草根棚民上升到耕读之家再上升

---

① 20世纪90年代后，史学界开始流行"区域史"（含区域社会史、区域经济史、区域文化史）理论。这种理论主张跨学科研究历史，不追求宏大叙事，而是眼光向下，注重地方性知识，重视个案分析研究。与传统的史学相比，"区域史"研究有两点不同：一是大大扩展了史料的范围，传统史学弃之不顾的乡土文献如契约、档案、账本、宗教科仪文书以及口述资料都在搜集研究之列，每件事物都是证据；二是革新了研究方法，强调历史学与社会学、人类学的亲缘关系，注重田野调查。在大传统、小传统等理论观点的大框架下，观照、分析民间社会的基本组成细胞——村落、家族、社区。

② 清末民初之际，学术风气由治经转向治史，乾嘉以来积累的考据学工具方法转为史学所资。

③ 见李海冬《罗香林与客家研究》，载肖文评主编《罗香林研究》，第100页。

到文化世家的历史进程脉络。最后归纳出如下核心观点：

> 致富之后更加崇文重教，是义宁陈氏从草根迅速崛起为耕读之家再提升到文化世家的关键因素。清雍正末年，陈寅恪的六世祖陈鲲池从福建上杭县迁徙到江西义宁州，落脚在一个海拔七百多米的穷山狭谷，耕山垦荒，搭棚栖止。种植经营蓝靛，艰苦生存创业，不忘诗礼传家。经过两三代人的原始积累，到乾隆末年，家族的整体经济实力已达到接近于乡间大地主家产的程度，循例捐纳三位监生，并二度迁移到地理环境更好的山下盆地。陈鲲池去世后，其四位儿子（称“竹塅陈家四房”）虽然分家析产，但没有淡化科举兴家的大目标，整个家族仍围绕着耕读模式运转，并且加强“读”的分量，终于在第四代、第五代科举成功，产生了五位秀才（三位附生、一位廪生、一位贡生）、一位举人、一位进士。由陈鲲池奠基的耕读并举、自办教育、培养子弟的门风祖德，中经陈宝箴、陈三立的发扬光大，到第六代恪字辈达到了高峰，产生了六位留学生（第七代封字辈亦有两人留学），一位两江师范生，其中陈寅恪尤其杰出，日后成为举世闻名的史学大师。耕读门风，科举世业，奕代书香，文化托命，是这个家族整体形象的显著特征。

本书集合了“客家棚民”和“文化世家”两个概念，以“一个源头、一条主线、三个阶段、突出重点（陈门五杰）、照顾全面（陈氏家族其他人物）”为框架脉络展开叙述论说。行文上注意史料与论说的关系，叙中有评，评中有叙。夹叙夹议，框架构建与个案考证并重。

治学的高境是兼具宏通和深微两个方面。宏通是文章要写得大气，知识量丰富，视域宏远，涵融综贯。深微是文献资料充实，并在实证基础上发为议论，能洞见烛照，思慎辩明，同时细节考证亦要严谨。使文献学上的材料力度和史学阐释上的思辨灵性成为文章中的有力支点，在这两个基点上再力求创新。[①] 本书能否达到这个境界笔者没有把握。效果如何，水平高下，交给读者去评判。不过有明确的目标追求总比混沌懵懂一团糨糊要胜一筹。

本书是笔者所写的关于义宁陈氏家族史的第三部书，前两部为《陈寅恪家族稀见史料探微》《陈寅恪家族史料整理研究》。三部书有一脉相承的关系，后两部关联尤为紧密。《陈寅恪家族史料整理研究》是文献史料整理汇编，

---

① 见罗时进《序》，载萧晓阳《湖湘诗派研究》，人民文学出版社 2008 年版。

《陈寅恪家族史研究》是通论叙说，两者实为姊妹书。读者如有兴趣，可以两书对照配合着通读浏览。

若以义宁陈氏家族史的文献史料价值而言，自然以《陈寅恪家族史料整理研究》一书为大，但现在这部《陈寅恪家族史研究》也提供了不少前书未收录的资料。前书收录的资料比较系统，如义宁陈氏的宗谱、祠志、碑刻、契据、朱卷、分家文书、实物图片和修水客家棚民的书院志、宾兴志、秀才举人名册等，笔者称之为一级材料。后书补充了义宁陈氏的姻亲、师友、与义宁陈氏重要成员相关人物的家谱、传铭资料，笔者称之为二级材料。

笔者大约在 2005 年基本完成了一级材料的搜集，然后把目光转向二级材料。在搜集二级材料的过程中，觉得难度比一级材料还要大。原因一是进入新世纪后，城镇化的大潮改变了原先较为独立完整的村落格局，人员流动大，有移居乡镇的，有移居县城的，找人和获取资料线索比以前更困难。二是古村落已经大面积毁坏，现在农村已经看不到土木结构老屋场了，一些古器物也随着老屋场的拆旧建新而消亡。三是民众对古旧文物占有的意识加强，藏主看护得紧。笔者颇后悔对二级材料认识滞后，搜集、抢救行动慢了一拍。但左冲右突中，还是有重要资料收入囊中。如陈克绳岳父谢氏家族的《谢氏宗谱》，陈克绳好友查望洋的《查氏宗谱》，陈伟琳岳父李氏家族的《李氏宗谱》，与陈伟琳同去京师公干的郑体元的《郑氏宗谱》，陈宝箴早年好友余春霖的《余氏宗谱》，陈家最初落脚护仙坑租赁山主的《邓氏宗谱》等等。这些乡土文献资料的获得都不是一次完成的，都在两次以上，隔年逾岁才办成。其中的辛苦曲折，一言难尽。至于修水县外的湖南东安《席氏宗谱》，江西萍乡《喻氏宗谱》《贺氏宗谱》，则是在求觅多年后，由学界朋友提供的。

在二十多年寻找一级材料、二级材料的岁月中，得到许多朋友的帮助，在此不一一具名，一并谨致谢忱！最近几年，笔者指导的已毕业工作的硕士研究生、上过笔者课的本科生，有的利用电脑工具长期帮笔者搜集、下载资料，有的到他们读博的高校图书馆对资料进行寻找、拍照。没有他们的鼎力相助，笔者的工作进度和心境情绪都会受影响。他们是卢冰冰、陈丹玉、周兆韬、邢长江、谈天、彭雨，在此衷心感谢！李国葆先生以望九之年帮助校核书稿，责编黄芬尽职尽责打磨、完善拙著，谨致谢忱！

笔者在完成本书的写作、出版事宜后，从事二十多年的义宁陈氏家族史课题可以勉为交待了。今后工作重点转到“陈学”的其他题目。好比画了一个圈，终点也是起点，起点也是终点，总在这个圈里打转转。虽然“陈学”在整个学术门类中只是一个小园地，但它又是一座“富矿”，蕴藏着挖掘不尽的一级材料、二级材料，够我们为之努力终生。笔者前不久“光荣”退休，学界老辈言，退休后仍做学问的是学者，否则就是教师匠。笔者愿加入前一类人的队伍。

最后用两首旧体诗为沉闷质朴的学术著作增加一点文情气氛。

编纂《陈寅恪家族史料整理研究》书稿完毕，将付梓 2019年

世系族源萦梦思，故家旧史刻心碑。胼胝蓝缕山林拓，锥股青灯场屋维。
耕读遗风终久大，缙绅垂范尽追随。楩楠珠玉辉庭户，天赋群材应世需。

偕省文物局专家赴修水，进竹塅，视察陈家大屋 2020年

岭海峰涛度归鸟，松竹年年迎客老。眼底山川饷故人，登临指顾诸天杳。
共仰世家探史源，华第犹著耕读痕。棚民岁月沧桑迹，崛挺乔木屹石根。

2021年9月，于南昌大学教工宿舍“积庐”

图书在版编目(CIP)数据

陈寅恪家族史研究：从客家棚民到文化世家 / 刘经富著. —上海：上海古籍出版社，2022.11
ISBN 978-7-5732-0496-7

Ⅰ. ①陈… Ⅱ. ①刘… Ⅲ. ①陈寅恪(1890-1969)—家族—史料—研究 Ⅳ. ①K820.9

中国版本图书馆 CIP 数据核字(2022)第 200559 号

义宁陈氏文献史料丛书
陈寅恪家族史研究
从客家棚民到文化世家
刘经富 著
上海古籍出版社出版发行
(上海市闵行区号景路 159 弄 1-5 号 A 座 5F 邮政编码 201101)
(1) 网址：www.guji.com.cn
(2) E-mail：guji1@guji.com.cn
(3) 易文网网址：www.ewen.co
启东市人民印刷有限公司印刷
开本 710×1000 1/16 印张 36 插页 3 字数 628,000
2022 年 11 月第 1 版 2022 年 11 月第 1 次印刷
ISBN 978-7-5732-0496-7
K·3290 定价：168.00 元
如有质量问题，请与承印公司联系